Ullstein Materialien

Ullstein Materialien
Ullstein Buch Nr. 35169
im Verlag Ullstein GmbH,
Frankfurt/M – Berlin – Wien

Ungekürzte, durchgesehene
und um das Vorwort zur
Taschenbuchausgabe
erweiterte Edition

Umschlagentwurf:
Kurt Weidemann
Alle Rechte vorbehalten
Mit freundlicher Genehmigung
der K. G. Saur Verlag KG,
München
© 1971 by Verlag Dokumentation
Saur KG, München – Pullach und Berlin
Printed in Germany 1983
Druck und Verarbeitung:
Mohndruck Graphische Betriebe GmbH,
Gütersloh
ISBN 3548 35169 7

Juni 1983

CIP-Kurztitelaufnahme
der Deutschen Bibliothek

Hollstein, Dorothea:
„Jud Süss" und die Deutschen:
antisemit. Vorurteile im nationalsozialist.
Spielfilm / Dorothea Hollstein. –
Ungekürzte, durchges. u. um d. Vorw.
zur Taschenbuchausg. erw. Ed. –
Frankfurt/M; Berlin; Wien: Ullstein, 1983.
   (Ullstein-Buch; Nr. 35169:
   Ullstein-Materialien)
   ISBN 3-548-35169-7

NE: GT

Dorothea
Hollstein

»Jud Süß«
und die
Deutschen

Antisemitische Vorurteile
im nationalsozialistischen
Spielfilm

Ullstein Materialien

Vorwort (zur Taschenbuchausgabe)

"'Jud Süß' und die Deutschen" – dieser Titel ist nicht wörtlich zu nehmen, er bezeichnet Karikaturen: "Jud Süß", die Karikatur eines in Stuttgart gehängten Hofjuden, der zum Bild für jeden jüdischen Deutschen werden sollte – die "Deutschen", Volksgenossen eines "Tausendjährigen Reiches", die ihre jüdischen Mitbürger nicht mehr als Deutsche anerkennen wollten, nicht einmal mehr als Mitmenschen. Der Titel kennzeichnet Bilder, die sich die Menschen der Umwelt, in der ich aufwuchs, von sich selbst und von anderen machten oder machen sollten.

Dies ist kein Buch über Juden oder gar "die Juden". Diesem Mißverständnis, meist vorwurfsvoll von älteren Menschen vorgetragen, bin ich in den Jahren 1961 bis 1967, als ich das Material zusammentrug und zu schreiben begann, immer wieder begegnet. Niemand in meiner Umgebung fühlte sich an den nationalsozialistischen Verbrechen mitschuldig, keiner hatte je etwas von Judenmorden gewußt. Alle hatten die Vorgänge in den Konzentrationslagern nachträglich mit Entsetzen aufgenommen und als bedauerliche Ausschreitungen, die "so nicht nötig" gewesen wären, so schnell wie möglich wieder vergessen.

Aber ich konnte nicht vergessen, wie so viele nichtjüdische Männer und Frauen meiner Generation, 1936 oder etwas früher geboren, die als Heranwachsende mit dem "Warum?" nicht fertig wurden. Ich hatte Hitler geliebt und die Russen gehaßt, die mir den Vater und mein oberschlesisches Zuhause genommen hatten. Ich hatte fest geglaubt: "Die Juden sind unser Unglück", denn sie hatten, so hatte ich gelernt, diesen Krieg angezettelt. Mir hatte vor den bleichen, dunkelgekleideten Mädchen gegraut, die mir in Beuthen vor einer "Judenschule" begegneten, Gleichaltrige mit großen traurigen Augen, Wesen von einem anderen Stern. Aber als Neunzehnjährige entdeckte ich in Anne Frank meine jüdische Schwester, und ich erlebte ein Jahr später in Alain Resnais Film "Nacht und Nebel" (Nuit et Brouillard, 1955) ihre Beerdigung, entsetzte mich über die Bagger, die nach der Öffnung der Konzentrationslager Leichenberge in Massengräber schaufelten. Wer hatte mich mitschuldig werden lassen und warum?

Auf der Such nach Antwort besuchte ich im Wintersemester 1960/61 ein sozialpsychologisches Seminar an der Freien Universität Berlin über "Antisemitismus und Gesellschaft" und wurde ermutigt, als junge Filmkritikerin mein Lieblingsmedium zu befragen, den Film.

Und ich fand in Prof. Dr. Fritz Eberhard einen "Doktorvater" der bereit war, sich ohne Voreingenommenheit, ohne Vorbedingungen irgendwelcher Art auf dieses Thema einzulassen, willens auch, der Studentin, die sich ihr Studium selbst verdienen mußte, über die finanziellen Hürden eines solchen Vorhabens nach besten Kräften hinwegzuhelfen und sich für sie einzusetzen.

Meine Arbeit war ein erster Versuch, speziell zu diesem Thema – Die Judendarstellung im antisemitischen Film 1933 bis 1945 – systematisch Material zusammenzutragen. (Meine ursprüngliche Absicht, den deutschsprachigen Film bis 1960 zu erfassen, mußte ich aufgeben, als ich 70 Filmtitel beisammen hatte – ein solches Mammutvorhaben ist von einem einzelnen nicht zu bewältigen.) Bei einem Berliner Schlosser, der aus Liebhaberei alles über "alte Filme" sammelte, fand ich Stöße der Zeitschrift "Filmwelt" und "Filmwoche". Beim Ordnen durchforschte ich die Jahrgänge nach Judenrollen in Filmbeschreibungen und Drehreportagen – so kam ich zu meiner Filmliste. Der Umstand, daß beim Duisburger Atlas-Filmverleih damals erwogen wurde, nationalsozialistische Filme wieder in die Kinos zu bringen (ein Plan, der bald wieder fallengelassen wurde), half mir, die aus den USA herbeigeschafften Filmkopien zu sichten und vermittelte mir zugleich die notwendigen Kontakte, um auch an die in bundesdeutschen Bunkern und Archiven verwahrten Filme zu gelangen.

Daß das 1968 beendete Buch erst 1971 erscheinen konnte, lag an der unerwarteten Schwierigkeit, einen Verleger zu finden. Ein renommierter Verlag, der die Arbeit bereits angenommen hatte, nötigte durch immer wieder neue Überarbeitungs- und Kürzungswünsche zur Rücknahme des Manuskriptes. Der Verlag Dokumentation von Klaus Saur, München-Pullach, machte die vollständige Publikation schließlich im Rahmen seines Programms vor allem den Archiven und wissenschaftlichen Bibliotheken zugänglich. Aber nur in der DDR und im Ausland wurde das Buch für Publikationen und wissenschaftliche Arbeiten genutzt. Dem Berliner Ullstein Verlag ist es zu danken, daß die Taschenbuchausgabe endlich auch jene Leser erreicht, die ich von Anfang an im Blick hatte: jene älteren Mitbürger, die die Filme damals mehr oder weniger unkritisch gesehen und nicht vergessen haben, Pädagogen, die Jugendliche den Umgang mit dem Medium Film lehren, und junge Menschen, die die Frage aus meiner Jugend immer noch bewegt. Als Journalistin hatte ich für Leser geschrieben, die die Filmfachsprache nicht kennen und auch nicht mögen, die sich aber für den Gegenstand interessieren.

Aus wissenschaftlicher Sicht mag es riskant erscheinen, ein solches Werk nach zwölf Jahren unverändert neu aufzulegen. Aber soweit ich sehe, ist in der Zwischenzeit keine Publikation in deutscher Sprache erschienen, die die Forschungsergebnisse infrage stellt und zu inhaltlichen Korrekturen nötigen würde. Die für den fachlich interessierten Leser wohl wichtigste weiterführende Arbeit, eine sehr gründliche literarwissenschaftliche und filmsemantische Analyse, wurde im Februar 1983 in Paris (Verlag Payot) unter dem Titel "L'Image et son Juif (Le Juif dans le Cinema Nazi)" von Regine Mihal Friedman vorgestellt. Die in Haifa lebende Filmwissenschaftlerin (die als Kind vor den Deutschen aus Frankreich in die Schweiz fliehen mußte) hat außer dem von mir vorgelegten und anderem, selbst entdeckten Material auch die seither erschienene internationale Literatur zum Thema verarbeitet.

In keiner Weise überholt ist leider auch meine Schlußbetrachtung der Erstausgabe, das sich auf die Situation der Jahre 1960 bis 1970 bezog. Wenn in der süddeutschen Stadt, in der ich heute lebe, die israelitische Gemeinde es aus Angst vor Attentaten bis heute nicht wagt, den Ort ihres Gemeindezentrums öffentlich bekanntzugeben, so hat sich die Hoffnung, der Antisemitismus möge eines Tages aussterben, nicht erfüllt. Die damals geäußerte Sorge, andere Minderheiten könnten in die Sündenbockrolle der Juden gedrängt werden, ist zudem noch gewachsen. Spielfilme, die diese gefährlichen Tendenzen einer unbewältigten Vergangenheit anzeigen, werden auch heute produziert. Aber werden sie noch gesehen – im Kino, im Fernsehen? Das Schulbeispiel des antisemitischen Films der Jahre 1933 bis 1945 wird wohl noch lange gebraucht werden.

Konstanz, im Juni 1983

Vorwort

Als Beitrag zur antisemitischen Propaganda entstanden in Deutschland und in Österreich unter nationalsozialistischer Aufsicht eine Reihe von Spielfilmen, in denen in Haupt- und Nebenrollen Juden dargestellt wurden. 18 dieser Filme, auf die die Autorin bei ihren mehrjährigen Recherchen stieß, sind im Folgenden ausführlich behandelt. (Drei weitere, die ihr erst nach Abschluß des Manuskripts durch die Fernsehreihe des Westdeutschen Rundfunks "Film im Dritten Reich — Zwölf Exkurse zur propagandistischen Massenführung" bekannt wurden, sind nach Angaben des Fernsehautors Gerhard Schoenberner (Berlin) beschrieben, bei der Auswertung jedoch nicht berücksichtigt.) Ein weiteres Filmprojekt, *Der Kaufmann von Venedig*, gelangte über das Drehbuchstadium nicht mehr hinaus. Auch die genaue Zahl der sogenannten "Dokumentar"—Filme, die sich gegen die Juden richteten, ist nicht bekannt; zwei von ihnen, *Der ewige Jude* und *Der Führer schenkt den Juden eine Stadt*, sind in dieser Untersuchung berücksichtigt, weil sie in besonderer Weise über die Methoden der antijüdischen Filmpropaganda Aufschluß geben. Mit einer Ausnahme *(Über alles in der Welt)* sind Kopien dieser Filme bei den Nachfolgegesellschaften der nationalsozialistischen Filmproduktionsfirmen, bei Verleihern und in Archiven zu finden. Einen Teil der Kopien machte die inzwischen aufgelöste Firma Atlas Film in Duisburg der Autorin zugänglich, andere wurden ihr von privaten und öffentlichen Einrichtungen in der Bundesrepublik und in Österreich sowie vom Staatlichen Filmarchiv der DDR in Berlin (Ost) gezeigt. In einem Fall *(Die Entlassung)*, Nachkriegstitel *Schicksalswende*, gelang es nicht, eine ungeschnittene Originalfassung des Films ausfindig zu machen; hier geht die Filmbetrachtung von der gekürzten Nachkriegsfassung aus und bezieht sich im Hinblick auf die antisemitischen Szenen auf das Drehbuch. Im übrigen standen nur die Drehbücher der Filme *Pour le mérite* und *Bismarck* zur Verfügung; das Drehbuch von *Jud Süß*, das erst nach Abschluß des Manuskripts gefunden wurde, ist nachträglich berücksichtigt worden. Trotz Bemühungen des Staatlichen Filmarchivs der DDR war es nicht möglich, Einblick in Drehbücher zu bekommen, die in Moskau aufbewahrt werden (u.a. *Die Rothschilds*).

Um eine exakte Filmanalyse durchzuführen, meint Gerd Albrecht in seinem Aufsatz "Die Filmanalyse — Ziele und Methoden"(1), sei es unerläßlich, über die Filmkopien frei zu verfügen und sie mit einer größeren Gruppe von Mitarbeitern am Schneidetisch oder mit Hilfe eines Vorführgerätes mehrere Male zu betrachten; für die "einigermaßen genaue Untersuchung" eines Spielfilms durch ein Team werde mindestens eine Woche benötigt. Diese Forderungen sind gewiß berechtigt, in der Praxis aber kaum zu erfüllen. Die antisemitischen Filme sind zum größeren Teil nur in Kopien aus Nitrofilmmaterial erhalten, die sich durch ihr Alter und lange Beanspruchung in schlechtem Zustand befinden; diese Filme werden selbstverständlich nicht ausgeliehen. Wenn die Firmen ihre Filmvorführer und ihre gewerblich genutzten Räume kostenlos zur Verfügung stellten, so muß das als großzügiges Entgegenkommen gewertet werden. Das bedeutete jedoch, daß die gewünschten Filme nur einmal, gelegentlich noch ein zweites Mal besichtigt werden konnten. Die Filmanalysen stützen sich im wesentlichen auf eine stichpunktartige Mitschrift während der Vorführung und ein ergänzendes Gedächtnisprotokoll. Bei einigen Filmen war es gestattet, den Ton auf Band aufzunehmen, was wenigstens eine exakte Beurteilung des Dialogs ermöglichte. Einzelne Filmkopien konnten am Schneidetisch betrachtet werden, waren jedoch auch hier nicht frei verfügbar. Bessere Arbeitsbedingungen könnte nur ein finanziell gut ausgestattetes Archiv bieten, das die Filme — etwa in staatlichem Auftrag — sammelt, auf Sicherheitsfilm umkopiert und für Forschungszwecke zur Verfügung stellt. Daß ein solches Archiv in der Bundesrepublik eingerichtet wird, ehe die Nitrofilmkopien unbrauchbar geworden sind, ist kaum zu hoffen.

Aus den genannten Gründen stützt sich die Untersuchung im wesentlichen auf die Inhaltsanalyse der Filme, das heißt, auf die Analyse des Filmgeschehens, des Dialogs und der Darstellung. Kameraführung, Beleuchtung, Musik, Ton, Schnitt— Gestaltungsmittel, die bei der Frage nach dem Gehalt und der Absicht eines Films durchaus eine Rolle spielen — mußten demgegenüber vernachlässigt werden. Um dem Leser Gelegenheit zu geben, das Resultat der Einzelanalyse zu überprüfen und vielleicht zu eigenen Schlußfolgerungen zu gelangen, ist im Anhang ein ausführliches Protokoll des bedeutendsten antisemitischen Spielfilms, *Jud Süß*, veröffentlicht. — Zum besseren Verständnis der Filme und ihrer Propaganda sind außer den Filmen auch schriftliche Äußerungen aus der nationalsozialistischen Zeit herangezogen: Berichte über Dreharbeiten, Regisseure, Stoff etc., Filmbesprechungen in Zeitungen und Filmzeitschriften, die Eigenwerbung der Filmindustrie (Werbe-Ratschläge für die Presse, Filmprogramme für die Kinobesucher) sowie die teilweise ausführlichen staatlichen Anweisungen und Sprachregelungen für die Presse-Berichterstattung (*Zeitschriftendienst, Deutscher Wochendienst*). Dank gilt in diesem Zusammenhang besonders dem Berliner Historiker Joseph Wulf, der aus seinem Privatarchiv unter anderem 38 Rezensionen des Films *Jud Süß* zur Verfügung stellte, und dem privaten Berliner Sammler Heinz Rieckehr, der der Autorin den größten Teil der zitierten Filmzeitschriften und Filmprogramme zur Auswertung überließ. Die Beschreibung des Spielfilms *Über alles in der Welt* wurde ausschließlich anhand dieser Quellen zusammengestellt. — In den Zitaten sind die grammatischen und orthographischen Fehler des jeweiligen Originals unverändert wiedergegeben, nur offenkundige Druckfehler wurden berichtigt. Die Schreibweise der Namen der in den Filmen auftretenden Personen richtet sich entweder nach den Filmen selbst (Inserts, Namensschilder) oder nach den Angaben des *Illustrierten Film-Kurier*, dem auch die Stabliste der Darsteller und Mitarbeiter entnommen wurde, sofern nichts anderes angegeben ist.

Für die kurze Darstellung der nationalsozialistischen Judenpolitik wurden die Ergebnisse der neueren historischen Forschung benutzt, die freilich keineswegs abgeschlossen ist. Solange es noch Dokumente gibt, die der wissenschaftlichen Prüfung und Auswertung vorenthalten werden, können neue Aspekte auftreten,

die die bisherigen Ergebnisse infrage stellen. Auch die nationalsozialistische Filmpolitik ist nur in Umrissen beschrieben; Einzelheiten sind berücksichtigt, soweit
sie die antisemitische Filmproduktion im besonderen betreffen. Diese Einschränkung erscheint vertretbar, zumal der interessierte Leser seit kurzem Gelegenheit
hat, sich anderweitig über dieses Thema ausführlich zu informieren.(2) Die Autorin hat sich bemüht, die Resultate ihrer Untersuchung ausführlich zu begründen.
Sie hat allerdings darauf verzichtet, die Erscheinung des Filmjuden an der Wirklichkeit zu messen und die in den Filmen ausgedrückten Vorurteile zu widerlegen,
denn den Juden mit seinen "typisch jüdischen" Eigenschaften hat es ebenso wenig
jemals gegeben wie den Arier, die fiktive Idealvorstellung vom nationalsozialistischen Menschen. Umso größere Aufmerksamkeit ist den nationalsozialistischen
Ideen, Absichten und Wünschen gewidmet, die in der Filmdarstellung des Juden
und des Ariers bildhaft Gestalt angenommen haben. Nicht alle in diesem Zusammenhang auftauchenden Fragen konnten beantwortet werden, und manche Fakten lassen auch andere Erklärungen zu. Hier Klarheit zu schaffen und Vermutun-
gen durch Gewißheit zu ersetzen, ist auch in diesem Fall Aufgabe der künftigen
Forschung. Zur Lösung dieser Aufgabe kann jeder beitragen, der über genauere
Kenntnis verfügt oder bisher unbekanntes Material besitzt.

Die vorliegende Untersuchung wäre ohne die Hilfsbereitschaft von Institutionen
und zahlreichen Privatpersonen nicht zustande gekommen. Filmkopien und Vor-
führmöglichkeiten wurden zur Verfügung gestellt von der Atlas Filmverleih GmbH.
Duisburg, von der Bavaria-Filmkunst GmbH., Filmstockverwaltung und der Ba-
varia-Atelier GmbH. in München-Geiselgasteig, vom Bundesarchiv Koblenz, das
auch Einblick in schriftliche Dokumente gewährte, ferner von der Deutschen Kinemathek e.V. in Berlin (West), vom Institut für Publizistik der Freien Universität
Berlin, vom Staatlichen Filmarchiv der DDR in Berlin (Ost), von der Transit-Filmvertrieb GmbH. Frankfurt/Main, von der Universum Film-AG., Abteilung Filmaus-
wertung, in Düsseldorf und von der Wien-Film GmbH. Wien. Filmvorführungen
ermöglichten darüber hinaus der Hochschulfilmreferent der Freien Universität
Berlin, Prof. Dr. E. Becker und das Filmstudio der Johann Wolfgang von Goethe-
Universität in Frankfurt/Main. Wertvolle Auskünfte und wichtiges Quellenmaterial
vermittelten die Deutsche Film- und Fernsehakademie GmbH. in Berlin (West), das
Deutsche Institut für Filmkunde in Wiesbaden-Biebrich, das Deutsche Museum
München, die Freiwillige Selbstkontrolle der Filmwirtschaft in Wiesbaden-Bieb-
rich, das Institut für Zeitgeschichte in München, Die Österreichische Gesellschaft
für Filmwissenschaft und Filmwirtschaft in Wien, The Wiener Library in London.
Mit Literatur aus Privatbesitz und wichtigen Hinweisen halfen außer den schon ge-
nannten Privatpersonen Dr. Hans Günther Adler (London), Dr. Gerd Albrecht
(Köln), Gert Berghoff (Düsseldorf), Ulla Böhme (Berlin), Gero Gandert (Berlin),
Peter Hagemann (Berlin), Erwin Leiser (Zürich), Landesrabbiner N. Peter Levin-
son (Heidelberg), Hans-Peter und Jutta Kochenrath (Köln) und Helmut Regel
(Marburg).

Finanzielle Unterstützung gewährten die Fritz Thyssen Stiftung in Köln und zum größeren Teil die Stiftung Mitbestimmung in Düsseldorf aus Mitteln der Stiftung Volkswagenwerk. Allen sei an dieser Stelle herzlich gedankt. Besonderer Dank gilt Prof. Dr. Fritz Eberhard und seinen Assistenten und Mitarbeitern des Instituts für Publizistik der Freien Universität Berlin, die der Autorin sechs Jahre lang mit Rat und Hilfe beistanden. Ferner ist Gero Gandert und Hans Helmut Prinzler dafür zu danken, daß sie das Manuskript kritisch durchgesehen haben. — Gewidmet ist das Buch meinem Mann und unseren Kindern David und Miriam.

Karlsruhe, im Mai 1971   Dorothea Hollstein

Inhalt (zur Taschenbuchausgabe)

Verzeichnis der Abkürzungen

DAZ	Deutsche Allgemeine Zeitung
DNB	Deutsches Nachrichten-Büro
DW	Deutscher Wochendienst
Gestapo	Geheime Staatspolizei
IfZ	Institut für Zeitgeschichte München
IMT	Internationales Militärtribunal in Nürnberg
LBB	Licht-Bild-Bühne
NSDAP	Nationalsozialistische Deutsche Arbeiter-Partei
RFA	Reichsfilmarchiv
RGBl	Reichsgesetzblatt
RSHA	Reichssicherheitshauptamt
SA	Sturmabteilungen der NSDAP
SD	Sicherheitsdienst
SS	Schutzstaffeln der NSDAP
VB	Völkischer Beobachter
ZD	Zeitschriftendienst

Dokumente vom Archiv des Nürnberger Militärgerichtshofes (IMT) sind mit Buchstaben und Zahlen gekennzeichnet, z.B. PS - 3569.

Dokumente des Archivs im Centre de Documentation Juivre Contemporaine, Paris, zeigen römische und arabische Zahlen, z. B. CXXXI - 10.

1. EINLEITUNG

1.1. Wer ist ein Jude?

Von Juden kann nicht gesprochen werden, ohne zuvor zu klären: Wer ist ein Jude? Über die Antwort streiten sich nicht nur die Nichtjuden, auch die Juden selbst sind sich bis heute nicht darüber einig. Das *Jüdische Lexikon* von 1927 versteht unter "Jude" die "Bezeichnung für die Angehörigen der jüdischen Gemeinschaft, die von manchen als nur religiös, von anderen als national (ethnisch), von anderen wieder als rassenmäßig oder stammesmäßig angesehen wird".(1) Als Minderheit mit eigener Konfession innerhalb einer christlichen Mehrheit haben Juden unter Deutschen gelebt, seit es einen deutschen Staat gibt. Sie wurden häufig verfolgt und waren gegenüber den christlichen Mitbürgern fast immer benachteiligt. Erst die Verfassung des Norddeutschen Bundes vom 3. Juli 1869 brachte den deutschen Juden die volle bürgerliche Gleichberechtigung, später als den Juden fast aller anderen Länder des zivilisierten Westens. Da Jahrhunderte hindurch nur Glaubensjuden als Juden angesehen wurden — nach christlicher Vorstellung löscht die Taufe die jüdische Existenz aus — nahm der Anteil der Juden an der deutschen Bevölkerung mit zunehmender Angleichung stetig ab. Dieser Rückgang wurde auch nicht dadurch verlangsamt, daß nach Beginn der Emanzipation ausländische Juden, zu einem Teil Nachkommen einst vertriebener oder geflüchteter deutscher Juden, vor allem aus slawischen Gebieten nach Deutschland einwanderten.(2) 1925 wurden 564 379 Juden in Deutschland gezählt, was einem Anteil von 0,9 Prozent an der Gesamtbevölkerung entsprach; 1933 waren es nur noch 499 682 (0,8 Prozent). Nach der nationalsozialistischen Statistik lebten am 17. Mai 1939 im Deutschen Reich 330 892 Juden (0,42 Prozent der Gesamtbevölkerung). Davon wurden 307 614 (0,4 Prozent) zu den Glaubensjuden gerechnet.(3)

Trotz ihrer anderslautenden "Rassenlehre" zogen auch die Nationalsozialisten die Religionszugehörigkeit zur Identifizierung von Juden heran. Der sogenannte Arierparagraph" des Reichsbeamtengesetzes bestimmte laut Durchführungsverordnung vom 11. April 1933:

> "Als nicht arisch gilt, wer von nicht arischen, insbesondere jüdischen Eltern oder Großeltern abstammt. Es genügt, wenn ein Elternteil oder ein Großelternteil nicht arisch ist. Dies ist insbesondere dann anzunehmen, wenn ein Elternteil oder ein Großelternteil der jüdischen Religion angehört hat."(4)

Diese Entscheidung wurde präzisiert durch die Durchführungsverordnung zum Reichsbürgergesetz vom 14. November 1935 (5): Als "Volljude" sei zu betrachten, wer von mindestens drei "der Rasse nach volljüdischen" Großeltern abstamme. Als volljüdisch galt dabei, wie nach dem Arierparagraphen, jeder Großelternteil, der jemals der jüdischen Religionsgemeinschaft angehört hatte. Bekannte sich ein "Mischling" persönlich zum "mosaischen Glauben", so wurde er vor dem Gesetz als Volljude angesehen, obwohl er nur zwei volljüdische Großeltern hatte. Praktisch behielt die jüdische Religion also ihre diskriminierende Wirkung, sofern sie nicht vor mehr als drei Generationen abgelegt worden war.(6) Nichtsdestoweniger wiesen die Nationalsozialisten die religiöse Judenfeindschaft als unvollkommen und unklug ab. Hitler löste den Widerspruch mit einem Trick, indem er behauptete, das Judentum sei keine Religionsgemeinschaft, die religiöse Bindung ersetze vielmehr den Staat, da sie "die Erhaltung, die Vermehrung und die Zukunft des jüdischen Volkes gewährleistet".(7) Für Hitler, der in jeglicher Religion ohnehin nur ein Instrument der Machtausübung erblickte, verkörperte die Gemeinschaft der Juden eine Art Geheimbund, der unter dem Schutz frommer Tarnung die "jüdische Weltherrschaft" herbeiführen sollte. Auf diese Weise konnte die Konfessionszugehörigkeit ohne Schwierigkeiten in die Rassenlehre übernommen werden.

Die judenfeindliche Propaganda brauchte aber einleuchtendere Beweise, um ihre Rassentheorien volkstümlich zu machen. Sie fand sie im Erscheinungsbild bestimmter Juden, das als typisch ausgegeben wurde. Hitler dachte, wie seine Ausführungen in *Mein Kampf* verraten, in erster Linie an den Aschkenas, dem er in Wien begegnet war. Die Aschkenasim waren Nachkommen jener deutschen Juden, die während der blutigen Verfolgungen im 13. und 14. Jahrhundert nach Osteuropa ausgewandert und erst nach Beginn der Emanzipation wieder zurückgekehrt waren. Vielfach handelte es sich um gläubige Juden, die sowohl durch ihre Frisur (Bart und Haarlocke, Pejess genannt) und Kleidung (Kaftan und Hut), durch ihre Sprache (Jiddisch) als auch durch manche im Ghetto angenommenen Eigenarten auffielen, die auf einen Nichtjuden befremdlich wirken konnten. Indessen verzichtete Hitler auf eine ausführliche Beschreibung dieses Typus. "Schwarzhaarig", "krummbeinig", "körperlich unsauber"(8) — das sind spärliche Angaben über die äußere Erscheinung, während die angebliche Minderwertigkeit von Mentalität und Charakter wortreich geschildert wird. Alfred Rosenberg beschrieb das "jüdische Rassenantlitz" ein wenig anschaulicher in seinem Buch *Der Mythos des 20. Jahrhunderts* als "ein Gesicht mit krummer Nase, hängender Lippe, stechenden schwarzen Augen und Wollhaaren".(9) Er folgte damit der Lehre vom "ungünstigen Rassengemisch" der Juden, nach der sie vor Zeiten durch Vermischung mit ägyptischen Sklaven auch "negerisches Blut" erhalten hatten, das gleichfalls als minderwertig galt.(10) Aber auch die Vorstellung des äußerlich abstoßenden Fremdlings hatte ihre Wurzeln in der religiösen Judenfeindschaft, die die Nationalsozialisten nachträglich als Ausdruck instinktiver Rassenfeindschaft werteten. Hatten die mittelalterlichen Judenverfolger im Charakter und in den Handlungen der Juden das Kainszeichen gefunden, so hatte es sich im 17. Jahrhundert eingebürgert, den teuflischen Charakter auch im Äußeren nachzuweisen: Judendarstellungen wurden in Form von Teufelskarikaturen angeboten. Damals tauchte auch die krumme "Judennase" auf Abbildungen auf.(11) Diese primitive Vereinfachung fand großen Anklang. Wohl aus diesem Grund mochten auch die modernen Judengegner bis hin zu Hitler nicht darauf verzichten, den Juden als Teufel in Menschengestalt zu beschreiben.

16

Schwierigkeiten bereitete nach wie vor die Existenz von blonden und blauäugigen Juden. Selbst Hitler mußte zugeben, das Judentum sei "ein Volk mit rassisch nicht ganz einheitlichem Kern", fügte aber hinzu, es sei ein Volk...mit besonderen Wesenseigenheiten, die es von allen sonst auf der Erde lebenden Völkern scheidet." (12) Entsprechend wurden im Lebenskunde-Unterricht an Höheren Schulen, wie einem Lehrbuch zu entnehmen ist, die Juden als "seelische Rasse" vorgestellt, deren "seelische Eigenschaften" der blonde Jude ebenso zeige wie der orientalisch-vorderasiatische Typus.(13) Als besonders hervorstechend wurden aufgezählt: das "Blutsdenken" (die Vorstellung von der Gleichwertigkeit der Menschen), die "Selbstüberhebung" (der Gedanke des Auserwähltseins, hier ausschließlich als wirtschaftliche und politische Idee behauptet), die "religiöse Unduldsamkeit" (die jüdische Religion "mit ihrem Privatgott Jahwe"), die Unfähigkeit zur Staatenbildung, der "kalte Verstand (Intellektualismus)", der "Handelsgeist", die Tarnung (insbesondere durch christliche Namen), die Feigheit, der materialistische Begriff von Geld und Ehre sowie "Habgier und Kriminalität".

Der pseudowissenschaftliche Anstrich der Rassenlehre wurde schließlich ganz aufgegeben. 1940 beantwortete die Zeitschrift der SS, *Das schwarze Korps*, die Anfrage eines Lesers mit dem grundsätzlichen Hinweis:

> "Die gesamte Rassenforschung steht am Anfang ihrer Entwicklung und beschränkt sich vorläufig auf die Systematik... Die maßgeblichen Erwecker unseres Rassenbewußtseins, angefangen vom Grafen Gobineau über H. St. Chamberlain bis zu Adolf Hitler und Alfred Rosenberg haben sich niemals auf naturwissenschaftliche Erkenntnisse berufen, sondern sie sind der Stimme des eigenen Blutes gefolgt..."(14)

Die Zeitschrift erklärte es für erlaubt, der Wissenschaft "auf der weltanschaulichen Ebene vorauszueilen":

> "Dem deutschen Volk braucht der Antisemitismus ja auch nicht wissenschaftlich begründet zu werden. Es ist erst in zweiter Linie wichtig, weshalb der Jude so und nicht anders ist. Entscheidend war, daß sich seine Rasse zwischen der unsrigen als feindseliger Fremdkörper betrug und unser Volksleben zersetzte." (15)

Die Richtlinien der Rassenlehre waren ebenso wie die juristischen Versuche einer Kategorisierung im Grunde nur ein Vorwand, um eine mißliebige Gruppe zu beseitigen. Wer das Unglück hatte, nach nationalsozialistischer Vorstellung jüdisch auszusehen, lief – unabhängig von seiner rassischen Einstufung – Gefahr, verfolgt zu werden. So machte Reinhard Heydrich bei der sogenannten "Wannsee-Konferenz"(16) am 20. Januar 1942 in Berlin, bei der die organisatorischen Vorbereitungen zur Ausrottung der Juden besprochen wurden, den Vorschlag, Mischlinge 2. Grades (mit nur einem volljüdischen Großelternteil) "grundsätzlich den Deutschblütigen" zuzuschlagen. Wer jedoch ein "rassisch besonders ungünstiges Erscheinungsbild" aufweise oder "erkennen läßt, daß er sich wie ein Jude fühlt und benimmt", solle den Juden gleichgestellt werden. Im selben Jahr schickte der Reichsführer—SS Heinrich Himmler dem Chef des SS—Hauptamtes, Gottlob Berger, der ihm als Verbindungsoffizier zum Reichsminister für die besetzten Ostgebiete zur Verfügung stand, folgenden Befehl: "Lieber Berger! Zu Ihren Aktennotizen: 1. Ich lasse dringend bitten, daß keine Verordnung über den Begriff 'Jude' herauskommt. Mit all diesen törichten Festlegungen binden wir uns ja selber nur die Hände. Die besetzten Ostgebiete werden judenfrei..."(17) Dieser Brief bestätigt, was die Juden längst am eigenen Leibe erfahren hatten: Wer als Jude verfolgt werden sollte, das bestimmten die Nationalsozialisten nach eigenem Gutdünken, nicht selten aus einer Laune des Augenblicks.

1.2. Die Kontrolle der Filmwirtschaft

Es war selbstverständlich, daß die nationalsozialistische Führung alle publizistischen Medien einspannte, um die geplante Ausrottung der Juden propagandistisch vorzubereiten. Bereits in *Mein Kampf* hatte Hitler die Propagandamöglichkeiten des Bildes "bis hinaus zum Film" untersucht und festgestellt: "Hier braucht der Mensch noch weniger verstandesmäßig zu arbeiten... Das Bild bringt in viel kürzerer Zeit, fast möchte ich sagen, auf einen Schlag, dem Menschen eine Aufklärung, die er aus Geschriebenem erst durch langwieriges Lesen empfängt."(18) Als die Reichsfilmstelle der NSDAP nach 1930 begann, "Tonfilmaufnahmen vom Führer" und Kurztonfilme für die Wahlpropaganda herzustellen, zeigte Hitler großes Interesse; 1932 gab er eine Verfügung heraus, in der es hieß: "Das Aufgabengebiet Film wird seiner Bedeutung gemäß ausgebaut."(19)

Doch schätzte Hitler den Film nicht nur als Propagandamittel. 1933 plauderte Goebbels aus: "Der Herr Reichskanzler und ich wissen, daß der Film auch Entspannung und zwanglose Unterhaltung bieten muß; und der Herr Reichskanzler und ich sind während der Kämpfe der vergangenen Jahre abends oft, vom Kampf ermattet, in das erstbeste kleine Kino gegangen, um dort den harten Arbeitstag zu vergessen." (20) Auch später ließ sich Hitler gern in- und ausländische Filme vorführen. Während das normale Publikum sich mit dem Programm begnügen mußte, das ihm die Zensur erlaubte, leistete sich die nationalsozialistische Prominenz den Luxus von Heimkinos, für die alle Zensurbeschränkungen aufgehoben waren. Bei Kriegsbeginn jedoch tat Hitler ein Gelübde, keinen Spielfilm mehr anzusehen und kein Theater zu besuchen, und zwar — nach den Angaben von Henry Picker — mit der Begründung, "solange der Soldat an der Front auf derartige Genüsse verzichten müsse, verzichte er auch darauf".(21) Goebbels schrieb am 21. November 1943 in sein Tagebuch:

"Besonderes Interesse nimmt der Führer nach wie vor am Film, obschon er während des ganzen Krieges nicht einen einzigen Spielfilm gesehen hat. Er weiß, daß der deutsche Film augenblicklich eine außerordentliche Höhenentwicklung durchmacht, die ihm große Freude bereitet".(22)

Der Krieg ließ dem "Obersten Befehlshaber der deutschen Wehrmacht" nicht mehr viel Zeit, auf die deutsche Filmproduktion einzuwirken. Diese Aufgabe lag bei Goebbels in treuen Händen, der sich nur zu gern als "Schirmherr des deutschen Films" feiern ließ.

Als Reichspropagandaleiter hatte Goebbels die Arbeit der Filmabteilung der NSDAP von Anfang an überwacht. Zunächst galt es, wie ein Mitarbeiter der *Reichsfilmstelle*, Curt Belling, später rückblickend schrieb, "die Vorarbeiten auszuführen, die eine ruhige und von keinerlei Störungen begleitete Übernahme des deutschen Films in nationalsozialistische Hände nach dem Siege möglich machen sollten."(23) Zwei Wochen nach der Gründung des *Reichsministeriums für Volksaufklärung und Propaganda*, am 28. März 1933,gab Goebbels in seiner ersten Rede vor den deutschen Filmschaffenden das Startzeichen zur "Entjudung" der Filmwirtschaft.(24) Ein Vierteljahr später, am 28. Juni 1933, lieferte eine Verordnung des Reichsministers die nötige Handhabe zur Durchführung. Nach der Einrichtung der *Vorläufigen Reichsfilmkammer* im Juli wurde schließlich durch das Reichskulturkammer-Gesetz vom 22. September 1933 die endgültige *Reichsfilmkammer* konstituiert, der alle Filmschaffenden angehören mußten. Da Nichtarier nicht aufgenommen wurden, galt für sie damit automatisch Berufsverbot. Die Filmherstellung selbst wurde durch das Lichtspielgesetz vom 16. Februar 1934 und die fortlaufenden Ergänzungsbestimmungen neu geregelt. Gegenüber dem bisher geltenden Reichslichtspielgesetz von 1920 wurden vor allem die Zensurbestimmungen geändert. Außerdem wurde die Stellung eines Reichsfilmdramaturgen geschaffen, der die Aufgaben eines Vorzensors erhielt. Laut Paragraph 2 des Gesetzes hatte der Reichsfilmdramaturg :

1. die Filmindustrie in allen dramaturgischen Fragen zu unterstützen,
2. die Filmherstellung bei dem Entwurf (Manuskript) und bei der Umarbeitung von Filmstoffen zu beraten,
3. Filmstoffe, Manuskripte und Drehbücher, die ihm von der Industrie vorgelegt werden, daraufhin vorzuprüfen, ob ihre Verfilmung mit den Bestimmungen dieses Gesetzes vereinbar ist,
4. die Hersteller verbotener Filme bei der Umarbeitung zu beraten,
5. rechtzeitig zu verhindern, daß Stoffe behandelt werden, die dem Geist der Zeit zuwiderlaufen.(25)

Ein Änderungsgesetz, das am 13. Dezember 1934 folgte, schien den staatlichen Eingriff zu mildern: Spielfilme mußten nicht mehr, sondern durften dem Reichsdramaturgen vorgelegt werden, und zwar auf Antrag der Herstellerfirma.(26) Praktisch änderte sich aber nichts, denn Hersteller, die den Antrag unterließen, mußten befürchten, daß ihr Film nicht freigegeben wurde. Eine weitere Novelle vom 28. Juni 1935 sicherte zusätzlich dem Reichsminister für Volksaufklärung und Propaganda direkte und unbeschränkte Entscheidungsgewalt zu: Goebbels konnte jederzeit Filme verbieten, auch dann, wenn sie von der Prüfstelle freigegeben worden waren.(27)

Finanziell blieb die Filmwirtschaft jahrelang ein Sorgenkind. In den ersten Jahren der nationalsozialistischen Herrschaft litten die Produktionsgesellschaften noch unter den Folgen der Weltwirtschaftskrise. Der finanzielle Rückschlag hatte die Firmen und Verleiher mitten in der Umstellung vom Stummfilm auf den Tonfilm getroffen, in einer Situation also, die großen Kapitalaufwand bei großem Risiko erforderte. Die meisten Filmkonzerne waren zusammengebrochen, einige Firmen, unter ihnen die *Ufa* (Universum Film AG), überdauerten diese kritischen Jahre nur mit Mühe. Der nationalsozialistische Versuch, die ausländischen Filme durch Drosselung der Einfuhr den deutschen Kinos fernzuhalten oder zumindest ihren Einfluß durch eine strenge Zensur zu mindern, erwies sich als Bumerang: Das Ausland antwortete bereits 1933 mit einem Boykott der deutschen Filme. Gleichzeitig stiegen die durchschnittlichen Herstellungskosten der deutschen Filme rapide an, verursacht nicht nur durch die aufwendigere Ausstattung und durch die produktionsbedingten Kostensteigerungen, sondern auch durch die überhöhten Gagen. Da mit den Juden auch viele nichtjüdische Künstler Deutschland verlassen hatten, boten die Filmfirmen selbst für kleine Rollen großzügige Bezahlung an, um Regisseure und Schauspieler zu halten und damit ihren Filmen die Zugkraft zu erhalten.

1937 stellte die *Bavaria AG.*, bis dahin eine scharfe künstlerische und wirtschaftliche Konkurrentin der *Ufa*, die Zahlungen ein; auch die Firmen Terra und Tobis gerieten in Schwierigkeiten. Unter der Hand ließ die Reichsregierung die Gesellschaftsanteile der verschuldeten Firmen aufkaufen. Als Vermittler trat dabei die *Cautio Treuhand GmbH*, ein von Dr. Max Winkler gegründetes Privatunternehmen auf, das auch bei der Verstaatlichung der Presse eine wichtige Rolle spielte.(28) Diese Vorgänge betrafen nicht nur die Produktionsgesellschaften, sondern auch ihre technischen Anstalten und die Verleihfirmen. Unter den kaum veränderten alten Firmennamen stellten sich bald neue staatsmittelbare Konzerne vor: *Bavaria Filmkunst GmbH, Terra Filmkunst GmbH, Tobis Filmkunst GmbH* und *Tobis — Tonbildsyndikat GmbH.* Zugleich erwarb die *Cautio Treuhand GmbH* die Aktienmehrheit der *Universum Film AG* mit ihren zahlreichen Tochtergesellschaften. Schließlich kamen nach dem "Anschluß" Österreichs und der Besetzung der Tschechoslowakei in den folgenden Jahren als staatsmittelbare Firmen die neugegründete *Wien-Film GmbH* und die *Prag-Film AG* hinzu, nachdem sich auch hier die *Cautio* das Kapital der vorher vorhandenen Gesellschaften durch geschickte Manipulationen angeeignet hatte.

Trotz dieser Maßnahmen, die Goebbels vor der Öffentlichkeit sorgfältig verschleierte, vergrößerte sich das Defizit der Filmwirtschaft noch, nicht zuletzt bedingt durch die Schwierigkeiten, die der Krieg verursachte. 1942, kurz vor Erscheinen einer neuen Kino-Attraktion, des Farbfilms, veranlaßte Goebbels den Zusammenschluß sämtlicher Produktions- und Verleihbetriebe zum reichseigenen, staatsunmittelbaren *Ufa*—Konzern. Damit war eine Dachgesellschaft für fünf große und zwei kleinere Produktionsgruppen geschaffen, die sich nur deshalb als *Ufa-Film— GmbH* vorstellte (in der neueren Literatur zur Unterscheidung *Ufi* genannt), weil ihr traditionsreicher Name mittlerweile als Gütezeichen des deutschen Films galt. Der Filmverleih für das ganze Reichsgebiet oblag fortan der *Deutschen Filmvertriebs-GmbH*, für die Kinos war die *Filmtheater GmbH* zuständig. Die alte *Ufa* bestand nur noch als Verwaltungsgesellschaft weiter. Den Vorsitz im Aufsichtsrat führte der jeweilige Staatssekretär im Propagandaministerium. Zugleich wurde das Amt des Reichsfilmintendanten geschaffen, der im wesentlichen die Aufgaben des vormaligen Reichsfilmdramaturgen übernahm und ihm übergeordnet war.(29) Die finanziellen Probleme waren damit gelöst. Mit der Verstaatlichung war "dem deutschen Film die endgültig sichere Grundlage für die größte künstlerische und politische Wirkung gegeben".(30)

1.3. Methoden der Filmpropaganda

Obwohl Hitler in die Filmproduktion nie persönlich eingriff, war er doch der Initiator der Filmpropaganda, so wie er als Führer der Partei die Richtlinien der Propaganda überhaupt festlegte. Im Dezember 1932 hatte Goebbels in seiner Zeitung *Der Angriff* erklärt: "Ich betone, wie so oft schon, daß ich in der Partei keine besondere Richtung vertrete. Es gibt bei uns überhaupt nur eine Richtung und das ist die, die der Führer bestimmt."(31) Wie Propaganda zu betreiben sei, hatte Hitler in *Mein Kampf* ebenso ausführlich wie offenherzig dargelegt. Die Aufgabe der Propaganda sah er vor allem darin, die "Masse" auf bestimmte, bisher unbeachtete Dinge hinzuweisen, und zwar so, "daß eine allgemeine Überzeugung von der Wirklichkeit einer Tatsache, der Notwendigkeit eines Vorganges, der Richtigkeit von etwas Notwendigem usw. entsteht".(32) Die Propaganda sollte nach Hitlers Vorstellung stets volkstümlich, geistig anspruchslos, "immer mehr auf das Gefühl gerichtet sein und nur sehr bedingt auf den sogenannten Verstand".(33) Sie sollte sich auf wenige Punkte beschränken, grundsätzlich eine "subjektiv einseitige Stellungnahme" liefern, Differenzierungen vermeiden und das Gesagte schlagwortartig wiederholen.(34) Die "Kunst aller wahrhaft großen Volksführer" bestand nach Hitlers Auffassung "in erster Linie mit darin, die Aufmerksamkeit eines Volkes... immer auf einen einzigen Gegner zu konzentrieren"; deshalb schlug er vor, verschiedene Gegner so zusammenzufassen, daß für die "Einsicht der Masse" der Kampf nur gegen einen Feind allein geführt werde. Hitler fügte hinzu: "Dies stärkt den Glauben an das eigene Recht und steigert die Erbitterung gegen den Angreifer auf dasselbe."(35)

Dem Feind kam in der Filmpropaganda dementsprechend große Bedeutung zu. Wer gerade die Rolle des Sündenbocks zu übernehmen hatte — Juden, Kommunisten, Slawen, Briten —, hing vom jeweiligen Stand der Außenpolitik und zum Teil auch von innenpolitischen Erwägungen ab. Solange Hitler politische Annäherungsversuche unternahm, blieb der Gegner tabu; mißlangen diese Manöver oder erwiesen sie sich als inopportun, so wurde der Feind den Propagandisten zum Abschuß freigegeben. Während des deutsch-sowjetischen Paktes zum Beispiel wurde die antikommunistische Filmpropaganda gedrosselt, nach dem Überfall auf die Sowjetunion lebte sie schlagartig wieder auf. Ähnliches läßt sich an der Entwicklung der antibritischen Filme beobachten. Selbst in der antisemitischen Propaganda machte sich vorübergehend Zurückhaltung bemerkbar, und das wirkte sich auch auf die Filmproduktion aus. Bei der judenfeindlichen Filmpropaganda zeigte sich aber auch, daß Hitlers Rat, verschiedene Gegner zusammenzufassen, treu befolgt wurde. In mehreren Filmen werden Briten und Juden bzw. Kommunisten und Juden gleichzeitig diffamiert, so daß der Eindruck entstehen mußte, hinter dem Feind stehe immer und überall der Jude. Das wird in den Einzelanalysen noch näher ausgeführt.

Wie die Propaganda dem Publikum anzubieten sei, darüber gingen die Ansichten zwischen Hitler und Goebbels scheinbar auseinander. Hitler soll in einem Gespräch mit der Schauspielerin Tony van Eyck mit folgenden Worten für Ehrlichkeit plädiert haben:

"Gewiß, ich will den Film auf der einen Seite voll und ganz als Propagandamittel ausnützen, aber so, daß jeder Besucher weiß, heute gehe ich in einen politischen Film. Genauso, wie er im Sportpalast auch nicht Politik und Kunst gemischt zu hören bekommt. Mir ist es zum Ekel, wenn unter dem Vorwand der Kunst Politik getrieben wird. Entweder Kunst oder Politik".(36)

In seiner Propagandalehre in *Mein Kampf* ist von solcher Wahrheitsliebe nichts zu finden. Goebbels hatte für die Alternative Kunst oder Politik ohnehin kein Verständnis. Sein Ziel war es, Propaganda als Kunst zu verkaufen oder richtiger gesagt: als das, was er für Kunst hielt — und nichts anderes ist hier mit der Bezeichnung "Kunst" gemeint. Deshalb lag Goebbels die möglichst geschickte Verschleierung der Propaganda sehr am Herzen. Durch Sprachregelungen ließ er 1939 den Ausdruck "Antisemitismus" verbieten und durch "Judenabwehr", "Judengegnerschaft" ersetzen.(37) 1940 gab der *Zeitschriftendienst* in einer seiner für die Redaktionen stets verbindlichen Anweisungen unter dem Stichwort "Judenfilme" bekannt:

Filme, in deren Stoffen Juden eine Rolle spielen, sollen nicht als antijüdische Filme bezeichnet werden. Wir wollen deutlich werden lassen, daß diese Filme nicht aus irgendwelchen tendenziösen Überlegungen so oder so gefärbt wurden, sondern die historischen Tatsachen so wiedergeben, wie sie eben waren." (38)

Aus dieser Formulierung wird klar, daß die Filme genau das bezweckten, was die Sprachregelung leugnete: Sie sollten in tendenziöser Verdrehung der Tatsachen antijüdische Propaganda verbreiten. Da die nationalsozialistische Weltanschauung eine wirklich objektive Betrachtung der Judenfrage gar nicht zuließ, mußte zwangsläufig jeder Film, der Juden darstellte, antisemitisch ausgerichtet sein. Das galt nicht nur für die im Staatsauftrag hergestellten Filme, die das Leben historischer jüdischer Persönlichkeiten behandelten. Das galt auch und in nicht geringerem Maße für jene Unterhaltungsfilme, in deren Geschehen nur kurz und beiläufig Judengestalten auftraten. Eine Sprachregelung vom November 1939, die die unauffällige Verwendung antipolnischer Propaganda in der Presse empfahl, gibt eine Vorstellung davon, wie auch die antisemitische Filmpropaganda gehandhabt werden sollte. Unter Hinweis auf die Aufregung, die Deutschlands Judenpolitik in der Welt hervorgerufen habe, heißt es unter der Überschrift "Polen, Juden und Zigeuner": (39)

"Wir müssen deshalb Mittel und Wege finden, dem deutschen Leser diese Dinge nahezubringen, ohne daß gleichzeitig der Weltöffentlichkeit Material gegen uns geliefert wird. Hierzu gibt es zwei Mittel: Das erste und wertvollste ist ein ethisches, indem wir dem deutschen Menschen *den Stolz auf die deutsche Kulturleistung* einprägen... Grundsatz: Die Tendenz nur zwischen den Zeilen! Das zweite Mittel: Beeinflussung von der *gefühlsmäßigen Seite* her. Keine langen wissenschaftlichen Abhandlungen, warum wir den Polen ablehnen müssen. Aber an Stellen, an denen er es nicht vermutet, muß der Leser in dem gewünschten Sinne beeinflußt werden, ohne daß er es merkt."

Die anschließenden Erläuterungen können auch als Belehrung für die Drehbuchautoren antisemitischer Filme verstanden werden:

"Wenn also ein junges Mädchen eine wunderschöne Liebesgeschichte zur Hand nimmt, so muß irgendwo eine Stelle erscheinen, in der das Polentum negativ dargestellt wird. Es genügt, wenn eine unsympathische Randfigur als Pole, eine unsaubere Firma als polnisch gekennzeichnet wird... Wie sich durch solche kleinen Randbemerkungen die richtige Anschauung durchgesetzt hat, daß die Zigeuner ein stehlendes, schmutziges, mit Krankheiten behaftetes und unordentliches Volk sind, mit dem man nicht gern etwas zu tun hat, so muß dasselbe für die 'polnische Wirtschaft' und den Polen erreicht werden. Es ist verständlich, daß in dem ganzen Roman ein Satz genügt, um das Ziel zu erreichen. Was durch den Umfang nicht erreicht werden kann und darf, muß durch stete Wiederholung erreicht werden. Es geht dabei nicht mehr gegen den polnischen Staat, sondern um die Fernhaltung jedes einzelnen Polen vom deutschen Blutstrom. Es muß gelingen, einen Abstand zwischen den Deutschen und den Polen zu legen, wenn wir auch in Zukunft jene Ruhe und Sicherheit im Osten haben wollen, die wir für den gesicherten Aufbau unserer Stellung in Europa so notwendig brauchen."

Daß diese Anleitung zur unauffälligen Propaganda genau befolgt wurde, zeigt ein scheinbar harmloser Kostümfilm mit Zarah Leander, *Der Weg ins Freie*, der sowohl verbrecherische Polen als auch minderwertige Juden ins Spiel brachte. Im übrigen scheute sich Goebbels nicht, mit Filmen auch massiv gegen die Juden zu Felde zu ziehen. Dann wurde die offene Propaganda, wie die zitierte Anweisung über "Judenfilme" verrät, als Wiedergabe "historischer Tatsachen" getarnt. — Hitler hat zwar von antisemitischen Filmen gesprochen (40), jedoch keine näheren Angaben darüber gemacht, wie er sie sich vorstellte. Eine Ahnung davon vermitteln Äußerungen, mit denen er im Sommer 1932 in München seiner Umgebung klarzumachen versuchte, wie er Propagandafilme gegen die "Pfaffen" drehen lassen wolle. Hermann Rauschning zitiert diese Ausführungen in seinem Buch *Gespräche mit Hitler:*

"Zu simplen Verbrechern werden wir sie stempeln. Ich werde ihnen die ehrbare Maske vom Gesicht reißen. Und wenn das nicht genügt, werde ich sie lächerlich und verächtlich machen. Filme werde ich schreiben lassen. Wir werden die Geschichte der Schwarzen im Film zeigen. Da kann man dann den ganzen Wust von Unsinn, Eigennutz, Verdummung und Betrug bewundern. Wie sie das Geld aus dem Land gezogen haben. Wie sie mit den Juden um die Wette geschachert, wie sie Blutschande getrieben haben. So spannend werden wir das machen, daß jedermann wird hereinwollen. Schlange werden die Leute an den Kinos stehen. Und wenn sich den frommen Bürgern die Haare sträuben sollten, umso besser. Die Jugend wird es aufnehmen. Die Jugend und das Volk. Auf die anderen will ich gerne verzichten..."(41)

Der Krieg hielt Hitler davon ab, es mit der kirchentreuen Bevölkerung allzu sehr zu verderben, daher verschob er die Kampagne gegen die Geistlichkeit auf spätere Friedenszeiten. In seiner Judenpolitik hatte er unliebsamen Widerstand nicht zu befürchten, so übernahm die antisemitische Filmpropaganda die Anregung. Der Film *Jud Süß* ist ein Paradebeispiel für die Verwirklichung dieser Wünsche, und sein großer Erfolg bewies, daß Hitler sich auch im Filmpublikum nicht getäuscht hatte.

Die Mehrzahl der Filme, mit denen sich diese Untersuchung beschäftigt, ist nach 1945 nicht wieder öffentlich aufgeführt worden. Ihr Inhalt ist heute teils vergessen, teils hat er im Gedächtnis der Kinogänger von einst nur noch schemenhafte Erinnerungen hinterlassen. Es ist nicht der alleinige Zweck der Analysen und Protokolle, diese Erinnerungen wieder aufzufrischen und zu korrigieren. Vielmehr sollen sie dazu verhelfen, verdrängte Bewußtseinsinhalte ans Licht zu rücken, um die versäumte Auseinandersetzung mit ihnen nachzuholen. Siegfried Kracauer hat in seiner sozialpsychologischen Untersuchung des vornationalsozialistischen deutschen Films, *Von Caligari bis Hitler*, festgestellt:

"Filme sind ein Spiegelbild nicht so sehr von ausgesprochenen Überzeugungen und Glaubenssätzen als von bestimmten seelischen Veranlagungen — jenen Tiefenschichten einer Kollektivgesinnung, die mehr oder minder unterhalb der Bewußtseinsschwelle liegen. Freilich, auch vielgelesene Illustrierte und volkstümliche Rundfunkprogramme, Bestseller, Inserate, Sprachmoden und noch andere Beiprodukte des Kulturlebens eines Volkes verschaffen uns aufschlußreiche Einblicke in allgemein vorherrschende innere Haltungen und Triebrichtungen. Aber das Medium des Films übertrifft all diese Quellen an Vollständigkeit..."(42)

Wenn diese Feststellung zutrifft, so gilt sie für den nationalsozialistischen Film in mehr als einer Hinsicht. Als Ausdrucksmittel einer totalitären Herrschaft verkündeten die antisemitischen Filme sehr wohl ein Credo, nämlich das der nationalsozialistischen Weltanschauung; in ihrer Gesamtheit präsentieren sie sich gleichsam als textgetreues Bilderbuch zu der in *Mein Kampf* veröffentlichten Rassenlehre. Zugleich liefern die Filme ein mehrteiliges Spiegelbild "innerer Haltungen und Triebrichtungen", also psychologischer Gegebenheiten: Sie verraten die heimlichen Vorstellungen und Wünsche der Propagandisten und der Filmhersteller. Sie geben Einblick in die Vorstellung vom deutschen Volk, die im Propagandaministerium und in der Filmindustrie vorherrschte. Und schließlich erlauben sie Rückschlüsse auf die Vorstellungswelt einer Bevölkerung, die der Nationalsozialistischen Deutschen Arbeiter-Partei die "Machtergreifung" ermöglicht hatte.

2. CHRONIK DES ANTISEMITISCHEN FILMS

Jede nationalsozialistische Beschreibung des deutschen Filmschaffens vor 1933 sucht den Eindruck zu erwecken, während der Zeit der Weimarer Republik hätte es keine bedeutenden Filme, schon gar nicht eine "nationale Filmkunst" gegeben: "Die Mehrzahl der Filme, die wir in jener Zeit erlebten, wo Juden und Plutokraten fremder Länder durch ihre Rassegenossen, durch bestochene oder verblendete Helfershelfer nach Deutschland ungestraft hineinregieren durften, hatten eine zersetzende Tendenz."(1) Was unter "zersetzender Tendenz" zu verstehen war, führte Curt Belling 1936 aus: "Vor keiner Tradition wurde Halt gemacht, deutsche Sitten und Gebräuche wurden in den Schmutz gezerrt, eine Achtung vor Familie, Staat und Wehrmacht bestand kaum noch. Der Staat wurde verhöhnt und deutsche Frauen in unzähligen Filmen als Ehebrecherinnen und Rasseschänderinnen gezeigt."(2)

Die Wirklichkeit sah anders aus. Allein in den Jahren 1930 und 1931 entstand eine Reihe von Filmen, die Weltgeltung erlangten, unter ihnen thematisch so unterschiedliche Werke wie *Der blaue Engel* (Regie: Joseph von Sternberg), *Dreigroschenoper* (Regie: G. W. Pabst), *Emil und die Detektive* (Regie: Gerhart Lamprecht) und *Mädchen in Uniform* (Regie: Leontine Sagan und Carl Froelich), um nur einige zu nennen. Auch die spätere Behauptung, die Weimarer Republik sei ein Paradies für Juden gewesen, trifft nicht zu. Fritz Marburg stellte 1931 in seinem Buch *Der Antisemitismus in der Deutschen Republik* fest, daß die judenfeindliche Stimmung in allen Bereichen zugenommen habe: "Die Erziehung der Menge im Geiste des Judenhasses wird ergänzt durch Theater, Film und Radio. In großstädtischen und Provinztheatern werden reaktionäre Stücke mit antisemitischer Tendenz aufgeführt..."(3) Die jüdischen Bürger waren also keineswegs so mächtig und einflußreich, daß sie solche Propaganda hätten verhindern können. Viele ahnten nicht einmal die Gefahr, die der wachsende Antisemitismus heraufbeschwor.

2.1. Mißbrauchte Vorläufer

Obwohl viele jüdische Schriftsteller für die Filmindustrie arbeiteten, setzte sich kein Tonfilm der Jahre 1930 bis 1933 mit dem Phänomen des Antisemitismus ernsthaft auseinander. Selbst Filme, deren Stoff die Behandlung dieses Themas nahelegte, verspielten ihre Chance, aufklärerisch zu wirken. Trotzdem griff die nationalsozialistische Presse diese Filme an und nahm sie zum Anlaß zu judenfeindlichen Betrachtungen. Als Beispiele dafür seien zwei Werke jüdischer Regisseure genannt: *Dreyfus* (Regie: Richard Oswald), uraufgeführt am 16. August 1930, und *Zwei Welten* (Regie: A. E. Dupont), uraufgeführt am 16. September 1930. Der Film

2.1.1. Dreyfus

für den Heinz Goldberg und Fritz Wendhausen das Drehbuch schrieben und in dem so hervorragende Schauspieler wie Fritz Kortner, Heinrich George und Albert Bassermann auftraten, behandelte den französischen Justizskandal, dem 1894 der Elsässer Alfred Dreyfus zum Opfer gefallen war. Dreyfus, der erste jüdische Offizier, der dem französischen Generalstab angehörte, war unter dem Vorwurf des Landesverrats verhaftet und zu lebenslänglicher Verbannung auf der Teufelsinsel (Französisch—Guayana) verurteilt worden. Freunde, die von seiner Unschuld überzeugt waren, unter ihnen der Dichter Emile Zola, bewirkten eine Wiederaufnahme des Verfahrens. Nach erneuter Verurteilung und Begnadigung wurde Dreyfus schließlich 1906 endgültig freigesprochen und rehabilitiert. Er starb 1935, lebte zur Zeit der Filmpremiere also noch.

Daß der Prozeß seinerzeit Frankreich in zwei Lager gespalten und einen erbitterten Kampf zwischen Antisemiten und Liberalgesinnten heraufbeschworen hatte, fand im Film keinen Niederschlag. Gegenüber dem Problem des Antisemitismus verhält sich die Filmhandlung merkwürdig indifferent. Eine einzige Szene beleuchtet die Herkunft des Hauptmanns Dreyfus: Bei der Besprechung der Offiziere im Generalstab verdächtigt der General Dreyfus deshalb zuerst und allein, weil er der einzige Jude ist. Daß es zu einem Justizirrtum kommt, wird im Film nicht mit den antisemitischen Vorurteilen der Verantwortlichen, sondern schlicht mit einer Verkettung unglücklicher Umstände erklärt. Danach verschulden hauptsächlich die Geldverlegenheit des leichtsinnigen Majors Esterhazy und das falsche Ehrgefühl des vorwiegend adligen Militärs, das einen Fehler nicht zuzugeben wagt, das Schicksal des jüdischen Hauptmanns. Daß ein Unschuldiger verurteilt wurde, interessierte die Drehbuchautoren offenbar mehr als die Tatsache, daß dieser unschuldig Verurteilte Jude war.

Trotzdem regierten die Nationalsozialisten auf den Film nervös. Die Münchner Ausgabe des *Völkischen Beobachters* (4) veröffentlichte bald nach der Uraufführung auf ihrer ersten Seite unter der Schlagzeile "Der jüdische Dreyfus—Skandal" die Behauptung, der Film sei als "jüdisches Wahlmanöver gegen den Nationalsozialismus" gedacht und bezwecke "Stimmungsmache gegen den Antisemitismus". Der Beitrag bezweifelte Dreyfus' Unschuld und zog — schon programmatisch — das Fazit:

"Die Affäre Dreyfus stellt eine Kraftprobe des Judentums ohnegleichen dar, das sonst immer als das wehrlose, von gehässigen Feinden umringte Opferlamm beurteilt werden möchte. Es hat, um einen der Seinen freizubekommen, gegen die Regierung einer Großmacht Sturm gelaufen, diese gestürzt und die Verhältnisse eines ganzen Landes von oben zu unterst gekehrt."

Daß der Film für das Recht des einzelnen eintrat und zwar auch in einem Fall, in dem das Ganze — hier der gute Ruf des Militärs — Schaden nehmen konnte, machte ihn für einen Nationalsozialisten unannehmbar. Erst recht durfte es ein

Jude nicht wagen, auf sein Recht zu pochen. — *Dreyfus* gewann später eine geradezu mythische Bedeutung. Bezeichnend dafür ist eine Bemerkung des Regisseurs Karl Ritter, die 1940 in seiner Biographie wiedergegeben wurde:

"Wie sehr das Judentum damals mitten in Deutschland sich des Films als Reklametrommel zu bedienen wußte, zeigt allein das Beispiel des Dreyfus-Films. Das war ja, vom Judentum aus gesehen, ihr großes Thema. Mit diesem Film konnten sie ja das ewige Martyrium des Juden in die Welt hinausschreien, indem sie in frivolster Art auf die Tränendrüsen des Einzelnen drückten. Damals habe ich erfahren, wie zersetzend so etwas wirken kann." (5)

Mit ähnlichen Vorwürfen wurde Duponts Film

2.1.2. Zwei Welten

bedacht. Das Filmgeschehen erzählt die fiktive Tragödie zweier Liebender und zwar nach Art der schon zur Stummfilmzeit beliebten Melodramen. Die Handlung spielt sich zwar zum größten Teil in einem jüdischen Ghetto ab — zu Beginn wird ein Pogrom gezeigt — die Probleme entstehen aber hauptsächlich aus Standesvorurteilen, die auch in einem anderen Milieu gelten könnten. Ein junger, adliger österreichischer Offizier kommt während des Ersten Weltkrieges als verwundeter Flüchtling in das Haus eines jüdischen Uhrmachers und hält, als er wieder gesund ist, um dessen Tochter Esther an. Sowohl der Jude als auch der Vater des jungen Mannes, ein Oberstleutnant, setzen sich zur Wehr. Der jüdische Uhrmacher versucht, den Gast bei den Russen zu denunzieren, doch durch die Kriegswirren gelangt sein Brief in die Hände des Oberstleutnants. Der Österreicher benutzt diese Gelegenheit, um seinen Sohn zu erpressen: Wenn der junge Mann auf seinem Heiratswunsch besteht, soll der Uhrmacher angezeigt werden. Um den Juden vor der Hinrichtung zu retten, verzichtet der junge Adlige auf die Heirat und fällt wenig später an der Front. Die verlassene Geliebte stirbt vor Gram über seine vermeintliche Treulosigkeit. Der Kritiker der *Filmwoche*, Paul Ickes, meinte dazu etwas boshaft: (6)

"Duponts Ernst, das Thema des Antisemitismus an einem besonderen Fall zu behandeln, ist sozusagen unverkennbar, — aber wenn er dazu den Krieg als Folie benutzt — und wenn er außerdem die Tochter eines polnischen Dorfuhrmachers (als Jüdin) mit dem Sohn eines hohen Offiziers (als Christen) zusammenführt, so ist das genau so gut, als wenn er die Tochter eines amerikanischen Milliardärs gegen einen schlesischen Dorfnachtwächter aufmarschieren ließe. Im Augenblicke der sozialen Kontraste treten die rassemäßigen Unterschiede vollkommen in den Hintergrund."

Das war richtig beobachtet. Als Antisemit mißbilligte Ickes diese Liebesgeschichte aber auch noch aus einem anderen Grund:

"Das durchrüttelnde Erlebnis des Krieges verschiebt natürlich auch die gesunde Kritik, die unter normaleren Verhältnissen und unter gewohnteren Umgebungen den österreichischen Offizierssohn selbstverständlich auf die absurde Idee einer solchen Heirat gar nicht gebracht hätte."

Der Heiratswunsch des Adligen war für den nationalsozialistischen Betrachter schon aus rassischen Gründen anstößig. Mit diesem Problem setzten sich die Filmautoren jedoch gar nicht auseinander, sie kümmerten sich nur um den Seelenkonflikt der ausweglos Liebenden. Daß die eine der widerstrebenden Parteien dem Judentum angehörte, war für die Autoren nichts weiter als eine willkommene Variation des "Romeo und Julia" — Themas, die sie dekorativ zu nutzen verstanden. Die Liebenden unterliegen deshalb, weil sie blind dem Gefühl zu folgen versuchen und dabei die Härte ihrer Umwelt unterschätzen. Der Schluß der Filmhandlung bestärkt schließlich den Eindruck, die Rassentrennung sei schicksalhaft und unauflöslich. Die Gestaltung des Films tat ein übriges dazu, um beim Zuschauer sentimentale Gefühle zu wecken. Darüber vergaß der Betrachter leicht, über die Ungerechtigkeit des Antisemitismus, die er im Jahre 1930 in seiner Umwelt ja beobachten konnte, nachzudenken oder gar gegen sie zu protestieren.

Dem *Völkischen Beobachter* (7) genügte die Vorstellung, daß der Jude "immer der arme, natürlich unschuldig verfolgte, unter der Bosheit der Gojim leidende Mensch" sei, um gegen den Film *Zwei Welten* Sturm zu laufen. In der Tat zeigen die Vorurteile, die Christen und Juden in diesem Film gegeneinander hegen, einen bemerkenswerten Unterschied: die Einstellung des Oberstleutnants ist vom Ehrenkodex seines Standes bestimmt, die Haltung des Juden hingegen entspricht den bösen Erfahrungen, die er bisher im Umgang mit Christen gemacht hat. Der Umstand, daß die Handlung wenigstens in diesem Punkt mit der Realität übereinstimmte, war für den nationalsozialistischen Kritiker Grund genug, um den Film zu verdammen. Er begann erst gar nicht mit sachlicher Kritik, zu der der Film genügend Anlaß geboten hätte, sondern eröffnete seine Besprechung mit einer Verunglimpfung des "negroiden Juden" E. A. Dupont, der "stets im Sinne Alljudas" arbeite. Der Beitrag schließt mit der Drohung:

"Es ist immer dasselbe mit diesen jüdisch-pazifistischen Filmen, sie haben alle einen Stich, wie Fleisch im ersten Stadium der Fäulnis. Seine Garnierung mit sentimentalem Schmalz, Rosen und Sekt, vermag den leisen Leichengeruch, den haut goût des Juden-Films nicht zu ersticken. Es ist kein Zweifel, daß junge, unerfahrene, charakterlich noch nicht gefestigte Seelen dadurch allmählich vergiftet werden. Das ist ihr Zweck — und diese Absicht zu durchkreuzen, das ist bald eine der tausend Aufgaben der nationalsozialistischen Herrschaft im deutschen Staate."

Umso willkommener war ein Film, der die antisemitischen Vorurteile bestätigte und sich als Ausdrucksmittel nationalsozialistischer Vorstellungen interpretieren ließ. Zu solchem Mißbrauch bot sich Karl Hartls Film

2.1.3. FP 1 antwortet nicht

an, der am 22. Dezember 1932 uraufgeführt wurde. Daß der Film wohl kaum antisemitisch konzipiert war, geht schon daraus hervor, daß er gleichzeitig in einer englischen und französischen Fassung gedreht wurde, für die man nur die Hauptdarsteller auswechselte. Außerdem waren Kurt Siodmak, der die Romanvorlage geliefert hatte (8), und der Drehbuchautor Walter Reisch selbst Juden. — Der Film schildert den Bau einer schwimmenden Ozeaninsel, die Flugzeugen der Transatlantikroute die fürs Auftanken benötigte Zwischenlandung ermöglichen soll. Dieses Unternehmen wird von einer nicht näher gekennzeichneten Agentengruppe sabotiert. Eine Liebesaffäre fehlt dabei nicht: die Erbin der Baufirma kann mit Hilfe des Sportfliegers Ellison den Konstrukteur der schwimmenden Insel und deren Besatzung in letzter Minute nach einem Attentat retten.

Star des Films war Hans Albers in der Rolle des Abenteurers Ellison, der nach langen seelischen Kämpfen um des Freundes willen auf die geliebte Frau verzichtet. Seinen ergebenen Begleiter, den Reporter Johnny, spielte der jüdische Schauspieler Peter Lorre, und sein Part war es, der dem Film den ungewollt antisemitischen Akzent gab. Johnny gleicht in allen Eigenschaften dem nationalsozialistischen Klischee des jüdischen Journalisten: er ist klein und etwas dicklich, er bewegt sich langsam und träge, aber zielstrebig; er führt jeden Auftrag aus, ohne zu fragen; er gibt kaum eine eigene Meinung von sich, sondern stimmt dem Überlegenen stets zu, sobald er sich einen Profit davon erhofft; er ist charakterlos genug, sich demütigen und schurigeln zu lassen, ohne sich zu wehren; wird er hinausgeworfen, so kehrt er durch die Hintertür wieder zurück. Während dieser Reporter im Buch nur flüchtig erwähnt wird, taucht er im Film immer wieder unter so verdächtigen Begleitumständen auf, daß der Zuschauer ihn eine Zeitlang für den Saboteur, zumindest für einen gefährlichen Agenten halten muß. Außerdem läßt die Haltung des Sportfliegers schon zu Beginn des Films keinen Zweifel daran, daß der Held sich zwar des Journalisten bedient, ihn aber verachtet. Ellison nennt Johnny in schlechter Stimmung einen ''Jahrmarktsfotografen'' und jagt ihn ohne ersichtlichen Anlaß aus seinem Hotelzimmer. Einen Augenblick später, als er wieder guter Laune ist, holt er ihn zurück, tituliert ihn ''Rollmöpschen'' und ''alter Affe'' und entwickkelt seine Zukunftspläne vor ihm. Johnny aber macht stets traurige Fischaugen und nimmt Schmeichelei wie Beschimpfung mit Gleichmut hin. Später schleicht sich der Reporter auf das Gelände der Werft, mit deren Hilfe die schwimmende Insel gebaut wird, er wird jedoch entdeckt. Drei kräftige Arbeiter befördern ihn fluchend vor das Tor. Der unsanft Hinausgeworfene aber rappelt sich hoch, streicht seine Kleidung glatt und murmelt vor sich hin:

> ''Machen Sie sich nur nicht so wichtig, meine Herren, mich haben schon ganz
> andere Leute rausgeschmissen als Ihr!'' (Filmdialog)

Erst zum Schluß zeigt sich, daß Johnnys verdächtige Unternehmungen wirklich nur dem Zweck dienen, sensationelle Aufnahmen zu machen. Bei dem Attentat auf die schwimmende Insel kommt er beinahe selbst ums Leben, wird jedoch von

Ellison gerettet und kann mit Hilfe seiner Fotografien zur Aufklärung des Verbrechens beitragen. Diese Wendung macht deutlich, daß Lorre keine judenfeindliche Rolle spielen sollte. Daß sie dennoch so wirkte, lag daran, daß Lorre seinen Part karikierte. Der vorurteilsvolle Betrachter, der den Schauspieler als Juden erkannte, konnte die Rolle leicht als Darstellung eines "typisch jüdischen", also unsympathischen Journalisten mißdeuten. Einen Hinweis auf diese Wirkung gibt eine Notiz, die im Oktober 1933 in der *Filmwoche* erschien:

> "Aus Anlaß der Aufführung des deutschen Tonfilms *FP 1 antwortet nicht* in einem Kino in Kairo stören in Ägypten ansässige Juden planmäßig die Vorstellung. Daraufhin erscheint eine aus deutschen Nationalsozialisten, italienischen Faschisten und griechischen Royalisten gebildete Gruppe von etwa 120 Mann im Lichtspielhaus, was zur Folge hat, daß die Störer das Kino sofort verlassen und an der Kasse das Eintrittsgeld zurückverlangen. Zur Sicherung der Vorführung bleibt eine Wache von 60 Mann zurück."(9)

Damit war bewiesen, daß der Film für die antisemitische Propaganda brauchbar war.

Auch eine andere Rolle Peter Lorres gewann in der nationalsozialistischen Propaganda später noch Bedeutung: der Kindermörder Kürten in Fritz Langs Film *M* (uraufgeführt am 11. Mai 1931). Eine eindrucksvolle Szene dieses von den Nationalsozialisten verbotenen Films übernahm Fritz Hippler 1940 in seinem Pseudo-Dokumentarfilm *Der ewige Jude*. Noch einmal erschien Lorre auf der Leinwand, diesmal in der Rolle des Triebverbrechers, der seinen Anklägern voller Todesangst klarzumachen versucht, daß er nicht freiwillig, sondern aus übermächtigem Drang gemordet hat. Hippler präsentiert diesen aus dem Filmzusammenhang gerissenen Auftritt als Selbstdarstellung des Juden schlechthin, als "Beweis" für die antisemitische Behauptung, der Jude sei ein willenloses Werkzeug seiner Triebe und damit eine Gefahr für die gesittete Gesellschaft.

2.2. Erste Versuche

Schon vor 1933 überfielen SA—Leute auf offener Straße harmlose Passanten und mißhandelten sie, weil sie Juden waren, oder auch nur, weil sie wie Juden aussahen. In vielen deutschen Orten endeten die nationalsozialistischen Siegesfeiern am Abend des 30. Januar 1933 mit einem kleinen Pogrom. Zwei Monate später, am 29. März 1933, veröffentlichte der *Völkische Beobachter* einen "Aufruf an alle Parteiorganisationen der NSDAP zum Boykott gegen die Juden".(10) Darin wurde vom 1. April an die Ächtung jüdischer Geschäfte, jüdischer Waren, jüdischer Ärzte und Rechtsanwälte gefordert. Begründet wurde der Aufruf mit der "gewissenlosen landesverräterischen Hetzkampagne", die die jüdischen Emigranten vom Ausland aus angeblich gegen das deutsche Volk entfalteten. Dafür sollten die im Lande verbliebenen Juden bezahlen, denn, so hieß es, sie "mißbrauchen Tag für Tag das Gastrecht, das ihnen das deutsche Volk gewährt hat". Hitler entschuldigte diese Aktion im Reichskabinett mit dem Hinweis, sie beuge unkontrollierter

Abwehr aus dem Volke vor und verhindere Gewalttätigkeiten; doch zugleich drohte er — nach der Wiedergabe im *Völkischen Beobachter* — "das Judentum... müsse erkennen, daß ein jüdischer Krieg gegen Deutschland das Judentum in Deutschland mit voller Schärfe selbst trifft".(11) Diese erste offizielle antijüdische Aktion erwies sich jedoch als Schlag ins Wasser. Die Bevölkerung ging nicht recht mit, das Echo im Ausland war verheerend. Hitler ließ den Boykott daher stillschweigend auslaufen. Dagegen nahm die Ausschaltung der Juden aus dem öffentlichen Leben durch Gesetze und Verordnungen erst ihren Anfang.

2.2.1.　Hans Westmar — einer von vielen

Durch ihre judenfeindlichen Auftritte hatte sich die SA in der Öffentlichkeit stark in den Vordergrund gespielt. Nachdem die Nationalsozialisten die Filmherstellung in eigene Regie übernommen hatte, erwarteten die Parteigenossen auch von diesem Propagandamittel den gebührenden Tribut. Noch im selben Jahr erschienen in schneller Folge drei Spielfilme, die die Verdienste der Partei um das neue Regime durch die Glorifizierung ihrer Märtyrer hervorhoben. Am 14. Juni 1933 wurde *SA-Mann Brand* uraufgeführt (Regie: Franz Seitz), am 19. September folgte *Hitlerjunge Quex* (Regie: Hans Steinhoff). Und für den 9. Oktober war die Premiere einer Filmbiographie vorgesehen, die an den Geburtstag des ermordeten Sturmbannführers Horst Wessel erinnern sollte.(12) Doch die Vorführung wurde an diesem Tage von der Filmprüfstelle in Berlin verboten, "weil der Bildstreifen *weder der Gestalt Horst Wessels gerecht wird*, indem er sein Heldenleben durch unzulängliche Darstellung verkleinert, *noch der nationalsozialistischen Bewegung*, die heute der Träger des Staates ist. Insofern *gefährdet er lebenswichtige Interessen des Staates und das deutsche Ansehen."(13)* Dem Regisseur Franz Wenzler und seinem Drehbuchautor Hanns Heinz Ewers (der das Buch *Horst Wessel* geschrieben hatte) blieb nichts anderes übrig, als den Film umzuarbeiten. Goebbels machte eine Titeländerung zur Auflage und verlangte für die neue Fassung, daß "direkte Anspielungen auf Horst Wessel und sein Leben und Sterben" vermieden würden.(14) Das Ergebnis wurde der Öffentlichkeit schließlich am 13. Dezember 1933 unter dem Titel *Hans Westmar — einer von vielen* vorgestellt.

Alle drei Parteifilme geben den Kampf der nationalsozialistischen Parteigenossen gegen die Kommunisten während der Zeit der Weimarer Republik wieder. Alle drei schildern das untadelige Leben hitlertreuer Helden, die der Heimtücke der politischen Gegner zum Opfer fallen. In den ersten beiden Filmen treten die Kommunisten als einförmiger, geschlossener Block ohne besondere Individualität auf. In *Hans Westmar — einer von vielen* werden sie nach Gruppen geschieden und zwar in die sowjetischen Kommunisten, ihre jüdischen Helfer in Deutschland und die von ihnen verführten deutschen Arbeiter. Die Juden werden von allen drei Gruppen am deutlichsten differenziert und mit besonders vielen negativen Eigenschaften bedacht. — Dem Typus der Filmbiographie entsprechend zieht die Gestalt des Helden zunächst das Augenmerk auf sich. Dementsprechend schilderte der *Illustrierte Film-Kurier* Nr. 2034 den Inhalt des Filmes:

"Hans Westmar wird zu Beginn in seiner glücklichen Studienzeit gezeigt, in dem fröhlichen Wien, wo er beim Korps Alemannia, dann in Berlin, wo er beim Korps Nordmannia aktiv war. Er kommt zur SA, baut seinen kleinen Trupp zu einem mächtigen Sturm aus — zieht sich dadurch den wilden Haß der Kommune zu. Er erkennt seinen Weg immer klarer: um die Arbeiter ganz zu gewinnen, wird er selbst einer von ihnen, vertauscht Mütze und Schläger mit dem Spaten des Schippers. Alle Lockungen für ein großes Leben schlägt er ebenso in den Wind, wie die Warnungen vor dem Haß der Roten: er bleibt fest bei seinem Sturm, treu seinem Führer Adolf Hitler. Rote Mordbuben erschießen ihn — aber über seinem Grabe finden sich zum ersten Male Studenten und Arbeiter, einigt sich alles, was deutsch denkt: so wird Hans Westmar zu einem der Sinnbilder des nationalen Erwachens."

In auffallender Weise entspricht Hans Westmar dem Führertypus, den Hitler selbst als Ideal gepriesen hatte und den er verkörpern wollte. Westmar entsagt dem Studium, um das entbehrungsreiche Leben eines Arbeiters zu führen, setzt sich aber gleichzeitig, im Namen des Arbeiters, eine politische Aufgabe, die er mutig und pflichtbewußt erfüllt. Dieser Aufgabe opfert er sogar die enge Bindung an seine Mutter und versagt sich jede mehr als kameradschaftliche Beziehung zum anderen Geschlecht. Die Frauen, die ihn lieben — die Amerikanerin Maud und die Ex-Kommunistin Agnes — teilen diesen politischen Idealismus und billigen Westmars Zurückhaltung auf privatem Gebiet ebenso klaglos wie die Mutter.

Eigentlicher Gegenspieler des Helden ist der Herr des Berliner Karl-Liebknecht-Hauses, ein Bolschewist mit mongolischem Gesichtsschnitt und stets unbewegter Miene — ein "asiatischer Kommune-Golem", (15) wie die Zeitschrift *Film-Kurier* den Darsteller Paul Wegener taufte (wohl in Erinnerung an dessen Stummfilmrolle *Der Golem*). Dem Moskowiter ist der Führer der Berliner KP, Camillo Roß, beigestellt, der im Verlauf der Filmhandlung die Praktiken seiner Partei mit wachsendem Abscheu betrachtet und am Ende zu den Nationalsozialisten übergeht. Die Arbeit dieser beiden (vom Film erfundenen) Männer wird "unterstützt von einer haßspeienden Jüdin, von charakterfreien Intellektuellen, gläubigen verführten Arbeitern und von Mordgesindel, Verbrechern, Kaschemmenleuten, Ringvereinen, Hehlern."(16) Die Jüdin, die "hetzende Parteifunktionärin" Cohn, übernimmt den für den Ausgang des Films wichtigsten Part: sie überwacht die Arbeitertochter Agnes, die Westmar nachspionieren soll, sie engagiert seine Mörder, indem sie mit der Parole "Proletarier aller Länder, besauft euch!" Rotfrontkämpfer im Wirtshaus freihält, und sie führt die Verbrecher, als Agnes aus Liebe versagt, selbst zu ihrem Opfer. Aussehen und Auftreten der Jüdin weisen sie gleichzeitig als eine Karikatur der emanzipierten Frau aus; ihr Gegentypus ist vor allem Maud, das blonde junge Mädchen, das den deutschblütigen Vater auf seiner Europareise begleitet und an Westmars Schicksal stillen Anteil nimmt.

Zu den geheimen Drahtziehern des Verbrechens gehört ferner der (erfundene) kommunistische Reichstagsabgeordnete Kupferstein, ein sächsisch näselnder Jude mit gebogener Nase, grauem Kraushaar und funkelnden Brillengläsern. Bei einer spektakulären Kommune-Versammlung, zu der auch SA—Leute, unter ihnen Hans Westmar, als Gäste mit Redeerlaubnis eingeladen sind, "geifert" Kupferstein "gegen alles, was nicht bolschewistisch ist und trägt in hohen Tönen Wut und Haß in die Versammlung". Gestikulierend nennt er Hitler einen "Operettentenor", einen "irrsinnigen Don Quichotte", aber als die Kommunisten plötzlich eine Saalschlacht gegen die Nationalsozialisten anzetteln, verschwindet er unauffällig, bis die Schutzpolizei den Saal räumt. Vor den Augen eines staunenden Polizeibeamten kriecht Kupferstein unter dem Rednerpult hervor, "stellt sich großartig als Reichstagsabgeordneter vor und darf unbehelligt davongehen". Damit entspricht der Jude dem Propagandaklischee des feigen Parlamentariers, der nur mit Worten Mut beweist, in der Stunde der Gefahr aber nur an den Schutz der eigenen Person denkt und sich jeglicher Verantwortung entzieht. Zur Feigheit gesellen sich Unmenschlichkeit und Mordgier. Mit Drohungen macht sich Kupferstein die Jungkommunistin Agnes gefügig, um sie als Spionin abzurichten. Nach dem Attentat auf Westmar äußert er sich in der Kommunebesprechung besorgt darüber, daß die Ärzte den Schwerverletzten möglicherweise gesundpflegen könnten. Eilfertig nimmt er daher den Auftrag seines Moskauer Chefs an, einen Anschlag im Krankenhaus vorzubereiten, und gibt dadurch ungewollt dem Kommunisten Roß den letzten Anstoß, der Partei den Rücken zu kehren. Die Bereitwilligkeit des Juden, einen hilflosen Kranken meucheln zu lassen, hat auch den Sinn, den Überfall der Kommune auf den Leichenwagen Westmars psychologisch vorzubereiten — eine Szene, die während der Dreharbeiten auf die Journalisten grossen Eindruck machte. Der Berichterstatter der Fachzeitschrift *Der Film* schrieb:

"Schlicht und gradlinig geht die SA ihre Straßen, hinterhältig und gemein stehen Fremdrassige und verhetzen das deutsche Volk und — schaffen den, der ihnen nicht genehm ist, aus dem Wege... Selbst vor der Majestät des Todes schreckt dieser vertierte Mob nicht zurück — der Leichenwagen wird gestürmt. Die einzelnen Szenen sind zu gewaltig, als daß man sie mit Worten beschreiben könnte."(17)

Durch eine solche Formulierung ist klargestellt, wer die "heulende Masse", das "rote Gesindel"(18) dirigiert und auf wessen Konto die Schandtaten des Pöbels zu schreiben sind — der Schuldige ist stets der "fremdrassige" Jude. Der Film versäumt aber nicht, nebenbei darauf hinzuweisen, daß der jüdische "Volksverhetzer" nicht nur im Verschwörerkeller und auf der Straße, sondern auch im Hörsaal der Universität zu finden ist. Der jüdische Professor, der vor seinen Studenten den Versailler Vertrag als Garantie des Friedens preist und das neue Weltbürgertum verkündet, vertritt den Intellektuellen, den der *Völkische Beobachter* um 1930 mit besonderer Vorliebe anzugreifen pflegte. Die Worte dieses Professors empören Westmar so sehr, daß er das Studium abbricht. "Er bleibt freilich der einzige, der in diesem Kreise pazifistisches Salbadern als Gefahr spürt..."(19) Und geschickt blendet der Film von den enthusiastischen Worten des Professors, "Die Waffen nieder!", über zu dem Ruf "Die Waffen hoch!", der bei einer Mensur der Burschenschaftler in einem Pauklokal ertönt.

Die ausführliche Darstellung verschiedener Judentypen gab dem Film die Möglichkeit, die kommunistischen Arbeiter als Opfer der Juden zu entschuldigen. Dadurch vermied er die Unterstellung, der Arbeiter des Jahres 1933 sei — vielleicht immer noch — kommunistisch beeinflußt und nicht regierungstreu. Dazu bemerkte ein Kritiker:

> "Als besonders angenehm wird die versöhnende Note empfunden, die durch diesen Film geht. Der deutsche Arbeiter ist nicht schlecht, er ist verhetzt, fremdrassige und auch sogenannte 'Deutsche' versuchten, mit aller Gewalt die Menschen in eine fremdartige Weltanschauung zu zwängen. Der Arbeiter hat zurückgefunden zu seinem Deutschtum — und ein Tor, der ihm heute nicht verzeiht. Aber kein Pardon den 'Intellektuellen die das Deutsche Reich in den Abgrund zu stürzen versuchten..." (20)

Der jüdische Bürger ist damit zum Fremdling abgestempelt, der angeblich von aussen in das deutsche Volk eingedrungen ist, um Zwietracht zu säen zwischen Arbeitern und Regierung. Seine Zugehörigkeit zur Volksgemeinschaft wird geleugnet. Diese Tendenz wird durch die schon von Hitler propagierte Gleichsetzung von Juden und Bolschewisten noch verstärkt, wobei der von der Filmpropaganda bevorzugte Typ des galizischen Juden den Betrachter vergessen lassen soll, daß die deutschen Juden durchaus keine homogene "Rasse" darstellten.

Die Verschiedenheit von Juden und "Ariern" ist in *Hans Westmar* bis ins Optische verdeutlicht. Der Held bewegt sich unter freiem Himmel, in lichtdurchfluteten Räumen. Die Kommune hingegen tagt in einem düsteren Keller. Der Moskowiter verläßt das Karl-Liebknecht-Haus nie, seine Genossen halten sich im Schatten der Häuser oder in stickigen Kneipen auf. Wie Ratten scheuen sie das Licht, gehen nur in Gruppen zu feigem Angriff vor, morden im Finstern (21) und verschwinden wieder in ihren "Löchern". Ein Journalist, der die Szene der Beerdigung während der Dreharbeiten beobachtete, schilderte seinen Eindruck: "Wie eine Rattenschar bricht die rote Flut gegen den Leichenwagen vor..." (22) Die Ratten blieben im Vokabular der antisemitischen Propaganda ein Synonym für die Juden. Fritz Hippler hat es in seinem Film *Der ewige Jude* später bildhaft übernommen, indem er Aufnahmen von Rattenherden und von Ghettojuden aufeinanderfolgen ließ. Der Sinn dieser Diffamierung ist in einem Lehrheft ausgesprochen, das für die Vorführung des Films *Hans Westmar* in den Schulen Material liefern sollte. Es heißt dort:

> "Im scheinbaren Sieg der KPD. — mit dem Tode Westmars — schürzen sich die drei Handlungen zum Knoten: Die Lösung liegt im überzeugenden, überwindenden Opfer, im tiefen Sinn des Beispiels, das nicht etwa Zaudernde zu Feigen machte, sondern das dem großen Gedanken immer neue Gläubige zuführt,

die dann gemeinsam am 30. Januar 1933 durchs Brandenburger Tor ziehen: 'Die Fahne hoch'."(23)

An der Bosheit der Juden gemessen, gewinnen die Tugenden der anderen an Leuchtkraft. Zugleich erhält der Kampf gegen den Volksfeind die Bedeutung eines "heiligen Krieges", die Größe des Einsatzes aber rechtfertigt jede Kampfmethode. Doch der Zweck des Films sollte sich nicht im Lehrbeispiel erschöpfen, das verrät die Rezension in der *Filmwoche:*

"...es wird der Hinweis verbreitet, daß das Gesicht des Films, die regieliche Auffassung und die Grundtendenz des Filmwerkes sei, hauptsächlich außerhalb Deutschlands darüber Aufklärung zu verschaffen, gegen welche Widerstände der deutsche Aufbauwille sich durchzusetzen hatte; nicht innerhalb Deutschlands die Gesinnungen zu ändern, sei heute mehr nötig, sondern das Ausland in einer für uns günstigen Weise zu beeinflussen."(24)

Angesichts der "haarsträubenden Bilder bei Westmars Beerdigung" sprach auch der Kritiker von Beulwitz im *Völkischen Beobachter* seine Hoffnung aus,

"daß auch das *Ausland* uns zu verstehen beginnt. Und in dem Maße, wie es damit anfängt, wird es aufhören, noch länger sein Ohr dem widerlichen Geifer zu leihen, der von den gottlosen Lippen von 'Flüchtlingen' tropft, die jene infernalischen Straßenschlachten aus demselben Hinterhalt lenkten, aus dem sie bis jetzt noch als politische Heckenschützen wirken."(25)

Es ist anzunehmen, daß dieser "Hinweis" nicht vom Propagandaministerium, sondern von der Parteileitung ausgegangen war. Er kennzeichnet die Nervosität, mit der die Propagandisten der Partei auf das schlechte Echo der antisemitischen Unternehmungen aus dem Ausland reagierten. Goebbels lehnte SA—Filme allgemein (26) und diesen im besonderen ab. In einem Interview (27) nach dem Verbot des Horst-Wessel-Films sprach er der vorgelegten Fassung künstlerische Qualität und historische Treue ab, erregte sich über die Sentimentalität des Films und ließ nur die Musik und die Massenszenen als "hervorragend" gelten. Auf die Frage, ob der Film überarbeitet werde, antwortete er zunächst ausweichend: "Ich bezweifle, daß es überhaupt schon an der Zeit ist, dieses Thema zu gestalten." Auch von einer möglichen Auslandswirkung versprach er sich anscheinend nichts, denn den Hinweis des Interviewers, das Filmprojekt habe in der Auslandspresse schon Vorschußlorbeeren erhalten, wehrte er als unwesentlich ab.

Erst Wochen später wurde bekannt, daß er der Überarbeitung doch zugestimmt hatte.(28) Anscheinend hatten die Berliner SA-Führer ihre eigene Meinung durchgesetzt. Ihnen hatte schon der Horst Wessel-Film gefallen; eine Probevorführung knapp einen Monat vor dem Verbot hatte, wie die Zeitschrift *Licht-Bild-Bühne* mitteilte, "bei allen Anwesenden uneingeschränkten Beifall" ausgelöst.(29) Wahrscheinlich hatte sich auch Hitler gegen die Mythisierung der Partei gewandt, zumal sich sein Verhältnis zur SA zunehmend abkühlte. Nach Hans Westmar wurde kein Parteifilm mehr gedreht. Dennoch erfreute sich das Werk später staatlicher Wertschätzung — kurz vor Kriegsbeginn wurde es als politischer Aufklärungsfilm in den Schulen eingesetzt.(30)

☆

Ähnlichkeit mit *Hans Westmar — einer von vielen*, auch im Hinblick auf die Verquickung von Antikommunismus und Antisemitismus, wies der Film *Um das Menschenrecht* auf, mit dem ein prominentes SA-Mitglied, "ein Künder von deut-schem Fronterleben und Soldatentum",(30,1) Hans Zöberlein, als Autor und Regisseur seiner eigenen Rolle als Freikorpskämpfer ein Denkmal setzte. Das Werk, das unter der Schirmherrschaft der Nationalsozialistischen Kriegsopferversorgung entstand, wurde am 28. Dezember 1934 uraufgeführt.

Nach dem Waffenstillstand 1918 kehren vier Kriegskameraden in ihre Heimat zurück, finden sich aber nicht mehr zurecht, denn "das Land stöhnt unter dem Druck roten Terrors".(30,2) Einer von ihnen, der Schuhmachersohn Hans Krafft (Hans Schlenck), der mitten im Studium zum Wehrdienst einberufen worden war, versucht vergeblich, irgendwo Arbeit zu finden. Auf einer Baustelle erklärt ihm ein Vorarbeiter, nur gewerkschaftlich Organisierte könnten irgendeine Stelle finden. Der jüdisch aussehende Chef einer Siedlungsgesellschaft, die Eigenheime baut, stellt die Bedingung, daß sich jeder Bewerber im Geschäftsinteresse der Firma irgendeiner politischen Partei anschließen müsse: "Am besten der Mehrheitspartei. Ihr Vorgänger war in drei Parteien!" (Filmdialog) Eine anschließende Traumszene zeigt, welches Bild die Weimarer Republik Menschen wie diesem jungen Studenten bietet. Während sich der Schlafende, wie von Alpträumen gepeinigt, unruhig auf seinem Bett hin- und herwälzt, sind in Doppelbelichtung in der Halbnahen links und rechts im Bild die Gestalten der verschiedenen Parteien und Interessengruppen zu sehen, die das politische Durcheinander einer pluralistischen Gesellschaft zeigen sollen. "Nur die Arbeit kann uns retten!" ruft ein unsympathischer älterer Bürger mit schneidender Stimme —"Sozialisierung! Generalstreik!" verlangt ein kommunistischer Arbeiter — "Freie Bahn dem Tichtijen!" fordert ein feister Geschäftsmann höhnisch, durch Akzent und krumme Nase als Jude ausgewiesen, und kommt — nach dem Ruf einer eifernden Frau "Religion in Gefahr!" — mit dem Einwurf "Wirtschaft! und Demokratie!" als einziger noch ein zweitesmal zu Wort. Zum Schluß der Szene erscheint der Schläfer wieder deutlich im Bild. Er murmelt:"Ich will von Politik nichts wissen. Ich will Arbeit!" (Filmdialog) — Nach diesem Traum meldet sich Hans Krafft zum Freikorps; "nicht politische Beweggründe treiben ihn, sondern allein die Erkenntnis, daß die Heimat im bolschewistischen Wahnsinn zugrunde gehen muß" (Illustrierter Film-Kurier).

Noch bösartiger fällt eine andere Sequenz aus. Ein nationalgesinnter Arzt versucht während der Zeit der Münchener Räterepublik ein lokales Kommando der Roten Armee, dessen Mitglieder er persönlich kennt, zur Freilassung einer verhafteten Frau zu bewegen, die laut ihre Unschuld beteuert. Schließlich fragt er die Männer: "Warum macht Ihr denn diesen Wahnsinn mit? Ihr wart doch alle Soldaten!" Er

37

bekommt zur Antwort: "Ja, war mer. — Vier Jahre lang. — Und man hat uns betrogen. — Um unser Recht. — Dagegen wehren wir uns. — Wir sind keine Menschen zweiter Klasse. — So ist es." Da mischt sich ihr Anführer mit der Bemerkung ein: "Sehr richtig, Genossen! Was weiß ein Bourgeois von Menschenrecht!" Der Arzt erwidert mit verächtlicher Betonung: "Ich habe mit Frontkameraden gesprochen und nicht mit Juden!" (Filmdialog) und geht hinaus. Der als Jude gekennzeichnete Anführer winkt zwei Soldaten herbei und befiehlt ihnen, den Arzt zu erschießen. Nach anfänglichem Zögern folgen sie. Gleich darauf hört man Schüsse fallen. — Dieser jüdische Kommissar (Werner Scharf), der von zwei russischen Agentinnen begleitet wird, spielt auch in anderen Szenen eine Rolle. So weist er bei einer Versammlung der Roten Armee nach Beginn der Umzingelung Münchens alle Forderungen nach Verhandlungen zurück und betätigt sich als Einpeitscher eines sinnlosen Widerstandes.(30,3) "Sinnloses Schießen fordert unschuldige Opfer, bis es dem Freikorps gelingt, mit ihrer energischen Führung und besseren Kampfordnung den Aufstand niederzuwerfen." (Illustrierter Film-Kurier). Während die drei anderen Kriegskameraden als Auswanderer die Heimat verlassen, findet der Freikorpskämpfer Hans Krafft den Lohn für seine Mühe in seiner "jungen scheuen Liebe" zu einem Mädchen namens Berta Schön (ebenda).

2.2.2. Petterson und Bendel

Nach dem Judenboykott von 1933 bot erst der Reichsparteitag 1935 in Nürnberg der Öffentlichkeit wieder ein antisemitisches Schauspiel. In seiner Rede am 15. September verkündete Hitler überraschend drei Gesetze, von denen zwei gegen die jüdischen Bürger gerichtet waren; sie wurden als "Nürnberger Gesetze" bekannt.(31) Das erste, "Reichsbürgergesetz" genannt, stufte die Juden — getreu den Ausführungen Hitlers in *Mein Kampf* (32) — in die mindere Gruppe der "Staatsangehörigen" ein. Nur derjenige, der den Ariernachweis erbringen konnte, sollte künftig vor dem Gesetz als "Reichsbürger" gelten. Das "Gesetz zum Schutze des deutschen Blutes und der deutschen Ehre" verbot darüber hinaus Eheschließungen und überhaupt jegliche intimen Beziehungen zwischen Juden und "Staatsangehörigen deutschen oder artverwandten Blutes". Auf Hitlers ausdrücklichen Wunsch wurden "Halbjuden", dh. Bürger mit einem jüdischen Elternteil, einbezogen.(33) (Diesem Gesetz folgten bis 1943 noch 13 Durchführungsverordnungen, die die deutschen Juden nach und nach völlig rechtlos machten.) Hitler erklärte in seiner Rede, die Gesetze seien Vergeltungsmaßnahmen für die "erneute Boykotthetze" der Emigranten und für die "Provokationen" der im Reich verbliebenen Juden; gleichzeitig drohte er eine "neue Überprüfung der Lage" an für den Fall, daß sich die Juden nicht ruhig verhielten.(34) Er befahl allerdings der Partei, "jede Einzelaktion gegen Juden wie bisher zu unterlassen".(35) Offenbar hoffte Hitler, dadurch das Ausland versöhnlich zu stimmen.

Auch in den folgenden Jahren hielt sich die antisemitische Propaganda, verglichen mit der späteren Zeit, in Grenzen. Hitler lag viel daran, die März 1936 geplante

Remilitarisierung des Rheinlandes nicht zu gefährden und auch die im selben Jahr in Berlin stattfindende Olympiade nicht in Schwierigkeiten zu bringen. Bis 1938 gab es im Programm der Lichtspieltheater keinen deutschen Film mit antisemitischer Tendenz. Über die Gründe für diese Zurückhaltung lassen sich nur Spekulationen anstellen, Hitlers politische Pläne erklären sie nicht allein. Es scheint, als habe es an geeigneten Drehbüchern gefehlt — Goebbels Unwille über den Horst Wessel-Film hatte ja gezeigt, wie kritisch er der Behandlung politischer Themen gegenüberstand. Daß ihm antisemitische Filmpropaganda jedoch keineswegs unwillkommen war, verrät die eigenartige Aufgabe, die der schwedische Film *Petterson und Bendel* als antisemitischer Lückenbüßer gleich zweimal —1935 und 1938— übernehmen mußte. Das *Reichsfilmarchiv* gab folgende Inhaltsbeschreibung mit dem Vermerk "Der Film weist eine antijüdische Tendenz auf":

"Der junge Arbeitslose Petterson macht am Hafen die Bekanntschaft des aus Schweden ausgewiesenen Juden Bendel, der eben als blinder Passagier wieder zurückgekommen ist. Bendel gelingt es, Petterson, den er als Aushängeschild benutzen will, als Kompagnon zu gewinnen. Durch Bendels meist nicht einwandfreie Geschäfte und Spekulationen kommen beide allmählich zu Geld und einer Firma. Geschickt versteht es der Jude, sich immer wieder dem Zugriff der Polizei, die ihn schon lange sucht, zu entziehen. Petterson, der bisher die Machenschaften des Juden nicht durchschaute, kommt durch einen Zufall schließlich doch dahinter, als Bendel versucht, ihn seiner Braut Mia zu entfremden und mit dem Geld der Firma und seinem Paß das Weite zu suchen. Er erreicht ihn im letzten Augenblick auf dem Schiff, nimmt Bendel seinen Anteil und Paß wieder ab und baut sich mit Mia ein neues Leben auf. (RFA Nr.2303)

Der Umstand, daß die Rolle des Bendel von dem jüdischen Schauspieler Sammy Friedman gespielt wurde, genügte, um den Film *Petterson und Bendel* (36) in Deutschland als antijüdisches Lustspiel herauszubringen. Am 14. Juli 1935, zwei Monate vor der Verkündung der sogenannten "Nürnberger Gesetze", teilte der *Völkische Beobachter* mit, das Werk sei als erster ausländischer Film in Originalfassung von der Filmprüfstelle mit dem höchsten Prädikat "staatspolitisch wertvoll" ausgezeichnet worden.(37) Den Grund verriet eine in derselben Ausgabe abgedruckte Rezension; ihr (namentlich nicht genannter) Verfasser bezeichnete den Film als einen "neuen praktischen Beweis" für die "skrupellose jüdische 'Tüchtigkeit', die jeden normal empfindenden arischen Menschen anwidert" und die sich auch darin zeige, daß "beide in diesem Stück auftretenden und nicht in günstigem Licht geschilderten Juden nicht etwa von zurechtgeschminkten Ariern, sondern von zwei Originalvertretern des auserwählten Volkes, Sammy Friedman und Manne Grunberger, mit einer Echtheit, die nichts zu wünschen übrig läßt, gespielt werden".

Bei einer voreingenommenen Betrachtungsweise, die durch die deutschen Untertitel unterstützt wurde (38), ließ sich aus der Rolle Bendels ein Katalog "typisch jüdischer" Eigenschaften ablesen. Schon die illegale Einreise macht Bendel im

Film verdächtig; so heißt es in *Das Programm von Heute*(39): "Sieben Mal war er schon unter den verschiedensten Namen in Schweden und sieben Mal wurde er herausgeschmissen — jetzt will er sich mit einem richtigen Schweden zusammentun, um gemeinsam erfolgreiche Geschäfte zu machen — dann wird man ihn schon in Ruhe lassen". Das bestätigt die antisemitische Vorstellung vom charakterlosen, hartnäckigen Juden, den kein Hinauswurf schreckt, der sich nicht abschütteln läßt. Hinzu kommt die Stereotype des "Parasiten": Petterson lädt Bendel zum Frühstück bei seiner Freundin Mia ein, und schon folgt ihm der Jude auf Schritt und Tritt, um seinen Vorteil zu erspähen. Auch das Klischee des "jüdischen Drahtziehers" fehlt nicht: Bendel macht Geschäfte mit wertlosem Plunder, tritt dabei aber nicht selbst als Geschäftsmann auf, sondern schiebt den vertrauenerweckend aussehenden Petterson vor. Auf die Gefühle seiner Mitmenschen nimmt der "typische" Jude dabei keine Rücksicht: Nur weil er eine gewinnbringende Geschäftsverbindung wittert, versucht Bendel, Petterson mit der reichen Firmeninhaberin Agda zu verkuppeln. Dabei nutzt er die Verliebtheit der Geschäftsfrau schamlos aus. Sobald eine Situation jedoch für ihn unangenehm wird, kommt die "jüdische Feigheit" zum Vorschein: Petterson gerät mit einem Muskelprotz in eine handgreifliche Auseinandersetzung, und "jammernd schaut Bendel — auf einem Regal hockend — zu, wie das gute Büromobiliar zusammengeschlagen wird." (*Programm von Heute*) Schließlich wiederholt der Film die antisemitische These, daß der Jude danach strebt, sich als Arier auszugeben, um über sein wahres Wesen und seine finsteren Absichten hinwegzutäuschen. Gegen Schluß des Films sucht Bendel nicht nur mit dem Geld, sondern auch mit dem Paß des Schweden das Weite (er wird freilich im letzten Moment noch eingeholt).

Ähnlich klischeehaft ist auch die Rolle des Ariers Petterson angelegt. Nur seine Gutmütigkeit verleitet ihn dazu, sich mit dem jüdischen Betrüger einzulassen. Als argloser Mensch läßt er sich von Bendel überlisten und hinters Licht führen, am Ende siegt er aber durch seine Anständigkeit. Petterson zerstört das fein eingefädelte Intrigenspiel des Juden, indem er Agda die Wahrheit bekennt. Und er vergißt alle Geschäftsinteressen, als er Mia in Gefahr glaubt.

Eine solche Filmhandlung mußte, auch wenn sie ursprünglich keineswegs antisemitisch gemeint war, in einer vergifteten Atmosphäre judenfeindlich wirken. Das Publikum faßte den Film *Petterson und Bendel* in diesem Sinne auf. In seinem Premierenbericht teilte der *Völkische Beobachter* mit: "In den Beifall mischten sich Pfiffe wieder frech gewordener Juden und Judenfreunde — jedoch nur, solange es im Kino dunkel blieb." Von diesem Vorfall hat auch Hitler erfahren. In seiner Reichstagsrede am 15. September 1935 in Nürnberg, in der er die judenfeindlichen Gesetze verkündete, äußerte er sich erbost über die "innerdeutsche jüdische Hetze", die plötzlich wieder aufgelebt sei:

"Aus zahllosen Orten wird aufs heftigste geklagt über das provozierende Vorgehen einzelner Angehöriger dieses Volkes, das in der auffälligen Häufung und der Übereinstimmung des Inhalts der Anzeigen auf eine gewisse Planmäßigkeit der Handlungen schließen läßt. Dieses Verhalten steigerte sich bis zu Demonstrationen, die in einem Berliner Kino gegen einen an sich harmlosen ausländischen Film stattfanden, durch den sich aber die jüdischen Kreise gestört glaubten."

Hitler schloß:

"Soll dieses Vorgehen nicht zu sehr entschlossenen, im einzelnen nicht übersehbaren Abwehraktionen der empörten Bevölkerung führen, bleibt nur der Weg einer gesetzlichen Regelung des Problems übrig."

Er wartete die Wirkung seiner Drohung jedoch nicht ab, sondern machte die Art der "gesetzlichen Regelung" gleich im Anschluß an diese Rede bekannt. Diese Reaktion bestätigt den Verdacht, den schon der Termin der Filmpremiere wecken muß: *Petterson und Bendel* wurde in Ermanglung passender deutscher Produktionen als Propagandafilm eingesetzt, um dem Publikum unter dem Schein einer harmlosen Komödie die Notwendigkeit der "Nürnberger Gesetze" klarzumachen. Nach einiger Zeit verschwand der Film wieder vom Spielplan der Kinos, vermutlich verhinderte die deutsche Untertitelung, die vom Publikum nie sehr geschätzt wird, den gewünschten Erfolg.

In den folgenden Monaten hielt sich Hitler, wie erwähnt, mit antisemitischen Äußerungen sehr zurück. Nicht einmal die Ermordung des Landesgruppenleiters Wilhelm Gustloff durch einen Juden in der Schweiz brachte ihn dazu, aus der selbstgewählten Rolle zu fallen. Bei der Beisetzung des Ermordeten am 12. Februar 1936 erhob er Gustloff zwar zum "Märtyrer der Bewegung", verwies auf den jüdischen Attentäter aber nur beiläufig.(42) Ganz anders sah 1938 die Reaktion auf das jüdische Attentat in Paris aus, obwohl sich die Umstände kaum unterschieden. Schon im Herbst 1937 hatte Hitler in seinen Reden die judenfeindlichen Attacken wieder aufgenommen. Auf einer Massenkundgebung in Hamburg am 29. März 1938 (unmittelbar nach dem Stapellauf des "KdF"-Schiffes "Wilhelm Gustloff") prophezeite er: "Unbarmherzig werden diejenigen ausgerottet, die in der Zersetzung die Grundlage ihrer Politik sehen".(43) Mit dem Pogrom am 9. November 1938 begann die Ausführung dieses Vorhabens. Anlaß dazu bot die Nachricht vom Tode des Gesandtschaftsrats Ernst vom Rath, auf den der 17jährige Herschel Grünspan im Gebäude der deutschen Botschaft in Paris geschossen hatte. Wieder hielt sich Hitler im Hintergrund und überließ die Aktion zur Bestrafung der Juden den Parteileitungen, dem Sicherheitsdienst und der Geheimen Staatspolizei. Nach einem Bericht, den Reinhard Heydrich am 11. November an Göring sandte (44), wurden in der sogenannten "Kristallnacht" 36 Juden getötet, 36 verwundet; über 20.000 Juden kamen in "Schutzhaft", und fast die Hälfte von ihnen wurde in das Konzentrationslager Buchenwald gebracht. Außerdem wurden 191 Synagogen in Brand gesteckt, 76 demoliert sowie zahlreiche Wohnungen und Geschäfte ausgeplündert und zerstört. Ein Parteigericht schloß fünf Parteimitglieder wegen Mord, Vergewaltigung und Diebstahl aus, die Schuldigen wurden aber nicht strafrechtlich verfolgt.(45)

Am 12. November berief Göring eine interministerielle Besprechung im Luftfahrt-ministerium ein, getreu dem Auftrag des "Führers", "wonach die Judenfrage jetzt einheitlich zusammengefaßt werden soll und so oder so zur Erledigung zu bringen ist".(46) Am selben Tage noch wurden drei neue Anordnungen im *Reichsgesetzblatt* (47) verkündet: die Juden wurden aus dem Wirtschaftsleben entfernt, sie hatten eine Milliarde Reichsmark als "Sühneleistung" an das Reich zu zahlen (dies sollte eine "Kollektivstrafe" für das Attentat sein), und sie mußten die durch die Ausschreitungen angerichteten Schäden wiedergutmachen, durften sich aber nicht an ihre Versicherungen halten. Gleichzeitig überwies die Konferenz die Ausarbeitung weiterer judenfeindlicher Maßnahmen an besondere Ausschüsse. Schließlich veranlaßte die Konferenz, daß die Auswanderung der Juden forciert wurde, und zwar nicht, wie Heydrich wünschte, gegen ein hohes "Lösegeld" des Auswanderers und den Verlust seines Vermögens, sondern, wie Göring vorgeschlagen hatte, gegen eine in fremder Währung zu entrichtende (Kauf-) Summe.

Wenige Wochen nach der "Kristallnacht", am 2. Dezember 1938, fand in Berlin überraschend die "Uraufführung" der deutschen Synchronfassung von *Petterson und Bendel* statt. Abermals beschäftigten sich die Kritiker mit dem Film. Hans Martin Cremer schrieb im *Völkischen Beobachter*:

"Der jüdische Händlergeist wird in einer aus dem Alltag genommenen Fabel geschildert, die duckmäuserische Skrupellosigkeit des Juden in lebensechten Bildern gezeigt, die Feigheit der Rasse an einem besonders scheußlichen Exemplar vor Augen geführt. Die deutsche Sprachfassung ist wunderbar gelungen. Es entstand ein Film, der Aufklärung über eine Lebensfrage der Völker im Rahmen einer Handlung aus der Lebenswirklichkeit bringt. Er gibt in seinem kleinen Bezirk eine Antwort auf eine Frage, die Führung und Volk in Deutschland endgültig entschieden haben."(48)

Die Worte "Es entstand ein Film..." verraten ungewollt, welch bedeutenden Anteil die Synchronisation an der Umwandlung der schwedischen Komödie hatte. Auch die Neufassung erhielt das Prädikat "Staatspolitisch wertvoll". Noch einmal mußte *Petterson und Bendel* als Hetzfilm herhalten, diesmal, um die Zerstörung der Synagogen, der jüdischen Geschäfte und Wohnungen und die Massenverhaftungen jüdischer Bürger zu rechtfertigen. Jetzt reagierten die Betroffenen nicht mehr mit Pfiffen und Protest, diese Möglichkeit wäre nun auch im dunklen Kino lebensgefährlich gewesen. — Goebbels scheint mit der deutschen Überarbeitung des schwedischen Films *Petterson und Bendel* sehr zufrieden gewesen zu sein, denn der erste antisemitische Film, den er selbst herstellen ließ, die Gaunerkomödie *Robert und Bertram*, war nach dem gleichen Muster geschnitten.

☆

Auch in der Zeit der relativen antisemitischen Zurückhaltung war es den Filmherstellern keineswegs verboten, Judenrollen ins Filmgeschehen einzubauen, wo ihnen das passend erschien. Ein Beweis dafür ist der Spionage- und Abenteuerfilm

Mit versiegelter Order, der mehr als ein Dreivierteljahr vor der "Kristallnacht", am 14. Januar 1938, uraufgeführt wurde. Warum sich Männer wie die Drehbuchautoren Felix von Eckardt und Georg C. Klaren und der Regisseur Karl Anton dazu hergaben, sich mit einem einmaligen Beitrag an der antisemitischen Filmproduktion zu beteiligen — wie manche andere ihrer Kollegen — ist nicht klar. Immerhin bewährte sich Hans Stiebner in der Rolle des zwielichtigen Kantinenpächters Ibrahim Speere als ein so brauchbarer Judendarsteller im nationalsozialistischen Sinne, daß er später in *Die Rothschilds* eine recht bedeutende Aufgabe erhielt.

In einem kleinen Land im fernen Asien entbrennt zwischen einer deutschen Interessengruppe und einem internationalen Konsortium ein erbitterter Konkurrenzkampf um die Auswertung der Bodenschätze. Der deutschfeindlichen Gegenseite gelingt es bald, den "Allerweltsgeschäftemacher"(48,1), Ibrahim Speere (Hans Stiebner), der in seiner Kantine die im Lager lebenden Arbeiter versorgt und nebenher mit gepanschten Spirituosen handelt, für dunkle Pläne zu gewinnen. Speere kommt es sehr gelegen, daß sein Barmädchen Margot (Tatjana Sais), "eine gestrandete Europäerin", sich in den tüchtigen deutschen Ingenieur Keßler (Paul Hartmann) verliebt hat, der gelegentlich in seiner Freizeit in die Bar kommt. Als ein Neffe des deutschen Gesandten, Willi Reinhardt (Victor de Kowa) bei den Bohranlagen auftaucht, zwingt Speere das Barmädchen, den etwas leichtsinnigen jungen Mann auszuhorchen, was ihr allerdings nicht glückt. Auch der Versuch des Wirts, mit Hilfe einiger minderwertiger Kreaturen, die sich in der Kantine treffen, Aufruhr unter die deutschen Arbeiter zu tragen, schlägt fehl. Ein anderes Komplott geht erfolgreicher aus: Als Keßler, der sich inzwischen der deutschen Botschaftssekretärin Irmgard (Suse Graf) zugewandt hat, sich von Margot dazu bewegen läßt, zu ihr in die Bar zu kommen — sie will ihm angeblich von einem Sabotageversuch berichten — findet er das Barmädchen erstochen vor und wird nun selbst des Mordes beschuldigt. Weil damit auch das fast abgeschlossene Unternehmen der Deutschen in Gefahr gerät, will sich Keßler schon schuldig bekennen, denn "Ein Werk ist wichtiger als ein Mensch". Da tritt Reinhardt voll Opferbereitschaft an seine Stelle, schreibt ein glaubwürdiges Geständnis und begeht Selbstmord. Damit hat die Gegenseite, die den Mord in Wahrheit auf dem Gewissen hat, das Spiel endgültig verloren. — Obwohl der Wirt während des Filmgeschehens nie als Jude bezeichnet wird, ist er doch durch Aussehen, Gestus und Redeweise als solcher deutlich genug vorgestellt. Hinzu kommt der Name —"Ibrahim" ist die arabische Form von "Abraham". Außerdem distanziert sich der deutsche Ingenieur von Speere und seinen Gesinnungsgenossen mit der Bemerkung, daß "solche Leute" für ihn keine Gesprächspartner seien — ein Verhalten, das auch in den späteren Filmen für den rassebewußten Arier typisch ist.(48,2)

☆

Gegen Ende des selben Jahres 1938, noch ehe Goebbels mit der Herstellung betont antisemitischer Filme begann, lief ein Film an, dessen Handlung einmal wieder in die Zeit der Weimarer Republik führte und analog zu *Hans Westmar* —

einer von vielen und *Um das Menschenrecht* die Heldenverehrung bestimmter nationalsozialistischer Gruppen wiederaufnahm. Karl Ritter schilderte in

2.2.3. Pour le mérite

den Aufbau der deutschen Luftwaffe und leistete dabei in einer einzelnen Episode seinen persönlichen Beitrag zur Judendarstellung im nationalsozialistischen Film. Ritter war zu diesem Zeitpunkt bereits ein bekannter und vielgerühmter Regisseur (49) und galt als Schöpfer des "Zeitfilms". Was er unter dieser Bezeichnung verstand, hatte er in einem Interview erklärt, das die *Filmwelt* im Mai 1938 abdruckte:

> "Der reine Unterhaltungsfilm gehört zur Etappe im heutigen Aufmarsch der weltanschaulichen Fronten. Der Zeitfilm ist der Stoßtrupp, der Panzerwagen an der Front... Er muß das heutige deutsche Gesicht haben, heroisch sein, wie das Schicksal der Zeit es vom Leben fordert, befreiend und erhebend, lebensbejahend und von einem daseinsgläubigen Humor erfüllt."(50)

Pour le mérite entsprach diesen Vorstellungen. Hitler, der der Premiere am 22. Dezember 1938 beiwohnte, beglückwünschte den Regisseur unter den "begeisterten Kundgebungen" des Publikums und nannte den Film einen "großen Wurf, den bisher besten Film der Zeitgeschichte".(51) *Pour le mérite* behandelte das Schicksal mehrerer Fliegeroffiziere, Träger des Ordens "Pour le mérite", in den Jahren 1918 bis 1933. Er war offensichtlich als Huldigung an den einstigen Kommandeur des Jagdgeschwaders Richthofen, Hermann Göring, gedacht, der damals wie auch Ritter selbst mit dem Orden ausgezeichnet worden war. Gleichzeitig sollte der Film das Vertrauen zur deutschen Wehrmacht stärken und den Zuschauer so psychologisch auf den Krieg vorbereiten. Das *Reichsfilmarchiv* gab folgende Inhaltsbeschreibung:

> "Der Leutnant Paul Fabian vom Jagdgeschwader 12 bekommt während seines Urlaubs mit noch nicht ganz 19 Jahren den Orden Pour le Mérite. Er eilt zu seiner Braut Gerda, und sie beschließen, für drei Tage an den Eibsee zu fahren. Doch es kommt anders. Das Jagdgeschwader ruft den jungen Offizier zurück ins Feld. Immer neue Luftkämpfe hat das Geschwader zu bestehen und erringt immer neue Luftsiege. 600 Siege kann das Geschwader melden, als die Nachricht von der Revolution in Deutschland kommt. Rittmeister Prank führt sein Geschwader nach Darmstadt zurück, wo alle Maschinen verbrannt werden. Ein ehrloser, schmachvoller Friede zerschlägt das ruhmbedeckte deutsche Heer. Fabian heiratet Gerda und widmet sich mit seinem Kameraden Gerdes der Segelfliegerei. Prank versucht verzweifelt, verschiedene Berufe zu ergreifen, alles mißglückt dem Offizier. Als er eines Tages mit seiner jungen Frau vor dem Nichts steht, taucht Moebius, Offiziersstellvertreter des früheren Jagdgeschwaders, auf und bietet Prank und Isabel Zuflucht auf seinem Gut. In einem Schuppen bei Moebius findet Prank seine alte Maschine wieder, die Moebius damals heimlich gerettet hat. Um diese Maschine kommt

es zum Kampf mit Kommunisten und Reichsbannerleuten, das ruhmbedeckte Flugzeug geht in Flammen auf. Prank kommt ins Gefängnis, Isabel stirbt. Nach seiner Freilassung geht Prank als Verkehrsflieger ins Ausland. 1933 bricht eine neue Zeit in Deutschland an. Wieder donnert ein Geschwader Richthofen über deutsche Lande. Auch Prank findet wieder in die Heimat zurück und erhält ein neues Kampfgeschwader, wo er auch die alten Kameraden Fabian, Gerdes und Moebius wiedertrifft."(RFA Nr. 3750)

Den "ehrlosen, schmachvollen Frieden" hatte Karl Ritter durch eine antisemitische Sequenz näher gekennzeichnet: Als die deutschen Flieger den Befehl erhalten, ihre Maschinen den alliierten Siegermächten auszuliefern, beschließt Rittmeister Prank (dargestellt von Paul Hartmann), sich zu widersetzen. Zwei seiner Untergebenen, Leutnant Paul Fabian (Albert Hehn) und Offiziers-Stellvertreter Fritz Moebius (Fritz Kampers) verirren sich auf dem Rückflug nach Deutschland bei diesigem Wetter auf den von Kommunisten besetzten Mannheimer Flugplatz. Sie werden sofort umringt von einer "Anzahl zweifelhafter Gestalten"(Drehbuch, S. 123), die ihnen die Achselstücke abreißen und ihre Auszeichnungen fortnehmen. Der Oberbefehlshaber der Kommunisten ist ein "jüdisch aussehender Offizier ohne Achselstücke (mit Brille)", der die sofortige Festnahme der Neuankömmlinge befiehlt. Doch ehe das geschieht, erscheint ein dritter Flieger des Geschwaders, Oberleutnant Gerdes (Herbert A. E. Böhme) mit seiner Maschine und treibt die Menge mit Maschinengewehrgarben auseinander. Mit ihm springt Rittmeister Prank aus dem Flugzeug und nähert sich mit einer Leuchtpistole den Menschen, die in einiger Entfernung stehengeblieben sind. Prank hält eine drohende Ansprache und verlangt, daß Fabian und Moebius die geraubten Auszeichnungen zurückerhalten. Zunächst rührt sich niemand.

"Fabian springt auf einen baumlangen Kerl zu, brüllt: '*Du* bist das Schwein!' Moebius kommt hinzu, ebenfalls völlig ramponiert: 'Moment, Herr Leutnant!' Er packt den Langen, klebt ihm eine rechts und eine links, reißt ihm die Jacke in Fetzen, greift in eine Rocktasche hinein. 'Hier ist er!' "(Drehbuch, S. 129)

Moebius gibt Fabian den Orden zurück. Nach diesem Vorfall besteigen die Flieger wieder ihre Maschinen, die Menge starrt ihnen schweigend nach, der Geschlagene reibt sich die Wange. In diesem Augenblick taucht zeternd der jüdische Reserveleutnant auf:

"'Was wird denn hier gespielt? Wer hat die Kerle weiterfliegen lassen? Ihr Feiglinge.' Der Baumlange klebt ihm die Hand mit den ausgespreizten Fingern mitten ins Gesicht und sagt seelenruhig: 'Schnauze!' "(S. 129f.)

Soweit das Drehbuch. Im Film ist das letzte Wort durch die weniger unfeine Bemerkung "Hier - Herr Leutnant!" ersetzt. Dadurch wirkt die Szene vielleicht noch eine Spur drastischer, konsequenter. Die ruhig gesprochene Antwort verrät die kalte Wut eines Mannes, der eine Bestrafung hinnehmen mußte, und stellt zugleich klar, daß die Ohrfeige des Fliegers dem jüdischen Aufwiegler gebührt hätte und nicht ihm, dem Verführten, der sich vor den Fliegern schämt. In diesem Sinne interpretierte auch der Kritiker von Arndt diese Sequenz im *Völkischen Beobachter:*

> "Immer ist's ein Appell an die im Menschen steckenden sittlichen Kräfte, die, wie im Leben, so auch in Ritters Film über Wert und Unwert eines Charakters entscheiden. So wird die Seele des deutschen Menschen in seinen ewigen Werten sichtbar, weil hinter den in diesem Film eingesetzten Darstellern das Herz eines Mannes schlägt, in dem der sittliche Anruf seines Volkes lebendig wirkt... So könnte man eines der Mosaiksteinchen nach dem andern aufheben und seinen Einzelwert und den Sinn für das Ganze in der Hand aufleuchten lassen. Daß z.B. in dem baumlangen Revoluzzer angesichts der echten Soldaten, die sich nicht unterkriegen ließen, und dem zivilistischen Maulhelden von Kommissar das Ehrgefühl aufglimmt und er dem Arbeiter- und Soldatenrat links und rechts eine klebt."(52)

Sozialpsychologisch betrachtet, zeigt der zuerst Geohrfeigte, den der *Illustrierte Film-Kurier* (Nr. 2896) in der Besetzungsliste als "Deserteur Baumlang" (Walter Liek) bezeichnet, die Reaktion des "Radfahrers", der nach oben buckelt und nach unten tritt, wenn er von einem Ranghöheren bestraft worden ist: Er wird von einem Mann aus dem Volke, dem Landwirt Moebius, dafür geschlagen, daß er politisch in die Irre gegangen ist. Angesichts der Überlegenheit des Anderen wagt er nicht, zurückzuschlagen, er reagiert seinen Zorn vielmehr an dem Juden ab, dem er bisher Gefolgschaft geleistet hat. Indem er seinen Vorgesetzten durch die Ohrfeige erniedrigt, schwört er zugleich dem Kommunismus ab und erklärt sich mit den Fliegern solidarisch. Durch diese Tat macht er klar, daß der Jude sich die Ehre eines Leutnants nur angemaßt hatte, er gibt ihn dem Spott und der Verachtung preis. Dieses Verhalten entspricht der 1938 geübten nationalsozialistischen Praxis: der Jude wurde dem Volk, das sich einst durch den angeblichen "Dolchstoß" schuldig und verdächtig gemacht hatte, als Sündenbock angeboten, damit es seine Schuldgefühle an ihm abreagieren und seine Treue zum neuen Regime beweisen konnte.

Es ist fraglich, ob dem damaligen Kinobesucher die antisemitische Tendenz der Filmepisode klar wurde. Nur das *Programm von Heute*, das neben dem *Illustrierten Film-Kurier* als Filmprogramm verkauft wurde, gab ihm einen Hinweis: Herbert Lindner ist dort als Darsteller eines "jüdisch aussehenden Reserve-Offiziers (Soldatenrat)" genannt, übereinstimmend mit der Darstellerliste des Drehbuches. Der Auftritt des Schauspielers ist jedoch so kurz, daß dem Zuschauer das "jüdische Aussehen" vermutlich gar nicht auffiel. Dagegen ist die antikommunistische Tendenz in *Pour le mérite* nicht zu übersehen, sie findet sich allerdings auch in mehreren anderen Sequenzen. Hätte der Film eine judenfeindliche Stimmung bewirken sollen, so hätte es Karl Ritter, der neben Fred Hildenbrandt selbst am Drehbuch mitarbeitete, kaum bei einer einzelnen

Episode bewenden lassen. Wahrscheinlich spricht sich in der antisemitischen Sequenz Ritters persönliche Einstellung aus; Ritter ist der einzige der hier erwähnten Regisseure, der sich offen zum Antisemitismus bekannt hat. Schon vor dem Ersten Weltkrieg hatte er Kontakt zu antisemitischen Kreisen. Sein Schwiegervater, ein Großneffe Richard Wagners, war "ein glühender Nationalsozialist und ein fanatischer Antisemit".(53) Durch ihn hatte Ritter Zugang zum Hause Wahnfried, wo auch Hitler oft zu Gast weilte. Daß er nach 1926 trotzdem seine ersten Filme für die Heros-Filmgesellschaft gedreht hat, die dem von den Nationalsozialisten heftig angefeindeten Juden Hermann Rosenfeld gehörte, wußte Ritter später zu entschuldigen: "Notgedrungen mußte ich mich damals viel mit Juden herumschlagen. All die Theorien, für die wir einstanden, soweit der Kampf gegen das Judentum noch Theorie war, fand ich hier in der Praxis in grausamsten Auswüchsen bestätigt."(54) Es scheint, als habe Karl Ritter kein Interesse daran gehabt, einen ausgesprochen antisemitischen Film zu drehen. Er brachte Juden nur ins Spiel, wenn sie seiner Meinung nach zum Zeitkolorit gehörten, so auch in *Über alles in der Welt* (1941) und *GPU* (1942). Ihm lag offensichtlich weniger daran, Haß und Abscheu zu wecken, als vielmehr einen überzüchteten Nationalismus und monumentalen Heroismus zu pflegen. So schrieb er in seinem Aufsatz "Der Griff ins Herz", der im Februar 1938 in der Zeitschrift *Wille und Macht* erschien:

"*Wir brauchen weder Pathos noch Kitsch*, um Furcht und Mitleid im klassischen Sinne zu erregen. Wir brauchen nur deutsche Töne anzuschlagen, um deutsche Gefühle und Regungen auszulösen. Wir haben den Weg zum Herzen unseres Volkes wiedergefunden, das uns freudig und dankbar entgegenschlägt, wenn wir ihm Schönheit und Freude bringen... *Die Händler sind aus dem Tempel vertrieben*, das ist es. Sie haben das deutsche Herz bewußt schlafen lassen. Nun ist es herrlich erwacht, der Weg ist frei."(55)

Ritters beruflicher Erfolg, seine Beliebtheit als Redner auf den Tagungen der Reichsfilmkammer und seine persönlichen Beziehungen zu Hitler machten ihn relativ unabhängig von den Wünschen Joseph Goebbels. Wenn es zwischen Karl Ritter und Goebbels Animositäten gegeben haben sollte (56), so hat die Öffentlichkeit kaum etwas davon gespürt. Goebbels konnte es sich nicht leisten, einen seiner tüchtigsten Filmpropagandisten zu verärgern — für seine antisemitischen Pläne standen ihm Andere zur Verfügung.

2.3. Test mit Herz und Humor

Daß der Pogrom vom 9. November 1938 seit langem sorgfältig vorbereitet worden war, beweist nicht zuletzt die Schnelligkeit, mit der Goebbels die Produktion antisemitischer Spielfilme in Gang setzte. Der erste, die Filmkomödie

2.3.1. Robert und Bertram

war schon im April 1938 geplant (57) und wurde am 7. Juli 1939 in Hamburg uraufgeführt.(58) Für die Handlung stand das gleichnamige Singspiel von Gustav Raeder Pate, das seit 1865 auf den deutschen Bühnen viel gespielt worden war und in dem auch jüdische Schauspieler mit großem Erfolg aufgetreten waren. Raeder hatte mit der komischen Figur des neureichen Bankiers Ipelmeyer allerdings keine bösartige Bloßstellung des "typischen Juden" beabsichtigt. Erst das Drehbuch von Hans H. Zerlett, der auch Regie führte, gab den Judenrollen größeres Gewicht und machte sie zur Zielscheibe antisemitischen Spottes.

Das *Reichsfilmarchiv* beschrieb den Film als harmlose Gaunerposse:

"Bertram der Vagabund trifft im Gefängnis seinen alten Kameraden Robert, mit dem er die Flucht ergreift. In einer Wirtschaft verdingen sie sich zum Geschirrwaschen. Sie belauschen ein Gespräch des Wirtes Lips mit dessen Gläubiger Biedermeier, dessen Gesinnung so schlecht ist, daß sie beschließen, ihm einen Denkzettel zu geben und sich seine Brieftasche anzueignen. Danach ergreifen sie die Flucht. In der Brieftasche finden sie ein Schreiben,das ein merkwürdiges Licht auf die Geschäfte Biedermeiers mit dem jüdischen Berliner Bankier Ipelmeier wirft. Robert und Bertram fahren nach Berlin, wo es ihnen gelingt, Ipelmeier kennenzulernen und von ihm zu einem Fest in sein Haus eingeladen zu werden. Sie benutzen einen unbewachten Augenblick, wertvolle Schmuckstücke der Judenfamilie an sich zu bringen und diese anonym an Lips zu schicken, der nun aus allen Sorgen herauskommt, so daß seine Tochter nicht mehr gezwungen ist, Biedermeier heiraten zu müssen, sondern ihrem Michel angehören kann. Robert und Bertram werden auf einem Jahrmarkt trotz ihrer Verkleidung vom Gefängnisverwalter erkannt und entgehen der Verhaftung in einem Ballon, der sie direkt in den Wolken landen läßt. Der Himmel tut sich ihnen auf, der ihnen ihre Taten, um der Dankbarkeit willen, die sie auf Erden bezeigten, verzeiht."(RFA o.Nr.)

Zerlett bot diese Geschichte bewußt als Theater im Film; zu Beginn öffnet sich ein Bühnenvorhang, der Zuschauer wird gleichsam auf die Bühne geführt und erlebt dann ein Märchen- und Traumspiel. Dadurch wird das Geschehen in eine romantische Vergangenheit entrückt. Dieses Verfahren ermöglichte es, die stimmungsvollen Couplets des Raeder'schen Singspiels zu übernehmen und komische Traumszenen einzublenden, ohne die Illusionen des Zuschauers zu stören. Auch das Komikerpaar Rudi Godden und Kurt Seifert (59) gewann dadurch Beweglichkeit für die Darstellung der Vagabun

Trotz dieser Verbrämung des Geschehens behält der Film in einigen Teilen eine enge Beziehung zur Realität. Das gilt besonders für die antisemitische Szenen, die — wie Zerlett in einem Interview mit dem *Völkischen Beobachter* (60) zugab — im Mittelpunkt des Filmes stehen. Der Beginn dieses Szenenkomplexes täuscht historische Authentizität vor: der jüdische Bankier des Jahres 1839 sitzt im Berliner Café Kranzler, Militär marschiert über die Straße "Unter den Linden", Halbweltdamen promenieren auf dem Trottoir. Ipelmeyer liest das Börsenblatt, hat aber durchaus Augen für zwei scheinbar vornehme Gäste, die sich in seiner Nähe lautstark begrüßen. Er bemüht sich, mit den Fremden ins Gespräch zu kommen und lädt sie in sein Haus ein, ohne zu ahnen, daß der vermeintliche Graf von Monte Christo und dessen Gesanglehrer Professor Müller in Wirklichkeit zwei Landstreicher sind. Ipelmeyers Entzücken soll verraten, daß "uralter Adel" damals mit einem noch so reichen Juden nichts zu schaffen haben mochte; nur ein Betrüger übersprang die Schranken der Rassentrennung — so jedenfalls stellt es der Film dar. Selbst der Vagabund Bertram verachtet den tölpelhaften jüdischen Bankier und treibt seine Scherze mit ihm; er biedert sich nur um des guten Zieles willen mit ihm an.

Mit dieser ersten Sequenz ist der Verlauf des weiteren Geschehens schon vorgezeichnet, es endet selbstverständlich mit einem Triumph der Gauner über die Judenfamilie. Deren Schwächen und Eigenarten werden bei einer Soirée mit anschließendem Kostümball ausgiebig vorgeführt und verspottet. Schon das Milieu läßt keinen Zweifel an der jüdischen Kulturlosigkeit — ein Journalist schrieb nach einem Atelierbesuch über das "Ipelmeyersche Protzenheim" im *Völki - schen Beobachter:*

" 'So wohnte Familie Neureich in Berlin vor hundert Jahren' könnte draussen an der Tür angeschrieben stehen. Man ist beim Eintritt förmlich erschlagen von dieser unbeschreiblichen Häufung von schauderhaften Gipsornamenten, neckischen Stuckfiguren, Pausbackengeln und der protzigen Lichtflut aus Kandelabern und Lüstern, die sich über dieses Parkett ergießt. Das hochherrschaftliche Palais enthält alles an teurem Kitsch, was damals einem geschmacklosen, aber steinreichen jüdischen Bankier erstrebenswert erschienen sein mochte. Es ist der äußere, Bände für sich sprechende Rahmen eines wichtigen Handlungskomplexes im Gesamtgeschehen des Films 'Robert und Bertram'..."(61)

Ein aufmerksamer Betrachter hätte sich daran erinnern können, daß eine "Familie Neureich" nicht immer jüdisch und ein reicher Jude nicht kultur- und geschmacklos zu sein brauchte. Deshalb folgt auf die Verspottung sofort die Diffamierung: Der jüdische Bankier hat seinen Reichtum nicht ehrlich erworben, sondern ihn erschlichen. Als ein jüdischer Gast im Gespräch zu dem (gleichfalls jüdischen) Prokuristen Forchheimer sagt, das Palais habe Ipelmeyer sicher ein Vermögen gekostet, entgegnet der andere zynisch: "Es hat sogar mehrere gekostet, aber nicht von Herrn Ipelmeyer, sondern von den Leuten, die er hereingelegt hat!" (Filmdialog) Diese Erklärung rechtfertigt das Betrugsmanöver, das die Vagabunden ihrerseits inszenieren: "... die im Grunde kindsharmlosen 'Verbrecher' beklauen nur den, der selber schon geklaut hat, und sie beschenken die Geschädigten. Sie sind also keine gewöhnlichen, sondern 'höhere' Diebe, gewissermaßen moralisch sanktionierte Diebe."(62) Der Zuschauer soll sich nicht über die kleinen Betrüger entrüsten, sondern über den jüdischen Erzgauner. Die Empörung über dessen Bosheit erlaubt ihm dann, sich mit gutem Gewissen an den "Späßen" des Films zu erfreuen.

Ipelmeyer ist ebenso ungebildet wie sein Lakai, dem er den falschen Gebrauch von Fremdwörtern allerdings verübelt. Wohl läßt der Bankier seiner Tochter Französischunterricht und Unterweisung in vornehmem Benehmen angedeihen, doch freilich nur im Hinblick auf eine reiche Heirat. Für Kunst hat er sowenig Verständnis wie seine Frau, eine beleibte, eitle Matrone. Wenn Ipelmeyer Konzerte veranstaltet, dann nur, um die Gäste hernach für seine geschäftlichen Pläne zu gewinnen. Beim Anblick eines Balletts denkt er nur an den sinnlichen Reiz der Solotänzerin, deren Gunst er zu erringen trachtet; hier kommt ihm jedoch sein Leibarzt Dr. Kaftan zuvor, der die Schöne gleichfalls begehrt und dem Bankier deshalb statt der erbetenen Medizin ein Schlafmittel verabreicht. Um des Geschäftes willen nimmt Ipelmeyer sogar die Untreue seiner Frau in Kauf. Und Frau Ipelmeyer hat durchaus nichts dagegen, wenn Bertram ihr während des Konzertes — allerdings in diebischer Absicht — die Hände streichelt. Als sie den Diebstahl jedoch entdeckt, verwandelt sich die Bankiersgattin in eine kreischende Megäre und verwünscht ihren trotteligen Mann. Kaum weniger unsympathisch ist die Tochter Isidora dargestellt: sie bewegt sich geziert, behandelt den armen Buchhalter Samuel, der sie liebt, recht unfreundlich und umgirrt den falschen Grafen. — Das Kostümfest gibt erneut Gelegenheit, die jüdische Familie bloßzustellen. Auf der Suche nach einer Tradition, die sie nicht besitzen, leihen sich die Ipelmeyers historischen Glanz: der Bankier tritt als Ludwig XV. auf, seine Gattin spielt Katharina die Große, und Isidora erscheint als Kleopatra. Und damit die tiefere Bedeutung auch von keinem Filmbesucher übersehen wird, darf der Lakai Jack die Verkleidung seiner Herrschaft ironisch kommentieren.

Der unglückliche Liebhaber Samuel behielt zwangsläufig in diesem jüdischen Panoptikum den sympathischsten Part. Deshalb sah sich Zerlett gezwungen, die Rolle gegenüber dem Singspiel drastisch zu verändern. In Raeders Posse nimmt Samuel den Kampf um seine geliebte Isidora mutig auf und entlarvt um ein Haar sogar die Gauner, wenn ihm Ipelmeyer nicht die Tür wiese. Zerlett zwängte den Schauspieler in eine Ritterrüstung und degradierte Samuel dadurch schon durch sein Äußeres zu einem Ritter von der traurigen Gestalt. Als Jude darf Samuel nicht mutig sein. Als Ipelmeyer seine Brautwerbung entrüstet ablehnt, zückt Samuel wohl sein Theaterschwert — und Ipelmeyer ist für einen Augenblick erschrocken — aber dann verläßt den jungen Mann der Mut wieder. Und der Bankier lacht erleichtert auf: "Na also! Sie junger Mann, ich wer' Ihnen mal was sagen: Wenn Se jemand etwas antun wollen, nehmen Se kei Schwert, nehmen Se *Tinte* und *Feder!*"(Filmdialog) Das groteske Schlußbild des antisemitischen Intermezzos gibt Samuel vollends der Lächerlichkeit preis und offenbart die moralische Haltlosigkeit der Bankierstochter. Als Isidora entdeckt, daß der angebliche Graf von Monte Christo ihr nur geschmeichelt hat, um ihr alle Pretiosen abzunehmen, stürzt sie zu Samuel und bietet sich ihm schamlos an: "Alles haben sie mir genommen, nun nimm du dir das Letzte!" Aber der Buchhalter klappert nur hilflos mit der Rüstung und beteuert kläglich: "Es geht nicht!" (Filmdialog) Zerlett kam es bei diesem "Witz" wohl kaum allein auf den Lacherfolg an, der Schluß rundet die Charakterisierung des jungen jüdischen Paares folgerichtig ab. Jede Szene dieses Handlungskomplexes ist mit antijüdischen Anspielungen gefüllt und bis ins kleinste ausgefeilt. Dabei reicht die Typisierung bis in die Gesten hinein: "Aufgeblasen wie Pfaue und watschelnd wie fette Enten 'schreiten' sie, Vater, Mutter und Tochter, zur Tür."(63) Nach antisemitischer Vorstellung verrät der Gang den Juden. So erkennt Frau Ipelmeyer ihren Geliebten Forchheimer selbst in seiner Verkleidung und zwar "an de Fieß".

Die angebliche Wirklichkeitstreue, mit denen die Darsteller das Gehabe typischer Juden wiederzugeben suchten, fand bei den Filmkritikern große Beachtung. Hans Hömberg rühmte im *Völkischen Beobachter* den "Kommerzienrat, der uns in der Maske Offenbachs kömmt und mit beachtlicher Fertigkeit die fettige Kunst des Tarnopoler Jüdelns beherrscht. Was hier Herbert Hübner als Sadduzäer über die lispelnde Zunge bringt, ist keine Karikatur, sondern satirische Charakterisierung."(64) Ernst Jerosch (*Der Film*) fand den Darsteller "vollendet in Maske und Spiel" und bemerkte lobend: "Er vergißt dabei niemals, daß er nur einen Juden zu spielen hat, und läßt leichte ironische Lichter aufblitzen, wie es eben nur ein guter Schauspieler vermag."(65) Erstmals tauchte die Überlegung auf, daß es einen arischen Schauspieler viel Selbstüberwindung kosten müsse, einen Juden zu spielen. (Diese Frage spielte bei den späteren Filmen — vor allem bei *Jud Süß* — eine Rolle). Die Darstellerin der Isidora, Tatjana Sais, verriet in einem Interview, das im Tobis-Presseheft abgedruckt wurde:

"Ich habe beinahe geweint, als die Dreharbeit für mich zu Ende war, so gut hat es mir gefallen. Dabei hat mich die Rolle zuerst, noch ehe ich das Drehbuch kannte, manche schlaflose Nacht gekostet... Wissen Sie, es ist ein etwas heikles Gefühl, als Judenmädchen in das Bewußtsein des Publikums einzugehen. Mir wurde das an den entsetzten Blicken klar, mit denen uns die vielen Besucher während der Drehzeit musterten. Wir sahen wirklich aus wie waschechte Mischpoke."(66)

Die Rolle des Bankier Ipelmeyer wurde zum Vorbild des Nathan in dem antisemitischen Film *Die Rothschilds,* der den Aufstieg der bekannten Bankiersfamilie schilderte. Mario Heil de Brentani (Tobis-Presseheft)(67) sah in der Figur des von Zerlett vorgestellten Bankiers die Nutznießer des von Goethe prophezeiten "überhandnehmenden Maschinenwesens" verkörpert, "die das Neue und Unfaßbare auswerteten und die dem Volke darob unheimlich werden." Er kam zu dem Schluß: "Gustav Raeder hat den gesinnungslosen Geschäftemacher Ipelmeyer als Typus für Tausende gezeichnet, und er hat damit unsere eigene — hundert Jahre später erfolgte — gewaltige Abrechnung mit all denen, die Eigennutz über Gemeinnutz stellen, vorausgeahnt...." Dementsprechend erschienen ihm die Vagabunden als "die drollig ausgefallenen Werkzeuge der ewigen Vergeltung..., die nur den Ungerechten, den Feigen, den Überheblichen, vor allem aber den Heuchlern ihre Streiche spielen und sie damit dem Gespött der Gemeinschaft ausliefern, die sich daraufhin erst richtig von ihren getarnten Schmarotzern befreit." Hier ist ausgesprochen, was die antisemitische Filmpropaganda mit diesem Film und seinen Nachfolgern beabsichtigte: sie sollten Rechtfertigung sein für die "gewaltige Abrechnung" mit den Juden, die zu dieser Zeit vorbereitet wurde, und sie sollten anhand von (echten und falschen) Kronzeugen aus der Vergangenheit beweisen, daß diese Abrechnung keine Erfindung der Nationalsozialisten, sondern Erfüllung einer "ewigen Vergeltung" sei.

Albert Schneider erhob allerdings in der Fachzeitung *Licht-Bild-Bühne* (68) Bedenken gegen *Robert und Bertram:*

"So gut das jüdische Milieu dank der hervorragenden Leistungen... in seiner Lächerlichkeit gezeichnet ist, so sehr vermißt man einen einzigen sichtbaren Beweis der Gefährlichkeit des typischen Börsenjobbers und so sehr könnte man an die Beziehungen und die Triebkräfte der Vertreter dieses Milieus und der handelnden Rahmenpersonen sehr kritische Sonden anlegen."

Schneider schloß dann allerdings:

"Aber tun wir's nicht! Nehmen wir den Film als das, was er sein will: ein Volksstück mit Lust, Liebe und Sentimentalität..."

Soviel Nachsicht brachte Hitler, wenn man Alfred Rosenberg Glauben schenken darf, nicht auf; nach einer Notiz aus Rosenbergs Tagebuch vom 11. Dezember 1939 hatte Hitler Goebbels während eines Mittagessens etwa 20 Minuten lang abgekanzelt und ihm unter anderem vorgeworfen: "Im neuen 'Robert und Bertram' sei der Deutsche schlecht gemacht."(69) Diese Kritik beruhte auf einem Mißverständnis. Zwar können die Vagabunden tatsächlich nicht gut als Muster-Arier gewertet werden, Zerletts positiver Held ist indessen nicht durch die beiden Gauner vertreten, sondern durch den blonden Schwarm der Gastwirtstochter, Michel, der sich beim Militär vom schüchternen Tölpel zum strammen Soldaten entwickelt — auch dies eine völlige Veränderung der Bühnenrolle.(70)

Der Film erhielt kein Prädikat und spielte kaum seine Herstellungskosten ein (vgl. Tabelle im Anhang).(71) Schließlich wurde er trotz seiner militaristischen Tendenz von den außenpolitischen Ereignissen überholt: als bald nach der Premiere der deutsche Überfall auf Polen den Zweiten Weltkrieg eröffnete, mußten die Hersteller den beschwingten Schluß der Filmkomödie gegen eine höchst ungraziöse Sequenz austauschen. Statt der Märchenreise in himmlische Gefilde bekamen die Zuschauer zeitgemäße Eindrücke vorgesetzt: "In Reih und Glied stehen Robert und Bertram als stramme Soldaten, und Michel kommandiert vor der Front: 'Das Gewehr über! Kompanie marsch!' "(72) Diese Änderung entsprach der neuen Realität. Um die Juden kümmerte sich die Geheime Staatspolizei; Bummelanten und

Landstreicher aber mußten sich zum Wehrdienst melden, wenn sie dem Konzentrationslager entgehen wollten. Der Kinogänger hatte nichts zu lachen. Hitlers Humorlosigkeit mag Schuld daran getragen haben, daß die Judendiffamierung mit komischen Mitteln fortan verboten war. *Robert und Bertram* blieb die erste und einzige antisemitische Filmkomödie. Allenfalls bittere Satire war erlaubt, um "Untermenschen" lächerlich zu machen. Der gefährliche Jude erschien auf der Leinwand, der Unhold, dem erst im letzten Augenblick das Handwerk gelegt wird. Zu dieser neuen Kategorie gehörte der in Österreich produzierte Film

2.3.2. Leinen aus Irland

Am 13. März 1938 war der sogenannte "Anschluß" Österreichs an Deutschland erfolgt. Damit begann nicht nur für die jüdischen Bürger und die Gegner des Nationalsozialismus in Österreich die Zeit der Verfolgung; auch die deutschen Emigranten, unter ihnen zahlreiche Filmschaffende, sahen sich ihrer schützenden Zuflucht beraubt. Noch bis Anfang 1938 waren österreichische Filme unter jüdischer Regie und mit jüdischen Darstellern produziert worden. Die jetzt folgende "Entjudung" der österreichischen Filmwirtschaft war nur ein Indiz für die Übernahme des Filmschaffens in den nationalsozialistischen Machtbereich. Bereits eine Woche nach Hitlers Einzug in Wien und Linz prophezeite die in Österreich erscheinende "illustrierte Film- und Kinorundschau" *Mein Film* emphatisch: "Die Wiener Filme sollen nicht mehr einzelne seltene Edelsteine sein, sie werden sich zu einem Kranz schmieden, der, geschmiedet auf dem eisernen Reif deutscher Arbeit, ein in der Welt einzig dastehendes Juwel ergeben wird! Österreich ist frei und mit ihm der Wiener Film."(73)

Im Herbst 1938 wurde die bisherige Produktionsgesellschaft Tobis-Sascha in die *Wien-Film-GmbH* umgeformt, dh. verstaatlicht. Damit galten für das österreichische Filmschaffen von nun an dieselben Richtlinien wie für das übrige Reichsgebiet. Drehbücher und Besetzungslisten waren dem Vertreter des Reichspropagandaministeriums, dem Reichsfilmdramaturgen, vorzulegen. Auch der Wiener Gauleiter hatte ein Wort mitzureden. Goebbels, der sich jetzt als "Schirmherr des gesamten deutschen Films" feiern ließ, sah sich bei einem Wien-Besuch im Juni 1939 die Dreharbeiten zu *Leinen aus Irland* an und zeigte sich "sehr zufrieden" (74), prompt rühmten die Journalisten den Film als "Wende des ostmärkischen Filmschaffens".(75) Mit *Leinen aus Irland* sollte die österreichische Filmwirtschaft beweisen, daß sie ideologisch gleichgeschaltet war und ihren Beitrag zur antisemitischen Filmpropaganda zu leisten verstand. Im übrigen wurde der Film, der neuen politischen Lage entsprechend, als deutsches Produkt betrachtet. Er wurde am 16. Oktober 1939 in Berlin erstaufgeführt und erhielt das Prädikat "Staatspolitisch und künstlerisch wertvoll". Regie führte Herbert Helbig. Das Drehbuch schrieb Harald Bratt und zwar nach dem Schauspiel *Leinen aus Irland* von Stephan von Kamare, das 1928 in München erstmals gespielt worden war. Die nationalsozialistische Theaterwissenschaftlerin Elisabeth Frenzel schrieb über den Bühnenautor:

"Stephan von Kamare nimmt den Weg eines Juden in einer korrupten egoisti-
schen Welt noch verhältnismäßig leicht, findet die Gestalt amüsant. Der Jude
macht Karriere, weil er den Egoismus der anderen durchschaut und die Wünsche eines jeden zu nutzen versteht. Schlesinger Effendi aus Skutari... ist...'ge-
bürtiger Wiener', er sympathisiert mit den Tschechen und ist zugleich der 'deut-
scheste der Deutschen', der die grüne Steiermark sein zweites Heimatland
nennt und sich als 'strenger Katholik' im Stephansdom trauen lassen will. Sein
schönster Traum wird aber doch zunichte... als er am Schluß ganz unerwartet
doch auf Menschen trifft, die die große Sache über den eigenen Nutzen stellen."
(76)

Noch aus der voreingenommenen Wiedergabe wird klar, daß das Schauspiel nicht
unbedingt antisemitisch wirken mußte. Es schilderte den Fehlschlag eines Karriere-
machers, dessen Charaktereigenschaften zum Teil negativ, aber nicht unbedingt
typisch jüdisch sind. Dadurch wurde die Bühnenvorlage in dieser Form für den
Drehbuchautor unannehmbar. Seine Neufassung stellt den Mißerfolg eines Juden
dar, dessen Ehrgeiz und das daraus resultierende Verhalten unverwechselbar Teil
seines Wesens, nationalsozialistisch gesprochen, Teil seiner Rasse sind. Die Umgebung spielt dabei eine große Rolle. Albert Schneider rechnete es dem Film in der
Zeitschrift *Licht-Bild-Bühne* als Verdienst an, daß er "mit erschreckender Deutlichkeit aufzeigt, wie ein günstiger Nährboden die innere Haltlosigkeit des Milieus
der Donaumonarchie der Vorweltkriegszeit für das internationale Judentum war".(77)
Ähnlich hatte Hitler den Wiener Juden als "den ebenso eisig kalten wie schamlos geschäftstüchtigen Dirigenten dieses empörenden Lasterbetriebes des Auswur-
fes der Großstadt" bezeichnet und ihn für den Niedergang Österreichs verantwortlich gemacht.(78)

Über den Inhalt des Films heißt es in der sehr ausführlichen Rezension von Albert
Schneider:

"Aus dem kleinen Judenjungen Cohn aus Krotoschin ist im Laufe von drei Jahrzehnten der Generaldirektor der Libussa A.-G. in Prag Dr. Kuhn geworden, der
mit der Verschlagenheit und Skrupellosigkeit seiner Rasse auf das Ziel hinar-
beitet, der Schwiegersohn und Nachfolger des Präsidenten der Firma, Kommerzialrat Kettner und zugleich der Leinenkönig der ganzen Welt zu werden. Die
freie Einfuhr des irischen Leinens erscheint ihm der richtige Schritt dazu, ganz
gleich, ob dabei hunderttausend böhmische Heimweber ihr Brot verlieren.

Unterstützt und angefeuert von seinem noch die Spuren des Ghettos deutlich
aufweisenden Onkel Sigi und begünstigt durch eine nachsichtige Geschäftsfüh-
rung der Firma und durch eine verschlampte Bürokratie, scheint ihm sein Plan
zu glücken. Jedoch, er hat drei Gegner: Lilly Kettner, die aus einer instinkti-
ven Antipathie heraus ihm mißtraut, Ministerialsekretär Dr. Goll, der seine Überzeugung auch gegen den Tobsuchtsausbruch des unfähigen Ministers und gegen
die Versuchungen einer ideellen Bestechung durchsetzt und bereit ist, eher den
Dienst zu quittieren, als klein beizugeben, und endlich den Webereibesitzer Hu-

bermaier, der um seinen Namen und die Existenz seiner Weber kämpft, und dem es endlich auch gelingt, den ministeriellen 'Saustall' explosiv zu reinigen. Das Fiasko des Kuhn-Cohn und der ehrliche verdiente Sieg Hubermaiers haben noch als Begleiterscheinung das zukunftsreiche Sichverstehen und —lieben zwischen Lilly Kettner und Dr. Goll."

Zusammenfassend stellte Schneider fest:

"Es wird hier der ernsthafte und geglückte Versuch unternommen, die rasche Entwicklung des Ghetto-Juden zur assimilierten zweiten Generation aufzuzeigen und die Skrupellosigkeit seiner Mittel, zugleich aber auch die Kardinalfehler eines Gewährenlassens und eines falschen Anstandsgefühls, das hier am Schluß noch einmal triumphiert, indem der Präsident dem jüdischen Generalsekretär, anstatt ihn schlankweg in hohem Bogen hinauszuwerfen, noch einen hohen Abfindungsscheck in die Hand drückt."

Damit ist das Problem der jüdischen Assimilierung angesprochen, das Hitler bereits in *Mein Kampf* beschäftigte und das in *Leinen aus Irland* erstmals auf der Leinwand behandelt wurde. Freilich ist Dr. Kuhn (gespielt von Siegfried Breuer(79)) auf den ersten Blick als Jude zu erkennen: "äußerlich elegant, in der Mimik aber irgendwie schmierig, immer mit eitlem, frechem Lächeln um den gekräuselten Mund und mit Augen, die nach Macht und Vorteil gieren".(80)

Unsympathisch wie sein Äußeres sind Kuhns Geschäftsmethoden, und etwas anderes als Geschäft kennt er nicht. Als rechte Hand des Präsidenten nutzt er seine Macht: er manövriert die Firma in finanziell gewagte Situationen und macht sich dadurch unentbehrlich. Weder der Aufsichtsrat, noch der gutgläubige Präsident erheben Einwände — Kuhn weiß mit wohlgesetzten Worten zu überzeugen. Dieser Erfolg verleitet den Juden zum Größenwahn: Er begehrt die Tochter des Präsidenten zur Frau, um seine Karriere mit einer Geldheirat zu krönen. Der Film möchte glauben machen, der Jude scheitere an der rassebewußten Gesinnung seiner moralisch überlegenen Gegner. In Wirklichkeit hat der Drehbuchautor eine Sicherung in seine Konstruktionen eingebaut, die den Sieg der Anderen von vornherein garantiert: dem Juden fehlt der natürliche Instinkt, der einen Menschen befähigt, eine Situation zu durchschauen und sein Handeln danach einzurichten. Der Mißerfolg wird im Film schon beim ersten Zusammentreffen Kuhns mit der Präsidentochter sichtbar. Lilly haßt den Sekretär ihres Vaters rein intuitiv von ganzem Herzen. Seine Tüchtigkeit macht sie mißtrauisch, seine Aufdringlichkeit stößt sie ab. Der Jude aber nimmt diese Antipathie nicht zur Kenntnis. Derselbe Mangel an Wirklichkeitssinn läßt seine Unterredung mit Dr. Goll scheitern, obwohl Kuhn mit allen Mitteln zum Ziel zu kommen versucht: mit Schmeichelei, Überrumpelungstaktik, Indiskretion, Bestechung, Drohungen. Goll wirft den widerwärtigen Besucher hinaus. Ein drittes Beispiel für die Dummheit des Juden gibt der Film zum Schluß. Im denkbar ungünstigsten Augenblick — der Präsident ist soeben über die Schlechtigkeit seines Sekretärs aufgeklärt worden — trägt Kuhn seine Brautwerbung vor, obwohl ihn schon die ersten Worte Kettners stutzig machen müßten.

Hier ist demonstriert, was im Film *Jud Süß* später im Filmdialog ausgesprochen wird: "Die Juden sind ja gar nicht klug! Sie sind nur schlau." An dieser Stelle hat Kuhns Versagen aber auch dramaturgische Bedeutung. Dem Höhepunkt der Bloßstellung folgt die ärgste Beschimpfung des Juden. Der Film hat gleichsam Szene für Szene Indizien für die abgrundlose Bosheit des Juden gesammelt und dadurch die Gefühle der Zuschauer gegen ihn eingenommen. Während der zornigen Rede des Präsidenten dürfen sich die gestauten Affekte entladen. Dieser Schluß — und nicht die Versöhnung des zerstrittenen Liebespaares Lilly—Goll — ist das Happy-End des Films.

Zum assimilierten Juden, der sich als Intrigant und rücksichtsloser Geschäftemacher entpuppt, gehört der Jude im unzivilisierten Urzustand, ein Mensch also, dessen schlechte Eigenschaften schon von weitem zu erkennen sind. Schon in den ersten Szenen taucht Sigi Pollack auf, ein polnischer Jude, wie der Name verrät. Onkel Sigi (Fritz Imhoff) trägt Melone, Spitzbart und Bauch, benimmt sich ordinär und mauschelt — selbst sein Neffe findet ihn unsympathisch, vor allem, weil er ihn zu sehr an die eigene Vergangenheit erinnert. Hans Hömberg beschrieb den Darsteller im *Völkischen Beobachter:* "Imhoff jüdelte, als habe er in Haifa Sprachstudien getrieben; zur Verdeutlichung hat er sich offensichtlich sein Riechorgan besonders weitläufig herrichten lassen."(81) Onkel Sigi weiß — wie Bankier Ipelmeyer in *Robert und Bertram* — mit Fremdwörtern nicht umzugehen. Er bestaunt den maßgeschneiderten Anzug seines Neffen, aber auch dessen Badewanne als unerhörten Luxus, (badet dann aber heimlich, um die Frauen "betören" zu können). Ohne Skrupel bespitzelt er Goll und Lilly bei jedem Rendezvous, um Kuhn davon zu berichten. Und schließlich bringt er den Neffen gar auf den guten Einfall, auch andere Juden für seine Pläne einzuspannen, z.B. den Chefredakteur Loewi der "Neuen Freien Presse". — So sehr sich Kuhn im Verlauf des Geschehens von seinem Onkel distanziert, so sind ihm seine Dienste doch sehr willkommen. Als seine Sache schließlich verloren ist, offenbart sich auch die hartnäckig geleugnete Verwandtschaft. Nun fällt die vornehme Tünche von Kuhn ab, er tobt und schreit mit jiddischem Akzent, nicht anders als die Juden Nathan Rothschild und Süß Oppenheimer in späteren Filmen. Damit behauptet der Film, daß ein Jude seine angeblichen Rasseeigenschaften auch bei gründlichster Tarnung nicht verbergen kann. Trotz aller Unterschiede sind sich Onkel und Neffe schließlich auch in ihrer Geldgier einig. Sie wandern nach Amerika aus, denn der Scheck, mit dem Kuhn abgefunden wurde, "ist doch wichtiger wie alles andere" (Filmdialog).

Diesen beiden Vertretern des Bösen stehen die Guten gegenüber: der unbestechliche Beamte Dr. Goll, Lilly, die junge Dame mit dem sicheren "Rasseinstinkt" und den aristokratischen Manieren, und der treuherzige Fabrikant Hubermayer. Goll (Rolf Wanka) hat den schwächsten Part; eine Filmfigur, die nur pflichtbewußt, korrekt, rührend redlich und beinahe weltfremd sein darf, wirkt leicht fade. Auch Lilly (Irene von Meyendorf) überzeugt nicht recht; ihre Entscheidung, auf den geliebten Mann zu verzichten, weil er anscheinend ihrem Vater gefällig sein will, wirkt unglaubhaft. Ihren großen Auftritt hat Lilly jedesmal, wenn sie

Kuhn gegenübertritt. Ihr eisiges Verhalten, ihre feindselige Ironie sollen dem Publikum beispielhaft vorführen, wie eine stolze Arierin einen frechen Juden behandelt. Darin ist sie auch Vorbild für die Gestaltung der Frauenrollen im Rothschild-Film.

Hubermayer (Karl Skraup) ist der Mann aus dem Volke, der das Herz auf dem rechten Fleck trägt, kein Blatt vor den Mund nimmt und vor keinem bürokratischen Hindernis zurückschreckt. Er gehört dem Stand der braven Leineweber an, dem schon Hitler in *Mein Kampf* die größte Immunität gegenüber den verderblichen Einflüssen des Judentums nachsagte.(82) Dieser biedere böhmische Fabrikant ist weniger Antisemit aus Überzeugung als Judenfeind aus böser Erfahrung. Als wackerer Streiter für Recht und Gerechtigkeit verteidigt er seine Heimarbeiter gegen die kapitalistische Wirtschaftspolitik und zieht gegen das "Libuscha-Gesindel" (Filmdialog), die Herren der Libussa—AG, zu Felde. Sein Gegenspieler ist nicht Kuhn, dem er persönlich nicht begegnet, sondern der sozialdemokratische Handelsminister (Oskar Sima), "ein sauerkrautbärtiger Bramarbas, ein subalterner Gschaftlhuber".(83) Ihm sagt er die Wahrheit, das Ministerium sei ein "k.u.k.—Saustall" (Filmdialog), grob ins Gesicht und wird, dank der Fürsprache Kettners, vor Bestrafung bewahrt. Daß einem solchen Filmhelden "die Sympathien des Publikums vom ersten bis zum letzten Filmmeter gehören"(84), nimmt nicht wunder. Erst der Filmschluß entlarvt die nationalsozialistische Tendenz dieser Rolle. Der "Revolutionär aus Güte"(85) vertritt die Führerpersönlichkeit, die einsam und unbeirrt für das Volk kämpft und es dann mit beruhigenden Worten wieder an die Arbeit schickt: "Ja, und nun gehen wir schön ruhig an unsere Webstühle und arbeiten — das, was wir seit 150 Jahren gearbeitet haben, unser gutes altes ehrliches Leinen, Leinen aus Böhmen!" (Filmdialog) Das Recht, das der "Führer" dem Volk sicherte, bestand aber im Film wie in der Wirklichkeit darin, daß die Juden aus dem Wirtschaftsleben ausgeschaltet wurden.

Der *Zeitschriftendienst* verpflichtete die von ihm dirigierten Redaktionen ausdrücklich dazu, "neben der guten Behandlung der Judenfrage... den Kampf des Alois Hubermaier für seine böhmischen Weber herauszustellen"(86) Die Kritikerin Ilse Wehner mutmaßte daraufhin in der Zeitschrift *Der Deutsche Film:* "Dieser Film leitet vielleicht eine neue Filmgattung — den politischen Unterhaltungsfilm ein".(87) Sie behielt recht. *Leinen aus Irland* zeigte, "wie man ernsthafte Probleme leichthändig erörtert".(88) Damit war die Form gefunden, die für antisemitische Themen besonders geeignet schien. Beim Publikum stieß der "politische Unterhaltungsfilm" allerdings auf psychologische Schwierigkeiten. *Leinen aus Irland* unterschied sich wesentlich von jenen beliebten Filmen, in denen ein Bösewicht das Glück der Liebenden verhindert und dafür nach einigen Schwierigkeiten aus dem Wege geschafft wird. Der nationalsozialistische Film zeigte für nur private Liebeserfüllung kein Verständnis und motivierte die Jagd nach dem Verbrecher staatspolitisch. Infolgedessen behandelte der Drehbuchautor hier das Liebespaar als zweitrangigen Handlungsbestandteil, und mit dieser Verteilung der Gewichte war das Publikum offenbar nicht einverstanden. Der *Zeitschriftendienst* schrieb die Schuld an diesem Mißerfolg offenbar den Journalisten zu; im August 1940 forderte er die Redaktionen zu verstärkter Werbung auf: "Es besteht besonderes Interesse daran, diesen Film jedem Volksgenossen bekannt zu machen, was bisher noch nicht annähernd geschehen ist..."(89)

Nicht sehr erfolgreich war auch ein anderer deutscher Film, der ein "Blut und Boden"—Thema behandelte und dabei einen jüdischen Bösewicht ins Spiel brachte:

2.3.3. Der ewige Quell

Der Film war wohl von vornherein für ein wenig anspruchsvolles Provinzpublikum gedacht, er wurde nicht in der Reichshauptstadt Berlin, sondern in Goslar urauf-geführt am 19. Januar 1940. Der Regisseur, Fritz Kirchhoff, hatte bisher stets un-bedeutende Filme gedreht, denen "zeitnahe und unkomplizierte Themen zugrun-delagen".(90) Auch *Der ewige Quell* fiel weniger durch seinen Stoff und seine Be-arbeitung auf, als vielmehr durch seine Darsteller Eugen Klöpfer, Lina Carstens, Bernhard Minetti, Carl Wery u.a. Über das Filmgeschehen teilte Hans Erasmus Fi-scher im *Berliner Lokal-Anzeiger* mit:

> "Nach der Erzählung 'Lohwasser' von Johannes Linke haben Felix Lützkendorf und Hans Joachim Beyer das Schicksal eines Bergbauern erzählt, der, wie seine Vorväter, mit tiefer Liebe an seiner Scholle hängt. Die Bauern dort droben sind eines Tages ohne Wasser; der ewige Quell, der von den Bergen stürzt, ist plötzlich versiegt. Eine neue Quelle muß gesucht werden, das ganze Dorf bangt wegen seines Viehes um die Existenz. In diese Spannung und Krise hinein fällt eine neue Katastrophe, denn der größte Bauer des Dorfes, der Lohhofbauer, wird von der lebenswichtigen Arbeit durch zwei üble Elemente abgehalten, die ihm einreden wollen, auf seinem Grund und Boden sei Goldsand vorhanden. Es kommt zu einer Reihe von schwersten Schicksalsschlägen, bis der Bauer end-lich erkennt, daß es für ihn und seinesgleichen nichts Höheres auf der Welt gibt als die ihnen von Gott anvertraute Erde."(91)

Die Schicksalsschläge bestehen im wesentlichen darin, daß das Vieh stirbt, die Braut des Hoferben bei einem Gewitter von scheuenden Pferden getötet wird und daß das mit großem Kostenaufwand gesammelte Gold sich als minderwertig her-ausstellt. Am Ende aber, nach der reuigen Umkehr des Bauern, beginnt die ver-siegte Quelle wieder zu sprudeln. — *Der ewige Quell* ist der einzige der hier behan-delten Filme, in dem ein Deutscher verkommen und verdorben aus dem Ausland zurückkehrt. (Spätere Werke wie *Über alles in der Welt*, *Carl Peters* und *GPU* zeigen, wie sich der aufrechte Deutsche in einer andersgesinnten Umwelt bewährt.) Hier ist der Mißratene sogar der Sohn eines Wünschelrutengängers, also eines mit übersinnlichen, geheimnisvollen Kräften begabten Naturmenschen, aber bei ihm sind diese Anlagen von krassem Materialismus überlagert. Statt sich ehrlicher Arbeit zu widmen, strebt Wolf Lusinger (Bernhard Minetti) nur nach mühelosem Gewinn. Diese Charakterschwäche wird zum Laster, als Lusinger sich mit einem jüdischen Rechtsanwalt in der Stadt, Dr. Iwan Wollinsky (Albert Hörrmann), zusammentut. Mit diesem Fehltritt ist das Schicksal des leichtsinnigen Bauernsohnes besiegelt, fortan hat der Jude alle Fäden in der Hand. Er schwatzt dem Tölpel einen Vertrag auf, bei dem er selber gewinnt, und gibt ihm fortlaufend Anweisungen, wie Lusinger den Lohhofbauern hinters Licht führen soll. Das Unternehmen scheitert dadurch, daß Lusinger in seiner Verkommenheit auch der Braut des Jungbauern nachstellt und sich so einen Gegner schafft, der ihm schließlich auf die Schliche kommt. Als der Goldschwindel offenbar wird, zwingt der Anwalt seinen Mandanten zu rigorosem Vorgehen gegen den Lohhofbauern. Aber Lusinger will nicht die gerichtliche Auseinandersetzung abwarten, sondern sich sein vermeintliches Recht selber nehmen. So kommt es im Beisein des Rechtsanwaltes zu einer Schlägerei zwischen ihm und dem Lohhofsohn. Die Streitenden sind bereits voneinander getrennt, da schlägt der Jungbauer mit dem Joch zu und tötet seinen Widersacher: Das gesunde Bauernblut hat sich durchgesetzt.

Der Anwalt spielt in diesem Geschehen eine scheinbar nebensächliche Rolle, er bleibt als Drahtzieher im Hintergrund. In den wenigen Szenen, in denen er auftritt, zeigt er sich listig und verschlagen. Angesichts der Schlägerei weicht er angewidert zurück — der feige Jude hat für handgreifliche Auseinandersetzungen kein Verständnis, er arbeitet lieber mit Paragraphen. Obwohl Wollinsky schon durch sein Äußeres — dunkle Haare, Hakennase, verbissene Miene — seine nichtarische Herkunft verrät, erkennt ihn nur die Lohhofbäuerin (Lina Carstens) als Juden, denn sie besitzt noch den Instinkt des unverbildeten, einfachen Menschen.(92) Ebenso unauffällig, wie der Jude in der Handlung auftaucht, verschwindet er auch wieder aus ihr: Das Gericht, das den Bauernsohn freispricht, erläßt Haftbefehl gegen den Rechtsanwalt "wegen Betrug, Urkundenfälschung, versuchter und vollendeter Erpressung" (Filmdialog). Das Unrecht ist für den Zuschauer gesühnt, die Übeltäter sind unschädlich gemacht.

Damit erfüllt sowohl die Rolle des Wolf Lusinger als auch die des jüdischen Anwalts die Anforderungen, die in dem Presseheft der Produktionsfirma Bavaria (93) an den " 'Bösewicht' als Beruf" gestellt werden:

"Der Bösewicht..., den wir im Film zu sehen wünschen, muß als Mitglied einer uns blut- und gefühlsmäßig fremden Menschenart in Erscheinung treten. Er muß seine Rolle so überzeugend gut in Szene setzen können, daß uns der Aufwand begreiflich wird, den der Staat aufbringt, um ihn auszumerzen. Also muß der Bösewicht, dem wir glauben können, dessen Handeln die Folge einer logisch motivierten Eigengesetzmäßigkeit ist, als Täter so stark und von uns abgelehnt in Erscheinung treten, daß er in seinem Handeln das vom Staat mit hohen Strafen verfolgte verbrecherische Wollen zum Ausdruck bringt. Der Bösewicht im Film muß seine Rolle so überzeugend gut spielen, daß er sich selbst durch sein Spiel vernichtenswert macht. Die ihn treffende Strafe muß voll und ganz, ohne

sentimentale Bemäntelung, vom Zuschauer als gerecht anerkannt werden können."

Das Filmheft zieht im Folgenden Minetti in seiner Rolle des Wolf Lusinger als
"Beispiel eines ins Diabolische vertieften Verbrecherwillens" heran. Kein Gedanke wird an die Frage verschwendet, ob die Tötung des Übeltäters gerichtlich mit
einem Freispruch belohnt werden durfte; den Verbrecher trifft — das darf aus den
Ausführungen geschlossen werden — jedweder Tod zu Recht. Eine Überlegung darüber, ob der Haftbefehl gegen den Anwalt juristisch anfechtbar sein könnte, wird
erst recht nicht angestellt. (Die Judenrolle wird weder in diesem Aufsatz noch in
den meisten Filmrezensionen erwähnt.) *Der ewige Quell* verrät nicht nur die
Rechtsunsicherheit, die eine vom sogenannten Volksempfinden geleitete Justiz des
Faustrechts zwangsläufig nach sich zieht. Der Film suggeriert auch die Vorstellung,
daß der Mensch sich in Krisensituationen auf die Stimme seines Blutes besinnen
und sich gegen alle Einflüsse fremder Rasse und verderbter Gesinnung mit Gewalt
abschirmen müsse. Nicht umsonst schlug das Presseheft für Zeitungsinserate die
Werbezeile vor: "Über die hinterhältigen Intrigen eines Verkommenen und über
die raffgierige Geldsucht eines Verblendeten siegt die Kraft der zusammenhalten-
den Familie." Am Beispiel des Lohhofbauern wird demonstriert, daß sich der einfache Mensch nicht in Dinge mischen soll, von denen er nichts versteht, sondern
in seiner kleinen bescheidenen Welt seine Pflicht zu erfüllen hat. Die Sorge um die
Politik hatte der "Führer" übernommen, und die Organe, die seinen Willen erfüllten, wie die Justiz, taten dies — wie *Der ewige Quell* anschaulich zeigt — nur zum
Schutz und zum Vorteil des unwissenden Bürgers.

Der *Zeitschriftendienst* (94) beklagte "einige psychologische und dramaturgische
Schwächen" des Films, nannte die Tendenz aber "erfreulich": "... Der Bauer, der
sich auf seine Kraftquelle besinnt, triumphiert über alle Ränke des jüdischen Ge-
schäftemachers und seiner dem Heimatboden entfremdeten Marionette." Seine
Parole lautete: "Wir wollen das Werk freundlich, aber nicht ausgesprochen bevorzugt behandeln und es auch nicht als Reichsnährstandsfilm bezeichnen." Die geringe künstlerische Qualität machte den Film für die offizielle Propaganda unge-
eignet. Die langatmige Schilderung, die simplen, aber pathetisch aufgeputzten Dialoge, die naive Argumentation wurden als Minuspunkte durch die nationalsozialistische Linientreue des Drehbuches kaum aufgehoben. Mit Sicherheit gehörte *Der
ewige Quell* nicht zu den antisemitischen Auftragsfilmen, deren Herstellung Goebbels sehr sorgfältig überwachte. Die judenfeindliche Tendenz des Films ergab sich
vielmehr aus der Rolle selbst: Ein verbrecherischer Anwalt mußte zugleich Jude
sein, eine andere Gestaltung der Rolle hätte möglicherweise das Vertrauen des Zuschauers in die nationalsozialistischen Juristen erschüttert. — Im Juni 1940 fiel
der Film neben anderen einem befristeten Vorführverbot zum Opfer.(95) Erst am
23. August 1940 wurde *Der ewige Quell* in Berlin aufgeführt, zu einem Zeitpunkt,
als dort gerade die großangelegte antisemitische Filmaktion begann. Der Grund für
das Verbot ist vermutlich in der Kriegssituation zu suchen. Möglicherweise hat Hitler selbst seinen Propagandaminister veranlaßt, die laufende Filmproduktion zu

überprüfen. In derselben Mitteilung, in der der *Zeitschriftendienst* von der Wiederfreigabe der verbotenen Filme berichtete, erhielten die Redaktionen die Anweisung, alle Behandlungen müßten "der Würde und dem Ernst der Zeit angemessen" sein, Filmlustspiele und "weniger wichtige Filme" sollten nur am Rande behandelt werden.(96) Der Kritiker des *Völkischen Beobachters*, Hans Hömberg, nahm sich daraufhin die Freiheit, den Film *Der ewige Quell* mit unverhohlenem Spott zu rezensieren, obwohl diese Art der Filmkritik bereits seit 1936 verboten war. (97)

☆

Zu den Filmen, die vermutlich ohne besondere Anweisung durch das Propagandaministerium antisemitische Szenen in die Filmhandlung aufnahmen, gehörte auch *Ein Robinson* (Untertitel: Das Tagebuch eines Matrosen) von Arnold Fanck, uraufgeführt am 25. April 1940 in Berlin, also ein Vierteljahr vor *Die Rothschilds*. Fanck und sein Mitautor Rolf Meyer schrieben unter dem Vorwand, das Leben eines Einsiedlers auf der chilenischen Insel Juan Fernandez zu schildern, ein Loblied auf die deutsche Kriegsmarine, die nach der Schmach von 1918 erst unter nationalsozialistischer Herrschaft wieder zu Ansehen und Ruhm gelangt.

1915 wird der deutsche Kreuzer "Dresden" vor Chile von englischen Kreuzern angegriffen und in höchster Not von der eigenen Besatzung versenkt. Die Seeleute, unter ihnen der Obermatrose Carl Ohlsen (Herbert A. E. Böhme), retten sich auf die nahe Robinson-Insel, begraben dort ihre Toten und geraten schließlich in chilenische Internierungshaft. Nach drei Jahren gelingt den Deutschen die Flucht und, erfüllt von dem Wunsch, "für das bedrängte Deutschland weiter mitkämpfen zu können", langen sie im Kriegshafen Kiel an.

"Als erster springt der Matrose Carl Ohlsen an Land — da reißt ihm eine Horde rebellierender Matrosen die Mütze vom Kopf, und der Kapitänleutnant fällt unter den Schüssen feiger Meuterer. So empfängt die Heimat am 9. November 1918 ihre Seehelden vom anderen Ende der Welt! Ohlsen ist der Verzweiflung nahe. Das ist sein Deutschland nicht mehr..."(97,1)

Nachdem Ohlsen festgestellt hat, daß auch seine Braut, die ihm einen Sohn geboren hat, inzwischen mit einem Anderen verheiratet ist, kehrt er zur Robinson-Insel zurück und lebt dort jahrelang als Einsiedler, bis eines Tages die unter den Nationalsozialisten gebaute neue "Dresden" vorbeifährt. Nach allerlei Abenteuern gelingt es Ohlsen, auf das Schiff zu gelangen, und dort begegnet er in dem Matrosen Pieter, einem "tüchtigen deutschen Seemann" seinem eigenen Sohn, mit dem zusammen er fortan wieder "in Reih und Glied" steht.

Eine kleine Szene mit antisemitischem Akzent zeigt, daß auch dieser Film der nationalsozialistischen Propaganda von der Weimarer Republik bis in Einzelheiten hinein treu bleibt: Auf dem Weg zum Zug, beim Aufbruch in die Emigration, begegnet Ohlsen einer Gruppe orthodoxer polnischer Juden, die schwerbeladen mit Gepäck gerade eintreffen. Deutschland ist den Fremden anheimgefallen.

Sie breiten sich in ihm aus und beherrschen es. Die wahren Patrioten aber kehren ihrem Vaterland den Rücken, weil sie seine Luft nicht mehr atmen können.(97,2) — Die kommenden Filme wandten sich ganz den Fremden zu, den Ghetto-Juden, die die Heimat der Deutschen angeblich wie eine Herde von Ratten überfielen.

2.4. Die große Propaganda—Aktion

Bei der Innerministeriellen Besprechung im November 1938, unmittelbar nach der "Kristallnacht", hatte Göring angekündigt: "Wenn das Deutsche Reich in irgendeiner absehbaren Zeit in einen außenpolitischen Konflikt kommt, so ist es selbstverständlich, daß auch wir in Deutschland in allererster Linie daran denken werden, eine große Abrechnung an den Juden zu vollziehen."(98) Hitler konnte diese Gelegenheit kaum erwarten. Am 3. September 1939 triumphierte er in seinem "Aufruf an die Nationalsozialistische Deutsche Arbeiterpartei": "Unser jüdisch-demokratischer Weltfeind hat es fertiggebracht, das englische Volk in den Kriegszustand gegen Deutschland zu stellen."(99) Diese Behauptung schloß die "Vernichtung der jüdischen Rasse" ein, die Hitler dreiviertel Jahr zuvor, in einer Reichstagssitzung am 30. Januar 1939 "prophezeit" hatte.(100) Dort hatte er zugleich die Produktion antisemitischer Filme angedroht und zwar zur Vergeltung für das Vorhaben amerikanischer Gesellschaften, "antinazistische dh. antideutsche Filme" zu drehen. Offensichtlich meinte Hitler damit Auftragsfilme wie *Die Rothschilds*, *Jud Süß* und *Der ewige Jude*, die zwar erst 1940 uraufgeführt, zur Zeit seiner Rede aber schon vorbereitet wurden. Hitler hoffte, mit seinen Drohungen zwei Erfolge auf einmal zu erzielen. Zum einen werde das "internationale Weltjudentum", an dessen Existenz er hartnäckig glaubte, aus Angst um die deutschen Juden die deutschfeindlichen Regierungen zur Nachgiebigkeit drängen. Und zum anderen vertraute er darauf, daß die deutsche Bevölkerung auf jede mißliche Wende des Krieges und jedes Opfer mit wachsendem Haß gegen den angeblichen Urheber, die Juden, reagieren werde. In jedem Falle aber wollte Hitler bei dieser Gelegenheit nachholen, was während des Ersten Weltkrieges seiner Meinung nach versäumt worden war; in *Mein Kampf* hatte er geklagt:

"Hätte man zu Kriegsbeginn und während des Krieges einmal zwölf- oder fünfzehntausend dieser hebräischen Volksverderber so unter Giftgas gehalten, wie Hunderttausende unserer allerbesten Arbeiter aus allen Schichten und Berufen es im Felde erdulden mußten, dann wäre das Millionenopfer der Front nicht vergeblich gewesen."(101)

Wann Hitler den Befehl zur Ausrottung von Juden und anderen unerwünschten Personen gegeben hat, ist aus dem bisher aufgefundenen Quellenmaterial nicht ersichtlich. Möglicherweise ist der Teil des Führerbefehls, der sich auf die Ermordung der Juden bezog, nie schriftlich niedergelegt worden; Heinrich Himmler, dem diese Aufgabe als "Reichsführer SS", Chef der deutschen Polizei und Innenminister anvertraut war, hat sich jedenfalls auf den Befehl berufen.(102) Wie aus einem

Brief Görings hervorgeht, war der Leiter der Sicherheitspolizei und des SD, Reinhard Heydrich, bereits seit dem 24. Januar 1939 beauftragt, "die Judenfrage in Form der Auswanderung oder Evakuierung einer den Zeitverhältnissen entsprechend möglichst günstigen Lösung zuzuführen."(103) Am 31. Juli 1941 forderte Göring Heydrich auf, ihm "in Bälde einen Gesamtentwurf über die organisatorischen, sachlichen und materiellen Vorausmaßnahmen zur Durchführung der angestrebten Endlösung der Judenfrage vorzulegen."(104) Zu diesem Zweck berief Heydrich am 20. Januar 1942 eine Geheimkonferenz der zuständigen Behörden in das Büro der "Internationalen Kriminalpolizei—Kommission" in Berlin. Am Großen Wannsee Nr. 56-58 ein. Nach einem (unvollständig erhaltenen) Protokoll (105) dieser "Wannsee-Konferenz" gab Heydrich Einzelheiten der Ausrottungspläne bekannt. Wie er ausführte, sollten die arbeitsfähigen Juden in den besetzten Ostgebieten im Straßenbau eingesetzt werden, "wobei zweifellos ein Großteil durch natürliche Verminderung ausfallen wird". Der Rest müsse als "widerstandsfähigster Teil", da er "bei Freilassung als Keimzelle eines neuen jüdischen Aufbaus" anzusprechen sei, "entsprechend behandelt werden". Heydrich kündigte an, daß Europa "im Zuge der praktischen Durchführung der Endlösung... von Westen nach Osten durchgekämmt" werde, der Beginn der einzelnen größeren Evakuierungsaktionen sei jedoch "weitgehend von der militärischen Entwicklung abhängig".

Das war der Auftakt zur organisierten "Vernichtung der jüdischen Rasse", die in den Konzentrationslagern bereits seit Jahren geübt wurde. Diese Lager, in denen Juden, mißliebige Deutsche und Ausländer mißhandelt und ermordet wurden, existierten in Deutschland seit 1933. Nach dem Vorrücken der deutschen Wehrmacht nach Osten wurden in den besetzten Gebieten weitere Konzentrationslager eingerichtet, die jetzt mit technischen Anlagen zur systematischen Ausrottung in großem Stil ausgestattet wurden. Dabei wurde die Methode der Vergasung, die zuvor im Rahmen des sogenannten "Euthanasie"-Programms (1939 bis 1941) an geistesgestörten und unheilbar kranken Menschen angewandt worden war, als "unauffälliges"(106) und rationelles Verfahren bevorzugt. Über den genauen Beginn der Vergasungen herrscht nicht völlige Klarheit (107), es scheint jedoch sicher, daß am 8. Dezember 1941 in Chelmo (Kulmhof) in der Nähe von Lodz erstmals Gaswägen eingesetzt wurden, in denen die Eingeschlossenen durch Auspuffgase getötet wurden.(108) Später wurden Gaskammern verwendet, die mit Dieselmotoren betrieben wurden; da die Motoren aber oft ausfielen, beschloß Himmler in Übereinstimmung mit Hitler die Verwendung des Ungezieferverstilgungsmittels Zyklon B, eines Blausäuregases, das zuerst in Auschwitz-Birkenau, wahrscheinlich ab Juni 1942, angewandt wurde.(109) Nach der Aussage des Auschwitz-Kommandanten Rudolf Höss hatte sein Vertreter dieses Gas schon am 3. Septemger 1941 bei der Tötung sowjetischer Kriegsgefangener erprobt.(110) Offiziell hatten die deutschen Juden bis zum 1. Oktober 1941 noch die Möglichkeit, sich durch legale Auswanderung den judenfeindlichen Maßnahmen zu entziehen. Einen Monat zuvor, am 1. September 1941, war die Verordnung über die Kennzeichnung der Juden erlassen worden, die deutsche Bürger jüdischer Abstammung zum Tragen des "Judensterns" zwang.(111) Am 14. Oktober 1941 begannen die ersten Massendeportationen von Juden aus dem Reichsgebiet in die östlichen Ghettos. (112) Kleinere Transporte waren aber auch schon früher zusammengestellt worden: die ersten deutschen Juden — 1200 aus Stettin — waren bereits am 12. Februar 1940 nach Lublin "ausgesiedelt" worden.(113)

Dieser kurze Überblick über das Programm der "Endlösung der Judenfrage" läßt erraten, warum gerade im ersten Kriegsjahr 1940 eine großangelegte antisemitische Filmkampagne begann. Es galt, die Deportationen propagandistisch vorzubereiten, zumal sie der Öffentlichkeit kaum verborgen bleiben konnten. Die durch den Kriegsausbruch veränderte politische Lage zwang Goebbels ohnehin dazu, die deutsche Filmproduktion schärfer als sonst zu überprüfen. Wie es scheint, wurde seine Filmpolitik zu diesem Zeitpunkt nicht nur von Hitler abfällig beurteilt. Im April 1940 gab Goebbels in einem Vortrag vor der Reichsfilmkammer neue "Richtlinien für die Arbeit am deutschen Film" aus und nahm dabei den heiteren Film in Schutz.(114) Zugleich entschloß er sich jedoch, eine Anzahl leichter Unterhaltungsfilme aus dem Programm zu ziehen — eine Maßnahme, die nach den Geheimberichten des Sicherheitsdienstes von der Bevölkerung dankbar begrüßt wurde.(115) Denn, so stellte Jürgen Schüddekopf im Juli 1940 in der Wochenzeitung *Das Reich* fest:

> "Das sensiblere Publikum... verlief sich, wenn die harten Wirklichkeitsbilder der Wochenschau auf die farblose Scheinwelt des Films traf. Immerhin war seine fast gespenstische Lebensferne aus den Septembertagen 1939, als der Film erschütternd abseits von den Herzensbewegungen der Tage stand, nicht mehr so kraß festzustellen".(116)

Kurz zuvor hatte Dr. Fritz Hippler, Leiter der Abteilung Film im Propagandaministerium, vor Berliner Pressevertretern über die "gegenwärtige deutsche Filmarbeit" gesprochen und sich dabei gleichsam schützend vor seinen Chef gestellt.(117) Hippler versuchte klarzumachen, daß der Film, "das umfassendste Gesamtkunstwerk unserer Tage", aus technischen Gründen den durch den Krieg gestellten Anforderungen nicht so schnell und so leicht entsprechen könne. Planung, Vorbereitung und Herstellung eines Spielfilms erforderten durchschnittlich ein halbes bis ein Jahr:

> "Aus diesem Grunde waren noch Monate nach Kriegsbeginn in den deutschen Ateliers Filme, deren Existenzberechtigung sich in Anbetracht der Zeit aber auch gar nicht vertreten ließ... Auf der anderen Seite konnten aus demselben Grunde auch nicht sofort Filme greifbar sein, die etwa im engsten Sinne des Wortes 'zeitnah' gewesen wären."

Hippler tröstete seine Zuhörer damit, daß die Filme, die demnächst die Ateliers verließen, frei seien von jenem "stupiden Stumpfsinn", den früher offenbar jeder Hersteller für unumgänglich gehalten hätte. Dann zählte er die zu erwartenden Werke auf, unter anderem *Die Rothschilds, Jud Süß, Bismarck, Über alles in der*

Welt, Carl Peters, Ohm Krüger, ...reitet für Deutschland, Heimkehr und einen *Lueger-Film* (später *Wien 1910* genannt). Mit diesen Produktionsvorhaben entspreche der deutsche Film den politischen und kulturellen Aufgaben, "die das deutsche Volk an ihn stellt und die in naher Zukunft schon dem siegreichen Deutschland erwachsen".

2.4.1. Die Rothschilds

Kurze Zeit nach Hipplers Vortrag, am 17. Juli 1940, wurde der Film *Die Rothschilds* (Regie: Erich Waschneck) in Berlin uraufgeführt. Welche Bedeutung dieser Premiere zukam, geht aus den Anweisungen des *Zeitschriftendienstes* vom 19. Juli hervor:

"Mit dem Film 'Die Rothschilds' (Ufa) beginnt der Einsatz der bewußt durch die Abteilung Film im Reichsministerium für Volksaufklärung und Propaganda geförderten Filmwerke, die in der gegenwärtigen weltanschaulichen Auseinandersetzung für den Freiheitskampf des deutschen Volkes zum Einsatz gelangen sollen. Wir dürfen von diesen Filmen, deren Inhalt und Gestaltung filmkünstlerischer Ausdruck der deutschen Haltung werden soll, jedoch nicht allein staatspolitische und propagandistische Werte erwarten, sondern auch neue entscheidende Schritte auf dem Wege des deutschen Films zur Volkskunst im besten Sinne."(119)

Als "erstes praktisches Beispiel dieser neuen Produktionslinie" sollte der Film "einen der vielen Gründe unseres Kampfes gegen das Weltjudentum" aufzeigen und zwar anhand einer Chronik der jüdischen Bankiersfamilie Rothschild aus den Jahren 1806 bis 1815. Der *Illustrierte Film-Kurier* schrieb über das Filmgeschehen:

"Kurfürst Wilhelm IX., Landgraf von Hessen, mußte im Jahre 1806 vor den Truppen Napoleons I. aus Kassel fliehen. Einen Teil seines Vermögens, englische Obligationen im Werte von 600 000 Pfund, Blutgeld, das aus dem Verkauf seiner Landeskinder für die englische Armee stammte, übergab er in der Judengasse zu Frankfurt am Main seinem jüdischen Agenten Mayer Amschel Rothschild zu treuen Händen. — Der diesen historischen Tatsachen nachgestaltete Film erzählt, wie die Rothschilds mit diesem Geld ihre Macht begründen und die Verjudung Englands und damit die Herrschaft einer jüdisch-englischen Plutokratie in die Wege leiten. —

Es wäre übertrieben, zu behaupten, daß die Herren der Londoner City das plötzliche Auftauchen dieses Nathan Rothschild in ihren Geschäftsbezirken mit Freuden begrüßt hätten. Im Gegenteil. Hat ihnen dieser geriebene Bursche nicht das indische Gold, versteigert von der Ostindischen Kompanie, vor der Nase weggeschnappt? Hat er sie nicht bei Herries, dem Oberkommissar des Schatzamtes, glatt ausgebootet? Ist dieser Frankfurter Ghettojude Rothschild nicht mit der Finanzierung der unter Wellington in Spanien gegen Napoleon kämpfenden Truppen betraut worden? Ja, das sind alles bewiesene Tatsachen. Und die Citybankiers, ihnen voran Turner und Bearing, haben allen Grund, diesen Konkurrenten im Auge zu behalten. Er aber verbohrt sich hartnäckig in die Idee, auch gesellschaftlich eine große Rolle spielen zu müssen. Seine Huldigungen, die er an Turners schöne Gattin, Sylvia, verschwendet, bleiben jedoch ohne den geringsten Erfolg. Sylvia nimmt den anmaßenden Hebräer nicht ernst. Im übrigen hat sie auch andere Sorgen: Sie muß sich der kleinen Phyllis annehmen, deren Vater, der Bankier Bearing, alle Bande zwischen sich und seiner Tochter zerschnitten hat, als er erfuhr, daß Phyllis sich gegen seinen Willen dem jungen Offizier George Crayton versprochen hatte. Nun kämpft George in Spanien und Phyllis trägt sein Kind unter dem Herzen.—

Nathan Rothschild, der mit seinem inzwischen in Paris "residierenden" Bruder James glänzende Geschäfte durch den Geldschmuggel aus England über Frankreich nach Spanien gemacht hat, glaubt sich der Verwirklichung seines ehrgeizigen Lieblingsplanes nahe, als er beschließt, für die große Londoner Gesellschaft ein prunkvolles Bankett zu geben. Doch im Gegensatz zu den Börsen-Spekulationen kommen ihm diesmal die Cityherren zuvor. Turner ladet die Herrschaften zur gleichen Stunde und im gleichen Hotel zu einem Festmahl. Während das spöttische Lachen, Triumphieren und Gläserklingen aus dem überfüllten Nebensaal in Nathans Ohren gellt, sitzt er einsam und gemieden an seiner protzigen Tafel – Aber er wird sich zu rächen wissen. –

Jahre sind inzwischen vergangen. Napoleon ist besiegt und auf Elba gefangen gesetzt. Doch für das Haus Rothschild ist immer "ein Geschäft" zu machen, ausnahmsweise einmal auch ohne Krieg. So kann man zwischendurch den Orleans, Frankreichs neuen König Ludwig XVIII., finanzieren – eine Transaktion, die sich freilich zunächst als Fehlschlag herausstellt. Denn zur Bestürzung ganz Europas gelingt es dem Korsen von Elba zu fliehen, eine Armee aus dem Boden zu stampfen und erneut gegen die Koalitionsmächte England, Preußen und Österreich zu marschieren! Da fühlt Nathan seine große Stunde kommen. – Napoleon und seine Armee stellen sich bei Waterloo zum Kampf. Zum Kampf, dessen Ausgang Europas Geschicke und — so spekuliert Rothschild — Geschäfte entscheiden muß – Der Sieg muß ein Sieg des Goldes, ein Sieg Rothschilds, ein Sieg des Davidsternes werden!"(Nr. 3120)

Es entsprach nationalsozialistischer Gepflogenheit, Wahrheit, Legende und eigene Zutat so geschickt zu mischen, daß das Ergebnis allen Propagandawünschen gerecht wurde und dennoch den Schein der Historizität bewahrte. Bereits der Beginn der Filmhandlung ist verfälscht. Nach historischen Darstellungen (119) diente Mayer Amschel dem hessischen Kurfürsten neben anderen Bankiers und erhielt anfangs nur bescheidene Aufträge, die er allerdings mit beträchtlichem Geschick erfüllte. Es ist richtig, daß Mayer Amschels Sohn Nathan durch die Geldlieferungen an die in Spanien kämpfenden britischen Truppen, mit Hilfe seines Bruders James, ein Vermögen gewann. Die Rothschilds überrundeten ihre Konkurrenten dabei jedoch nicht durch Betrug, sondern durch ihre größere Finanzkraft, durch glückliche Umstände und dank ihrer Aufgeschlossenheit, mit der sie politisch taktierten und alle technischen Möglichkeiten nutzten. Nach der Schlacht von Waterloo erregte Nathan Rothschild Aufsehen, weil er die Nachricht vom Siege durch seinen Agenten Rothworth schneller erhalten hatte als die Regierung; daß er die Information an der Börse nutzte, erregte Neid, aber auch Bewunderung. Bald verbreiteten sich Legenden, die Nathan übermenschliche Fähigkeiten zuschrieben.(120) Nach einer Version soll er eine Taubenpost eingerichtet haben (dieses Motiv erscheint auch im Film), nach einer anderen war er unter Lebensgefahr vom Schlachtfeld aus nach London geeilt — eine Legende, die Rothschild immerhin persönlichen Mut bescheinigte und für antisemitische Autoren daher unbrauchbar war.

Der erste Drehbuchautor, Mirko Jelusich (121), verwandte für seine Schilderung auch keine Rothschild-Legende, sondern griff auf ein Schauspiel-Motiv von Julius Voß aus dem Jahr 1808 zurück: "Ein Jude verkauft auf eine Siegesnachricht hin, die ihm unwahr erscheint, alle kurmärkischen Pfandbriefe, tut aber, als wäre ihm persönlich die Siegesnachricht verbürgt, um so die Kurse zu beeinflussen." (122) Dieses Motiv, das also älter ist als die Schlacht von Waterloo, verarbeitete Eberhard Wolfgang Möller in seinem (1934 uraufgeführten) antisemitischen Drama "Rothschild siegt bei Waterloo".(123) Von dort her gelangte es als "hieb-und stichfestes historisches Material" in die Filmhandlung und gewann nun eine "durch keine noch so gewundene Dialektik zu bleichende Beweiskraft".(124) Die Rezensenten ließen sich die Möglichkeit, die Geschichte vom Börsenbetrug propagandistisch auszuwerten, nicht entgehen. "Der deutsche Film machte aus der Anekdote die weltpolitische Belehrung", schrieb Hermann Wanderscheck in der *Filmwelt* und erläuterte:

"Der deutsche Film 'Die Rothschilds' entlarvt am Beispiel der Schlacht von Waterloo die rücksichtslose jüdische Gewaltnatur, aus dem vergossenen Blut der Völker Riesenprofite und Zinsen zu ziehen. Einmalig in der Weltgeschichte ist diese Geschichte vom gemeinen Taschenspielertrick Rothschilds, der mit seinen lumpigen Jobbern der Londoner Börse aus millionenfacher Ehre millionenfachen Profit zog. Da starben die besten Soldaten Europas, Niederländer, Preußen, rheinische und braunschweigische Männer auf dem Schlachtfeld bei Waterloo — und eine dritte Macht war es, die aus Blut Kapital schlug: der Bankier Rothschild."(125)

Von dem Gedanken, die Juden zögen aus dem Tod deutscher Soldaten Profit, bis zu dem Plan, die Juden für den Tod der deutschen Soldaten büßen zu lassen, wie ihn Hitler in *Mein Kampf* geäußert hatte (vgl.S. 62), war es jetzt nur noch ein kleiner Schritt. Auf diesen Gedankensprung sollte der Kinobesucher psychologisch soweit vorbereitet werden, daß er der nationalsozialistischen Judenpolitik Verständnis entgegenbrachte. Dem Propagandazweck entsprechend wurde der Film durchgehend nach dem Schema gestaltet, das dem Motiv des Börsenmanövers zugrunde liegt: ein historisches Faktum wird tendenziös interpretiert und verfälscht, zugleich wird die historische Gestalt mit allen denkbaren Eigenschaften des antisemitischen Judenklischees belastet. Das Resultat aber sollte den gutgläubigen Kinobesucher in hellen Zorn über die Juden versetzen.

Wie in *Leinen aus Irland* fehlt auch im Rothschild-Film nicht der Hinweis, daß die eigentliche Heimat des Juden, auch des Assimilierten das Ghetto sei, das er zeitlebens nicht von sich abschütteln könne. Gleich zu Beginn führt der Film *Die Rothschilds* den Zuschauer in die befremdliche Atmosphäre der Frankfurter Judengasse. Mayer Amschel Rothschild empfängt seinen Landesherrn in einem Haus, das einer Abstiege gleicht. Er und seine Familie sind wie Trödler gekleidet und benehmen sich wie Hungerleider.(126) Als notorischer Geizhals hat Mayer Amschel keine Hemmungen, seinen Besucher zu übervorteilen. Der beschimpft zwar den "verdammten Beutelschneider" (Filmdialog), kapituliert aber vor seiner Geschäftstüchtigkeit. Günther Schwark beschrieb diese Sequenz in der Zeitung *Film-Kurier:*

"Im Kaftan, mit jüdelnd serviler Liebedienerei, scharwänzelt der kleine Amschel um den großspurigen Landgrafen, läßt sich von ihm Grobheiten sagen, feilscht um ein Achtel mehr oder weniger Provision, legt leidergeben die Hände ineinander, als ob er bei dem Handel zusetzte. Nur hin und wieder fliegt ein Lächeln über die Züge des spekulierenden Greises, der schon die Auswertung der ihm anvertrauten Riesensumme von 600 000 Pfund errechnet. Erich Ponto hat dies Porträt mit den feinen Lichtern Rembrandtscher Graphik trefflich gezeichnet."(127)

Die Szenerie verstärkt den Eindruck des Bedrohlichen. Die schlecht beleuchtete Stube wirkt wie ein Kellergewölbe. Ratten sind hier keine unbekannten Gäste, erfährt der Filmbetrachter. Auch die Bewohner des Hauses gleichen Ratten. "Welch eine stickige, unsaubere Luft weht hier durch Amschels Büro, wie unheimlich geradezu ist hier jüdisches Gebaren festgehalten," bemerkte Hans Erasmus Fischer im *Berliner Lokal-Anzeiger.*(128) Als der Kurfürst gegangen ist, steigt Amschels jüngster Sohn James aus dem Schrank, von dem aus er heimlich gelauscht hatte. James (gespielt von Albert Lippert) vertritt "die jüngere Linie", die "sich bereits modischer und moralischer Heuchelei befleißigt".(129) Er wird in Paris Mittelsmann für die unlauteren Geschäfte seines in London lebenden Bruders sein und später das Frankfurter Bankhaus des Vaters übernehmen — "geckenhaft, liebedienernd, geschmeidig, seine dunklen Machenschaften mit der Miene des Biedermannes" abwickelnd.(130)

Größere Beachtung schenkt der Film dem ältesten Rothschild-Sohn Nathan. Doch zuvor wird Mayer Amschels Kurier Leib Hersch (Walter Linkmann) vorgestellt. Dieser Jude hat nicht nur als Vermittler einer Botschaft dramaturgische Funktion, er ist auch das rassische Bindeglied zwischen der Familie im Frankfurter Ghetto und dem assimilierten Emporkömmling in London. Wirkt der alte Rothschild behende, listig, verschlagen, so ist Hersch sein Gegenteil: scheinbar ein Trottel mit verquollenem Gesicht, gelichtetem Haupthaar und bis zur Schulter hängenden fettigen Seitenlocken, eine verschlafene Gestalt, die den Kopf senkt und die Augen beim Sprechen niederschlägt. Aber der Schein trügt. Als "degenerierter Ghetto-Typ"(131) gehört Leib Hersch "zu den widerlichsten Erscheinungen... Diese klagende Stimme scheint immer um Entschuldigung zu bitten, doch verbirgt ihr Jammern etwas Lauerndes, feige Drohendes. Die Stimme schleicht, wie ihr Besitzer."(132) Diesen schmutzigen alten Mann, der das Wasser fürchtet wie die Pest, schickt Amschel per Schiff nach England zu seinem Sohn und zwar mit der ausdrücklichen Weisung, das Sabbatverbot des Reisens zu umgehen ("Du reist nicht — du wirst gereist!" — Filmdialog). Hersch trifft Nathan Rothschild (Carl Kuhlmann) in Gebetsmantel und Kippa vor dem Spiegel an, denn der fromme Jude huldigt dem Grundsatz: "Eine Woche lang bin ich Engländer, Am Schabbes, auf eine Zeitlang, bin ich Jude und mach das Geschäft mit Gott." (Filmdialog) Der Versuch, mit Gott zu schachern, galt dem Antisemiten, auch wenn er kein Christ war, als höchst verwerflich und als Zeichen für sittliche Verkommenheit. Überdies ist hier die Frömmigkeit nur erheuchelt, denn Nathan denkt nicht mehr ans Beten, nachdem er den Brief des Vaters gelesen hat. Auf diese Weise verdeutlicht der Film eine innere Verwandtschaft zwischen dem alten und dem jungen Rothschild, die sich äußerlich nicht nachweisen läßt.

Nathan ist grobschlächtig, "feist, agil, brutal. Die niedrige Stirn kraushaarig-überdacht. Mit den beweglichen Augen eines Luchses".(133) Gleichsam aus dem Hinterhalt, auf leisen Sohlen taucht Nathan bei einer Auktion aus der Tiefe des Saales auf und überbietet die Bankiers mit schadenfrohem Grinsen. Wechselnd zwischen Unterwürfigkeit und dem Selbstbewußtsein des vermögenden Mannes nähert er sich dem Oberkommissar des englischen Schatzamtes, "der mit englischer Bedenkenlosigkeit auch den frischgebackenen Untertan israelitischer Herkunft demokratisch-großzügig für seine Ränke zu benutzen weiß"(134), "weil der Jude in seiner Skrupellosigkeit ein besseres Werkzeug ist als die selbstbewußte alte Herrenschicht des Landes".(135) Der Film zeigt, daß sich in Nathan und Herries zwei Gangster verbünden, ebenso wie sich in James und dem Polizeiminister Fouché (136) in Frankreich verwandte Seelen finden. Um des eigenen Vorteils willen, nimmt Nathan den Spott des Oberkommissars gelassen hin, ebenso wie er die beleidigenden Allüren des korrupten Generals von Wellington toleriert, da er ihn finanziell in der Hand hat.

Im beruflichen Bereich bewährt sich die Taktik des Juden. Auf der gesellschaftlichen Ebene freilich muß der Londoner Rothschild eine Enttäuschung nach der anderen hinnehmen. Wie dem Juden Dr. Kuhn in *Leinen aus Irland* fehlt ihm der Instinkt, die eigenen Chancen abzuschätzen. In unbegreiflichem Größenwahn versucht Nathan, sich ausgerechnet der Gattin seines ärgsten Konkurrenten und Gegners, des Bankiers Turner, zu nähern. Weder die unverhohlene Abneigung der rassebewußten Irin noch ihre spitzen Bemerkungen halten ihn davon ab, sich mit plumpen Methoden in ihr Haus einzuschleichen; erst ihr zähnefletschender Hund, der den Juden nicht ausstehen kann, vermag ihn in die Flucht zu schlagen. Nathans Instinktlosigkeit gibt dem Film wiederholt Gelegenheit, den Juden in beschämenden Situationen lächerlich zu machen. Den ärgsten Fehlschlag erlebt Nathan, als er die Londoner Bankiers zu einem Bankett einlädt, um die gesellschaftliche Gleichberechtigung zu erzwingen. — Eine einleuchtende psychologische Erklärung gibt der Film für die Dummheit des Juden nicht. Für die Handlung erweist sich das nationalsozialistische Dogma von der "unklugen Schlauheit" des Juden indes als nützlich: Das Publikum darf die Niederlagen des Bösewichts schadenfroh genießen. Für den antisemitischen Betrachter handelt Nathan auch nicht unlogisch. Wie alle Juden strebt Nathan die Zerstörung und Zersetzung seines Gastlandes an, und in diesem Vorhaben läßt er sich nicht durch gesellschaftliche Niederlagen beirren. Vielmehr beschließt er sofort, nun mit heimlicher Gewalt vorzugehen; er will England mit der einzig wirklich wirksamen Waffe, dem Geld, zu Boden zwingen.

Die nächsten Szenen entlarven den Triumph der Londoner Bankiers bald als Scheinsieg. Dadurch suggeriert der Film die Vorstellung, daß Rassebewußtsein allein nicht ausreicht, um den Juden auszuschalten. Das weitere Geschehen hebt die Gefahr, die von dem Plan der jüdischen Welteroberung ausgeht, so drastisch hervor, daß dem Betrachter nur die Annahme übrig bleibt, hier helfe kein anderes Gegenmittel als die offene Kampfansage, die radikale Ausrottung aller Juden. Es gelingt Nathan, eine Panik an der Börse zu inszenieren. Als es ums Geld geht, zerbröckelt die Abwehrfront der englischen Bankiers. Jeder denkt nur noch an die eigene finanzielle Rettung, keiner denkt an das ahnungslose, betrogene Volk. Die Uneinigkeit der Kapitalisten verschuldet also Nathans Sieg, der die "kleinen Leute" am härtesten trifft. Die Moral der Geschichte liegt auf der Hand: nur der Arier, der dem eigennützigen Streben nach Geld entsagt und sich selbstlos für das Gemeinwohl einsetzt, ist imstande, dem Juden Widerpart zu bieten. Da diese Folgerung im Film aber nicht anschaulich dargeboten wird, sondern der Gedankenarbeit des Kinogängers überlassen bleibt, konnte sie kaum recht wirksam werden. Die Drehbuchautoren übersahen, daß es psychologisch unklug ist, den Gegner siegen zu lassen. Ein solcher Filmschluß ruft beim Betrachter nicht nur Wut und Empörung, sondern auch Angst und Pessimismus wach. Das wollte Ilse Wehner wohl andeuten, als sie in ihrer Rezension in *Der deutsche Film* beiläufig und ohne nähere Begründung bemerkte: "Es ist stets sehr gewagt, eine negative Figur in den Mittelpunkt zu stellen".(137)

Dennoch ließen sich die meisten Kritiker von der abstoßenden Gestalt des Nathan Rothschild in den Bann schlagen. Sie begnügten sich keineswegs damit, die Rolle als bloß historische Darstellung eines Juden aufzufassen, sondern bemühten sich darum, die gemeinsamen Züge des Wahlengländers mit den im Lande verbliebenen Juden deutlich zu machen. Nach dem Kinobesuch sollte der Leser der Rezension imstande sein, jeden jüdischen Mitbürger für einen verkappten Nathan zu halten. Die Gleichsetzung des Juden mit dem Bösen schlechthin, die genaue Schilderung der "dämonischen Antriebe, die den Nathan regieren und erklären" (138) sollten auch die letzten Zweifel an der Gefährlichkeit eines jeden Juden ausräumen. In diesem Sinne schrieb Gerhard Starke in der *Deutschen Allgemeinen Zeitung:*

70

"Carl Kuhlmanns Nathan ist ein Stück großer Schauspielerei. Blick und Gebärde emanieren das innerste Wesen der Figur, man kommt nicht los von der Empfindung, daß er die Quintessenz des Juden, den er darstellt, geschluckt hat und ihn nun dessen besondere Art ganz durchdringt. So spielt er zum Individuum immer auch die ganze Rasse mit, das ganze semitische Hinterland der Person, mit tausend Finessen ihrer Ordinärheit. Alles, was er tut, folgt einem kategorischen Imperativ seines Charakters, gehorcht einer Notwendigkeit, die aus seinem jahrtausendealten Bluterbe fließt. Trieb und Instinkt brechen so plötzlich mit schamloser Grimasse aus ihm hervor, daß die Identität von Darsteller und Dargestelltem etwas Unheimliches bekommt. Solches restlose Aufgehen von Sein und Können ist wohl das eigentlichste Phänomen aller Schauspielkunst." (139)

Die mit Grauen gemischte Bewunderung für den Schauspieler, der furchtlos in die Rolle des Dämons schlüpft und mit ihr eins wird, verrät eine eigentümliche Angst — die Angst des Antisemiten vor der eigenen Erfindung. Hinter ihr steht ein wichtiges Motiv des Judenhasses: die Projektion der eigenen, als unheimlich empfundenen Triebkräfte auf ein Gegenüber, das nun als böse bekämpft werden kann. Daß die Filmhersteller mit der Dämonisierung des Nathan Rothschild ein antisemitisches Bedürfnis zu befriedigen verstanden, beweist auch die affektgeladene Sprache, mit der ein Teil der Rezensenten die Rolle beschrieb. Hans-Walther Betz gab in *Der Film* (140) gar eine psychologische Deutung des Nathan:

"So ist seine Seele bloßgelegt, wenn man die spekulierende Gehirnmasse, das satte Befriedigungsgefühl bei jeder Art von Übervorteilung, Unredlichkeit und Betrug überhaupt Seele nennen darf. Der Londoner Rothschild ist der Prototyp des unbedenklich geschäftetreibenden Hebräers, der zynisch, gierig, bis ins Vollkommene gewissenlos, nur der einen und alleinigen Triebfeder seiner Rasse lebt: Geld zu machen. Er ist das durch die Zeiten unveränderte Charakterbild des Händlers, der seine religiösen Vorschriften durch talmudistische Dialektik zu einer für ihn selbst geltenden Unverbindlichkeit bringt, der seine deutlich verspürte Minderwertigkeit durch freche Belästigung und wilde Haßausbrüche gegen die Goijims kompensiert und für den kein Verbrechen zu abscheulich, keine Heimtücke zu schmierig ist, wenn sie ihn seinen Zielen näherbringt".

Der emotionale Ton der Interpretation deutet nicht nur darauf, daß der Film dem Kritiker Anlaß bot, seinen angestauten Judenhaß zu entladen. Aus der Art der Argumentation wird zugleich eine heimliche Affinität zwischen dem Betrachter und dem geschilderten Gegenstand sichtbar: Zu solcher Empörung über einen Betrüger ist nur ein Mensch fähig, der den gleichen Erfolg anstrebt, sich aber außerstande sieht, gleiche Methoden anzuwenden. Daß die durch solche Frustration erzeugte "deutlich verspürte Minderwertigkeit... durch wilde Haßausbrüche" etwa gegen Juden kompensiert wird, ist ein in der Psychologie wohlbekanntes Phänomen. Der Rezensent sah sich jedoch gezwungen, seine privaten Gefühle in einem Beitrag, der Anspruch auf Allgemeingültigkeit erhob, durch den scheinbaren Beweis der jüdischen Schuld zu verschleiern. Betz schloß seine Anklage gegen Nathan deshalb mit dem Satz: "Er ist der mephistophelische Würger hinter den Kulissen der Welt, der durch Blut und Elend, durch Krieg und Not reich wird". Ein solcher Hinweis mußte denjenigen Leser einschüchtern, der sich von der Filmfigur des Nathan vielleicht nicht überzeugen ließ, aber doch dazu neigte, an die "geheime Weltverschwörung der Juden" zu glauben. Die Drehbuchautoren gaben dieser Angst Nahrung, indem sie an den Schluß der Filmhandlung — James zahlt als Nachfolger des Vaters dem Landesherrn die anvertrauten Gelder wieder aus — eine propagandistische Merk-Sequenz anhängten. Nathan steht mit Oberkommissar Herries vor der Landkarte und zeichnet prahlerisch die Niederlassungen seiner Brüder in Paris, Frankfurt, Wien und Neapel ein und fügt Jerusalem als "Stammhaus" hinzu: "Wenn... sich aus ihren Luftlinienverbindungen scheinbar zufällig, aber gleichwohl unheimlich genau die gekreuzten Dreiecke des Judensterns ergeben, die im Schlußbild gleich dem Netz einer Spinne die englischen Inseln umgreifen, dann ist der Kern des Themas unmißverständlich sinnfällig geworden."(141)

Die Analyse der Judenrollen des Films *Die Rothschilds* wäre unvollständig, wenn Nathans Sekretär Samuel Bronstein (Hans Stiebner) unerwähnt bliebe. Bronstein hat den Part des Juden, der den Wünschen des Antisemiten am weitesten entgegenkam. Als Ghetto-Typ hat er große Ähnlichkeit mit Leib Hersch: ein beleibter Mann mit Schläfenlocken, Doppelkinn und Schweinsäugelchen, der stets in Frack und Zylinder erscheint und trotzdem schmuddelig, ungewaschen wirkt. Die Langsamkeit seiner Bewegungen und der gleichförmig schleppende Tonfall seiner Stimme ließen einen Dummkopf vermuten, wäre nicht sein "unnachahmliches Grinsen, bei dem das ganze Gesicht zerrinnt und auseinanderläuft".(142) Die temperamentlose Erscheinung tarnt nur das rastlos tätige Gehirn. Bronstein versorgt Nathan mit Nachrichten und guten Ratschlägen, für die er jedoch keine Verantwortung übernimmt. Mit Gleichmut erträgt er die Launen und Wutanfälle seines Vorgesetzten, weil er gut bezahlt wird. In Nathans großer Stunde zeigt sich Bronstein als Betrüger von gleichem Format: Er hindert den (nichtjüdischen) Agenten Captain Rothermere daran, die Nachricht von der Niederlage Napoleons zu überbringen, um die 5 000 Pfund Belohnung selbst einzuheimsen. In seinen Charaktereigenschaften unterscheidet sich Bronstein nicht von den übrigen Judenrollen des Films. Er ist jedoch der Einzige, der nicht nach Assimilierung strebt, der auch in weiser Selbstbeschränkung Nathans Größenwahn nicht teilt: "Wird Nathan Rothschild endlich einsehen, daß man nicht wegwischen kann, wenn man in der Judengasse in Frankfurt geboren ist... Ich sag Ihne, wennse hoch und höher steigen, wennse groß werden in England, Se werden trotzdem bleiben a großer Bocher aus der Judengasse in Frankfurt." (Filmdialog) Genau so wünschte sich der Antisemit den Juden. Er sollte unverändert auf den ersten Blick zu erkennen sein. Demnach mußte die Vorstellung, die äußeren Unterschiede zwischen Juden und Ariern könnten völlig verschwinden, für jeden Judengegner zum Alptraum werden. Nathans Erwiderung bestätigt die Berechtigung dieser Sorge: " . . . Bronstein, sehense sich an, Sie sehen aus wie ein Schnorrer, Se sind mies und nicht ganz sauber, aber — Ihr Sohn wird sich Gentleman nennen und Ihr Enkel kann vielleicht schon ein Lord sein in diesem Lande, und alles damit!" (Er läßt eine Guinee klingen((Filmdialog)(143). Damit ist klargestellt, daß auch Bronstein zu bekämpfen ist, nicht nur wegen seiner verbrecherischen Neigungen, sondern vor allem wegen seiner Rasse. — Gerhard Starke hatte durchaus recht, wenn er über die Judenrollen schrieb: "Alle üblen Lebenssäfte, die den Typus bestimmen, sind in diesen Gestalten zusammengebraut. Wandelnde Pamphlete wider Israel!"(144) Entsprechend erscheint auch das jüdische Volk in einer kurzen Sequenz als Auswurf der Menschheit: Während Nathans Geldüberweisungen für Wellington, eine Summe von 10 000 Guineen, durch Frankreich gehen, schöpfen Zwischenhändler fast die Hälfte als Gewinn ab. Rasch aufeinanderfolgende Filmeinstellungen erfassen ein Panoptikum von Judenkarikaturen, bis die Kamera zum Schluß nur noch Hände aufnimmt, die im Geld wühlen. Antisemitisches Fazit: die Juden betrügen sich auch untereinander, das ganze Volk ist korrupt.

Auch ein Film, der Verbrecher in den Mittelpunkt stellt, muß sympathische Personen zeigen, mit denen der Zuschauer sich identifizieren kann. Deshalb führten die Drehbuchautoren ein Liebespaar als unschuldige Opfer des Juden Rothschild in die Handlung ein. Beide, der Leutnant George Crayton (Herbert Wilk) und seine Braut Phyllis Bearing (Gisela Uhlen), vertreten — als Engländer! — den Typus des neuen nationalsozialistischen Menschen. Nathan hat den entlassenen Soldaten als Melder engagiert, angeblich im Auftrag der Regierung. Erst während der Schlacht erfährt der junge Mann von einem jüdischen Taubenhändler, für wen er in Wirklichkeit arbeitet und stürzt sich unverzüglich in den Kampf. Verwundet, trifft er als erster Kriegsteilnehmer in London ein (auf welchen Wegen, läßt der Film im Dunkeln), findet dort aber keinen Glauben und wird sogar eingesperrt.— Der unschuldig Angeklagte ist ein beliebter Typus des nationalsozialistischen Films; stets tritt der junge Kämpfer selbstbewußt und anmaßend auf und wendet sich mit höhnischen Worten gegen seine Widersacher. Auch nach seiner Freilassung erweist sich George als getreuer Nationalsozialist. Obwohl er keinen Anspruch auf das Erbe seines Schwiegervaters hat, ruft er den Konkurs des Bankhauses aus und überläßt das Gebäude, noch ehe die übrigen Gläubiger eintreffen, den kleinen Sparern, den "ewig Betrogenen" (Filmdialog), zur Plünderung. Das bedeutet, daß er dem Faustrecht folgt und nicht dem Buchstaben des Gesetzes, solange die "Stimme des Volkes" mißachtet wird. Anschließend wandert George mit seiner Familie aus: "Es wird auf der Welt doch noch einen Platz geben, wo man frei atmen kann..." (Filmdialog) Der Zuschauer darf ihn bedauern, weil diesem Engländer im Jahre 1815 noch kein nationalsozialistisches Land offenstand.

Phyllis ist analog zur Rolle des George als Typus der nationalsozialistischen Frau gezeichnet, in allen Eigenschaften eine Vorläuferin der Dorothea Sturm in *Jud Süß*. Als tapfere Soldatenfrau schickt Phyllis ihren Geliebten in den Krieg, ohne Tränen und ohne ihm etwas von ihrer Schwangerschaft zu verraten, um ihm das Herz nicht zu beschweren. Mutig bekennt sie sich zu ihrem Kind, nimmt die

"Schande" ihrer Mutterschaft ebenso klaglos auf sich, wie sie ihren Mann später in die Fremde begleitet. Hier wurde der Kinobesucherin ganz unverhohlen ein idealisiertes Vorbild angeboten. Hinzu kommt der Typus der älteren, lebenserfahrenen Frau, die sich der Jüngeren annimmt und sie dadurch auch vor den Ränken des tückischen Juden bewahrt. Sylvia Turner (Hilde Weißner) könnte eine Filmschwester der Lilly Kettner (*Leinen aus Irland*) sein. Nicht grundlos stellen sie die Drehbuchautoren nicht als Engländerin, sondern als aristokratische Irin vor, also als eine höherwertige Arierin (145), die die Engländer wegen ihrer Geldgier verachtet und nur aus Treue bei ihrem Mann ausharrt, der durch eigene Schuld ins Elend gerät. Sylvia läßt Nathan Rothschild ihre Abneigung spüren, noch ehe sie ihn als Juden erkennt — sie ist Antisemitin aus Instinkt.

Dieser Instinkt fehlt den Bankiers. Ihre Frömmigkeit und ihr Glaube an höhere Werte erscheinen als Heuchelei und Selbsttäuschung. Schon nach kurzem Widerstand erliegen sie den Juden, weil sie dem krassen Materialismus huldigen. Als abschreckendes Beispiel wird auch der sieggewohnte Lord Wellington vorgeführt.Der Kriegsheld gerät durch seine kostspielige Schwäche für Frauen in die Abhängigkeit des Bankiers Rothschild. Eine Szene vor allem offenbart dem Zuschauer die sittliche Verkommenheit des Engländers. Nur mit Mühe kann ihn ein Kurier des Fürsten Blücher zur Rückkehr in den Kampf bewegen — während die Preußen schwere Verluste erlitten, amüsierte sich Wellington mit schönen Frauen auf einem Ball. Außer den Frauen ist nur das englische Volk einigermaßen sympathisch geschildert. Als eine Herde von Verführten ahnt das Volk dumpf, wem es sein Elend verdankt, aber ihm fehlt der Führer, der für sein Recht kämpfte und es aus der Gewalt des Juden befreite. In diesem Sinne ist eine Szene zu verstehen, in der sich der betrogene Rothschild-Agent Rothermere mit dem gleichfalls nichtjüdischen Lakaien des Bankiers, Edward Andercraft (146), nachdenklich unterhält: "Vielleicht hätt' ich ihm doch in die Fresse schlagen sollen(...) dem Rothschild.(...) Dann schmeißt Edward Andercraft den Rothermere hinaus, und alles auf Rechnung von Rothschild. Da stimmt was nicht!" Das Schicksal George Craytons freilich zeigt dem Filmbetrachter, daß das Volk und die Gutgesinnten in England sich gegen die jüdische Übermacht nicht durchsetzen können, solange die Regierung nicht auf ihrer Seite steht.

Die relativ wohlwollende Darstellung der Engländer in *Die Rothschilds* fand nicht ungeteilten Beifall. So schränkte der *Zeitschriftendienst* sein Lob mit dem Hinweis ein, "die britische Mitschuld am blutbefleckten Geld'handwerk' der Judensippe" komme "nicht allzu deutlich zum Ausdruck".(147) Besonders hart äußerte sich Fritz Hippler in seinem Aufsatz "Tendenz und Moral im Film":

"Im Film mehr als im Theater muß der Zuschauer wissen: *Wen soll ich lieben, wen hassen?* Mache ich z.B. einen antisemitischen Film, so ist es klar, daß ich den *Juden* unsympathisch darstellen darf. Stelle ich sie unsympathisch dar, so müssen ihre Gegenspieler sympathisch sein. Sind diese Gegenspieler aber *Engländer*, die überdies freundlicherweise einen Vernichtungskrieg gegen uns führen, so können richtigerweise diese Engländer ebenfalls nur unsympathisch dargestellt werden. Kontrastiere ich nun aber Juden gegen Engländer, dh. unsympathische Menschen gegen unsympathische Menschen, so hat das denselben Effekt, als würde ich einen noch so künstlerischen Scherenschnitt aus schwarzem Papier auf eine ebenso schwarze Unterlage werfen und ausrufen: 'Seht, wie künstlerisch!' Die feinste Profilierung wäre hier naturgemäß von vornherein zur Unwirksamkeit verdammt."(148)

Zum Zeitpunkt der Dreharbeiten konnte von einem englischen Vernichtungskrieg allerdings noch keine Rede sein.(149) Noch am Tag der Premiere war völlig ungewiß, wie sich die politische Lage entwickeln würde. Einen Tag vorher, am 16. Juli 1940, hatte Hitler die geheime Weisung Nr. 16 erlassen, die die Vorbereitungen für die Invasion, die "Aktion Seelöwe", regeln sollte. Trotzdem hoffte er auf ein Einlenken Großbritanniens, vor allem seit dem Zusammenbruch Frankreichs. Noch am 19. Juli 1940 richtete Hitler in seiner "Sieg- und Friedensrede" vor dem Reichstag "einen Appell an die Vernunft auch in England".(150) Übereifrige Rezensenten schlossen aus dem Schluß des Film *Die Rothschilds* mehr, als die Propagandisten ihm mitgegeben hatten. So folgerte Hans Erasmus Fischer *(Berliner Lokal-Anzeiger)*: "Die Saat Nathans ist aufgegangen. Über der Ernte aber werden Tod und Verderben stehen, und die apokalyptischen Reiter werden über dieses Land jagen, das Brandmal der Schande zu löschen."(151) Diese Hoffnung auf die Besetzung Englands wurde durch Hitlers Äußerungen genährt. Die Drehbuchautoren hatten mit dieser Möglichkeit kaum gerechnet; überhaupt krankte die Argumentation der Propaganda an der politischen Unentschlossenheit des Films. Die antibritischen Grundzüge der Handlung waren schon im ersten Drehbuch enthalten, wie ein Interview mit Mirko Jelusich beweist, das der *Völkische Beobachter* Weihnachten 1939 abdruckte.(152) Die Drehbuchautoren C.M. Köhn und Gerhard T. Buchholz versuchten offenbar später, die Filmhandlung so zu gestalten, daß sie in jedem (politischen) Fall zeitgemäß war. Als der Film Mitte April 1940 ins Atelier ging, durfte er in der Presse nicht mehr behandelt werden. Diese Sperre, die auch *Jud Süß* betraf, wurde erst unmittelbar vor der Premiere aufgehoben.(153) Noch merkwürdiger ist die Tatsache, daß der Film *Die Rothschilds* schon zwei Monate nach der Premiere aus dem Verleih gezogen war.(154) Vermutlich wollte Goebbels vermeiden, daß der Film *Jud Süß* bei seinem Start im September 1940 bereits antisemitische Filmkonkurrenz vorfand.

Erst ein knappes Jahr später, im August 1941, tauchte der Rothschild-Film plötzlich wieder in den Lichtspieltheatern auf. Er trug jetzt den Untertitel "Aktien auf Waterloo" und enthielt einen Schlußtitel: "Als die Arbeit an diesem Filmwerk beendet war, verließen die letzten Nachkommen des Hauses Rothschild Europa als Flüchtlinge. Der Kampf gegen ihre Helfershelfer, die britische Plutokratie, geht weiter!" Der *Illustrierte Film-Kurier* erschien mit einem Vorwort, das die jetzt sehr erwünschte antibritische Tendenz betonte. Der Film *Die Rothschilds* galt nun ausdrücklich nicht mehr als "Darstellung des Gesamtproblems 'Judentum' ", sondern mit ihm sollte "die Verfilzung der führenden Schichten Großbritanniens mit dem Judentum... bis zur Quelle zurückverfolgt werden".(155)

In Wirklichkeit übernahmen andere Filme die antibritische Propaganda, unter anderem *Carl Peters* und *Ohm Krüger*. Der Film *Die Rothschilds* verfolgte in erster Linie antijüdische Zwecke. Das zeigt sein Einsatz. Anfang Juni 1941, zu einer Zeit, in der das Werk im Reichsgebiet noch verboten war, wurde es in Bukarest erstaufgeführt, nachdem die Presse in den acht Wochen seit der Kapitulation Rumäniens immer wieder auf den Film hingewiesen hatte.(156) Unmittelbar nach dem 22. Juni, als der Krieg gegen die Sowjetunion begann, kam es in Rumänien zu ungewöhnlich grausamen Judenpogromen, an denen sich die Behörden aktiv beteiligten.(157) In Deutschland wurde der Film im Sommer 1941 wieder eingesetzt, also kurz vor der Einführung des "Judensterns", jenes Davidsterns, der sowohl in *Die Rothschilds* (Schlußtitel) als auch in *Jud Süß* (Titelvorspann) als Kennzeichen des Judentums erscheint. — Ob es der antisemitischen Propaganda gelungen ist, mit dem Film *Die Rothschilds* auch Unschlüssige und Zweifelnde zu bekehren und zu Judenfeinden zu machen, muß dahingestellt bleiben. Unter Judengegnern fand der Film begeisterte Aufnahme. Selbst Streichers antisemitische Zeitschrift *Der Stürmer*, die Filme sonst nicht besprach (vielleicht aus mangelndem Verständnis für dieses Propagandamittel), machte in diesem Fall eine Ausnahme. Der Schlußabsatz der ganzseitigen Rezension lautete:

"Dieser Film ist *weit mehr* als ein gelungener Spielfilm. Wer diese wohl abgewogene, überzeugende Geschichtsbetrachtung miterlebt und in sich weiterwirken läßt, dem wird ein Teil von jener Kraft werden, die in nun fast zwei Jahrzehnten der *Stürmer* seiner Leserschaft in aller Welt spendete: *aus dem Wissen erwachsen der Wille und die Tat zur Zerbrechung der Judenherrschaft auf dem Erdball, zur Ausmerzung allen Judengeistes aus den Völkern des neuen Europa!"(158)*

2.4.2. Jud Süß

Mit dem Start des Films *Jud Süß* erreichte die antisemitische Filmaktion ihren Höhepunkt. Wie *Die Rothschilds* rollte auch dieser Auftragsfilm die Lebensgeschichte eines prominenten Juden aus einer weit zurückliegenden Epoche auf. Wiederum bediente sich die Propaganda der Geschichtsfälschung, doch diesmal bot ihr die Historie einen geeigneten Stoff: der Hofjude Süß Oppenheimer hatte sein Leben am Galgen beschlossen, und sein Schicksal sollte das der deportierten Juden im In- und Ausland begreiflich machen. Das Drehbuch war angeblich "in erster Linie auf Grund eines genauen Prozeßaktenstudiums im Württembergischen Staatsarchiv entstanden".(159) Das Resultat der Drehbuchautoren unterscheidet sich jedoch erheblich von den historischen Darstellungen, die sich auf die Akten stützen.(160) Veit Harlan, Eberhard Wolfgang Möller und Ludwig Metzger entwarfen aus Historie, überliefertem Klatsch und eigener Phantasie ein antisemitisches Pamphlet. Da sich an den Abweichungen die Zielrichtung der antisemitischen Propaganda ablesen läßt, ist es nötig, vorweg den Lebensweg des historischen Juden Süß zu skizzieren.

Joseph Süß Oppenheimer wurde gegen Ende des 17. Jahrhunderts als legitimes Kind jüdischer Eltern in Heidelberg geboren.(161) Er ging in jungen Jahren nach Wien und betrieb nach seiner Rückkehr in Mannheim und Frankfurt zwischen 1717 und 1735 ein gutgehendes Wechselgeschäft und einen bedeutenden Warenhandel. Als wohlhabender Mann lernte er 1732 in Wildbad den Prinzen Karl Alexander von Württemberg kennen, einen berühmten Feldherrn seiner Zeit, der aber jetzt als Generalgouverneur von Serbien kein großes Einkommen hatte und oft in Geldverlegenheit war. Karl Alexander ernannte Süß zu seinem Hof- und Kriegsfaktor und Schatullverwalter und gewährte ihm zu diesem Zweck am 14. November 1732 "völlige Zoll-, Maut-, Brücken-, Weg-Aufschlag- und Geleitsfreiheit". Als Bankier und Privatsekretär des Prinzen und dessen Gemahlin erwies sich Süß als so geschickt, daß Karl Alexander ihn 1733, als er die Nachfolge des Herzogs von Württemberg antrat, an seinen Hof nach Stuttgart berief. Juden war der Aufenthalt in Württemberg zwar seit 1498 verboten, aber bereits die Mätresse des Vorgängers Herzog Eberhard Ludwig, die Gräfin Würben, hatte ihren Hofjuden Isaak Landauer nach Stuttgart geholt und in den ihr geschenkten Orten jüdische Familien angesiedelt. So war es nicht ungewöhnlich, daß auch Süß ab 1736 in der Residenz und in Ludwigsburg einige jüdische Familien "von guter Conduite" unterbrachte, die unter alleiniger Jurisdiktion des Herzogs und seines Hofjuden standen. (162)

Karl Alexander huldigte absolutistischen Vorstellungen und fühlte sich durch die ständische Verfassung des Landes in seinen Rechten über Gebühr beschnitten. Die Landstände des protestantischen Württemberg wiederum mißtrauten ihrem zum Katholizismus konvertierten Herrscher und versagten ihm daher die Unterstützung seiner kriegerischen Pläne. In dieser Situation beschaffte Süß als Geheimer Finanzrat und Fiskal-Adjutant dem Herzog durch Ausbau des Ämterhandels und Einführung neuer Abgaben die gewünschten Geldmittel. Er richtete dem Herzog ein ergebenes Konferenzministerium ein, das ihn von der Macht der Stände weitgehend unabhängig machte, und betrieb eine kluge Münzpolitik, die er später auch vor Gericht erfolgreich verteidigte. Der Herzog räumte seinem Hofjuden dafür zahlreiche Privilegien ein und belohnte ihn 1737 mit einem Dekret, das ihn "von der Verantwortung für alle vergangenen und zukünftigen Handlungen" freisprach. Trotz dieser Aufgaben und des dadurch zunehmenden Einflusses übernahm Süß niemals ein verantwortliches Amt bzw. amtliche Funktionen und hütete sich, amtliche Schriftstücke zu unterzeichnen. Die Gunst des Herzogs und die rücksichtslosen Methoden, mit denen Süß die herzoglichen Aufträge durchführte, genügten freilich, um ihn bei den Landständen und der unterdrückten Bevölkerung verhaßt zu machen. Seine Beliebtheit bei den Frauen, die er nicht nur durch seine Macht, sondern auch durch sein "unjüdisches" gutes Aussehen und seine höfischen Manieren gewann, verstärkten die Antipathien gegen ihn, zumal sich Süß — wie sein Herzog und dessen höhere Beamte — von Bittstellerinnen gern auf galante Weise entlohnen ließ.(163)

Nicht eigenes Versagen, sondern die Umsturzpläne des Herzogs und dessen plötzlicher Tod führten schließlich zum Sturz des Hofjuden. Ohne Süß Oppenheimer zu informieren, zog Karl Alexander heimlich würzburgische und bayrische Truppen ins Land, um seinen Machtbereich zu vergrößern und Württemberg zu katholisieren. Süß scheint erfahren zu haben, daß der Herzog ihn seinen ehrgeizigen Plänen opfern wollte, jedenfalls warnte er die Landstände heimlich vor dem bevorstehenden Staatsstreich und löste langsam seine geschäftlichen Beziehungen zum Hof. In der Nacht vor dem geplanten Umsturz, am 12. März 1737, erlag Karl Alexander einem Schlaganfall. Süß konnte nach der ersten Festnahme entfliehen, wurde aber vom Kommandanten der Stuttgarter Bürgerwehr, dem ehemaligen Major von Röder, bei Kornwestheim gestellt und dabei von der aufgebrachten Bevölkerung beinahe gelyncht. Während des Aufenthaltes in der Festung Hohenneuffen und der anschließenden Einzelhaft in Ketten auf dem Asperg verfiel Süß, der einst prachtliebende Höfling, zu einem "unscheinbaren, gebückten, weißhaarigen Mann. ... der seine Kleidung auffallend vernachlässigte".(164) Die schlechte Behandlung, die Folter, wiederholte Bekehrungsversuche durch übereifrige katholische Geistliche, nicht zuletzt seine völlige Vereinsamung bewirkten in Süß eine religiöse Einkehr, die ihn zum Judentum zurückführte. Nach einem Prozeß, der, wie die Akten verraten, allem Recht und aller Gerechtigkeit Hohn sprach, wurde Süß Oppenheimer zum Tode verurteilt – gegen das Gutachten des bedeutendsten Juristen des Landes, des Tübinger Professors Johann Heinrich Harpprecht, der für Verbannung plädiert hatte. Vergebens beteuerte Süß seine Unschuld. Er verfluchte seine Richter. Als er am 4. Februar 1738 die Stufen der Leiter zum Galgen emporstieg, wiederholte er unablässig die jüdischen Gebetsworte des "Schma Isroel", die von gläubigen Juden in der Todesstunde gesprochen werden. Herzog-Administrator Carl Rudolph, der die Regierung für den unmündigen Erbprinzen übernommen hatte, soll das Urteil mit den Worten unterschrieben haben: "Das ist ein seltenes Ereignuß, daß ein Jud für Christenschelmen die Zeche bezahlt."(165) Die übrigen Angeklagten wurden, soweit sie nicht entflohen waren, nur außer Landes verbannt.

Die Hinrichtung des Juden Süß Oppenheimer erregte großes Aufsehen und löste eine Fülle biographischer Literatur aus. Am bekanntesten wurde Wilhelm Hauffs Novelle *Jud Süß* (1827 erstmals gedruckt), die zwar die Trennung von Juden und Nichtjuden bejahte, aber doch die Ungerechtigkeit des Urteils anprangerte. Im Film kehrt ein von Hauff erfundenes Streitgespräch, das während eines Festes im Schloß zwischen dem Hofjuden und maskierten Ballbesuchern stattfindet, in abgeänderter Form wieder. Ein *Jud Süß*-Roman von Lion Feuchtwanger (1925 veröffentlicht) wurde 1934 in England verfilmt.(166) Da der Autor in Deutschland seit 1933 als Jude verfemt war, konnte das Buch von den nationalsozialistischen Drehbuchautoren nicht benutzt werden.(167) Sie ließen aber auch andere literarische Bearbeitungen (168) außer acht und lieferten eine eigenständige Version des *Jud Süß*-Themas.

Das erste Filmtreatment schrieb Ludwig Metzger, mit dem die Terra-Filmproduktion nach späteren Angaben von Veit Harlan am 18. Februar 1939 einen Vertrag geschlossen hatte.(169) Als Regisseur war zunächst der Produktionschef der Terra, Dr. Peter Paul Brauer vorgesehen, der sich in Interviews (170) wiederholt über seine Pläne äußerte. Brauer verglich Süß mit dem biblischen Joseph von Ägypten, der seine Stammesgenossen in ein kultiviertes Land gegen den Willen des ägyptischen Volkes eingeschleppt habe. Er deklarierte sein Projekt als einen "Tendenzfilm", durch den "die Gefahren des Weltjudentums schonungslos aufgedeckt" würden. Süß sei als "einer der schlimmsten Verbrecher aller Zeiten zu bezeichnen" und könne "als ein geradezu klassischer Vertreter für das ganze Judentum gelten" Die Dialogregie des Films übernahm wenig später Eberhard Wolfgang Möller, der seine eigenen Vorstellungen mitbrachte (171):

> "Auch wir haben versucht, objektiv zu sein..., aber unsere Objektivität ist eine andere als die der Vergangenheit, die alles verstehen und alles verzeihen wollte. Wir lassen die Geschichte sprechen. Und sie zeigt nicht, daß 'der Jude auch ein Mensch' ist, nein, sie stellt klar, daß *der Jude ein ganz anderer Mensch* ist als wir, und daß ihm die uns angeborene sittliche Kontrolle über sein Handeln überhaupt fehlt... Keinen bösen Dämon wollten wir darstellen, aber *den Abgrund zwischen der jüdischen und der arischen Haltung,* die selbst der Herzog noch besitzt, wollten wir dartun".

Auf Anregung Metzgers sei das Ganze darum "in den Rahmen einer Chronik" gefaßt. Dabei verhehlte Möller nicht, daß sich die Handlung von den tatsächlichen Begebenheiten entfernte:

> "Künstlerische Gesetze machten es zum Zwecke der Verdeutlichung des rassischen Problems allerdings notwendig, die Handlung über die historisch überlieferten Tatsachen hinaus nach rückwärts auszuweiten und den Süß in seinen Anfängen zu zeigen, im Ghetto und als den armen Schacherer, der sich unter Umgehung des Judenbannes unerkannt in das Land einschmuggelt, allmählich immer dreister und mächtiger wird und nach und nach in Sprache, Gebahren und Kleidung das Jüdische zu retuschieren sucht. Eine Reihe anderer jüdischer Typen habe ich ihm beigegeben, Rabbis und Schacherer, um das Bild zu vervollständigen. Die Farben sind die meines Rothschilds, denn ich glaube, daß es für uns heute keinen anderen Weg gibt, den jüdischen Charakter künstlerisch zu gestalten".

So entstand ein neues Bild: Süß Oppenheimer erschleicht sich die Erlaubnis als Jude nach Stuttgart zu reisen, durch das Versprechen, dem Herzog Schmuck zu besorgen und nistet sich dann als Finanzminister (eine Verwechslung mit dem bloßen Titel "Finanzienrat"!) in Württemberg ein. Er nutzt die Schwäche des Herzogs, um verlotterte Judenscharen in der Residenz anzusiedeln. Er erfindet Weg- und Brückenzölle, er überredet den Herzog, Soldaten aus Würzburg zu entleihen. Der Hofjude bringt den Herzog in Gegensatz zu den Landständen; er schlägt ihm das Konferenzministerium vor, er dirigiert die Umsturzpläne.(Dabei fällt das historische Motiv der Katholisierung des Landes im Film fort.) Süß Oppenheimer versucht, Aufruhr in das Land zu tragen, um seine Macht und die seiner Rassegenossen zu befestigen. Der Jude wird also zum Motor des bösen Geschehens; der Herzog erscheint als schwacher, leicht verführbarer Mensch, der die Einflüsterungen seiner Ratgeber widerwillig aufnimmt, ihnen aber am Ende doch stets folgt. Erfunden ist die Hinrichtung des Schmiedes Bogner, der sich Süß widersetzt hat, erfunden ist auch die Vergewaltigung der Tochter des Landschaftskonsulenten Sturm, um die Süß im Film vergeblich geworben hat. Bis auf die beiden Hauptpersonen Süß und Karl Alexander sind auch die im Film auftauchenden Namen erfunden oder, wie die Namen von Remchingen und von Röder, von historischen Vorbildern für völlig umgestaltete Figuren entlehnt.

Wer für diese einzelnen Umformungen verantwortlich war, läßt sich nicht mehr feststellen. Auch wieweit Goebbels selbst die Vorbereitung des Films beeinflußte, ist unbekannt. Nachweisen läßt sich nur, daß der Beginn der Dreharbeiten von November auf Dezember 1939 verschoben wurde und daß im Januar 1940 Brauer die Regie plötzlich an Veit Harlan abgegeben hatte.(172) Das mag ein Hinweis dafür sein, daß sich Goebbels von Harlan mehr versprach als von dessen eifrigem, aber offenbar nicht sehr befähigtem Vorgänger. Harlan reiste nach Polen, "wo er in den Ghettos einiger Städte seine Studien machte".(173) Daß er dabei 120 Juden aus dem Generalgouvernement mitbrachte, um sie als Statisten in seinem Film einzusetzen, durfte in der Presse nicht erwähnt werden.(174) Veit Harlan besorgte auch die endgültige Fassung des Drehbuchs. Auch er berief sich dabei auf "historische Quellen" und entwickelte in einem Interview mit der Fachzeitung *Der Film* eine neue historische Theorie:

> "Der Film hält sich auch bei der Verurteilung des Jud Süß genau an die Geschichte. Diese Verurteilung hatte bekanntlich ihre Schwierigkeiten, denn Süß Oppenheimer war selbst Jurist und hatte alle seine Geschäfte, mit denen er das Volk an den Bettelstab brachte, so geschickt und verzwickt angelegt, daß man zunächst keine rechtliche Handhabe gegen ihn hatte. Schließlich wurde er auf Grund eines uralten Gesetzes verurteilt, das besagt: 'So ein Jude sich mit einer Christin vermenget, ist er des Todes schuldig.' Wir sehen hier eine interessante Parallele zu den Nürnberger Gesetzen. Tatsächlich wurde Süß bereits vor 200 Jahren wegen Rassenschande zum Tode verurteilt."(175)

Wie die Prozeßakten Süß Oppenheimers beweisen, hätte es für die Richter damals tatsächlich nur eine juristische Handhabe gegeben, den Juden dem Galgen auszuliefern: eine Verurteilung wegen intimer Beziehungen zu verheirateten Christinnen. Das Gesetz bestand noch, es war jedoch außer Übung. Vor allem aber bedrohte es auch die Partnerinnen mit dem Tode. Die Verurteilung "hätte einen Massenmord bedeutet, der eine erhebliche Anzahl der angesehensten Familien in Schmach und Trauer gestürzt hätte".(176) So begnügte sich das Gericht damit, die Beteiligten schamlosen Befragungen und Untersuchungen auszuliefern, ließ diesen Anklagepunkt aber wieder fallen. Im Film *Jud Süß* nimmt das Thema "Rassenschande" hingegen breiten Raum ein, wie noch zu zeigen ist. Harlans Hinweis auf die Nürnberger Rassengesetze hätte auch dem damaligen geschichtskundigen Leser klarmachen können, daß den Filmautoren die angebliche historische Treue nur zum Vorwand diente, um die Absichten der Propaganda zu verschleiern. Der einzige Filmkritiker, dessen Rezension eigene Geschichtskenntnis verrät, Friedrich Hussong, distanzierte sich im *Berliner Lokal-Anzeiger* von der " 'objektiven' Geschichtsschreibung" vergangener Zeiten und stellt fest:

> "Mit stark vereinfachenden Linien stellt der zwingend gestaltete Film das phantastische Geschehen dieses Lebens aus der Judengasse, in dem Fürstensaal und in dem eisernen Vogelkäfig überm Galgen dar... Der Sinn all dieses Geschehens ist aus der Sphäre des nur Abenteuerlichen, nur Verbrecherisch-Romantischen weit herausgehoben zu einer lebendigen Deutung des Problems unserer Zeit, der Rassenfrage."(177)

Bald nach dem erwähnten Harlan-Interview begannen endlich die Dreharbeiten. 120 Drehtage sollten — unter Verzicht auf Außenaufnahmen — ausreichen, um einen Auftrag auszuführen, der laut *Der Film* "zu den größten Filmvorhaben dieses Jahres in Deutschland zu zählen ist".(178) Trotzdem scheint Goebbels einen Fehlschlag befürchtet zu haben, denn im April 1940 wurde die Berichterstattung über den Film *Jud Süß* plötzlich verboten. Der *Zeitschriftendienst* erklärte zu dieser Maßnahme: "Der Grund ist nicht etwa eine Absetzung des Films. Es sollen bei dem schwierigen Stoff nur besondere Erwartungen vermieden werden, von denen noch nicht feststeht, ob sie voll erfüllt werden können".(179)Diese Sorge war unbegründet. Die Premiere des Films anläßlich der "Deutsch-italienischen Filmwoche" in Venedig am 5. September 1940 war nach den Berichten der deutschen Korrespondenten ein "gewaltiger Erfolg". (180) Am 24. September folgte die deutsche Erstaufführung in Berlin, deren Bedeutung durch die Anwesenheit Goebbels' sowie "zahlreicher führender Männer von Partei und Staat sowie vieler deutscher Filmschaffender"(181) unterstrichen wurde. "Das Filmtheater trug festlichen Schmuck. Nachdem ein sehr interessanter Kulturfilm ' Baumeisterin Chemie ' gelaufen war, wurde der Film 'Jud Süß' mit der sinfonischen Dichtung von Franz Liszt: 'Les Preludes', gespielt von Mitgliedern der Staatskapelle unter Leitung des Staatskapellmeisters Johannes Schüler eingeleitet."(182)

Wie Drehbuchautor E. W. Möller angedeutet hatte, sollte die Handlung des Films *Jud Süß* dem Zuschauer klarmachen, daß es zwischen Juden und Nichtjuden keine Gemeinsamkeit geben könne, da der Jude kein Mensch wie der Arier, sondern ein Lebewesen außerhalb ethischer Maßstäbe sei. Der Filmjournalist Albert Schneider griff diesen Gedanken auf, als er in der *Filmwelt* feststellte:

> "Veit Harlan... will mit der fast reportagehaften Tatsachenschilderung die Wahrheit zeigen, den Unterschied im Urgrund des Denkens, Empfindens und Handelns, der niemals eine Brücke schlagen läßt zwischen Ariertum und Judentum, der sie zu Feinden von Anbeginn an gemacht hat, so wie der Lichtgott Baldur, trotzdem ihn zunächst Hödurs mörderischer Pfeil traf, doch am Ende über den blutlosen Finsterling siegte".(183)

Von dieser metaphysisch begründeten Schwarzweißmalerei ist das Geschehen im Film bestimmt. Schon die Musik, die den Titelvorspann begleitet, kündigt das Thema an. Abwechselnd ertönen die melodische Stimme eines jüdischen Sabbatsängers und die ersten Takte des deutschen Liedes "All mein Gedanken, die ich hab, die sind bei dir" und zwar so, daß das jüdische Motiv das "arische" stellenweise mißtönend überlagert. Schon hier beginnt der Kampf der "fremden, zersetzenden Art des jüdischen Geistes"(184) gegen den deutschen "gesunden Volkskern"(185). In den ersten Bildern wiederholt sich dieser Kontrast. Die Schilderung des Regierungsantritts Karl Alexanders entwirft die Idylle eines biederen, braven Volkes. Der unmittelbar anschließende Besuch des herzoglichen Kuriers in der Frankfurter Judengasse führt in das düstere Ghetto eines "entarteten" Volkes, das bald großes Unglück über die Schwaben bringen soll. In der dritten Sequenz schließlich werden diese beiden verschiedenen Welten miteinander verbunden: Süß Oppenheimer reist als seriöser Kaufmann nach Stuttgart; der assimilierte Vertreter des Judentums schleicht sich wie ein Parasit in das gesunde arische Land ein, um es von nun an zu unterwühlen und auszuhöhlen.(186) Es gehört zum Schema der unterhaltenden Filmhandlung, daß der Bösewicht bis zum Höhepunkt des Geschehens die Macht hat und erst in den letzten Szenen von der Gegenpartei der Guten überwunden wird. Ähnlich ist auch die Handlung des Films *Jud Süß* angelegt. "Harlan hat den ganzen Alltag der Schurkerei wie einen Berg angehäuft. Eins kam zum anderen — nach außen hin möglichst so, als ginge alles mit rechten Dingen zu —, bis der Zündstoff so mürb beisammenlag, daß er nur noch explodieren konnte," führte Carl Linfert in der *Frankfurter Zeitung* dazu aus.(187) Auf eine Szene bzw. einen Szenenkomplex, der die bösen Taten des Juden schildert, folgt stets eine Szene, die die mehr oder weniger erfolglosen Abwehrmaßnahmen zeigt. Nach den eingangs erwähnten Bildern verläuft die Handlung in groben Umrissen getrennt nach den beiden Parteien wie folgt:

Süß verspricht dem Herzog bei der ersten Audienz die Finanzierung des Balletts, das die Landstände versagt haben. Beide schauen einer Ballett-Vorstellung zu. Der Herzog erbittet von Süß einen Ring für die Solotänzerin. Süß schlägt vor, daß er für seine Leistungen Weg- und Brückenzölle erheben darf. (Sieg für Süß)
Ein Bauer beschwert sich über die neuen Zölle. Süß' Sekretär Levy überzeugt ihn durch Spitzfindigkeiten von den Vorteilen der neuen Steuern.
Dorothea Sturm klagt bei ihrem Vater über die Teuerung. Ihr Verlobter Faber ist empört. Landschaftskonsulent Sturm beruhigt ihn.
Der Schmied Hans Bogner beschwert sich bei Süß, weil er für seine Schmiede eine Sondersteuer bezahlen soll. Süß läßt Bogners Haus zur Hälfte abreißen. (Sieg für Süß)
Das Volk versammelt sich vor dem halbzerstörten Haus. Als Süß in einer Kutsche vorüberfährt, wirft der Schmied mit dem Hammer nach ihm. (Erste Aktion der Gegner.) Der Schmied wird verhaftet.

Süß hat einen Maskenball inszeniert, um dem Herzog hübsche Landestöchter zuzuführen.

— Süß wirbt beim Fest um Dorothea, wird jedoch abgewiesen. (Niederlage für Süß, Sieg der Gegner.)

— Faber tritt maskiert an den Spieltisch des Hofjuden und beleidigt ihn. Er entzieht sich der Verhaftung. (Niederlage für Süß, Sieg der Gegner.)

Aus Rachsucht fordert Süß vom Herzog die Aufhebung der Judensperre, einen Freibrief für seine Taten und die Hinrichtung Bogners. Der gutgelaunte Herzog, der soeben ein Schäferstündchen verbracht hat, gewährt ihm alles. (Dreifacher Sieg für Süß.)

Hinrichtung des Schmiedes Bogner. (Sieg für Süß.) Drohende Zurufe für Süß. (Erste anonyme Reaktion des Volkes.)

Versammlung der Landstände. Obrist von Röder beschließt, dem Herzog ins Gewissen zu reden. (Aktion der Gegner.)

Von Röder wird vom Herzog abgewiesen. (Niederlage der Gegner.)

Süß rät dem Herzog, die Landstände durch ein Konferenzministerium zu ersetzen und empfiehlt ihm den Rat des Astronomen Rabbi Loew. (Zweifacher Sieg für Süß.)

Rabbi Loew überzeugt den Herzog davon, daß die Ratschläge des Hofjuden gut sind. (Sieg für Süß.)

Süß empfängt Sturm, um ihn für das Konferenzministerium zu gewinnen und um ihn um die Hand seiner Tochter zu bitten. Sturm lehnt beides ab, Süß schlägt ihm Bedenkzeit vor.

Dorothea und Faber werden in der folgenden Nacht getraut. (Sieg der Gegner.)

—Sturm weist Süß noch einmal in schroffer Form ab. (Niederlage für Süß.)

—Süß läßt Sturm verhaften. (Sieg für Süß.)

Sturm bleibt beim Verhör, das Levy und ein bestochener Beamter abhalten, standhaft. (Sieg der Gegner, Niederlage für Süß.) Sturm bleibt in Haft.

Die Landstände beschließen, Sturm mit Gewalt zu befreien. (Aktion der Gegner.)

Süß hat den Herzog über das Komplott der Landstände informiert. Karl Alexander löst die Landstände auf. (Sieg für Süß.)

Von Röder beschwört den Herzog, den Hofjuden zu entlassen. Karl Alexander jagt ihn davon. (Niederlage der Gegner.)

Süß rät dem Herzog, Soldaten zu leihen, um den Staatsstreich durchzuführen. Die Herzogin befürwortet den Vorschlag des Juden. Der mißtrauische Herzog wittert Untreue. (Drohende Niederlage für Süß.)

— Im Schloßhof rottet sich das Volk zusammen und schreit in Sprechchören. (Erste Aktion des Volkes.)

— Aus Furcht vor einer Revolution gibt der Herzog nach. Süß verspricht ihm finanzielle Unterstützung der Juden. (Sieg für Süß.)

Süß sucht Rabbi Loew in der Synagoge auf und bittet um seine Mithilfe.

Süß bietet Sturm erneut die Leitung des Konferenzministeriums an. Sturm lehnt ab. (Niederlage für Süß.)

Die Landstände treffen sich heimlich und entschließen sich zum baldigen Aufstand. (Aktion der Gegner.)

Faber, der als Kurier die benachbarten Landstände zu Hilfe rufen sollte, wird verhaftet. (Niederlage der Gegner.)

Süß läßt Faber zur Folterung abführen. (Sieg für Süß.)

Süß überredet den Herzog, für die Dauer des Staatsstreiches nach Ludwigsburg zu verreisen, damit er später als souveräner Herzog zurückkehren könne. Süß will die Landstände mit württembergischen Soldaten bekriegen. Karl Alexander gibt zögernd nach. (Sieg für Süß.)

Folterknechte klären Faber über den Verlauf der Tortur auf.

Dorothea wendet sich mit einem Bittgesuch an Süß. (Aktion der Gegner.)

— Süß zerreißt das Gesuch. Er demonstriert Dorothea, wie er Faber foltern läßt. Aus Angst um ihren Mann wagt Dorothea keinen Widerstand mehr. Süß vergewaltigt sie.

In der Vergewaltigungsszene erreicht der Film *Jud Süß* seinen dramaturgischen Höhepunkt. Die ruchlose Tat stellt alle vorangegangenen Verbrechen des Juden in den Schatten, sie demonstriert zugleich seine Überlegenheit gegenüber seinen Gegnern. Die Sache der Landstände scheint verloren, da jetzt sowohl ihr Führer, der Landschaftskonsulent Sturm, als auch ihr Nachwuchs, vertreten durch Faber und seine Frau Dorothea, dem Juden hilflos ausgeliefert sind. Doch im Augenblick der größten Macht hat Süß sein Spiel schon verloren. In einer Geste der Überlegenheit begeht er den Fehler, Faber freizulassen, gewissermaßen als Gegenleistung für Dorotheas Opfer. Fabers Aktion aber führt die Gegenpartei zum endgültigen Sieg über den Juden.

Levy läßt die Folterung unterbrechen. Faber wird freigelassen.

Dorothea verläßt im Zustand völliger Verzweiflung das Haus des Hofjuden.

— Stuttgarter Bürger suchen, von Faber alarmiert, den Neckar ab. Sie finden die ertrunkene junge Frau. Faber trägt die Leiche vor das Haus des Süß und gibt das Zeichen zum Sturm. Levy, der allein im Haus geblieben ist, versteckt sich voller Angst. (Sieg der Gegner, Aktion des Volkes.)

Eine Abordnung der Landstände eilt nach Ludwigsburg. (Aktion der Gegner.)

— Der Herzog hat dunkle Ahnungen. Er betrinkt sich und verspottet den Juden.

Die Abordnung der Landstände fordert vom Herzog die Entlassung des Juden. Faber beschuldigt Süß des Mordes. Karl Alexander bricht, vom Schlag getroffen, tot zusammen. Süß wird verhaftet. (Sieg der Gegner, Niederlage für Süß.)

—Süß wird vom Gericht zum Tode verurteilt.

Süß wird öffentlich hingerichtet. Die Juden werden durch ein Dekret des Landes verwiesen.

Die beiden letzten Sequenzen schildern den Sieg des arischen Volkes über den "blutlosen Finsterling" (188) und seine Rassegenossen — nach nationalsozialistischer Auffassung ein "Happy End".(189) Gut und Böse sind für immer voneinander geschieden. Die Juden sind unschädlich gemacht, die Arier können wieder jene intakte Volksgemeinschaft bilden, die der Film anfangs gezeigt hat. Gerhard Starke bestätigte das in der *Deutschen Allgemeinen Zeitung:* "Die Verkündung des Judenbannes durch die Württemberger Landstände, mit der der Film endet, ist Symbol: ein Alpdruck wurde genommen; ein Spuk verflog."(190)

Der bloße Handlungsverlauf könnte vortäuschen, *Jud Süß* unterscheide sich nicht von anderen Unterhaltungsfilmen, die mit der Vernichtung des Bösewichts und dem Sieg der Unschuld enden. Auch die pseudotragische Variante, daß die verfolgte Heldin sterben muß, sprengt das herkömmliche Schema nicht. Erst vor dem Hintergrund der nationalsozialistischen Rassenlehre gewinnt das Geschehen eine programmatische Bedeutung, die Filmen fehlt, die nur auf Spannung und Entspannung zielen. Eine besondere Rolle spielt dabei der angebliche jüdische Volksegoismus. Der *Zeitschriftendienst* (191) wies in seiner Anweisung vom 20. September 1940 auf die "Verdrehungskunststücke" hin, "die für Juden in leitenden Stellen typisch sind". Süß Oppenheimer habe seine Tätigkeit benutzt, "um nicht nur für sich, sondern auch für alle im Umkreis wohnenden Rassegenossen Vorteile herauszuschlagen". Dann folgte die Ermahnung:

> "Es ist Aufgabe der Zeitschriften, diese typisch jüdische Manier besonders hervorzuheben und den Film zum Anlaß zu nehmen, in unserem Volke vielleicht auch durch weitere Beispiele die Meinung zu erhärten, daß jeder Jude, auch wenn er noch so großartige Motive vorschiebt, immer nur sein eigenes Wohl und das seiner Rassegenossen im Auge hat."

Die Filme *Leinen aus Irland* und *Die Rothschilds* hatten Juden vorgestellt, die nach Profit strebten und nur insoweit zusammenarbeiteten, als es ihren selbstsüchtigen Zielen dienlich war. Auch der Film *Jud Süß* zeigt einen Ausschnitt aus dieser angeblichen Weltverschwörung der Juden, aber der Hofjude handelt nicht nur egoistisch, er ist auch Vorkämpfer für sein Volk. Mayer Amschel Rothschild übertrat die religiösen Vorschriften, um seiner Familie zu nützen. Süß tut es um seiner Mitbürger willen und erklärt seinem gesetzestreuen Sekretär entschuldigend: "Ich mach' die Tür auf für euch alle!" (Filmdialog) Mit der gleichen Begründung gewinnt er auch den frommen Rabbi Loew für sich.—In der Anweisung wird dem Juden also ein Verhalten als Verbrechen angekreidet, das gegenüber dem eigenen Volk als höchste Tugend galt. Kurz vor der Premiere des Films, am 3. September 1940, hatte Hitler mit großem Aufwand das zweite Kriegswinterhilfswerk eröffnet; Eintopfsonntage, Straßensammlungen und "freiwillige" Gehaltsabzüge für wohltätige Zwecke sollten den Gemeinsinn fördern. Diese unterschiedliche Bewertung der Einstellung zum eigenen Volk war deshalb möglich, weil nach der Rassenlehre jüdischer Gemeinsinn nur das Ziel haben konnte, Macht über die nichtjüdischen Völker zu gewinnen. (Daß die Propaganda dem jüdischen Handeln damit gerade die für den Nationalsozialismus typischen Motive unterschob, fiel wahrscheinlich nur dem sehr kritischen Leser auf.) Als Aufklärung über den wahren Charakter der Juden kam diese Propaganda-These zu spät, denn die deutschen Juden waren längst weitgehend entrechtet. Sie zielte vielmehr auf Rechtfertigung der Judenpolitik und sollte den Wunsch nach Rache wecken. In diesem Sinne betonte Hans Erasmus Fischer in der *Filmwelt* (192):"Harlan hat Stoff und Film aus dem Dämmer der Jahrhunderte in das grelle Licht der Gegenwart gerückt: unsere Zeit spürte wie die damalige tausendfach und unbarmherzig das 'Wirken' des Judentums, für das alles — Land, Mensch, Leben — nur Geschäft war..." Dann ließ er den Satz folgen: "Nicht jeder aber ward, wie Jud Süß, gehängt," — eine Bemerkung, die unausgesprochen die Hoffnung enthält, dieses Versäumnis möge bald nachgeholt werden.

Das Publikum neigte wahrscheinlich eher der Meinung von Karl Korn zu, der in der Wochenzeitung *Das Reich* erklärt hatte: "Man spürt und erkennt aus diesem Film, daß das jüdische Problem in Deutschland innerlich bewältigt ist."(193) Korn sah im "neuen totalitären Ordnungsprinzip" eine ausreichende Sicherung gegen die Gefahr der "fremden Rasse". Angesichts der bevorstehenden antijüdischen Maßnahmen konnte die Propaganda jedoch nicht darauf verzichten, einleuchtende, emotional betonte Argumente vorzutragen. Sie nutzte daher die willkommene Gelegenheit, den traditionsgläubigen Kinobesucher durch *Jud Süß* auf ein Gesetz hinzuweisen, "das vor Jahrhunderten als Damm zum Schutz des rassereinen Ariertums gegen den schänderischen Einbruch des Judentums errichtet wurde und das nach einer Zeit der Denkfaulheit und des Niedergangs in den Nürnberger Gesetzen seine leuchtende Wiedergeburt erlebte".(194)

Daß die im Mittelalter geübte Trennung von Juden und Christen nicht rassische, sondern religiöse Gründe hatte, wurde selbstverständlich verschwiegen.(195) Als wichtigstes Thema des Films betrachteten daher die meisten Rezensenten "die gefährliche, tödliche Wühlarbeit des herausgestellten Juden, der nicht nur für seine Person, sondern für seine Rasse und für geschichtliche Zeitläufte die Kraft,das Blut und das Leben des Volkes unterhöhlen will".(196) In der "Rassenschande" hatte Hitler in *Mein Kampf* die Hauptgefahr für die arischen Völker gesehen; seiner Theorie folgte die Handlung des Films bis in kleine und kleinste Szenen. Zwei Beispiele seien hier angeführt: das Streitgespräch im Spielsaal, dem die Hinrichtung des Schmiedes und die Aufhebung der Judensperre folgen, und die Vergewaltigung der Dorothea Sturm.

In Hauffs Novelle *Jud Süß* veranstaltet der Hofjude an seinem Geburtstag, zu dem ihn der Herzog mit einem Edikt der völligen Handlungsfreiheit beschenkt hat, ein Karnevalsfest. Maskierte Gäste nutzen dabei ihre Anonymität, um Süß im Spielsaal mit anzüglichen Bemerkungen die Wahrheit zu sagen und auf seine Katholisierungsabsichten anzuspielen. Im Film dagegen treten Faber und sein Freund maskiert im Spielsaal auf, um Süß der Rassenschande anzuklagen. Faber schreit: "Er spielt um Württemberg! Der Jude spielt um eure Töchter, und der Herzog hält die Bank!" (Filmdialog) Daraufhin stürzt der Jude zum Herzog und fordert nacheinander die Aufhebung der Judensperre, den Freibrief zum Schutz aller seiner Handlungen und die Hinrichtung des Schmiedes Hans Bogner. Alle drei Forderungen sind nicht nur unhistorisch, sie scheinen auf den ersten Blick auch in keinem Zusammenhang mit der Handlung zu stehen. Die innere Beziehung ist erst anhand der nationalsozialistischen Rassentheorie zu verstehen. Nach dieser Lehre kann ein Jude dem reinrassigen Volk der Arier keine größere Schmach antun, als seine Rassegenossen ins Land zu ziehen und dadurch eine Vermischung mit den Eingesessenen zu ermöglichen. Die Aufhebung der Judensperre bedeutet nach nationalsozialistischer Vorstellung für ein Volk das gleiche wie die Hinrichtung für den Einzelnen. Hier wird eine Einzelexistenz ausgelöscht, dort die Existenz eines Volkes. Der Freibrief gewährleistet die ungestörte Ausführung dieses Planes. Die spektakuläre Hinrichtung des Schmiedes, die sich im Film unmittelbar an die Sequenz im Schloß anfügt, beweist dem Zuschauer, daß der Jude keine leeren Drohungen ausspricht, sondern handelt und dabei vor keiner Ungeheuerlichkeit zurückschreckt. Freilich darf der Betrachter dabei nicht eingeschüchtert werden. Deshalb schränkt der Film die Machtdemonstration des Juden etwas ein, indem er auch die Mißfallensäußerung des an der Hinrichtung teilnehmenden Volkes betont. An keiner Stelle des Films soll der Eindruck erweckt werden, der Arier sei gegen den Juden völlig wehrlos. Nicht zufällig zeigen die folgenden Sequenzen, wie der Einzug der Juden in Stuttgart den ersten organisierten Widerstand der Bürger hervorruft.

Wird Süß Oppenheimer hier deshalb als Verbrecher dargestellt, weil er die Rassenschande vorbereitet und legalisiert, so macht er sich später persönlich der Rassenschande schuldig, indem er die Tochter des Landschaftskonsulenten vergewaltigt. Dabei wiegt seine Tat umso schwerer, als Dorothea noch Jungfrau ist. Nicht umsonst ist zuvor eine lächerlich anmutende Sequenz in die Handlung eingefügt: gerade haben die beiden jungen Menschen, die so überstürzt heiraten mußten, sich aus Schüchternheit entschlossen, die erste Nacht nach der Trauung getrennt zu verbringen, da wird Faber zu einer heimlichen Sitzung der Landstände gerufen, und Dorothea sieht ihn nur noch flüchtig wieder. Aus dieser Begebenheit gewinnt die Filmpropaganda mehrere Vorteile. Es entspricht der nationalsozialistischen Prüderie, wenn in vielen Filmen dieser Zeit die zarte, unleidenschaftliche Liebe verherrlicht wird. Aber nirgends wird diese Tendenz so deutlich wie hier, wo reine Zuneigung mit jüdischer Wollust konfrontiert ist. Das unschuldige Mädchen aus dem Volke, Urbild der "Hüterin der Art", fällt dem Juden zum Opfer. Auch die Verehrung, die der Toten zuteil wird, bestätigt den pseudoreligiösen Charakter dieses Handlungsmotivs. Im Völkermythos von der reinen Jungfrau, die einem Drachen, einem Ungeheuer oder einem mächtigen Bösewicht geopfert werden muß, um andere Menschen zu retten, ist eine Wertvorstellung enthalten, die die Keuschheit als hohes, wenn nicht höchstes Gut des Menschen betrachtet und ihr wundertätige Kraft zuspricht. An diese Vorstellung knüpft der Film *Jud Süß* offensichtlich an.

Im Widerspruch zu dieser heroisierenden Darstellung der Keuschheit steht allerdings die Gestaltung der Sequenz. Das Thema der Vergewaltigung ist schon an sich dazu geeignet, die Emotionen des Publikums zu erregen. Die Art, wie der Film *Jud Süß* dieses Thema steigert und ausgestaltet, verrät Lust am Detail. Schon in einer früheren Episode, während des Festes im Schloß, hatte sich Süß Dorothea leidenschaftlich genähert. Dort wurde der Betrachter um die Pikanterie einer Verführungsszene jedoch betrogen, weil das junge Mädchen entfloh. Bei der Wiedergabe des Bittgangs zu Süß kann der Film an diese Erwartungen wieder anknüpfen und sie in seinem Sinne manipulieren. Psychologisch sehr geschickt ist in die Verführungssequenz die Folterung Fabers eingeblendet. Auf diese Weise wird der Appell an die sexuellen Emotionen des Betrachters durch einen Appell an seine sadistischen Gefühle noch verstärkt. Gleichzeitig erhöht die Verzögerung des Geschehens die Spannung, die sich erst entlädt, als Süß Dorothea überwältigt. Jetzt genügt die Andeutung der Vergewaltigung, die Ausführung bleibt der Phantasie des Zuschauers überlassen. Diese wollüstige Ausmalung von Vergewaltigung und Folterung, die der zuvor bewiesenen Prüderie Hohn spricht, wäre in einem nationalsozialistischen Film kaum denkbar, wenn sie nicht einem bestimmten Zweck diente, der den Betrachter von dem Schuldgefühl des verbotenen Genusses entlastete. Der Zuschauer darf genießen, weil er sich zugleich entrüstet. Sein Abscheu garantiert dafür, daß die sittlichen Normen nicht angetastet und etwa außer Kraft gesetzt werden. Die spätere Hinrichtung des Juden, die ja in erster Linie eine Bestrafung für die Vergewaltigung sein soll, bestätigt die Gültigkeit der Normen nachdrücklich. Da aber die Entrüstung der Untat eines Juden gilt, dient sie dem Zuschauer nicht bloß als Ausrede, sie ist ihm vielmehr als sittliche Pflicht geboten.

Ein Beispiel für solche Entrüstung gibt ein Beitrag von Albert Schneider in der *Filmwelt*, der sich nach der Lektüre des Drehbuches mit dem Aspekt der Rassenschande ausführlich auseinandersetzte. Schneider schrieb:

"Es wäre leicht gewesen, den Jud Süß als schmierigen, ekelerregenden Dreckjungen zu schildern. Harlan zeichnet eine Erscheinung, ausgestattet mit allem Scharm der satanischen Verführungskünste, zwar einen Teufel, aber einen Teufel als Don Juan. Dieser Jud Süß ist gewiß und zuallererst ein großer Verbrecher, aber er ist zugleich eine Erscheinung, in der die Gefährlichkeit des jüdischen Charakters, seine Amoralität, seine Bedenken- und Skrupellosigkeit, seine Hemmungslosigkeit zusammengefaßt sind und zum Ausdruck kommen. So wird sein Aufstieg verständlich. So glaubt man seine Erfolge, die er erringt, weil ihn die Gier bei Tag erfüllt und nachts nicht schlafen läßt, weil der verzehrende Durst nach Macht und Geld jedes Mittel zur Vernichtung und Zerstörung die einzige, jedes Gesetz und jede Schranke brechende Triebkraft seines Handelns ist. Er ist auch dem Herzog nicht treu, sondern er dient nur seinen eigenen Interessen, hat nur sie im Auge. Er geht über Leichen. Und vor allem sucht er täglich und stündlich nach der Befriedigung einer schranken- und schamlosen erotischen Gier. Nicht seine materiellen Verfehlungen, nicht sein Wucher, seine Unterschlagungen, sein politisches Ränkespiel bilden die Grundlagen des Urteils, sondern sein Frevel an den heiligen Gesetzen der Rasse."(197)

Hier sind alle Charaktereigenschaften des Juden auf den Nenner Sexualität gebracht. Der Geschlechtstrieb erscheint als Ursprung aller anderen Leidenschaften, sei es nun Macht- oder Geldgier. Das gilt aber im Film nicht nur für den Juden, sondern auch für den degenerierten Vertreter des Ariertums, den Herzog. Einzig und allein seine Vorliebe für erotische Abwechslung machen Karl Alexander zum Sklaven des Juden. Dabei zeigt der Film, daß der Herzog im Umgang mit den Landestöchtern auch vor Gewaltanwendung nicht zurückschreckt, er handelt also kaum weniger schändlich als sein Diener. Dennoch erscheint sein plötzlicher Tod nicht als Strafe für diese Verbrechen, sondern als Vergeltung dafür, daß der Herzog sein Volk den Juden ausgeliefert hat. Nach der Rassenlehre ist das verständlich: die Vergewaltigung durch einen Arier kann niemals so schwer wiegen wie die Vergewaltigung durch einen Juden. In dieser Unterscheidung zeigt sich, daß das Sittlichkeitsverbrechen des Juden im Grunde nur ein Vorwand für das Todesurteil ist. Die wahre Schuld Süß Oppenheimers liegt darin, ein Jude zu sein, und für diese Schuld wird er hingerichtet. Carl Linfert sprach das in der *Frankfurter Zeitung* deutlich aus:

> "Spitz und konsequent ruft der Film die Erbitterung hervor — nicht nur gegen die Schlechtigkeit, die in der Welt vorkommt, sondern vor allem gegen den Exponenten solcher Schlechtigkeit. Der aber vollführt seine bösen Taten nicht, weil sie ihm Nutzen bringen. Vielmehr: er hat Lust daran, und erscheint hierzu vorbestimmt durch seine Rasse."(198)

Von daher erhält auch Dorotheas Tod eine weitere Bedeutung. Er ist nicht bloß psychologische, sondern vor allem rassenideologische Konsequenz ihrer Entehrung. Für den Umgang mit ihrem arischen Mann ein für alle Mal verdorben, gar mit der Aussicht auf ein vom Juden gezeugtes Kind, gibt es kein Lebensrecht mehr für sie.(199) Sie handelt wie der Krieger, der sich selbst tötet, weil er dem Feind unterlegen ist. Das ethische Gesetz der Rassenlehre läßt als einzig ehrenvolle Antwort auf die Schändung durch einen Juden nur den Selbstmord zu.(200) Dorotheas Überleben hätte folglich die Drehbuchautoren vor unlösbare Probleme gestellt. Ihr Freitod befriedigt auch in dramaturgischer Hinsicht alle Ansprüche. Er gibt überdies der Hinrichtung des Juden eine weitere emotionale Begründung: ein Verbrechen, das so furchtbare Konsequenzen nach sich zieht, muß aufs Grausamste bestraft werden. Die schockierende Wiedergabe der Strafvollstreckung entspricht dieser Forderung.

Im Vergleich zur Hinrichtung Süß Oppenheimers mutet hingegen die bloße Vertreibung der Juden als vergleichsweise humane Maßnahme an. Vermutlich sollte der Kinobesucher den Eindruck gewinnen, auch der nationalsozialistische Staat begnüge sich damit, nur die kriminellen Juden hinzurichten und die übrigen zu deportieren. Auf diese Weise gab der Film *Jud Süß* eine Selbstdarstellung der nationalsozialistischen Judenpolitik und verschleierte sie zugleich. Psychologisch betrachtet, verbreiteten die Initiatoren des Films das prahlerische Geständnis eines Verbrechens, dessen Umfang jedoch auf keinen Fall aufgedeckt werden sollte. Keineswegs sollte *Jud Süß* ein offenes Bekenntnis zum Judenmord darstellen, es wäre von den meisten Zuschauern kaum gebilligt worden. Es genügte, Argumente gegen die Duldung der Juden zu sammeln — und zwar Argumente, die auch eine Tötung entschuldigen konnten — und schon mußten die nationalsozialistischen Maßnahmen als Geste der Großmut erscheinen. Wer sich von der Schuld der jüdischen Bürger überzeugen ließ, fragte vermutlich nicht mehr danach, was mit den Deportierten geschah. Es entspricht dieser Propaganda-Absicht, daß die Filmrezensionen auf Süß Oppenheimers Tod nicht näher eingingen und auch die praktische Lösung der Judenfrage nicht erörterten.

"Diese filmische Auseinandersetzung mit dem Judentum enthält mit bemerkenswerter Objektivität alle Argumente, die zur Judenfrage überhaupt zu stellen sind", schrieb Inge Karsten im *Badener Tagblatt*(201) und gab damit zu, daß die Darstellung des jüdischen Menschen in *Jud Süß* alle antisemitischen Klischees der nationalsozialistischen Propaganda aufweist. Schon vor Beginn der Dreharbeiten hatte sich Regisseur Veit Harlan über die antisemitische Typologie seines Films geäußert (202):

> "Im Mittelpunkt des Films wird eine Schilderung des Purim-Festes stehen, eines Siegesfestes, das von den Juden als das Fest der Rache an den Goijims, den Christen ausgelegt wird. Hier zeige ich das Urjudentum, wie es damals war und wie es sich heute noch ganz rein in dem einstigen Polen erhalten hat. Im Gegensatz zu diesem Urjudentum steht nun der Jud Süß, der elegante Finanzberater des Hofes, der schlaue Politiker, kurz: der getarnte Jude."

Die Besetzung der Hauptrolle stand zu diesem Zeitpunkt — knapp vier Wochen vor Aufnahmebeginn — noch nicht fest. Inzwischen hatte sich aber Werner Krauß bereiterklärt, gegen ein Pauschalhonorar von 50 000 Reichsmark (203), alle anderen Judenrollen zu übernehmen und zwar den "Wunderrabbi Loew", den "betrügerischen kleinen Sekretär Lewi", einen Schächtermeister und einen verlotterten Greis. Harlan sagte dazu:

> "Es ist aber keineswegs meine Absicht, hier nun eine Bravourleistung eines großen Schauspielers aufzuzeigen; vielmehr hat diese Besetzung, die übrigens von Krauß selbst vorgeschlagen wurde, einen tieferen Sinn. Es soll gezeigt werden, wie diese verschiedenartigen Temperamente und Charaktere, der gläubige Patriarch, der gerissene Betrüger, der schachernde Kaufmann usw. letzten Endes *aus einer Wurzel* kommen."(204)

Bei der Fertigstellung des Films geriet die geplante Darstellung des "Urjudentums" in den Hintergrund, weil Fritz Hippler dieses Thema in seinem "Dokumentarfilm über das Weltjudentum" *Der ewige Jude* ausführlich behandeln wollte. Umso mehr Mühe verwandte Harlan darauf, den Volkscharakter des unzivilisierten Juden in seinen Personen zu verdeutlichen. Alle von Krauß gespielten Rollen zeigen den Juden im "Urzustand", der sich seiner nichtjüdischen Umwelt nicht anpaßt. Da der deutsche Kinobesucher aber vorwiegend jüdischen Bürgern begegnet war, die sich zumindest äußerlich von ihm selbst nicht unterschieden, war es nötig, ihm zu demonstrieren, wie dieser Mitbürger angeblich zustande gekommen sei.

In zwei Szenen vollzieht der Schauspieler Ferdinand Marian als Joseph Süß Oppenheimer diese Wandlung, bei seinem ersten und seinem letzten Auftritt. Nicht zufällig wird Süß dem Publikum zuerst in seinem Hause in der Frankfurter Judengasse vorgestellt. Wie Mayer Amschel Rothschild verbirgt er sein Geld und seine Schätze in unscheinbaren Schränken, wie jener jüdische Bankier feilscht er mit seinem fürstlichen Besucher um die Belohnung für seine Dienste, und wie Amschels Sohn Nathan legt Süß bedenkenlos alle äußeren Zeichen des religiösen Judentums ab, um sich Zugang zur nichtjüdischen Gesellschaft zu verschaffen. Wie die Filme *Die Rothschilds* und *Leinen aus Irland* zeigt *Jud Süß* aber auch, daß die Urnatur des Juden wieder zum Vorschein kommt, sobald er scheitert. Friedrich Hussong beschrieb diese Wandlung des Süß-Darstellers Ferdinand Marian im *Berliner Lokal-Anzeiger*:

> "Wie er sich Kaftan, Judenbart und Peieslocken abtut, um bei Hofe Schweinernes zu essen und in der in Wahrheit rohen und kulturlosen Atmosphäre der Serenissimuswelt als 'Kavalier' zu glänzen, ist unübertrefflich. Nur hier noch in einer kriecherischen Gebärde, in einem leisen Gutturallaut noch, in einer unbeherrschten Handbewegung noch sich verratend, sonst 'Kavalier', Freigeist, Lebemann von Welt und Halbwelt, mit seinem unsauberen Erfolg jenen im Grunde so dummen Hochmut steigernd, der sein Verhängnis wird. Kaum noch erkennbar der Jude. Dann wieder nach dem Sturz rasch haltlos zurückfallend in alle Häßlichkeiten seiner Rasse, schnell ein achtloser, verquollener, schmutziger alternder Jude, bis sie ihn in höhnischen Staatskleidern im eisernen Käfig über den Galgen hochziehen, den Raben zum Fraß."(205)

Zu den "Häßlichkeiten seiner Rasse" zählt im Film auch die Todesangst Süß Oppenheimers. Während der Landschaftskonsulent Sturm beim Verhör vor Süß unerschrocken bekennt: "Ich hab' keine Angst vorm Sterben!" (Filmdialog), schiebt der Jude vor Gericht und auf dem Hinrichtungsplatz alle Schuld auf den Herzog und bettelt um sein Leben.(206) Darin zeigt sich keineswegs bloß die Charakterschwäche des Menschen Süß. Nach der nationalsozialistischen Auffassung kann ein Jude nicht mutig sterben, weil er, von Natur aus feige, zu einer selbstverantwortlichen Tat und folglich auch zur Hingabe für eine höhere Idee nicht fähig ist. Sturm tritt, von Verantwortungsgefühl für sein Volk getragen, selbstlos auf; Süß hingegen dient, auch wenn er seine Volksgenossen am Erfolg teilnehmen läßt, als Materialist nur den eigenen Interessen. Karl Korn (*Das Reich*) schloß daher aus Oppenheimers Verhalten: "Der Elende weiß nicht stolz zu sterben. Für das Nichts vermag kein Mensch anständig zu sterben."(207) Mit diesem Hinweis kennzeichnete er Süß als einen Vorläufer der emanzipierten Juden, die von der nationalsozialistischen Propaganda von Anfang an als Verächter der Tradition, als Freidenker, also als minderwertige Bürger ausgegeben worden waren.

Daß sich vor dem dunklen Hintergrund der jüdischen Schwächen zugleich die Tugenden des Ariers besonders deutlich abheben, machte Albert Schneider deutlich, als er in der *Filmwelt* schrieb:

"In der Gegenüberstellung des Jud Süß als des Juden und des Landschaftskonsulenten Sturm als des deutschen Menschen zeigt Harlan auf der einen Seite das geschwinde, aber unsolide Denken und Handeln des Juden, bei dem Gedanke und Handlung oft vorschnell sich überstürzen, der nicht klug ist, sondern nur schlau, und auf der anderen Seite die langsame, aber sozusagen wertbeständige Art des deutschen Elements, das erst dann zum Handeln schreitet, wenn die Gedankenarbeit zum Abschluß gebracht ist, das aber dafür auch mit seinen Handlungen in die Ewigkeit baut, während der Jude morgen das widerruft, was er heute gesagt und getan hat."(208)

Selbst dort, wo ein Rezensent scheinbar nur die im Film auftretende historische Person beschreibt, folgt ein verallgemeinernder Hinweis, der den Hofjuden des 18. Jahrhunderts und den jüdischen Bürger des 20. Jahrhunderts als Nachkommen ein und derselben Rasse kennzeichnet. Als Typus des assimilierten Juden bot Süß Oppenheimer bessere Vergleichsmöglichkeiten als die übrigen Judengestalten des Films, die auf den Beschauer befremdlich wirken mußten. So fühlte sich Karl Korn(209) zu dem Urteil berechtigt: "Der Filmbesucher verläßt den dunklen Saal und ist aus dem Erlebnis dieser Figur zu der Meinung gekommen, der Jude müsse so gewesen sein, wie Marian ihn darstellt." Korn entdeckte jedoch auch eine Seite des Assimilationsjuden, die von der Propaganda nirgends erwähnt wurde. Für ihn wird Süß zum "Typ des Juden mit der heimlichen Sehnsucht nach einem Anderssein, nach Verschmelzung mit den in steter Haßliebe umworbenen Goiim".

Diese Charakterisierung stimmt mit der Gestaltung der Rolle überein, sie widerspricht aber der Rassenlehre, nach der der Jude nur das Ziel hat, die arischen Völker zu zersetzen und zu vernichten. In der Tat ist Marians Gestaltung des Juden Süß weder einheitlich noch immer propagandagerecht. Die Handlungsführung begünstigt überdies die Zweideutigkeit der Rolle. Im Gegensatz zu den vorangegangenen antisemitischen Filmen gibt *Jud Süß* eine Begründung für das bösartige Verhalten des Juden: von Beginn seines Stuttgarter Aufenthaltes an stößt Süß überall auf antisemitischen Widerstand. Er muß sich in einen Nichtjuden verwandeln, um überhaupt in die Residenz gelangen zu können. Doch auch diese Verwandlung garantiert ihm keine Sicherheit vor Demütigungen. Nur weil Süß Jude ist, wird er im Hause Sturms von Dorotheas Verlobtem Faber beleidigt, noch ehe er dem jungen Mann sonstigen Anlaß dazu geboten hätte. Auch am Hofe Karl Alexanders bleibt sich Süß seiner gefährdeten Situation bewußt. Als er die Straßen- und Brückengelder erbittet, um sich so Entgelt für die dem Herzog geleisteten Ausgaben zu verschaffen, macht er die unterwürfige Bemerkung: ". . . Wenn Sie durchaus bezahlen *wollen*, nur dann, Euer Durchlaucht können mich auch hängen lassen, ich bin nur ein Jude!" (Filmdialog) Daß diese Selbsteinschätzung der Rechtlosigkeit nicht unbegründet ist, bestätigt der Umgangston, den der Herzog seinem Hofjuden gegenüber anschlägt. So erscheinen Oppenheimers Bemühungen als die rastlosen Versuche eines intelligenten und fähigen Menschen, sich die ersehnte Gleichberechtigung zu erkämpfen, und sein Ehrgeiz, seine Machtgier lassen sich als Folge der Unterdrückung verstehen.

Ein weiteres positives Element gelangt durch die Brautwerbung um Dorothea in die Handlung. Anders als in *Leinen aus Irland* gibt es in *Jud Süß* keinen eindeutigen Hinweis darauf, daß der Freier die Braut aus niedrigen Motiven begehrt. Oppenheimers Rachehandlungen — von der Verhaftung Sturms bis zur Folterung Fabers und Vergewaltigung Dorotheas — sind eine Folge der Kränkung, die Sturm dem Hofjuden antat, als er ihm seine Tochter verweigerte und sie umgehend mit einem Anderen verheiratete. Auch hier ist Süß als Jude zurückgewiesen, denn der Landschaftskonsulent gibt nur einen Grund für seine Absage an: "Meine Tochter wird keine Judenkinder in die Welt setzen!" (Filmdialog)(210) Damit hat sich Oppenheimers Streben nach Gleichberechtigung endgültig als erfolglos erwiesen. Er muß erkennen, daß er zum Judesein verdammt bleibt. Es kann daher nicht verwundern, daß er nun alle Machtmittel, die ihm als Hofjuden zur Verfügung stehen, gegen die Urheber dieser Kränkung anwendet. Das klingt selbst in der Vergewaltigungsszene an. Als Dorothea Süß anfleht: "Barmherzigkeit — habt Ihr denn kein Herz? ", antwortet der Jude leise (und ohne Zynismus): "Ich hab' ein Herz gehabt, ich bin barmherzig gewesen, immer, Demoiselle — pardon, Madame." (Filmdialog) Der Sinn dieser Worte, die so auch im Drehbuch stehen, bleibt unklar, wenn man sie nicht so versteht, daß Süß auf seine frühere aufrichtige Zuneigung zu Dorothea anspielt. Die Erinnerung an ihre Heirat und die damit verbundene Kränkung für ihn verhärtet sein Herz jedoch wieder — jetzt handelt er unbarmherzig. Diese Deutung widerspricht freilich der Rassenlehre, nach der ein Jude aus angeborener Lust am Bösen handelt. Darüber hinaus wird hier aus der Filmhandlung ersichtlich, wie Antisemitismus jenes "typisch jüdische" Verhalten produziert bzw. provoziert. Das erweckt den Verdacht, als solle der Film neben seiner Aussage gleichsam unterschwellig auch die Widerlegung dieser Propaganda mitliefern. Diese erstaunlich Entdeckung kann jedoch kein Alibi für die Hersteller des Films liefern und zwar deshalb nicht, weil der Zuschauer, für den *Jud Süß* geschaffen wurde, ihn nicht anders als antisemitisch verstehen konnte. Goebbels überwachte die Produktion dieses Films von der Planung bis zur Uraufführung. Fritz Hippler hat 1942 in seinen *Betrachtungen zum Filmschaffen* bestätigt, daß *Jud Süß* zu den Staatsaufträgen gehörte, die zum Teil sogar bis in Einzelheiten festgelegt wurden.(211) Wenn Goebbels an den Doppeldeutigkeiten in Handlung und Dialog keinen Anstoß nahm, dann deshalb, weil sie ihm entweder nicht bemerkte oder sie ihm ungefährlich erschienen. Ein Betrachter, der unter dem ständigen Einfluß der durch Presse und Rundfunk verbreiteten Propaganda stand, kam nicht in Gefahr, einen Film wie *Jud Süß* auf positive Weise mißzuverstehen.

Abgesehen von dieser Rolle Ferdinand Marians bot der Film auch keine Gelegenheit zu Mißverständnissen. Werner Krauß löste die Aufgabe, die übrigen Juden darzustellen, ohne daß sein Spiel je doppelsinnig wurde. Am umfangreichsten geriet die Rolle des Levy. Wie in *Leinen aus Irland* und *Die Rothschilds* gehört der unzivilisierte jüdische Sekretär zu seinem assimilierten Herrn, um wie in einem verzerrten Spiegelbild die andere Seite des Judentums sichtbar zu machen. Gerhard Starke verglich in der *Deutschen Allgemeinen Zeitung* beide Judentypen miteinander und schrieb über Levy:

"Ein Jude, der nicht die Fähigkeit besitzt, das Ghetto hinter sich zu lassen, auch im Äußerlichen, der den Kaftan und den Judenbart behält, auch wenn ihm der Sprung in 'die große Welt' glückt. Er kann nicht spielen, er hat keine Maske. Seine Arroganz, Grausamkeit, Respektlosigkeit und feige Rachsucht liegen offen zutage. Süß ist zu schlau, um sich selbst öffentlich zum Richter aufzuwerfen, Levy tut es, und in seinen Zügen hockt die grelle Schadenfreude, daß es ihm gelang, den Grundsatz alten deutschen Rechts zu stürzen: Judex stat pro deo, quod judaeus ex sese nequit. Jud Süß ist Instinkt plus Intellekt; Typ Levy Instinkt allein, ganz Gier, ganz Trieb. Die Art, wie Werner Krauß diesen Typ wiedergibt und den des Rabbi dazu, hat etwas Gespenstisches und überschreitet die Grenzen des Beschreibbaren. Nicht nur sein lallendes Mauscheln, sein nackter und trotz aller Schläue blöder Blick ist es allein, Krauß' Spiel strahlt Wirkungen aus ohne erkennbare Ursachen."(212)

Dort, wo die Rolle des Hofjuden dem Schauspieler Zurückhaltung auferlegt, kann Krauß als Diener seine Gefühle temperamentvoll ausspielen. Süß wirkt gefährlich, weil er auch in höchster Erregung Ruhe bewahrt und erst später, unerwartet, grausame Maßnahmen anordnet. Levy übernimmt ihre Ausführung: Er treibt die Steuern ein und überlistet die tölpelhaften Bauern, er spielt beim Ball im Schloß den "Maître de plaisir", er sitzt mit einem folgsamen Ratsherrn über Sturm zu Gericht, er liefert Faber den Folterknechten aus. Ganz bewußt weckt der Film die Vorstellung von Beelzebub und einem Unterteufel, wenn er Süß und Levy als Spione zeigt. Levy hat das Maul einer Teufelsfratze durchstoßen, die die barocke Stuckdecke des herzoglichen Arbeitszimmers ziert, um die Besucher und ihre Gespräche mit dem Herzog belauschen zu können. Wie Tieraugen leuchtet es aus der Fratze in den Saal, als die beiden Juden die Audienz der Landstände überwachen. Dieser unheimliche Eindruck wird noch dadurch verstärkt, daß Levy wenig später, während Süß zum Herzog gerufen ist, beschwörend die Hände ringt und mit aschkenasischem Akzent hebräisch betet. Da der Kinobesucher die Worte kaum versteht, muß er sie nach der Art der Gebärde für eine Verwünschung der Nichtjuden halten. Ernst von der Decken schrieb darüber in der *Deutschen Allgemeinen Zeitung*:

"Man muß diese schauspielerische Kunst schlechthin als genial bezeichnen. Werner Krauß stellt nicht nur einen Juden dar, nein, der ganze Mensch Krauß vollzieht den Wandel. Er bekommt jenen behenden, schleichenden Gang, seine Zunge wird schwer, jiddische Laute entstehen, denn er psalmudiert sogar auf hebräisch . . . "(213)

Dabei enthält die Judendarstellung durch Werner Krauß keine Geste, die nicht schon durch die bisherige antisemitische Propaganda angekündigt und gedeutet wäre, kein Mienenspiel, das nicht seinen Sinn trüge. Nicht einmal der angeekelte Blick des Sekretärs Levy auf die blutbefleckten Hände des gefolterten Faber läßt auf eine propagandawidrige mitleidige Regung schließen. Als feiger Jude, der vor Tätlichkeiten persönlich zurückscheut und sie lieber anderen überläßt, kann Levy kein Blut sehen. Ebensowenig verteidigt er sich selbst; als die Stuttgarter Bürger

Oppenheimers Haus erstürmen, verbirgt Levy sich in der Dunkelheit furchtsam hinter einem Fenstervorhang und schließt die Augen — in seiner Passivität das Gegenbild des Ariers Faber, der noch in Fesseln seinen Feind beschimpft.(214)

Von ganz anderer Art ist die Rolle des Rabbi Loew. Gerhard Starke bezeichnet diese Figur als das "leibhaftige, talmudische Dogma":

> "Kein Zweifel, der hier erscheint, ist ein 'Chacham godal ha Jisroel', ein großer Kluger in Israel. Er'weiß', aber sein Wissen ist dämonisches Wissen, dazu bestimmt, dem Handeln derer, die Süß und Levy verkörpern, logische Rechtfertigung anzulügen. Und welch ungemeine Elastizität hat die dabei entwickelte Dialektik, der gewiß Beweis des Gegenteils des Bewiesenen ebensogut gelänge. Im Spinnenschritt schreitet er, anzusehen wie ein Schwarzalbe, losgelassen auf eine morbide Welt, ihren Zerfall zu beschleunigen. Ewig sind die zwei Seelen in seiner Brust: die Gott und dem Gesetz zugewandte, die ahnungsvoll wissende und die dem Goldgötzen frönende und sich selbst verschachernde."(215)

Rabbi Loew verkörpert das "Urjudentum" in seiner religiösen Gestalt, ein gebeugter Greis, dessen Erscheinung Ehrfurcht geböte, wenn er nicht zwischen weisen Sprüchen und ernsten Ermahnungen nach der Manier armer Ghettojuden Oppenheimers Reichtümer bestaunte. Ebenso zwiespältig wirkt sein Auftritt als Sternenkundiger. Während sein Gehabe ihn vor dem Herzog mit dem Nimbus des Dämonischen, des übersinnlichen Wissens umgibt, erkennt der Zuschauer ihn doch als Scharlatan, der nur die von Süß gestellte Aufgabe erfüllt. Mit dieser Darstellung aber ist zugleich jeder Rabbiner gemeint. Der Betrachter wird aufgefordert, das, was er nicht versteht, von vornherein als Betrug zu werten.

Diese Typologie wird im Film durch zwei kleine Nebenrollen vervollständigt, die im Drehbuch fehlen.(216) Ursprünglich hatte, wie Harlan später behauptete (217), Goebbels die Aufnahme von Schächtszenen verlangt, er habe sich davon aber wieder abbringen lassen (sie erschienen schließlich in Hipplers Film *Der ewige Jude*). Offenbar als einen Kompromiß setzte Harlan dafür die Rolle des Schächtermeisters Moses Aronsohn ein, der mit blutiger Schürze vor der Tür seines Ladens steht und die herzogliche Kutsche begafft. Krauß übernahm nicht nur diese Rolle, sondern spielte auch einen zahnlosen Greis, der neben seiner halbnackten Tochter (oder Geliebten?) im Fenster liegt und sich mit dem Schächter unterhält. Dörflicher Klatsch in der Frankfurter Judengasse — eine kurze Szene, die nicht nur durch die Doppelrolle verblüffte, sondern auch dem Zuschauer vortäuschen mochte, er werfe einen kurzen Blick in ein typisches jüdisches Ghetto. Venedig-Berichterstatter Antropp begeisterte sich im *Völkischen Beobachter* angesichts dieser schauspielerischen Leistung: "Böte der Film nichts anderes, allein Werner Krauß' wegen müßte man ihn gesehen haben."(218) Dieses Lob, das von allen Rezensenten mehr oder weniger überschwenglich ausgesprochen wurde, erscheint auch dem heutigen Betrachter gerechtfertigt. Werner Krauß nutzte die Chance, in den vier Judenrollen des Films den ganzen Umfang seines Könnens auszuspielen. Daß er es nicht

widerwillig tat, daß er vielmehr die Gestaltung des Films aus eigenem Antrieb ent-
scheidend prägte — offenbar, ohne über die propagandistischen Konsequenzen
nachzudenken — das beweist ein Vergleich des Films mit dem Drehbuch. Krauß
erweiterte seine Rollen zum Teil beträchtlich, etwa im Verhör des Sturm, für das
im Drehbuch der Auftritt Levys überhaupt nicht vorgesehen war. Darüber hinaus
bemühte sich Krauß um eine möglichst authentische Darstellung der Ghettojuden;
so besuchte er vor den Dreharbeiten Warschau, um das Aussehen und das Verhalten der dort zusammengetriebenen Ostjuden zu studieren. Von Augenzeugen wird
berichtet, daß er sich später (wie übrigens immer bei seiner Arbeit) in seine Rollen
so vertiefte, daß er eine Zeitlang auch im Privatleben die Gesten und die Sprechweise der beobachteten Juden nachahmte.(219)

Werner Krauß und bis zu einem gewissen Grade auch Ferdinand Marian sind die
ersten und einzigen Judendarsteller eines antisemitischen Films, die ihrer Rolle
das Theaterhafte und das Gekünstelte der propagandistischen Konstruktion nahmen. Beide Schauspieler stellten nicht bloß vorgeschriebene Personen dar, sie
schufen Charaktere. Das bedeutet nicht, daß diese Charaktere die authentische
Wiedergabe einer bestimmten realen Person, eines jüdischen Menschen lieferten,
wohl aber täuschen sie diese Authentizität vor. Die karikierende Theaterfigur des
Bankier Ipelmeyer in *Robert und Bertram* läßt mehr "typisch jüdische" Züge erkennen als Jud Süß, Levy oder Rabbi Loew. Der Zuschauer weiß, daß es diesen
Bankier nicht gibt, aber er erfreut sich an der Possengestalt, weil an ihr Eigenarten
überdeutlich werden, die in Wirklichkeit kaum auffallen. In *Jud Süß* verfährt die
antisemitische Propaganda anders. Sie stellt Menschen von bodenloser Schlechtigkeit, Menschen mit abstoßenden und befremdlichen Eigenschaften vor und gibt
diese Menschen als Juden aus. Dazu bedient sie sich auch der Karikatur wirklich
vorhandener Eigenarten, aber diese Assoziationen dienen nur dazu, dem Phanta-
siegebilde den Anschein von Wahrheit zu verleihen. Die Judenrollen des Films
Jud Süß vereinen sich in vollendeter Weise zu einer Gesamtdarstellung des Judentypus, den die antisemitische Propaganda erfunden hatte. So erweckten Werner
Krauß und Ferdinand Marian dank ihrer Gestaltungsgabe Klischees zum Leben.
Ein schlechterer Schauspieler als Krauß hätte unfreiwillig verraten, daß eine Film-
gestalt wie Levy kein Mensch, sondern eine Anhäufung von Monstrositäten ist.
Aber Krauß überspielte das Unglaubhafte mit der Vielfalt seines Ausdrucks. Da-
durch, daß sich die Schauspieler ihren Rollen bis zur Aufgabe der eigenen Individualität unterwarfen, wurden sie vollkommenes Werkzeug der Propaganda. Mit
Hilfe ihrer Kunst schuf der Film *Jud Süß* einen Homunkulus: *den* Juden.

Es scheint, als seien sich die Filmschaffenden und auch die Presse der Ungeheuerlichkeit dieses Entgegenkommens bewußt gewesen. Schon im November 1939
stellte ein Interviewer des *Hamburger Tageblatts*(220) dem damals vorgesehenen
Regisseur Peter Paul Brauer die Frage, ob es den Darsteller des Jud Süß "nicht
allerhand persönliche Überwindung" koste, "dieser Figur Lebensechtheit und
Glaubwürdigkeit zu geben". Brauer antwortete, Goebbels habe vor, dem Titeldar-
steller eine "öffentliche Erklärung" mitzugeben, um ihm für die Übernahme der

"unangenehmen Aufgabe" eine "besondere Anerkennung" auszusprechen. Brauers Nachfolger Harlan gab später "Besetzungsschwierigkeiten" zu.(221) Nach der Uraufführung schrieb Hermann Erich Seifert in Goebbels' Zeitung *Der Angriff*:

> "Uns scheint wichtig, daß mit diesem Film endgültig das Eis gebrochen ist, daß nunmehr deutsche Künstler im Film und hoffentlich mehr auch auf der Bühne *den Juden darstellen* werden. Es ist kein Zweifel, daß das für den einzelnen Künstler ein persönliches Opfer bedeutet. Aber dieser Film beweist, daß es künstlerisch eine derartig lohnende und verlohnende Aufgabe ist, daß dieses Opfer gebracht werden kann."(222)

Auch in anderen Zeitungen ist von "Selbstlosigkeit"(223) und "Selbstentäußerung"(224) des "Jud Süß"-Darstellers die Rede, sodaß es scheint, als habe zumindest Ferdinand Marian die Rolle nicht freiwillig übernommen. Im Venedig-Bericht des *Völkischen Beobachters* heißt es: "Die besten deutschen Künstler waren eingesetzt und sie haben, dem Anruf gehorchend, ihr Bestes gegeben. Es mag Ferdinand Marian nicht ganz leicht gefallen sein, sich in die schleimig-kriecherische, grausam sinnliche, körperlich und geistig widerliche Gestalt des Juden Süß einzuleben. Trotzdem erfüllte er sie ganz."(225) Nach der Berliner Erstaufführung zitierte der *Völkische Beobachter* Marians Bekenntnis: "Ich erlebe Freude in jeder Arbeit; denn es ist nach meiner Meinung wirklich Dienst an der Kunst, wenn man die ganze Vielfalt des Lebens, also auch seine niederen und abwegigen Seiten ausdrückt."(226) Diese Äußerung bestätigt, daß Marian über seine Rolle nicht sehr glücklich war, Krauß hat solche Skrupel offenbar nicht gehabt. *Filmwelt*-Autor Robert Volz, der sich mit Marian über das "Böse im Film" unterhalten hatte, bescheinigte dem Künstler in seinem Bericht gar indirekt politische Unwissenheit:

> "Als Marian diese Aufgabe (in *Jud Süß* — d.A.) übernahm, sah er die Wirkungsweite der Rolle, die große Voraussetzungen in sich trägt, die Errungenschaften eines Zeitalters zu vertiefen und zu verewigen. Allerdings ahnte er noch nicht, daß dieser geschichtlich begründete Film zu einem großen weltanschaulichen Thema, zu einem politischen Werk werden würde und daß sein Anteil an diesem Gelingen mit in vorderster Reihe stehen sollte."(227)

Ob Ferdinand Marian wirklich der Täuschung erlag, er wirke lediglich in einem historischen Film mit? Nicht einmal Harlan, der die Schauspieler nach dem Krieg wegen ihrer Beteiligung an *Jud Süß* verteidigte, hat das behauptet.

Daß die im Film auftretenden jüdischen Statisten über den wahren Zweck ihrer Mitwirkung getäuscht wurden, ist allerdings evident. Wie schon erwähnt, ließ Veit Harlan den Plan, eine Schilderung des jüdischen Purim-Festes in den Mittelpunkt des Geschehens zu stellen, nach Abschluß des Drehbuchs wieder fallen.(228) Übrig blieb nur die Wiedergabe einer Sabbatfeier, die Süß unterbricht, um Rabbi Loew um die finanzielle Hilfe der Juden zu bitten. Diese Feier wurde im Film von Juden gestaltet. Sie ist keineswegs antisemitisch verformt, sondern bietet eine unverfälschte Dokumentation des jüdischen Kultus. Doch schon der Filmvorspann hatte das Ohr des Kinobesuchers musikalisch gelenkt. Gewöhnt an den "innigen Ton des alten deutschen Liedes 'All mein Gedanken' " vernimmt der voreingenommene Kritiker später nur noch das "mißtönige Gekreisch einer Judenfeier".(229) Das gilt nicht minder für das Auge: Wenn der Blickwinkel durch die Propaganda verzerrt ist, ist eine Verzerrung des Bildes nicht mehr nötig. Das bestätigt Hans Erasmus Fischer (*Filmwelt*) in seiner Schilderung der Sabbatfeier:

> "Von allen Szenen die unheimlichste, in ihrer gespenstischen Lebensechtheit grausige und abstoßende — die der Gebetsstunde in der Synagoge. Das ist ein wahrer Teufelssabbath — da flackern die Kerzen über den schmierigen Käppis und filzigen Hüten der bärtigen Juden, die, in einer widerwärtigen Ekstase trunken umhertaumelnd, ihre gutturalen Singlaute ausstoßen."(230)

Die Fremdartigkeit des Gebotenen genügt, um dem vorurteilsvollen Zuschauer einen Eindruck zu vermitteln, der mit dem tatsächlichen Bild nur noch wenig übereinstimmt. Im *Angriff* nahm Hermann Erich Seifert den an sich melodischen Vortrag des Kantors zum Anlaß, um einen Gegensatz zwischen Juden und Nichtjuden zu konstruieren:

> "Es ist ein fremdes Gemisch von Tönen und Worten, eine Tonfolge, unserem Ohr so fremd wie fernstes Asiatentum. Dieses Lied des Vorbeters ist das Lied, mit dem die Juden durch die Welt zogen. Es klingt zum Wiegen der Oberkörper beim talmudischen Gebet, es klingt und krächzt durch die Gassen, die das jüdische Volk sich in den Städten der ganzen Welt Schritt für Schritt erobert hat. Einziehen sie als Krämer, Trödler und Schächer, beladen mit Sack und Pack wie eine asiatische Horde, dann mästen sie sich und werden reich und fett und protzig. Das ist der Weg des Judentums in den letzten zwei Jahrhunderten, in denen sie das Ghetto sprengten und die bürgerliche Gleichberechtigung ergaunerten."(231)

Hier verbindet sich in der Vorstellung des Filmbetrachters der liturgische Gesang mit der Szene vom Einzug der Juden in Stuttgart derart, daß die Melodie zum Kennzeichen des Unangenehmen und Widerwärtigen, zum Signal der Bedrohung wird. Der ähnlich beeinflußte Kinobesucher mußte nach dieser Vorbereitung die später folgende Synagogenszene zwangsläufig antisemitisch auffassen, obwohl sie, für sich genommen, keine propagandistischen Appelle enthielt.

Obwohl die Juden als Volkseinheit nur in drei kurzen Sequenzen gezeigt werden — in der Frankfurter Judengasse, beim Einzug in Stuttgart, in der Synagoge — hat ihre Mitwirkung auch noch eine andere Bedeutung. Carl Linfert stellte in der *Frankfurter Zeitung* fest: "Nur in der flackernden Synagogenszene zeigt sich, daß die Juden eigentlich fremd und abgesondert leben und auf diese Weise Widerpart des Süß sind."(232) Dieser Eindruck des Gegensatzes ist beabsichtigt, nicht nur, um zu zeigen, wie weit sich der assimilierte Jude von seinen im "Urzustand" verbliebenen Volksgefährten entfernen kann, sondern auch, um daran zu erinnern, daß er trotz seines Aufstiegs zu ihnen gehört. Obwohl Süß nicht betet, bekennt er sich zum jüdischen Glauben, das heißt nach nationalsozialistischer Vorstellung, zu einer Religion, die sich die Weltherrschaft über alle Völker zum Ziel gesetzt hat. Durch den gelegentlichen Hinweis auf die Herkunft Oppenheimers frischt der Film im Zuschauer immer wieder die Erinnerung an den Juden auf, um zu verhindern, daß Süß für den filmüblichen Bösewicht gehalten werden könnte. — Die jüdischen Statisten waren möglicherweise des guten Glaubens, ihre Selbstdarstellung könne vielleicht Bewunderung oder doch wenigstens Achtung vor ihrer Religion wecken und so den Vorurteilen entgegenwirken. In Wirklichkeit diente sie nur dazu, die vorhandenen Vorurteile zu bestärken, ein Beweis dafür, wie geschickt die Propagandisten selbst ihre Opfer einzusetzen verstanden.(233)

Jud Süß gehört zu den wenigen antisemitischen Filmen, in denen die Darstellung des Judentums im Mittelpunkt fast jeder Szene steht. Ihr gegenüber hat die Darstellung der arischen Rasse vor allem den Sinn, in Kontrasten die Bedeutung des positiven Gegenspielers sichtbar zu machen und dadurch die Stellung des Juden noch stärker abzuwerten. Es gibt in *Jud Süß* nur wenige Arier, die den Juden freundlich gesinnt sind: der herzogliche Kammerherr von Remchingen, der Beamte Rat Metz, der zusammen mit Levy den Landschaftskonsulenten verhört. Sie sind käufliche Kreaturen, die nur ihren persönlichen Vorteil suchen und sich jedem Mächtigen anschließen würden, ungeachtet seiner "Rasse". In der Filmhandlung verblassen sie in ihrer Bedeutung neben den Juden; sie sprechen, handeln aber kaum. Eine wichtige Rolle hat dagegen der Herzog. Er dient der Filmpropaganda als Kronzeuge für die Gefahren, die jedem Arier drohen, der die Stimme seines Blutes überhört und dem Juden hörig wird. Darin gleicht der Herzog der Sagengestalt des Mannes, der seine Seele um irdischer Reichtümer willen dem Teufel verkauft und dafür mit ewiger Verdammnis bestraft wird. Friedrich Hussong charakterisiert diese Rolle, die von Heinrich George gespielt wird, in diesem Sinne: " . . . einst martialischer Feldherr des Kaisers in dessen Türkenkriegen, jetzt ein nie erzogener,|durch die mephistophelischen Einflüsterungen des Juden, durch seine Liebedienerei, seine Pferde, Edelsteine, Weiber und Machtgelüste vollends halt- und hemmungslos gewordener vollblütiger und schlagflüssiger Sklave seiner Gierden."(234) Die Filmhandlung verschweigt nicht die Unklugheit der Landstände, die dem Herzog gegen das verständnisbereite Votum des Landschaftskonsulenten alle persönlichen Wünsche abschlagen und ihn dadurch zwingen, sich eine anderen Geldgeber zu suchen. Die erste Schuld des Regenten liegt jedoch darin, daß er die einfache und sittlich einwandfreie Lebensweise seines Volkes nicht teilen will. Schon die ersten beiden Sequenzen des Films deuten das an. Wohl läßt sich Karl Alexander, offenbar von viel gutem Willen erfüllt, auf die Landesverfassung vereidigen. Aber bereits das nächste Bild enthüllt seine Schwäche: Als beim Festumzug derbe Soldaten eine Zuschauerin vom Straßenrand zurückzerren und ihr dabei die Kleider zerreißen, erfreut sich der Herzog mit schallendem Gelächter am Anblick der entblößten erschrockenen Frau. Der weitere Verlauf der Handlung macht bald klar, daß die negative Rolle des Herzogs eine erzieherische Funktion hat. Sie soll zeigen, daß nur die Sinnenlust imstande ist, den antijüdischen Abwehrinstinkt im Arier zu ertöten und den Menschen dadurch dem Juden auszuliefern. Nur deshalb kann und will Karl Alexander sich nicht von Süß trennen, weil der Hofjude ihm angenehme Schäferstündchen vermittelt. Gleichzeitig weckt Süß in seinem Herrn neue Wünsche und Bedürfnisse, vor allem das Verlangen nach Macht, um ihn desto sicherer beherrschen zu können.

Dabei bleibt der Herzog als vollblütiger Arier dennoch "aus Instinkt . . . ein Judenfeind" (235), der seinem Berater aufs tiefste mißtraut und ihn schließlich auch durchschaut. Er benutzt seine Einsicht jedoch nur dazu, um Süß zu verspotten und derbe Späße mit ihm zu treiben, ihn also seine Verachtung fühlen zu lassen. Da er nicht stark genug ist, um den Juden davonzujagen, muß er sterben, damit die Gerechtigkeit ihren Lauf nehmen kann. Offenbar scheuten die Drehbuchautoren davor zurück, dem Herzog statt des historischen Schlaganfalls ein gewaltsames Ende zu bescheren. Trotzdem soll sein Tod als abschreckendes Beispiel verstanden werden, als eine eindringliche Warnung vor dem Umgang mit Juden. — Für den Schauspieler Heinrich George war die Rolle des "kleinen Sonnenkönigs" wie geschaffen. (236) Sie lag auf der Linie jenes Typus, den er im nationalsozialistischen Film oft darzustellen hatte: den rückständigen Bürger, der seine innere Unsicherheit hinter selbstbewußtem, lautstarkem Auftreten verbirgt. Am eindrucksvollsten wirkt er in *Jud Süß* allerdings dort, wo in leisen Tönen, in unauffälligen Gebärden sein zwiespältiges Verhältnis zum Hofjuden hindurchschimmert; diese antisemitischen Akzente geben seiner Rolle Farbe.

Unter den Nichtjuden findet der Herzog im Obristen von Röder, seinem einstigen Kriegsgefährten, den wahren Freund und Mahner, dessen Qualitäten er jedoch verkennt. Albert Florath verkörpert den deutschen Soldaten von echtem Schrot und Korn, "dem das Recht und die Not des Volkes zu Herzen gehen und zum Handeln zwingen".(237) Dieser Soldat gehört gleichfalls zum Typenarsenal des nationalsozialistischen Films: ein rauhbeiniger Polterer, der das Herz auf dem rechten Fleck hat und sich in der Stunde der Gefahr zu "Empörertatkraft"(238) aufschwingt. Sein Verhalten kann deshalb vom Film als vorbildlich hingestellt werden, weil es die nationalsozialistischen Vorstellungen vom rechten Handeln nirgends überschreitet. Von Röder erschießt zwar den "Judenknecht" von Remchingen (Filmdialog), legt aber an den Herzog oder an den Juden nicht Hand an, sondern beschränkt sich auf kluge Ermahnungen. So propagiert *Jud Süß* in dieser Gestalt nicht etwa den Widerstandskämpfer — eigenmächtiges Handeln hat Hitler in seiner Umgebung nie geduldet! — sondern den Prototyp des nationalsozialistischen Kämpfers. Von Röder folgt dem sogenannten "inneren Gesetz" wie der Nationalsozialist dem "Führer", er wird gleichsam als Vorkämpfer des wahren Volkswillens aus der Zeit vor dem Erscheinen dieses politischen Messias vorgestellt.

Parallel zu dieser Gestalt ist die Rolle des Landschaftskonsulenten Sturm angelegt. Auch Sturm ist ein Vorkämpfer für das Recht wie von Röder, als Bürger ein "Soldat in Zivil", so wie Hitler sich selbst verstand. "Nicht wie im Atelier, sondern aus der schwäbischen Erde selber gewachsen"(239) spielt der Schwabe Eugen Klöpfer diesen Part. "Der Rechner (Süß – d.A.) scheitert an der Ehrlichkeit. Der Landschaftskonsulent weicht weder vor Todesdrohung zurück, noch können lockende Versprechungen den Aufrechten von seinem klaren Wege abbringen."(240) Der Film vermeidet sorgfältig die Möglichkeit, der Zuschauer könne die Aufgabe des Landschaftskonsulenten mit der eines Parlamentariers verwechseln. Wohl ist Sturm ein gewählter Volksvertreter, aber er tritt nicht als individuelle Persönlichkeit auf, sondern als unfehlbarer Sprecher des ehernen Rassengesetzes. Sturm ist Vollstrecker, nicht Handelnder nach eigenem Ermessen und begrenzter Einsicht. Das wird in der Gerichtsszene besonders deutlich. Der Vorsitzende gibt vor der Urteilsverkündung das Wort an Sturm mit der Feststellung: "Sprecht nur frei, Sturm, Ihr habt das größte Leid erfahren und füglich das größte Recht zu richten." (Filmdialog) Solches Verhalten entspricht der nationalsozialistischen Justiz, die das "gesunde Volksempfinden" zum Maßstab der Rechtsprechung erhob. Das wird im Film dadurch verschleiert, daß Sturm die Möglichkeit, persönlich zu richten, mit der großmütigen Bemerkung zurückweist: "Leid spricht nicht Recht. Auge um Auge, das ist nicht unsere Art." Er beruft sich stattdessen auf das "alte Reichskriminalgesetz", denn "da steht's für alle Ewigkeit", daß der Jude für den geschlechtlichen Umgang mit einer Christin zum Tode verurteilt werden soll. Das bedeutet keine Rückkehr zum juristischen Denken. Sturm benutzt vielmehr nur ein Gesetz, das an seiner Stelle Rache übt, ein Gesetz, das den "ewigen" Volkswillen verkörpert und daher allgemeine Gültigkeit behält. Aus diesem Grund fühlt sich das Gericht im Film auch nicht an das herzogliche Dekret gebunden, das die Handlungen des Hofjuden unter die Verantwortlichkeit des Regenten stellte. Das sittliche Empfinden des Volkes ist zur Norm erhoben, in diesem Sinne vertritt Sturm das Recht. Die nationalsozialistische Interpretation ließ keinen Zweifel darüber aufkommen. Entsprechend schrieb der Kritiker Friedrich Hussong: "Bis gestern schrien die Juden Zeter, weil nach dem Tode des Herzogs . . . die württembergischen Landstände nicht über dieses unsittliche Stück Papier (das Dekret – d.A.) stolperten, sondern in all ihrer Unzulänglichkeit gültiges Urteil der Geschichte vollzogen, indem sie mit der Erhängung der Jud Süß eine sittliche Forderung erfüllten."(241) Als Schützer des Volkes und Richter über seine Feinde wird Sturm zur Führergestalt, die den Auftrag des Schicksals erfüllt. Als Filmtypus führt Klöpfer in *Jud Süß* die Reihe der arischen Patriarchen und historischen Vorläufer Hitlers an, die in den biographischen Filmen später noch eine große Rolle spielen.

Zusammen mit Röder und Sturm vertritt in *Jud Süß* auch der junge Aktuarius Faber die "Gegenseite eines biederen, sauberen und ehrlichen Schwabentums".(242) Malte Jäger weist den "jungen Rebellen"(243) als vorbildlichen Nationalsozialisten aus: Er "brennt vor Judenhaß. In seinem hageren Gesicht lodern Augen, aus denen Verachtung und der Wille zum Kampf bis zum äußersten sprechen".(244) Noch ehe jemand im Hause Sturm in dem reisenden Fremdling den Juden erkennt, erspürt der Aktuarius ihn mit dem Instinkt des Ariers und tritt ihm höhnisch entgegen. Seine Blutsfeindschaft gegenüber dem Juden rechtfertigt das Fehlen des gesellschaftlichen Anstandes, sein überschäumendes Temperament, das sich hauptsächlich in seiner schreienden Stimme äußert, und seine Neigung zu Gewalttätigkeiten. Fabers Pflichtbewußtsein läßt ihm wenig Zeit für sein Privatleben übrig; im Kampf gegen die Juden hat er für die Sorgen seiner Frau nicht allzuviel Verständnis. Doch solange es die politische Situation erlaubt, darf er auch Sentimentalität und Hang zur Romantik zeigen; seine Musikalität und gelegentliches Zartgefühl gegenüber der geliebten Frau kennzeichnen ihn als guten Menschen, der im Grunde nur kämpft, weil das Wohl des Volkes es erfordert. Die Askese schließlich, die Faber, wiederum der guten politischen Sache zuliebe, in ehelicher Hinsicht übt, motiviert seine rasende Wut, mit der er den Schänder seiner Frau verfolgt. Alle diese Eigenschaften sind charakteristisch für den Idealtypus des jungen Parteigenossen. Sturm wie auch Faber sind überidealisierte, synthetische Figuren. Das zeigt sich besonders in dem selbstmörderischen Mut, mit dem beide Männer dem Hofjuden entgegentreten und ihm ihre Verachtung erklären. Das klingt wie Hohn in einer Zeit, in der gegenüber einem Nationalsozialisten nicht einmal bescheidene Kritik erlaubt war. Es scheint, als sollte der Heldenmut im Film den Zuschauer dafür entschädigen, daß er seine aggressiven Gefühle nicht ausleben durfte. Gleichzeitig zeigte ihm der Film jedoch auch ein Ventil für das Alltagsleben: Juden durften immer und überall verachtet und verfolgt werden.

Auch die einzige bedeutende weibliche Rolle des Films, die der Landschaftskonsulententochter Dorothea Sturm, entfernt sich nicht von der standardisierten Darstellung der idealen nationalsozialistischen Frau. Und es ist kein Zufall, daß die recht beliebte, aber wenig begabte Schauspielerin Kristina Söderbaum, die diesen Typus in vielen Filmen vertrat, die Rolle der Dorothea erhielt. Die Gestalt der Arierin ist vor allem aus dramaturgischen und propagandistischen Gründen für das Filmgeschehen wichtig: "Das blut- und rassenschänderische Treiben des Wollüstlings Süß wird nur in der tragischen Selbstaufopferung der Dorothea Sturm . . . sichtbar."(245) Die Rolle entspricht dem Bild der passiven, duldenden Frau, wie es Hitler und Goebbels als einzige sinnvolle Möglichkeit weiblichen Daseins vorschwebte.(246) Die Pseudo-Tragik ihres Schicksals liegt darin, daß Dorothea durch das Verbrechen des Juden, ihren Lebenszweck, als Mutter Erhalterin der arischen Rasse zu werden, verfehlt. Mitleidig betrachteten die Kritiker Schauspielerin und Rolle: "Wieder ist sie rührend in ihrer jungmädchenhaften Blüte, die, kaum zur Entfaltung gekommen, so jäh zerbrochen wird" (247), denn "dieses schwäbische Mädchen, eine der schönen Töchter des Landes, muß ein Schicksal erleiden, vor dem menschliche Worte verstummen müssen".(248) Die Frau erscheint als zartes Wesen, "einfachen Sinns und mit einem Sentiment, das allen Tücken preisgegeben ist".(249) Hier sind "weibliche Süße und gute Sitte in einem Bild von feinem Reiz und Zauber"(250) vereint. Die Rolle der Frau in der nationalsozialistischen Welt ist damit eingeengt: Die Frau soll Sitte und Moral repräsentieren, sie soll als folgsame Gefährtin dem Manne dienen. Die Sehnsucht nach aktiver Teilnahme am Leben, nach Erlebnissen, die sich nicht im engen Rahmen des häuslichen Kreises abspielen, wird in *Jud Süß* ausdrücklich zurückgewiesen. Dorothea muß bitter dafür büßen, daß sie den weitgereisten Fremden anfangs bewundert und um seine

Weltoffenheit beneidet hat.(251) Die Art der Frau, wie Dorothea der Stimme ihres Herzens zu folgen, befähigt sie nicht nur zu unerhörtem Mut, sondern gefährdet sie auch im politischen Lebenskampf. Das schlimme Ende, das Dorotheas aus Angst und Verzweiflung unternommener Bittgang nimmt, legt den Schluß nahe, daß der Mann gut daran tut, eine Frau nicht selbständig handeln zu lassen.

Allerdings vermittelt die Rolle nicht nur Verhaltensmuster, sie kommt auch den sentimentalen Erwartungen des Publikums entgegen, dem Wunsch nach Mitfühlen und Mitleiden. In einem Geschehen, das hauptsächlich aus männlichen Intrigen, Gewalttaten und Protestaktionen besteht, sorgt die Mischung von bedrohter Häuslichkeit, zarter Gattenliebe und bitterem Trennungsschmerz für Kontrast und durch den Appell an das Gefühl zugleich für dramatische Verschärfung der Konflikte. Der Beschützerinstinkt wird im Zuschauer geweckt und dadurch sein Haß gegen den Verfolger bestärkt. Diese Reaktion, den jede filmische Darstellung einer vom Bösewicht verfolgten Unschuld auslöst, ist in *Jud Süß* von vornherein auf antisemitische Wirkungen hin ausgerichtet. Kristina Söderbaums Darstellung begnügt sich damit, den Appell an das Gefühl zu unterstützen. Ihre Dorothea Sturm ist ein kindlich naives junges Mädchen, das Schwärmerei und Schmerz gleichermaßen übertreibt. An ihrer Rolle wird überdeutlich, was auch für alle anderen gilt: Keine Person erfährt im Laufe des Geschehens eine Wandlung, jede ist statisch angelegt. Sie ist von vornherein gut oder böse und entfaltet nurmehr ihre guten oder bösen Eigenschaften. Das entspricht der Rassenideologie, die nicht nur im Juden, sondern auch im Arier ein durch seine blutsbedingten rassischen Eigenschaften vorherbestimmtes Wesen sah. Die Menschen des Films *Jud Süß* gleichen Maschinen, die, einmal in Gang gesetzt, automatisch ablaufen, so wie es ihrer Programmierung entspricht.

Dieser Eindruck wird durch die Massenszenen des Films verstärkt. Auch hier erzielt Harlan die antisemitische Wirkung durch Kontraste: "Das schwäbische Volk, der traurige Zug der Ghettojuden, die der Süß nach Stuttgart holt, sind die kollektiven Gegenspieler."(252) Das Volk der Juden erscheint als zuchtloses Gewimmel, als Durcheinander schmutziger, zerlumpter Gestalten. Die Assoziation einer Rattenschar wird beim Einzug der schwarzgekleideten Gestalten in die Residenz geweckt. Sturm spricht vor den Landständen von "Heuschrecken" und vergleicht die Juden dadurch mit einem Insektenschwarm, der unerwartet in einer Wolke über den Feldern niedergeht und sie in kurzer Zeit kahlfrißt. Demgegenüber werden die Schwaben stets als geordnete Menge gezeigt. Selbst beim Festumzug des neuen Regenten sorgt die Regie für den Eindruck gemäßigter Bewegung. Ein geradezu groteskes Bild der Ordnung bietet die Huldigung an den Herzog, wenn die Kamera in einer Totale zunächst die heranschreitenden Soldatenreihen und dann die nur wenig aufgelockerten Reihen der Zivilisten aufnimmt. Selbst der Aufruhr der empörten Volksmenge im Schloßhof hat keine Ähnlichkeit mit einer zügellosen Revolte. Die Massenszenen, die Harlan auch in anderen Filmen auf vielbewunderte Weise gestaltete (253), dokumentieren (wie die Aufmärsche der Reichsparteitage) die nationalsozialistische Vorliebe für die leicht zu lenkende Menschenmenge. *Jud Süß* zeichnete das Wunschbild "eines gläubigen Volkes, welches seiner ehrlichen Arbeit nachgeht und an die Gerechtigkeit seines Souveräns glaubt".(254)

Nicht nur in Drehbuch und Rollengestaltung, auch in Regie, Kameratechnik, Musik und Schnitt unterwarf sich der Film vollständig dem Programm der Propaganda. Sein Stil verrät, daß er wesentlich von Veit Harlan bestimmt wurde. Auch wenn Harlan seine Lieblingsidee, einen Film in Art einer alten Chronik zu drehen, hier nicht verwirklichen durfte (255), so gleichen doch die Szenen am Hofe barocken Gemälden. Da die Handlung weitgehend von Gesprächen bestimmt ist, bevorzugte der Regisseur Groß- und Nahaufnahmen vor allem für seine besten Darsteller Werner Krauß, Ferdinand Marian und Heinrich George, deren Mimik so recht eindrucksvoll zur Geltung kommt. Die Schnittechnik benutzt selten die optische Überblendung, stattdessen verwendet sie inhaltliche Kontraste, die durch die Musik bzw. durch die Geräuschkulisse noch verstärkt werden. Die spannungssteigernde Wirkung dieser Methode ist sorgsam genutzt. Die propagandistische Bedeutung der Musik wurde schon erwähnt. Der Komponist Wolfgang Zeller stellte in einem Interview, das Hermann Wanderscheck im *Film-Kurier* veröffentlichte, "Harlans schöpferische Phantasie für den dramatischen Wirkungsgrad der Musik im Film" (*Jud Süß*) besonders heraus. Die Musik ist sparsam eingesetzt. Sie kennzeichnet hauptsächlich bestimmte Personen oder eine bestimmte Situation oder verstärkt stimmungsmäßig die heraufziehenden Konflikte. Fast alle Dialoge sind frei von musikalischen Untermalungen und wirken dadurch besonders klar und eindringlich. — Im Ganzen hatte Wolfgang Menzel mit seinem Urteil durchaus recht, als er in der *Jenaer Neuen Zeitung* schrieb: "Wenn hier ein Werk aus *einem* Guß entstanden ist, so deswegen, weil alle an ihm Beteiligten sich deshalb in höchste Zucht genommen haben und nur ihrer Aufgabe dienten."(257) Die antisemitische Propaganda erreichte endlich das Ziel, das Goebbels von Anfang an vorschwebte: mit *Jud Süß* gelang der "entscheidende Durchbruch zu dem filmischen Kunstwerk aus nationalsozialistischer Weltanschauung".(258)

Die Wirkung, die der Film *Jud Süß* bei seiner öffentlichen Vorführung in den Lichtspieltheatern ausübte, ist heute nur noch indirekt und ungefähr festzustellen. Das Einspielergebnis läßt auf einen überwältigenden Kassenerfolg schließen (vgl. Tabelle im Anhang). Zustimmung und Kritik der Kinobesucher ist — wenn auch mit Vorsicht — den Akten des Sicherheitsdienstes zu entnehmen. Die Informanten dieser Geheimorganisation stellten "eine anhaltend außerordentlich zustimmende Aufnahme" fest. Der SD-Bericht vom 28. November 1940(259) führte darüber aus:

> "Das Urteil über einen Film ist selten so einheitlich gewesen wie bei dem Film *Jud Süß*, der zwar in der realistischen Darstellung abscheuerregender Episoden ungewöhnlich weitgehe, dabei aber künstlerisch vollauf überzeugend gestaltet und von einer Spannung sei, 'die einen nicht losläßt'. Wie sich der Film als Ganzes stimmungsmäßig auswirke, komme in der spontanen Äußerung zum Ausdruck: 'Man möchte sich die Hände waschen'."

Daß der Film für die Jugend freigegeben worden war, fand allerdings nicht ungeteilten Beifall. Aus verschiedenen Städten wurde gemeldet, daß "Eltern- und Erzieherkreise" sich "fast durchweg" gegen die Vorführung des Films vor Jugendlichen aussprachen und zwar "mit Rücksicht auf seine außerordentlich starke psychologische Nachwirkung". Besonders beeindruckt war das Publikum nach diesen Berichten von den "beängstigend echten" Darstellungen von Juden. In Berlin habe *Jud Süß* aus diesem Grund stärker und überzeugender gewirkt als *Die Rothschilds*. Die Agenten vermerkten auch antisemitische Äußerungen:

> "Unter den Szenen, die von der Bevölkerung besonders beachtet werden, wird — außer der Vergewaltigungsszene — der Einzug der Juden mit Sack und Pack in die Stadt Stuttgart genannt. Im Anschluß gerade an diese Szenen ist es wiederholt während der Vorführung des Filmes zu offenen Demonstrationen gegen das Judentum gekommen. So kam es z.B. in Berlin zu Ausrufen wie 'Vertreibt die Juden vom Kurfürstendamm! Raus mit den letzten Juden aus Deutschland!' "

Diesen Zwischenfällen ist nicht unbedingt große Bedeutung beizumessen, jedenfalls nicht in Berlin, wo schon Anfang 1933 Zwischenrufer gegen die Vorführung von Filmen protestierten, in denen vereinzelt noch jüdische Schauspieler zu sehen waren. Solche Proteste fallen naturgemäß auf, während sich die andersdenkenden Kinobesucher selbst in Zeiten politischer Freiheit gewöhnlich still verhalten. Ein naives Publikum mochte sich freilich von den erwähnten Szenen tief beeindrucken lassen. Daß die Zuschauer dem Filmgeschehen tatsächlich mit großer innerer Anteilnahme folgten, läßt sich aus dem Schlußabsatz des SD-Berichtes schließen, der von der "uneinheitlichen" Einstellung der Bevölkerung zur Person des Herzogs von Württemberg spricht: "Nach bisher beobachteten Stellungnahmen überwiege die Ansicht, daß der Herzog fast ebenso verdammungswürdig wie der Jud Süß sei und daß sein Tod seine gerechte Strafe sei, die leider etwas früh komme, so daß er über die notwendige Einstellung zum Jud Süß und zum Judentum überhaupt nicht mehr habe bekehrt werden können." Diese Beurteilung macht nicht nur deutlich, daß der Film als das Lehrstück verstanden wurde, das er sein sollte. Sie zeigt auch, daß die Zuschauer zumindest zum Teil die Lehre von der arischen Rasse nicht ganz so verstanden wie die Drehbuchautoren.Für sie war auch der arische Herzog ein Verbrecher, den sie allerdings noch belehrt und erzogen sehen wollten. Dieser Vorzug wurde dem Juden offenbar nicht eingeräumt, Süß wurde als Fremdkörper betrachtet, dem solche Nachsicht nicht zusteht. Insofern scheint die antisemitische Propaganda überzeugt zu haben.

Keinen Nachweis gibt es darüber, ob und inwieweit die deutsche Bevölkerung durch den Film *Jud Süß* und ihrer Einstellung gegenüber den Juden beeinflußt oder umgestimmt oder zu Taten aufgewiegelt wurde. Immerhin unternahm die Reichspropagandaleitung alles, um vor allem diejenigen mit dem Film bekanntzumachen, die durch ihren Beruf mit Juden in Berührung kamen. Schon am 30. September 1940, sechs Tage nach der Uraufführung, veranlaßte der Reichsführer-SS,

Heinrich Himmler, "Vorsorge zu treffen, daß die gesamte SS und Polizei im Laufe des Winters den Film 'Jud Süß' zu sehen bekommt".(260) Ein entsprechender Erlaß erging am 15. November desselben Jahres.(261) Danach hatten die Polizeiverwaltungsstellen mit den örtlichen Filmtheaterbesitzern Sondervorstellungen für die Angehörigen der Ordnungs- und Sicherheitspolizei, der Feuerschutzpolizei und der Freiwilligen Feuerwehren zu vereinbaren und zwar gegen ermäßigten Eintrittspreis. Auch die Familienangehörigen durften an diesen Vorstellungen teilnehmen. Sondervorstellungen wurden schließlich auch für die außerhalb der Reichsgrenzen stationierten deutschen Soldaten und für das Personal der Lazarette eingerichtet. Am 9. November 1940 meldete die Zeitschrift *Der Film* den großen Erfolg des *Jud Süß*-Filmes im Soldatenkino Luxemburg "auch bei jenen deutschen Männern, die hinausgezogen sind, den jüdisch-plutokratischen Kriegshetzern die richtige Antwort zu erteilen".(262) Der Bericht brachte beiläufig ein bisher nicht erwähntes Propagandaziel zur Sprache: das "Gemeinschaftserlebnis". Offenbar sollten in den Teilnehmern der Massenveranstaltungen die individuell entstehenden Haßgefühle durch die gemeinsam erlebte und empfundene Empörung verstärkt und gewissermaßen legitimiert werden. Schließlich wurden die Massenvorführungen gern damit motiviert, daß der Soldat von den Vorzügen deutscher Filmkunst überzeugt werden sollte, wobei stets auf die kriegsbedingten Schwierigkeiten der Filmproduktion hingewiesen wurde. Diese Eigenreklame verhehlte die wirklichen Propaganda-Absichten nur schlecht. Nicht ohne Grund wurde der Film *Jud Süß* in den besetzten Ostgebieten der Bevölkerung immer dann vorgeführt, wenn eine "Aussiedlung" oder Liquidation der Juden bevorstand.(263) Nicht ohne Grund bekamen deutsche Soldaten den Film unmittelbar vor ihrem Einsatz an der Ostfront zu sehen.(264) Beim Vormarsch (nach dem Überfall auf die Sowjetunion am 22. Juni 1941) folgten dem Militär die aus SD-Männern und Polizeiangehörigen der Feldgendarmerie zusammengesetzten berüchtigten "Einsatzgruppen", die in den besetzten Orten systematisch Pogrome veranstalteten. Dabei wurden Hunderttausende von Juden, Zigeunern und politischen Gegnern ermordet. (265)

Zum Auslandseinsatz des Films *Jud Süß*.
1941, als *Jud Süß* auch in den deutschen Provinz-Lichtspieltheatern zu sehen war. meldete die Filmpresse fast jeden Monat neue Erfolge des Films im Ausland. So berichtete der *ZD* (120. Ausg. v. 15.8.1941, Anw. Nr. 5092) vom erfolgreichen Start in Italien, Ungarn ("innerhalb von vier Wochen über 100 000 Besucher"), Slowakei ("stärkstes Interesse"), Bulgarien, Rumänien ("durchschlagender Erfolg"), Norwegen ("Die Anerkennung von *Jud Süß* in Norwegen bedeutet eine entscheidende Wendung im politischen Denken des norwegischen Volkes."), Finnland ("starker Eindruck"), Holland ("von Presse und Publikum einmütig anerkannt") und Frankreich ("Siegeslauf im besetzten und unbesetzten Frankreich"). Um keine Zweifel an der Richtigkeit dieser Angaben zu wecken, wurden die Redaktionen gleichzeitig angewiesen, bei ihrer Wiedergabe den Eindruck zu vermeiden, "als ob Deutschland Europa den deutschen Film aufzwingen oder die Filmproduktion der kleineren europäischen Staaten unterdrücken wolle". Daß die Vorführung des

Films, je nach Abhängigkeit des betreffenden Landes, mit mehr oder weniger starkem Druck durchgesetzt wurde, ist jedoch sicher.

In Ungarn wurde *Jud Süß* im Februar 1941 erstaufgeführt. Lt. *Film-Kurier* Nr. 31 v. 6.2.1941 kam es in Budapest "zu einer spontanen Kundgebung (gegen die Juden — d.A.), indem das begeisterte Publikum in laute Rufe: 'Hinaus mit euch!' ausbrach". Wegen der Überfüllung der Kinos hätten die Militärbehörden Sondervorstellungen für Soldaten eingerichtet, die in geschlossenen Formationen "bei Trompetenschall" angetreten seien; s. Erwin von Barta-Schlüter in *Der Film* v. 15.3.1941, S. 3 und *Film-Kurier* v. 16.7.1941, S. 4. Das *Neue Wiener Tagblatt* v. 16.12.1941 schrieb dazu, daß die Aufführung des Films in Ungarn "beträchtliches Aufsehen und einige Erregung verursachte, dann aber sehr zur Aufklärung in der Judenfrage beitrug", die "in letzter Zeit in Südosteuropa im Brennpunkt des öffentlichen Lebens" stehe. Damit wurde die einmütige Begeisterung für den Film vorsichtig in Frage gestellt. Tatsächlich ließ sich die ungarische Regierung trotz ihres Bündnisses mit dem Deutschen Reich und trotz ständiger Ermahnung nur zum Schein zur Judenverfolgung bewegen und beschränkte sich hauptsächlich auf die Abschiebung nicht-ungarischer Juden, bis 1944 deutsche SS und Polizei die Ausrottung der ungarischen Juden selbst vornahmen, s. dazu Raul Hilberg: The destruction . . . , S. 290, 432, insbes. A. 509-554.

In Holland lief der Film um die Jahreswende 1940/41 an; das genaue Datum ist nicht bekannt, s. *Film-Kurier* Nr. 31 v. 6.2.1941. Offensichtlich sollte *Jud Süß* die nationalsozialistischen Maßnahmen gegen die holländischen Juden unterstützen — die Entfernung der Juden als dem öffentlichen Leben ab Dezember 1940 und die Einführung der Anmeldepflicht für Juden und "Jüdisch Versippte" am 11. Januar 1941. Der gewünschte Erfolg blieb jedoch aus. Im Februar folgten den Solidaritätsstreiks der Arbeiter blutige Straßenschlachten zwischen jüdischen Jugendlichen und holländischen Nationalsozialisten. Erst Ende Februar war der Widerstand gewaltsam gebrochen, gleichzeitig begannen die Deportationen; s. dazu R. Hilberg: The destruction . . . , S. 365-381, insbes. S. 372 f.

Auch in Dänemark stießen die antisemitischen Maßnahmen der deutschen Besatzung auf anhaltenden Widerstand. *Jud Süß* lief im Februar 1941 in Kopenhagen an und zwar in einer Textbearbeitung des dänischen Theaterschriftstellers Svend Borberg. Eine Zeitung, *Kristeligt Dagblad* v. 28.2.1941 (Staatl. Filmmuseum Kopenhagen), hatte den Mut, die Geschichtslügen des Films anzuprangern und Borberg der Feigheit zu beschuldigen. Es heißt in der Besprechung: "Im offenen Gegensatz zu der offiziell erklärten Idee des Filmes und mit dem, was jedermann sieht, wenn er mit Augen im Kopf ins Theater kommt, verkündet draußen ein Anschlag, daß der Film keine Propaganda gegen die Juden enthielte . . . Es ist gut, daß der größte Teil der Fremden, die die Vorstellung in Kopenhagen besuchen, kaum unsere Sprache versteht, sonst könnten sie einen traurigen Eindruck von dänischem Gebräu (Øllebrød) bekommen." (Übersetzt v. Heinrich Gimmler, Berlin. Die übrigen Kritiker wichen offenbar auf ein Lob der Filmgestaltung aus, so

daß der *Film-Kurier* Nr. 43 v. 20.2.1941, S. 1, berichten konnte, die "gesamte
Presse" sei sich einig in der "höchsten Anerkennung der schauspielerischen Leistungen wie der Regie Harlans".

Besonderen Wert maß die nationalsozialistische Propaganda dem Start des Films
im unbesetzten Frankreich bei. Nach der Erstaufführung am 24. April 1941 wurde
vor allem aus Marseille ein "außerordentlicher Erfolg" berichtet; s. *Film-Kurier*
v. 10.6.1941, S. 4. Die Ausgabe v. 30.5.1941, S. 1, gab "begeisterte Äußerungen
des Publikums" wieder wie "Auch in Frankreich müssen alle Juden raus!" und
meldete heftigen Beifall für die Szenen von der Ausweisung der Juden aus Stuttgart und vom Schlußwort Klöpfers. Eine spätere Nachricht (*Film-Kurier* Nr. 164
v. 16.7.1941, S. 8) sprach von antijüdischen Demonstrationen besonders bei Filmvorführungen "in Städten, wo sich die aus den besetzten Gebieten geflüchteten
Juden breit gemacht haben"; in Vichy sei es "in nahezu allen Vorstellungen zu
stürmischen Beifallskundgebungen der Zuschauer" gekommen. Die Korrespondenten werteten dieses Ergebnis als einen Stimmungsumschwung in dem "bisher als
judenfreundlich angesehenen" unbesetzten Frankreich; s. *Film-Kurier* v. 30.5.1941,
S. 1. Daß ein Teil der Bevölkerung, durch die Flüchtlingsflut vor ein wirtschaftli-
ches Problem gestellt, für antijüdische Parolen empfänglich war, trifft sicher zu.
Die Vichy-Regierung schützte ohnehin nur die französischen, nicht die staaten-
losen Juden; s. dazu R. Hilberg: The destruction . . . , S. 389-421. Daß es aber
auch zu Protesten gegen *Jud Süß* kam, verschwieg die nationalsozialistische Presse.
Während der *Film-Kurier* v. 10.6.1941, S. 4, aus Lyon "großen Erfolg" und "übereinstimmend gute Presse" meldete, schloß die in Lyon erscheinende Zeitschrift
Esprit in der Juni-Ausgabe ihre kritische Rezension mit einem Dank an jene jungen Franzosen, die gegen den Film öffentlich protestiert hätten.

Der nationalsozialistische Versuch, *Jud Süß* auch in Spanien populär zu machen,
scheiterte offenbar. Zwar veranstaltete die Landesgruppe der NSDAP in Madrid
im Mai 1941 mit großem Aufwand eine Sondervorführung (*Film-Kurier* v. 26.5.
1941, S. 2), doch es gelang nicht, die Werbewirkung der Veranstaltung durch den
sofortigen Start des Films auszunutzen, da *Jud Süß* unter die Einfuhrquote 1941/
42 fiel und keine Sondergenehmigung erhielt. Von einem späteren Einsatz des
Films in Spanien ist nichts bekannt. (Alle Quellen, soweit nichts anderes angegeben: Archiv Wulf).

2.4.3. Der ewige Jude

Ungefähr zwei Monate nach der Premiere von *Jud Süß*, am 28. November 1940,
wurde im Berliner Ufa-Palast ein "Dokumentarfilm über das Weltjudentum",
Der ewige Jude uraufgeführt.(266) Unter demselben Motto war schon 1937 die
Ausstellung "entarteter Kunst" in München gezeigt worden.(267) Der Begriff des
"ewigen Juden" war allerdings älter als der Nationalsozialismus. Er stammte aus

der christlichen Legende vom Ahasver, einem Juden, der dem kreuztragenden Jesus angeblich die Rast vor seinem Hause verwehrt hatte und der seitdem zur Strafe durch die Welt ziehen mußte, ohne im Tod Erlösung zu finden.(268) Die nationalsozialistische Propaganda sah in dieser Sagengestalt den "Beweis" dafür, daß schon frühere Geschlechter das ruhelose Umherwandern der Juden angeprangert hätten. Der "ewige Jude" wurde als Urfeind des "ewigen Deutschland" ausgegeben. Das Adjektiv "ewig" bezeichnete in beiden Fällen die Unveränderlichkeit der rassischen Gegebenheiten. Während nach nationalsozialistischer Auffassung "der arische Mensch . . . in der Kette der Ahnen und Nachkommen die Ewigkeit des Lebens" zu erblicken hatte (269), hieß es vom Juden, er folge dem ewigen Antrieb seiner Rasse, jede andere Rasse zu zersetzen und zu zerstören, um schließlich die Weltherrschaft zu erobern. — Die Idee zu dem Film *Der ewige Jude* stammte von Dr. Eberhard Taubert.(270) Die Gestaltung hatte Dr. Fritz Hippler übernommen, damals Leiter der Filmabteilung im Reichspropagandaministerium, der erst einige Zeit zuvor mit dem "dokumentarischen Filmwerk" *Feldzug in Polen* an die Öffentlichkeit getreten war. Sein neuer Film enthielt unter anderem Material, das unmittelbar nach der Besetzung Polens in den neu eingerichteten Ghettos von Lodz, Warschau, Krakau und Lublin aufgenommen worden war. Über den Inhalt des Films schrieb der *Illustrierte Film-Kurier:*

" Der Film beginnt mit einem eindrucksvollen Streifzug durch die jüdischen Ghettos in Polen. Er führt uns hinein in die jüdischen Behausungen, die man nach unseren Begriffen nicht mehr als Wohnungen ansprechen kann. In diesen schmutzstarrenden Räumen lebt und betet ein Volk, das sich seinen Unterhalt nicht durch Arbeit, sondern durch Schachern und Gaunern verdient. Vom kleinen Bengel bis zum Greis stehen sie in den Straßen und handeln und feilschen. Durch klare Trickbilder wird dargestellt, wie das jüdische Rassengemisch in Kleinasien entstand und von da aus die ganze Welt überschwemmte. Eine verblüffende Parallele dazu sehen wir in den Wanderwegen der Ratten, die die Schmarotzer und Giftträger unter den Tieren, wie es die Juden unter den Menschen sind. — Der Jude hat sich in seinem Äußeren stets an seine Gastvölker anzupassen verstanden. Nebeneinanderstellungen der gleichen Judentypen, zuerst als Ostjude mit Kaftan, Bart und Peies, und dann als glattrasierter westeuropäischer Jude, beweisen schlagend, mit welchen Mitteln er die arischen Völker getäuscht hat. Unter dieser Maske gewann er immer mehr Einfluß in arischen Kulturnationen und gelangte zu immer höheren Stellungen. Aber sein inneres Wesen konnte er nicht wandeln.

Nachdem durch das Zeitalter der Aufklärung der Judenbann in Europa gebrochen war, hat es der Jude im Verlauf weniger Jahrzehnte fertiggebracht, die Welt wirtschaftlich zu beherrschen, ehe es seine Gastvölker merkten und obwohl er nur 1% der Weltbevölkerung ausmacht. Ein Ausschnitt aus einem amerikanischen Film über die 'Rothschilds', von Juden gedreht, zeigt uns die raffiniert-jüdische Grundlage und Entwicklung dieses Bankhauses. Wir sehen dann, wie die Juden für ihre internationale Geldmacht das deutsche Volk in die Novemberrevolution trieben, um nun ihre bisher noch gewahrte Stellung hinter den Kulissen zu verlassen und in ganzer Offenheit auf die Bühne des politischen und kulturellen Lebens zu treten. Da ziehen an uns die Männer vorbei, die verantwortlich sind für die furchtbare Not von Millionen Deutscher und die schmachvolle Erniedrigung des deutschen Volkes. An unanfechtbaren Zahlenbeispielen wird nachgewiesen, wie sie durch Schiebungen den Staat und das Volk um phantastische Summen betrogen. Neben der Geldherrschaft verstanden sie es auch, das Kulturleben in ihre Hand zu bekommen. Die abstoßenden Bilder sogenannter jüdischer "Kunst" enthüllen den ganzen Verfall des damaligen Kulturlebens. Mit Originalausschnitten aus Filmen jener Zeit wird drastischer, als es Worte vermögen, die alles in den Schmutz ziehende und zersetzende Tendenz dieser jüdischen Machwerke aufgezeigt. Jahrhundertelang haben deutsche Künstler in völliger Verkennung des wahren Gesichts des Judentums Gestalten aus dem alten Testament verherrlicht. Wie der Jude in Wirklichkeit aussieht, erleben wir in Aufnahmen eines von Juden selbst gedrehten 'Kulturfilmes' über ein Purimsfest, das noch heute als Erinnerungsfeier an die Abschlachtung von 75 000 antisemitischen Persern gefeiert wird, und an den Lehren, mit denen künftige Rabbiner in jüdischen Schulen als politische Erzieher herangebildet werden. Wir blicken hinein in jüdische Talmud-Klassen und erleben die orientalisch anmutende Zeremonie in einer jüdischen Synagoge, wo die Juden während der heiligen Handlung untereinander Schachergeschäfte abschließen.

Am brutalsten kommt das grausame Gesicht des Judentums aber zum Ausdruck bei den letzten Bildern des Filmes mit Originalaufnahmen von einer Schächtung. Die hier festgehaltenen Szenen der unmenschlichen Abschlachtung von Rindern und Schafen ohne Betäubung bilden ein eindeutiges Dokument einer Rohheit, die für jeden arischen Menschen einfach unfaßbar ist und seinen Abstand zur jüdischen Geisteshaltung in geradezu erschreckender Deutlichkeit offenbart. In leuchtendem Gegensatz dazu schließt der Film nach diesen furchtbaren Szenen mit Bildern deutscher Menschen und deutscher Ordnung, die den Besucher mit dem Gefühl tiefster Dankbarkeit erfüllen, diesem Volk angehören zu dürfen, dessen Führer das Judenproblem grundlegend löst. (Da die Szenen von der Schächtung für empfindliche Naturen eine harte Nervenprobe darstellen, sind sie in einer zweiten Fassung des Filmes fortgelassen worden. Diese Kürzung beschränkt sich auf den letzten Akt, der jeweils in beiden Fassungen geliefert wird.)" (Nr. 3152)

Entgegen sonstiger Gewohnheit war das Publikum auf den Film nicht vorbereitet worden. Erst unmittelbar vor dem Start nahm sich die Presse des Themas ausführlich an. Offenbar befürchtete das Propagandaministerium eine Übersättigung der Leser. Hippler hielt es für notwendig, durch einen ganzseitigen Bericht mit dem Titel "Wie *Der ewige Jude* entstand" in der Wochenzeitung *Der Film* am 30. November(271) persönlich für den Film zu werben und möglichen Einwänden des

Publikums — "Jetzt schon wieder ein Film über das Judenproblem!" u.ä. — zu begegnen. Hippler betonte, das Judenproblem werde erst dann inaktuell, "wenn der letzte Jude das völkische und staatliche Gefüge aller anderen nichtjüdischen Nationen der Erde verlassen hat". Daß an Filmen über dieses Thema Interesse bestehe, glaubte er an den "unglaublichen Kassenerfolgen" der Filme *Die Rothschilds* und *Jud Süß* ablesen zu können. Dann hob Hippler die Vorzüge seines Werkes hervor. Die Spielfilme, die das Verhalten und die Reaktion der Juden darstellten, hätten "bei größter Kunst und bei aller inneren Wahrheit eben doch das Unmittelbare der Wirklichkeit vermissen lassen".

"Eine unmittelbare Wirklichkeitswirkung zu erzielen, ist nur dem Dokumentarfilm gegeben: und um einen solchen handelt es sich beim Film 'Der ewige Jude'. *Hier werden Juden nicht dargestellt, sondern sie zeigen sich selbst, wie sie sind: kein einziges Bild ist hier gestellt, kein Jude etwa zu einer besonderen Handlung oder Stellung gezwungen worden.*"

Die Kameratrupps hätten, so führte Hippler zur Bekräftigung dieser Behauptung an, die Atmosphäre in den polnischen Städten "noch vor Wirksamwerden deutscher Verwaltungsmaßnahmen" eingefangen. Nach dem "überwältigenden deutschen Sieg" seien die Juden sogar eher bemüht gewesen, vor der Kamera "recht sympathisch und entgegenkommend" zu wirken. Mit dieser Lüge spekulierte Hippler nicht ohne Grund auf die Gutgläubigkeit eines Filmpublikums, das jede Dokumentaraufnahme für ein treues Spiegelbild der Wirklichkeit hält. Selbstverständlich beabsichtigte Hippler keine authentische Dokumentation. *Der ewige Jude* sollte vielmehr die in den antisemitischen Spielfilmen vorgeführten Rasse-Theorien durch überzeugende "dokumentarische" Aufnahmen bestätigen und damit die Berechtigung der Rassenlehre überhaupt beweisen:

"Wenn man . . . nun die Bilder des Films auf sich wirken läßt, wird man zugeben müssen, daß auch die gehässigsten Karikaturen und Darstellungen an negativer Wirkung weit hinter dem zurückbleiben, was uns die Wirklichkeit zeigt. Jeder, der diese Bilder bereits zu betrachten Gelegenheit hatte, sagt dasselbe: eine Symphonie des Ekels und des Grauens."(272)

Die Themen des *Ewigen Juden* sind die gleichen wie die der Spielfilme: Der Jude im Ghetto, der Jude beim Schachern und Handeln, der Jude bei der Religionsausübung. Besondere Beachtung findet das Assimilationsproblem. Hatten die Spielfilme *Die Rothschilds* und *Jud Süß* das Ghetto früherer Jahrhunderte zu rekonstruieren versucht, so sollte der "Dokumentarfilm" dem Kinobesucher Gelegenheit geben, "das Judentum an seiner Niststätte" (Filmkommentar) kennenzulernen. Hier wie dort erscheint das Ghetto, wie Hippler sich ausdrückte, als "eine einzige Apotheose der Dunkelheit des Schmutzes, der Verkommenheit und des brütenden Untermenschentums". Allerdings war es für die Kameratrupps nicht schwer, Aufnahmen von "schmutzigen und verwanzten Wohnlöchern" (Kommentar) zu machen. Allein auf dem Gelände des Warschauer Ghettos, einem früheren Elendsviertel der Stadt, waren fast eine halbe Million Menschen zusammengepfercht worden.(273) Der polnische Jude Bernard Goldstein schrieb später über die Dreharbeiten, die er in Warschau beobachtet hatte:

"Die Kamera der Nazis wurde mit Sorgfalt gerichtet, sowohl wenn sie wirkliche Szenen aufnahm, als auch wenn sie scheußlich gestellte Bilder festhielt. Die in den Straßen umherliegenden Leichen, die ausgehungerten menschlichen Gerippe, die halbnackten, sich selbst überlassenen, bettelnden Kinder — diese Bilder wurden von der Kamera nie erfaßt."(274)

Der Kinobesucher sollte im Film das Vorurteil bestätigt finden, daß der "typische Jude" sich nicht wasche, zu faul zur Arbeit sei und apathisch im Schmutz verkomme. Die ekelerregenden Bilder sollten davon überzeugen, daß die Regierung nur recht daran tue, diesen "Saustall"(275) auszumisten. Daß die Regierung ihn erst geschaffen hatte, wußten wahrscheinlich nur wenige Zuschauer.

Angesichts der Not in den überfüllten Ghettos war es ein Leichtes, im Film den "schachernden Juden" vorzustellen. *Der ewige Jude* bebildert gleichsam Hitlers Exkurs in *Mein Kampf* über den wirtschaftlichen Aufstieg der Juden vom Trödler zum Bankbesitzer.(276) Die Ausbreitung der Familie Rothschild wird dabei stellvertretend für die Gesamtheit der Juden besonders ausführlich untersucht. Wie in den Spielfilmen wird der Jude zum Materialisten abgestempelt: "Für die Juden gibt es nur einen Wert: das ist das Geld! Wie und womit er das Geld verdient, ist ihm völlig gleichgültig!" (Kommentar) Wie die Spielfilm-Autoren ließ Hippler unmittelbar darauf Einstellungen von "werteschaffenden Ariern" folgen. Schon Waschnecks Film *Die Rothschilds* hatte anhand einer Landkarte die Ausbreitung einer einzelnen jüdischen Familie vorgeführt. Hippler folgte diesem Beispiel, er begnügte sich jedoch nicht damit, mit Hilfe von Kartenskizzen die "Überschwemmung" Europas und der übrigen Erdteile durch die Juden zu verfolgen. Er griff Hitlers Vergleich der Juden mit einer "Rotte von Ratten"(277) auf und fand Ähnlichkeit in den Wanderzügen heraus. Die nun folgende Sequenz — Ratten steigen aus Gullis empor, zernagen Mehlsäcke, werden verjagt und fliehen in wilder Hast — begleitet der Filmkommentar mit der recht unwissenschaftlichen Erläuterung: "Sie (die Ratten — d.A.) sind hinterlistig, feige und grausam und treten meist in großen Scharen auf. Sie stellen unter den Tieren das Element der heimtückischen, unterirdischen Zerstörung dar, nicht anders als die Juden unter den Menschen." Dieser Behauptung folgt sofort die nächste: "Das Parasitenvolk der Juden stellt einen großen Teil des internationalen Verbrechertums." Hippler konnte sicher sein, daß die abstoßenden Rattenszenen bei vielen Zuschauern Gefühle des Ekels und des Widerwillens hervorrufen würden. Er nutzte diese psychologische Situation, indem er den Filmbetrachter mit einer Fülle von schwer nachprüfbaren Zahlen überschüttete (prozentuale Anteile der Juden an allen möglichen Verbrechen), um zu überraschen und zu verblüffen. Die gleichzeitig vorgeführten Aufnahmen von jüdischen "Verbrechergesichtern" sorgten für die nötige Überzeugungskraft, zu kritischer Überlegung ließ der Film keine Zeit.

112

Damit ist das Stichwort "jüdische Assimilationsfähigkeit" gegeben. Hippler verriet in seinem Aufsatz den Grund, warum dieses Thema in allen antisemitischen Filmen eine so bedeutende Rolle spielt:

" . . . der harmlose Zeitgenosse nimmt nun einmal die Menschen, mit denen er zu tun hat, so, wie sie sind; und er wird von einem Juden, der schon Jahre und Jahrzehnte in einer europäischen Großstadt wohnt, lediglich feststellen, daß er einen durchaus zivilisierten und normalen Eindruck macht. Wie anders aber, wenn er gleichzeitig das Bild vor Augen haben würde, das der Jude vor oder während seiner Einwanderung geboten hätte. Die Gegenüberstellung dieser Kontraste habe ich mir nun besonders angelegen sein lassen."

Dann beschrieb er das im Film angewandte Verfahren:

"Wir haben uns besonders markante Typen von Ghetto-Juden herausgesucht und sie filmisch so porträtiert, wie sie im Ghetto herumzulaufen pflegen: mit Paies und Vollbart, Kappe und Kaftan; dann haben wir sie geschoren und rasiert, sie in europäische Anzüge gesteckt und dann wieder in derselben Art aufgenommen dergestalt, daß dieses Bild aus dem ersten herausblendet, und siehe da, der Ghetto-Jude war nicht wiederzuerkennen, wenngleich auch die zweite Erscheinungsform nicht gerade besonders anziehend aussieht."

Der Zweck dieser primitiven Maskerade, die nach den Agentenberichten des Sicherheitsdienstes(278) auf viele Kinobesucher Eindruck machte, bestand darin, die Gemeinsamkeit zwischen den Juden der östlichen Ghettos und denen der deutschen Städte sichtbar zu machen. Die Angst, Kinder und Kindeskinder der assimilierten Juden könnten von Ariern nicht mehr zu unterscheiden sein, die schon im Rothschild-Film laut geworden war, veranlaßte den Autor des *Ewigen Juden* zu der Warnung: " . . . instinktlose Völker lassen sich von dieser Mimikry täuschen und betrachten sie tatsächlich als ihresgleichen. Darin liegt eine ungeheure Gefahr, denn auch diese assimilierten Juden bleiben immer Fremdkörper im Organismus ihres Gastvolkes, so sehr sie ihnen äußerlich ähnlich sein mögen." (Filmkommentar) Mit großem Aufwand an Archivmaterial betreibt der Film Aufklärung über jüdische Bankiers, Politiker, Wissenschaftler, Künstler und Kritiker. Spielfilmausschnitte, Wochenschau-Aufnahmen, Interviews und Inserts sollten den Zuschauer davon überzeugen, daß die Weimarer Republik, weil sie von Juden "verseucht" war, nichts als die Zerstörung des deutschen Volkes im Sinn gehabt habe. Der Filmrezensent des *Angriff* bestätigte diese These: "Aus unzähligen Kanälen floß Gift in das deutsche Volk, das dadurch paraiysiert werden sollte, um schließlich der jüdischen Spinne vollkommen ausgeliefert zu sein."(279)

Hierin entfernt sich *Der ewige Jude* nicht von der allgemein verbreiteten nationalsozialistischen Geschichtstheorie. Neu ist allerdings, daß der Film auch auf den christlichen Glauben zu sprechen kommt(280) und dabei, entsprechend der Schrift von Alfred Rosenberg, *Der Mythus des 20. Jahrhunderts*, die Schuld an der jüdischen Einbürgerung dem "verschwommenen Dogma von Menschengleichheit"

113

(Kommentar) der christlichen Religion zuschiebt. Hippler benutzte diesen Hinweis jedoch nur als Stichwort, um das "religiöse Leben" der Juden vorzuführen und daran zu zeigen, daß christliche und jüdische Religion im Grunde doch nichts miteinander gemein hätten. Er beschränkte sich dabei nicht auf die Demonstration fremdartig anmutender Zeremonien, wie das in *Jud Süß* geschehen war. Mit Hilfe irreführender und gefälschter Zitate aus Bibel und Talmud(281) gibt der Filmkommentar Gottesdienst und religiösen Unterricht als "politische Schulung" für die künftige Weltherrschaft aus, als "Politik eines Parasitenvolkes", die im Verborgenen gemacht werde. Entsprechend lautet die Schlußfolgerung: "Das ist keine Religion und kein Gottesdienst mehr, das ist eine Verschwörung gegen alles Nichtjüdische, die Verschwörung einer krankhaft hinterlistigen vergifteten Rasse gegen die Gesundheit der arischen Völker und ihr moralisches Gesetz." (Filmkommentar) Zu solcher Diffamierung hatte sich nicht einmal der Film *Die Rothschilds* verstiegen, der die Religiosität der Juden immerhin als Heuchelei bezeichnet hatte. Das Thema "Religion" ist in den späteren Spielfilmen auch nicht mehr behandelt worden.

Auch in der Darstellung "jüdischer Grausamkeit" erreichte *Der ewige Jude* einen Höhepunkt, der an emotionalem Effekt die Vergewaltigungs- und Hinrichtungsszenen des Films *Jud Süß* weit in den Schatten stellte. Hippler ergänzte seinen Film mit einer Sequenz über das Tierschächten, die ein Zwischentitel folgendermaßen vorstellt:

> "Einer der aufschlußreichsten Bräuche der sogen. jüdischen Religion ist das Schächten der Tiere. Die hier folgenden Bilder sind Originalaufnahmen, sie gehören zu den grauenhaftesten, die je eine Kamera erfaßt hat. Wir zeigen sie trotzdem, ohne Rücksicht auf geschmackliche Einwände. Denn wichtiger als alle Einwände ist, daß unser Volk die Wahrheit über das Judentum erkennt. Empfindlichen Volksgenossen wird empfohlen, die jetzt folgenden Bilder nicht anzusehen."

Dieser Aufnahmen wegen, die nach Hippler von den letzten rituellen Schächtungen in den polnischen Ghettos gemacht worden waren, durften Frauen und Jugendliche an der Vorführung der Original-Filmfassung nicht teilnehmen.(282) Für sie wurde eine Kurzfassung hergestellt, das Verbot ist aber anscheinend nicht streng gehandhabt worden. Frank Maraun schrieb in *Der deutsche Film* über seinen Eindruck von den Schächtszenen:

> "Wer hier Ochsen und Kühe mit aufgeschnittener Kehle, langsam ihr Blut verströmend, minutenlang am Boden sich winden und in Zuckungen das Haupt emporwerfen sieht, wer sie im Todeskampf schreien, stöhnen, brüllen hört, der weiß ein für allemal, was er von dem bauernfängerischen Bluff jener wissenschaftlichen Gutachten zu halten hat. Diese Schächtszenen sind für den Zuschauer, Frau wie Mann eine harte Nervenprobe. Sie sind es besonders für den tierliebenden germanischen Menschen. Aber es ist notwendig, diese Orgie der Tierquälerei zu zeigen, weil sie typisch ist für die Artung der jüdischen Rassenseele."(283)

114

Es ist müßig, darauf hinzuweisen, daß die physiologischen Auswirkungen einer Schlachtung durchaus keinen Schluß auf das Schmerzempfinden des Opfers zulassen. Auch Maraun mußte zugeben, daß nach "angeblich wissenschaftlichen Gutachten" das Schächten für die Tiere schmerzlos sei. Es ging Hippler ja keineswegs um eine sachliche Diskussion, sondern um den massiven Appell an die Emotionen des Zuschauers. Der Augenschein sprach so offensichtlich für den Tatbestand der Tierquälerei, daß sich dem Kinobesucher der Verdacht aufdrängen mußte, ein Mensch, der grinsend auf solche Weise mit Tieren umgehe, sei auch zu heimtückischem Mord fähig.(284) Anschließend sollten die Gefühle des schockierten Filmbetrachters in andere Bahnen gelenkt werden: in Dankbarkeit und Bewunderung für Adolf Hitler und seine Regierung, die das deutsche Volk vor der "jüdischen Gefahr" bewahrt hatten. Der Film endet mit einer arischen Sequenz: ein Wochenschau-Ausschnitt wiederholt Hitlers Auftritt vor dem Reichstag am 30. Januar 1939, bei dem er die "Vernichtung der jüdischen Rasse" angekündigt hatte. Anschließend darf der Zuschauer beim Anblick jubelnder, "Heil!"-rufender Menschen, gläubig blickender blonder Jugend und exakt marschierender SA aufatmen. Die Szenenfolge sollte "durch ihre edle Größe und ihre heldischen Gestalten wieder versöhnen mit all dem Gräßlichen und dem Unmenschlichen, das uns eine Stunde lang aus der Welt des Judentums entgegentrat".(285) Die Wirkung schilderte Robert Volz in der Zeitschrift *Der deutsche Film*: "Der Ausklang ist wie eine Rückkehr ans Licht. Deutsche Menschen, deutsches Leben umgibt uns wieder. Wir kommen wie aus weiter Ferne, und wir empfinden den Abstand, der uns vom Juden trennt, mit einem körperlichen Schauer."(286) Daß der Filmbesucher das Lichtspieltheater ähnlich beeindruckt verlassen sollte, besagt nicht, daß der *Ewige Jude* in erster Linie antisemitische Gefühle aktivieren wollte. Der unbefriedigende Schluß des Films *Die Rothschilds* — der Jude siegt am Ende doch — war eher dazu geeignet; auch *Jud Süß* konnte im Zuschauer das Gefühl der Erbitterung hinterlassen, denn die Hinrichtung des Juden machte die Zerstörung des jungen arischen Eheglücks nicht rückgängig. *Der ewige Jude* hingegen sollte den Kinobesucher dazu ermutigen, die Judenpolitik des nationalsozialistischen Staates von ganzem Herzen zu bejahen und den dafür Verantwortlichen zu vertrauen. Die Idealisierung des arischen Menschen im Film diente überdies dem Zweck, das Selbstwertgefühl zu stärken und Selbstzufriedenheit zu fördern — auch dies ein Mittel, den Bürger vom kritischen Denken abzuhalten.

In der Gestaltung des Films nutzte Hippler alle technischen Möglichkeiten, auch solche, deren Gebrauch sich beim Spielfilm verbietet. Er betäubte die Augen des Filmbetrachters mit einer pausenlosen Sturzflut von Bildern, während die scharfe Stimme des Wochenschau-Sprechers den diffamierenden Kommentar in die Ohren hämmerte. Spannung, die sich beim Spielfilm aus der Handlung ergibt, erzielte Hippler durch den ständigen Wechsel von schockierenden und beruhigenden Sequenzen. Dadurch bannte er die Langeweile, die den Kinogast zu kritischer Distanz oder gar zu Ablehnung verleitet. In der musikalischen Bearbeitung des Films folgte Franz R. Friedl dem Rezept des *Jud Süß*-Komponisten Wolfgang Zeller. Er schrieb eine Musik, "die sich häufig an orientalische Rhythmen anlehnt und durch ihre Untermalung den Eindruck des Fremdrassigen und geistig Fremden noch unterstreicht".(287) Die Szenen aus der arischen Welt sind von heroisierender Musik begleitet. Für die Sequenz über arische Kunst verwendete Friedl Johann Sebastian Bachs "Toccata und Fuge in d-Moll", um den Hörer innerlich zu erheben. Nach scharfem Schnitt setzt verzerrte Jazzmusik ein — der Kontrast macht den weiten Abstand der "arischen" zur "entarteten" Kunst auch akustisch deutlich.

Trotz all dieser Anstrengungen erreichte Hippler nicht den gewünschten Erfolg, weil er das durchschnittliche Publikum falsch eingeschätzt hatte. Zu Recht stellte Hans Hohenstein im *Völkischen Beobachter*(288) die Frage: "Aber ist denn ein Film, der so viel Unfaßbares, Fremdes und Grausames enthält, überhaupt für die Öffentlichkeit tragbar? " Hohenstein antwortete als Nationalsozialist:

> "Ja, wir haben den Mut, der Wirklichkeit offen ins Auge zu sehen, weil allein die Wirklichkeit uns unser politisches Ziel weist. Und dieses politische Ziel war und bleibt die Lehre des Nationalsozialismus, die das jahrtausendealte Schmarotzertum des Judentums in Deutschland überwunden hat und nun im Begriff steht, es durch diesen Krieg in Europa und in der ganzen Welt zu bezwingen."

Aber das politisch weniger engagierte Publikum teilte diese Ansicht nicht.(289) Wie die Agenten des Sicherheitsdienstes in ihren *Meldungen aus dem Reich*(290) berichteten, nahm der Filmbesuch nach den ersten Aufführungen örtlich schnell ab. *Der ewige Jude* sei zu rasch auf *Jud Süß* gefolgt, stellten sie fest. Das Publikum habe vielfach angenommen, der Dokumentarfilm könne nichts wesentlich Neues bringen.

> "Übereinstimmend wird z.B. aus Innsbruck, Dortmund, Aachen, Karlsruhe, Neustadt/Weinstraße, Bielefeld, Frankfurt/Main und München berichtet, daß oft nur der politisch aktivere Teil der Bevölkerung den Dokumentarfilm besucht habe, während das typische Filmpublikum ihn teilweise mied und örtlich eine Mundpropaganda gegen den Film und seine stark realistische Darstellung des Judentums getrieben wurde. Die Widerlichkeit des Dargestellten an sich und vor allem die Schächtszenen seien dementsprechend immer wieder als Hauptgrund gegen den Besuch des Filmes gesprächsweise zum Ausdruck gekommen. Der Film sei wiederholt als eine außerordentliche 'Nervenbelastung' bezeichnet worden (Neustadt/Weinstraße)."

Zunehmendes Desinteresse beobachteten die Agenten besonders in Nordwest-, West- und Süddeutschland und in der "Ostmark":

> "Nach Meldungen aus Westdeutschland und auch aus Breslau haben einzelne Besucher des öfteren während der Vorführung die Lichtspielhäuser angewidert verlassen. Dabei seinen Äußerungen wie 'Wir haben *Jud Süß* gesehen und haben nun genug von dem jüdischen Dreck!' gefallen. Vereinzelt seien Frauen und auch Männer jüngeren Alters während der Vorführung der Schächterszenen ohnmächtig geworden. Häufig sei geäußert worden, *Jud Süß* habe das Judentum bereits so überzeugend dargestellt, daß es dieser neuen, noch krasseren

Beweismittel in dem unmittelbar danach aufgeführten Dokumentarfilm nicht mehr bedurft habe."

Selbstverständlich wußten die Agenten auch von lobenden Äußerungen zu berichten. Aber der Hinweis, daß das Publikum bei der im Film wiedergegebenen Hitlerrede "geradezu befreit und begeistert" applaudiert habe, ist nicht nur als Zustimmung zur Judenverfolgung zu verstehen. Der Beifall konnte auch Ausdruck der Erleichterung sein, mit dem sich die Zuschauer vom Eindruck der vorhergegangenen Schächtszenen befreiten.

Es zeigte sich, daß *Der ewige Jude* ebenso wie *Die Rothschilds* vor allem in jenen Kreisen Beifall fand, die schon längst dem Antisemitismus huldigten. Der Plan, auch die noch unsichere oder gleichgültige Bevölkerung zu überzeugen, schlug fehl. Goebbels zog die Konsequenzen: bis 1944 gab er keinen Film mehr in Auftrag, der das Judenproblem in den Mittelpunkt stellte. In drei Filmen — *Die Rothschilds, Jud Süß* und *Der ewige Jude* — hatte die antijüdische Propaganda ihr gesamtes Material an Vorurteilen und Behauptungen verausgabt. Die kommenden Spielfilme teilten es in kleiner Münze aus: Fast alle antisemitischen Themen (auch aus *Der ewige Jude*) kehrten, inhaltlich wenig geändert, später wieder. Nur die Form paßte sich dem Publikumsgeschmack mehr an. Weigerten sich die Filmbesucher, in politische Filme zu gehen, so nahmen sie nun beim Besuch von Unterhaltungsfilmen antisemitische Propaganda auf, ohne es recht zu merken.

Solche Rücksichten hatte das Propagandaministerium in den besetzten Gebieten nicht zu nehmen. Im besetzten Frankreich wurde *Der ewige Jude* unter dem Titel *Le péril juif* (Die jüdische Gefahr) 1942 eingesetzt, als die "Endlösung" im vollen Gange war. In den Niederlanden verpflichtete der Generalsekretär des Amtes für Volksaufklärung und Kunst alle Kinobesitzer, den Film *De eeuwige Jood* in der Zeit vom 29. August 1941 bis zum 30. April 1942 in ihren Spielplan aufzunehmen und öffentlich vorzuführen (*De Telegraaf* v. 26.8.1941, S. 1; Archiv Wulf.). Am 29. April 1942, einen Tag vor Ablauf dieser Frist, wurde der "Judenstern" in Holland eingeführt, im Juni desselben Jahres begannen die systematischen Deportierungen.

2.5. Versteckte Diffamierung

Die Siege, die das nationalsozialistische Deutschland vom Kriegsbeginn im Herbst 1939 an bis zum Frühjahr 1941 errang, wirkten sich auch auf die Filmproduktion aus. "Der deutsche Film greift in die Vergangenheit und in die Gegenwart hinein, um Stoffe zu gewinnen, die aus der gleichen heroischen Lebendigkeit wie die Kriegsberichterwochenschau ihre Wirkungskraft und ihr Ethos gewinnen", so schilderte Dr. Werner Wien im *Völkischen Beobachter* vom 10. Dezember 1940 (291) die neuen Filmthemen. Der Spielfilm habe sich in erstaunlich kurzer Zeit vom Produkt der "Traumfabrik" zur "sicher geführten propagandistischen Waffe in unserem Krieg" gewandelt. Die kommende Produktion greife "alle Gebiete auf, in denen sich deutscher Einsatz in den verschiedensten Bewährungsproben erwies" Im Rahmen dieser Themen hielten sich auch die Filme mit antisemitischer Tendenz. In der Zeit vom 6. Dezember 1940 bis zum 23. Oktober 1941 erschienen nicht weniger als acht Filme auf dem Spielplan, die einen oder mehrere arische Helden in den Mittelpunkt stellten und nebenbei auch jüdische "Verbrecher" anprangerten.

Karl Ritter verherrlichte in seinem Film *Über alles in der Welt* den ungebrochenen Mut der Deutschen, die im Ausland bei Kriegsbeginn interniert und von jüdischen Emigranten bespitzelt werden. Arthur Maria Rabenalt schilderte in " . . . *reitet für Deutschland*" die Schwierigkeiten eines deutschen Turnierreiters, der sich nach der Überwindung einer schweren Kriegsverletzung gegen die Mißgunst des Auslands und gegen die Bosheit jüdischer Finanziers und Pferdehändler durchsetzen muß. Sogar der Verteidigungskampf der Buren gegen die Engländer 1899 bis 1902 gewann in Hans Steinhoffs Werk *Ohm Krüger* plötzlich aktuelle Bedeutung — hier ist es ein niederträchtiger jüdischer Journalist, der dem alternden Burenpräsidenten das Leben schwer macht. Die Filmbiographien deutscher Persönlichkeiten widmeten sich ausschließlich Männern, "die in ihrer Leistung unserem Wesen und unserer Haltung in der Welt dienten".(292) Wolfgang Liebeneiners *Bismarck* und Herbert Selpins *Carl Peters* zeigten Pioniere, deren fortschrittliche politische Pläne an dem Widerstand böswilliger jüdischer Parlamentarier zu scheitern drohen. Im Mai und Juni 1941 folgten zwei Unterhaltungsfilme mit politischem Akzent. In Rolf Hansens Kostümfilm mit Zarah Leander, *Der Weg ins Freie*, erliegt eine Sängerin den Machenschaften eines polnischen Grafen, der von Juden erpreßt wird. Und in Hans H. Zerletts *Venus vor Gericht* bringt ein jüdischer Kunsthändler der Weimarer Republik einen nationalsozialistischen Akt-Bildhauer beinahe ins Zuchthaus. Im Oktober leistete schließlich auch Österreich einen verspäteten Beitrag zu einem politischen Thema: Gustav Ucicky gab in *Heimkehr* den Leidensweg der von Polen und Juden unterdrückten Volksdeutschen wieder.

Der erste Film dieser Reihe, Wolfgang Liebeneiners Werk

2.5.1. Bismarck,

wurde am 6. Dezember 1940 im Beisein von Goebbels uraufgeführt. Das *Reichsfilmarchiv* schrieb über den Inhalt:

"1862. — Wilhelm I., König von Preußen, beruft als letzte Möglichkeit den bei der Kaiserin und beim Landtag unbeliebten Landjunker v. Bismarck auf Empfehlung von Roon. Bismarck gewinnt sofort das Vertrauen seines Herrn und das völlige Mißtrauen des Landtags, besonders der starken Opposition unter Dr. Virchow, dessen pazifistische Ideen damals weit verbreitet waren. — Bismarck löst den Landtag auf. Beginnt mit der Heeresreform unter Kriegsminister Roon. Um die schleswigholsteinischen Herzogtümer nicht unter dänische Herrschaft geraten zu lassen, verbündet er sich mit Österreich, das er kurz zuvor durch Nichtbeteiligung am mißglückten Fürstentag verärgert hat, und holt im kurzen Deutsch-Dänischen Krieg durch Moltkes geniale Strategie die Länder zu Preußen, nachdem er sich mit Österreich über eine käufliche Erwerbung des Österreich zufallenden Teils geeinigt hat. — Weiterer Kampf gegen Angriffe aus dem Landtag, sowie der Familie des Kronprinzen. — Diplomatische Aussprache mit Napoleon in Biarritz, den er durch undeutliche Formulierungen hinhält und neutral erhält. — Der Krieg mit Österreich. Die siegreiche Schlacht. Vergeblich geht Bismarck gegen die Weiterführung des Krieges an. Der König will nach Wien marschieren. Da stellt sich zum erstenmal der Kronprinz auf Bismarcks Seite und der Friede von Nikolsburg wird geschlossen. Die notwendige Einigkeit der deutschen Fürsten ist erreicht. — Der Film schließt symbolisch mit der Kaiserproklamation in Versailles 1871. Bismarck wird sowohl als Staatsmann, wie als Familienvater, als Mann mit ruhigen Nerven, aber auch in sehr temperamentvoll ausbrechendem Zorn geschildert." (RFA Nr. 5050)

Diese Darstellung und auch die Filmrezensionen erweckten den Eindruck, als behandle der Film die Zeit von der Berufung Otto von Bismarcks zum preußischen Ministerpräsidenten bis zur Gründung des Zweiten Kaiserreiches. In Wirklichkeit werden nur Episoden aus vier Lebensjahren Bismarcks gezeigt. Die eigentliche Filmhandlung endet mit einem Ausschnitt aus der Schlacht von Königgrätz (1866). Den Krieg Preußens gegen Frankreich ruft eine anschließende Szenenmontage nur flüchtig ins Gedächtnis. Die Kaiserproklamation folgt als Schlußbild. (1942 lieferte Liebeneiner mit dem Film *Die Entlassung* eine Fortsetzung seiner Bismarck-Biographie für die Jahre 1888 bis 1890.) In den Grundzügen stimmt das von Rolf Lauckner und Wolfgang Liebeneiner geschriebene Drehbuch mit den geschichtlichen Ereignissen überein. Der *Zeitschriftendienst* beteuerte deshalb in seiner Anweisung vom 22. November 1940, im Film werde jene Zeit "historisch echt ohne Zusatz und wesentliche Auslassungen vor dem Beschauer entfaltet".(293) In Wirklichkeit kümmerten sich die Drehbuchautoren in der Beschreibung der Einzelheiten keinesswegs um die Ergebnisse der historischen Forschung — darin unterscheidet sich *Bismarck* in nichts von anderen nationalsozialistischen Filmbiographien. Jürgen Petersen gab auch in den Wochenzeitung *Das Reich* zu: "Bismarck hat die Worte, die er an den entscheidenden Punkten der Ereignisse im Film spricht, wirklich gesagt — wenn auch bisweilen nicht in gleichem Zusammenhang, so doch jedenfalls in einem geschichtslogisch möglichen: hier mußte das künstlerische Gesetz den historischen Stoff nach seinen Notwendigkeiten formen . . ."(294)

Doch nicht das "künstlerische Gesetz", sondern Hitlers Vorstellungen bestimmten die Filmhandlung. Hitler verehrte Bismarck als "Nationalheros" und machte ihm nur zum Vorwurf, daß er gegen die Marxisten nicht diktatorisch genug durchgegriffen habe.(295) Im Frühjahr 1939, anläßlich des Stapellaufes des Schlachtschiffes *Bismarck* in Hamburg, feierte er ihn ausdrücklich als "deutschen Reichsschmied" und rühmte ihn als seinen eigenen Vorläufer (296) Aus diesem Grund wird Bismarck im Film, wie Werner Stephan in den *Aktuellen Filmbüchern* (297) feststellte, als ein Mann vorgestellt, den "die Vorsehung in dunkelster Stunde" erstehen ließ, als "der dämonische Streiter, der die Vision eines einigen Deutschen Reiches und Volkes gegen alle in die Wirklichkeit umsetzt — auf nur ihm bekannten Wegen und mit Methoden, die nur er allein anzuwenden vermag". Die historische Persönlichkeit diente demnach nur als Vorwand, um den Führer Adolf Hitler zu verherrlichen. Auch die Beschreibung der kriegführenden Staaten folgt Hitlers Deutung: Preußen überwindet dank der Kraft seines Germanentums und seines arischen Führers Bismarck das von nichtarischen Stämmen durchsetzte Österreich. (298) Allein die Parteien halten den Sieg Bismarcks auf, denn, so hatte Hitler in seiner Hamburger Rede festgestellt, "der Ehrgeiz zügelloser Parlamentarier mobilisiert die Presse und verhetzt das Volk . . . Auf Schritt und Tritt erheben sich die Nullen vor dem einzigen Genius der Zeit. Es ist ein Riesenkampf, den vielleicht nur derjenige ermessen kann, der selbst einer solchen Welt von Widerständen entgegenzutreten gezwungen war". (299) Der Film erklärt am Beispiel des preußischen Ministerpräsidenten, warum Hitler die Parteien jahrelang bekämpft und sobald wie möglich ausgeschaltet hatte. Der Umstand, daß auch dem preußischen Abgeordnetenhaus jüdische Bürger angehört hatten, wird zum Anlaß, auf die Gefahren der "jüdischen Demokratie" hinzuweisen. Dazu war eine nationalsozialistische Umdeutung der Ereignisse nötig. Im Film verweigert die von Juden geführte Opposition des Abgeordnetenhauses der Regierung generell ein kampftüchtiges Heer, weil sie aus Feigheit und aus Geiz vor jeder kriegerischen Auseinandersetzung zurückscheut. Bismarck muß sich gegen den jüdischen Versuch wehren, mit Englands Hilfe den Parlamentarismus einzuführen und "das überlieferte, von einem starken Heer getragene Preußentum auszulöschen". (300)

> "Der Kampf um die Heeresvorlage beginnt in der Haushaltskommission, auf die der neue Ministerpräsident mit sachlichen Argumenten zu wirken sucht. Aber der Wortführer der Opposition, der jüdische Abgeordnete Loewe, hetzt mit allen Mitteln gegen Bismarck, und auch der liberale Professor Virchow, der für ein neues Deutsches Reich eintritt, sieht in dem Regierungschef nur den Vertreter der 'Junker' . . . Die Presse tobt gegen den 'Verfassungsbruch' des Ministerpräsidenten und die Volksversammlungen rasen. Aber Bismarck schafft inzwischen das starke Heer und die politischen Grundtatsachen, auf denen Deutschlands neue Einheit aufgebaut sind." (301)

Loewe und Virchow werden im Film als Ignoranten vorgestellt, die ihre Energien in Reden verausgaben, um Entschlüsse zu torpedieren. (302) Zu eigenen Taten sind sie unfähig. Für den Zuschauer ist Loewe (dargestellt von Karl Meixner) durch sein schwarzgelocktes Haar, die scharfe Nase, seine blasierten Gesten und die beim Sprechen ironisch verzogenen Mundwinkel als Jude gekennzeichnet. Doch im Verlauf der Handlung tritt Loewe hinter Virchow, den Nichtjuden, zurück. Der weißhaarige Professor der Medizin (Karl Haubenreißer) spielt Bismarcks eigentlichen Gegner im Parlament. Vor dem Plenum des Landtages übersieht Bismarck (dargestellt von Paul Hartmann) Loewe in auffallender Weise und beantwortet seinen

Vorwurf des Verfassungsbruches, indem er sich an die Gesamtheit der Opposition wendet und ihr die Verantwortlichkeit abspricht. Virchow würdigt er hingegen einer persönlichen, vernichtenden Erwiderung, die sogar Loewe Respekt abnötigt. Bei der Auflösung des Landtages, die der Film vier Jahre später datiert, tritt schließlich nur noch Virchow als Gegner Bismarcks auf; der im Drehbuch angeführte Part Loewes ist gestrichen. Nicht der Kampf gegen die Juden, sondern die Auseinandersetzung mit dem verständnislosen Nichtjuden bewirkt im Bismarck des Films eine Wandlung zur Härte, die das Drehbuch in einer Regieanweisung wie folgt beschreibt: "In dieser Szene wird Bismarck zum 'Eisernen Kanzler'. Von hier ab hat er eine fast starre Haltung, sein Blick geht durch die Menschen hindurch und über sie hinweg. Er wird diktatorisch und hart in seinen Äußerungen, niemals böse, sondern streng. Jenseits von gut und böse."(303) Von dieser Szene an verliert der Film das Interesse an den Juden, die antisemitische Tendenz verflüchtigt sich überraschend. Der nicht so stark von Vorurteilen belastete Zuschauer konnte die Rolle des Abgeordneten Loewe ganz übersehen.

Eigenartigerweise ist aber auch das wenig später folgende Attentat auf Bismarck nicht tendenziös ausgewertet.(304) Der Vorgang läuft so unerwartet und so schnell ab, daß der Täter nicht als Jude zu erkennen ist: ein schwarzhaariger junger Mann nähert sich Bismarck auf der Promenade, es fallen zwei Schüsse, Bismarck gerät in ein Handgemenge mit dem Attentäter, dann wird der Fremde von Passanten überwältigt. Als Johanna von Bismarck ihren Mann später nach dem Täter fragt, antwortet er ihr nur lakonisch: "Cohen Blind, ein englischer Jude. Sie haben den Kerl aber gepackt." (Filmdialog) Wichtiger als der Täter waren den Drehbuchautoren offenbar der Zeitpunkt des Attentats und dessen Umstände: Bismarck steht kurz vor dem entscheidenden Krieg gegen Österreich, er und der König werten die Rettung — das ist historisch — als Beweis für Gottes Beistand. Daraus ergibt sich eine deutliche Parallele zu dem am 8. November 1939 gegen Hitler verübten Attentat, dessen Fehlschlag Hitler selbst als "Bestätigung, daß die Vorsehung mich mein Ziel erreichen lassen will" bezeichnet hatte. Die scheinbare Beweiskraft der Parallelität mag Goebbels bewogen haben, die Darstellung eines Attentats ausnahmsweise zuzulassen; Karl Ritter hingegen, der etwa zur selben Zeit das Attentat auf Hitler in seinen Film *Über alles in der Welt* aufnehmen wollte, stieß auf Widerstand.(305)

Daß der Film *Bismarck* die jüdische Herkunft des Attentäters nicht betonen wollte, geht auch aus einem Vergleich mit dem Drehbuch hervor, das eine viel stärkere antisemitische Tendenz aufweist. Im Drehbuch besteht ein fortlaufender Zusammenhang zwischen den antijüdischen Szenen, die Idee der "jüdischen Weltherrschaft" tritt stark in den Vordergrund. Im Gegensatz zum Film erscheint Loewe nie allein, sondern stets in Begleitung jüdischer Kollegen. Schon die erste Sequenz des Drehbuches gibt ein Gespräch Loewes mit den jüdischen Abgeordneten Sybel und Jakoby während einer Sitzungspause wieder: die drei Männer entschließen sich, der Rede des Kriegsministers von Roon nicht zuzuhören, wohl aber anschließend mitabzustimmen. Ihr Nein zur Heeresreform werde, so hoffen sie, den "Sieg des Parlaments", vor allem aber den "Untergang Preußens" herbeiführen. In einer späteren, gleichfalls nicht verfilmten Szene, tröstet Loewe nach der Sitzung der Haushaltskommission seine Kollegen mit dem Hinweis: " . . . die Neuwahlen geben uns eine gute Waffe in die Hand. Die ganze Presse ist auf unserer Seite. Bedenken Sie — was das bedeutet." Durch den Wegfall dieser Einstellung wird dem Kinobesucher nicht mehr deutlich, daß auch der Reporter der *Kölnischen Zeitung*, der im Film unmittelbar danach auftritt, ein Jude sein soll. Gestrichen ist ferner ein Zwischenruf Loewes kurz vor der Auflösung des Landtages, den Bismarck im Drehbuch bewußt überhört. Deutlicher als der Film stellt das Drehbuch Bismarck hier als selbstbewußten Arier vor, der einen Juden keines Wortes würdigt. Nach der Auflösung des Landtages setzt Bismarck im Film das Verbot zweier (jüdischer) Zeitungen (der *Kölnischen Zeitung* und der *Tribüne*) durch und führt die Zensur der übrigen Presse ein. Der König rechtfertigt die neuen Presseverordneten vor seinem Sohn, Kronprinz Friedrich, mit den Worten: "Du glaubst doch nicht etwa, daß die Zeitungen die Stimme des Volkes sind. Sie sind Drahtzieher der Parteibüros, unverantwortlich." Dieser im Drehbuch nicht vorgesehene Dialog ersetzt offenbar eine im Film weggefallene lange Sequenz, die die heimliche Wühlarbeit der Juden deutlich vor Augen führen sollte. Im Film wird zwar auch gezeigt, daß Bismarck Morddrohungen erhält, doch nur im Drehbuch wird wirklich klar, daß sie von Juden ausgehen. Hier empfiehlt Jakoby seinem Kollegen Loewe, der Politik zu entsagen und lieber mit einem Geschäftsmann namens Wertheim Verbindung aufzunehmen. Loewe beantwortet diese Gefälligkeit mit einer Einladung — er will Jakoby mit einem englischen Juden bekanntmachen. Wenig später folgt die entsprechende Begegnung in Loewes Wohnung. Der Londoner Gast, Sohn eines Emigranten, wird einem Kreis von "Juden und Intellektuellen" vorgestellt. Der "junge, fanatisch aussehende Cohen-Blind" ruft die versammelten internationalen Juden zur Solidarität gegen Bismarck auf und deutet seinen Attentatsplan an. Jakoby entsetzt sich zwar vor Gewaltanwendung ("Ich bin ein friedliebender Mensch!"), aber ein anderer alter Jude streichelt dem jungen Cohen liebevoll übers Haar: "A Messias biste!"

Zweifellos sollte diese Sequenz den Zuschauer auf das Attentat vorbereiten. Sie unterstrich zugleich die Bedeutung Loewes als eines jüdischen Drahtziehers hinter den Kulissen der Politik. Überdies hätte ihre Verwirklichung dem Filmgeschehen einen neuen Akzent gegeben. Das Gespräch der Juden folgt der Unterredung Bismarcks mit Moltke, in der der Ministerpräsident den Krieg gegen Österreich als einzige Überlebenschance Preußens bezeichnet. Durch diese Verknüpfung erscheint das Attentat im Drehbuch stärker als im Film als jüdisches Verbrechen, das bei seinem Gelingen Preußen vernichtet und die Entstehung des Zweiten Kaiserreiches, mithin die deutsche Einheit unmöglich gemacht hätte. Ferner schließt sich im Drehbuch an das Zusammensein der jüdischen Verschwörer das (auch verfilmte) Gespräch im Schloß an, bei dem Königin Augusta ihren Gatten vergeblich vom Krieg abzuhalten versucht. Durch die Judensequenz gewinnt die Argumentation der Königin eine neue negative Note: Augusta tritt gleichsam als Vertreterin eines jüdischen Pazifismus und damit als Helfershelferin der Gegner Preußens auf. Im

Film dagegen ist sie nur die persönliche Feindin Bismarcks, die den "Junker" nicht mag. — Was Liebeneiner veranlaßt hat, diese Szenen so rigoros zu streichen, ist unklar. Jedenfalls blieb von der antisemitischen Propaganda des Drehbuches nur noch ein Gedanke übrig: "Gegen die tobende Mehrheit seiner Kritiker, in deren Reihen sich damals schon als Hetzer und Einpeitscher die Juden verbargen, setzt Bismarck unbeirrt seinen Weg fort."(306) Wenn die Rolle der Juden im Verlauf des Filmgeschehens auch stark an Gewicht verliert, so bleibt doch die antidemokratische Propaganda, die das Parlament diffamiert und die Vorzüge der Diktatur betont, eindringlich genug. Diesen Eindruck bestätigt ein SD-Bericht(307), der "aus allen Teilen des Reiches . . . eine begeisterte Aufnahme" des Films meldet und dabei mitteilt: "Ganz besondere Beachtung finden nach dem vorliegenden Berichtmaterial die Parlamentsszenen ('nur gut, daß wir heute keine derartigen Quasselbuden mehr in Deutschland haben!') und diejenigen Abschnitte des Films, in denen das Ringen Bismarcks dargestellt wird." Der Bericht betont weiter, daß der "überwiegende Teil der Filmbesucherschaft" das Werk "von vornherein nicht wie einen 'Spielfilm' werte", sondern die Vorführung als " 'Geschichtsstunde' von größter Aktualität" auffasse. Den Gesprächen der Zuschauer sei zu entnehmen, daß "gerade auch die historisch Ungeschulten den Kampf Bismarcks . . . in Parallele setzten zum Einigungswerk des Führers".

Die Unwissenheit der Kinobesucher erwies sich als großer Vorteil, den sich alle antisemitischen Filme zunutze machten. Nur zwei Regisseure unternahmen das Wagnis, Ereignisse aus der Zeit seit 1933 zu schildern — Karl Ritter und Gustav Ucicky — und beide beschränkten sich dabei auf Themen, die keiner kritischen Nachprüfung ausgesetzt waren. So gab Karl Ritter in seinem Film

2.5.2. Über alles in der Welt

"die Darstellung des geistigen Kampfes, mit dem die Feindmächte das Reich in den ersten Kriegswochen zu bekämpfen versuchten". (308) Darüber, wie das Ausland den Kriegsausbruch aufgenommen hatte, war die Bevölkerung durch Presse und Rundfunk sehr einseitig informiert worden. Der Film sollte die nationalsozialistische Version bestätigen. Schon im August 1940 berichtete die Zeitschrift *Filmillustrierte*:

> "Professor Karl Ritter — sein Name ist schon ein Programm — arbeitet an einem umfassenden Zeitbericht, der den unerschütterlichen Siegeswillen und die Tatbereitschaft der ganzen deutschen Nation in diesem aufgezwungenen Krieg gegen haß- und neiderfüllte Widersacher dartun soll. *Über alles in der Welt* heißt das Filmdokument, in dem Karl Ritter eine große Anzahl von typischen Einzelschicksalen in ihren Reaktionen auf die heroische Zeit zeigt und aus denen sich das gewaltige Bild der auf Leben und Tod verschworenen Gemeinschaft ergibt, die Großdeutschland gegen jeden Feind erfolgreich verteidigt."
> (309)

Gegen alle sonstige Gewohnheit fand die Premiere anläßlich der "Wartheländischen Kulturtage" am 19. März 1941 in Posen statt, also auf besetztem polnischen Gebiet, das jetzt "deutsches Ostland" hieß.(310) Am 21. März folgte die Berliner Erstaufführung (am selben Tage wurde in Hamburg *Carl Peters* uraufgeführt). Das Drehbuch stammte von Karl Ritter und Felix Lützkendorf. Hans Erasmus Fischer faßte das Filmgeschehen im *Berliner Lokal-Anzeiger* wie folgt zusammen:

"Die Handlung beginnt mit den Tagen der Kriegserklärung der Westdemokratien an Großdeutschland: in diesem Augenblick gibt es für alle Deutschen jenseits der Grenzen wo immer sie auch sein mögen, nur eine Losung: in die Heimat, zu den Waffen, nach Deutschland! Die Seeleute draußen auf dem Atlantik, die Auslandskorrespondenten in den Hauptstädten der Feindländer, die Techniker, die Künstler und Artisten sind nun plötzlich ein Häuflein Versprengter geworden: Die Seeleute werden von den Engländern überfallen, auf ihr kleines Rettungsboot wird geschossen; der Auslandskorrespondent soll zur Emigrantenhetze überredet werden; die Artisten sperrt man in Konzentrationslager, oder man versucht, sie in die 'Legion der Vaterlandsverräter' zu pressen. Für keinen Deutschen aber gibt es Zweifel, für alle nur den unerschütterlichen Glauben an Adolf Hitler und den Sieg."(311)

Über die Gestaltung dieses Themas gab das *Reichsfilmarchiv* folgendes Urteil ab:

"Der Film verbindet Einzelschicksale und dokumentarische Aufnahmen von der deutschen Front und ausländische Berichte zu einem reportagehaften Spielfilm, wodurch der Eindruck des Authentischen und Allgemeingültigen gewonnen wird. Die deutsche wie die Feindseite werden in einer Fülle von kleinen Einzelheiten und Episoden zu einem charakteristischen Bild gestaltet. Zum Schluß eine Montage der Feldzüge in Norwegen und im Westen bis zum Waffenstillstand, unterlegt mit Führerworten und Originalwehrmachtsberichten." (RFA Nr. 8166)

Bei der Charakterisierung der "Feindseite" kommt Ritter nicht ohne einige zwielichtige Judengestalten aus. Deutsche Emigranten gibt es für ihn im Ausland nicht; wer unter dieser Bezeichnung nach 1939 in Frankreich und England auftritt, kann nur ein Jude sein und hat mit einem Deutschen einzig die Sprache gemeinsam. Die jüdischen Emigranten fallen durch ihr Aussehen und ihre "mauschelnde" Aussprache auf und arbeiten mit allen Mitteln gegen das Großdeutsche Reich. Die Möglichkeit, daß diese Menschen Deutschland vielleicht nicht freiwillig verlassen haben könnten, existierel für die Drehbuchautoren selbstverständlich nicht. Die deutschfeindliche Arbeit der Emigranten wird in einzelnen Episoden vorgeführt: "Der von Juden geleitete 'österreichische Freiheitssender' fordert Österreich auf, sich gegen Deutschland zu stellen; der deutschsprachige Sender in London berichtet von deutschem Zurückweichen und fordert die Polen zum äußersten Widerstand auf." (*Reichsfilmarchiv*) Hier spielt Karl Haubenreißer als Sally Nürnberg "einen glatten, bösartigen Lumpen vom 'Radio London' (in 'daitscher Sprache')".(312) Seine abstoßende Erscheinung sollte dem Publikum klarmachen, daß es auf Lügner hereinfiel, wenn es verbotenerweise feindliche Rundfunksendungen abhörte. Gleichzeitig bot der Film in einer anderen Episode ein positives Verhaltensmuster: als der Reisemonteur Fritz Moebius (Fritz Kampers) in ein französisches Internierungslager gebracht wird, schleicht sich ein Jude an ihn heran. Aber "den geschäftigen Einflüsterungen eines Emigranten begegnet er mit höchstem Mißtrauen. Um seinen Weg nach Deutschland zu machen, braucht er keine Ratschläge; er weiß, was man zu tun hat, und wird sich hüten, das den andern auf die Nase zu binden".(313) Für diese Standhaftigkeit wird der brave Deutsche schließlich auch mit seiner Rettung belohnt. — Der Jude, dem er seine Absage erteilt, gleicht übrigens mit Hakennase, Zwicker und Baskenmütze dem Reichstagsabgeordneten Kupferstein in *Hans Westmar — einer von vielen* und einem anonymen Juden, dem Ritter in seinem späteren Film *GPU* einen wichtigen Part zuwies.

Größeres Gewicht hat die Rolle des Österreichers Leo Samek, eines verfetteten Juden, dem der "schleimig-köstliche, zwischen Verschlagenheit und Dummheit sich bewegende Oskar Sima"(314) Gestalt verlieh. Samek gehört der von Juden beherrschten "Liga für Menschenrechte" an, die mit dem britischen Secret Service zusammenarbeitet. Gemeinsam mit Captain Stanley (Andrews Engelmann), dem Chef der Geheimorganisation, versucht Samek den internierten Pressekorrespondenten einer Berliner Zeitung, Dr. Carl Wiegand (Carl Raddatz), für die antideutsche Propaganda zu gewinnen. Eine französische Agentin namens Madeleine Laroche (Maria Bard) unterstützt dieses Bemühen, und Wiegand geht zum Schein darauf ein. Bald bietet ihm die "typisch jüdische" Feigheit die Chance der Flucht:

"Wiegand . . . fährt mit Samek und Madeleine an die französische Front, um den ersten Einsatz der Österreichischen Legion beobachten zu können. Der erste Schlachtenlärm umfängt den Deutschen. Mit eisernem Gesicht blickt er nach Osten. Sein Entschluß steht fest. — Die ersten deutschen Granaten heulen heran. Samek schreit auf. Madeleine rennt die Treppe vom Beobachtungsturm herab, alles flüchtet nach hinten, stürzt in die Autos und rast davon. Wie ein Spuk ist plötzlich der ganze 'heldenhafte' Propagandaverein verschwunden. Wiegand steht allein im Feuer der explodierenden Geschosse. Er kriecht über die Straße, springt, zerfetzt und zerschunden bis zur deutschen Linie vor."
(*Illustrierter Film-Kurier* Nr. 3186.)

Auch die Mitglieder einer Tiroler Bauernkapelle, die in London festgehalten werden, versucht Leo Samek für seine Emigranten-Legion zu ködern, aber auch bei ihnen macht er sich lächerlich. Die *Filmillustrierte* schrieb unter ein Szenenfoto, das Samek bei seiner Werbekampagne zeigt: "Maulhelden wie dieser emigrierte Jude aus Wien tragen zwar Stahlhelm und Gasmaske, aber an der Front sind sie nie anzutreffen."(315) Ritter führte die Feigheit des Juden nicht nur deshalb vor Augen, weil sie zum Klischee gehört, das auch die vorangegangenen Filme benutzt haben wie *Leinen aus Irland* und *Die Rothschilds*. Daß Samek beim ersten Schuß aus Angst zu Boden fällt, war für die Filmhandlung unerläßlich, weil hier ein Jude Uniform trägt. Juden konnten im nationalsozialistischen Staat nicht Wehrmachtsangehörige sein. Sie galten nicht nur als wehruntüchtig, ihre Kriegsteilnahme hätte auch angeblich das "Ehrenkleid" des Soldaten entweiht. Ritter mußte daher klarstellen, daß die Uniform in diesem Fall nur als Tarnung für einen Heuchler diente. Schließlich führt der Film auch die ausländischen Journalisten als Juden vor, aber erst die späteren Filme *Carl Peters* und *Ohm Krüger* beschäftigten sich mit diesem Typus eingehender. Die Judenrollen des Ritter-Filmes sollten das Publikum nicht nur von der Schändlichkeit der Emigranten überzeugen und damit die Propaganda der übrigen Publikationsmittel unterstützen. Für Ritter hatten sie auch dramaturgische Bedeutung: Die Juden stellen Versucher dar, die die Treue der im Ausland festgehaltenen Deutschen erproben sollen. Die Deutschen aber sind samt und sonders untadelige Volksvertreter, denen die Heimat "über alles in der Welt" geht und die die Aufforderung zum "Hochverrat"(316) mit Verachtung ablehnen, d.h. sie gehen aus dieser Prüfung makellos hervor. Diese Funktion der Juden war Ritter offenbar wichtiger als die antisemitische Propaganda; so vervollständigen die Judenrollen lediglich das Panoptikum der ausländischen Gegner und gewinnen kein Eigengewicht.

Allerdings widmete Ritter auch seinen positiven Helden keine besondere Aufmerksamkeit. Obwohl er formal seinen erfolgreichen Episodenfilm *Urlaub auf Ehrenwort* nachahmte, erreichte er in *Über alles in der Welt* nicht dessen Anschaulichkeit. "Der Bericht vom Gesamtgeschehen ist . . . viel zu mächtig, das daß zu den einzelnen Figuren eine intensivere menschliche Beziehung hergestellt werden könnte", bemerkte Hans Erasmus Fischer im *Berliner Lokal-Anzeiger*(317) und die Rezensentin der Zeitschrift *Der deutsche Film*, Ilse Wehner, kam bei ihrer recht abfälligen Besprechung zu dem Schluß, der Film könne "nur schwer das Mitgefühl des Zuschauers erwecken".(318) Dieser Eindruck mag auch die antisemitische Wirkung des Films beeinträchtigt haben. Tatsächlich ging es Ritter nicht darum, die Gemüter der Filmbetrachter durch die Darstellung privater menschlicher Schicksale zu rühren. Getreu dem Vorsatz, den heroischen Film zu pflegen, sollte *Über alles in der Welt* in erster Linie "die Bewährung des Einzelnen innerhalb der Gemeinschaft zeigen", denn:

> "Für den Einzelnen hat sein Schicksal nur dort eine Bedeutung, wo es sich in den Dienst der Gemeinschaft stellen kann, wo es damit zu einem Stück vom Schicksal des Volkes wird. Männer, Frauen und Jugend aus allen Schichten des Volkes bewähren sich in ihren Einzelschicksalen. Sie bringen damit das große Schicksal der Nation zur Erfüllung."(319)

Goebbels zeigte für dieses Bemühen nicht viel Verständnis, vielleicht, weil er eine andere Vorstellung vom Publikumsgeschmack hatte als Karl Ritter.(320) Aber auch der Propagandaminister verschätzte sich zuweilen. Das zeigte sich wenig später bei einem der teuersten Filme des Jahres, *Carl Peters*, den Goebbels im Staatsauftrag produzieren ließ. Die Filmbiographie

2.5.3. Carl Peters

war dem Andenken des Eroberers und Gründers der Kolonie Deutsch- Ostafrika gewidmet, der von 1856 bis 1918 gelebt hatte. Herbert Selpin führte Regie und schrieb zusammen mit Ernst von Salomon und Walter Zerlett-Olfenius (321) das Drehbuch. Die Titelrolle spielte Hans Albers. Die Handlung des Films stellt Episoden aus den Jahren 1882 bis 1896 zu einem fortlaufenden Geschehen zusammen:

". . . Dr. Carl Peters, ein junger Doktor der Philologie, strebt über die Grenzen des nach der Zeit von 1870/71 besitzzufriedenen, interesselosen Deutschlands hinaus. Er lebt drei Jahre im viktorianischen England und sieht dort die Erfolge einer rücksichtslosen, aber fruchtbringenden Kolonialpolitik. England wirbt um ihn, aber er verschmäht es, in britische Dienste zu treten. Trotz der Gleichgültigkeit und der Widerstände in Deutschland, auch von seiten des Geheimrats Kayser in der Kolonialabteilung, fährt Carl Peters, das britische Kolonialamt täuschend, nach Afrika, begleitet von seinen Freunden Jühlke und Graf Pfeil, und landet in Sansibar. Mit lächerlich geringen Geldmitteln unternimmt er eine Expedition ins innere Afrika, kämpft gegen den Sklavenhandel und erwirbt von den Häuptlingen große Gebiete als Kolonialbesitz. Nun auch von Bismarck unterstützt, sichert er Deutschland weitere Gebiete. Als Bismarck stirbt, wird Peters von Kayser kaltgestellt. Die liberalistische und sozialdemokratische Presse kämpft erbittert gegen ihn. Peters aber stellt sich öffentlich. Er verteidigt sich vor dem Reichstag und stellt die Notwendigkeit, Kolonien zu besitzen, heraus. Da er sich gegen die Parlamentsintrigen nicht durchsetzen kann, nimmt er seinen Abschied und geht in den Ruhestand." (*Reichsfilmarchiv* Nr. 6183)

Die Dreharbeiten begannen im September 1940. Am 21. März 1941 wurde der Film in Hamburg uraufgeführt. Einen Tag vor der Premiere hatte die Öffentlichkeit erstmals von der Bildung des Deutschen Afrika-Korps erfahren; am 20. März hatte Hitler den Kommandierenden General des Korps, Generalleutnant Erwin Rommel, mit dem Eichenlaub-Ritterkreuz ausgezeichnet. In Berlin startete der Film erst am 29. Mai 1941, zu einer Zeit, in der sich die politische Presse mit der Eroberung Kretas und den Kämpfen in Nordafrika beschäftigte. So fand der *Zeitschriftendienst, Carl Peters* passe seines Stoffes wegen "außerordentlich gut in unsere Zeit" (322), und der Berliner Kritiker des *Völkischen Beobachters*, Hans Hömberg, lobte den Film, weil "er recht glücklich zur Förderung des kolonialen Gedankens im deutschen Volke beizutragen vermag".(323) Das Publikum, von den Berichten über den Afrika-Feldzug beeindruckt, mochte dem Glauben schenken. Hitler lag zu diesem Zeitpunkt nichts ferner, als kolonialen Ideen nachzuhängen, zumindest was den afrikanischen Erdteil betraf; der Afrikafeldzug diente dem Zweck, eine drohende britische Invasion von Afrika aus zu verhindern.

Deshalb wird Carl Peters im Film vor allem als Idealist dargestellt, der "um Ansehen und Mitwirkung der Deutschen draußen in der Welt" kämpft; "es ging ihm nicht um börsenmäßig auswertbare 'Interessen', sondern um eine Idee".(324) Zugleich erhielt der antisemitische Film eine aktuelle antibritische Note: Peters "schwebte kein machtgieriger Kolonialismus vor, der Herrschaftsgelüste auf Kosten anderer Berechtigter befriedigte und kolonialen Raubbau ohne Rücksicht

127

auf Land und Leute trieb".(325) Zum anderen wurde Carl Peters als Vorkämpfer Hitlers(326) gekennzeichnet, der allerdings — anders als sein Nachfolger — von Juden und mißgünstigen Politikern an der Vollendung seines Lebenswerkes gehindert wird. Die Drehbuchautoren hatten also nichts weiter zu tun, als aus der Biographie des Kolonialpioniers alle gewünschten Einzelheiten zusammenzutragen und gegebenenfalls durch Fälschungen zurechtzurücken. Die Jahre 1887 bis 1891 wurden dabei stillschweigend übergangen.(327) Übrig blieb

> "der tragische Kampf Carl Peters gegen einen im ekelhaften Parteihader, in Tatenlosigkeit erstickenden Reichstag und nicht zuletzt gegen die sehr einflußreiche jüdische Clique in hohen und höchsten Stellen des damaligen Kaiserreiches — nur Bismarck, Wilhelm I. und einige wenige vorausschauende hohe Beamte ragen als Inseln der Weitsicht aus diesem Sumpf der Unzulänglichkeit hervor."(328)

Diesmal wagte die Presse nicht, von historischer Treue zu schreiben, sie bagatellisierte die "kleinen Korrekturen an dem geschichtlichen Ablauf der Dinge": "Man soll da nicht überängstlich sein und sich als Geschichtsprofessor aufspielen."(329)

Hans Albers verkörperte als Carl Peters schon äußerlich das Urbild des reinrassigen Ariers und überzeugten Nationalsozialisten. "Diese wasserhellen Augen sprühen Feuer, sein Blick kann stählerne Strenge annehmen, wenn auch sein Gemüt weichen Wallungen zugänglich ist", schrieb Werner Fiedler in seiner (von ironischen Untertönen nicht ganz freien) Rezension in der *Deutschen Allgemeinen Zeitung* (330). Peters' Herz gehört Deutschland — deshalb verteidigt er es mit den Fäusten und unnachgiebiger Härte. "Wir sehen ihn in England mannhaft sein Deutschtum behaupten", kommentierte Otto Küster im *Völkischen Beobachter*(331) eine Szene, in der Peters einem spottlustigen betrunkenen Engländer ins Gesicht schlägt. Später läßt er als Reichskommissar in den Kolonien spontan zwei Neger aufhängen. Diese gesetzwidrige Tat, mit der er die Ermordung seines Freundes Jühlke rächt, verteidigt er später vor dem Kolonialausschuß des Reichstages mit der Behauptung, er habe dadurch einen Aufstand verhindert und "Hunderten von braven deutschen Farmern" (Filmdialog) das Leben zu retten.(332) Das Wort "bedenken" existiert für Peters nicht, wie er seinen Freunden klarmacht; so erobert er die Kolonien auch nur deshalb, weil er sich bedenkenlos über Vorschriften und Paragraphen hinwegsetzt. Dieses Verhalten stößt auf Widerstand, denn, so schrieb Günther Sawatzki bedauernd in der *Filmwelt*: " Wir Deutsche hatten damals noch nicht den politischen Instinkt, der uns davor bewahrte, die Schönheitsfehler dieser genialen Persönlichkeit in öffentlicher Diskussion breitzutreten, anstatt stillschweigend darüber hinwegzugehen".(333)

Hitler hatte in *Mein Kampf* bemerkt: "Sowie nämlich ein Mann auftritt, der die Not seines Volkes tief erkennt, . . . werden sofort kleine und kleinste Geister aufmerksam und verfolgen nun eifrig das Tun dieses Mannes, der die Augen der Öffentlichkeit auf sich gezogen hat."(334) Diese "kleinen Geister" sind im Film fast ausschließlich Juden. Sie, die das "amtliche Deutschland" repräsentieren, legen

Peters Steine in den Weg und sorgen für seine Entlassung. Wie in *Leinen aus Irland* sind es vor allem zwei Juden, die Peters' Pläne zunichtemachen: der getaufte Jude Dr. Leo Kayser, Geheimer Legationsrat im Auswärtigen Amt (dargestellt von Herbert Hübner), und sein nicht-assimilierter Bruder Julius (Justus Paris), der für die sozialdemokratische Zeitung *Vorwärts* schreibt und einen Sitz im Reichstag hat. Die Typisierung folgt den bekannten Klischees. Der assimilierte Jude, der nur aus Opportunismus Christ wurde, kennt nichts anderes als seine Karriere. Ihretwegen verbirgt er ängstlich seine Abstammung. Ihretwegen möchte er seinen Bruder verleugnen, der ihn an die eigene Herkunft und an die Existenz einer nicht gesellschaftsfähigen Partei erinnert. Doch als sein erster Versuch, Carl Peters zu isolieren, scheitert, besinnt Leo Kayser sich schnell auf die Vorteile der Presse und vereint sich mit dem Bruder im Ränkeschmieden. Julius dagegen, "ein Pressereptil jener Tage"(336),verkörpert den unsympathischen Ghettojuden, der bei allen öffentlichen Veranstaltungen auftaucht, sich wie eine Klette an den einflußreichen Bruder hängt,sobald er eine Neuigkeit wittert, und sich im Parlament wortstark als Vertreter des deutschen Volkes ausgibt. Dieses Gespann wird unterstützt von Leo Kaysers karrierehungriger Frau (Erika von Thellmann), die ihren Mann mit spitzen Worten gegen Peters aufhetzt und aus Sorge um den gesellschaftlichen Aufstieg den jüdischen Schwager mit antisemitischem Widerwillen betrachtet. Ihr Verhalten soll dem Zuschauer die Minderwertigkeit einer arischen Frau vor Augen führen, die einen Juden geheiratet hat.

Nur für den jüdischen Legationsrat gibt es ein historisches Vorbild, den Geheimen Rat Paul Kayser, den Carl Peters in seinen Publikationen in "krankhaftem Haß" und "Verfolgungswahn" diffamiert hatte; seine verzerrte Darstellung wurde von der antisemitischen Propaganda aufgegriffen und ausgebaut.(337) Wie schon die Veränderung des Vornamens andeutet — Leo klang für antisemitische Ohren jüdischer als Paul — hat der Legationsrat des Films mit seinem historischen Vorbild kaum noch etwas gemeinsam, obwohl die Darstellung selbstverständlich historisch wirken sollte. Im Film hat Kayser das Kolonialressort nur deshalb an sich gerissen, weil er hier — so erklärt es Peters seinen Freunden — eine Zukunft wittert und sie für sich ausbeuten möchte, statt sie aufstrebenden deutschen Forschern zu überlassen. Zugleich hat Kayser Angst vor der englischen Kolonialmacht und sucht deshalb Annäherung an Großbritannien. Daß hier dem jüdischen Staatsbeamten eine Politik angekreidet wurde, die Hitler, um Englands Duldung bemüht, bis vor kurzem selbst betrieben hatte, hätte den Zuschauer stutzig machen können. Der Film weist Kayser daher vorsorglich Hochverrat nach: Der Legationsrat sorgt nicht nur dafür, daß der ersten Expedition des mutigen Peters der Schutz des Reiches versagt wird, sondern setzt auch noch den britischen Geheimdienst, mit dem er zusammenarbeitet, auf ihre Fährte. Der englische Versuch, Peters die erworbenen Verträge zu stehlen, schlägt allerdings fehl (im *Illustrierten Film-Kurier* Nr. 3185 ist gar von "Mordanschlägen des Secret Service" die Rede.) Und Bismarck reagiert auf einen Denunzierungsversuch anders, als Kayser erwartet hatte — er ist von dem Bericht über Peters' Auftreten gegenüber dem deutschen Konsul in Sansibar so beeindruckt, daß er den Kolonialeroberer sofort nach seiner Rückkehr zu einer Audienz beim Kaiser bestellt.

Dramaturgisch folgt der Film dem aus *Die Rothschilds* bekannten Rezept. Wie Nathan scheitert Kayser zunächst, und der Zuschauer darf die Niederlage voll auskosten. Kayser wird nämlich über Peters' Erfolg bei Hofe erst in letzter Minute aufgeklärt und muß sich höhnische Worte des Siegers gefallen lassen. Doch wie Nathan sinnt auch Kayser unverzüglich auf Revanche. Er befürwortet Peters' Ernennung zum Reichskommissar in der Hoffnung, als Beamter werde der ungestüme Kolonialpionier bald über einen Paragraphen stolpern. (Auch Hitlers Gegner hofften 1933 auf diese Möglichkeit, aber Hitler erwies sich als geschickter als sein Vorgänger im Film.) Peters ahnt die Falle und will das Amt nicht annehmen, das ihn dem zum Kolonialdirektor ernannten Kayser unterstellt. Aber auf Bitten seiner Freunde gibt er aus Pflichtgefühl nach: er will "seine" Kolonien dem Juden nicht widerstandslos überlassen. Bald kann Kayser seinen Triumph feiern. Er, der so gute Beziehungen zu London pflegt, bezichtigt Peters öffentlich des heimlichen Kontaktes zur britischen Botschaft. Er, der sich zusammen mit seinem Bruder bemüht, Deutschland zum Sklaven Großbritanniens zu machen, wirft Peters vor, er habe "durch seine unverantwortlichen Maßnahmen das Ansehen des deutschen Volkes vor der ganzen zivilisierten Welt" geschädigt (Filmdialog). Die einander überschreienden Anklagen der Juden und Sozialdemokraten lassen Peters als unschuldig verfolgtes Freiwild erscheinen. Der Held bittet mit beschwörenden Worten, nach Afrika zurückkehren zu dürfen, ergeht sich in Selbstmitleid ("Viele Hunde sind des Hasen Tod!" — Filmdialog) und bricht schließlich in wüste Beschimpfungen des Parlaments aus: "Im Reichstag, da zerfetzen und zerfleischen Sie sich gegenseitig, aber wenn es sich darum dreht, gegen meine Kolonialidee zu stänkern und zu intrigieren, da sind sich die Herren dann auf einmal *alle* einig! . . . Das ist nun die Vertretung eines so anständigen, fleißigen Volkes. Armes Deutschland, du bist dir ja selbst dein größter Feind." (Filmdialog)

Daß Peters sich die feindselige Haltung seiner Umwelt selbst zuzuschreiben hat, weil er jeden Widerspruch mit persönlichen Verunglimpfungen des Gegners beantwortet — Kayser hatte er sich gleich zu Beginn durch antisemitische Anzüglichkeiten zum Feind gemacht — konnte dem Zuschauer entgehen, der sich mit dem Helden identifizierte. Kameratechnik und Regie versäumten nicht, den beliebten Schauspieler Hans Albers zu diesem Zweck ins rechte Licht zu setzen. Daß der unerschrockene Kämpfer zum Schluß am Unverständnis und an der Bosheit seiner jüdischen Feinde scheitert, sollte den Betrachter schockieren. Der sentimentale Abgang — Peters verläßt den Saal mit Tränen in den Augen — erklärt den Kolonialpionier zum moralischen Sieger. "Die Mutter, die immer still neben ihm hergegangen ist — stolz auf ihn, ohne ihn auf seinem Wege menschlich für sich in Anspruch zu nehmen — hat vor dem Reichstag auf ihn gewartet, — im Gespräch mit ihr kämpft er seine Bitterkeit und seine Enttäuschung nieder, — und der Gedanke an seine Sendung, der Gedanke an Deutschland überglänzt auch diese bittere Stunde," schrieb Ludwig Eylux in der *Filmwoche*.(338) Diese heroische Haltung des Unterlegenen sollte den Zuschauer nicht etwa trösten, sondern seine Erbitterung gegen die Juden nur noch steigern. Die antisemitische Wirkung des Films wurde aber durch einige Schwächen der Gestaltung beeinträchtigt. Die publikumswirksame Darstellung des Helden degradiert die beiden Juden zu Randfiguren; weder mit ihrer Rolle noch mit ihrem Spiel konnten Herbert Hübner und Justus Paris mit Hans Albers konkurrieren. Die ungleiche Verteilung der Gewichte fand auch in den Rezensionen ihren Niederschlag, die Darsteller der Juden wurden nur beiläufig erwähnt. Andere Mängel, nicht zuletzt die Überlänge des Films, störten die Gesamtwirkung. Sogar der *Zeitschriftendienst* beobachtete eine "Überspitzung der parlamentarischen Auseinandersetzungen" (339), wies die Zeitschriftenredaktionen aber an, darauf nicht einzugehen. Trotzdem bemängelte der Rezensent der *Filmwelt*, Günther Sawatzki, die ausgedehnte Schilderung der Afrika-Expeditionen, "bei denen nach dem Urteil von Afrikakennern Peters' geniale Begabung gar nicht besonders deutlich gemacht werden konnte". (340) Auch die Zeitungskritiker begnügten sich keineswegs mit bloßer "Kunstbetrachtung". Otto Küster (*Völkischer Beobachter*) zählte "gewisse Stilfehler" auf und fand die Schlußszenen "reichlich gedehnt". (341) Jürgen Schüddekopf (*Das Reich*) entdeckte angesichts der Expeditionsszenen, Selpins Versuch der Stilisierung habe "keine verbindliche sinnbildliche Wirkung" und ergebe beim Zuschauer das Gefühl: "Na, das war doch schrecklich einfach." (342) Werner Fiedler (*Deutsche Allgemeine Zeitung*) hatte den gleichen Eindruck und bemängelte obendrein den "musikalischen Dauerregen (343). Auch das Publikum war nicht begeistert, das zeigte sich an der Kinokasse. Selpins Versuch, den afrikanischen Schauplatz in den Barrandow-Studios in Prag möglichst echt nachzubilden (344), hatte den Film erheblich verteuert. Die Herstellungskosten wurden nicht eingespielt (vgl. Tabelle im Anhang). — Einen bedeutenden Publikumserfolg erzielte hingegen ein anderer antibritischer Propagandafilm, dessen Handlung gleichfalls zu einem großen Teil in Afrika spielt:

2.5.4. Ohm Krüger

Das Drehbuch von Harald Bratt (Autor von *Leinen aus Irland*) und Kurt Heuser (345) behandelt den Burenkrieg (1899-1902). In diesem Krieg hatten die beiden südafrikanischen Republiken Oranje und Transvaal unter ihrem gemeinsamen Präsidenten Paul Krüger — genannt "Ohm Krüger" — ihre Selbständigkeit gegen Großbritannien verteidigt. In Deutschland wurde der erbitterte Widerstand der Buren damals mit großem Interesse verfolgt, zumal die Briten anfangs schwere Niederlagen hinnehmen mußten. Eine Reise Krügers nach Europa im Jahre 1900, bei der der Präsident die Regierungen der befreundeten Länder um militärische Unterstützung bat, hatte jedoch keinen Erfolg, und die Buren wurden schließlich geschlagen. Krüger starb 1904 im Alter von 79 Jahren. — Auch in diesem Fall bogen die Drehbuchautoren das Geschehen, unbekümmert um die historischen Ereignisse, allein nach den Erfordernissen der nationalsozialistischen Propaganda zurecht. Der Film *Ohm Krüger* sollte den Großangriff gegen Großbritannien, den

Goebbels und auch die Bevölkerung(346) um diese Zeit erwarteten, auf propagandistischem Gebiet wirksam vorbereiten und unterstützen. Als die Dreharbeiten
im September 1940 begannen (347), liefen die geheimen Vorbereitungen für die
"Aktion Seelöwe", die Invasion Großbritanniens, gerade zwei Monate. Hitler verschob die Ausführung im Herbst auf das Frühjahr 1941 (er sagte die Aktion erst
1942 endgültig ab). Am 4. April 1941 wurde der Film *Ohm Krüger* in Berlin uraufgeführt.

Welche Bedeutung das Propagandaministerium dem Film beimaß, geht nicht nur
aus dem außergewöhnlich hohen Kostenaufwand von mehr als fünfeinhalb Millionen RM hervor, mit dem Hans Steinhoff *Ohm Krüger* herstellen durfte. Bereits
einen Monat nach Drehbeginn wurde das Werk für "reichswichtig" erklärt.(348)
Zur Uraufführung verkündete Goebbels den "neugeschaffenen Ehrentitel 'Film
der Nation' "(349) und zeichnete den Hauptdarsteller Emil Jannings, der auch
für die Gesamtleitung des Films verantwortlich war, als "ersten deutschen Filmschaffenden" mit dem "Ehrenring des deutschen Films" aus.(350) — In seinem
Premierenbericht in der *Filmwelt* kommentierte Ludwig Eylux das Filmgeschehen:

". . . Der Heldenkampf des tapferen kleinen Burenvolkes gegen Englands räu-
berische Willkür ist das Thema dieses Filmwerks. Mit dem Bilde Ohm Krügers,
seines lauteren, geraden Charakters, in dem sich auch der Charakter seines so
tapferen, seelisch so starken Volkes spiegelt, erhalten wir eine Darstellung der
Ereignisse, die um die Wende des Jahrhunderts die Welt in Atem hielten und
ihr die Brutalität Englands unverhüllt ein für allemal vor Augen führten . . .
Der Film zeigt die Vorgeschichte des Burenkrieges, er zeigt die Kräfte am
Werke, die gegen das Burenvolk aufgeboten wurden, um es den Wünschen des
englischen Großkapitalismus, des in Cecil Rhodes personifizierten britischen
Ausbeutertums, gefügig zu machen: Die Agenten Cecil Rhodes haben Gold-
vorkommen in Transvaal aufgespürt und nun läßt man den Buren keine ruhige
Stunde mehr. Die Charakterfestigkeit Ohm Krügers und die Kunst seiner klugen
Staatsführung wenden vorerst den Zugriff Englands ab, es gelingt Ohm Krüger,
bei einem Besuch in London, zu dem ihn die Queen eingeladen hatte, von Joe
Chamberlain einen Vertrag zu erhalten, der recht günstig ist. Ohm Krüger weiß
aber, daß das nur ein Aufschub ist, die Engländer werden den Vertrag nicht
halten. Und so geschieht es. Sie inszenieren Negerunruhen, die Missionare erscheinen mit Bibeln und Gewehren, und schließlich zwingen die Engländer die
Buren zum Kampf, zur Verteidigung ihrer Freiheit, zur Verteidigung alles dessen,
was ihnen teuer ist und was sie in Generationen geschaffen und erarbeitet haben.
Der Ausgang des Kampfes kann nicht zweifelhaft sein, aber immer wieder werfen sich die Buren der britischen Übermacht entgegen, und während Ohm Krüger, der sich in letzter Stunde entschließt, in Europa Hilfe zu suchen, bittere
Enttäuschungen in den Hauptstädten erfährt, bricht der heldenhafte Widerstand zusammen. Ohm Krüger stirbt in Europa, Bitterkeit im Herzen, aber
doch mit der Gewißheit, daß so viel edles, tapferes Blut nicht umsonst geflos-

sen sein kann, und seherisch sind seine letzten Worte, die von der Stunde der Abrechnung sprechen . . . "(351)

Die antibritische Propaganda, die sich immer auch gegen die Juden richtete, hatte schon zur Premiere des Films *Die Rothschilds* im Juli 1940 eingesetzt und sich in den folgenden Monaten gesteigert. Unter dem Motto "Juden beherrschen England" kündigte der *Zeitschriftendienst* den Film *Ohm Krüger* an, noch ehe er ins Atelier ging, und gab damit schon frühzeitig die Stichworte für die antisemitische Berichterstattung: "Juden finanzieren Krieg (daraus hoher Profit) . . . Burenkrieg = Judenkrieg (Jude Alfred Beit, Diamantenhändler, betreibt für Cecil Rhodes die Vernichtung der Buren) . . . "(352) Der Leser dieser Berichte konnte erwarten, daß davon auch im Film die Rede sein würde. Das war jedoch seltsamerweise nicht der Fall. Auch die in der *Filmwoche* verbreitete Behauptung, Krüger habe sich gegen die jüdischen Börsenspekulanten gewehrt und "bei passender Gelegenheit den Juden von Johannesburg eine Standrede"(353) gehalten, findet sich im Film nicht wieder. Daß tatsächlich Juden unter den Buren lebten, wird in *Ohm Krüger* nicht erwähnt; als Krügers Gegner treten hier von England bestochene Buren auf, die im Parlament gegen den Präsidenten intrigieren. Die Drehbuchautoren brachten nur in der Rahmenhandlung einen Juden ins Spiel, einen deutschen Journalisten (vom *Berliner Tageblatt*), der Paul Krüger in seinem Schweizer Asyl aufsucht und seine völlige Erblindung verschuldet. Günther Sawatzki schrieb darüber in der *Filmwelt:*

"Die Filmhandlung ist gleichsam in einen schwarzen Rahmen gefaßt. Sie beginnt und endet mit Szenen vom einsamen Sterben Krügers in einem Schweizer Hotel. Die Neugier der Welt wirft letzte grelle Schlaglichter auf dies in der Nacht der Blindheit erlöschende Dasein. Ein zudringlicher Reporter bahnt sich den Weg in das Zimmer, in dem der Sterbende, schon dem Irdischen entrückt, sein Ende erwartet."(354)

Der Reporter (dargestellt von Hans Stiebner) tritt gleich in der ersten Sequenz als roher, ungebildeter Mensch mit unverschämten Manieren auf: Ein kleiner, beleibter Mann mit Melone und dicker Zigarre drängt sich rücksichtslos durch die Meute sensationshungriger Journalisten, die die Hotelhalle füllen, und fordert Zutritt zu Paul Krüger. Sein Versuch, den Portier zu bestechen ("Mit dem werd' ich mal Tacheles reden!" — Filmdialog), schlägt überraschenderweise fehl: der Schweizer nimmt das Geld ohne Gegenleistung an und verspricht, es dem Roten Kreuz zu überweisen. Bei einem Pagen hat die Methode besseren Erfolg. Wenig später reißt der Fremde die Tür zu dem verdunkelten Zimmer auf, in dem sich ein Arzt und eine Krankenpflegerin um den Schwerkranken bemühen. Ohne lange Vorrede überfällt der Reporter den Präsidenten mit Routinefragen ("Was sagen Sie zur politischen Lage? Was sagen Sie? " — Filmdialog) und macht, da Krüger nicht antwortet, Anstalten, ihn zu fotografieren. Die erschrockene Krankenschwester kann zwar verhindern, daß der Eindringling die Vorhänge aufreißt, da flammt grell ein Blitzlicht auf — auch der Zuschauer erblickt in seinem Schein zum erstenmal das weißbärtige Gesicht Ohm Krügers, dessen Augen von dunklen Gläsern verdeckt sind. Der geschäftige Reporter ist befriedigt ("Die Auflage wird eine Sensation!" — Filmdialog), packt Stativ und Kamera und verschwindet, nicht ohne die Tür noch einmal so weit aufzumachen, daß eine Lichtflut ins dunkle Zimmer fällt. Arzt und Pflegerin sind empört, Krüger sagt kein Wort. Erst als der Arzt gegangen ist, bittet er die Schwester, die Vorhänge ruhig wieder aufzuziehen — er ist nun vollends erblindet.

Der Auftritt des Juden hinterläßt den Eindruck eines brutalen Überfalls auf einen hilflosen Menschen. Das Klischee vom gefühllosen Reporter, der jedes Geschehen nur nach seinem Sensationswert abschätzt, ist hier auf die Spitze getrieben. Das Handeln des Eindringlings ist im Grunde sinnlos, denn er erbeutet nur ein Foto, erhält aber keine Informationen. Ihm liegt auch nichts daran, seine Leser zu informieren; für ihn ist der Präsident nichts weiter als eine Berühmtheit, von der gerade geredet wird, ein Objekt für Sensationsmeldungen, die gut bezahlt werden. Den Verdacht, daß der Journalist sicher nicht gekommen war, um über den sterbenden Burenpräsidenten einen rührenden Bericht zu schreiben, bestätigt schließlich die letzte Szene dieser Sequenz. Krüger bittet die Krankenschwester, ihm aus der *Times* vorzulesen. Schon nach wenigen Sätzen zögert das junge Mädchen, denn die englische Zeitung fällt schonungslos über Krüger her und wirft ihm vor, er vertreibe sich die Zeit in der Schweiz, während sein Volk zugrunde gegangen sei. Im Gegensatz zur Pflegerin ist der Greis weder erstaunt noch empört. Er erzählt ihr die Geschichte des Burenkrieges — mit dem nächsten Bild beginnt die Rückblende, die den größten Teil der Filmhandlung umfaßt. Der Auftritt des Reporters und die anschließende Lektüre aus der englischen Zeitung provozieren den Eindruck, eine solch lügnerische Presse könne selbstverständlich nur von "jüdischen Presseagenten"(355) gesteuert sein. Die Episode soll darüber hinaus auf die Gegner Krügers vorbereiten. Wie der Reporter sind sie "lauter Funktionäre eines ungreifbaren Höllengeistes", "auf burischer Seite steht dagegen eine Reihe prächtiger Charaktere", zu der auch die "prächtig-malerische Galerie der berühmten burischen Kommandanten" gehört.(356) Selbst die unrühmlichen Ausnahmen bekehren sich gar bald zu entschlossenen Englandgegnern: Krügers pazifistischer Sohn Jan (Werner Hinz), den der Vater im Zorn "verengländert" nennt (Filmdialog), greift unverzüglich zur Waffe, als seine Frau angetastet wird, und die Frau des Verräters Kock (Elisabeth Flickenschildt) sieht ihren Irrtum ein, als ihr viertes Kind im englischen Internierungslager stirbt.

Die Gemeinheit der englischen Charaktere ist so vielgestaltig ausgemalt, die Folge der grausamen Taten so geschickt aufgebaut, daß für antisemitische Szenen im Verlauf der weiteren Handlung offenbar kein Platz blieb.(357) Stattdessen vermittelt der Filmschluß — den Herstellern kaum bewußt und dem uneingeweihten Zuschauer verborgen — eine Selbstdarstellung der nationalsozialistischen Judenverfolgung. General Kitchener, der neue Befehlshaber der britischen Truppen, rächt sich für die vorangegangenen Niederlagen, indem er unter dem Motto "Schluß mit der Humanitätsduselei!" (Filmdialog) Internierungslager für Frauen und Kinder einrichten läßt. Die Buren werden für vogelfrei erklärt, zwischen Militär- und Zivilpersonen soll nicht mehr unterschieden werden. Alte Leute, Frauen und Kinder werden durch die Straßen getrieben. Britische Soldaten stecken Häuser und Farmen in Brand und verladen die verängstigten Bewohner wie Vieh auf Lastwagen, um sie in ein "Konzentrationslager"(358) zu bringen. In dem Lager sterben die Menschen an Hunger und Krankheiten. Soldaten heben Massengräber aus, werfen die in Sacktuch gewickelten Leichen hinein und bedecken sie mit ungelöschtem Kalk. Als eine Burenfrau sich über den ungenießbaren Inhalt einer Konservendose beklagt, schießt der Lagerkommandant sie nieder. Ein gefangengenommener burischer Soldat (Krügers Sohn Jan) wird vor den Augen seiner Mutter, seiner Frau und der übrigen Lagerinsassen gehängt. Als die Zuschauerinnen daraufhin protestieren, werden sie von den Briten zusammengeschossen. Im Schlußbild dieses Szenenkomplexes krabbelt ein kleines Kind als einziger Überlebender weinend zwischen den Leichen umher. Dann blendet die Aufnahme auf ein Gräberfeld über — ein Meer von Kreuzen.

Daß es während des Burenkrieges zu britischen Ausschreitungen gegen Frauen und Kinder kam, ist historisch richtig; von britischen Ausrottungsplänen und von den im Film gezeigten Greueltaten berichten selbst englandfeindliche zeitgenössische Darstellungen nichts.(359) Hingegen erinnern die Filmszenen an die Vorgänge in den Juden-Ghettos in Polen und Rußland, an die Zustände in den deutschen Konzentrationslagern und an das Verhalten von SS und Gestapo. Die Anklage gegen die Engländer sollte von den unmenschlichen Plänen der eigenen Politik ablenken. Für die Darstellung des burischen Staatsoberhauptes nahm die Propaganda die Parallele zum Nationalsozialismus nur zu gern in Anspruch; der Film zeigte, laut Erklärung des *Zeitschriftendienstes*, "was es bedeutet, ein volkstümlicher Führer in historisch schwerer Stunde zu sein".(360) Emil Jannings bezeichnete Krüger in einem Interview als den "ersten bewußten Vorkämpfer gegen England" und nannte sein Wirken "ein Beispiel vor allem für uns Deutsche, die nun den Kampf gegen Englands Imperialismus zu Ende führen".(361)

Über die Aufnahme des Films beim Publikum meldeten die Agenten des Sicherheitsdienstes der SS(362) einen Monat nach der Premiere:

> "Der Publikumserfolg sei tatsächlich außergewöhnlich ... Propagandistisch erfülle der Film vor allem für breitere Bevölkerungskreise zweifellos voll seine Aufgabe. Die Kriegsstimmung gegen England werde wesentlich gesteigert und vertieft, da der Film trotz starker filmischer Änderungen für breitere Besucherkreise doch eine Art Geschichtsdokument aus einem Abschnitt der englischen Kolonialgeschichte bilde."

Indessen erwies sich die "teilweise stark propagandistisch-tendenziöse Darstellung des Films", die "historisch unterrichteten Besuchern, aber auch ... breiteren Besucherkreisen" vor allem in den Großstädten auffiel, auch als Bumerang: "Nach dem Filmbesuch sei sehr oft festzustellen, daß man sich über einzelne tendenziöse Szenen nachträglich Gedanken mache, sie als geschichtlich unecht bezeichne und von ihnen aus dann auch größere Teile der Filmhandlung in ihrer historischen Echtheit anzweifle." Diese Kritik zeigt, daß nationalsozialistische Geschichtsklitterung und tendenziöse Übertreibungen nicht überall widerspruchslos hingenommen, sondern sogar als verdächtiges Zeichen aufgefaßt wurden. Ob das auch auf die Aufnahme der judenfeindlichen Eingangssequenz des Films *Ohm Krüger* zutrifft, ist nicht festzustellen. Wahrscheinlich war die antisemitische Wirkung gegenüber der antibritischen nicht groß, weil der Eindruck der ersten Szenen im Verlauf der Filmhandlung durch weit brutalere Bilder überlagert wurde. Als Film mit judenfeindlicher Tendenz spielte *Ohm Krüger* demnach keine große Rolle. Aktuell blieb er bis zum Kriegsschluß durch seine Durchhaltepropaganda; aus diesem Grund ließ Goebbels den Film 1944 als Reprise wieder ins Programm der Lichtspieltheater aufnehmen.(363) — Ähnliche Aufgaben sollte der Film

2.5.5. . . . reitet für Deutschland

erfüllen, der am 11. April 1941 in Hannover Premiere hatte und am 30. Mai in Berlin, einen Tag nach *Carl Peters*, startete. Die *Filmwoche* hatte den Film, der unter der Regie von Arthur Maria Rabenalt entstand, im September 1940 mit dem Hinweis angekündigt:

"Das dem Andenken des Rittmeisters Freiherrn von Langen nachgezeichnete Schicksal eines Mannes wird hier gestaltet, der das Weltkriegsende als Schwerverwundeter erlebte und der dann aus seiner kerndeutschen Gesinnung heraus mit eiserner Energie zum hervorragendsten Turnierreiter der Welt wurde. Der unwandelbare Glaube an sich und an das Vaterland erzwingt das Unmögliche und bringt den deutschen Namen in einer Zeit tiefster Erniedrigung wieder in aller Welt zu Ehren."(364)

Das Thema lieferte die (von Clemens Laar bearbeitete) Autobiographie des Freiherrn von Langen. Die Drehbuchautoren Fritz Reck-Maleczewen, Richard Riedel und Josef Maria Frank schmückten die Schwierigkeiten, die der Turnierreiter — hier Rittmeister von Brenken genannt — zu bewältigen hat, kräftig aus, fügten eine Liebesgeschichte hinzu und richteten die Handlung nach den nationalsozialistischen Grundsätzen politisch aus. Das Ergebnis beschrieb das *Reichsfilmarchiv* wie folgt:

"1918. — Die deutsche Front im Osten befindet sich im Rückzug. Polnische Banden versuchen, den heimkehrenden Truppen den Weg zu verlegen. Auf einem prachtvollen Beutepferd, dem 'Harro', reitet der Rittmeister von Brenken zur Erkundung aus. Er kann seine Mission erfüllen, wird aber schwer verwundet. Er wird nach Hause gebracht, und während er krank daniederliegt, wird sein Pferd an jüdische Rennspekulanten versteigert. Von Brenken ist vom Arzt schon aufgegeben worden, aber durch eiserne Energie gesundet er wieder. Jedoch wird er nach Ansicht der Ärzte eine schwere Lähmung behalten. Er kehrt auf sein Gut zurück und widmet sich der Pferdezucht. Besonders schmerzt ihn der Gedanke, nie wieder reiten zu können. — Um das Gut steht es schlecht.

Das Gestüt verschlingt viel Geld, und die Schulden sind hoch. Inzwischen hat von Brenkens Verwalter, ein ehemaliger Unteroffizier seiner Schwadron, das Pferd 'Harro' vor einem Krümperwagen entdeckt und gekauft. Brenken trainiert das Pferd zu einem ausgezeichneten Springer. Durch Selbstüberwindung und Anstrengung bringt er es dahin, wieder reiten zu können. Mit 'Harro' will er auf dem Internationalen Turnier in Genf für Deutschland starten. Gegen den Willen seiner Verwandten und Freunde, gegen den Willen der eigenen Regierung und gegen die Bitten des geliebten Mädchens setzt er seinen Plan in die Tat um. In Genf ist für das internationale Amüsierpublikum der Sieg der Franzosen oder Engländer sicher. Zur größten Überraschung aller siegt von Brenken in dem schwierigen Rennen. Er erzwingt durch seinen Sieg die Achtung des Publikums für Deutschland. Zum ersten Male nach dem Weltkriege erklingt auf einer internationalen Veranstaltung wieder die Nationalhymne 'Deutschland, Deutschland über alles!' " (RFA Nr. 6195)

Antisemitische Szenen fügten die Drehbuchautoren nur in den ersten Teil des Films ein. Das Verhalten jüdischer Händler und "beutegieriger Inflationsschieber" (365) sollte den Zeitgeist der Weimarer Republik veranschaulichen. Gleichzeitig wird am Schicksal des Pferdes Harro gezeigt, daß — getreu nationalsozialistischer Rassenlehre — nur der Arier imstande ist, den rassischen Wert und die Schönheit eines edlen Tieres zu würdigen, während dem Juden, der Mensch und Tier nur als Kaufobjekt betrachtet und behandelt, wahre Tierliebe wesensfremd bleiben muß. Das vorgefundene Material bot zu solcher Deutung keinen Anlaß. Nach einem Bericht des Hauptdarstellers Willy Birgel in der *Filmwelt* (366), hatte Freiherr von Langen sein späteres Turnierpferd Hanko (das für das Filmpferd Harro Pate stehen sollte) einem Bauern abgekauft, für den das verwahrloste Tier Dungkarren schleppen mußte. Diese Geschichte widerspricht freilich der These, "die Liebe zum Pferd und zum edlen Reitsport" sei "dem Deutschen eingewurzelt" (367). Die Drehbuchautoren erfanden eine passendere Version.

Während Rittmeister von Brenken in einer Klinik mit dem Tode ringt, muß sein Unteroffizier Marten (Willi Rose) mitansehen, wie Harro im Hof der Wehrmachtsunterkunft versteigert wird. In aller Eile sucht er seine Ersparnisse zusammen, leiht sich von einem Kameraden hundert Mark und stürzt zur Auktion. Doch ein älterer Jude (Herbert Hübner) mit ungepflegtem schwarzen Bart, Kneifer und Melone, der das Pferd zusammen mit jüdischen Begleitern abtaxiert hat, gönnt dem Soldaten das Tier nicht und überbietet Martens Nennung um dreißig Mark. Vergebens beteuert der Unterlegene: "Das Pferd gehört mir! Das hab' ich den Polen abgejagt, als Sie hier in Berlin Ihre dreckigen Geschäfte gemacht haben . . .!" (Filmdialog) Als der Händler das Pferd übernimmt, stürzt sich der Soldat mit einem wilden Aufschrei auf den Juden, der aus Angst vor Schlägen zu winseln beginnt. Auch seine Begleiter blicken furchtsam drein. Doch der Auktionator zieht Marten gewaltsam fort (" . . . trennen Sie sich von dieser Galerie schöner Männer hier!" — Filmdialog), obwohl auch er den Verkauf des Pferdes an diesen "Kerl" bedauert. — Bei der Auktion ist es demnach durchaus mit rechten Dingen zugegangen. Allein der Hinweis, daß der Käufer ein Jude ist, genügt, um ihn vor dem Zuschauer ins Unrecht zu setzen. Jeder Jude gehörte nach nationalsozialistischer Auffassung während des Ersten Weltkrieges zu den Schiebern und "Kriegsgewinnlern". Trotzdem durfte er ungestört weiterhin seine Geschäfte machen, Kriegsteilnehmer mit Hilfe der Gesetze übervorteilen und gar die Kriegsbeute, das Pferd, verschachern. Marten erscheint hier als der brave "kleine Mann", der bitteres Unrecht erleidet, der Jude dagegen als Nutznießer der bösen Zeitumstände, als "Volksschädling".

Daß das Pferd bei dem Juden in unrechten Händen ist — ein weiterer Umstand, der Martens Verzweiflung rechtfertigt — zeigt eine spätere Szene, in der der Händler Harro einem Aufkäufer für Berliner Trabrennen als "e gute Occasionis" anbietet. Während der Verhandlung wird das Pferd im Kreis geführt, zum Entzücken einiger herumlungernden jüdisch aussehenden Halbwüchsigen. Unbekümmert verballhornt der Händler den Berliner Namen des Käufers, Brosig, zu einem jüdisch klingenden "Brosinger", wohl, weil er jeden Handeltreibenden als seinesgleichen betrachtet. Bedenkenlos betrügt er seinen Kunden; das Pferd interessiert ihn nicht, nur die Summe, die er dafür bekommt. Also spielt er Theater, tut so, als müsse er das Pferd, wenn Brosig es nicht nehme, dessen Konkurrenten Itzig anbieten, und verkauft es ihm doch ("weil ich's dem Itzig nich genn!"), angeblich mit Verlust. Brosig hat das Nachsehen. Gleich beim ersten Trabrennen wird Harro disqualifiziert, das Pferd verletzt sich obendrein, und Brosig verschleudert es an einen Kutscher, um nicht auch noch den Tierarzt bezahlen zu müssen. — Hermann Hacker erfaßte den Sinn dieser beiden Episoden mit seiner Feststellung in der *Filmwoche:*

"Mann und Pferd, die sind . . . eines — aber dann, als sie zu Hause angekommen sind, als die trüben Gestalten der Novemberrevolutionäre den Ton angeben dürfen, werden sie auseinandergerissen, die Reiter und ihre Pferde, — edles Blut wird um Spottpreise von Schiebern und jüdischen Pferdehändlern ersteigert, die wertvollsten Zuchttiere wandern über die Grenze in die Hände der Gegner, und zertrümmert wird, was einst einen wertvollen Teil der Volkswirtschaft ausmachte und worauf jeder Deutsche stolz war."(368)

Die Diktion verrät, daß das Zuchtpferd hier als Symbol für den Arier benutzt wird, dessen rassischer Wert in der Weimarer Republik nicht anerkannt wurde und dessen Reinerhaltung angeblich von den Juden unmöglich gemacht werden sollte. Die "rötliche Regierung" (Filmdialog), die sich um die Sorgen der einstigen Kämpfer nicht kümmert, betrachtet die Pferdezucht als "überflüssigen Luxus" (Filmdialog). Rittmeister von Brenken aber sieht die Aufgaben, die Roß und Reiter in der Zukunft erwarten: "Eines Tages wird auch die Reichswehr wieder Pferde brauchen, und dann ist die Zucht kaputt. Wir können doch nicht denken wie die Börsenmakler!" (Filmdialog) Während die Juden sich nur um den Profit des Tages sorgen, denkt der Arier bereits an den unausweichlichen Kampf um Deutschlands Freiheit. Die Tatsache, daß zur Zeit der Filmpremiere Pferde in der deutschen Wehrmacht kaum noch eine Rolle spielten, entlarvt die Besorgnis um die Pferdezucht als pure Heuchelei. Nicht um hochwertige Turnierpferde geht es in . . . *reitet für*

Deutschland, sondern um die Aufzucht und die Wehrertüchtigung kriegsgeeigneten "Menschenmaterials".

Wieder erweist sich der Held des Films als Idealtypus des Nationalsozialisten. Er zwingt seinen Körper "durch eiserne Willenshärte und gewaltsame Konzentration" zu unglaublichen Leistungen; er macht sich beim Kampf um das bankrotte Gestüt "durch die Übermacht gläubigen Willens das Schicksal gefügig".(369) Wenn es um Deutschland geht, folgt er blind seinem "inneren Befehl" (Filmdialog); wenn darüber alles verloren gehen sollte, "dann war es eben so. Schicksal!" (Filmdialog) Daß dieser zu allem entschlossene Kämpfer um die Ehre des Vaterlandes auch vor Verstößen gegen das Gesetz und vor Gewalttaten nicht zurückscheut, wirkt im Film fast selbstverständlich: Von Brenken jagt den Vertreter seines Gläubigers unter Beschimpfungen vom Hof, schlägt dem Geldverleiher gar ins Gesicht, weil er die Wechsel nicht verlängert, und entzieht sich dem drohenden Konkurs durch seine Reise nach Genf; unterdessen führen die daheimgebliebenen Freunde den Gläubiger an der Nase herum, und der Gerichtsvollzieher, ein heimlicher Parteigenosse der Nationalsozialisten, macht mit ihnen gemeinsame Sache. Der Turniersieg entschuldigt das alles nachträglich. — In der Gestalt des jungen Mädchens Toms, das den Rittmeister liebt und sich seiner Aufforderung zu bedingungsloser Gefolgschaft beugt, stellte der Film dem Publikum ein Leitbild für das eigene Verhalten vor. Der Filmschluß sollte den Entschluß zur blinden Unterwerfung unter die Autorität des "Führers" schmackhaft machen; der Turniersieg zeigte ja deutlich, daß ein mit Mut und Energie geführter Kampf nur erfolgreich ausgehen kann. Auf diese Weise versuchte die Propaganda, den Ermüdungserscheinungen entgegenzuwirken, die sich unter der Bevölkerung angesichts der unerwartet langen Kriegsdauer bemerkbar machten, und die Siegeszuversicht zu stärken. In dieser Zielsetzung unterscheidet sich . . . *reitet für Deutschland* von pessimistisch gefärbten Filmen wie *Carl Peters* und *Ohm Krüger*, die den Kampfeswillen durch die Aktivierung von Rachegefühlen beleben sollten. — Rabenalts Film wurde nach *Ohm Krüger* einer der erfolgreichsten Filme der Saison 1940/41 und erschien auch 1944 im Reprisen-Programm.(370)

Wie in *Ohm Krüger* tritt auch in . . . *reitet für Deutschland* der jüdische Gegner in den Hintergrund zurück. Der Pferdehändler wirkt bei weitem nicht so abstoßend wie der jüdische Reporter. Dafür stellen beide Filme neben den "Fremdrassigen" Feinde aus den eigenen Reihen des Volkes. So spielen der Vertreter Dolinski (genannt "Melonen-August") und sein Chef, der neureiche Geldverleiher Brenner, als persönliche Gegner des Rittmeisters von Brenken im Verlauf der Filmhandlung eine bedeutsamere Rolle als der Jude. Beide sind ganz nach Art jüdischer Typen gekennzeichnet, ohne daß je ein Hinweis auf ihre Herkunft fällt. Damit treten im antisemitischen Film erstmals Personen auf, die die Propaganda schon seit längerer Zeit als "weiße Juden"(371) anprangerte: Deutsche, die ihr arisches Erbe verraten, indem sie sich ebenso schändlich wie Juden benehmen und die daher auch keine bessere Behandlung verdienen. Die Verwendung dieser Typen im Film mochte andeuten, daß die Juden im Grunde kein ernstliches Problem mehr für die nationalsozialistische Führung darstellten, daß ihr aber die nichtjüdischen Gegner des Nationalsozialismus sehr zu schaffen machten.

Arthur Maria Rabenalt hat... *reitet für Deutschland* nach dem Kriege als einen "einzig von einfachen patriotischen Empfindungen getragenen Sportfilm" ausgegeben, der "ohne politische Absicht hergestellt" worden sei; überhaupt sei der Unterhaltungsfilm das "große — auch staatlich geförderte — Gegengewicht gegen den politischen Tendenzfilm" gewesen: "Ich wünschte — in einem guten Sinne — nie einen anderen als einen unterhaltenden Film zu machen."(372) In Wirklichkeit hat das nationalsozialistische Filmschaffen kaum einen Film hervorgebracht, der nicht Propaganda-Ideen verbreitet hätte, wenn auch oft in sehr verhüllter Form. ... *reitet für Deutschland* gehört, entgegen der zitierten Meinung des Regisseurs, in die Kategorie des "politischen Tendenzfilms". Aber selbst Gesellschaftsfilme, die das Publikum mit einer romantischen Geschichte unterhalten sollten, waren zuweilen mit massiver Propaganda befrachtet. Ein Beweis dafür ist Rolf Hansens Film

2.5.6. Der Weg ins Freie

Hansen hatte während der Dreharbeiten erklärt: " Dies soll ein Spielfilm werden — nichts als ein Spielfilm ! " (373) Er begnügte sich jedoch nicht damit, die un - glückliche Liebe einer Opernsängerin in Szene zu setzen, sondern deutete politische Ereignisse des Jahres 1848 an und brachte einen polnischen Grafen ins Spiel, der mit zwei Juden unredliche Geschäfte macht. Die Kritiker betrachteten den Film vor allem als Rührstück, das der beliebten Schauspielerin und Sängerin Zarah Leander zu einer neuen Glanzrolle verhelfen sollte. Nach der Premiere am 7. Mai 1941 in Berlin schrieb Jürgen Schüddekopf in der *Deutschen Allgemeinen Zeitung* ironisch:

> "Der Erfolg der 30 Vorhänge gilt einem Film, der wieder einmal die Urelemente des Films verwendet: Prunk und Abenteuerlichkeit, grellen Effekt und schluchzende Rührung. Wirklichkeitsreportage, Historie und Literatur, das sind jetzt im allgemeinen die Quellen des deutschen Filmes. Die Autoren Harald Braun, Geis und Hansen haben sich wieder einmal an die jetzt manchmal etwas scheel angesehene Quelle geschlichen, die mitten im Atelier zwischen Kulisse und Schminke liegt, und aus der das Feuerwasser der Sensationen und Sentiments sprudelt. Und siehe, sie läuft noch gut, diese Quelle. . ."(374)

Die Drehbuchautoren bewiesen jedoch, daß sich aus der "himmelblauen Wunschtraumkiste"(375) ein Blut- und Boden-Thema hervorziehen ließ. Günther Sawatzki referierte die Handlung in der *Filmwelt:*

> "Die Wiener Opernsängerin Corvelli kann sich vom Ruhm ihres Berufs nicht lösen; darüber zerbricht ihre Ehe mit einem mecklenburgischen Gutsbesitzer. Das Sturmjahr 1848, in dem Metternichs Regime in Österreich stürzt, verschärft diese negative Wendung und führt sie an den tragischen Absturz: Die

Sängerin verliert sich, vom Wirbel der Ereignisse überwältigt, abermals an einen früheren Geliebten, eine Kreatur Metternichs, der auf ihre Dankbarkeit Anspruch hat und sie nun skrupellos erpreßt. Sie täuscht, um ihm zu entrinnen, Selbstmord vor und taucht unter, singt in italienischen Landopern und Jahre später in Wirtshäusern. Ihr Mann hat inzwischen geheiratet; sie will sein schwer errungenes Glück nicht stören. Als der Erpresser sie abermals findet, fährt sie ihm nach auf ihres Mannes Gut und stirbt nach klärenden Aussprachen den Freitod durch Gift."(376)

Neben der Verherrlichung des gesunden Landlebens, das, wie es scheint, allein eine vorbildliche Eheführung nach nationalsozialistischen Vorstellungen ermöglicht, dämonisiert der Film das Großstadttreiben. Wien symbolisiert das Sündenbabel einer Epoche, in der Juden die Börsen beherrschen und mit Polen Geschäfte machen. Daß die schöne, erfolgshungrige Sängerin in diesem Milieu ohne den Schutz ihres redlichen, einfach denkenden Mannes zugrunde gehen muß, deutet der Film schon in den ersten Szenen an. Bei dem erwähnten Abschiedsfest in Wien mischt sich der Jude Machandel (Viktor Janson) unter die Gäste, ein dicklicher Mann mit Knollennase, Doppelkinn, schwarzen Ringellocken und Lorgnon. Graf Oginski (Siegfried Breuer), damit beschäftigt, der Gastgeberin Komplimente zu machen, ist peinlich berührt, als ihn der Eindringling beiseitezieht. Machandel — der Name ist kaum zufällig gewählt — flüstert ihm als neueste Börsennachricht zu, Rothschild sei aus dem Geschäft bei Hofe ausgestiegen, doch Oginski will von dem Rat des Juden, ebenso zu handeln, nichts wissen. Was von diesem Gespräch zu halten ist, erfährt der Zuschauer durch einen kleinen Zwischenfall: Während die Männer miteinander beratschlagen, spuckt ein Lakai hinter ihnen aus. Dann erklärt er seinem entsetzten Kollegen: "Aber was denn, das sind doch die Schweine, die mit den Volksgeldern Geschäfte machen. Aber lang soll's nimmer mehr dauer!" (Filmdialog) Damit sind Oginski und Machandel als "Volksschädlinge" entlarvt. Die Schlußszene dieser Sequenz fügt noch eine antisemitische Pointe hinzu. Machandel war selbstverständlich nur in das Haus der Corvelli geeilt, um Oginski zu benachrichtigen, der Gesang der Hausherrin interessiert ihn nicht. Umso mehr entrüstet ihn das Verhalten des Gutsbesitzers, der türenknallend aus dem Hause eilt (um Antonia zu verlassen) und dem Juden keinen Blick schenkt; es kann nur ein "unmusikalischer Mensch" (Filmdialog) sein. Der Filmgag, der sich hier aus dem Mißverständnis ergibt, hat seine tiefere Bedeutung: Ein Jude hat naturgemäß — so will es die Rassenlehre — kein Verständnis für Kunst, aber er beutet das Kunstverständnis anderer aus. Deshalb nimmt er es jedem übel, der für Kunst nichts übrig hat — er könnte ja keine Geschäfte mit ihm machen. Seine Entrüstung ist also heuchlerisch. Zugleich ist Machandel damit als ungebildeter, tölpelhafter Mensch mit schlechten Manieren gekennzeichnet.

Machandel tritt im Film erst wieder auf, als sich seine Prophezeiung bewahrheitet hat. Metternich ist gestürzt. Oginski hat Bankrott gemacht und wird wegen Veruntreuung von Regierungsgeldern polizeilich gesucht. Er hält sich im Hause Antonias verborgen, doch Machandel spürt ihn auch hier auf. Zusammen mit einem anderen

Juden namens Morescu (Walter Süßenguth)(377) verlangt er Geld von dem Grafen. Vergebens beteuert der Pole seine Mittellosigkeit. Als Morescu schließlich mit höhnischen Worten auf Oginskis Verhältnis zu der wohlhabenden Sängerin anspielt, stürzt sich der Pole erbittert auf ihn. Da tritt Antonia ins Zimmer und weist den Fremden die Tür. Die Männer gehen, Machandel versäumt nicht, Antonia zu beleidigen ("Frau Baronin wünschen mit dem Herrn Grafen allein zu weilen — bitte!" — Filmdialog). Angewidert wendet sich die Sängerin an Oginski: "Sind das Menschen!" (Filmdialog) Dieser Vorfall leitet eine große Auseinandersetzung zwischen den beiden ein. Antonia sagt sich von ihrem Liebhaber los. Oginski wird unmittelbar darauf von der Polizei abgeholt — offenbar, weil die beiden Juden ihn denunziert haben. Die Sängerin benutzt seine Abwesenheit, um ihren Selbstmord vorzutäuschen.

Nach dem Filmgeschehen läßt sich vermuten, daß der Graf vielleicht nicht so verkommen wäre, wenn er sich nicht aus Leichtsinn und aus Gewinnsucht in die Hände von Juden begeben hätte. Aber bereits der Umstand, daß er Pole ist, läßt nach nationalsozialistischer Auffassung auf seine charakterliche Minderwertigkeit schließen. Das antipolnische Vorurteil sollte in *Der Weg ins Freie* offenbar die antikommunistische Propaganda ersetzen, die wegen des noch bestehenden Paktes mit der Sowjetunion nicht erwünscht war. Von daher ist auch eine Sequenz auf dem pommerschen Gut zu deuten, in der Detlef von Blossin einen aufsässigen polnischen Knecht zur Räson ruft, der die übrigen Arbeiter durch kommunistische Reden aufzuwiegeln versuchte. Als Arier weiß der Gutsherr mit Polen umzugehen: als Oginski in erpresserischer Absicht auf dem Hof auftaucht, jagt ihn der Angesprochene mit der Peitsche davon. — Alle Bösewichter des Films, die beiden Juden wie die beiden Polen, gehören Gruppen an, die das nationalsozialistische Regime bereits besiegt hatte. Die Diffamierung konnte demnach nur der Rechtfertigung dafür dienen, daß Hitler seinen Machtbereich — wie der Gutsherr seinen Hof — von Angehörigen minderwertiger Rassen gesäubert hatte. Wie es scheint, ging diese Tendenz des Films allerdings in der dramatischen Ausgestaltung privater Schicksale, im Prunk der Kostüme und im Bilderbogen der ständig wechselnden Schauplätze unter. Das Publikum, das sich für diesen Film begeisterte, kam gewiß hauptsächlich aus dem einen Grund ins Kino, seinen Liebling Zarah Leander zu sehen. Vermutlich gab die Journalistin Erika Müller den Eindruck vieler Filmbesucherinnen wieder, als sie in der *Filmwelt* über das Werk schrieb: "Es ist die wunderbare Weise vom Opfergang einer Frau und großen Künstlerin, die, von einer morbiden Welt gehetzt und zerbrochen, dennoch ihre herrliche Haltung bewahrt."(378) Die Judenrollen wurden in den Rezensionen nicht erwähnt; es ist fraglich, ob sie von den Zuschauern überhaupt mit Bewußtsein wahrgenommen wurden.(379) Immerhin erfüllte der Film *Der Weg ins Freie* die 1939 ausgegebene Anweisung zur unauffälligen gefühlsmäßigen Beeinflussung (vgl. S. 23) in geradezu vorbildlicher Weise.

Eine sehr viel deutlichere Propagandasprache redete ein anderer Unterhaltungsfilm,

2.5.7. Venus vor Gericht

Regisseur Hans H. Zerlett, der 1939 mit seiner Komödie *Robert und Bertram* die Produktion antisemitischer Filme eingeleitet hatte, verfasste auch diesmal das Drehbuch selbst. (380) Der Film wurde am 4. Juni 1941 in Berlin uraufge - führt. Die Filmhandlung sei hier anhand von zwei Rezensionen wiedergegeben,die zugleich den grundverschiedenen Standpunkt ihrer Autoren verraten - geschrieben zu einer Zeit, in der Kritik verboten war. Günther Sawatzki teilte in der Zeitschrift *Filmwelt* über den Inhalt des Films mit:

"Ein normaler Bildhauer, der das schwierige Glück hat, um 1930 herum keine anormalen Bildwerke zu schaffen, sondern Figuren, in denen die natürliche Schönheit des menschlichen Leibes unverkünstelt und unverzerrt wieder in Erscheinung tritt, wird von der Öffentlichkeit jener Tage totgeschwiegen. Da erlaubt er sich den Scherz, eine antikisierende Statue, die er schuf, mit eigener Kraft in einen Torso zu verwandeln und irgendwo in Bayern zu vergraben. Sie wird geraume Zeit später programmgemäß gefunden, mit ungeheurem Tamtam als wertvolles Meisterwerk der Antike entdeckt, durch jüdischen Zwischenhandel verteuert und schließlich vom Staate angekauft. Nun tritt der junge Schöpfer der 'Venus vom Acker' mit seinem Anspruch auf Ruhm hervor — aber das Ministerium läßt durch Sachverständige vor Gericht feststellen, daß er außerstande sei, ein solches Meisterwerk zu schaffen. Der Skandal, der die Unzulänglichkeit des offiziell geförderten Kunstbetriebs wie ein Schlaglicht beleuchtet, wird politisch bedeutsam: Der Bildhauer hat keine Beweise für seine Urheberschaft, ihm droht Zuchthaus wegen Meineids — da tritt sein damaliges Modell, jetzt verehelichte Frau Bürgermeister aus einem mittelfränkischen Städtchen hervor und bekennt sich, damals sein Modell gewesen zu sein. Das Ministerium ist blamiert, die Kunsthändler und Sachverständigen eilen zur Klagemauer, der Skandal im fränkischen Städtchen entlädt sich in einer soliden Keilerei, bei der die bisher unsichtbaren Nazis sich sehr eindrücklich durchsetzen, und die Frau Bürgermeister wird lieber Frau Bildhauer . . ."(381)

Der andere Rezensent, Werner Fiedler, beginnt seine Filmbesprechung in der *Deutschen Allgemeinen Zeitung* mit dem Hinweis auf einen ähnlichen Streit um eine angeblich antike Aphrodite-Statue in Frankreich und fährt dann fort:

"Dieser komische Pariser Venus-Skandal drängte nach einer Verfilmung. Und Hans H. Zerlett griff energisch zu, mit beiden Fäusten, daß es knackte. Er setzte die Venus auf einen politischen Sockel, indem er die Handlung nach Deutschland in die Systemzeit verlegte. Da thront sie nun, die Venus aus dem Acker, mitten im entarteten Kunstbetrieb, als ein fremdartiges, zeitfern wirkendes Symbol edel-gesunder Kunst. Ein junger, nationalsozialistischer Bildhauer schuf sie, ein idealistischer Kämpfer, ja ein Faustkämpfer für seine Überzeugungen (wie sein wunderbar gezielter Kinnhaken beweist). Irgendwo in Bayern vergrub er seine Venus, um bei ihrer Wiederentdeckung den instinktlosen demokratischen Kunstklüngel und die korrupte Expertisen-Wirtschaft zu entlarven. Alles klappt. Bauern graben die Statue aus, die Echtheit der Venus wird von allerlei fragwürdigen Sachverständigen-Gutachten außer Frage gestellt und das Werk von einem jüdischen Kunsthändler dem Staate angedreht. Die Menschen müssen blind sein, geblendet von der entarteten Kunst. Denn das Haupt dieser Statue hat so gar nichts von klassischer Größe an sich. Das Köpfchen dieser Venus von Geiselgasteig trägt die lieben kleinen Züge bürgerlicher Hübschheit, wie sie einem im Kino und in der Straßenbahn öfter begegnen. Aber Sachverständige, Kultusministerium, Presse und Publikum huldigen ihr dennoch um die Wette.

Jetzt hält der junge Verfertiger des Bildwerks die Stunde der Enthüllung für gekommen — doch niemand glaubt ihm. In seinem jungen Draufgängertum hat er versäumt, sich überzeugende Beweismittel zu sichern. Vielleicht hat er es auch nur dem Spielleiter zuliebe vergessen, denn sonst hätte es ja nicht die hochdramatischen Verwicklungen gegeben, die den Film aus der Ebene des Lustspiels in die des kunstpolitischen Kampfspiels heben. Der französische Bildhauer hatte damals einfach die abgeschlagenen Arme als schlagende Beweisstücke aufbewahrt. Der junge Deutsche hat im Film daran nicht gedacht. Und er verzichtet auch noch edelmütig auf die einzige ernsthafte Zeugin; als er erfährt, daß das liebe Mädel, das ihm als Modell zur Venus diente, inzwischen im süddeutschen Städtchen den Bürgermeister geheiratet hat, will er das zarte kleinbürgerliche Eheglück nicht stören. Der Prozeß gegen den jungen Nationalsozialisten, der mit seinen Enthüllungen den verlogenen Kulturbetrieb der Systemzeit lächerlich zu machen droht, hat längst einen hochpolitischen Charakter angenommen. Auf seine eidesstattliche Erklärung, der Urheber der Statue zu sein, wird ihm ein Meineidsprozeß angehängt. Zwei Jahre Zuchthaus sind beantragt. Doch als das Ex-Modell das harte Urteil zufällig durch den Rundfunk erfährt, verläßt es entschlossen die Bürgermeisterstube, besinnt sich auf seine Pflicht und sagt aus. Freispruch, Auseinandersetzung mit dem Bürgermeister und dessen scheinheiliger Moral und eine Saalschlacht runden die Handlung ab. Der Künstler und sein Modell finden sich in tieferer Herzensverbundenheit."(382)

Günther Sawatzki urteilte über das Resultat: "Ein flottes, handlungsgeladenes Drehbuch, das der Autor Hans H. Zerlett mit gutem Gelingen in einen temperamentvollen Film umgesetzt hat." Werner Fiedler dagegen war der Meinung: "Hans H. Zerlett gibt herzhafte Proben gefilmter Zeitsatire. Er benutzt das Regiezepter gleichsam als Gummiknüppel gegen Korruption und Systemwirtschaft. Da wird nicht gefackelt." Beide Autoren blieben in ihren Äußerungen gleich weit entfernt vom Propaganda-Jargon des *Zeitschriftendienstes*, der folgende Themen zur Beachtung herausstellte:

"Zerlett . . . verlegt die Handlung geschickt nach Deutschland, in eine Zeit, als dunkle Existenzen den Kunstmarkt beherrschten und einem verwirrten Volk einzureden versuchten, die von ihnen vertriebenen Erzeugnisse einer krankhaften Phantasie des unverhüllten Nichtskönnertums seien in Wahrheit Zeugnisse eines neuen künstlerischen Ausdrucks. Mit beißender Ironie werden die schmierig-schwindelhaften Methoden dieser Kunst-Jobber an den Pranger gestellt. Der

Film ist jedoch mehr als eine für jedermann verständliche Vorlesung über das Thema 'Entartete Kunst' — er versucht, den ringenden zukunftsträchtigen Zusammenprall des Geistes deutlich zu machen und jene Epoche jüngster deutscher Geschichte vor Augen zu führen, an deren Horizont sich die großen weltanschaulichen Auseinandersetzungen abzuzeichnen beginnen. . ."(383)

Diese Sprache erinnerte wohl nicht zufällig an Hitlers Reden über die Kunst, vor allem an jede "Kulturrede" vom Juli 1937, in der er rückblickend von der "Bolschewisierung, d.h. chaotischen Zersetzung unseres gesamten deutschen und damit auch kulturellen Lebens" vor 1933 gesprochen hatte.(384) Zerletts filmische Abhandlung über die Kunst war unverkennbar als Huldigung an Hitler gedacht. Nicht nur der Name des jungen Helden, Peter Brake, erinnert an "Hitlers Lieblingsbildhauer" Arno Breker (385), auch die Gips-Skulpturen, die Brakes Atelier bevölkern, scheinen von Breker entliehen zu sein. Ganz im Sinne Hitlers verteidigt der junge Bildhauer sein Werk. So rechtfertigt er vor Gericht sein Versteckspiel mit der Statue, indem er sich über den Kunstgeschmack seiner Zeit lustig macht:

"Ein moderner Künstler würde eine Frau doch nicht so darstellen. So hat man die Frauen doch schon vor ein paar tausend Jahren gemacht. . . Heute verherrlicht man nicht mehr den schönen Körper, sondern den häßlichen. Man geht neue Wege in der Kunst, wenn man eine Frau als Gorillaweibchen darstellt. Das ist modern, das ist geistvoll, das bringt einen Namen und vor allen Dingen Geld. . . . Da die Figur etwas Schönes, etwas Edles und Natürliches darstellt, kann sie nicht von einem Bildhauer der Gegenwart gemacht worden sein. Das wollte ich beweisen und das habe ich bewiesen." (Filmdialog)

Damit ist für Zerlett das Thema "Kunst" freilich auch schon erschöpft. Allein der Umstand, daß Brake aus Selbstlosigkeit den Namen seines Modells verschweigt und die junge Frau erst nach mancherlei Zwischenfällen dazu kommt, im Meineidsprozeß zu seinen Gunsten auszusagen, verzögert den Triumph des Bildhauers. Daß der junge Mann schließlich als Künstler gefeiert und anerkannt wird, verdankt er allerdings nicht dem eigenen Können, sondern in erster Linie dem Sieg der nationalsozialistischen "Bewegung". So verherrlicht der Film in Wirklichkeit nicht nur die "saubere volksnahe" Kunst (386), sondern gleichzeitig das Regime, das diese Kunst fördert. Das sprach Eva-Maria Ernst nach der Premiere in der Zeitschrift *Der Film* aus: "Eine erschütternde Anklage erhebt der Film gegen die Verherrlichung des Scheußlichen in der Kunst, gegen die sogenannte 'Vergeisterung', ist er doch zugleich durch die glücklich gestaltete Verquickung künstlerischer und politischer Momente ein Dank an eine Staatsführung, die auch die kulturellen Interessen ihres Volkes in hohem Maße wahrnimmt. . ."(387)

Aus diesem Grund kämpft der jüdische Kunsthändler, der das Kultusministerium unbedacht in einen Kunstskandal verwickelt hat, nicht bloß deshalb mit allen Mitteln gegen den jungen Bildhauer, um sich vor einer Blamage zu bewahren. Er will ihn auch aus politischen Gründen vernichten, denn Brake ist Nationalsozialist und

Antisemit. Daher sucht Hecht dem Minister einzureden, der Bildhauer sei von der Partei vorgeschickt, um den Staat auf künstlerischem Gebiet zu diffamieren: "Diese Leute sind zu allem fähig!" (Filmdialog) Der Jude unterschätzt jedoch die Stärke der nationalsozialistischen Partei. Brake findet hilfreiche Freunde. Der Gerichtsvollzieher verabschiedet sich mit dem Hitlergruß, statt zu pfänden, als er in Brakes Schrank eine Hakenkreuzfahne findet. Frühere Filme wie *Pour le mérite* und *... reitet für Deutschland* hatten die heimliche Unterwanderung der Behörden durch Nationalsozialisten nur angedeutet, Zerletts Film gab sie offen zu. Als der Staatsanwalt sich nach dem verlorenen Prozeß bei seinem Vorgesetzten darüber beklagt, "daß diese Nazis die Sache weiter für sich ausschlachten werden" (Filmdialog), muß er zu seinem Schrecken feststellen, daß der selbst zu den "Nazis" gehört, obwohl die preußische Regierung, wie im Film aus einer Rundfunksendung zu vernehmen ist, den Beamten die Zugehörigkeit zur NSDAP verboten hat. Aber auch anderswo tauchen Nationalsozialisten auf. Im Büro einer NSDAP-feindlichen Zeitung heimst der Redakteur, der seine Sekretärinnen gern privat beansprucht, mehrere Ohrfeigen ein — er hat nichtsahnend eine Nationalsozialistin eingestellt. Eine ähnlich unangenehme Überraschung erlebt der Bürgermeister. "In meinem Amtsbereich gibt's keine Nazis!" erklärt er dem Gendarmen, der ihm die Schlägerei im Wirtshaus meldet, aber Bürgermeister Böller muß sich belehren lassen: "Die haben sogar schon die Oberhand!" Vergebens befiehlt er dem ängstlichen Polizisten, die "Nazis" zu verhaften — Peter Brake stößt den tobenden Bürgermeister beiseite und verläßt mit seinen neuentdeckten Gesinnungsgenossen lachend das zertrümmerte Lokal. Diese Wendung hat für den Zuschauer zugleich eine Belehrung parat: Allein hätte der Bildhauer nichts gegen die Macht des ungerechten Staates ausgerichtet, erst die Gemeinschaft der Parteigenossen, die keinen im Stich läßt, verhilft ihm zum Sieg über seine Widersacher.

Um diesen Ausgang als unerhörten Erfolg verbuchen zu können, mußte der Film freilich zuerst die Gefährlichkeit der Juden vor Augen führen. Der "jüdisch-liberalistische Zeitgeist", der, wie Ellie Tschauner in der *Filmwelt* behauptete, durch die Propagierung der "entarteten Kunst" die "Aufgabe der Zersetzung, der Zerstörung jedes ethischen Willens, der Vernichtung"(388) erfüllt, ist am deutlichsten in Benjamin Hecht verkörpert. Siegfried Breuer bietet hier "in altbekannter Schurkenhaftigkeit"(389) eine "ausgezeichnete Studie aus der Verfallszeit" (390). Selbstverständlich hat Hecht kein Verständnis für Kunst. Da es, wie Hitler in *Mein Kampf* betont hatte, "eine jüdische Kunst niemals gab und demgemäß auch heute nicht gibt", kann seine Aufgabe als Kunsthändler nur darin bestehen, das, was das Judentum auf dem Gebiet der Kunst leistet — laut Hitler "entweder Verbalhornisierung oder geistiger Diebstahl" — mit allen möglichen "Mätzchen und Tricks" zu verkaufen.(391) Mit anderen Worten: "Benjamin Hecht wurde 'Kunst'-Händler, um aus sinnlosen und widerwärtigen Schmierereien Geld zu machen. Billiger konnte er nicht zu seinem Vermögen kommen."(392) Trotz dieser materialistischen Gesinnung wirft Hecht sich zum "Sprecher der deutschen Kunstsachverständigen" (Filmdialog) auf, denn nur so kann er den Staat von dem Wert der Statue überzeugen, die er ihm verkaufen will, nachdem er selbst den Preis durch bestellte Zwischenhändler in die Höhe getrieben hat.

Äußerlich macht Hecht den Eindruck eines erfahrenen Geschäftsmannes. Gutangezogen, mit pomadegeglättetem schwarzen Haar und Schnäuzer, erweckt er nicht den Eindruck eines ehemaligen Ghettojuden. Seine selbstsichere Beredtsamkeit soll darüber hinwegtäuschen, daß ihn zuweilen die Erinnerung an seine Herkunft peinlich überfällt, etwa, wenn er bei seinem Vortrag vor der Presse bei dem Wort "Tempel" ins Stocken gerät. Auch sein gepflegtes Hochdeutsch gleitet zuweilen in einen "mauschelnden" Tonfall ab — das Erkennungszeichen des assimilierten Juden in allen antisemitischen Filmen. Doch vor allem verrät er sich durch seine Geschäftsmethoden: Er kann nicht verstehen, daß der junge Bildhauer sich nicht mit Geld zum Schweigen bringen läßt. Mit großem Geschick hat sich der Kunsthändler die geschäftliche Verbindung mit der Regierung gesichert; der Erste Referent des Kultusministers, Dr. Wertheimer, ist sein Freund. Auf diese Weise gelingt es Hecht leicht, den ebenso dummen wie lüsternen Minister mit Schmeicheleien und pornographischen Bildermappen zu bestechen. Mit Umsicht nutzt der Jude alle Lücken der demokratischen Gesetzgebung für sich aus. Materieller Gewinn bedeutet ihm alles. Wenn Hecht nach dem Fehlschlag des Meineidsprozesses gegen Brake den Verlust seines guten Namens beklagt, so schmerzt ihn vor allem der damit verbundene Geldausfall. Trotz dieser schlechten Eigenschaften wirkt Siegfried Breuer als Benjamin Hecht in *Venus vor Gericht* doch nicht so abstoßend wie als Dr. Kuhn in *Leinen aus Irland*. Wenn er den Staat mit der angeblichen "Venus vor Korinth" hereinlegt, so tut er es immerhin im guten Glauben, tatsächlich eine antike Statue anzubieten. Daß er angesichts der drohenden Blamage nicht eine amtliche Kommission, sondern ihm genehme Experten bestellt, erscheint eher als menschliche Schwächen denn als Beweis für jüdische Vetternwirtschaft. Daß Hecht Nationalsozialisten nicht leiden kann, ist ihm nach Brakes arrogantem Auftritt in seinem Büro auch nicht zu verdenken. So bleibt als Verbrechen der Versuch übrig, einen Unschuldigen ins Zuchthaus zu bringen, um die eigene Haut zu retten — auch das eine Tat, die man nicht als "typisch jüdisch" bezeichnen kann. Dieses Unternehmen nun gar in einen politischen Angriff auf die nationalsozialistische Partei und die "echte" Kunst umzumünzen, gelang Zerlett mühsam und nicht recht überzeugend.

Neben Hecht spielt der zweite Jude des Films, Dr. Wertheimer (Albert Hörrmann), nur eine untergeordnete Rolle. Wertheimer kennt nicht die Redlichkeit des deutschen Beamten. Das Gesetz ist in seinen Augen nur eine Rechtshilfe zum Betrug, die demokratische Freiheit bietet ihm willkommene Möglichkeiten, den Staatsbürger zu übervorteilen. Im übrigen bleibt er das Echo des Kunsthändlers, dem er auch in Gestik und Redeweise gleicht. Trotz der ausführlichen Darstellung im Film sind die beiden Juden (393) "nur ein Mosaikstein aus einem wohldurchdachten Bau eines verheerenden Ganzen" (394). Aus dem Hinterhalt lenkt Benjamin Hecht nichtjüdische Vertreter der Republik, die dem Juden um des eigenen Vorteil willen dienen. Der "von keinerlei Sach- und Fachkenntnis getrübte" (395) Kultusminister

(Erhard Siedel) ist in Typ und Erscheinung eine Kopie des sozialdemokratischen Ministers aus dem Film *Leinen aus Irland*. Wie jener österreichische Kollege ist er viel zu dumm, um das Komplott des Kunsthändlers mit seinem Ersten Referenten zu durchschauen. Erst als es zu spät ist, jagt er mit dem Ausruf "Verfluchte Judenwirtschaft!" (Filmdialog) seine falschen Berater davon. — Der "aufregend blöde" (396) Kunstsachverständige Dr. Knarre (Hubert von Meyerinck) wird aus Eitelkeit und aus politischer Verblendung ein Handlanger des Juden Hecht. Wenn Zerlett ihn nur lächerlich erscheinen läßt, hat das seinen guten Grund: Knarre verteidigt vor Gericht die "entartete Kunst", und seine Apologie durfte den Zuschauer auf keinen Fall überzeugen.

Aber es genügte Zerlett nicht, Juden und Judenhörige vorzuführen. Seit Liebeneiners Beitrag *Bismarck* treten in den antisemitischen Filmen in zunehmender Zahl charakterlich minderwertige Nichtjuden in den Vordergrund, die zum Teil sogar "typisch jüdische" Eigenschaften übernehmen. Dazu gehört in *Venus vor Gericht* der Skandalreporter, der einen lockeren Lebenswandel führt und unter Mißbrauch der Pressefreiheit verleumderische Berichte veröffentlicht, dazu zählen die sensationslüsternen Manager, der mißgünstige Staatsanwalt, die boshafte Sekretärin des Kunsthändlers. Als Vertreter der bürgerlichen Dummheit stellt Zerlett schließlich den "System-Bürgermeister"(397) Gottlieb Böller (Paul Dahlke) vor. Böller ist ein Feind des Nationalsozialismus, obwohl er bei den Wahlen weder für die Deutsch-Nationalen noch für die Sozialdemokraten stimmt und nichts mit Juden zu schaffen hat. Dieser briefmarkensammelnde, biertrinkende Spießer, der sein trautes Heim liebt und kleinbürgerliche Vorstellungen von der Ehe hegt, versagt, weil er die Zeichen seiner Zeit nicht versteht und in der nationalsozialistischen "Revolution" nur Anarchie, nicht aber eine zukunftsträchtige Erneuerung des Volkes erkennt.

Den Juden und den verschiedenen Typen des schlechten Staatsbürgers stellt der Film das Idealbild des Nationalsozialisten gegenüber. Der Bildhauer Peter Brake (Hannes Stelzer) ist "der naturburschenhaft geführte Vorkämpfer des Heutigen" (398). Kurt Lothar Tank rühmte im *Steglitzer Anzeiger* die Darstellung: "Hannes Stelzer gibt gesteigert, was auch in seinen Freunden lebendig ist: jungenhafte Auflehnung gegen Korruption und Kunstverderbnis. In Haltung und Antlitz ein Jüngling, der erfüllt ist 'von deutscher Art und Kunst'."(399) Die gewalttätige Seite dieses Typus rückte Werner Fiedler ins Blickfeld, indem er das "stolze Draufgängertum" des Bildhauers mit den Worten betonte: "Seine Hand weiß ebenso sicher Frauenkörper aus Stein wie Männerkörper aus dem Saal zu schlagen."(400) Brakes nobles Verhalten gegenüber der geliebten Frau steht in merkwürdigem Kontrast zu seinem sonst recht unbeherrschten Benehmen. Nicht nur privat tritt der junge Mann gegenüber dem jüdischen Kunsthändler frech und anmaßend auf. Auch im Gerichtssaal zieht er sich durch hysterisches Gelächter, sarkastische Bemerkungen und Zeugenbedrohung wiederholt die Mißbilligung des Gerichtsvorsitzenden zu. Nachdem er in zwei verschiedenen Szenen bei Tobsuchtsanfällen seine eigenen Skulpturen zerschlagen, bzw. mit Gegenständen um sich geworfen

hat, verwundert es nicht mehr, daß ihm auch im Wirtshaus sofort die Hand aus-
rutscht. Der Film hat stets eine Entschuldigung bereit: Wer für eine gerechte Sache
kämpft, braucht keine Rücksichten zu nehmen. Auch die Rolle der "sympathisch
schlichten" (401) jungen Frau bleibt dem nationalsozialistischen Ideal treu. Charlotte Böller (Hansi Knoteck) ist eine unpolitische Staatsbürgerin, solange sie niemand
aufklärt, aber eine selbstlose Streiterin für Wahrheit und Gerechtigkeit, wenn die
gute Sache es erfordert. Mit diesen Eigenschaften erweist sie sich als die rechte
Gefährtin, die ihrerseits erst in dem mutigen Künstler den artgemäßen Ehepartner
findet. Daß der Film diese "bürgerliche Hübschheit"(402) als "das aus der Spießig-
keit befreite Urbild der Venus"(403) präsentiert, ist allerdings nur aus dem psychologischen Hintergrund des nationalsozialistischen Kunstverständnisses zu verstehen. Die Befreiung von den Vorurteilen des Spießers ist nur vorgetäuscht. Wenn
Brake das Recht des Künstlers vertritt, den,"klassisch schönen Körper" eines
"bildhübschen Mädels" (Filmdialog) in aller Unschuld verewigen zu dürfen, so
versucht er damit, Verständnis für die Künstler des nationalsozialistischen Regimes
zu wecken, die sich in naturalistischen Studien der weiblichen Anatomie gegenseitig überboten. Hinter dieser scheinbaren Großzügigkeit verbarg sich die ängstliche
Ablehnung des Geschlechtlichen, die es den Nationalsozialisten auch nicht erlaubte,
sich mit der modernen Kunst auseinanderzusetzen. Das sterile Schönheitsideal des
Films verrät, warum die "jüdische Kunst" als "eine ins Maßlose gesteigerte Häß-
lichkeit und eine an Ausgeburten des Wahnsinns grenzende Sinnlosigkeit"(404)
diffamiert werden mußte.

Bei den Journalisten stieß der Film *Venus vor Gericht* zum Teil auf unverhohlene
Kritik (405), obwohl der *Zeitschriftendienst* (406), der den Film selbst nicht ganz
gelungen fand ("man vermißt doch da und dort den leidenschaftlichen Schwung,
das ungewöhnliche Mittel") ausdrücklich um "eingehende freundliche Besprechung"
gebeten hatte. Jürgen Schüddekopf (*Das Reich*) drückte das Mißbehagen am deutlichsten aus, als er den Regisseur kritisierte:

"... er tat zur Komödie die Weltanschauung hinzu, er machte aus dem Bruder
Übermut einen Kultur-Vorkämpfer, einen jungen Nationalsozialisten, der gegen
den Kulturbolschewismus protestiert. Aber weder der komödiantische noch
der weltanschauliche Teil des Filmes haben Platz genug sich auszubreiten: wie
immer, wenn der Film zwei Wirklichkeiten oder zwei Stile mischen will, kommt
er nicht zum freundlichen Behagen seiner ganzen Wirkung."(407)

Die Kinobesucher scheinen den Film gnädiger beurteilt zu haben. Sie faßten *Venus
vor Gericht* offenbar als ein reines Lustspiel auf. Werner Fiedler berichtete: "Das
Publikum lachte bereitwillig, wo es ein Stichwort zum Lachen oder ein Stichel-
wort fand."(408)

Im Oktober 1941, als den deutschen Juden der rettende Weg ins Ausland abge-
schnitten wurde und die Deportationen aus dem Reich in die Konzentrationslager des Ostens begannen, lief in den deutschen Kinos ein Film an, der die Leiden
der Volksdeutschen unter polnisch-jüdischer Herrschaft zum Thema hatte:

2.5.8. Heimkehr

Gustav Ucicky, der Regisseur dieses in Wien entstandenen "Großfilmes" hatte nach eigenen Angaben seine ersten Einfälle zusammen mit dem Drehbuchautor Gerhard Menzel(409) gesammelt, als die Wolhyniendeutschen im Dezember 1939 aus dem zu Rußland gekommenen Teil Polens dem "Ruf des Führers" folgten und den Weg ins Reich antraten".(410) Das Schicksal der Auslandsdeutschen fand in den Jahren 1938 bis 1940 in der nationalsozialistischen Propaganda immer wieder große Beachtung: Hitler hatte sowohl den Einmarsch in die Tschechoslowakei im März 1939 als auch den Überfall auf Polen im September 1939 als Vergeltung für die Greueltaten bezeichnet, die gegen die dort lebenden Deutschen verübt worden seien.(411) Ucickys Filmvorhaben wurde jedoch erst im September 1940 offiziell angekündigt.(412) Die Dreharbeiten begannen schließlich im Januar 1941 (413) und zogen sich bis zum Sommer hin. Erst am 31. August 1941 wurde *Heimkehr* anläßlich der internationalen Filmkunstschau in Venedig erstmals vorgeführt (und preisgekrönt).(414) Am 10. Oktober folgte die deutsche Erstaufführung in Wien, am 23. Oktober der Start des Films in den Berliner Kinos.(415) Zu diesem Zeitpunkt war das Thema "Auslandsdeutsche" längst nicht mehr aktuell. Die Filmpropaganda mußte die antipolnische Stimmung erst wieder mühsam wecken. Zeitgemäß war der Film allenfalls, wenn er die Bevölkerung stärker gegen die im Reich arbeitenden "Fremdarbeiter" aus Polen einnehmen sollte.(416) Im März 1941 luden Wien-Film und UFA die Presse zu den Außenaufnahmen des Films nach Chorzele, einem kleinen Ort im besetzten Polen ein.(417) Chorzele, der willkürlich gewählte Schauplatz für das von Menzel erdachte Filmgeschehen, wurde den Lesern als typisches polnisches Dorf vorgestellt:

> "Chorzele ist eine 'Stadt'. Die Polen nannten das Nest jedenfalls so, weil hier ein Bürgermeister residierte und weil die Bauern der Umgebung auf dem morastigen Marktplatz ihre Produkte absetzten. Wer hiervon den Profit hatte, das tun die Ladenschilder rings um den Marktplatz kund: auf etwa neun unverkennbar jüdische Namen kommt der Name eines polnischen Händlers. Wen wird es da wundern, daß von den 3 000 Seelen Chorzeles rund 2 000 zum mosaischen Gott für ein gutes Gelingen ihrer Geschäfte beteten. Im übrigen präsentierte sich uns die 'Stadt' in unglaublich verfallenen und schmutzverkommenen Holzhütten, es gab weder Wasserleitung noch ein anderes Zeugnis einer halbwegs modernen Zivilisation . . . "(418)

In dieser Atmosphäre (der die Filmarchitekten kräftig nachgeholfen hatten) sollten die Kinobesucher miterleben, wie das "rassisch minderwertige" polnische Volk im Dienste der verbrecherischen jüdischen "Weltverschwörung" der kleinen deutschen Minderheit nach dem Leben trachtete. "Der brutale Wille der plutokratischen Demokraten, Deutschland und die Deutschen zu vernichten, zu ermorden, auszurotten" (419), am Schicksal der Wolhyniendeutschen angeblich authentisch demonstriert, hatte Hitler zum Polenfeldzug veranlaßt, denn "das Jammern der Frauen und Kinder unter der Knute polnischer Soldateska war hier eine Bestätigung für die unerbittliche Notwendigkeit des geschichtlichen Weges, den das Reich nun bis zum siegreichen Ende geht".(420) Wer an diesen Endsieg nicht zu glauben vermochte, dem sollte *Heimkehr* "in einer herrlichen Bilder-Saga" (421), wie "eine Ballade aus heldischer Vorzeit"(422) "die seelische Bewährung einer kleinen Gruppe"(423) beispielhaft vor Augen führen. Hier lernte das Filmpublikum Menschen kennen, "die froh und glücklich waren, wenn sie ihr nacktes Leben aus diesem entfesselten Chaos retten konnten, die nichts hatten als den tiefen und unerschütterlichen Glauben an ihre Heimat — an Deutschland!"(424) — *Das Programm von Heute* faßte den Inhalt der Filmepisoden wie folgt zusammen:

"Wolhynien, Frühjahr 1939! Sähen die Volksdeutschen nicht aus militärischen Vorbereitungen, daß die Polen gewillt sind, in deutsches Land einzufallen, so würden es ihnen die Schikanen dartun, mit denen sie von Tag zu Tag mehr gequält werden. Der polnische Bürgermeister stellte sich taub gegenüber den leidenschaftlichen Anklagen der um ihr Recht kämpfenden Lehrerin Marie Thomas. Also soll der Woiwode zu Luzk entscheiden. Marie, Dr. Mutius und Balthasar Manz fahren hin nach Luzk. England hat Polen 'garantiert'. Ganz Polen versinkt in einen fanatischen Rausch. Marie Thomas und Dr. Mutius werden von diesem Haßrausch im Kino von Luzk getroffen. Unglaubliche Beschimpfungen sind der Auftakt zu brutalen Mißhandlungen, als deren Opfer Dr. Mutius auf der Strecke bleibt. Der gütige Arzt Dr. Thomas wird auf einsamer Landstraße beschossen und verliert sein Augenlicht. Martha Launhardt wird auf offener Straße zu Tode gesteinigt. 'Der Führer wird uns rächen und heimholen' — das ist die einzige Hoffnung, die aus leidgeprüften Augen leuchtet.

1. September 1939! Im verschwiegenen Versteck lauschen unsere Wolhyniendeutschen der Erklärung des Führers. Polnische Gendarmerie verschleppt die entsetzten Deutschen ins Gefängnis. Hier verzweifeln auch die Mutigsten. Nur Marie verliert auch dann noch nicht ihren Glauben an den Sieg der guten Sache, als der Tod in Gestalt eines Maschinengewehres seine Hand durchs Kerkergitter streckt. Über die Trümmer der feuchten Mauern, die Zeugen unendlichen Leids waren, steigen deutsche Menschen in die Freiheit. Was bedeuten nun noch die Beschwerden des großen Trecks? Drüben wartet das Leben, ein neues, schöneres Leben für alle!" (Nr. 1792)

In antisemitischer Hinsicht unterscheidet sich *Heimkehr* von den vorangegangenen Filmen. Die Juden werden nicht mehr als bestimmte Einzelpersonen gezeigt, sondern erscheinen als Volksgruppe, die die Polen aus dem Hintergrund aufhetzt und bei ihren Schandtaten anfeuert. Die einzige Ausnahme ist in einer kurzen Sequenz zu sehen: Als die Lehrerin Marie (Paula Wessely) mit der Frau des Kutschers Manz (Gerhild Weber) über den Markt geht, um einzukaufen, wird sie von einem jüdischen Krämer aufgehalten. Der Händler, ein älterer Mann mit Hakennase — im Kaftan wie alle im Film gezeigten Juden — hält der Lehrerin weiße Spitze entgegen und preist sie in jiddischem Tonfall an. Marie weist ihn mit gleichgültiger Miene ab: "Nee, Salomonsson, Sie wissen ja, wir kaufen nicht bei Juden!" Sofort beginnt der Händler gestenreich zu klagen: "Wie kennen Se reden so harte Wörter,

Fräulein Doktor, wo gerade ich gerne mach' e Geschäft mit den Deitschen. Und warum? Weil se sin ehrlich! Deitsches Volk e großes Volk, e stolzes Volk, na und der Fihrer, der Hitler, ein genialer Mann, ein großer Mann. Nur schade, daß er nichts will wissen von uns arme Jiden!" (Filmdialog) Marie beantwortet dieses heuchlerische Loblied des Juden mit einer verächtlichen Bemerkung ("Ich werd's ihm schreiben, Salomonsson!") und geht weiter. Da beginnt der Jude zu schreien "Wie kennen Se machen so einen Spaß mit den armen Jiden, wo ich doch freund- lich zu Ihne bin und nichts will machen als mein Geschäft!" (Filmdialog) Sein Fluch, den er den Frauen nachsendet ("Die Erde soll sich auftun und sie vertilgen wie Korah und seine Rotte!")(425) scheint sich unverzüglich zu bewahrheiten. Als die Frauen nach Hause kommen, fahren Truppen durch den Ort. Die Mobil- machung der polnischen Wehrmacht hat begonnen.

An allen polnischen Schikanen, die *Heimkehr* zeigt, sind Juden beteiligt. Bereits der Filmauftakt deutet das Prinzip an, nach dem Menzel bei der Gestaltung des Stoffes verfuhr: Die Deutschen erleiden im Film durch polnisch-jüdische Willkür all das, was die deutschen Juden unter dem nationalsozialistischen Regime hinneh men mußten. So findet sich in der ersten Sequenz — die Polen nehmen den deut- schen Kindern die Schule fort — eine Parallele zur nationalsozialistischen Bücher- verbrennung von 1933. Ein junge Jude gießt unter dem beifälligen Gelächter älte- rer "Rassegenossen" Benzin auf die Schulmöbel, die im Schulhof zu einem Schei- terhaufen aufgeschichtet sind.(426) Robert Volz erklärte diese jüdische Untat in *Der Deutsche Film*: "Es ist der erste Schritt, tiefe Verwirrung in ihr Dasein (das der Volksdeutschen — d.A.) zu bringen und die Axt an ihre heiligen Güter des Volkstums, der Erziehung, der Erhaltung ihrer Herkunft zu legen."(427) Dies war in Wirklichkeit die Absicht der nationalsozialistischen Maßnahmen gegenüber den Juden. — Auch in der Kreisstadt Luzk sind Juden, Männer und Frauen, am Über- fall auf die Deutschen beteiligt: "Die Kaftanträger dieses typischen Judenviertels bestärken die Polen in ihren Anschlägen gegen alles Deutsche."(428) Der Pöbel verhindert die Aufnahme des schwerverletzten Dr. Mutius (Carl Raddatz) in ein polnisches Krankenhaus. Mit der Peitsche muß der deutsche Kutscher (Franz Pfaudler) die haßerfüllte Menge verscheuchen, die an den Kleidern der Deutschen zerrt und mit Flüchen und Beschimpfungen auch vor dem Sterbenden nicht zu- rückweicht. Polen und Juden, unter ihnen eine häßliche alte Jüdin in zerlumpten Kleidern, pfeifen noch hinter dem davonrollenden Gefährt her und zerstreuen sich schließlich befriedigt. Unmittelbar anschließend zeigt der Film weitere jüdische Attentate. Drei jüdische Kinder schießen aus dem Hinterhalt auf den vorüberfah renden deutschen Arzt Dr. Thomas (Peter Petersen) — er erblindet. In der näch- sten Sequenz bricht "die zarte, schwächliche Frau Marthe (Ruth Hellberg) unter dem Hagel der Schottersteine" zusammen, "mit denen rohe und vertierte Men- schen unter dem höhnischen Gelächter von widerlichen Juden nach ihr werfen"(429). Auch an dieser Treibjagd beteiligen sich Kinder, Initiator ist ein polnischer Knecht, der bei seinem Überfall auf die hübsche Gastwirtsfrau den goldenen Ha- kenkreuz-Anhänger an ihrer Halskette entdeckt hatte.

Nach dieser Episode treten keine Juden mehr auf, auch die Polen agieren nur noch als anonyme Vertreter der polnischen Gendarmerie, die die Ermordung der Volksdeutschen vorbereitet. Das Schicksal der kleinen volksdeutschen Gruppe erinnert dadurch noch stärker an das Schicksal der verfolgten Juden. Indessen fängt der Film solche unerwünschten Assoziationen geschickt ab, indem er die Authentizität des Gezeigten behauptet: Kurz vor ihrer Verhaftung lauschen die Volksdeutschen in einer Scheune der Rundfunkrede Hitlers, die ihnen bestätigt, daß der "Führer" von ihren Leiden weiß und nicht mehr länger tatenlos zuschauen will (430). Damit soll für den Betrachter klargestellt sein, daß der Film "von strenger deutscher historischer Ehrlichkeit und Sauberkeit erfüllt" (431) ist und "mit unerbittlicher Realistik die Wahrheit und nichts als die Wahrheit sagt" (432). Wie Vieh werden die Gefangenen auf Lastwagen verladen, in feuchte Keller eingesperrt, wo sie, im Schein greller Scheinwerfer, den ihnen für den nächsten Morgen bestimmten Tod erwarten sollen. Hier freilich erweisen sich als rechte Deutsche: In einer pathetischen Rede muntert die Lehrerin, "ein Symbol der 'Mutter Deutschland'" (433) die Eingekerkerten auf, indem sie ihnen die Zukunft in der Heimat ausmalt: ". . . Denkt doch bloß, wenn so um uns herum lauter Deutsche sein werden! Und nicht, wenn du in einen Laden reinkommst, daß da einer jiddisch redet oder polnisch, sondern deutsch. Und nicht nur das ganze Dorf wird deutsch sein, sondern ringsum und rundherum wird alles deutsch sein. Und wir, wir werden so mitten im Herzen von Deutschland sein . . . " (Filmdialog) Die Absage an das Fremde, das Jüdische und das Polnische, ist hier nicht nur als Reaktion auf unmenschliche Behandlung zu verstehen, sondern als notwendige Folge patriotischer Gefühle, die sich bis zur Sehnsucht nach mystischer Vereinigung mit der Heimaterde steigern:

"Denn wir leben nicht nur ein deutsches Leben — wir sterben auch einen deutschen Tod. Und tot bleiben wir auch deutsch und sind ein ganzes Stück von Deutschland. Eine Krume des Ackers für das Korn der Enkel. Und aus unserem Herzen wächst der Rebstock empor in die Sonne — in die Sonne, Leute, die nicht wehtut und nicht sengt, ohne zugleich auch Süßigkeit zu spenden. Und ringsum singen die Vögel. Und alles ist deutsch." (Filmdialog)

Auf diese Weise ist der naheliegende Gedanke, jüdische (oder polnische) Menschen könnten in ähnlicher Bedrängnis ähnliche Empfindungen haben, abgewehrt: Ein Jude hat ja keine Heimat, er kann sie infolgedessen auch nicht vermissen. — Die nationalsozialistische Filmpropaganda konnte es sich offenbar erlauben, in *Heimkehr* eine der Judentragödie analoge Situation in allen Einzelheiten auszumalen, ohne Gefahr zu laufen, von kritischen, vorurteilslosen Filmbesuchern mißverstanden zu werden. Einen Beweis für die Sorglosigkeit, aber auch für den Zynismus der Filmhersteller liefert die Rede des blinden Arztes Dr. Thomas, der im Kerker den Reichsdeutschen vorwirft, sie dächten nur an sich und ihr Wohlleben und hätten die Leiden ihrer Volksgenossen in der Fremde vergessen. Diese Anklage vernahmen die Kinobesucher zu einer Zeit, in der ihre jüdischen Mitbürger aus ihren Wohnungen geholt und in Viehwaggons verladen wurden. Die Entschuldigung, man habe nichts davon gewußt, läßt der Ankläger im Film ausdrücklich nicht gelten: " . . . Und du liegst in deinem Bette und weißt nischt davon. Oder du willst nischt wissen, denn wenn du's wüßtest, könntste ja kein Auge zutun . . . daß der Tod ringsum feste an der Arbeit ist, und daß sich kein Aas darum kümmert, daß soviel Leid, soviel Kummer und Angst und Verzweiflung grassieren, das ist dir so wurscht . . . " (Filmdialog) Die Rede des verzweifelten Arztes endet mit dem Aufschrei: "Wo ist das Herz, das sich empört, daß alles verkehrt ist in der Welt — verkehrt mit den Menschen in unserer Welt, die nebeneinander und nicht miteinander leben? . . . Wo ist die Stimme, die die ganze Welt wachschreit aus ihrem Totenschlaf? " (Filmdialog) Aber damit die Filmbesucher sich nicht ernstlich getroffen fühlten und unerwünschte Überlegungen anstellten, gibt die Lehrerin mit dem Hinweis auf Hitler sofort eine tröstende Antwort. Der Filmschluß erklärt den Vorwurf des Arztes außerdem für ungerecht: Hitler hat das deutsche Volk aus seiner Gleichgültigkeit aufgeschreckt und deutsche Soldaten zur Rettung der Volksgenossen entsandt. Das Happy-End entließ den Kinogänger mit der angenehmen Gewißheit, daß die Regierung an seiner Stelle dachte und handelte.

Mochte das Thema des Films inaktuell sein, seine Propaganda war es nicht. Sie erklärt auch den ungewöhnlichen Aufwand, den Goebbels um den Film trieb, dessen Herstellung mehr als vier Millionen Reichsmark gekostet hatte — von den hier behandelten Filmen war nur *Ohm Krüger* noch teurer. Goebbels erklärte *Heimkehr* zum "Film der Nation" und zeigte ihn einen Tag nach der Berliner Erstaufführung in einer "Feierstunde" vor Soldaten, Verwundeten der Berliner Lazarette und Rüstungsarbeitern. (434) Aber weder diese Bemühungen, noch das pathetische Lob der Presse führten zu dem erhofften überragenden Publikumserfolg. Es ist durchaus möglich, daß die Zeitungsberichte über den Film auch abschreckend gewirkt haben, zum einen durch den Hinweis auf die gezeigten Brutalitäten und zum anderen durch die Betonung der volkserzieherischen Propaganda. Vor allem aber wirkte das Thema wohl nicht sehr anziehend. Die nächtlichen Bombenangriffe, die Mängel in der Lebensmittelversorgung, die sich im Winter 1941/42 stark bemerkbar machten und die besorgniserregenden Vorgänge an der Ostfront beschäftigten die Bevölkerung viel zu sehr, als daß sie ein Film über die verjährten Leiden anderer ins Kino gelockt hätte.

2.6. Verspätete Beiträge

Das Jahr 1942 begann für die deutschen Juden mit der "Wannsee-Konferenz" und endete mit der planmäßigen Verwendung des Blausäure-Gases "Zyklon B" in den Gaskammern der Konzentrationslager. Am 30. Januar 1942 hielt Hitler eine Rede (435), in der er die Frage nach dem Ausgang des Krieges mit der Alternative beantwortete, entweder würden die arischen Völker ausgerottet oder das Judentum verschwinde aus Europa. Dabei prophezeite er wie schon so oft:

" . . . je weiter sich diese Kämpfe ausweiten, umso mehr wird sich — das mag sich das Weltjudentum gesagt sein lassen — der Antisemitismus verbreiten. Er wird Nahrung finden in jedem Gefangenenlager, in jeder Familie, die aufgeklärt wird, warum sie letzten Endes ihr Opfer zu bringen hat. Und es wird die Stunde kommen, da der *böseste Weltfeind aller Zeiten* wenigstens auf *ein Jahrtausend seine Rolle* ausgespielt haben wird."

Einen Monat danach, am 1. März 1942, erklärte Hitler die "planmäßige geistige Bekämpfung von Juden, Freimaurern und mit ihnen verbündeten Gegnern des Nationalsozialismus" zur "kriegsnotwendigen Aufgabe".(436) Wie die praktische Bekämpfung vor sich ging, war auch Goebbels nicht verborgen geblieben. Er schrieb im selben Monat über die Behandlung der polnischen Juden in sein Tagebuch (437):"Es wird hier ein ziemlich barbarisches und nicht näher zu beschreibendes Verfahren angewandt, und von den Juden selbst bleibt nicht mehr viel übrig". Was immer der "Führer" als "der unentwegte Vorkämpfer und Wortführer einer radikalen Lösung" vorschlug, fand bei Goebbels ein offenes Ohr, wenn ihn dabei reizvolle Propaganda-Aufgaben erwarteten: "Gottseidank haben wir jetzt während des Krieges eine ganze Reihe von Möglichkeiten, die uns im Frieden verwehrt wären. Die müssen wir ausnützen." Das Schicksal der betroffenen Menschen interessierte Goebbels nicht: "Man darf in diesen Dingen keine Sentimentalität walten lassen." Die Bevölkerung reagierte offenbar nicht ganz so gefühllos, denn schon im Januar 1942 hatte der *Zeitschriftendienst* festgestellt: "Noch . . . gibt es letzte Reste einer bürgerlichen Sentimentalität gegenüber den 'armen Juden'. Deswegen muß die Aufklärung über die Juden und das Unheil, das sie über die Welt gebracht haben, noch weiter gefördert werden."(438)

Indessen wurde der Presse ausdrücklich untersagt, über die "Judenfrage in den besetzten Ostgebieten" zu berichten oder auch nur amtliche Meldungen der dort erscheinenden Zeitungen zu übernehmen.(439) Die antisemitische Propaganda hatte also die nicht ungefährliche Aufgabe zu lösen, auf der einen Seite die judenfeindliche Stimmung anzuheizen, um die Deportationen zu rechtfertigen und der Bevölkerung angesichts der sich ständig verschlechternden Kriegssituation einen Sündenbock anzubieten. Auf der anderen Seite mußte die Judenverfolgung bagatellisiert werden, damit die schon vorhandene Kritik der Bürger an der nationalsozialistischen Außen- und Innenpolitik nicht durch etwaige Entrüstung über die Judenbehandlung neue Nahrung erhielt. Goebbels sammelte zwar Filmaufnahmen, die auf seine Veranlassung hin von der "großen Aussiedlung der Juden aus den deutschen Städten nach den östlichen Ghettos" gemacht wurden, denn er war der Meinung: "Das Material werden wir für die spätere Erziehung unseres Volkes dringend gebrauchen."(440) Aber für den Augenblick hielt er die antisemitische Filmpropaganda offenbar nicht für opportun. Die judenfeindliche Filmaktion von 1939/1940 war schon im Laufe des Jahres 1941 ausgelaufen. 1942 verzichtete Goebbels ganz darauf, Juden in den Mittelpunkt einer Filmhandlung zu stellen. Nur in zwei Filmen, *GPU* und *Die Entlassung*, traten Juden noch am Rande auf, und zumindest im ersten Fall geschah das nicht auf Goebbels' Veranlassung. Karl Ritters Werk

2.6.1. GPU

entstand offenbar aus dem Bemühen, die nach dem Überfall auf die Sowjetunion neu forcierte antikommunistische Propaganda zu unterstützen.
Gleichzeitig konnte Ritter, gewissermassen nebenbei, Hitlers Wunsch erfüllen
und jüdische Bolschewiken auf die Leinwand bringen.(441) Die Wochenschau hatte,
wie Presse und Rundfunk, nach dem Bruch des deutsch-sowjetischen Abkommens
wochenlang Berichte über die "Greueltaten der GPU und der bolschewistischen
Soldateska gegenüber der Zivilbevölkerung" veröffentlicht, die nach Angaben der SD-
Agenten von den Kinobesuchern "nachhaltig und lebhaft besprochen" wurden (442).
Die Bezeichnung GPU, die russische Abkürzung für "Staatliche politische
Verwaltung", war zwar in der Sowjetunion nicht mehr gebräuchlich (1934 war die
GPU im NKWD, im "Volkskommissariat für innere Angelegenheiten" aufgegangen),
doch die nationalsozialistische Propaganda wollte auf diese allgemein bekannte
Bezeichnung nicht verzichten. Die Anprangerung der Verbrechen, die der gehei-
men politischen Polizei der Sowjetunion nachgesagt wurden, lenkte von den Taten
der nationalsozialistischen Geheimen Staatspolizei und des Sicherheitsdienstes ab.

Die Terror-Organisation der GPU, die Karl Ritter in seinem Film vorstellte, hatte
als Verschwörung jüdisch-bolschewistischer Verbrecher "das nun von der deutschen
Wehrmacht zunichtegemachte Ziel, auf dem ganzen Erdball die Minen der bolschewistischen 'Weltrevolution' springen zu lassen" (443). Die Idee zu *GPU* stammte
von dem Schauspieler Andrews Engelmann, der zusammen mit Ritter und Felix
Lützkendorf das Drehbuch schrieb und die Hauptrolle des Sowjetagenten Bokscha
übernahm. Die Dreharbeiten begannen Mitte Dezember 1941. Am 14. August 1942
fand die Premiere in Berlin statt. *Das Programm von Heute* teilte über das Filmgeschehen mit:

"Mitte 1939. Wie Fäden eines Spinnennetzes überspannt die GPU auch viele
Länder außerhalb des Sowjet-'Paradieses'. Eine ihrer zahlreichen Kreaturen ist
Nikolai Bokscha, Leiter der Sektion Europa, der unter dem Deckmantel eines
Sowjetdiplomaten und unter stets wechselnden Namen seine Wühlarbeit betreibt und Attentate und Terrorakte anzettelt. Seine neuesten Opfer sind Irina,
die Sekretärin eines ermordeten unbequemen Armeniers namens Aramian, und
der als Nachttaxichauffeur sein Studium bestreitende Student Peter Aßmus, der
durch einen teuflischen Plan von Bokschas Agenten Frunse in die Netze der
GPU gelockt wird. Nur der schönen Geigerin Olga Feodorowna gegenüber, die
aus Rache für die Ermordung ihrer Angehörigen als 'GPU-Agentin' den Bolschewismus mit dessen eigenen Waffen zu schädigen sucht, vergißt Bokscha
seine sonstige Vorsicht. Als sie die Gewißheit hat, daß er der Mörder ihrer Eltern
und Geschwister ist, läßt Olga, um Bokscha um so sicherer zur Strecke zu bringen, sich seine verliebten Werbungen gefallen und heftet sich überall an seine
Fersen.

Von Riga aus gehen die wechselvolle Flucht und Verfolgung Irinas, Peters, Olgas und deren Tante Ljuba sowie der GPU-Schergen über Kowno nach Göteborg, von dort nach Helsinki und nach Rotterdam. Als Bokscha nach Paris befohlen wird, beschließt er, sich mit Olga als 'französischer Staatsbürger' spurlos auf seine mit sowjetischem Blutgeld erworbene Besitzung in der Bretagne zurückzuziehen. Doch die GPU-Agenten finden ihn durch eine persönliche Anzeige der 'Genossin' Olga und 'liquidieren' ihn. Olga weist den Lohn für ihren 'großen Dienst' unter Haßausbrüchen zurück und gibt sich im Moskauer Lubjanka-Haus vor den Augen des GPU-Chefs als 'Verräterin' selbst den Tod. — In Rotterdam sind Peter und Irina, während der Abwehrkampf Großdeutschlands im Westen Europas im Gange ist, wieder in der Gewalt der GPU — im Folterkeller der sowjetischen Handelsvertretung. Der Bombenhagel deutscher Stukas zerstört ihr Gefängnis. Abgehärmt infolge satanischer Quälereien gehen die Befreiten mit wieder leuchtenden Augen den einrückenden deutschen Panzerwagen entgegen.'' (Nr. 1837)

Von der Handlung her hat *GPU* Ähnlichkeit mit *Heimkehr*: eine kleine Gruppe Deutscher gerät in die Hände der Feinde und wird erst in letzter Minute von der deutschen Wehrmacht vor dem Tod gerettet. Auch in der Darstellung der Juden folgt Ritter dem von Ucicky gewählten Rezept: Die Juden bleiben die geheimen Unruhestifter und Attentäter, die sich unter ahnungslose Bürger und Arbeiter mischen. Das wird aus dem Prolog des Filmes deutlich, der die Buchstaben GPU bildhaft mit ''Grauen, Panik, Untergang''(444) übersetzt. Aus Wochenschauaufnahmen wählte Ritter Szenen, die Attentate, Streik, Sabotage und Demonstrationen verdeutlichen und dabei auch hin und wieder einen ''typischen'' Juden ins Blickfeld rücken. Daß die GPU eine von Juden gelenkte kommunistische Organisation sei, wird im Dialog mehrmals betont. Bei einem Konzert der Internationalen Frauenliga in Riga, bei dem die Geigerin Olga (Laura Solari) auftritt, klärt ein Zwischenrufer das Publikum darüber auf, daß die angeblich ''völlig unpolitischen'' Veranstalter ''von Moskau bezahlt und dirigiert'' werden (Filmdialog). Als Beweis führt er an, daß die Internationale Frauenliga auf ihrem letzten Kongreß dem jüdischen Politiker der Sowjetunion, Litwinow-Finkelstein (445),ein Begrüßungstelegramm geschickt habe. Daß der mutige Konzertbesucher daraufhin von GPU-Agenten aus dem Saal geschleppt und heimlich ermordet wird, bestätigt dem Filmzuschauer die Wahrheit seiner Behauptung. In einer anderen Szene, bei einem Gespräch zwischen Bokscha und seinem Moskauer Auftraggeber, ist von dem französischen Politiker Léon Blum (446),gleichfalls einem Juden, die Rede, der sein Land in das Chaos geführt und folglich der GPU ''gut in die Hände gearbeitet'' habe (Filmdialog).

Deutlicher wird die Beteiligung von Juden an den Aktionen der GPU in zwei Sequenzen gezeigt, die in der sowjetischen Botschaft in Helsinki spielen. Während eines Balles, zu dem auch Olga eingeladen ist, erklärt der jüdische Presse-Attaché Spiegelglas der Geigerin mit sentimentalem Aufgenaufschlag, daß er die Reklame für ihre Konzerte gemacht habe. Das bedeutet, daß der Jude mithilft, das Konzertpublikum über die politischen Absichten dieser Veranstaltungen zu täuschen. Bokscha behandelt Spiegelglas und die anderen (flüchtig gezeigten) jüdischen Festteilnehmer mit Verachtung; er zwingt Olga, ihren Tanz mit dem Presse-Attaché abzubrechen. Bokscha scheut sich jedoch nicht, Juden bei der Ausführung von Verbrechen einzusetzen. Während des Festes inszeniert er im Keller der Botschaft ein Geheimtreffen mit seinen Agenten, denen er vorschlägt, ahnungslose Botschaftsangestellte und Sowjetbürger in Helsinki zu ermorden, um so ein politisches Eingreifen der Sowjetunion zu motivieren. Dieser Plan findet den besonderen Beifall eines häßlichen alten Juden, der mit Spitzbart und Kneifer, aber auch in seiner Gestik an den Juden Kupferstein aus *Hans Westmar — einer von vielen* erinnert.(447) In der nächsten Sequenz wird die Ausführung der von Bokscha angeordneten Attentate gezeigt. Dabei schießt der alte Jude vom Rücksitz eines Motorrads aus auf das Auto eines Botschaftsangestellten und tötet den Mann. Noch ehe Passanten herbeieilen, ist der Attentäter wieder verschwunden.

Trotz dieser Zwischenfälle sind die Juden in *GPU* Randfiguren. Hauptagent und größter Verbrecher bleibt Bokscha, über dessen Vergangenheit jener Botschaftsangestellte die Geigerin auf dem Ball informiert hatte: "Er hat Karriere gemacht, obwohl er Nichtjude ist und Nichtproletarier, das gibt es nicht noch zweimal." (Filmdialog) Olga weiß eine Erklärung dafür, warum Bokscha trotzdem von der Zentrale geschätzt wird: ". . . ein guter Henker gilt viel bei ihr!" (Filmdialog) Paul Ickes zählte Bokscha in seiner Rezension in der *Filmwoche* zu den "unvergeßlichen Typen . . ., die über den einzelnen Fall hinaus Bedeutung haben": ". . . er verkörpert eine Kreatur, die trotz der Brutalität ihrer Handlungsweise die bürgerliche Sehnsucht nach einem ruhigen Erdenfleckchen nicht verloren hat, die aber die Wirrnisse zur persönlichen Bereicherung benutzt. Eine leicht gefirnißte Niederträchtigkeit, die keine Sympathien zu erwecken weiß."(448) Zusammen mit seinen brutalen Genossen gehört Bokscha zum gewohnten Filmarsenal der Bösewichter, die als reine Klischees des Negativen keine Ähnlichkeit mit lebenden Menschen haben, sondern eher wie leibhaftige Teufel wirken, die nichts anderes im Sinn haben, als die Guten zu quälen. Allerdings entsprach Bokscha darin durchaus der Propaganda-Figur des politischen Kommissars.

Willi Körbel bemerkte im *Völkischen Beobachter* recht treffend: "Jedes Bild zeigt das Ringen von menschlichen Körpern mit Seele, Herz und Nerven, mit Glaube, Bereitschaft und Opfermut, mit den Figuren der Gewalt, des Hasses und der Zersetzung."(449) Die Formulierung verrät, daß es sich bei den Gegenspielern Bokschas nur um ideale nationalsozialistische Menschen handeln kann. Peter Aßmus (Will Quadflieg) ist ein Mensch von schlichtem, vertrauensseligem Gemüt und, obwohl Student, offenbar nur mit geringen geistigen Fähigkeiten begabt — so leicht geht er der GPU ins Garn. Aber nach einigen bösen Erfahrungen und nicht zuletzt aus Liebe zu der zarten, hilflosen Irina rafft Aßmus sich bald zu blitzschnellem Handeln auf und schreckt jetzt auch vor einem Totschlag nicht zurück: Als ein GPU-Agent, der von Peters Doppelspiel nichts weiß, ihm verrät, daß er Irinas Versteck in Rotterdam gefunden hat, schlägt der junge Mann ihn nieder, der Agent stürzt in eine Gracht und ertrinkt, ohne daß jemand den Vorfall bemerkt. Wie in anderen Filmen zeigt der junge Nationalsozialist jedoch nicht nur Draufgängertum und ungestümes Temperament, bei der geliebten Frau kann er auch sentimental träumen und sich für Musik begeistern.

Irina (Marina von Ditmar) verkörpert die schwache Frau, die sich in der Prüfung als stark erweist und — anders als Dorothea Sturm in *Jud Süß* — auch beim Anblick des gefolterten Geliebten standhaft bleibt. Sie gibt "das Sinnbild der Treue, des Duldens, des bis ins Letzte-Füreinander-Einstehens"(450) und wird so zum Vorbild für die Frau in der verschärften Kriegssituation. Auf der Grenze zwischen gut und böse steht die Gestalt der schönen Geigerin Olga, die den Mörder ihrer Eltern und Geschwister kaltblütig verfolgt und sich nach getanem Werk in einer pathetischen Szene erschießt. Der Eifer, mit dem sie die Bolschewisten denunziert und deren Opfern beisteht, weist Olga als edlen Menschen aus. Aber als Doppelagentin, als haßerfüllte Rächerin, die keine Zeit für die Erfüllung privater Wünsche findet, hat sie wenig gemein mit dem Typus der nationalsozialistischen Frau, die die Politik den Männern überläßt, ihr Glück in der Familie sucht und sich im Leid durch Opfermut und Geduld auszeichnet. Die Besonderheit dieser Rolle ist bereits durch die Besetzung mit einer italienischen Schauspielerin betont. Der russische Name, die kühle Schönheit und der grimmige Ernst dieser Frau verstärken den Eindruck des Fremdartigen. Folgerichtig gestattet ihr der Film kein Happy-End. Eine Frau, die mit den Kommunisten kollaboriert — aus welchem Grunde auch immer — und im schmutzigen Spiel des Geheimdienstes wie ein Mann mitwirkt, hat das Recht auf Leben verwirkt. Nicht ihr gehört die Zukunft, sondern dem jungen Paar, das aus keinem anderen Motiv als dem Gefühl für Recht und Gerechtigkeit den Kampf selbstlos besteht und deshalb dem Publikum als Vorbild angeboten werden kann.

Karl Ritter wich mit *GPU* weder vom Pfad der nationalsozialistischen Propaganda noch von der Ideologie seiner übrigen Filme ab. Wie in allen seinen "Zeitfilmen" verherrlichte er den Kampf einzelner Getreuer, die in diesem Fall durch das Eingreifen der nationalsozialistischen Gemeinschaft, der Wehrmacht, gerettet werden. Dabei rechtfertigte er nicht nur den Kampf gegen Bolschewismus und Judentum, sondern auch den Überfall auf Belgien und die Zerstörung von Rotterdam. Diese Maßnahmen, die der deutschen Bevölkerung nicht ohne weiteres eingeleuchtet haben mochten, wurden in *GPU* mit dem Hinweis auf die Allwissenheit des "Führers" erläutert, der den im Ausland bedrängten Deutschen rechtzeitig zu Hilfe kommen mußte. Von daher ist vielleicht zu erklären, warum Ritter sich — ebenso wie in *Pour le mérite* und *Über alles in der Welt* — für das Judenproblem nur wenig interessierte. Wie dort betonen auch in *GPU* die beiläufigen Judendarstellungen nur das Zeitkolorit, sie nuancieren die Welt der Bösen, sollen aber nicht von den nichtjüdischen Hauptfiguren ablenken.

Trotz seiner Linientreue erhielt der Film kein Prädikat.(451) Der *Deutsche Wochendienst*(452) bezeichnete *GPU* als einen "abenteuerlichen, spannungsgeladenen

Film, der trotz einiger Unwahrscheinlichkeiten der Handlung ein starkes Erlebnis vermittelt". Er riet den Rezensenten in seiner Anweisung jedoch davon ab, sich anhand der Filme "mit der Geschichte und den Methoden der GPU grundsätzlich auseinanderzusetzen", da dem Film "das Allgemeingültige und Abschließende einer politischen Aufklärung" fehle. Carl Linfert schloß seine ironische Filmbetrachtung in der *Frankfurter Zeitung* mit der Bemerkung: "So spürt man deutlich zweierlei Szenen, die anklagend-pathetischen und die seelenmalerischen, die aber mit der vom Publikum wohl verspürten Spannung in eins verflossen."(453) Ob die Kinobesucher sich davon überzeugen ließen, hier würden ihnen die "Methoden der GPU"(454) authentisch vorgeführt, sei dahingestellt. Zur selben Zeit — im August und September 1942 — wiesen die SD-Agenten in ihren Berichten darauf hin (455), daß das "Rußlandbild" in der Bevölkerung sich zu wandeln beginne:

> "Die Menschen der Sowjetunion seien als tierisch, viehisch, animalisch hingestellt worden. Im Kommissar und Politruk werde dieser Mensch zum 'Untermensch' schlechthin. Die Berichte über die Greueltaten, die in den ersten Monaten des Ostfeldzuges gegeben wurden, verfestigten die Meinung, daß es sich bei den Angehörigen der Feindarmee um 'Bestien' handele . . . Viele Volksgenossen stellten sich vor, daß sie radikal ausgerottet werden müßten . . . Dem stehe nun heute schon das geistige und charakterliche Verhalten der Tausende von Ostarbeitern gegenüber."

Die persönlichen Erfahrungen mit den russischen Zwangsarbeitern führten dazu, daß "deutsche Volksgenossen den notwendigen volkspolitischen Abstand vergäßen". Aber auch die Berichte der Fronturlauber über die Kampfkraft der Roten Armee widersprächen den bisherigen Vorstellungen. — Damit konstatierten die Agenten einen Fehlschlag der antisowjetischen Propaganda. Unter diesen Umständen mußte auch ein Film wie *GPU* seine propagandistische Wirkung einbüßen. Ritters Hang zur Zeitnähe erwies sich als gefährlich; solange das Publikum die Möglichkeit behielt, die Argumente der Filmpropaganda an der Wirklichkeit zu prüfen, konnte es zu anderen Schlüssen gelangen und dann die Propaganda in Bausch und Bogen ablehnen.

Diese unerwünschte Nebenwirkung suchte Goebbels zu vermeiden, indem er historische Filmstoffe bevorzugte. Sein besonderes Interesse widmete er einem neuen Film von Wolfgang Liebeneiner,

2.6.2.   Die Entlassung

der Bismarcks Schicksal in den Jahren 1888 bis 1890, vom Regierungsantritt Kaiser Wilhelms II. bis zur Entlassung des Kanzlers, behandeln sollte. Der Erfolg des "Bismarck" - Filmes von 1941 hatte Liebeneiner offensichtlich dazu bewogen, nach bewährtem Rezept eine Fortsetzung zu gestalten. Obwohl das Drehbuch von anderen Autoren, Curt Johannes Braun und Felix von Eckardt, geschrieben wurde und ein anderer Schauspieler , Emil Jannings , die Rolle des alternden Bismarck übernahm, bleiben Filmstil und Propagandathesen völlig unverändert. Allein die äusseren politischen Ereignisse, die die Filmhandlung schildert, sorgen für ein wenig Abwechslung:

"1888 — ein Jahr der Schicksalswende. Der alte Kaiser stirbt. Sein Sohn überlebt ihn nur um wenige Monate. Ein junger Herrscher, begabt, ehrgeizig, willens auch seinen Namen in die Geschichte einzutragen, besteigt den Thron. Der Mann, der schon unter zwei Kaisern die Last des Reiches trug, steht neben ihm. Festgefügt erscheint sein Werk, Verträge sichern den Frieden des Reiches nach außen, die Staatsmaschine läuft unter seiner festen Leitung reibungslos. Da meint der Kanzler, seine zerrüttete Gesundheit, an der 75 Jahre eines reichen, erregenden Lebens gezehrt haben, in der Stille des Sachsenwaldes fern von Berlin wiederherstellen zu können. Dr. Schwenninger begleitet ihn und wird ihn kurieren. Aber während der langen Abwesenheit des Kanzlers erheben Hasser und Neider die geduckten Häupter. Der Kaiser hat sich auf eigene Faust in der hohen Politik versucht. In Rußland, in England hat er die gekrönten Häupter besucht und überall mit seinem drängenden Eifer, unbedachten Tischreden und überheblichen Aussprüchen Verstimmung hinterlassen. Die Schuld seiner Mißerfolge sucht er nicht bei sich. Der Kanzler ist es, der ihn immer desavouiert, der seinen wohlgemeinten Absichten und Plänen in die Arme fällt. Seine Umgebung bestärkt den Kaiser in diesem Mißtrauen gegen seinen "lästigen, schulmeisterlichen Mahner".

Ein erster Riß hat sich zwischen Kaiser und Kanzler aufgetan. Gerüchte, Verleumdungen erreichen den Herrscher auf der Hofjagd, auf Bällen, auf Empfängen, und alle treffen seine schwächste Stelle, sein Geltungsbedürfnis. Bismarck kümmert sich nicht um diese Machenschaften. Es ist die Zeit der sozialen Unruhen. Der Kaiser, erschreckt von dem Anwachsen der Sozialdemokratie, wünscht populäre Maßnahmen, erwägt internationale Konferenzen. Bismarck lehnt ab. Seine Sozialpolitik ist eine innerdeutsche Angelegenheit, und zwar eine Politik der Tat und nicht der Reden und Aufrufe. Im Kronrat kommt es zum Zusammenprall. Der Kanzler gibt die Führung der Innenpolitik an den Kaiser ab. Aus den nächsten Wahlen geht programmgemäß die Sozialdemokratie stärker hervor denn je. Vor diesem Reichstag kann nur einer die neue Militärvorlage durchbringen: Bismarck. Der Kaiser muß jetzt seinen Kanzler um Hilfe bitten; aber der stellt seine Bedingungen. Äußerlich einig, ist damit die innere Kluft zwischen den beiden unüberbrückbar geworden.

Sehr genau hat man im gegnerischen Lager beobachtet. Da sind die Herren v. Holstein, "die graue Eminenz", Graf Waldersee, v. Boetticher, beide Anwärter auf den Reichskanzlerposten, da sind viele, viele andere, die auf ihre Stunde seit langem warten. Die holen nun aus zum letzten Schlage. Altes, unbedeutendes Aktenmaterial benutzt man, um dem Kaiser einzureden, Bismarck unterrichte ihn nicht über wichtigste politische Vorkommnisse. In maßloser Erregung und in schroffster Form stellt der Kaiser Bismarck zur Rede. Das ist das Ende. In beschämender Eile drängt man nun auf des Kanzlers Abschiedsgesuch;

der Nachfolger zieht in die Reichskanzlei ein, ohne dem Kanzler Zeit zu lassen, die Koffer zu packen. — Der Lotse ging von Bord. Führerlos treibt das Schiff auf hochgehenden Wogen, bis nach der Katastrophe des Weltkrieges ein neuer Führer das Steuer ergriff und das, was Bismarck begann, vollendete. (Illustrierter Film-Kurier Nr. 3293)(456)

Liebeneiner scheute sich nicht, auch die antisemitisch gefärbten Szenen im Parlament aus *Bismarck* in seinem neuen Film zu plagiieren.(457) Wieder unterbricht ein jüdischer Abgeordneter namens Singer(458) (Eduard Wandrey) mit einem Zwischenruf die Ausführungen des Kanzlers, wird aber nicht beachtet. Bismarck diffamiert jedoch die sozialdemokratische Partei, für die der Jude sprach, öffentlich als ein Bündnis von Vaterlandsverrätern, denen er seinen Kampf ansagt. Daß Bismarck gute Gründe für seine unnachsichtige Haltung gehabt habe, zeigten die Autoren in der anschließenden Szene, die ein Gespräch zwischen Singer und seinem Fraktionskollegen August Bebel(459) (Friedrich Maurer) wiedergibt. Singer will Bebel bei der nächsten Sitzung als Redner vorschieben, weil er Nichtjude ist: "Sie haben so etwas Urdeutsches an sich — das wirkt immer." (Drehbuch) Bebel zögert; er zweifelt daran, ob es richtig sei, das Vaterland zerbrechen zu lassen, um den Sieg des Sozialismus herbeizuführen. Singer tadelt ihn dafür als einen "unverbesserlichen Träumer" und "deutschen Grübler". Der Jude, der die Welt als sein Vaterland betrachtet, hat für die patriotischen Gefühle des Deutschen kein Verständnis. In seinen Augen ist Deutschland nichts als ein Staat: "Und der Staat ist die Fessel, die wir zerbrechen müssen! Nehmen Sie dem Staat die Macht — Schwächen Sie seine Armee — Zersetzen Sie seine Beamtenschaft — Machen Sie dem Volk verächtlich, was ihm von Thron und Altar als verehrungswürdig hingestellt wird, — dann bekommen Sie das Chaos, aus dem der neue Tag unserer Freiheit emporsteigen muß!" (Drehbuch) Hier ist in knappen Sätzen das angebliche Programm der jüdischen Weltherrschaft entworfen, der jüdische Parlamentarier als Todfeind des Deutschen Reiches gekennzeichnet. Dem Zuschauer wird gestattet, für einen Augenblick mit dem Sozialdemokraten Bebel zu sypathisieren, der selbst in der Verblendung sein Herz für Deutschland bewahrt.

Nach diesem kurzen Zwischenspiel verliert die Filmhandlung jedoch das Interesse an den Juden. Wie in *Bismarck* ist der eigentliche Gegenspieler des Kanzlers ein Nichtjude, hier Geheimrat von Holstein (Werner Krauß), der im Film alle jene Eigenschaften zeigt, die die Antisemiten den Juden nachsagten. Von Holstein liebt das "Schachspiel um die Macht" (Drehbuch), das er im Verborgenen spielt, um keine Verantwortung übernehmen zu müssen. Als Intrigant par excellence verleumdet er den Kanzler beim Kaiser, indem er Bismarcks Freunde erpresserisch zu Denunziationen zwingt und ehrgeizige Höflinge geschickt dirigiert, ohne sich je persönlich einem Verdacht auszusetzen. Er zieht aus den Schwächen der anderen seinen Vorteil und erreicht schließlich sein Ziel, die Absetzung des Kanzlers. Als von Holstein sich Bismarck jedoch heuchlerisch nähert, um ihm sein Bedauern über den Entschluß des Kaisers auszusprechen, stößt er auf Verachtung. "Holstein erhält von dem gestürzten Kanzler die Quittung für seine Wühlarbeit. Er muß sich geduckt einen Feigling und Verräter nennen lassen, der nicht nur dem deutschen Leben seinen Mittelpunkt genommen, sondern Volk und Reich unermeßlich geschadet hat," schrieb W. Koeppen im *Völkischen Beobachter*.(460) Nicht nur die vom Drehbuch vorgezeichnete Gestalt des Geheimrats erinnert an den Judentyp der Propaganda. Werner Krauß stattete die Rolle außerdem mit Gesten und Charakterzügen des jüdischen Sekretärs Levy aus *Jud Süß* aus und entwickelte abermals ein hinterhältiges, bösartiges Wesen, dem menschliches Fühlen fremd zu sein scheint. Die Kameratechnik (Fritz Arno Wagner), die ohnehin auf Außenaufnahmen verzichten mußte, unterstützte diese Bemühungen durch Lichteffekte. Das Ergebnis beschrieb Wolfgang Goetz in der Wochenzeitung *Das Reich:*

> "Statt der Augen hat dieser Holstein nur Brillengläser, aus denen bisweilen schiefe Blitze fegen. Hin und wieder schwindet er ganz aus dem Bild, und man hört nur seine kalt referierende Stimme ... plötzlich verharrt er dann, ein lebendes Bild: und der ganze Talmi dieser unheimlichen Gestalt wird echt, ohne daß man sich klare Rechenschaft über diesen Vorgang abgeben könnte." (461)

Diese eigenartige Gestaltung läßt auf einen verborgenen Vorgang schließen: Auf die Darstellung von Juden konnte ein nationalsozialistischer Film offenbar verzichten, nicht aber auf den Filmtypus, der bislang als jüdisch gekennzeichnet war. Verschwand der Jude von der Leinwand, so mußte der Verräter aus den eigenen Reihen seinen Platz einnehmen. Folgerichtig erkannte der Rezensent des *Völkischen Beobachters* im Kampf des Kanzlers "das ungebrochene Wesen der höheren Art im Zusammenprall mit einer unschöpferischen und dem Sinn für das Wesentliche entfremdeten Umwelt" (462).In der Darstellung Bismarcks hielt sich Liebeneiner wie in seinen anderen Filmen an den Führermythos. Bismarck-Darsteller Emil Jannings zog selbst in einem Beitrag im *Völkischen Beobachter*(463) die "historische Linie: Friedrich der Große – Bismarck – Hitler" ("tatsächlich umreißen diese drei Namen die gleiche geschichtliche Situation: Ein Mann gegen die Welt!") und bekannte: "Mit einem Wort: ich wollte, ich mußte Bismarck spielen. Nicht nur das große Bild der Geschichte, sondern den auserwählten Träger einer weltgeschichtlichen Idee, den Visionär, der, während alle anderen schwanken und sich zerquälen, mit nachtwandlerischer Sicherheit immer den richtigen Schritt tut." In diesem Sinne stellt der Bismarck des Films im Schlußbild die Frage: "Mein Werk ist getan. Es war nur ein Anfang – Wer wird es vollenden? " (Drehbuch) Es bestand keine Gefahr, daß der Zuschauer die gewünschte Antwort verfehlen würde.

Trotz der sorgfältigen Planung und der ideologisch einwandfreien Gestaltung des Films verfolgte Goebbels die Dreharbeiten von Anfang an bei allem Wohlwollen mit einiger Skepsis. "Die Szenen sind sehr diskret und geschmackvoll gemacht und keineswegs karrikierend; aber trotzdem bin ich im Zweifel, ob es richtig ist, jetzt einen solchen Film der Öffentlichkeit vorzuführen", vertraute er Anfang Februar 1942, wenige Wochen vor Drehbeginn, seinem Tagebuch an.(464) Am 15. September 1942 wurde der Film in Stettin erstmals öffentlich vorgeführt, die

Presse durfte darüber jedoch nicht berichten.(465) Jetzt schrieb Goebbels in seinem Tagebuch von einem "glänzenden Erfolg": "Ich werde demnächst an den Führer herantreten und ihn um Freigabe des Films für das ganze Reich bitten"(466). Die offizielle Premiere fand am 6. Oktober in Berlin statt. Bei dieser Feier, zu der wieder "zahlreiche Verwundete aus den Berliner Lazaretten" eingeladen worden waren, erklärte der Propagandaminister den Film *Die Entlassung* zum vierten "Film der Nation" und verlieh Wolfgang Liebeneiner den "deutschen Filmring".(467) Offenbar erhoffte Goebbels von diesem Film eine besondere Propagandawirkung. Aber bereits Mitte Dezember 1942 schrieb er in seinem Tagebuch enttäuscht:

"Ich bekomme Nachrichten aus verschiedenen Städten, daß der Film *Die Entlassung* doch in gewissen Volkskreisen nicht den Erfolg erringt, den man sich davon erwartet hatte. Er ist ein typischer Männerfilm und wird, weil er keine richtigen Frauenkonflikte darstellt, von der Frauenwelt im allgemeinen abgelehnt. Auch muß man doch schon ein gewisses Maß von politischer und geschichtlicher Vorbildung mitbringen, um die hier angeschnittenen Fragen überhaupt zu verstehen. Trotzdem aber steht der Film auch in seinem Erfolg weit über allen normalen Unterhaltungsfilmen. Aber wenn man den letzten Maßstab anlegt, dann scheint er die Erwartungen nicht ganz zu erfüllen, die man zuerst an ihn geknüpft hatte."(468)

Es ist nicht recht klar, was Goebbels eigentlich erwartet hatte. Vermutlich behagte ihm die pessimistische Tendenz des Filmes nicht — Bismarck tritt als resignierender Greis von der politischen Bühne ab. Jetzt, im dritten Kriegsjahr, galt es, das Vertrauen des Volkes zum "Führer" zu stärken, nicht nur, wie bisher, im Hinblick auf schwer verständliche Maßnahmen, sondern vor allem, um Kampfmoral und Durchhaltewillen zu sichern. Das aber besorgte ein anderer "Film der Nation" *Der große König* (Regie: Veit Harlan) weit besser. Liebeneiners Film *Die Entlassung* war dagegen die recht überflüssige Neuauflage einer nicht mehr zeitgemäßen Propaganda. Das galt auch für die antisemitische Tendenz, nicht nur, weil sie es bei Seitenhieben gegen längst vergessene jüdische Parlamentarier beließ, sondern auch, weil sie in diesem Augenblick ungelegen kam.

Im Spätsommer 1943 kam zum letzten Mal ein antisemitischer Film in die deutschen Kinos, der dritte judenfeindliche Filmbeitrag aus Österreich,

2.6.3. Wien 1910

Nach dem Fall von Stalingrad im Januar 1943 war Hitler nicht müde geworden, den etwaigen Mißerfolg seiner außenpolitischen Bemühungen als Untergang Deutschlands auszumalen, den der "ewige Haß der verfluchten Rasse"(469) herbeiführen werde. Goebbels proklamierte im Berliner Sportpalast den "totalen Krieg" und der *Deutsche Wochendienst* (470) zog daraus die Konsequenzen für die Propaganda: "Wir glauben, daß die Kraftquellen, die im Haß liegen, bisher in unserem Volke kaum erschlossen sind. Damit muß jetzt aber unbedingt begonnen werden." Es sei ein lächerliches Vorurteil, daß die Deutschen nicht zu hassen verstünden: "Wir verstehen es sehr wohl, nur müssen wir richtig angesprochen werden." Im April 1943 forcierte Goebbels, durch Hitler ermuntert, die neue antijüdische Aktion durch einen Leitartikel im *Angriff* unter dem Motto "Der Krieg und die Juden"; als Grund führte er in seinem Tagebuch an: "Es ist meiner Ansicht nach nötig, über die Judenfrage wieder ein maßgebliches Wort zu sprechen. Sie steht heute wieder im Brennpunkt des öffentlichen Interesses und wird vielfach auch in unseren Kreisen von einer ganz falschen Seite angefaßt."(471)

Seltsamerweise dachte Goebbels noch nicht daran, auch den Film wieder in seine Propagandapläne einzubeziehen. Die antisemitische Filmwelle war längst abgeebbt. Daß *Wien 1910* jetzt erst Premiere hatte, lag an politischen Zwistigkeiten zwischen Berlin und Wien, die den Start immer wieder hinausgezögert hatten. Der Plan, die letzten Lebenstage des Wiener Bürgermeisters Dr. Karl Lueger zu verfilmen, dessen Persönlichkeit Hitler in *Mein Kampf* so sehr gerühmt hatte (472), war schon zu der Zeit entstanden, in der die meisten antisemitischen Filmprojekte begonnen worden waren. Im Herbst 1940 wurde der Film unter dem Arbeitstitel "Lueger" gemeinsam mit *Heimkehr* im Arbeitsprogramm der Wien-Film angekündigt.(473) Aber erst ein Jahr später, am 23. September 1941, begannen die Dreharbeiten. Ein Teil der Aufnahmen wurde in Babelsberg gedreht, ein Teil in Wien. Im Oktober 1941 forderte der *Zeitschriftendienst* die Redaktionen auf, den Film "ausführlich vorzubereiten".(474) Noch im Februar 1942 brachten *Filmwoche* und *Filmwelt* ausführliche Berichte über die Dreharbeiten und über die historischen Hintergründe der Filmbiographie. Aber schon am 15. März 1942 schrieb Goebbels in sein Tagebuch:

> "Ich spreche mit Schirach (dem Wiener Gauleiter — d.A.) auch den kritischen Fall des Lueger-Films durch. Es gibt in Wien eine radikale politische Clique, die diesen Film zu Fall bringen will. Ich werde das nicht zulassen. Der Film soll zuerst einmal gedreht werden, und dann kann man sagen, ob daran noch Korrekturen vorgenommen werden müssen oder ob er zur Gänze zu ändern ist. Zweifellos ist Lueger hier etwas heroisiert worden. Aber das schadet nicht so sehr, da ja die Vorgänge, die sich um seine Person abgespielt haben, schon soweit zurückliegen, daß sie, abgesehen von einem kleinen Kreis von Interessierten, gänzlich unbekannt sind."(475)

Goebbels setzte sich für den Film ein, weil mit ihm ein Mann geehrt werden sollte, den Hitler geschätzt hatte. Daß Lueger der Gründer der Christlich-sozialen Partei gewesen war und gegen den Führer der Alldeutschen Partei, Georg Ritter von Schönerer, gekämpft hatte — über den er im Film moralisch siegt — das waren historische Feinheiten, die Goebbels wenig kümmerten. Anders reagierten die österreichischen Nationalsozialisten, die aus der Alldeutschen Partei hervorgegangen waren und nun ihr einstiges Idol entehrt sahen. Zu dieser "radikalen politischen Clique" gehörte auch Ernst Kaltenbrunner, der bis zum "Anschluß" Führer der österreichischen SS gewesen war und sich jetzt, seit 1941 Höher SS- und Polizeiführer, mit der "Entjudung" Wiens beschäftigte. Gauleiter Baldur von Schirach hatte begreiflicherweise wenig Interesse daran, sich Feinde im eigenen Haus zu schaffen, und vertrat daher die Wünsche der österreichischen Nationalsozialisten. Goebbels Ärger hatte aber auch persönliche Gründe. Der Gauleiter von Berlin haßte seinen gutaussehenden adligen Kollegen; er warf ihm (in derselben Tagebuchnotiz) Interesselosigkeit an der Wien-Film vor und ließ in den folgenden Monaten nichts unversucht, um Schirach bei Hitler in ein schlechtes Licht zu setzen (476).

Die Dreharbeiten gingen also weiter. Nach einem zeitweiligen Verbot der Berichterstattung durfte die Presse im August 1942 wieder über *Wien 1910* schreiben. Aber schon am 20. November 1942 wurde die Freigabe wieder zurückgenommen, weil der Film sich angeblich nicht zur Berichterstattung eignete; gleichzeitig teilte der *Zeitschriftendienst* den Redaktionen mit, *Wien 1910* werde im Januar in Frankfurt am Main uraufgeführt, aber nur im "Altreich" gezeigt.(477) Dazu kam es jedoch vorerst nicht, das Tauziehen zwischen Berlin und Wien ging weiter. Im Frühjahr 1943 setzte Goebbels schließlich bei Hitler durch, daß die Wiener Kulturpolitik unter seine Aufsicht gestellt wurde.(478) Am 26. August 1943 konnte die Premiere von *Wien 1910* endlich in Frankfurt stattfinden. Die Berliner Erstaufführung folgte am 2. September. Eins hatte Baldur von Schirach erreicht: In Österreich ist der Film nie gezeigt worden. — Regisseur des Films *Wien 1910* war E. W. Emo, der bis dahin ausschließlich Lustspiel- und Musikfilme gedreht hatte. Dafür stammte das Drehbuch von dem im Propagandafach erfahrenen Gerhard Menzel, dem Autor des Filmdrehbuchs *Heimkehr*, der für kräftige antisemitische Einlagen sorgte.(479) Die Hauptrolle übernahm der erst kurz zuvor aus Hollywood zurückgekehrte Schauspieler Rudolf Forster. Auch die übrigen Rollen wurden mit namhaften Darstellern besetzt, die zum Teil schon in anderen antisemitischen Filmen aufgetreten waren (Heinrich George, Carl Kuhlmann, Herbert Hübner, Otto Treßler). Drehbuch und Film hielten sich vornehmlich an Hitlers Darstellung der Rivalen Lueger und Schönerer in *Mein Kampf* (480). Hitler hatte während der letzten Jahre der Amtszeit Luegers in Wien gelebt. Nach seinen Angaben neigte er anfangs mehr der Partei Schönerers zu, weil dieser die Einigung Österreichs mit Deutschland anstrebte; er warf ihm aber in seinem Buch vor, daß die alldeutsche Bewegung "zu wenig Verständnis für die Psyche der breiten Masse" besessen habe.(481) In Lueger bewunderte er den fähigen Bürgermeister, der "eine unerhörte Leistung nach der anderen, auf, man darf sagen, allen Gebieten kommunaler Wirtschafts- und Kulturpolitik hervorzauberte". Hitler war der Meinung: "Hätte Dr. Lueger in Deutschland gelebt, so würde er in die Reihe der großen Köpfe unseres Volkes gestellt worden sein . . ."(482) Die judenfeindliche Haltung Luegers war an diesem Lob sicher nicht ganz unschuldig. Allerdings huldigte der Wiener Bürgermeister, im Gegensatz zu Schönerer, einem opportunistischen Antisemitismus, der sich vor allem gegen das von Juden gestützte Großbürgertum wandte, soweit es sich seinen lokalpolitischen Plänen und Reformen widersetzte. Gegen sympathische Juden hatte Lueger nichts einzuwenden.(483) Davon durfte im Film selbstverständlich keine Rede sein, und so bemühten sich Hersteller und Presse, Lueger nachträglich als Rassenfanatiker auszugeben. Die Wien-Film erklärte in ihrem Werberatschlag: "Mit weitausschauendem Blick die ungeheure Gefahr des Judentums erkennend und bekämpfend, mit eiserner Tatkraft seine sozialen Maßnahmen durchsetzend — so läßt dieser packende Film Wiens größten Bürgermeister Dr. Karl Lueger in der genialen Gestaltung von Rudolf Forster erstehen!"(484) *Wien 1910* schildert aber keineswegs die Biographie eines Antisemiten, sondern "erzählt die drei letzten Lebenstage des Wiener Volksbürgermeisters", wie es in *Das Programm von Heute* (Nr. 1841) heißt. Dann gibt das Kinoprogramm eine Beschreibung des Filmgeschehens:

". . . In der Morgenstunde des 7. März 1910 eilt in Wien von Mund zu Mund die Kunde, daß Lueger im Sterben liegt. Der Generaladjutant des Kaisers eilt in die Hofburg, um Sr. Majestät die wichtige Nachricht als erster zu überbringen. Der Kaiser und Dr. Lueger haben sich nicht gut vertragen. Franz Joseph war auf den Bürgermeister eifersüchtig, er gönnte ihm nicht die Beliebtheit bei den Wienern. Überhaupt die Mächtigen waren vielfach Luegers Feinde. Vor allem die Großkapitalisten, deren riesenhafte Gewinne und uferlose Spekulationen Lueger bekämpft und eingedämmt hat. Seine Sozialisierungsmaßnahmen, die Kommunalisierung der Straßenbahn und der Gaswerke haben bei den Liberalen böses Blut gemacht. Aber nun liegt der Feind im Sterben. Kommerzialrat Josef Lechner, einer dieser Spekulanten, rechnet damit, daß der Tod Luegers einen Kurssturz der städtischen Papiere mit sich bringen wird, und er wagt eine großzügige Baisseaktion auf der Wiener Börse, bei der er sein ganzes Vermögen aufs Spiel setzt.

Neben den Liberalen freuen sich auch die Sozialdemokraten, an der Spitze der jüdische Dr. Adler, auf den nahen Tod ihres Gegners. Und selbst die Deutschnationalen, Anhänger des Ritters von Schönerer, erhoffen sich für die nächste Zeit einen Aufstieg ihrer Bewegung auf Kosten der Ideen Luegers. Aber Lueger scheint die Krise zu überwinden. Das gefürchtete Ende ist ausgeblieben, ja, er erholt sich im Laufe des Vormittags so weit, daß er zu einer wichtigen Gemeinderatssitzung erscheinen kann, und die bloße Anwesenheit schüchtert seine Gegner so sehr ein, daß er einen neuen Sieg erringt. Auch der zweite Tag zeigt den todkranken Lueger in fieberhafter Tätigkeit. Luegers dringendster Wunsch ist eine Aussprache mit Schönerer, der endlich kommt. Die beiden Gegner stehen einander gegenüber, Überzeugung steht gegen Überzeugung. Lueger hat den vergeblichen Versuch gemacht, die absterbende Monarchie zu retten. Schönerer weiß, daß es zu spät ist. Nicht Luegers Werk, sondern Schönerers Idee gehört die Zukunft. Unversöhnt scheiden die beiden, aber sie können sich die gegenseitige Achtung nicht versagen. Am dritten Tag nimmt Lueger an einer Kaffeetafel teil, die den Waisenkindern gegeben wird, und nachher verfügt er sich auf den Ball der Stadt Wien, auf dem er zusammenbricht. Man bringt ihn in sein Zimmer. Der letzte Kampf beginnt.

Kommerzialrat Lechner hat falsch spekuliert, Lueger hat um drei Tage zu lange für ihn gelebt. Er hat eine Niederlage erlitten, sein Vermögen verloren und in dieser Erkenntnis trifft ihn der Schlag. Fast zur gleichen Zeit stirbt Lueger. Ein großer und bedeutsamer Mann hat sich an einem unmöglichen Werk verbraucht. Der Staat, den er retten wollte, ist dem Untergang verfallen. Aber seine sozialen Einrichtungen, sein Kampf gegen den Kapitalismus, gegen Judentum und Sozialismus, sichern ihm einen Ehrenplatz in der Geschichte."

Diese Inhaltsangabe, für die Paul Ickes verantwortlich zeichnete, enthält Unrichtigkeiten: Ritter von Schönerer führte nach der Spaltung der Deutschnationalen Bewegung zu diesem Zeitpunkt bereits seit neun Jahren die Alldeutsche Vereinigung (offenbar eine absichtliche Verwechslung des Autors, um dem Kinobesucher das Geschehen verständlicher zu machen)(485); er begegnet Lueger im Film erst an dessen letztem Lebenstag, nach dem Kaffeetrinken des Bürgermeisters mit den Waisenkindern und vor der Eröffnung des Bürgerballes. Und Luegers Gegner Lechner stirbt nicht an den Folgen eines Schlaganfalls, sondern durch Selbstmord. Im wesentlichen aber gibt das Filmprogramm die Absicht des Films zutreffend wieder: Lueger wird als das Vorbild des Politikers geschildert, wie Hitler es entworfen hatte.

Rudolf Forster gab der Rolle auch in Gestik und Sprechweise eine entfernte Ähnlichkeit mit Hitler. Der weißhaarige, fast erblindete Mann ist ein unermüdlicher Redner. Es ist ein Liebender, der um des Gemeinwohls willen auf sein privates Glück verzichtet, ein Regent, der seinen Untertanen Undank nachsieht und ihre Anteilnahme dankbar aufnimmt, ein weitschauender Städteplaner, der nicht nur Häuser, sondern auch Gärten bauen läßt, ein "zärtlicher Vormund und Stadtvater" (486), der sich der Waisen annimmt, ein Parteiführer, der das Unrecht bekämpft, aber dem weltanschaulichen Gegner die Hand zur Versöhnung reicht, wenn ein höheres Ziel es erfordert. Lueger arbeitet rastlos bis zum letzten Atemzug; selbst als Sterbender, in seinen letzten Augenblicken, denkt er noch an die Sorgen der "kleinen Leute". Die Folge der Episoden, die seine Führerpersönlichkeit von allen Seiten beleuchten, hat den Stil einer Heiligenlegende, die durch die Todesnähe besonderen Glanz erhält. In dieses Bild hätte der Antisemit Lueger nicht recht gepaßt. Nur in einer einzigen Sequenz gibt sich der Bürgermeister als Judenfeind zu erkennen und zwar bei dem Zusammensein mit den Waisen im Rathaus. Die Kinder bestaunen seine Amtskette, und so erklärt er ihnen anhand der Schilder die einzelnen Bezirke Wiens, die sie symbolisieren. Jedes Schild wiege schwer, sagt Lueger: "Aber der 2. Bezirk, die Leopoldstadt, die is aa net vül leichter etwa, weil da nämlich viel Geld wohnt. Schweres jüdisches Geld, und beim jüdischen Gelde, da wohnt der Neid, die Habsucht, der Haß und all die sieben Todsünden, und die ziehen auch zu Boden den, der ein schwaches Rückgrat hat."(Dreh-

buch) (487) Als die Kette beim Herumreichen zu Boden fällt und zerreißt
— ausgerechnet zwischen dem 1. und 2. Bezirk, kommentiert Lueger diesen Vorfall "prophetisch ernst" mit dem Ausruf: "Zwischen Habsburg und Juda. Schönerer, Schönerer!" (Drehbuch) Schönerer hatte angekündigt, daß das "Reich aller
Deutschen" (Drehbuch) nur nach der Zerschlagung des österreichischen Staates
kommen werde. Daß das "fremde Völkergemisch", vor allem das Judentum als
"Spaltpilz der Menschheit", "diese alte deutsche Kulturstätte zu zerfressen begann" (488), war vor allem Hitlers Idee, die der Film dem sterbenden Bürgermeister als Seherwort in den Mund legt.

Aber nicht Lueger sollte das Publikum von der Berechtigung des Antisemitismus
überzeugen — offensichtlich wollte Drehbuchautor Menzel seinem Helden die un-
eingeschränkte Sympathie des Betrachters bewahren. Umso mehr gab er den in der
Nebenhandlung auftretenden Judengestalten Gelegenheit, durch ihr Benehmen ihre rassische Minderwertigkeit und damit die Notwendigkeit ihrer Verfolgung zu
"beweisen".(489) Bereits die zweite Sequenz des Films führt in das Milieu galizi-
scher Juden, wie es Hitler in *Mein Kampf* beschrieben hatte. Ein schäbig gekleide-
ter Jude mit dicken Brillengläsern (und entsprechend stechendem Blick) stürzt am
frühen Morgen in einen "kleinen, überaus schmutzigen Laden" (Drehbuch) in der
Leopoldstadt, der, wie ein Schild verrät, einem Juden namens Sally Cohn gehört.
Der Besucher, ein "alter Schnorrer" (Drehbuch), bringt seinem Onkel eine freudige Nachricht: "Der Lueger, er liegt im Sterben — der Judenfresser kratzt ab!"(490)
Ben, der jüdische Lehrling, ein schlanker Bursche mit Schläfenlocken und Kappe,
läuft sofort davon, um den Journalisten Dr. Viktor Adler (Herbert Hübner) zu benachrichtigen. Unterdessen wehrt der Ladenbesitzer gestikulierend und kreischend
seinen Neffen ab, der eine Tafel Schokolade ergriffen hat: "Willste machen Deine
Geschäfte in der Politik oder reell hinterm Ladentisch wie Dein Onkel? " (Drehbuch) Gerhard Menzel gab im Drehbuch für die Gestaltung dieser Sequenz folgende Anweisung für die Kamera:

> ". . . nicht zu präzise, eher ein wenig hingewischt, von einer gewissen Flüchtig-
> keit. Die Fotografie dunkel halten, ohne allzu scharfe Konturen und Schatten,
> die Sprache flüchtig und leise und wenig akzentuiert . . . Das Tempo von hier
> aus beschleunigt, aber immer unpräzise und flüchtig bleibend, so daß niemals
> eine volle Realität herauskommt. Spukhaft im Licht."

Diese Episode ist eingebettet zwischen zwei andere, die die anderen Feinde Luegers vorstellen: Der Chef der Staatskanzlei freut sich über den bevorstehenden
Tode des "Demagogen" (Drehbuch) ebenso wie der kunstliebende Kommerzialrat Lechner (Karl Kuhlmann), der das dekadente Großbürgertum vertritt. "Die
Tradition des Hofes und des Adels, die Emporkömmlinge der 'Börsenaristokratie'
und der kleinen Juden, die sich wie gierige Geier aus allen Teilen der Doppelmo-
narchie auf die Kaiserstadt stürzen, stehen dem wahrhaft sozialen Bürgermeister
seit Jahr und Tag im Wege", kommentiert Rolf Marben diese Einleitung in der
Filmwelt.(491) In der folgenden Sequenz stellt der Film den assimilierten Juden

169

Dr. Viktor Adler vor, der sich mit der "Börsenaristokratie" gegen Lueger verschworen hat. Seine eigentlichen Motive werden im Film nicht deutlich; offenbar schien den Herstellern die rassische Herkunft des Journalisten — äußerlich unterstrichen durch den schwarzen Bart — Begründung genug für die persönliche Feindschaft. Wie die meisten historischen Persönlichkeiten in den antisemitischen Filmen ist auch die Gestalt des Dr. Viktor Adler bis zur Unkenntlichkeit verzeichnet.(492) Die Rolle des Journalisten diente einerseits dazu, die Niedertracht und Bosheit des assimilierten Juden vor Augen zu führen; zum anderen bot sie Gelegenheit, unmißverständlich auf das Schicksal zu verweisen, das die Juden von ihren Gegnern zu erwarten hatten.

Wie der Film zeigt, hat Lueger selbst in den Reihen seiner Feinde Bewunderer gefunden, die mit Fäusten für ihn eintreten. Lechners Sohn Karl, ein Student (O. W. Fischer), verfolgt Luegers letzte Rede im Stadtparlament nicht nur mit "rasendem" Beifall (Drehbuch). Als der neben ihm auf der Tribüne sitzende Dr. Adler solchen Enthusiasmus milde bespöttelt: "Sagen's, sind wir hier im Gemeinderat oder im Burgtheater? ", entreißt ihm der junge Mann den Schreibblock ("Geben's die Käszetteln her, die Sie da voll beschmiert haben!") und brüllt ihn an: "Juden haben hier gar nichts zu reden!" Er packt den Journalisten bei der Krawatte, ohrfeigt ihn mehrmals kräftig mit den Worten "Auf den Moment hab i gewart' ein Jahr lang . . ." und beantwortet den Ruf des Mißhandelten nach der Polizei mit der zynischen Bemerkung: "Die Polizei bin i, Herr Dr. Adler!" Menzel schloß an diesen Dialog die Anweisung an: "In der Musik setzt sich der Tumult fort und auch die freudige, seltsam angespannte, gleichsam hektische Erregung." (Drehbuch) Mit diesem Vorfall korrespondiert die folgende Sequenz, die eine Schlägerei zwischen Schönerer- und Lueger-Anhängern vor der Wiener Universität wiedergibt. Hatte Student Lechner jr. in der erwähnten Parlaments-Episode nach SA-Manier auf den Juden eingedroschen, so werden jetzt zwei jüdische (wiederum bebrillte) Studenten vorgeführt, die dem Streit ihrer Kommilitonen mit hämischer Schadenfreude zuschauen: "Gott erhalte Franz den Kaiser und die Idioten der Gois. Solange sie sich raufen untereinander, hammer a Ruh."(Drehbuch) Doch die Juden begnügen sich nicht mit ihrem "Massel".(493) Lehrling Ben aus Cohns Laden belauert Luegers Haus und entdeckt, daß der Bürgermeister von einer Dame, Frau Hofrat Marie von Anschütz (Lil Dagover), besucht wird. Wiederum eilt er zu Adler, nicht ohne vorher die Dame zu erschrecken. Und der Redakteur, der sich inzwischen mit Kommerzialrat Lechner, dem Vater des jugendlichen Schlägers, arrangiert hat, veröffentlicht die Neuigkeit vom "Schäferstündchen eines todkranken Mannes" (Drehbuch) in der sozialdemokratischen Zeitung *Gleichheit*. Diesmal nehmen die Lueger-Anhänger noch drastischere Rache: Sie verwüsten das Redaktionsbüro. Als Adler anderntags an seinen Arbeitsplatz kommt, schildert ihm sein Gehilfe Aaronssohn zitternd den stattgefundenen Progrom:

"Wie es is gekommen, Herr Doktor, weiß ich nich. Als wenn e Wind fährt über die Straße und ins Haus hinein, und es war auf einmal schwarz von Menschen, und sie sind gewesen im Nu im Zimmer und haben alles demoliert . . . Es ist gewesen, daß keiner hat gewußt, wohin er soll fliehen. (Er schluchzt) Mich habense ins Gesicht geschlagen —" (Drehbuch)

Auf Adlers Frage nach der Polizei jammert er weiter: "Aufgerufen haben wir se — aber gekommen is keine Polizei, wo wir doch zahlen ebenso gutes Geld als Steuern wie die Gois." (Drehbuch) Adler antwortet auf diese Schilderung mit einem Ausbruch verbissenen Hasses gegen Lueger: "Das kommt aufs Konto — alles wird sein auf dem Konto, wenn kommt die Abrechnung!" (Drehbuch)

Adler hofft augenscheinlich auf den Tag der "jüdischen Weltherrschaft", an dem die Sieger nach alttestamentarischer Weise(494) blutige Rache an ihren Verfolgern nehmen dürfen. Vielleicht soll so die Ruhe zu verstehen sein, mit der der jüdische Journalist auch die Nachricht vom verspäteten Ableben des Bürgermeisters aufnimmt. Adler teilt die Verzweiflung der betrogenen Spekulanten nicht; als Lechners Prokurist sich über den feigen Selbstmord seines Chefs beklagt, der ihn, den treuen Angestellten, dem Elend ausliefert, hat der Jude nur zynische Worte für ihn übrig. Juden sind es schließlich auch, die sich darüber beklagen, daß der Bürgerball, den Lueger noch eröffnet hat, wegen seines plötzlichen Schwächeanfalls, der zu seinem Tode führt, abgebrochen wird. Eine kleine Szene gegen Schluß des Films, die scheinbar bedeutungslos ist — wenn aber im letzten Bild Ritter von Schönerer inmitten einer trauernden Menschenmenge den Hut zieht bei der Todesnachricht, bekommt der letzte Auftritt von Juden nachträglich Gewicht. Der politische Gegner hat Achtung vor der bedeutenden Persönlichkeit, selbst der morbide Bürger Lechner bezeugte in seinem Abschiedsbrief Respekt vor dem Stärkeren, nur die Juden denken ausschließlich an sich: sie sind menschlicher Gefühle unfähig.

Es erstaunt, daß Emo die offenkundig ungerechte Behandlung der Juden, die sowohl angesichts der Mißhandlung Adlers als auch bei der Wiedergabe der "Kristallnacht" im Redaktionsbüro die Erinnerung an tatsächliche Ereignisse wecken mußte, so unverblümt schildern durfte. Möglicherweise hielten die Filmhersteller das Gewissen der Kinobesucher bereits für so deformiert, daß ihnen Fehlreaktionen ausgeschlossen schienen. Zum anderen hatte Menzel den Bürgermeister als eine so edle Gestalt konzipiert, daß der Zuschauer von vornherein jede Handlung, die sich gegen Lueger richtete, als bodenlose Gemeinheit berachten mußte. Der Zuschauer, der für die Hauptperson Sympathie empfindet, kann nicht zugleich deren Widersacher bemitleiden. Die Presse faßte *Wien 1910* als historisches Gemälde einer vergangenen Zeit auf und zeigte dabei mehr Geschichtskenntnis, als Goebbels angenommen hatte.(495) Der Intention des Films entsprechend wurde Lueger als Vorläufer Hitlers gedeutet, der freilich nicht erreichte, was "einem dritten, späteren Führer vorbehalten blieb".(496) Den nicht zu übersehenden antisemitischen Teil des Films erwähnten die Rezensenten nur am Rande (497), obwohl oder vielleicht gerade weil eben jetzt, im Sommer 1943, die Judenverfolgung sowohl im Reich wie in der Hauptstadt ihrem Höhepunkt entgegenging. Wie der Film beim Publikum ankam, ist nicht bekannt. Der Umstand, daß die Premiere in eine Zeit fiel, in der die deutschen Städte fast täglich unter schweren Bombenangriffen zu leiden hatten, läßt vermuten, daß der Film nicht mehr oft gezeigt werden konnte.

2.7. Neue Propagandapläne

Noch ein Jahr vor Kriegsende glaubte Hitler, er könne das Ausland mit einer großen antisemitischen Demonstration beeindrucken und zugleich die nichtdeutschen
Judengegner belehren, wie sie die Gefahr des Weltjudentums am besten bewältig-
ten. Anfang Februar 1944 ordnete er auf Betreiben seines Sekretärs Martin Bormann an, der Reichsminister für die besetzten Ostgebiete, Alfred Rosenberg, solle
einen "Internationalen antijüdischen Kongreß" einberufen.(498) 402 Delegierte,
darunter 189 Ausländer, sollten sich vom 11. bis 15. Juli 1944 in Krakau versammeln und im Wawel-Schloß einen Eid gegen die Juden schwören. Zu den Eingela-
denen gehörte unter anderen der "verdienstvolle" Schauspieler Werner Krauß,
hatte man doch vor, auch "gute deutsche Filme" wie *Der ewige Jude* und *Jud Süß*
vorzuführen. Nach der Invasion der Alliierten ließ Hitler den Kongreß zuerst auf
September verschieben und sagte ihn schließlich am 11. Juni 1944 ab, da "in diesen Schicksalstagen der Nation der antijüdische Kongreß jede Bedeutung verloren
habe".(499) Im selben Jahr ließ die SS im "Protektorat Böhmen und Mähren" einen angeblichen Dokumentarfilm herstellen, der das Ausland über das Ausmaß
der Judenverfolgung täuschen sollte. Das Werk wurde bekannt unter dem Titel

2.7.1. Der Führer schenkt den Juden eine Stadt (500)

Von der Gattung her war der Film mit Hipplers Pseudo-Dokumentarfilm *Der
ewige Jude* verwandt; Auftraggeber war jedoch nicht das Reichsministerium für
Volksaufklärung und Propaganda, sondern der "Reichsführer-SS". Außerdem
war der Film, zumindest fürs erste, nicht für das deutsche Publikum bestimmt.
Vorbereitung und Durchführung dieses Projektes zeigten, daß die nationalsozialistische Filmpropaganda neue Möglichkeiten entdeckt hatte — die Geschichtsfälschung im Film erreichte ihren Höhepunkt. Nicht nur das Thema war ungewöhnlich: Jüdische Häftlinge demonstrieren in eigener Regie, wie ihr Leben in
einem deutschen Konzentrationslager aussieht. Zum erstenmal wurden Juden zu
einer Selbstdarstellung gezwungen und zwar nachdem sie selbst auf Befehl der
SS ihr Lager in ein "Paradiesghetto"(501) verwandelt hatten. Die Stadt, die der
"Führer" den Juden angeblich geschenkt hatte, war Theresienstadt, ein tschechischer Ort (Terezin), in dem im November 1941 ein Lager für jüdische Bürger eingerichtet worden war. "Im Zuge der praktischen Durchführung der Endlösung"
wurde dieser Ort, wie aus den Ausführungen Heydrichs bei der "Wannsee-Konferenz" am 20. Januar 1942 hervorgeht, zur Einrichtung eines "Altersghettos"
bestimmt.(502) Neben den über 65jährigen Juden sollten hier auch die schwer-
kriegsbeschädigten und die mit Kriegsauszeichnungen dekorierten Juden unter-
gebracht werden. Mit dieser "zweckmäßigen Lösung" sollten, wie Heydrich betonte, "mit einem Schlag die vielen Interventionen ausgeschaltet" werden (503).
Nachdem die tschechischen Bürger Theresienstadts ausgesiedelt worden waren,

wurde der Ort im Juli 1942 in ein großes Konzentrationslager umgewandelt. Gaskammern gab es hier nicht, stattdessen diente Theresienstadt bis zum 28. Oktober 1944 Zehntausenden von Juden als Durchgangsstation auf dem Weg in die Vernichtungslager.

Im Oktober 1943 kamen rund 450 Juden aus Dänemark in das Lager, wo sie auf Wunsch des Auswärtigen Amtes vor Deportation geschützt und bevorzugt behandelt wurden. Das Internationale Rote Kreuz (IRK), insbesondere das Dänische Rote Kreuz, drängte wiederholt auf Erlaubnis, eine Delegation nach Theresienstadt schicken zu dürfen, und erhielt sie schließlich für Juni 1944. Bereits Ende 1943 ordnete die SS eine "Stadtverschönerung" an. In den folgenden Monaten mußten die Lagerinsassen die Straßen reinigen, Gärten anlegen und mit großem Aufwand zahlreiche soziale und kulturelle Gebäude errichten bzw. ausschmücken, so einen Musikpavillon, einen Kleinkinderhort mit Vergnügungspark, eine Speisehalle, ein Kaffeehaus und ähnliches. Zum großen Teil durften die Einrichtungen nicht benutzt werden. Selbst Deportationen wurden zur "Verbesserung" des Lagers angeordnet, damit sie die Überbevölkerung dezimierten. Nach Angaben des Historikers H. G. Adler, der zu dieser Zeit in Theresienstadt inhaftiert war, gelang es der Lagerleitung tatsächlich, die ausländischen Delegationen über die wirklichen Zustände in dem Ghetto zu täuschen.(504) Dieser Erfolg vermutlich hat die SS bewogen, einen Film über Theresienstadt drehen zu lassen.(505) Regie führte der Berliner Kabarettist Kurt Gerron.(506) Außer den Kameraleuten, die von der Prager Wochenschau *Aktualita* nach Theresienstadt geholt wurden, waren alle Mitwirkenden jüdische Häftlinge (sie wurden bis auf wenige Ausnahmen nach Beendigung der Arbeit vergast). H. G. Adler schrieb über das Ergebnis:

> "Vom wahren Theresienstadt wurde fast nichts gezeigt. Es war der reine Fabelfilm, so wie sich vielleicht der dümmste Judenhasser die Juden vorstellen mag. Arbeit bekam man kaum zu sehen: nur so nebenbei einige Bilder vom Bahnbau, einige Werkstätten, die für das Lager nicht typische 'Landwirtschaft'. Not und Elend gab es nicht, und so wurden Alters- und Jugendheime wie auch Krankenhäuser ausgeschaltet. Dafür sah man Wohlleben und Lustbarkeiten, wie sie ein maskiertes 'Paradiesghetto' nur zu bieten hatte. Ausgesprochen 'jüdische' Typen wurden ausgewählt, und jeder sollte vor Gesundheit strotzen . . ."(507)

Die Dreharbeiten fanden im August und September 1944 statt.(508) Noch im März 1945, als das Lager durch zahlreiche Räumungsdeportationen schon fast völlig aufgelöst war, wurde der Film in Theresienstadt mit jüdischer Musik unterlegt.

Unterdessen hatte das Internationale Rote Kreuz in Genf seine Bemühungen verstärkt, Besuchsgenehmigung zu bekommen, zumal im Spätwinter 1944/45 die besorgniserregende Nachricht eingetroffen war, daß auch Theresienstadt als Vernichtungslager eingerichtet werden sollte. Jetzt bot Gestapochef Heinrich Müller dem IRK an, eine Delegation nach Theresienstadt (und zwar nur dorthin!) zu schicken, "um der Lügenpropaganda des Feindes ein Ende zu machen" (509). Im

März 1945 erwähnte Himmlers Sekretär, Standartenführer Brandt, in einem Brief an Himmlers Arzt, Dr. Felix Kersten, den bevorstehenden Besuch des IRK und erwähnte dabei den "interessanten Film".(510) Die Delegation traf am 6. April 1945 im Ghetto ein. Einer der Teilnehmer, der Berliner IRK-Delegierte Dr. Lehner, verfaßte anschließend einen Bericht, in dem er mit bemerkenswerter Naivität die vorgefundenen Zustände verharmloste, und bemerkte zum Schluß über den Ghetto-Film: "Wir haben Teile dieses Filmes gesehen, es ist eine Art Dokumentar-Film, natürlich mit leicht propagandistischem Einschlag".(511) Am 16. April 1945, als Himmler bereits die kampflose Übergabe des Lagers an die Alliierten angeordnet hatte, wurde der Film einer anderen Besuchergruppe vorgeführt. Zu dieser Delegation gehörte der ungarische Rechtsanwalt Dr. Rudolf Kastner, der erste freie Jude, der Theresienstadt besuchen durfte – und Kastner wußte, daß von den an den Filmarbeiten Beteiligten fast niemand mehr am Leben war.(512) Wenig später, im Mai 1945, räumte die SS das Lager. Seitdem galten die Kopien des Films *Der Führer schenkt den Juden eine Stadt* lange als verschollen. 1964 wurde die Wiederauffindung einer Kopie in der Tschechoslowakei gemeldet, ein Fragment des Films befindet sich im Bundesarchiv Koblenz.(513)

Es scheint, als habe die SS mit diesem Film bei den ausländischen Besuchern zumindest zum Teil einen ähnlichen Erfolg erzielt wie mit ihrer "Stadtverschönerung". Soweit sich das nach der Lektüre der hinterlassenen Drehbuchentwürfe, (auszugsweise publizierten) Drehberichte und des Schnittbuches(514) sowie nachträglicher Beschreibungen des Films schließen läßt, mochte der schlecht informierte Fremde wohl annehmen, das Leben in Theresienstadt spiele sich genau so ab, wie der Film es zeige. Aber nur ein sehr ahnungsloser Besucher konnte glauben, daß Theresienstadt ein typisches Konzentrationslager und die Berichte über die nationalsozialistischen Verbrechen an den Juden folglich übertrieben seien. Immerhin scheint die SS gehofft zu haben, daß der Film die Hilfsmaßnahmen für die Lagerinsassen verlangsamen könne und ihr selbst ein Alibi verschaffe. Zweifellos hatte das Werk – gerade weil es ein positives Bild des Ghettos und seiner Bewohner zu vermitteln suchte – denselben Zweck wie alle anderen antisemitischen Filme: es sollte die Wahrheit verbergen und den Juden schaden. Ob der Film auch in Deutschland gezeigt werden sollte, ist nicht bekannt. Nach Augenzeugenberichten bot die deutsche Reichswochenschau im Herbst 1944 einen Ausschnitt:

> "Man sah eine Kaffeehausszene und hörte gedämpfte Musik, dann wechselte das Bild: Schießen, Angriff, verschmutzte Soldaten, Granatexplosionen ... Dazu ließ sich der Ansager ungefähr so vernehmen: 'Während in Theresienstadt Juden bei Kaffee und Kuchen sitzen und tanzen, tragen unsere Soldaten alle Lasten eines furchtbaren Krieges, Not und Entbehrungen, um die Heimat zu verteidigen'."(515)

Der Ausschnitt sollte nicht nur Wut und Verbitterung wecken, sondern auch sicher auch den heimlichen Gerüchten vom Judenmord entgegentreten. Es scheint aber nicht zufällig zu sein, daß es bei der kurzen Kostprobe blieb. Die Vorführung des ganzen Filmes hätte vermutlich nicht nur Bewunderung für die "Großherzigkeit" des "Führers" hervorgerufen, sondern auch Unverständnis ausgelöst. Nach der jahrelangen haßerfüllten Propaganda gegen die Juden mußte ein Filmbericht über deren Paradiesleben unglaubhaft wirken, schließlich hatte die Bevölkerung mitangesehen, daß die Juden bei den Deportationen nicht eben sanft behandelt worden waren. Möglicherweise fürchtete Goebbels, daß dieser Propagandafilm bei seinem Einsatz im Reichsgebiet zum Bumerang werden könnte, das hielt ihn wohl von einem solchen Versuch ab. Einen kurzen Ausschnitt in der Wochenschau vorzuführen, war dagegen taktisch sehr geschickt; in dieser Form konnte der Bericht Emotionen mobilisieren, ohne dem Zuschauer Zeit zu lassen, über das Gesehene kritisch nachzudenken. Vielleicht hatte Goebbels den Film *Der Führer schenkt den Juden eine Stadt*, ähnlich den Filmaufnahmen, die die SS für das Propagandaministerium von den Deportationen machen mußte, für die "spätere Erziehung" des deutschen Volkes vorgesehen.(516) Aber was hätte er mit diesem scheinbar authentischen "Dokument" nach dem erfolgreichen Abschluß der "Endlösung" angefangen? Die Massenmorde, die man hätte rechtfertigen müssen, wären mit Aufnahmen vom Wohlleben jüdischer Menschen nicht zu vereinbaren gewesen.

Während in Theresienstadt der Ghetto-Film der SS gedreht wurde, begann in der deutschen Presse die von Goebbels seit Monaten geforderte antijüdische Kampagne. Daß die Lage an der Front verzweifelt aussah, ließ sich trotz aller Verschleierungsversuche vor der Bevölkerung nicht verheimlichen. Die Propaganda kämpfte mit allen Mitteln gegen den zunehmenden Defätismus. Der Sündenbock "Jude" mußte abermals herhalten, damit die Bürger sich nicht gegen ihre Regierung empörten. Dabei wurde die Behauptung, Deutschlands Judenpolitik sei ein Vorbild für alle Völker, immer häufiger vorgebracht. Der *Deutsche Wochendienst* klärte die Redaktionen in diesem Sinne über ihre Aufgabe auf:

"... Die Völker wollen stets einen konkreten Feind sehen. Dieser konkrete Feind muß ihnen gezeigt werden: es ist der Jude ... Es muß den Völkern immer wieder klargemacht werden, daß das Judentum als einziges Volk der Welt laut nach diesem Krieg geschrien hat, daß alle Toten, die gefallen sind, daß alles Leid und aller Jammer der Menschen in erster Linie auf das Schuldkonto der Juden kommt... Das Judentum muß ins grelle Licht gezogen und als der Hauptschuldige unablässig, fundiert und mit heiliger Überzeugung angeklagt werden."(517)

Diesen Auftrag sollte auch die deutsche Filmproduktion erfüllen. Daß sich nur noch unter großen Schwierigkeiten Filme drehen ließen und daß es obendrein zweifelhaft war, ob sie überhaupt noch gezeigt werden könnten, kümmerte Goebbels nicht. Im Oktober 1944 ließ er sich durch den neuen Reichsfilmintendanten Hans Hinkel und den Reichsfilmdramaturgen Eberhard Frowein über die Vorbereitungen zu dem Film

2.7.2. Der Kaufmann von Venedig

unterrichten, den Veit Harlan drehen sollte. Der Plan zu diesem Film und das Drehbuch stammten von Harlan.(518) Es überrascht, daß er diesen Vorschlag erst so spät machte. Das Schauspiel von William Shakespeare, in dem ein Jude durch spitzfindige Rechtsauslegung vor Gericht die Tötung seines Schuldners, eines venetianischen Kaufmanns, durchsetzen will, gehörte längst zum antisemitischen Repertoire der deutschen Bühnen — nach Angaben des *Deutschen Shakespeare-Jahrbuches* wurde *Der Kaufmann von Venedig* allein in den Jahren 1933 bis 1939 mehr als 250mal aufgeführt.(519)

Wie Eberhard Frowein am 12. Oktober 1944 Goebbels brieflich mitteilte, sollte sich die Haupthandlung des Films "genau" an Shakespeare halten. Sie stellte die "geschickte Zusammenstreichung seines Poems auf eine Spielzeit von 1 3/4 Stunden dar", der Gehalt der Dichtung bleibe unangetastet. Doch hatte Veit Harlan ein "Vorspiel" vorgesehen, "in dem Shakespeare im gesellschaftlichen Rahmen seiner Zeit auftritt und die Dichtung aus einem aktuellen Anlaß improvisiert". Über den Inhalt dieses Vorspiels ist auch in späteren Briefen Froweins nichts zu finden. Eine detaillierte Beschreibung gibt jedoch die Schrift *Der deutsche Film 1945*, die für die Presse bestimmt war:

"Als Lord Powel der schönen Lady Southampton bei einer Festlichkeit einen kostbaren Brillantring zum Geschenk macht, kann einer der Gäste sein Erschrekken nicht verbergen: der Dichter, Theaterdirektor und Schauspieler William Shakespeare. Er weiß, Powel hat kein Vermögen, er hat sich wieder einmal in die Abhängigkeit eines jüdischen Wucherers begeben. Zugleich schmerzt es ihn, daß der Freund kein stilleres, innigeres Zeichen für seine Liebe findet als gleißendes Gold. Schweigend verbrennt er seine eigene Huldigung an die schöne Frau — ein Sonett. Plötzlich stürzt die Nachricht von einem Mordanschlag auf die Königin die Gesellschaft in helle Empörung. Der Täter ist ein Jude. Über dem Streit der Männer um Gericht und Gerechtigkeit bittet Lady Southampton den Dichter, das Geschehen nicht mit bloßen Vernunftgründen zu beurteilen, sondern einmal zu dem Urgrund der Dinge hinabzusteigen, wo das Blut wägt und nicht der Verstand. Und Shakespeare, der so berufen, die Wahrheit sieht, sucht nach einem Gnadenschleier für die grausige Wirklichkeit, einem Schleier, hinter dem diese Wirklichkeit zur höheren Wahrheit wird. Lady Southampton reicht ihm den Schleier von ihrer Schulter, und nun entführt der große Komödiant die Freunde ins Sonnenland Italien, nach Venedig."(520)

Diese von Harlan ersonnene Fabel hat weder mit Shakespeare noch mit dem gesellschaftlichen Leben seiner Zeit zu tun. Als das Drama *Der Kaufmann von Venedig* entstand — vermutlich 1596(521) — lebten nur einige wenige Juden heimlich in London; offiziell bestand bereits seit 300 Jahren ein Einwanderungsverbot für Juden, das erst von Oliver Cromwell (1599-1658) wieder aufgehoben wurde. Juden besaßen für die Gesellschaft des elisabethianischen Zeitalters allenfalls "ein gewisses exotisches Interesse".(522) Soweit Antisemitismus existierte, basierte er auf der religiösen Vorstellung, daß das jüdische Volk wegen der Kreuzigung Jesu verdammt sei und nur durch die christliche Taufe von seiner Schuld erlöst werden könne; ein getaufter Jude wurde als vollwertiger Christ betrachtet.

Mit dem Attentat wollte Harlan wohl auf Roderigo Lopez anspielen, den Leibarzt Elisabeths I., der getaufter Jude war und 1954 wegen angeblicher Konspiration mit Spanien hingerichtet wurde. Für Shakespeares Drama läßt sich jedoch eine Beziehung zwischen der Hinrichtung des Lopez und der Shylockfigur literarhistorisch nicht nachweisen.(523) Vielleicht dachte Harlan aber auch an das Attentat, das am 8. November 1939 in München auf Hitler verübt worden war.(524) Für das Vorspiel machte Harlan außerdem Anleihen bei seinem Film *Jud Süß*. Die Verachtung des gleisnerischen Goldes, die er dem Dichter nachsagt, steht im Widerspruch zur Komödie *Der Kaufmann von Venedig*, in der der Ring als Zeichen der ehelichen Treue eine wichtige Rolle spielt. Harlan hingegen hatte schon in *Jud Süß* den kostbaren Ring zum Zahlungsmittel für käufliche Liebe erklärt, mit dem Juden und Judenhörige sich die Frauen geneigt machen, während der rassebewußte Arier der geliebten Frau ein Notenbüchlein oder ein Gedicht überreicht. – Auch das Erschrecken des Dramatikers über den Leichtsinn des Freundes ist Harlans Erfindung; Shakespeare schildert den Leichtfuß Bassanio, um dessentwillen sich der Kaufmann in die Abhängigkeit des Juden Shylock begibt, ohne eine Spur von Kritik als liebenswürdigen Edelmann. Lady Southampton schließlich ist eine Fabelfigur, deren Verhalten nur von der nationalsozialistischen Rassenlehre her verständlich wird. Sie ist nicht an verstandesmäßiger Klärung des Attentats interessiert, sondern fordert den Dichter auf, der emotionalen Reaktion auf das jüdische Verbrechen Ausdruck zu geben. Auf diese Weise konnte Harlan jetzt dem Dichter unterschieben, *Der Kaufmann von Venedig* sei von vornherein als antisemitisches Drama geplant gewesen (eine Auffassung, die Shakespeares Komödie bereits durch ihren Aufbau widerlegt – das Verwechslungsspiel der liebenden Paare nimmt viel mehr Raum ein).

Da Harlan die Absicht hatte, das ganze Drama anschließend in der Übersetzung von Schlegel zu übernehmen, ahmte er offensichtlich im Vorspiel dessen Stil nach. Frowein bemängelte in seinem Brief vom 12. Oktober 1944, daß Harlan den Dichter im Vorspiel dauernd "in Sinnsprüchen" reden lasse und schlug vor, das Vorspiel zu kürzen, "damit es uns auf möglichst einfache Weise zu der Haupthandlung hinführen kann". Da Harlan sich dieser Aufforderung aber widersetzte, kam Frowein darauf in einem späteren, nicht datierten Brief(525) an Goebbels mit Nachdruck zurück: er halte das Vorspiel "für entschieden verbesserungsbedürftig". Inhaltlich hatte er gegen das Vorspiel jedoch nichts einzuwenden (526):"Wir werden so zu Zeugen eines dichterischen Schöpfungsvorgangs, wissen also genau, daß sich mit der Haupthandlung eine gedichtete Welt vor uns auftut, zu der die Sprache Shakespeares bzw. Schlegels nicht in störendem Kontrast zu stehen braucht." Dann berichtete Frowein, daß Harlan Shakespeare auch in der Haupthandlung an mehreren Stellen auftreten und als Schöpfer des Spiels in das Geschehen eingreifen lasse: "So werden wir immer wieder daran erinnert, daß in Bezug auf die Haupt-

handlung jede Realität aufgehoben ist." Auch die häufige Verwendung der Großaufnahme, die stark stilisierten Ausstattungen des Films und seine Farbwirkung
sollten — so gab der Reichsfilmdramaturg Harlans Begründung zustimmend wieder — dazu dienen, "die Gefahr eines 'Realismus des Bildes' zu vermeiden, der mit
der geformten Sprache nicht zu vereinbaren wäre". Goebbels erkannte wahrscheinlich klarer als Frowein, daß die optische Verfremdung der Filmhandlung und die
ungewohnte Sprache die Propagandawirkung des Films beeinträchtigen würden.
Schon am 14. Oktober 1944, also kurz nach Erhalt des Berichtes, erließ der Propagandaminister eine Weisung, in der er "Bedenken" gegen die Übernahme der
Schlegel-Tieckschen Übersetzung äußerte.(527) Harlan aber war anscheinend wie
besessen von der Idee, einen "vertheaterten Film"(528) zu schaffen. Er kämpfte
um sein Drehbuch(529) und verzögerte dadurch den Drehbeginn, sehr zum Mißbehagen Hinkels, der die Aufnahmetermine für die Zeit von Ende November 1944
bis Mitte März 1945 festgesetzt hatte(530). Anfang Dezember suchte Hinkel bei
Goebbels um eine Audienz für Harlan nach und ließ dabei durchblicken, daß er
für Harlans künstlerische Extravaganzen nichts übrig habe und daß es ihm allein
um den möglichst raschen Beginn der Dreharbeiten gehe:

> "Nach starkem Widerstand ist er (Harlan — d. A.) dafür zu haben, unter Ver-
> wendung der bekannten anderen Übersetzungen eine heutige gepflegte Sprache
> zu verwenden. Seiner Art entsprechend macht Harlan selbstverständlich die
> Forderung nach Verwendung der sogenannten Shakespeare-Sprache der Über-
> setzung 'Schlegel-Tieck' sehr groß auf. Meines Erachtens ist es ihm aber im We-
> sentlichen darum zu tun, darüber mit dem Herrn Minister zu debattieren."(531)

Goebbels ließ sich nicht auf lange Debatten ein, sondern zwang Harlan, das Drehbuch umzuarbeiten. Über das Ergebnis teilte Frowein dem Propagandaminister in
dem undatierten Brief mit spürbarer Genugtuung mit:

> "Die Neufassung des Buches beweist, daß Sie in Ihrer damaligen Unterredung
> mit Harlan nichts Unmögliches verlangt haben. Der Text ist von den romanti-
> schen sprachlichen Schnörkeln der Schlegel-Tieckschen Übersetzung befreit
> und in eine Prosa umgegossen worden, die sich dem modernen Ohr wohltuend
> und verständlich mitteilt, ohne dabei etwas von der Gedankenfülle Shakespeares
> aufzuopfern."

Nur in wenigen Szenen hatte Harlan, wie Frowein erläuterte, "Originalstellen" der
Schlegelschen Übersetzung beibehalten, unter anderem in den Auftritten des Juden Shylock: "Hier hat Harlan in voller Absicht bizarre Bilder und unübliche Wort-
stellungen nicht vermieden, um das Jüdische in Tonfall und Redeweise um so ge-
nauer zu treffen." Jetzt mißfiel dem Reichsfilmdramaturgen aber, außer dem Vorspiel, immer noch der Schluß des Films, den Harlan offensichtlich auf Goebbels'
Wunsch gleichfalls geändert hatte. Frowein schrieb:

> "Als neuen Schluß hat Harlan dem Film nunmehr eine aus anderen Stücken
> Shakespeares zusammengestellte Schlußansprache an das Publikum angefügt,
> der man die nicht organische Zusammengehörigkeit deutlich anmerkt. Sie sagt

nichts zum Thema *Kaufmann von Venedig* aus. Ich schlage entweder eine Schlußansprache vor, die zur Sache selbst etwas beiträgt, oder aber einen optischen Abschluß, den ich in jedem Falle für filmgerechter halte."

Mit der "Sache selbst" war offenbar das antisemitische Thema gemeint. Harlan wollte wohl die originale Reihenfolge der Schluszenen beibehalten (532),im Drama folgt aber nach dem Abgang des Juden im vierten Aufzug noch ein fünfter Aufzug, der das zweite Thema, das Verkleidungsspiel zwischen den Paaren Bassanio/ Porzia und Graziano/Nerissa auf heitere Weise löst. Harlan mußte nun obendrein die Rahmenerzählung abschließen. Dieses Problem zu lösen, war ihm mit der Shakespeare nachempfundenen Ansprache offensichtlich im Sinne der nationalsozialistischen Propaganda nicht gelungen. Wie Harlan später angab, hat er noch ein drittes Drehbuch geliefert, in dem er angeblich "das Humorige ganz besonders betonte"; zu Dreharbeiten kam es aber offensichtlich nicht mehr.(533)

Über den Inhalt der Haupthandlung des *Kaufmann von Venedig* ist nichts veröffentlicht worden. Das ist bedauerlich, weil Harlan Shakespeares Drama zweifellos nicht ohne wesentliche Veränderungen des Inhalts übernommen hat. Ungefähre Rückschlüsse lassen sich ziehen, wenn man die Judenszene des Dramas mit den Vorstellungen der nationalsozialistischen Rassenlehre vergleicht.(534) Wenn in Shakespeares *Kaufmann von Venedig* Jessica, die Tochter des Juden Shylock, dem Elternhaus entflieht, um den venetianischen Edelmann Lorenzo zu ehelichen, so war das nach nationalsozialistischer Auffassung ein Fall von Rassenschande, dessen Darstellung Goebbels im Film nicht zulassen konnte. Jessica ist von Shakespeare überdies als anmutiges Geschöpf gezeichnet. Lorenzo rühmt sie als "klug, schön und treu" (2. Akt, 6. Szene).(535) Die "Bastardhoffnung", Jessica möge nicht die leibliche Tochter des Juden sein, die der Schelm Lanzelot ihr nahelegt, lehnt die junge Frau um der Ehre ihrer Mutter willen ab. Lanzelots Befürchtung, als Jüdin gehe sie der ewigen Seligkeit verlustig, beantwortet Jessica mit dem Hinweis: "Ich werde durch meinen Mann selig werden, er hat mich zu einer Christin gemacht" (3. Akt, 5. Szene). Für den Zeitgenossen Shakespeares hatte diese Ansicht, wie schon erwähnt, nichts Anstößiges. So besteht auch die Bestrafung Shylocks im Schauspiel nicht in seiner Hinrichtung, sondern in seiner Taufe, die den Juden auslöscht und aus dem "Teufel", wie er mehrfach genannt wird, einen Christen macht, der dann freilich auch nicht mehr seinem bisherigen Geschäft, dem Wucher, nachgehen darf. Die nationalsozialistische Rassenlehre hatte diese Auffassung, Hitlers Ausführungen in *Mein Kampf* folgend, ausdrücklich als falsch und gefährlich gebrandmarkt. Diese Schwierigkeiten sollte Harlan, wie er später geäußert hat (536), auf Goebbels' Geheiß durch eine Fälschung des Shakespeare-Dramas umgehen — Jessica sollte, wie Lanzelot vorschlägt, als "Halbjüdin" auftreten. Auf den nächstliegenden Gedanken, Jessica als Nichtjüdin auszugeben, die bei dem Juden aufgewachsen ist (ähnlich der Rolle Rechas in Gotthold Ephraim Lessings *Nathan der Weise*), kamen die Bearbeiter des Schauspiels offenbar nicht.

Die anderen Personen bereiteten wahrscheinlich wenig Schwierigkeiten. Shakespeares Charakterisierung des Juden wie auch des venetianischen Kaufmanns Antonio widersprechen der Rassenlehre nicht, sie bestätigen sie eher noch. Der Nationalsozialist konnte den "königlichen Kaufmann" ohne weiteres als Idealbild des arischen Menschen deuten. Antonio treibt Handel ohne kleinliche Bedenken, er leiht Geld aus, ohne Zinsen zu nehmen und verwöhnt seine verschwenderischen unbemittelten Freunde mit großzügigen Geldzuwendungen, ohne nach Rückzahlung zu fragen. Aus Zuneigung zu seinem Vetter ist Antonio sogar bereit, sich auf das fragwürdige Geschäft mit Shylock einzulassen und dem Juden das eigene Leben zu verpfänden, um Bassanio eine standesgemäße Brautwerbung zu ermöglichen. Hier gleicht der Kaufmann dem arischen Führer, der nichts für sich begehrt, sondern sein Gut und sein Leben für seine Freunde einsetzt. Wie ein wahrer Edelmann verhält sich Antonio auch dann noch, als der Jude ihn als säumigen Schuldner in den Gerichtssaal geschleppt hat. Antonio erkennt ohne Widerspruch die mörderische Bedingung an, die Shylock ein Pfund Fleisch aus der Brust des Venetianers verspricht — er hat sein Wort verpfändet, und er hält es. Ja, er ist sogar bereit, auf seinen letzten Wunsch zu verzichten, von dem geliebten Freund Abschied nehmen zu können. Der Nationalsozialist konnte hier soldatische Tugenden entdecken: die bedingungslose Treue, den Gehorsam, den völligen Verzicht auf persönliche Wünsche. — Ein einziger Schatten trübt das von Shakespeare entworfene Bild: Antonio, die Verkörperung der Güte, haßt den Juden von ganzem Herzen, verleumdet und schädigt ihn und behandelt ihn mit Verachtung; ja, der Kaufmann hat den Juden sogar schon bespuckt, wie Shylock bitter klagt. Auch hierin konnte der Nationalsozialist sich wiedererkennen, auch er sollte den Ausbeuter seiner Freunde (sprich: Volksgenossen) mit fanatischem Haß verfolgen — der oberste Richter, der "Führer", hatte die Verfolgung der Juden ja selbst angeordnet.

Auch Shylock paßt in die Typologie des Antisemitismus, er erscheint im Drama als die Inkarnation des Bösen. Er ist ein gefühlloses Ungeheuer, lieblos gegen die Tochter, die er als seinen Besitz, als ein Ding betrachtet, er ist unbarmherzig gegen seine Opfer — niemand vermag ihn zur Milde zu bewegen. Shakespeare spricht Shylock (übrigens auch Jessica) sogar das Verständnis für Musik ab, die in seinem Drama die Harmonie der Welt versinnbildlicht. Er kennzeichnet den Juden damit als eine durch und durch disharmonische Person, charakterlich verbogen durch die Gier nach Gewinn und durch blinde, hemmungslose Rachsucht. Diese Darstellung stimmt mit der Rassenlehre völlig überein. Indessen war Shakespeare eben doch nicht der Rassenfanatiker, zu dem er nachträglich abgestempelt werden sollte — er legt auch die Motive dar, die Shylock zum bösen Menschen gemacht haben. Der Dramatiker verheimlicht nicht, daß die Mordgier des Juden erst durch seine ständigen Demütigungen durch die Christen entstanden ist. Shakespeare versagt Shylock so wenig wie den anderen "Teufeln" seiner Dramen tragische Größe: der Jude geht nach seiner Niederlage als Gebrochener und doch mit Würde von der Bühne. Wie anders trat der Hofjude in *Jud Süß* ab! Auch Süß Oppenheimer wird durch die feindliche Haltung seiner Umwelt zu seinen Untaten getrieben, das leugnet der Film nicht, aber der Jude stirbt als Feigling, der bei seinen Gegnern um sein Leben bettelt. Die Schauspieler des 18. und 19. Jahrhunderts hatten sich darum bemüht, den Juden als tragische Gestalt darzustellen.(537) Für nationalsozialistischen Inszenierungen des Dramas war dieses Verfahren indiskutabel, bedeutete es doch, "in völliger Umkehrung des Sachverhalts den Shylock zu einem Märtyrer zu machen".(538) Als *Der Kaufmann von Venedig* 1935 unter Oberspielleiter Hans Tügel in Königsberg aufgeführt wurde, schrieb Karl Pempelfort im *Königsberger Tageblatt* (539):

> "Shylock ist es nicht um sein Recht zu tun, sondern um seine Rache. Was aber ist Rache? Ist sie eine mannhafte Gegenwehr? Nein, sie ist die Taktik, die einen Schlag nicht sofort im offenen Kampf abwehrt, sondern die ihn feige einsteckt und tückisch auf die günstige Gelegenheit wartet, bis der Gegner sich in einer wehrlosen Lage befindet, um ihm ohne Gefahr und mit dem Schein des Rechtes den Todesstoß zu versetzen. So schluckt Shylock alle Demütigungen herunter, die er ja nun empfängt, weil er sich selbst seiner Würde begibt."

Daß Rache hier die Notwehr eines Menschen ist, der auf Gerechtigkeit nicht hoffen kann, mußte der Vertreter der nationalsozialistischen Rassenlehre leugnen. Ein Jude hatte nicht das Recht sich zu wehren, nicht auf der Bühne, nicht in der Realität — er sollte sich widerstandslos wie Vieh zur Schlachtbank treiben lassen. So mußte das Drama *Der Kaufmann von Venedig* mit Gewalt mißdeutet werden, wenn man Shakespeare — nach so vielen anderen historischen Persönlichkeiten — als Vorläufer und Befürworter des rassischen Antisemitismus ausgeben wollte. Pempelfort betonte in seiner Rezension: "Das Geheimnis dieser beiden Welten wird erst uns klar, die wir wissen, daß sie der Ausdruck zweier Rassengegensätze sind. Shakespeare hat, ohne die Zusammenhänge zu kennen, den Geist dieser Elemente gezeichnet und damit ein Problem aufgerollt, das für uns heute aktuelle Bedeutung besitzt."

Wie Harlan die Rolle des Shylock verfilmt hätte, ist unschwer zu erraten: Werner Krauß, der diesen Part übernehmen sollte, hatte sich erst im Mai 1943 — also anderthalb Jahre vor dem geplanten Drehbeginn — bei einer Neuinszenierung des Dramas im Wiener Burgtheater als "Shylock der Ostjude"(540) feiern lassen. Der Theaterkritiker Karl Lahm bezeichnete jene Bühnenversion, der offiziellen Ankündigung folgend, als "völligen Bruch mit der seit 50 Jahren geübten Darstellung des Shylock" und schrieb in der *Deutschen Allgemeinen Zeitung* über den Auftritt des Schauspielers:

> "Die Maske allein schon, das von grellrotem Haar- und Bartwuchs umrahmte blaßrosa Gesicht mit den unstet pfiffigen Äuglein, der speckige Kaftan mit dem umgeschlagenen gelben Kulttuch, der gespreizte, schleppende Gang, das hupfende Fußstampfen in der Wut, die krallige Gestik der Hände, das grölende oder murmelnde Organ — dies alles eint sich zum pathologischen Bild des ostjüdischen Rassentyps mit der ganzen äußeren und inneren Unsauberkeit des Menschen bei Hervorhebung des Gefährlichen im Humorigen."(541)

Die Beschreibung läßt kaum Zweifel daran: mit der Übernahme dieser Rolle im Film *Der Kaufmann von Venedig* hätte Werner Krauß seine Judendarstellung in *Jud Süß* noch übertroffen. Hier bot sich Goebbels endlich die langentbehrte Gelegenheit, jenen Filmerfolg von damals zu wiederholen. Das Drehbuch lag bereit, Regisseur und Judendarsteller garantierten von vornherein antisemitische Maßarbeit. Aber war das Publikum in der Lage, einen neuen judenfeindlichen Propagandafilm aufzunehmen? Noch ehe die Dreharbeiten begannen, gab es kaum noch unzerstörte Lichtspielhäuser, in denen *Der Kaufmann von Venedig* hätte aufgeführt werden können, und selbst die unermüdlichsten Kinogänger in dem noch unbesetzten Teil Deutschlands bangten um ihre Existenz. Die sinnlos angekurbelte Produktionsmaschinerie lief unter Ausschluß der Öffentlichkeit noch weiter, als das nationalsozialistische Kapitel der deutschen Filmgeschichte längst abgeschlossen war.

3. BEDEUTUNG UND FUNKTION DER ROLLEN

Trotz ihrer unterschiedlichen Thematik zeigen alle antisemitischen Filme eine überraschende Gleichförmigkeit. Schuld daran trägt die Propaganda, die das Filmgeschehen wie mit einem Schleier überzieht und jeden Ansatz zu einer wirklichkeitsgetreuen Schilderung des menschlichen Daseins und seiner Probleme verdeckt. Die Filme präsentieren eine Scheinwelt, mit dem offenkundigen Ziel, das bisherige Weltbild des Zuschauers zu zerstören und durch ein neues, das nationalsozialistische, zu ersetzen. Obwohl Goebbels die unter seiner Leitung hergestellten Filme zumindest teilweise bedenkenlos als Kunst ausgab, war er doch keineswegs bereit, die Propaganda-Absichten künstlerischen Erwägungen unterzuordnen. Die Kunstfertigkeit der Filmhersteller hatte darin zu bestehen, die dramaturgischen und technischen Möglichkeiten des Films der Propaganda so weit wie möglich dienstbar zu machen. Formale Experimente waren im nationalsozialistischen Filmschaffen nicht erlaubt, sofern sie die unmittelbare Verständlichkeit des Films und damit die Wirkung der Propaganda beeinträchtigen konnten. Goebbels war nicht dazu bereit, selbst künstlerisch bescheidene Eigenwilligkeiten seiner Filmhersteller zu dulden. Der Primat der Propaganda verlangte ferner eine möglichst einfache, allgemein verständliche Gestaltung des Stoffes, die an den Kinogänger keine geistigen Ansprüche stellte. So wurden auch die antisemitischen Filme als attraktive Ware angeboten, die das Publikum, das Zerstreuung und Entspannung suchte, bereitwillig konsumieren sollte. Obwohl von den 18 antisemitischen Spielfilmen die Hälfte als Biographien mit belehrendem Anspruch auftreten, überwiegt in der Gestaltung doch das unterhaltende Element, das das Lehrhafte vergessen läßt. Goebbels verließ sich darauf, daß der Zuschauer, der sich in die Scheinwelt der nationalsozialistischen Filme entführen ließ, die propagandistischen Aussagen in sich aufnehmen würde, ohne es überhaupt zu bemerken.

3.1. Typisierung als Verständnishilfe (1)

Ein Film, dessen wichtigste Aufgabe darin besteht, bestimmte Ideen und Vorstellungen auf das Publikum zu übertragen, ist mehr als der normale Unterhaltungsfilm auf eine klare Typologie angewiesen. Der in der Psychologie benutzte Begriff "Typus" bezeichnet zum einen den Bestand von Merkmalen, den eine Anzahl von Individuen aufweist, zum anderen den konstruierten Idealfall eines Individuums, das alle diese Merkmale in reinster Ausprägung aufweist.(2) Die typologische Betrachtungsweise geht davon aus, daß mehrere Individuen in ihrer Gesamterscheinung einander ähnlich sind und sich dabei von anderen deutlich abheben. Die Aufgabe der vom Film benutzten Typologie besteht darin, die vielfältigen Erscheinungsformen des Lebens auf der Leinwand auf wenige, besonders markante Beispiele zu reduzieren. Die unübersehbare Menge von völlig verschiedenen Menschen, die dem Kinogänger in seinem privaten Leben ständig begegnet, wird im Filmgeschehen zu wenigen Personen verdichtet, die jetzt als Repräsentanten von Gruppen, von bestimmten Bevölkerungsschichten, Ständen, auch Völkern, Nationalitäten auftreten. Diese Typen sind an einigen wenigen Merkmalen ihrer äußeren Erscheinung bzw. an bestimmten Verhaltensweisen zu erkennen.

Die Zuordnung der Merkmale zu bestimmten Typen ist nach demselben Prinzip geregelt, das der Kinobesucher auch im persönlichen Umgang mit seinen Mitmenschen unbewußt anwendet: durch Vorurteile. Gewisse Eigenschaften und Eigenarten, die an irgendeinem Vertreter einer bestimmten Gruppe auffallen, werden ohne rationale Überprüfung allen oder zumindest den meisten Mitgliedern dieser Gruppe zugeschrieben. Dabei kann bereits die Zuordnung einer Person zu einer Gruppe das Ergebnis von Vorurteilen sein. Der Vorteil dieses Verfahrens liegt im täglichen Leben vor allem in der schnellen Orientierung; die Verwendung von Vorurteilen hilft über die Unsicherheit im Umgang mit fremden Personen hinweg und erleichtert das Verständnis komplizierter Vorgänge. Die Vereinfachung und Schematisierung verleitet aber auch zu Fehlschlüssen. Da die angenommenen Typen in dieser reinen Form selten mit der Realität übereinstimmen, unterschätzt der vorurteilsvolle Betrachter gewöhnlich die tatsächliche Variationsbreite der Eigenschaften und überschätzt die Unterschiede zwischen den Gruppen. Wenn er darauf verzichtet, die Vorurteile, die seiner typologischen Betrachtung zugrunde liegen, rational zu durchleuchten und entsprechend zu korrigieren, verformt sich zwangsläufig sein Bild von der Wirklichkeit. Im Denken wie im Handeln immobil, ist er nicht mehr imstande, der Realität gerecht zu werden. Soweit sich diese vorgefaßten, ungeprüften Meinungen auf Gruppen beziehen, äußern sie sich als Stereotype(3), d.h. als unveränderliche Vorstellungen von Eigenschaften und Verhaltensweisen, die von jedem Angehörigen der betreffenden Gruppe erwartet werden. Diese starren Denkschemata können sowohl die eigene Gruppe (Autostereotype) betreffen, in diesem Fall die Arier bzw. die Nationalsozialisten, als auch Fremdgruppen (Heterostereotype), z.B. die Juden. Der Stummfilm war schon durch seine technischen Voraussetzungen gezwungen, die typologische Darstellung zu bevorzugen: der ungeübte Zuschauer brauchte optische Orientierungshilfen, um aus rasch ablaufenden Bildern den Sinn des Geschehens zu erfassen, denn nur das Wiedererkannte wird verstanden, und nur das verstandene Geschehen kann miterlebt werden. So bürgerte sich eine Bildersprache des Films ein, die unter anderem Typen und Stereotype verwendete, um mit ihrer Hilfe das Erlebnis von Wirklichkeit vorzutäuschen. Es zeigte sich aber bald, daß das Publikum nur noch solche Typen und Stereotype als realistisch akzeptierte, die seinen Erwartungen entsprachen und mit seinen eigenen Vorurteilen übereinstimmten. Die Typologie, die der nationalsozialistische Film benutzte, unterschied sich von der des Stummfilms und des frühen Tonfilms vor allem dadurch, daß sie sich zuerst an der nationalsozialistischen Ideologie orientierte und erst in zweiter Linie versuchte, Übereinstimmung mit den Erwartungen der Kinobesucher herzustellen. Solange dem Publikum nationalsozialistische Vorstellungen, Vorurteile und Wertmaßstäbe fremd waren, mußten die Filmhersteller mit dem inneren Widerstand der Zuschauer rechnen, folglich mit einem Mißerfolg ihrer Propaganda. Dieses Problem suchten die Parteileitung und das Propagandaministerium durch die einheitliche Steuerung aller publizistischen Medien zu lösen. Wirkten Presse, Rundfunk und Film im einzelnen nicht überzeugend genug, so sollte die Massierung der Propaganda, die unaufhörliche, aufdringliche Beeinflussung, den Erfolg erzwingen. Der künftige Nationalsozialist sollte gleichsam so lange an die ideologische Brille gewöhnt werden, bis er die Wirklichkeit nur noch in Zerrbildern wahrnehmen konnte. Zu diesem Zweck mußten die Filmpropagandisten das Vorhandensein einer Typologie leugnen. Dem Zuschauer wurde teils durch Kommentare zum Filmgeschehen, teils durch Werbetexte und Filmrezensionen suggeriert, er nehme im Filmerleben am realen Geschehen teil. Die im Film auftretenden Typen galten nicht mehr als verkürzte, vereinfachte Darstellungen von Personen, sondern als prägnante Wiedergabe lebender Menschen. Gruppen von sehr unterschiedlicher Zusammensetzung wurden dabei mit einzelnen Personen gleichgesetzt. Die Vorliebe der nationalsozialistischen Terminologie für den Singular — der Arier, der Jude, der Slawe, der Soldat usw. — fand auch in den Film Eingang.

Gleichzeitig gab die nationalsozialistische Filmpropaganda den Typen einen unveränderlichen moralischen Stellenwert. Die damit verbundene Erstarrung und Begrenzung der Rollen wird am Typus des Juden besonders deutlich. Die komische Rolle des Juden — als gewitzter Gauner, als gerissener Kaufmann, als geprellter Liebhaber — hatte schon seit Jahrhunderten zum Arsenal der deutschen Bühnengestalten gehört. Der jüdische Witz kennt keine Scheu vor kräftiger Selbstkarikatur, so hatten auch jüdische Bühnen- und Filmautoren keine Bedenken, das Publikum mit der Darstellung eines komischen Juden zu erheitern. Ebenso wenig scheuten jüdische Schauspieler davor zurück, eine an sich neutrale Rolle mit typisch jüdischen Akzenten auszustatten. Offenbar hielten sie die Gefahr, der Zuschauer könne die Karikatur allzu wörtlich nehmen, für sehr gering. Von den Nationalsozialisten wurde dieses Verhalten nachträglich als Selbstentlarvung des jüdischen Rassecharakters gewertet. Jenes Mißverständnis, im jüdischen Typus verkörpere sich die gesamte jüdische Rasse in einer Person, galt von 1933 an als verbindliche Betrachtungsweise. — In den 18 hier ausführlich behandelten antisemitischen Spielfilmen haben die Judenrollen ein unterschiedliches Gewicht. Insgesamt 41 sind näher gekennzeichnet. Zwölfmal haben Juden eine tragende Rolle, d.h. sie treten den nicht-jüdischen Hauptpersonen als mächtige Widersacher gegenüber und beeinflussen eine Zeitlang deren Schicksal und Handeln. Diese zwölf Rollen verteilen sich auf sieben Filme: *Robert und Bertram, Leinen aus Irland, Die Rothschilds, Jud Süß, Carl Peters, Venus vor Gericht* und *Wien 1910*. In zweien dieser Filme, *Die Rothschilds* und *Jud Süß*, sind die Juden selbst Hauptpersonen; ihr Schicksal wird ausführlich geschildert.

3.1.1. Der jüdische Beruf als Rassenmerkmal

Fragt man nach den Berufen, die die Juden in den Filmen ausüben, so zeigt sich
eine auffallende Bevorzugung jener Tätigkeiten, für die die Juden angeblich
durch ihre rassischen Eigenschaften besonders geeignet waren. Von den zwölf
jüdischen Hauptpersonen sind fünf Bankiers und zwei Sekretäre, je einer wird
als Generaldirektor, als Kunsthändler, als Staatsbeamter, als Journalist und als
Rabbiner vorgestellt. Alle zwölf Juden handeln im Filmgeschehen selbständig,
auch wenn sie, wie der Staatsbeamte Leo Kayser in *Carl Peters* oder die Sekretäre Bronstein (*Die Rothschilds*) und Levy (*Jud Süß*), Vorgesetzten unterstehen.
Neun Personen üben direkte Macht aus: sieben handeln mit Geld-, Vermögens-
oder Kulturwerten, zwei — der Rabbiner und der Journalist — haben durch ihren Beruf geistigen Einfluß auf die Öffentlichkeit.In den 29 Nebenrollen verschiebt sich diese Aufteilung etwas. Dort führen die Journalisten, vier an der Zahl,
gefolgt von vier Bediensteten — einem Lakai, einem Kurier und zwei Gehilfen.
Drei Juden sind Händler und Kaufleute, drei Parlamentarier, zwei Parteifunktionäre. Die Intellektuellen sind ferner durch einen Universitätsprofessor, einen
Arzt und einen Rechtsanwalt vertreten. Berufe, in denen — den Filmen nach zu
schließen — Juden große Macht über intellektuell minderbegabte Menschen gewinnen, sind auch der des Prokuristen, des Staatsbeamten und des Geheimagen-
ten. Die Berufsskala wird vervollständigt durch einen Buchhalter und durch einen einzigen Handwerker, den Schächtermeister.

Fünf Personen haben überhaupt keinen Beruf: drei von ihnen leben als Schmarotzer auf Kosten anderer, ein Jude wird nur als Attentäter gezeigt (*Bismarck*),
ein anderer ist als verlotterter Greis zu sehen (*Jud Süß*). Zum Teil überschneiden
sich die Gruppenzugehörigkeiten auch. Attentate werden auch von einem Reichstagsabgeordneten (*Hans Westmar — einer von vielen*) und von einem Parteifunk-
tionär (*GPU*) ausgeführt, als Parteifunktionäre geben sich auch ein Parlamentarier (*Hans Westmar — einer von vielen*) und ein Journalist (*Carl Peters*) zu erkennen. Daß einige Berufsgruppen, die als "jüdisch überfremdet" galten wie z.B.
Rechtsanwälte und Ärzte, in den antisemitischen Filmen nur beiläufig erwähnt
werden, mag daran liegen, daß die antisemitische Filmpropaganda nicht systematisch vorging. Jüdische Kulturmanager und Künstler, die Hipplers Film *Der
ewige Jude* angriff, tauchen in den Spielfilmen überhaupt nicht auf. Hier mochte
es schwerfallen, die Unterschiede zwischen den Juden und den arischen Berufs-
vertretern deutlich genug herauszustellen. Bei den bevorzugten Judenrollen verhinderte die historische Kostümierung unerwünschte Vergleiche mit der Gegenwart; es ist sicher kein Zufall, daß alle fünf Bankiers (in den Filmen *Robert und
Bertram, Die Rothschilds* und *Jud Süß*) weit zurückliegenden Epochen angehören.

Bei der Wahl der jüdischen Berufe spielte offensichtlich der Grad der nationalsozialistischen Ressentiments eine Rolle, das verrät vor allem die Bevorzugung

von Bankiers und Journalisten in den wichtigeren antisemitischen Filmen. In Hitlers Augen war nur derjenige mächtig, der das Kapital und die öffentliche Meinung beherrschte (4). Er selbst hatte sich im Kampf um die Macht immer wieder von Geldnot und vom Widerstand der Presse bedroht gesehen, und auch nach der "Machtergreifung" blieben die angeblich von Juden beherrschte Bankwelt der ausländischen Feinde und die ausländische Presse zwei Faktoren, die er bei seinen außenpolitischen Plänen berücksichtigen mußte. Der daraus resultierende Haß schlug sich in den Filmen nieder: hier sind die jüdischen Bankiers ausnahmslos Ausbeuter des Volkes, die Journalisten Landesverräter, die nicht selten für sowjetische oder englische Geheimdienste arbeiten. Der Beruf wird zum Merkmal der bösen Rasse. Als Berufsvertreter sind in den antisemitischen Filmen mit einer Ausnahme nur jüdische Männer zu sehen, und zwar im Alter von über 30 Jahren. Nur in *Hans Westmar — einer von vielen* tritt eine jüdische Parteifunktionärin auf, die sich, zumindest für nationalsozialistische Begriffe, sehr unweiblich gebärdet. In *Robert und Bertram* dienen die Frauen, die Bankiersgattin und ihre Tochter, lediglich noch dazu, das Bild der jüdischen "Mischpoche" zu vervollständigen. Von da an ist die Jüdin als ein für die Propaganda unergiebiger Typus ausgeschieden.

3.1.2. Tarnung durch Assimilation

Ein weiteres Unterscheidungsmerkmal der verschiedenen Judenrollen ist der Grad der Anpassung an die nichtjüdische Gesellschaft. Als Kennzeichen der Assimilation gelten nicht nur, wie das der Film *Der ewige Jude* veranschaulicht, die äußere Erscheinung (Kleidung, Frisur), sondern auch das Auftreten, die Gestik, die akzentfreie Aussprache. In dem frühen antisemitischen Film *Robert und Bertram* sind alle Juden gleichsam nur verkleidet. Sie besitzen zwar die finanziellen Mittel, um das Leben des nichtjüdischen Großbürgertums zu führen, aber sie wissen sie nicht unauffällig, nicht selbstverständlich genug anzuwenden; Kleidung, Sprache, Gebärden sind nur Masken, hinter denen das unzivilisierte Wesen hervorschaut. Alle späteren Filme bevorzugen für die tragende Judenrolle den Assimilierten, der die Angleichung an seine nichtjüdische Umwelt als mehr oder weniger geglückte Tarnung betreibt, um ungestört schmutzige Geschäfte abwickeln zu können (5). Taucht der Jude im Film aber nur am Rande auf, so ist er gewöhnlich ein Nichtassimilierter, der alle Merkmale des Ghettos an sich trägt: Vernachlässigung des Äußeren (ein schmutziges oder wenigstens unrasiertes Gesicht, schäbige Kleidung), jiddischer Tonfall, träge, schleichende Bewegungen, lauernde Mimik. Zuweilen wird auch der jüdische Name (Türschild) im Film betont. Die unterschiedliche Verteilung kommt in den 18 Spielfilmen deutlich zum Ausdruck: die tragenden Judenrollen zeigen sieben Assimilierte und fünf Nichtassimilierte, in den Nebenrollen hingegen haben die Nichtassimilierten — 19 gegenüber zehn Assimilierten — das Übergewicht.

In den wichtigeren antisemitischen Filmen ist dem assimilierten Juden der Hauptrolle stets ein nichtassimilierter Verwandter oder Untergebener beigesellt. Das Doppelgespann soll die zwei Naturen des Juden veranschaulichen, der sich anpaßt und dennoch der Fremdling aus dem Ghetto bleibt. Generaldirektor Dr. Kuhn und sein Onkel Sigi (*Leinen aus Irland*), Bankier Nathan Rothschild und sein Sekretär Bronstein (*Die Rothschilds*), der Hofjude und sein Sekretär Levy bzw. Rabbi Loew (*Jud Süß*), Staatssekretär Dr. Leo Kayser und sein Bruder Julius (*Carl Peters*), der Journalist Dr. Viktor Adler und sein Faktotum Aaronson bzw. sein Informant Ben (*Wien 1910*) — jedes Paar bildet zusammen *den Juden*. Diese stereotype Vereinfachung soll dem Zuschauer bei der Identifizierung des Juden helfen, indem sie den Augenschein der Verschiedenartigkeit als trügerisch hinstellt. Zugleich soll sie den Betrachter dazu bewegen, künftig auch demjenigen Juden, den er eigentlich sympathisch findet, mit Mißtrauen zu begegnen, wider die eigene Einsicht oder das persönliche Gefühl. Selbstverständlich ging kein nationalsozialistischer Film so weit, einen vollkommen assimilierten Juden vorzuführen und ihn etwa erst im Verlauf der Handlung zur Verblüffung des Zuschauers zu entlarven. Allzu deutliche Übereinstimmung mit der Wirklichkeit mußte vermieden werden, um schlichte Gemüter nicht zu verwirren. Tatsächlich sieht auch der assimilierteste Filmjude — Siegfried Breuer in *Leinen aus Irland* und in *Venus vor Gericht* — immer noch so "typisch jüdisch" aus, daß nur ein sehr ahnungsloser Kinobesucher ihn verkennen konnte. Zur Sicherheit taucht im Filmgeschehen auch stets recht bald eine Person auf, häufig eine arische Frau, die den Juden instinktiv ablehnt. Dieses zunächst völlig irrational begründete Verhalten (s. Lillys Äußerung über Dr. Kuhn in *Leinen aus Irland*) erweist sich schnell als vollauf berechtigt: der Jude kann seinen schlechten Charakter nicht verbergen.

3.1.3. Der jüdische Rassecharakter

Das Thema der Bedrohung durch die "jüdische Weltverschwörung" zieht wie ein roter Faden durch die antisemitischen Filme, von *Hans Westmar — einer von vielen* bis hin zu dem Projekt *Der Kaufmann von Venedig*. Nur die Filmkomödie *Robert und Bertram* unternahm den — dann auch prompt von Hitler getadelten — Versuch, sich über Juden lustig zu machen.(6). Spott bleibt an ein bestimmtes Objekt gebunden; der Zuschauer, der sich über den komischen Bankier Ipelmeyer und seine Familie amüsiert hatte, kam wahrscheinlich nicht auf den Gedanken, außerhalb des Kinos nun auch über einen vielleicht arisch aussehenden Juden zu lachen. *Hans Westmar — einer von vielen* hingegen hatte jeden Juden als potentiellen Kommunisten-Knecht verdächtigt. Der österreichische Film *Leinen aus Irland* ging einen Schritt weiter: er demonstrierte an einem einzelnen Juden, wie die "jüdische Weltverschwörung" angeblich in aller Verborgenheit ihre Netze spann zum Schaden des arischen Volkes. In der Person des Dr. Kuhn sind bereits die hervorstechenden Eigenschaften der jüdischen Rasse, so wie sie die Rassenlehre verkündet hatte, vereint: brennender Ehrgeiz, Skrupellosigkeit in der Wahl der Mittel, arrogantes Auftreten, Geldgier und Gier nach der arischen Frau.

Eigenartigerweise wurde die behauptete sexuelle Abartigkeit des Juden, die für Hitler eine große Rolle spielte und die in der Presse und in der Literatur gern beschrieben wurde, nach *Leinen aus Irland* nur noch in *Jud Süß* behandelt. Beide Male besteht die Perversität darin, daß ein Jude eine Arierin heiraten will. In allen anderen antisemitischen Filmen erscheint der Jude als geschlechtlich indifferentes Wesen; wenn er Frauen nachstellt, dann nur, um gute Beziehungen zu ihren arischen Ehemännern anzuknüpfen (*Die Rothschilds*). Das Dilemma lag für die Drehbuchautoren augenscheinlich darin, daß zur Verführung zwei gehören. Es erschien nicht ratsam, die Ehre arischer Frauen in den Schmutz zu ziehen, indem man eine ihrer Vertreterinnen im Film bei der Ausführung eines "Verbrechens" zeigte, das nach den Nürnberger Rassegesetzen mit schweren Strafen geahndet wurde (7). In *Jud Süß* ist dieses Problem geschickt umgangen, da die rassestolze Bürgerstochter von dem Hofjuden vergewaltigt wird, aber diese Lösung ließ sich nicht beliebig oft wiederholen, wenn sie glaubhaft wirken sollte. Psychologische Gründe mögen die Autoren davon abgehalten haben, die "Rassenschande" an die Wand zu malen. Das negative Beispiel hätte Neugierige zur Nachahmung verlocken können — das Verbot der sexuellen Beziehungen zwischen Ariern und Juden verstärkte nämlich das Gerücht, der Jude sei mit anormalen sinnlichen Fähigkeiten und ungewöhnlichen Verführungskünsten begabt (ein wenig klingt davon noch in *Jud Süß* an). Diese von phantastischen Berichten(8) genährte Fama schloß zugleich die sexuelle Minderwertigkeit des arischen Mannes mit ein; es empfahl sich daher, dieses Thema im Film möglichst wenig zu berühren. Gleichwohl fanden die Minderwertigkeitsgefühle auf der Leinwand ihren Ausdruck und zwar in der offenkundigen Kompensation, mit der die Liebe unter Ariern zur reinen Seelengemeinschaft stilisiert wurde (s. *Leinen aus Irland, Jud Süß, . . .reitet für Deutschland, Venus vor Gericht, GPU, Heimkehr, Wien 1910*). Besonders grotesk wirkt die Leugnung nicht-platonischer Interessen, wenn aus der Liebesbeziehung ein uneheliches Kind hervorgeht (*Die Rothschilds*). Hier feierte die nationalsozialistische Prüderie Triumphe.

So erörtern die antisemitischen Filme im wesentlichen andere angeblich jüdische Eigenschaften, vor allem Machthunger und Geldgier. *Leinen aus Irland, Die Rothschilds* und *Jud Süß* schildern den Aufstieg eines Juden vom bescheidenen Anfang an bis zu seinem Höhepunkt ganz so, wie Hitler ihn in *Mein Kampf* beschrieben hat.(9) Der Jude erschleicht sich das Vertrauen einer höhergestellten wohlhabenden Persönlichkeit und macht sich als Ratgeber oder als Finanzier unentbehrlich. Er mißbraucht die ihm übertragenen Vollmachten, um die Untergebenen seines Brotherren auf alle erdenkliche Weise auszuplündern. Gelegentlich spielt er auch den freigebigen Wohltäter, sofern ein verlockendes Ziel die zeitweiligen finanziellen Unkosten rechtfertigt und sich seine guten Werke für die Eigenwerbung auswerten lassen. Stößt er auf Widerstand, so bedient er sich der

Presse, um Intrigen zu spinnen und Druck auszuüben. Hat er aber einige Male Erfolg gehabt, so wächst sein Ehrgeiz ins Uferlose: er greift nach den Heiligtümern der höheren Rasse, nach der arischen Frau, nach der Ehre des arischen Mannes. Doch hier stößt er an die Grenzen seiner Macht, diese Heiligtümer sind nicht für Geld zu haben. Der Jude verliert das Spiel, denn sein Instinkt hat ihn im entscheidenden Augenblick verlassen. Die Niederlage hindert ihn aber gewöhnlich nicht daran, das Unternehmen wieder von neuem zu beginnen. Nur in einem der bedeutenderen Filme ist das Spiel für den Juden endgültig aus: der Hofjude Süß Oppenheimer wird gehängt, seine Landsleute müssen das Land verlassen. *Der ewige Quell* deutet noch eine empfindliche Strafe an: der Jude wird einem voreingenommenen Gericht übergeben. In anderen Filmen bleibt der Ausgang offen, in zwei Fällen siegt der Jude gar über die Arier (*Die Rothschilds, Carl Peters*). Alle diese verschiedenen Filmschlüsse betonen die Gefährlichkeit des Juden: Er ist so mächtig, daß der Arier ihm nur mit nationalsozialistischen Methoden beikommen kann.

Auch in anderer Hinsicht verstärken die Filme diesen Eindruck. Stets bringt der Jude anerkannte Werte der Nation in Gefahr: die rassische Blutreinheit, den wirtschaftlichen Wohlstand, das Selbstbewußtsein des arischen Volkes, das sich in der Ehrfurcht vor der Tradition, in der Verehrung der Kunst und in der Wertschätzung der patriotischen Tugenden äußert. Der Jude hingegen kennt keinen anderen Wert als das Geld. Infolgedessen taxiert er alle anderen Werte nach ihrem materiellen Nutzen und verletzt so ständig das Ehrgefühl der ideal gesinnten Arier. Selbst dort, wo der Jude wenigstens seinem Volk, seinen bedürftigen oder weniger erfolgreichen Rassegenossen zu dienen scheint, geht es ihm — so behaupten die Filme — nur um den eigenen Profit. Hitler sieht das "scheinbar große Zusammengehörigkeitsgefühl" der Juden in einem "sehr primitiven Herdeninstinkt" begründet: "Der Aufopferungswille im jüdischen Volke geht über den nackten Selbsterhaltungstrieb des einzelnen nicht hinaus. . . Der Jude ist nur einig, wenn eine gemeinsame Gefahr ihn dazu zwingt oder eine gemeinsame Beute lockt..." (10) So ist in den Filmen zu sehen, daß der assimilierte Jude die Gegenwart des nichtassimilierten Volksangehörigen nur um des eigenen Vorteils willen erträgt. Dr. Kuhn findet seinen Onkel Sigi unsympathisch und läßt sich nur ungern an die eigene Herkunft erinnern (*Leinen aus Irland*), Dr. Leo Kayser möchte seinen Bruder Julius nicht zuletzt wegen dessen Parteicouleur am liebsten verleugnen (*Carl Peters*). Ähnlich umgeben sich Süß Oppenheimer und Nathan Rothschild nur deshalb mit ungewaschenen, ungebildeten Kreaturen, weil sie aus deren listenreicher Schläue Kapital schlagen können. Auf diese Weise entsteht eine Komplicenschaft von Einzelgängern, die das allen gemeinsame Ziel, die eigene Karriere, zeitweilig vereint und sie dadurch zu einer Macht werden läßt.

Gefährlich wirkt der Jude im Film außerdem durch seine Intelligenz. Hitler bestätigt die angeblich vorherrschende Meinung, der Jude sei gescheit (11); er hält dessen Intellekt aber für zerstörend, niemals aufbauend, weil es ihm an Idealismus fehle. (12) In seinen Augen ist der Jude "sehr schlau"(13), er versteht sich auf "kluges Zureden und Bestärken" (14), betreibt ein "geschicktes, raffiniertes Spiel" (15) und setzt "höchst raffinierte, eisig-kalte Logik im Dienste des jüdischen Welteroberungsgedankens und -kampfes" (16) ein. Im Hinblick auf die Erziehung der deutschen Jugend wertet Hitler die intellektuelle Bildung ausdrücklich zugunsten der körperlichen Ertüchtigung ab, da sie "körperlich degenerierte, willensschwache und feige Pazifisten" (17) hervorbringe. Zumindest die Willensschwäche scheint als unerwünschte Nebenerscheinung beim Juden nicht aufzutreten, und das erklärt vielleicht die Wut, mit der Hitler und auch Goebbels die jüdische Intelligenz diffamieren. Goebbels stellt die Frage: "Genau so schlau werden wie er? Er ist gar nicht schlau. Er ist raffiniert, gerieben, durchtrieben, gerissen und skrupellos. Da tun wir es ihm doch nie gleich" (18). Ähnlich klagt der junge Aktuarius Faber in *Jud Süß:* "So klug wie die Juden werden wir nie sein!", aber sein Schwiegervater tröstet ihn: "Klüger, viel klüger müssen wir sein. Die Juden sind ja gar nicht klug! Die sind nur schlau." Ob schlau oder klug — die Diskussionen über die jüdische Intelligenz enden allemal mit der Feststellung, daß der Jude seine geistreich ausgearbeiteten Pläne stets in die Tat umsetzt, während der Arier häufig durch Rücksichten auf seine Ideale oder seine Gefühle gehemmt ist. Der Nationalsozialist hält sich zwar für ebenso gescheit wie ein Jude, glaubt aber, seine Intelligenz nicht voll ausschöpfen zu können und zu dürfen. Diese Frustration äußert sich im Neid, der sich in der Diffamierung ein Ventil sucht.

Die Beschreibung der jüdischen Skrupellosigkeit nimmt in nahezu allen antisemitischen Filmen einen breiten Raum ein. Häufig wird der Jude als Verbrecher dargestellt, der vor seinen Mitmenschen als anständiger Bürger auftritt und erst gegen Ende des Films entlarvt und bestraft wird. Nicht immer besteht das Verbrecherische in einer kriminellen Handlung; viel häufiger wirkt der Jude im Film durch ein Verhalten unsympathisch, das nicht strafrechtlich zu verfolgen wäre, das aber doch den bürgerlichen Vorstellungen von Sitte und Anstand zuwiderläuft. Wertneutrales oder positives Handeln erhält durch einen Hinweis auf die Profitgier, die selbstsüchtigen Absichten des Juden einen negativen Akzent. Zu dieser negativen Beschreibung des jüdischen Verhaltens tritt die unsympathische Zeichnung des Äußeren. Nathan Rothschild ist schon dadurch zur Verbrecherfigur abgestempelt, daß er feist und dunkelhaarig ist und Anzüge mit übermäßig wattierten Schultern trägt. Eine Reihe von Eigenschaften und Eigenarten, die auf den ersten Blick gar nicht auffallen, verstärken den unangenehmen Eindruck seiner Person. Die geschickte Kameraführung sorgt für entsprechende Betonung: durch Untersicht, die das Gesicht, vor allem Kinn und Mund, verzerrt, durch grelle Beleuchtung, die die Gesichtszüge scharf nachzeichnet. Bei fast allen Judengestalten zielt die äußere Darstellung dahin, beim Betrachter die Vorstellung von einem hinterlistigen, heimtückischen, unehrlichen Menschen zu erwecken, so daß es ihm dann nicht schwer fallen muß, diesem Menschen alles Böse zuzutrauen. Volkstümliche "Weisheiten" wie die Behauptung, daß der erste Eindruck der beste, d.h. der richtige sei oder daß ein schlechter Charakter bereits am Gesicht abzulesen sei, werden in den antisemitischen Filmen bestätigt. Auf diese Weise wird das Publikum in keinem Augenblick darüber im Unklaren gelassen, wie es das Verhalten des Juden zu bewerten habe.

Mit diesen Merkmalen unterscheiden sich die antisemitischen Filme zunächst nicht von den üblichen Unterhaltungsfilmen, in denen sich negative Helden mit Gangsterphysiognomie durch kriminelles oder zumindest unerwünschtes Verhalten hervortun. Dort wird ein Überraschungseffekt dadurch erzielt, daß der Schurke noch viel bösartiger handelt, als der Zuschauer es ihm zutraut. Der antisemitische Film gewinnt in dieser Beziehung ein unbegrenztes Spielfeld im Bereich des Bösen: Der Jude tut beinahe ausschließlich das, was dem Zuschauer verboten ist, sei es durch Gesetz oder Konvention. Mehr noch, der Jude kennt keine edlen Gefühle, weder Mitleid noch Barmherzigkeit. Kann der Bösewicht im Verbrecherfilm überraschenderweise auch Milde walten lassen, so ist das dem Juden im antisemitischen Film grundsätzlich untersagt. Überraschung wird hier nur noch dadurch erzielt, daß der jüdische Verbrecher alle denkbaren Schandtaten überbietet. Wenn in *Heimkehr* polnisch-jüdische Kinder den deutschen Dorfarzt aus dem Hinterhalt beschießen und ihm das Augenlicht nehmen, wenn der jüdische Journalist in *Ohm Krüger* einen Sterbenden quält, dann sind das Beispiele für Tücke und Gefühlskälte, die der Betrachter normalerweise für unglaubhaft hält. Da er aber nicht wagen konnte, die Glaubwürdigkeit der Filme anzuzweifeln, mußte er — wie das die Filmpropaganda erwartete — mit Entrüstung reagieren. Daß die Filmhersteller nicht davor zurückschreckten, das Publikum bis an die Grenzen des physisch Erträglichen zu strapazieren, beweist *Der ewige Jude*, bei dessen drastisch ausgespielten Schächtszenen Zuschauer in Ohnmacht fielen.(19) Auch in anderer Hinsicht übertreffen die antisemitischen Filme die herkömmliche Typologie. Der Filmschurke ist verächtlich wegen seines negativen Charakters und seiner schlimmen Taten — der Filmjude bereits wegen seiner rassischen Herkunft. Das deutlichste Beispiel bietet *Jud Süß*: Der Hofjude wird schon von einem Arier beschimpft, als er noch keinen Anlaß dazu gegeben hat — daß er sich später der Beschimpfung wert erweist, erklärt den Vorfall nicht. Vielmehr suggeriert der Film dem Betrachter, der Arier habe von vornherein, aus Instinkt, die bösen Absichten des Juden erspürt. Ebenso verweigert der Landschaftskonsulent seine Tochter dem jüdischen Freier nicht wegen seiner Verbrechen, was verständlich wäre, sondern mit der Begründung, daß er sie keinem Juden geben wolle. Nur derjenige Zuschauer, der mit den Rassegesetzen einverstanden war, konnte diese Darstellung folgerichtig finden und sie bejahen. Aus diesem Grund bemühten sich die Drehbuchautoren darum, rassische Herkunft und verbrecherischen Charakter so einleuchtend miteinander zu verbinden, daß das Gerechtigkeitsempfinden des Betrachters nicht gestört werden konnte.

Gelegentlich kommt es aber vor, daß der Jude im Film zunächst nur dafür bestraft wird, daß er sich Rechte herausnimmt, die jedem anderen Bürger, aber nicht ihm zustehen. Der Journalist Dr. Viktor Adler in *Wien 1910* muß Ohrfeigen dafür hinnehmen, daß er es als Jude gewagt hat, den Mund aufzumachen; sein Faktotum schließlich wird bei dem Pogrom in der Redaktion mißhandelt, obwohl es überhaupt keinen Anlaß dazu gegeben hat außer dem, ein Jude zu sein und einem jüdischen Herrn zu dienen. Hier geht der Film über die üblichen Moralvorstellungen hinaus, nach denen Strafe nur dem wirklich Schuldigen gebührt. Drehbuchautor und Regisseur konnten sich aber auf die Unterstützung der allgemeinen antisemitischen Propaganda verlassen, die von Anfang an unermüdlich wiederholt hatte, daß die Juden als Verbrechervolk par excellence nicht nach normalen Maßstäben zu beurteilen seien. Die Darstellung der jüdischen Verbrechen in den antisemitischen Filmen diente also vor allem dazu, die Anormalität des Juden vor Augen zu führen, mochte sie sich nun in seiner angeblich unersättlichen Profitgier äußern oder in der Skrupellosigkeit, mit der er seine Pläne durchsetzte. Von daher war es dann nicht schwer, dem Juden das Menschsein überhaupt abzusprechen. Hitler hätte das in einem Gespräch mit Hermann Rauschning so formuliert:

"Zwei Welten stehen einander gegenüber! Der Gottesmensch und der Satansmensch! Der Jude ist der Gegenmensch, der Antimensch. Der Jude ist das Geschöpf eines anderen Gottes. Er muß einer anderen Wurzel des menschlichen Stammes entwachsen sein. Der Arier und der Jude, stelle ich sie einander gegenüber und nenne ich den einen Menschen, so muß ich den anderen anders nennen. Sie sind so weit von einander wie das Tier vom Menschen. Nicht daß ich den Juden ein Tier nenne. Er steht dem Tier viel ferner als wir Arier. Es ist ein naturfremdes und naturfernes Wesen". (20)

Diese Idee mußten die antisemitischen Filme einem großen Publikum so anschaulich machen, daß es bereit war, sie zu übernehmen und zu glauben. Die Filme bestätigten Hitlers Erklärung in *Mein Kampf*, daß sich niemand zu wundern brauche, "wenn in unserem Volke die Personifikation des Teufels als Sinnbild alles Bösen die leibhaftige Gestalt des Juden annimmt" (21). Der Vorgang vollzog sich umgekehrt: Der Jude wird in den Filmen als nationalsozialistische Version des Satans angeboten. Er vertritt die Macht der Finsternis, das Urböse, das Menschengestalt angenommen hat, um die Kinder des Lichtes, die Arier, zu verwirren, zu verführen und umzubringen. Der Jude ist damit nicht mehr der Typus eines Menschen, sondern der Typus eines Prinzips, das die menschliche Erscheinung nur als Tarnung benutzt. Damit standen den Filmherstellern ganz neue Möglichkeiten zur Verfügung. Sie konnten nun den Juden mit allen negativen Eigenschaften ausstatten ohne Rücksicht auf Glaubwürdigkeit. Weigerte sich der Zuschauer, eine rein negative Figur zu akzeptieren, weil es nach seiner Erfahrung in der Realität keine reinen menschlichen Erscheinungsformen von gut und böse gibt, so wurde ihm von der antisemitischen Propaganda erklärt, daß der Jude — die große Ausnahme in der Natur — zu allem Bösen befähigt sei. Plausible Begründungen für verbrecherisches Verhalten wurden dadurch überflüssig, die Rasse erklärte alles. So gerät der antisemitische Film in die Nähe des utopischen Horrorfilmes, in dem sich irdische Menschen gegen Weltraumungeheuer verteidigen müssen. Alle Logik ist aufgehoben, die Phantasie triumphiert. Indessen blieb ein wesentlicher Unterschied: Spielt der utopische Film mit irrealen Möglichkeiten, so bestand der antisemitische Film stets darauf, daß seine jüdischen Ungeheuer auch in der Wirklichkeit existierten; er bot sich als Hilfe an, die aus dem täglichen Leben bekannten Juden zu entlarven und ihren bösen Charakter zu erkennen.

3.1.4. Der arische Führertypus

Wenn schon jeder Unterhaltungsfilm seine Spannung aus der Auseinandersetzung zwischen bösen und guten Menschen gewinnt, so konnte die nationalsozialistische Filmpropaganda noch weniger auf die Verherrlichung des wahren Menschen, des Ariers (22), verzichten, der den Typus des Nationalsozialisten verkörpert. Auch der Arier vertritt ein Prinzip. Er stellt die "andere Kraft" dar, die sich dem Juden entgegenstellt und "in gewaltigem Ringen den Himmelsstürmer wieder zum Luzifer zurückwirft" (23). Dieses Prinzip wird allerdings von Typen verkörpert, die mit normalen Menschen Ähnlichkeit haben, zumindest mehr als bei den dargestellten Juden. Die Gruppe der Arier übertrifft auch zahlenmäßig die der Juden, sie stellt die Umwelt dar, in die die Juden als Fremdlinge eindringen. Ferner ist sie nicht so einheitlich gehalten wie die der Juden. Vier Arten von Ariern sind zu unterscheiden: der Führertypus, die arische Frau, das arische Volk und die minderwertigen Arier, die "weißen Juden". Aber auch innerhalb dieser Arten gibt es verschiedene Typen.

Der Führertypus des antisemitischen Films orientiert sich wie im nationalsozialistischen Film überhaupt an der Führervorstellung Hitlers. Er tritt in der Gestalt historischer Persönlichkeiten auf, die Hitler schätzte, und die nach entsprechender Umformung der Historie den Mythos vom einsamen, energischen, selbstbewußten Staatsmann und Pionier beleben: Bismarck, Paul Krüger, Dr. Lueger, Carl Peters. Diese Männer existieren nur im aufopferungsvollen Dienst für ihr Volk und verzichten auf jegliches persönliche Glück, sei es in der Liebe, in der Familie, im Beruf. Daneben bestimmt der Führertypus auch das Idealbild des jüngeren Nationalsozialisten. Häufig handelt es sich um einen strebsamen jungen Mann mit glänzenden Berufsaussichten, der seine Karriere zurückstellt, um für ein Ideal, eine bewunderte Persönlichkeit, eine Idee mit ganzem Einsatz zu kämpfen. Wie der ältere Führer verzichtet auch der jüngere zeitweise auf privates Glück und fordert die ihm zugetane Frau auf, sich in heroischer Opferbereitschaft zu üben. Hier ist die Berufsverteilung aufschlußreich: Von den Vertretern des Typus in sieben Filmen (*Hans Westmar — einer von vielen, Leinen aus Irland, Die Rothschilds, Jud Süß, Venus vor Gericht, GPU* und *Wien 1910* (24)) sind drei Studenten, zwei Beamte, einer Soldat und einer Künstler. Die Studenten zeichnen sich dadurch aus, daß sie das Studium entweder ganz oder vorübergehend aufgeben, um sich ihrer neuen Aufgabe ungeteilt zu widmen: dem Kampf gegen die Kommunisten bzw. die Juden oder gegen alle beide. Auch der Künstler wird nicht etwa in seinem Beruf gezeigt, sondern in seinem Kampf gegen eine "verjudete Kunstdiktatur", bei dem er dann allerdings eins seiner Werke einzusetzen versteht (*Venus vor Gericht*). Bei den übrigen ist die Beziehung zur höheren Aufgabe von vornherein gegeben – der Beamte und der Soldat leben und arbeiten sozusagen beruflich für das Wohl von Volk und Staat. Nicht immer sind der ältere und der jüngere Führertypus so klar zu unterscheiden wie in den genannten Beispielen. Auf der Grenze zwischen den Generationen steht etwa der Rittmeister von Brenken in . . . *reitet für Deutschland*, der nach seinem Wehrdienst in einem verlorenen Krieg die Ehre des deutschen Volkes durch einen internationalen sportlichen Sieg wiederherstellen will. Hier vereint sich die aufopferungsvolle Tätigkeit für die Nation, die den älteren Führer kennzeichnet, mit dem jugendlichen Temperament des jungen Nationalsozialisten, der vor keinem Hindernis zurückschreckt, um seine Pläne durchzusetzen, und dabei auf Vernunft und Überlegung gern verzichtet. Eine besondere Rolle spielt schließlich der Typus des Führers, der sich mit einer Reihe von Unterführern umgibt. Auch der ältere Führer hat gewöhnlich Freunde oder Verwandte, die ihn im Kampf unterstützen (*Carl Peters, Ohm Krüger*). Hier ist jedoch der Held mittleren Alters gemeint, der durch seine höhere Bildung oder seinen militärischen Rang herausragt und eine blind ergebene Gefolgschaft um sich sammelt, die in der Stunde der Not für ihn durchs Feuer geht (*Pour le mérite, Über alles in der Welt*).

Abgesehen von diesen Unterschieden zeigt sich bei allen Erscheinungsformen des Typus eine gemeinsame Besonderheit, die den Führer als Gegenspieler des Juden ausweist: Auch für den arischen Helden sind die Grenzen von Gesetz und Moral weitgehend aufgehoben. Der arische Staatsmann wird sogar ausdrücklich von allen kleinlichen Beschränkungen ausgenommen, wie dies Hitler in *Mein Kampf* bereits verlangt hatte (25). Da der Führer "bei höchster unumschränkter Autorität auch die letzte und schwerste Verantwortung" trägt (26), ist er praktisch aller Kritik enthoben, die ohnehin nur "kleine und kleinste Geister"(27) an ihm üben. Er darf diktatorisch herrschen und seine Gegner ohne Rücksicht auf Gesetze und Vorschriften mundtot machen (*Bismarck*) oder gar hinrichten lassen (*Carl Peters*). Das gilt in kleinerem Maßstab auch für die jüngeren Helden. Solange es um die Erreichung eines als wertvoll anerkannten Zieles geht oder um die Ausschaltung von Gegnern, ist jede Rücksicht auf Gesetz und Konvention überflüssig. Dabei wird in den Filmen vor allem solches negatives Verhalten sanktioniert, zu dem der Jude laut Rassenlehre nicht fähig ist – die tätliche Aggression. Nach den nationalsozialistischen Vorstellungen ist der Jude feige. Er kennt zwar keine taktvolle Zurückhaltung im Umgang mit seinen Mitmenschen, schreckt aber sofort zurück, wenn er angegriffen wird und sei es nur von einem bellenden Hund (*Die Rothschilds*). Er kann Blut und Prügeleien nicht mitansehen (*Jud Süß, Der ewige Quell*). Gerät er zufällig auf einen Kampfschauplatz, so sucht er aus Angst um sein Leben unverzüglich Deckung (*Hans Westmar – einer von vielen,*

Die Rothschilds, Über alles in der Welt). Wenn ein Jude sich zu einem Mord entschließt, so benutzt er ausschließlich den Revolver, offenbar, weil sich dadurch
jeder nahe Kontakt mit dem Angegriffenen vermeiden läßt (*Hans Westmar –
einer von vielen, Bismarck, GPU).* Der Arier hingegen zeichnet sich in den Filmen
durch unerhörten Mut aus. Gefangenschaft, Folter, Verhöre beeindrucken ihn
nicht; den Tod vor Augen wagt er es, seinen Feind zu beschimpfen oder gar herauszufordern (*Jud Süß, GPU).* Tatkräftig befördert er gefährliche Agenten oder
sonstige Widersacher mit einem Faustschlag ins Jenseits (*GPU, Der ewige Quell),*
ohrfeigt Juden (*Pour le mérite, Wien 1910)* und verprügelt andersdenkende Volksgenossen. (*. . . reitet für Deutschland, Venus vor Gericht).*

So präsentiert sich das Gute, das der Arier verkörpert, keineswegs in fleckenloser
Reinheit. Es gibt aber keinen antisemitischen Film, der nicht eine Entschuldigung bereit hielte. Mord und Totschlag werden stets mit Notwehr erklärt. Die
körperliche Züchtigung ist Ausdruck der gerechten Strafe für böse Rasse oder
negativen Charakter. Und wo diese Motivation nicht zu genügen scheint, macht
der Drehbuchautor seine Reverenz vor dem jugendlichen Temperament, das gelegentlich über die Stränge schlagen darf. Alle Schlägertypen sind fürsorglich gegenüber schwachen Frauen, gelegentlich auch gegenüber einem Tier. Hinter ihrem selbstbewußten, arroganten oder gar rücksichtslosen Benehmen verbergen
die jungen Männer eine empfindsame Seele; sie schwärmen für die Kunst, vor
allem für Musik, und reagieren spontan auf jede Kränkung. Diese Eigenschaften
sollten offenbar das weibliche Kinopublikum mit der Härte versöhnen, die die
jungen Helden ansonsten an den Tag legten.

3.1.5.   Die Frau als Kämpferin und Gefährtin

Die Darstellung des Ariers zeigt, daß die schrankenlose Freiheit im illegalen Handeln, die für den Juden gilt, in Grenzen und in anderen Bereichen auch seinem
Gegenspieler zugebilligt wird. Das bedeutet aber nicht, daß herkömmliche Sitte
und Moral für den Arier keine Rolle spielen — sie werden durch die zweite Gruppe bestätigt, durch die arischen Frauen. Auch wenn die Frau im antisemitischen
Film, der nationalsozialistischen Ideologie entsprechend, mit wenigen Ausnahmen nur am Rande mitwirkt, ist ihre Typologie doch sehr verschiedenartig.(28)
Zu unterscheiden sind die Gefährtin des Mannes, die alleinstehende Kämpferin
und die minderwertige arische Frau. Am häufigsten ist der erste Typus vertreten,
der in Dorothea Sturm in *Jud Süß* besonders ausgeprägt erscheint. Gefährtin des
Mannes ist die Freundin oder die Verehrerin des arischen Führers, seine Braut,
seine Ehefrau oder seine Mutter. Sie ist dem Helden in selbstloser Liebe zugetan
und bleibt gewöhnlich dienend im Hintergrund. Sie befreit den Führer von den
Unannehmlichkeiten des Alltags und trägt dadurch indirekt zur Erfüllung seiner
großen Aufgabe bei. Die junge Liebende wirkt scheu und zurückhaltend; erst im
Augenblick der Gefahr überwindet sie ihre weibliche Schwachheit, und sie wird

zur Heldin, wenn sie das Leben des geliebten Mannes retten muß. Die mütterliche Variante dieses Frauentyps wird nie aktiv. Von Politik versteht sie nichts, aber sie läßt ihr vom Schicksal auserwähltes Kind (*Hans Westmar — einer von vielen, Carl Peters*) oder ihren Ehemann (*Bismarck*) klaglos gewähren, auch wenn das Opfer von ihr erfordert.

Die Kämpferin, die weibliche Variante des arischen Führers, gewinnt als Typus erst in den nach 1940 entstandenen antisemitischen Filmen, also mit Beginn des Bombenkrieges, zunehmende Bedeutung. In den (scheinbar) emanzipierten Frauengestalten vorher erschienener Filme (*Leinen aus Irland, Die Rothschilds*) ist ihre Vorläuferin dargestellt: die tatkräftige, selbstbewußte arische Frau, die ihr Schicksal entschlossen in die eigenen Hände nimmt, solange die Männer ihr diese Aufgabe nicht abnehmen. Die Kämpferin sollte zum Vorbild werden für die deutsche Frau, die, des männlichen Schutzes durch den Krieg beraubt, allein für die Kinder, für die Volksgemeinschaft sorgen muß. Die Frau des Präsidenten und ihre Schwiegertochter in *Ohm Krüger* beweisen männliche Tapferkeit, indem sie sich auch in Hunger und seelischer Not dem Feind nicht unterwerfen und noch angesichts der Hinrichtung des geliebten Menschen keine Spur von Schwäche verraten. Ähnlich heroisch handelt die Lehrerin in *Heimkehr*, die kurz vor der zu erwartenden Ermordung mit den Kindern deutsche Volkslieder singt und die verzweifelten Männer zur Ordnung ruft. Ob diese Filmheldinnen, die nur noch wenig mit wirklichen Menschen zu tun haben, in ihrer übertriebenen Tapferkeit und seelischen Größe auf das Filmpublikum überzeugend gewirkt haben, muß dahingestellt bleiben. Immerhin ist der Typus der Kämpferin die Ausnahme. Das zeigt auch die Rolle der baltischen Spionin in *GPU*, die alle weiblichen Waffen im Kampf gegen die Bolschewiken einsetzt. Sie darf ihren Sieg über den Mörder ihrer Familie nicht auskosten, sondern muß sich am Ende selbst erschießen, während ihr Schützling Irina nach der Befreiung aus dem GPU-Keller mit ihrem Freund einer glücklichen Zukunft entgegengeht. Entsprechend den Vorstellungen von Hitler und Goebbels bevorzugte die nationalsozialistische Ideologie die unpolitische Frau, die im Schatten ihres Mannes bleibt und sich um die Erhaltung der arischen Art kümmert.

Diesen Frauengestalten steht die minderwertige arische Frau gegenüber, sie ersetzt gewissermaßen den fehlenden Typus der Jüdin. In *Pour de mérite, . . . reitet für Deutschland* und *Venus vor Gericht* repräsentiert die auffallend angemalte, leichtgeschürzte Sekretärin den morbiden Geist der Weimarer Republik. Sie ist ein Luxusweibchen, das Zigaretten raucht und seine langen schlanken Beine wirkungsvoll ins Bild setzt, um den Chef zu betören. Zu diesem Typus gehört auch die leichtlebige Freundin, die den arischen Künstler verläßt, weil er keinen Erfolg hat (*Venus vor Gericht*). Im historischen Gewand erscheint dieser Frauentypus in Gestalt einer Verschwendung gewohnten, leichtsinnigen und oberflächlichen Fürstin, die durch die Gegenüberstellung mit der schlichten Frau aus dem Volke eindeutig abgewertet wird. So triumphiert Dorothea Sturm in *Jud Süß* schon durch ihre eheliche Treue moralisch über die Herzogin von Württemberg, die, wie der Film sehr vorsichtig andeutet, ein Verhältnis mit dem Hofjuden hat. Ähnlich stehen die brave Frau Bismarcks und seine unbefangene Tochter in wirkungsvollem Kontrast zu den intriganten Fürstinnen, der französischen Kaiserin Eugenie und der deutschen Kaiserin Augusta (*Bismarck*). Als Sonderfall ist in dieser Gruppe die Sängerin aus *Der Weg ins Freie* anzusehen, die sich vom Landleben und von ihrem Mann abwendet und die ihre Vorliebe für die "große Welt" teuer bezahlen muß. Hier büßt die minder wertvolle Frau ihren Egoismus durch die Opfertat des Selbstmordes, der ihrer blonden, kinderlieben Nachfolgerin auf dem Gutshof eine glückliche Zukunft garantiert. Diese Variante ist augenscheinlich eine Konzession an das Publikum, das seinen Liebling Zarah Leander gewiß nicht in einer rein negativen Rolle akzeptiert hätte. Trotzdem bleibt der Film ideologisch linientreu: Die kinderlose, für die rassische Weiterentwicklung des Volkes also unbrauchbare schöne Frau unterliegt dem Idealtypus der positiven arischen Heldin.

3.1.6. Das Volk als Masse

Vom arischen und jüdischen Volk war bereits bei der Analyse des Films *Jud Süß* die Rede. Träger der Handlung sind immer einzelne Personen, Juden oder Arier. Das Volk dagegen wird in keinem Fall als eine Ansammlung von unterschiedlichen Einzelwesen gezeigt, die sich gelegentlich zu gemeinsamen Aktionen vereinen. In den antisemitischen Filmen ist das Volk immer eine homogene Masse mit bestimmten rassischen Merkmalen. Stets verkörpert das Volk eine Macht. Das arische Volk repräsentiert die staatliche Ordnung, das vorbildlich funktionierende Gemeinwesen. Dagegen verkörpert das jüdische Volk die Unordnung, die zerstörerisch in geordnete Staaten einbricht; das jüdische Volk ist ein Gewimmel gleichartig häßlicher Gestalten, die sich für kurze Zeit zusammenrotten, um eine Sohandtat auszuführen und danach wieder auseinanderlaufen (*Hans Westmar – einer von vielen, GPU, Heimkehr*). Selbst dort, wo die Handlung eine gewisse Ordnung vorschreibt – etwa beim Einzug der Juden in Stuttgart oder beim Synagogengottesdienst in *Jud Süß* – bleibt durch die uneinheitliche Kleidung und durch ständige Bewegung der Eindruck eines großen Durcheinanders gewahrt. Demgegenüber wirkt das arische Volk immer diszipliniert, selbst in Augenblicken der Anarchie (Sturm auf die Bank in *Die Rothschilds*, Aufruhr im Schloßhof in *Jud Süß*). So wie der arische Held in der schwierigsten Lebenssituation Stil bewahrt, so verliert auch das Volk nie die Besonnenheit. Sind die stets berechtigten Ansprüche der aufgeregten Volksmenge erfüllt, so löst sich die bedrohlichste Ansammlung gesittet wieder auf. Diese Darstellung bestärkt den Eindruck, daß das arische Volk, namentlich das deutsche, willig, gehorsam und leicht zu lenken sei. Nur der gerechte Protest wird im Film gutgeheißen – er richtet sich ausschließlich gegen Juden und ihre Helfershelfer. Ebenso ist der geordnete Freudenausbruch gestattet, wenn er einem anerkennenswerten Volksbedürfnis entspricht,

nämlich gegen einen Feind ins Feld zu ziehen (*Ohm Krüger*). Nur ein Film —
Wien 1910 — deutete die in der Propaganda sonst immer wieder behandelte Möglichkeit an, daß sich auch das arische Volk aus Gedankenlosigkeit zu Handlangern seiner Feinde machen könne. Der Wiener Bürgermeister Lueger beklagt sich bitter über seine Wiener, die dem jüdischen Journalisten Intimitäten aus seinem Privatleben "ausgetratscht" (Filmdialog) haben müssen. Der Film zeigt allerdings, daß er sich irrt; nicht die Wiener haben ihn bespitzelt, sondern ein profitsüchtiger junger Jude. So bleibt das Bild des arischen Volkes in den antisemitischen Filmen einheitlich positiv. Das Volk als Ganzes ist gut; wenn es nichtjüdische Bürger gibt, die gegen die Interessen der Volksgemeinschaft verstoßen, dann sind es gewöhnlich Einzelgänger, die von Juden dirigiert werden.

3.1.7. Der minderwertige Arier

Hitler hatte keineswegs behauptet, daß die arische Rasse aus einem einheitlich wertvollen Volkstum bestehe. In *Mein Kampf* sah er jeden "Volkskörper" in drei große Klassen gegliedert,
> "in ein Extrem des besten Menschentums auf der einen Seite, gut im Sinne aller Tugenden, besonders ausgezeichnet durch Mut und Opferfreudigkeit, andererseits ein Extrem des schlechtesten Menschenauswurfs, schlecht im Sinne des Vorhandenseins aller egoistischen Triebe und Laster. Zwischen beiden Extremen liegt als dritte Klasse die große, breite mittlere Schicht, in der sich weder strahlendes Heldentum noch gemeinste Verbrechergesinnung verkörpert".(29)

Seine Vorliebe galt der "breiten Masse", von der er annahm, daß sie, "gleich dem Weibe", von einer "undefinierbaren, gefühlsmäßigen Sehnsucht nach ergänzender Kraft" getrieben(30), sich im Kampf der extremen Klassen "stets dem Sieger willfährig unterordnen" (31). Die Masse war in seinen Augen also jener Teil einer wenig gebildeten Bevölkerung, der sich seiner Argumentation am aufgeschlossensten zeigen würde. Folgerichtig bekämpfte er in seinem Buch und in seinen Reden alle, die ihm die Zuneigung der Masse abspenstig machen konnten, also nicht nur die Juden, sondern jeden, der sich dem Nationalsozialismus widersetzte oder gar wagte, ihn zu bekämpfen. Von Beginn der nationalsozialistischen Herrschaft an wurden die Gegner des Systems verfolgt, in Konzentrationslager gebracht und ermordet. Die gegen sie gerichtete Propaganda hielt sich allerdings gegenüber der antisemitischen Propaganda zunächst zurück und überflügelte jene erst in den Kriegsjahren, als sich Pessimismus und Erbitterung in der Bevölkerung auszubreiten drohten. Der Tendenz folgend, negative Fakten so wenig wie möglich zu erwähnen, wurde die Bedeutung der nichtjüdischen Gegner meist bagatellisiert. Die Propaganda bekräftigte die Fiktion "Ein Reich, ein Volk, ein Führer" und beließ es gewöhnlich bei Seitenhieben gegen die "ewig Gestrigen" (32), die die Zeichen der Zeit angeblich noch nicht begriffen hatten. Daß es dabei nicht bleiben sollte, verriet der bereits zitierte Erlaß Hitlers vom März 1942, der sich nicht nur gegen Juden und Freimaurer, sondern auch gegen die "mit ihnen verbündeten Gegner des Nationalsozialismus" wandte (33). Die "Endlösung" war demnach nicht nur den Juden, sondern allen widerspenstigen Volksgenossen zugedacht. All das ist aus den antisemitischen Filmen abzulesen. Der SA-Film *Hans Westmar — einer von vielen* verrät noch die optimistische Auffassung, daß alle Menschen guten Willens von der Verwerflichkeit des jüdischen Bolschewismus zu überzeugen seien und alsbald ins nationalsozialistische Lager übergehen würden. In den späteren Filmen wird diese Erwartung, der minderwertige Arier könne noch zu einem brauchbaren Volksgenossen erzogen werden, aufgegeben. Äußerlich folgten die Filmhersteller damit dem alten Filmrezept, nach dem der Bösewicht zum Schluß immer bestraft und unschädlich gemacht wird. Gleichzeitig bestätigten sie jedoch die nationalsozialistische Methode, Gegner nicht mehr durch propagandistische Beeinflussung zu überzeugen, sondern sie auszumerzen.

Als Typus des Bösewichts steht der charakterlich minderwertige Arier in den antisemitischen Filmen an dritter Stelle hinter dem rassisch minderwertigen Juden und dem rassisch minderwertigen Slawen. Er ist der "Judenknecht" (Filmdialog *Jud Süß*), der sich mehr oder weniger freiwillig in die Abhängigkeit eines reichen Juden begibt, der "Konjunkturritter", der sich durch "typisch jüdische" Eigenschaften wie z.B. Geldgier auszeichnet, er ist der Feind des arischen Führers, weil er aus Verblendung oder aus selbstsüchtigen Motiven die großen Ideen des Helden bekämpft. Die Filmkomödie *Robert und Bertram* gibt ein Beispiel dafür, wie sich die Stereotype des Filmbösewichts unter der nationalsozialistischen Bearbeitung zum Typus des minderwertigen Ariers wandelte. Im Filmgeschehen tritt der eigentliche Schurke, der verschuldete Gutsbesitzer Biedermeier, der der hübschen Wirtstochter nachstellt, hinter dem jüdischen Kommerzienrat ganz zurück. Trotzdem weist die Rolle bereits alle Merkmale des judenhörigen Ariers auf, der in späteren Filmen Bedeutung gewinnt: er leiht sich Geld beim Juden, gerät in finanzielle Abhängigkeit und Bedrängnis und sucht sich nun an seinen arischen Mitmenschen schadlos zu halten.

Der minderwertige Arier wird durch den Juden nicht etwa erst verführt, er bringt von vornherein charakterliche Defekte mit, die trotz der behaupteten rassischen Verschiedenheit auf eine Wahlverwandtschaft mit dem Judentypus deuten. Den erstaunlichsten Beweis dafür gibt der Kurfürst in *Die Rothschilds*, der seine Soldaten ins Ausland verkauft und damit genau das tut, was in *Jud Süß* als "ein Judengedanke, wie er im Buche steht" bezeichnet wird. Hier liefert sich der Arier aus einer privaten Notlage heraus dem Juden aus, dort gelten Verschwendungssucht und ausschweifende Sinnlichkeit als die verderblichen Laster, die den untrüglichen Instinkt des Ariers für die jüdische Gefahr außer Kraft setzen und den Willensschwachen zu einer leichten Beute werden lassen. In *Der ewige Quell* schließlich ist es der böse Einfluß eines längeren Auslandsaufenthaltes, der in dem Bauernburschen die Geldgier weckt und ihn in die Abhängigkeit eines Juden

treibt. Allen diesen Gefahren zeigt sich der charakterfeste Arier in den Filmen
stets gewachsen. Indessen verleugnen auch die verkommen Menschen ihre edle
rassische Herkunft nicht vollständig, das gilt vor allem für den Adel. Der Kurfürst
in *Die Rothschilds*, der Herzog in *Jud Süß* wahren ihre arische Würde gegenüber
dem Juden, indem sie ihn mit Hochmut und verächtlichen Worten behandeln —
sie biedern sich nicht bei ihm an. Diese Zurückhaltung fehlt den "Konjunktur-
rittern", jenen Ariern, die sich nicht in treuer Pflichterfüllung für das Volkswohl
verzehren, sondern wie die Juden ausschließlich in die eigene Tasche wirtschaften.
Sie schlagen aus der Kriegssituation ihren Gewinn (*Hans Westmar — einer von vielen, Pour le mérite*) und zeigen für die Ideen des Nationalsozialismus kein Verständnis (*. . . reitet für Deutschland, Venus vor Gericht*). Um des Geldes willen
sind sie sogar bereit, für den Feind Spionage zu treiben *(Ohm Krüger)* und mit
den Juden zum Schaden des eigenen Volkes zusammenzuarbeiten (*Jud Süß*).

Judenhörige wie rassenvergessene Judendiener entgehen im Film gewöhnlich
ihrem Schicksal nicht. Nur in *Jud Süß* sorgt der Zufall — den Hitler gern als
"Vorsehung" ausgab — für die gerechte Strafe: der Herzog fällt im rechten
Augenblick einem Schlaganfall zum Opfer. In allen anderen Filmen übernehmen
die charakterlich wertvollen Arier das Gericht über ihre schuldigen Mitbürger
und bestrafen sie — durch Ohrfeigen (*. . . reitet für Deutschland*), durch einen
Fußtritt in den Hintern (*Ohm Krüger*), durch Erschießen (Exekution von Rem-
chingens in *Jud Süß*), durch Erschlagen (*Der ewige Quell*). Auf unblutige Weise
entledigen sich die Arier in den Filmen der dritten Gruppe von Minderwertigen,
der innenpolitischen Gegner, die vorwiegend als sozialdemokratische Parlamentarier gekennzeichnet sind; sie machen sie lächerlich und schalten sie politisch
aus (*Leinen aus Irland, Bismarck, Venus vor Gericht, Die Entlassung*). Im Gegensatz zu den Kommunisten, die von der Filmpropaganda gern mit den Juden
gleichgesetzt werden (siehe *GPU*), stellen sich die Sozialdemokraten nicht aus
rassischer Hinterlist, sondern aus politischem Egoismus und aus Verblendung
gegen die gerechte Sache des arischen Führers und ergreifen damit mehr ungewollt für die Juden Partei. In Auftreten und Verhalten bestätigen sie Hitlers po-
lemische Beschreibung der Regierungsvertreter der Weimarer Republik: "Diese
Leute sind zu dumm, selbst etwas zu denken, und zu eingebildet, von anderen
das Nötigste zu lernen. . . Feigheit und Verantwortungslosigkeit gesellt sich
hier in vollendeter Weise "(34). Der sozialdemokratische Minister in *Leinen aus
Irland* und sein Kollege in *Venus vor Gericht* sind Beispiele dafür. Eitelkeit, Unwissenheit und Bestechlichkeit machen die Parlamentarier zu willfährigen Werk-
zeugen der Juden, die mit ihrer Hilfe ihre eigenen Pläne durchzusetzen verstehen. Liebeneiners Bismarck-Filme beschäftigen sich außerdem mit einem "typischen" Laster des minderwertigen arischen Politikers, das Hitler gleichfalls immer wieder angeprangert hatte, mit dem Pazifismus. Rudolf Virchow in *Bismarck*
und August Bebel in *Die Entlassung* begehen das "ungeheure Verbrechen", "jede umfassende Ausbildung der deutschen Volkskraft" zu verweigern, so daß im
Kriegsfall "durch die Lumperei dieser sauberen Repräsentanten der eigenen so-

genannten 'Volksvertretung' Millionen von Deutschen in schlechter, halber Ausbildung vor den Feld getrieben würden'' (35). Damit entpuppen sie sich als ''parlamentarische Zuhälter''(36), die an der angeblich von den Juden vorbereiteten Ausrottung des deutschen Volkes mitwirken.

Alle drei Gruppen des minderwertigen Ariers stehen also in positiver Beziehung zu den Juden und offenbaren bereits dadurch ihren charakterlichen Defekt. In zwei späten antisemitischen Filmen — in *Venus vor Gericht* und *Die Entlassung* — tritt zusätzlich eine eigentümliche Variation des Typus auf: der Ersatzjude. Von der feindseligen Einstellung gegenüber dem arischen Führer her lassen sich die Vertreter dieses Typus in die dritte Gruppe der minderwertigen Arier einstufen. Sie werden aber während des Filmgeschehens nirgends mit Juden in Zusammenhang gebracht. Die auffälligste Ähnlichkeit mit dem Judentypus läßt die Rolle des Geheimrat von Holstein in *Die Entlassung* erkennen. Als jüdische Eigenschaften im Sinne der Propaganda lassen sich aufzählen: brennender Ehrgeiz, Heuchelei, Vorliebe für die Intrige und Raffinesse in ihrer Ausführung, Skrupellosigkeit in der Ausnützung menschlicher Schwächen, Verzicht auf menschliche Bindungen und freundschaftliche Beziehungen, Herzenskälte und schrankenloser Egoismus, Scheu vor dem Licht der Öffentlichkeit. Ein wesentlicher Unterschied zwischen dem Judentypus und dem Typus des minderwertigen Ariers ist hier nicht mehr zu erkennen. Eine ganz und gar unjüdische Variante zeigt dagegen die Rolle des Bürgermeisters in *Venus vor Gericht*. Hier ist der Gegner des Nationalsozialismus, also ein Gegner des Fortschritts, der kleinbürgerliche Spießer der von Politik, von Frauen und von Blumen nichts versteht und der seine rückständigen moralischen Vorstellungen unverzüglich über Bord wirft, sobald Geld winkt. Immerhin ist dieser ungebildete, tölpelhafte Mensch tatkräftig genug, die festgefügte Ordnung seiner kleinen Welt gegen jeden Störenfried zu verteidigen und notfalls die Staatsgewalt zu Hilfe zu rufen. Aber — das zeigt der Film — die neuen Eroberer des Staates, die Nationalsozialisten, stoßen den Kleinbürger rücksichtslos beiseite und lachen über seine Wehrlosigkeit. Der Sinn ist klar: Die ''ewig Gestrigen'' haben nichts mehr zu sagen.

Gegenüber dem ersten antisemitischen Film, *Hans Westmar — einer von vielen*, zeigen die beiden zuletztgenannten Filme Einsicht in die Schwierigkeiten, die weltanschaulichen Gegner des Nationalsozialismus zu beseitigen. Wenn auch die Bestrafung der Widerspenstigen im Film sehr verharmlost wird, so wird doch deutlich genug ausgedrückt, daß die minderwertigen Volksgenossen nicht mit Gnade rechnen dürfen. *Venus vor Gericht* deutet außerdem an, daß selbst der harmlose Bürger mit Repressalien zu rechnen hat, wenn er sich nicht zum Nationalsozialisten bekehren läßt. Hier ist zugleich die Entschuldigung vorbereitet, die Hitler für den Mißerfolg des Dritten Reiches bereithielt: Das minderwertige deutsche Volk sei seines großen Führers nicht wert gewesen. Darüber hinaus beweist der Typus des Ersatzjuden, daß der deutsche Film auf einen Sündenbock so wenig verzichten konnte wie die nationalsozialistische Propaganda überhaupt.

Damit erfüllte sich eine Voraussage Hitlers, der, wie Hermann Rauschning berichtet, 1934 die Judenvernichtung mit der Begründung abgelehnt habe, dann müsse der Jude erfunden werden. Denn, so zitiert Rauschning Hitlers Äußerung: "Man braucht einen sichtbaren Feind, nicht bloß einen unsichtbaren." (. . .) "Der Jude sitzt immer in uns. Aber es ist leichter, ihn in leiblicher Gestalt zu bekämpfen, als den unsichtbaren Dämon."(37) Als die Juden nach den Deportationen für die Bevölkerung unsichtbar geworden waren, mußte folglich ein Ersatztypus für die Propaganda beschafft werden. Daß es so leicht fiel, den Typus des Juden durch den Typus des minderwertigen Ariers zu ersetzen, deutet allerdings darauf hin, daß die Rasse im Grunde nur eine künstlich eingeführte Schranke zwischen Juden und Arier darstellte, die ausschließlich propagandistischen Zwecken diente. In der Tat haben die in den antisemitischen Filmen dargestellten Unterschiede zwischen Juden und Ariern keine Beweiskraft, sie werden behauptet. Die Differenzierung erleichterte dem Filmbetrachter freilich die Identifikation mit dem "richtigen" Typus und veranlaßte ihn dadurch, das Filmgeschehen im gewünschten Sinne aufzunehmen.

Solange die antisemitischen Filme die Juden diffamierten, durfte sich der nichtjüdische Betrachter in Sicherheit wiegen. Er konnte der Judenverfolgung auf der Leinwand mehr oder weniger interessiert, vor allem aber ungerührt zusehen. Daß die Art der Judenbehandlung als nationalsozialistische Machtdemonstration eine Drohung für ihn enthielt, blieb ihm wahrscheinlich verborgen. Erst mit der Einführung des neuen Typus des Ersatzjuden trat die Einschüchterungstaktik offen zutage. Die Unterschiede zwischen den positiven und negativen Typen verwischten sich. Der Zuschauer konnte sich jetzt mit dem dargestellten Bösewicht identifizieren, wenn auch vielleicht nur in Einzelheiten, und nahm dann an dessen Schicksal auch stärkeren Anteil; jetzt konnte er die Bestrafung des Verbrechers als persönliche Bedrohung empfinden. Damit gewann zugleich der Typus des positiven Helden — als eine angenehmere Möglichkeit der Identifizierung — stärkere Anziehungskraft. So lassen sich aus der Art der Typologie verschiedene Ziele der Filmpropaganda ablesen. Die Gestaltung des Judentyps diente dem zeitlich begrenzten Zweck, eine günstige Stimmung für die nationalsozialistische Judenpolitik zu schaffen bzw. sie zu fördern. Die Darstellung des Juden wie auch die des Ersatzjuden warnten außerdem von den Folgen einer negativen Einstellung gegenüber dem Nationalsozialismus. Entsprechend sollte die Darstellung des positiven arischen Helden einen günstigen erzieherischen Einfluß ausüben; vom Leitbildcharakter dieses Typus wird später noch die Rede sein.

3.2. Nachhilfeunterricht in Geschichte

Die einzelnen Typen der antisemitischen Filme können nicht losgelöst vom geschichtlichen Hintergrund des Filmgeschehens betrachtet werden. Er ist gleichfalls von nationalsozialistischen Vorstellungen geprägt und mithin verfälscht. Wie bei den Einzelanalysen schon erwähnt, sollten die Filme das Publikum auch allgemein geschichtlich belehren. Die Bedeutung dieser erzieherischen Aufgabe hatte Hitler bereits in *Mein Kampf* betont. Der wahre Sinn der Geschichtsbetrachtung lag für ihn in dem Bemühen, aus den "urewigen Wahrheiten" der Geschichte die Nutzanwendung für die Gegenwart zu ziehen.(38) Aus diesem Grund plädierte er für einen Geschichtsunterricht, der sich auf das "Erkennen der großen Entwicklungslinien" beschränke, damit der "normale Durchschnittsmensch" in der Geschichte eine "Lehrmeisterin für die Zukunft und für den Fortbestand des eigenen Volkstums" erhalte.(39) Daß dieser Unterricht nicht mit wissenschaftlicher Objektivität betrieben werden dürfe, stand für Hitler außer Zweifel. Stattdessen sah er "die Aufgabe eines völkischen Staates" darin, "dafür zu sorgen, daß endlich eine Weltgeschichte geschrieben wird, in der die Rassenfrage zur dominierenden Stellung erhoben wird".(40) Die Forderung, eine nationalsozialistische Geschichtsschreibung zu schaffen, führte schnell zu einer allgemeinen Abwertung der deutschen Geschichte. 1936 sah sich Goebbels gezwungen, die übereifrigen Bilderstürmer zu verwarnen; in einer Rede vor den Propagandaleitern klagte er:

> "Es geht nicht an, daß man an die gesamte deutsche Geschichte und ihre Heroen die Maßstäbe des Nationalsozialismus anlegt und untersucht, ob sie gut nationalsozialistisch gedacht und gehandelt haben. Mit Ausnahme der Zeit von 1918 bis 1933, die nur kriminell betrachtet werden kann, ist es unerträglich, alles mit den Maßstäben der heutigen Zeit zu messen und so zu tun, als habe die deutsche Geschichte erst mit dem Nationalsozialismus begonnen ... Die Folge würde eine beispiellose Verarmung und Verflachung des kulturellen Lebens sein . . . Dieser 'Ausverkauf der deutschen Geschichte' liegt nicht im Sinne und Interesse der NS-Volksaufklärung."(41)

Das war keine Absage an eine weltanschaulich gebundene Geschichtsdeutung; vielmehr gab Goebbels seinen Mitarbeitern damit die Erlaubnis, die gesamte vornationalsozialistische Geschichte ohne Hemmungen für die Propaganda auszuwerten. Historische Ereignisse und Persönlichkeiten wurden kurzerhand auf den Nationalsozialismus umgetauft. Im Hinblick auf den Film hatte Goebbels erklärt: "Seine Probleme — er mag ihre Vorwürfe aus anderen Ländern und fernen Geschichtsepochen nehmen und holen — müssen dem Geist der Zeit angeglichen werden, um den Geist der Zeit ansprechen zu können."(42) Damit war der völlig willkürlichen Geschichtsdeutung Tür und Tor geöffnet. Das galt nicht nur für die Verarbeitung des Stoffes, sondern betraf auch die eigenwillige Verkürzung der Themen. Historische Ereignisse, die sich nicht in nationalsozialistischem Sinne interpretieren ließen, wurden kurzerhand weggelassen, auch wenn sie für das Verständnis des Gesamtgeschehens wichtig waren. So konnten die biographischen Filme *Bismarck, Carl Peters* und *Ohm Krüger* ihre Helden deshalb als Vorkämpfer des Nationalsozialismus ausgeben, weil sie nur ganz bestimmte kurze Zeitspannen aus deren Leben wiedergaben; trotzdem wurden diese Filme als authentische Lebensbilder angeboten, wie schon die sachlich knappen Titel verraten.

Mögliche Einwände gegen diese massive Geschichtsverfälschung fing Goebbels dadurch ab, daß er für die Filmschöpfer die Freiheit der "großen Künstler" in Anspruch nahm, die zu allen Zeiten geschichtliche Vorgänge "in einem höheren Sinne wahrheitsgetreuer" gesehen und dargestellt hätten als die Historiker.(43) Reichsfilmintendant Dr. Fritz Hippler verbreitete diesen Gedanken in seinen Aufsätzen weiter. Berief Goebbels sich auf Schiller, so bemühte Hippler Goethe, um die Geschichtsverdrehungen zu rechtfertigen.(44) Daß beide Dichter — im Gegensatz zu den Drehbuchautoren und Regisseuren — ihre Schöpfungen keineswegs als historische Wahrheit ausgegeben hatten, wurde verschwiegen. Kritische Filmbesucher, die es wagten, Geschichte und Filmwahrheit zu vergleichen, waren in Hipplers Augen "historische Kümmerlinge" und "Bildungsphilister": "Der in den Niederungen realer Details umherstolzierende historische Tüftler wird ... der inneren Wahrheit und Größe eines Geschichte gestaltenden Kunstwerkes ebensowenig Geschmack abgewinnen können wie jemand, der mit dem Mikroskop die Schönheit der Akropolis zu ergründen versucht."(45) Die Verantwortung für die historische Treue der Filme lag nach Hipplers Vorstellung beim Staat, der über die Reinerhaltung der nationalsozialistischen Lehre wachte. Filme, die, vom Staat gefördert, als Kunstwerke propagiert wurden, waren als gültige Geschichtsdeutung anzusehen, auch wenn der Augenschein dagegen sprach. Hippler suchte das durch ein Bild zu verdeutlichen:

> "Die gegenwärtigen allgemeinen Geschichtsvorstellungen . . . sind nicht nur die *Anschauungen, Kenntnisse und Vorstellungen,* die die Volksmasse allgemein von vergangenen Zeiten hat, sondern auch die *Wertsetzung,* die der Geist der nationalen Gegenwart daran legt. Er kann das Bild seiner eigenen Geschichte genau so verschieden sehen wie Maulwurf und Falke dieselbe Landschaft. Der Maulwurf sieht einiges, das der Falke überhaupt nicht sieht, und erkennt darüber hinaus noch viele Einzelheiten genauer. Der Falke aber hat das große herrliche Bild der Weite und der ewigen Gültigkeit".(46)

Damit wurde der Filmbetrachter, der durch wissenschaftliche Ausbildung, aus privater Lektüre oder aus eigenem Erleben gute Geschichtskenntnisse gewonnen hatte, ebenso wie der fachkundige Filmrezensent, als inkompetent zurückgewiesen. Die staatlich beauftragten Drehbuchautoren hingegen erschienen als Eingeweihte und mit dem Blick für die großen Zusammenhänge begabt, der angeblich allein die rechte Darstellung garantierte. Mit dieser Argumentation war es leicht, offenkundige Geschichtsverfälschungen als beabsichtigte "Unschärfe" auszugeben und diese Unschärfe gleichzeitig als Kennzeichen tieferer Einsicht hinzustellen. Hatte sich der Kinobesucher dieser Logik gebeugt, so konnte es kaum noch schwerfallen, sein Geschichtsbild gemäß der nationalsozialistischen Sehweise zu verformen.

Von dieser Möglichkeit machen die antisemitischen Filme reichlich Gebrauch — nicht zufällig ist der historische Hintergrund stets sorgfältig datiert.(47) Bevorzugt sind Themen aus weit zurückliegenden Epochen: Von den 18 zwischen

1933 und 1943 uraufgeführten antisemitischen Spielfilmen behandeln zehn Ereignisse aus der Zeit zwischen 1800 und 1914, fünf gehen auf die Jahre 1918 bis 1933 ein, und nur drei beziehen sich auf ein Datum der nationalsozialistischen Herrschaft, den Kriegsausbruch 1939. Schauplatz der drei letztgenannten Filme ist das Ausland, nämlich Frankreich (*Über alles in der Welt*) Holland (*GPU*) und Polen (*Heimkehr*); der deutsche Filmbetrachter kannte die dort beschriebenen Ereignisse nur vom Zeitunglesen und vom Rundfunkhören, also aus der Sicht der Propaganda, nicht aber aus eigener Erfahrung. Der Schwerpunkt der antisemitischen Propaganda liegt auf Filmen, die auf die Zeit vor 1914 eingehen. In dieser Gruppe finden sich fast alle antisemitischen Filme, die historischen Persönlichkeiten gewidmet sind, Filme also, die mit besonderem Nachdruck auf ihre historische Glaubwürdigkeit pochten, auch im Hinblick auf die Judendarstellung. Geht man davon aus, daß die Mehrzahl der Kinogänger mangels unmittelbarer Anschauung keine oder nur geringe Kenntnis der geschilderten historischen Ereignisse mitbrachten, so darf man annehmen, daß die angebotenen Filme die Wissenslücken nur allzu leicht auffüllten. Goebbels konnte es z.B. ohne Schwierigkeiten wagen, *Jud Süß* als Beispiel für frühes deutsches Rassenbewußtsein vorführen zu lassen — wer wußte schon etwas von der Justiz des 18. Jahrhunderts? *Jud Süß* bewies, daß ein Spielfilm mit gefälliger, spannungsreicher Handlung, deren historische Glaubwürdigkeit kaum zu überprüfen ist, große Überzeugungskraft besitzt. Nicht ohne Grund sollte das letzte antisemitische Filmprojekt, Harlans *Kaufmann von Venedig*, die Filmbesucher in eine noch weiter zurückliegende Zeit entführen. Ein einziges antisemitisches Werk setzte sich scheinbar der Gefahr aus, den Widerspruch der Besserinformierten herauszufordern: Hipplers Pseudo-Dokumentarfilm *Der ewige Jude*, der in einem Teil seines Materials bekannte jüdische Persönlichkeiten der Weimarer Republik vorstellte. Ob das Publikum die Diffamierung des Sängers Richard Tauber und des Filmkomikers Charlie Chaplin mit Zustimmung aufgenommen hat, ist fraglich. Andererseits konnte sich Hippler auf die gute Vorarbeit der anderen Informationsmittel verlassen, die seit 1933 systematisch daran arbeiteten, das Gedächtnis der Zeitgenossen zu trüben und zu verwirren. Vor allem aber liegt das Schwergewicht des Films auf Szenen, die der Filmbetrachter nicht kritisch beurteilen konnte — dazu gehören die Szenen aus dem Warschauer Ghetto. Diese Teile des *Ewigen Juden* waren ganz bewußt im Stil der Wochenschau gehalten, um bei einem unkritischen Publikum von vornherein den Eindruck unverstellter Wirklichkeit zu erwecken.

Mit dem dogmatischen Anspruch auf wahrheitsgetreue Geschichtsschreibung in der Filmkunst verfolgte die nationalsozialistische Propaganda mehrere Absichten. Die gedankliche Einfachheit, zu der die Filmhersteller gezwungen wurden, machte es ihr leicht, ihre Vorstellungen von Personen und Ereignissen durchzusetzen. Indem die antisemitischen Filme bestimmte Stereotype von Juden und Nichtjuden als allgemeingültig und realistisch vorsetzten, halfen sie dem Kinobesucher, sich nicht nur in einer verwirrenden Gegenwart zurücktzufinden, sondern auch mit der schwer verständlichen historischen Vergangenheit fertigzuwerden. Die Behauptung, daß sowohl Juden als auch Nichtjuden sich in ihrem Wesen durch die Jahrhunderte hindurch nicht verändert hätten, stützte darüber hinaus das nationalsozialistische Axiom von der Unveränderlichkeit der geschichtlichen Abläufe. Veränderten sich die Menschen nicht, so veränderte sich auch nicht die Wertschätzung oder die Verachtung, die ihnen zu gelten hatte. Mit Hilfe dieser These ließ sich z.B. durch den Film *Jud Süß* die moderne Judenverfolgung als bloße Wiederbelebung einer traditionsgeheiligten alten deutschen Justiz erklären. Gleichzeitig ließ sich das Axiom von der Wiederholung der Geschichte dazu benutzen, die Macht des Regimes und des "Führers" zu festigen. Die Filmbiographien bekannter Persönlichkeiten bestärkten den Glauben an die schicksalhafte Sendung Hitlers, der alle seine Vorläufer an politischer Klugheit angeblich noch übertraf. Selbst die negativen Beispiele — das Scheitern des arischen Helden oder der Triumph der Juden — ließen sich positiv auswerten: Sie hielten dem Publikum warnend vor Augen, wie wichtig es sei, daß das Volk sich geschlossen hinter seinen Führer stellt. Immer diente die Darstellung der historischen Vergangenheit dem einen Zweck, den Volksgenossen dazu zu bringen, sich dem Willen der politischen Führung bedingungslos zu unterwerfen. — Die mit soviel Aufwand betriebene Fälschung der Geschichte verrät freilich auch die Schwäche des Nationalsozialismus. Daß Hitler und Goebbels es für nötig hielten, dem Staat die Autorität der Geschichte zu borgen und die Traditionsgläubigkeit des Publikums auszunützen, offenbart, wie unsicher sich die Machthaber fühlten, wie sehr sie die Legitimation, das Alibi brauchten.

3.3. Leitbilder und Verhaltensmuster

Die Schematisierung des Filmgeschehens und die moralische Wertung von positiven und negativen Typen in den nationalsozialistischen Filmen sollten das Publikum ferner dazu anleiten, bestimmte Leitbilder zu übernehmen und bestimmte Verhaltensweisen nachzuahmen. Das Dogma von der Wiederholung der geschichtlichen Abläufe machte es möglich, unter dem Vorwand geschichtlicher Belehrung und Unterhaltung ganz konkrete Anweisungen für die Gegenwart zu vermitteln, ohne die Filme mit dem Odium plumper Propaganda zu belasten. Gewöhnlich enthielten die nationalsozialistischen Filme ganze Bündel von Lektionen, sei es für das Verhalten gegenüber dem Staat, der Obrigkeit, gegenüber Ausländern oder für das Verhalten in bestimmten Situationen wie z.B. im Kriege. Filme mit antisemitischer Tendenz hatten den besonderen Zweck, das rechte Verhalten des Bürgers gegenüber den Juden zu demonstrieren. Daneben widmeten sie sich gleichfalls der generellen Aufgabe, Typus und Verhalten des rechten Nationalsozialisten anschaulich zu machen und zum Nachahmen zu ermuntern. Zu diesem Zweck stellen die antisemitischen Filme — wie die anderen nationalsozialistischen Filme auch — Rangordnungen für die einzelnen menschlichen

Gruppen auf. Die Arier werden dem Filmbetrachter als eine charakterlich hochwertige Gruppe vorgestellt, der er selbst dank seiner Abstammung angehört. Minderwertige Mitglieder dieser Gruppe sind in der Minderzahl; die Art ihres Verhaltens — zum Teil auch ihr Aussehen — macht sie leicht kenntlich. Das gilt erst recht für die Juden. Die streng durchgeführte Schematisierung schließt Verwechslungsmöglichkeiten aus. Kein Film zeigt die Entwicklung oder gar die Wandlung menschlicher Charaktere; die guten Arier sind von der ersten Szene an gut, die minderwertigen schlecht (die Gestalt des Herzogs in *Jud Süß* ist dafür ein besonders charakteristisches Beispiel), und die Juden sind von Anfang an als Nichtarier, als Fremdlinge, gekennzeichnet. Allenfalls innerhalb dieser Kategorien sind Steigerungen möglich.

Die nicht zu übersehende Abgrenzung bringt dem Zuschauer die Existenz von Eigen- und Fremdgruppen ins Bewußtsein und erleichtert es ihm, auch zwischen den Verhaltensformen zu unterscheiden. Je stärker er sich mit der Eigengruppe identifiziert, die von dem arischen Helden und seiner Gefolgschaft repräsentiert wird, desto eher wird er das von dieser Gruppe praktizierte Verhalten als auch für sich verbindlich anerkennen. Je stärker er die von dem oder den Juden verkörperte Fremdgruppe im Verlauf des Filmerlebnisses ablehnt, desto eher erkennt er an, daß für die Behandlung dieser Gruppe andere Maßstäbe gelten sollen. Auf diesem Wege konnten die antisemitischen Filme das Wagnis unternehmen, auch auf die ethischen Maßstäbe des Kinobesuchers, auf seine Vorstellungen von Recht und Gerechtigkeit einzuwirken. Nur durch die Unterscheidung zwischen Eigen- und Fremdgruppe wurde es möglich, gleiches Verhalten bei Ariern als gut, bei Juden hingegen als schlecht zu bewerten oder gleiches Verhalten gegenüber der einen Gruppe zu billigen, gegenüber der anderen aber nicht. Hier half die Typisierung, die bisher gültigen Normen unter der Hand durch neue zu ersetzen. Das wurde leichter erreicht, wenn der Film den Zuschauer dazu ermunterte, emotional zu reagieren. Nicht ohne Grund verzichten die antisemitischen Filme ohne Ausnahme auf die rationale Argumentation. Arische Helden dürfen diese Art der Argumentation gelegentlich vortäuschen, indem sie bekannte nationalsozialistische Schlagworte wiederholen. Als Beispiele seien hier nur die nationalsozialistischen Reden des Turnierreiters in... *reitet für Deutschland* und die Äußerungen des Bildhauers über die Kunst in *Venus vor Gericht* erwähnt. Juden argumentieren in den Filmen grundsätzlich nicht, sie verschleiern ihre Handlungen allenfalls durch durchsichtige Lügen. Erklärt werden ihre Taten nie; dort, wo sich Ansätze dazu finden, wie etwa in *Jud Süß*, gehen sie bald in einer Anhäufung von Greueln unter, die den Zuschauer emotional so sehr engagieren, daß er nach der Motivation nicht mehr fragt.

Die Verachtung der rationalen Argumentation hatte Hitler populär gemacht, seit er in *Mein Kampf* die "wissenschaftliche Belehrung" für die "Intelligenz, oder was sich heute leider häufig so nennt" reserviert und für die "weniger gebildete Masse" seine Propaganda bestimmt hatte: "'Gerade darin liegt die Kunst der Propaganda, daß sie, die gefühlsmäßige Vorstellungswelt der großen Masse begreifend, in psychologisch richtiger Form den Weg zur Aufmerksamkeit und weiter zum Herzen der breiten Masse findet" (48). Infolgedessen wurde auch der Film von den nationalsozialistischen Filmschaffenden als eine zu Herzen gehende Kunst verstanden. Staatsschauspieler Emil Jannings verkündete in einer Rundfunkrede anläßlich der Premiere des Films *Ohm Krüger*: ". . . unser Publikum ist das *ganze* Volk! Im Kino gibt es keine Unterschiede der Klassen und Stände — es gibt nur noch Zuschauer! Der Film kennt weder gesellschaftliche noch Bildungsvoraussetzungen; er verlangt nur *Empfänglichkeit* und ein offenes *Herz*. Und das hat Jeder, der guten Willens ist! Darum nenne ich den Film die wahre Volkskunst. . ."(49) Damit bestätigte Jannings nicht nur die entschiedene Absicht der Filmhersteller, allein das emotionale Empfinden des Publikums anzusprechen und das Denkvermögen auszuschalten. Er unterstellte außerdem demjenigen Kinobesucher, der den Film trotzdem nach rationalen Maßstäben beurteilte, falsches Kunstverständnis und mangelnden guten Willen, mit anderen Worten: Auflehnung gegen den Staat und die von ihm verordnete Weltanschauung. Der Grund für diese Reglementierung lag in der schon von Hitler geschilderten Erkenntnis, daß die emotionale Argumentation müheloser und vollständiger, auch nachhaltiger überzeugt als der Appell an den Verstand. Entsprechend mobilisierten die Filme alle nur denkbaren Gefühle des Bürgers, um ihn zum Miterleben des Filmgeschehens und damit zur möglichst reibungslosen Übernahme der Leitbilder und Verhaltensmuster zu bewegen. Waren positive Gefühle wie Vaterlandsliebe, Gerechtigkeitssinn, Mitleid für unschuldig Verfolgte genügend angesprochen, so fiel es leichter, das Gewissen des Betrachters einzuschläfern, seine Kritikfähigkeit herabzusetzen und negative Gefühle wie Ekel, Haß, Mitleidslosigkeit gegenüber dem scheinbar zu Recht Verfolgten usw. wachzurufen.

Um das Publikum für den Helden einzunehmen und ihm den Gegenspieler unsympathisch zu machen, war den Filmherstellern jedes Mittel recht. Die Gefahr daß die Idealgestalt durch ihre charakterliche und moralische Vollkommenheit eher entmutigt als zur Nachfolge ermuntert, wurde in den Filmen dadurch vermieden, daß der Typus einzelne Züge erhielt, die seine Ähnlichkeit mit dem durchschnittlichen Kinobesucher betonten. Er übte einen verbreiteten Beruf aus (z.B. Soldat), benahm sich in bestimmten Situationen möglichst natürlich und "normal" oder zeigte kleine unbedeutende menschliche Schwächen. Eine beliebte Möglichkeit, den Helden volkstümlich zu machen, bot die Darstellung von Zorn — etwa, indem der Held dem Publikum so recht aus dem Herzen sprach — oder von Freude und Zufriedenheit, etwa in der Liebe, in der Ehe. Nach dem Vorbild des Führermythos wurde auch der arische Volksführer im Film popularisiert; ein besonders groteskes Beispiel zeigt *Ohm Krüger*, wenn der Burenpräsident und die englische Königin bei ihrer politisch bedeutsamen Begegnung über Rheumamittel plaudern, so als unterhielten sich Nachbarn nach Feierabend am Gartenzaun. War auf diese Weise beim Zuschauer das Gefühl der Fremdheit gegenüber dem Helden ausgeschaltet, so war zu erwarten, daß er auch das Verhalten des Vorbilds annehmen würde, vor allem im Umgang mit Juden. Dieses Resultat mußte umso eher zu erzielen sein, wenn die Judendarstellung beim Zuschauer die gleichen Emotionen wachrief, die auch der Arier im Film zeigte. Erlebte der Betrachter das Geschehen stark mit, so mochte er später glauben, seine verstärkte Abneigung gegenüber Juden sei das Resultat entsprechender Erfahrung — obwohl er diese Erfahrung im Kino und nicht in der Wirklichkeit gewonnen hatte.

Die Verhaltensregeln, die die einzelnen antisemitischen Filme predigen, lassen sich zu einem kleinen Katalog zusammenfassen, der wie folgt lautet:

1) Der Arier verläßt sich auf seinen gesunden Instinkt, der ihm ein untrügliches Wissen um die Gefährlichkeit des Juden verleiht. Der Arier mißtraut jedem, der jüdisch aussieht.

2) Der Arier erwartet von einem Juden niemals etwas Gutes. Die Erfahrungen seiner Ahnen bestätigen ihm, daß sein Mißtrauen berechtigt ist.

3) Der Arier lehnt jeden Kontakt mit einem Juden ab. Sofern er von einem Juden belästigt oder gar bedrängt wird, wehrt er sich mit Gewalt, d.h. er ruft die Staatsgewalt zu Hilfe oder — sofern das nicht möglich ist — verbündet er sich mit Gleichgesinnten. Die arische Gemeinschaft tritt für den Einzelnen im Kampf gegen die Juden ein. Sie macht ihn unantastbar.

4) Der Arier, der im Gegensatz zu seinen Ahnen den Vorzug hat, unter nationalsozialistischer Herrschaft zu leben, billigt die Maßnahmen, die die Regierung gegen die Juden ergreift, sei es die Vertreibung von deutschem Gebiet, sei es die von Gerichten verhängte Todesstrafe für schwere Verbrechen. Der Arier bekundet mit seiner Zustimmung sein Vertrauen zum "Führer", der alle diese Maßnahmen nur zum Schutz des deutschen Volkes erläßt.

5) Der Arier, der nach den Lehren der nationalsozialistischen Weltanschauung lebt und ihr in unverbrüchlicher Treue dient, kommt nicht in Gefahr, sich gegenüber den Feinden des deutschen Volkes falsch zu verhalten.

3.4. Träume und Wunscherfüllung

Die nationalsozialistischen Filmschöpfer waren keineswegs so ungeschickt, dem Publikum die Propaganda mit allen Mitteln aufzudrängen — sie nahmen wohlweislich auf die Wünsche der Kinogänger Rücksicht. Sowohl die Geschichtsdeutung als auch die Vermittlung von Leitbildern und Verhaltensweisen lassen sich als Mittel der Wunscherfüllung ansehen: Beide Versuche gehen von der Unsicherheit des Bürgers aus, der für Hilfe, für autoritären Zuspruch dankbar ist. Daß das Publikum nicht deshalb ins Kino strömte, um sich belehren und erziehen zu lassen, spricht nicht dagegen. Erfolgreich sind Filme besonders dann, wenn sie Erwartungen entgegenkommen, die dem Kinobesucher gar nicht bewußt sind. Fritz Hippler sah vor allem folgende Wünsche, die die "breite Masse des Volkes"

— "die sog. Kleinbürger, die Angestellten, die Arbeiter, die Bauern"(50) — vom
nationalsozialistischen Film erfüllt sehen wolle:

"Es (das Volk — d.A.) will durch heroische Darstellung mitgerissen und über
sich hinaus gesteigert werden; es will durch das Bild des Schönen im allgemeinen die Unvollkommenheit der Natur im einzelnen vertragen lernen; es will
durch Wunschträume den Mangel, durch Tragik die Oberflächlichkeit und
durch Komödien den furchtbaren Ernst ausgleichen und ergänzen".(51)

Diese Wünsche wurden gewissenhaft berücksichtigt, auch vom antisemitischen
Film. Zu einer Zeit, in der der Einzelne zu völliger politischer Passivität verurteilt war, die Folgen politischen Handelns aber sehr schmerzhaft zu spüren bekam durch Beschränkung der privaten Lebensführung, durch Mangel an Konsum-
gütern, durch Bombenkrieg und ständige tägliche Bedrohung der Angehörigen,
zu dieser Zeit konnte eine idealisierte Selbstdarstellung auf der Leinwand mit
allgemeinem Beifall rechnen. Der Filmbetrachter durfte sich mit dem arischen
Helden identifizieren, der gleichsam stellvertretend allen Widerwärtigkeiten des
Daseins mit Mut, Entschlossenheit und äußerster Tapferkeit begegnet. Er durfte
sich in der Hoffnung wiegen, bei annähernd gleichem Verhalten ebenso wie der
Filmheld für alles Ungemach belohnt zu werden. Alle unangenehmen Erfahrungen, die diese Hoffnung auf Belohnung im Alltag immer wieder ins Wanken
brachten, wurden im Film auf wunderbare Weise überwunden und gegenstandlos
gemacht. Die antisemitischen Filme widersprachen auch dem von manchen Bürgern vielleicht doch gehegten unbehaglichen Gedanken, daß die mitleidlose Behandlung von Feinden, von Juden oder von Kriegsgefangenen, eines Tages böse
Folgen haben könnte. Je mehr die Realität der Kriegssituation in Gegensatz zu
der im Film geschilderten heilen Welt geriet, desto sicherer durfte die Filmpropaganda mit Erfolg rechnen: Der Kinogänger, der an den Schwierigkeiten seines
gegenwärtigen Lebens schier verzweifelte, ließ sich nur zu gern in eine schönere
Traumwelt entführen.

Gleichzeitig kamen die antisemitischen Filme unausgesprochenen Erwartungen
entgegen, indem sie aggressive, sadistische und sexuelle Wünsche erfüllten. An-
gestaute aggressive Gefühle können sich im Kino auf ungefährliche Weise entladen, wenn der Betrachter sich angesichts des bösen Treibens des Filmschurken
in Empörung gesteigert hat und an der Bestrafung des Übeltäters intensiven Anteil nimmt. Filme wie *Leinen aus Irland* und *Jud Süß* sind Beispiele dafür, wie
dieser Affekt durch geschickt dosierte Darbietung von Bosheiten und Verbrechen wie auch durch langsam gesteigerte Spannung erhöht werden kann. Kommt
das Filmgeschehen dem Verlangen nach Sühne aber nicht entgegen, so wird der
Zuschauer das Kino wahrscheinlich mit Rachegefühlen verlassen und dazu nei-
gen, seine gesteigerte Aggressivität bei passender Gelegenheit abzureagieren. Diese Wirkung sollte offenbar der Film *Die Rothschilds* erreichen, der mit dem
Triumph des skrupellosen Juden endet. Ähnliches gilt für *Jud Süß*: Die Verbrechen des Juden werden so ausgemalt, daß seine Hinrichtung keine ausreichende

Genugtuung bieten kann. Indem der Film die Lynchjustiz durch das Volk (Sturm auf das Haus des Hofjuden) und durch das Bürgergericht ausdrücklich billigt, rechtfertigt er auch den Wunsch des entrüsteten Filmbetrachters, nach dem Kinobesuch seinen Unmut an den jüdischen Bürgern auszulassen. Die heimliche Absicht des Films, den Kinobesucher in einem ganz bestimmten Bereich seines Gefühlslebens zu enthemmen, war bereits dann erreicht, wenn der dem Judenproblem bislang vielleicht gleichgültige Filmbetrachter sich entschloß, den verfolgten Juden auch in Zukunft keine Hilfe zu gewähren.

Daß die Filmhersteller es verstanden, auch auf sadistische, masochistische und sexuelle Wünsche einzugehen, die häufig zusammenhängen, beweis *Jud Süß* mit der Vergewaltigungsszene, der nicht ohne Absicht die Darstellung einer Folterung vorauf geht. Hier durften Erwartungen, die der Kinogänger sich normalerweise nicht einzugestehen wagt, erfüllt werden, weil das dem wichtigsten Ziel des Films, der Förderung des Judenhasses, zuträglich war. Ähnliches gilt für die ausführlich gezeigte Folterung in *GPU*, die Hinrichtung und den Vergewaltigungsversuch in *Ohm Krüger* und die Steinigung einer jungen Frau in *Heimkehr*, Szenen, die der Zuschauer heimlich genießen durfte, wenn er sich gleichzeitig über die Täter — Bolschewiken, Engländer, Polen und Juden — gebührend entrüstete. Die sado-masochistische Tendenz dieser Szenen diente offenbar als Ersatz für das Fehlen von Liebesszenen herkömmlicher Art. Die Zurückhaltung des arischen Helden gegenüber der Frau, die sicher nicht im Sinne des Publikums war, wurde gewissermaßen durch seine Aggressivität gegenüber Juden und anderen Gegnern, durch seine Neigung zu Gewalttaten, wieder wettgemacht. Der Kuß wie die Ohrfeige sind dramaturgische Ausrufungszeichen, die eine spannungsgeladene Szenenfolge beschließen und auf den Zuschauer befreiend wirken. Da in den antisemitischen Filmen Leidenschaft nur in züchtiger Umarmung gezeigt werden durfte, erhielten Handgreiflichkeiten und Gewaltakte ein entsprechend stärkeres Gewicht. In diese Kategorie der Wunscherfüllung gehört auch die Möglichkeit zur Schadenfreude, die in fast allen antisemitischen Filmen weidlich genutzt ist. Der Jude wird bloßgestellt, in einer peinlichen Situation überrascht und dem Spott preisgegeben. Der Zuschauer durfte sich an seiner Blamage weiden; dagegen wurde es ihm nicht gestattet, in einem antisemitischen Film auch einmal über einen Arier zu lachen.

Neben diesen Formen der Wunscherfüllung, die selbstverständlich nicht allein für die nationalsozialistischen Filme gelten, sondern mehr oder weniger ausgeprägt im Film immer zu finden sind, gestatteten die antisemitischen Filme die Befriedigung spezieller Erwartungen. Wurde der Arier dem Publikum als Ideal der Selbstverwirklichung angeboten, so sollte ihm der Jude als Sündenbock für Minderwertigkeits- und Schuldgefühle dienen. Bei ein wenig Gewissenserforschung hätte der Kinogänger zugeben müssen, daß er dem geforderten nationalsozialistischen Ideal sehr unzureichend entsprach und daß er etliche "typisch jüdische" Eigenschaften wie Machthunger, Geldgier, Neid, Wollust auch bei sich selbst entdecken konnte. Die Filme nahmen ihm diese unangenehme Selbsterkenntnis ab, indem sie eine bessere Welt vortäuschten, in der alles Negative bei den Anderen, den Juden, zu finden ist. Auch die Erlaubnis zur Schadenfreude hat hier ihren tieferen Sinn: Angesichts der Blamage des Juden durfte der Zuschauer die eigenen Unzulänglichkeiten, die eigenen Fehlschläge vergessen und sich stark fühlen. Die Darstellung der Bestrafung des Juden schließlich war dazu geeignet, dem Betrachter für persönlich erlittenes Unrecht auf billige Weise Genugtuung zu gewähren. Da sich die Schuld für Unannehmlichkeiten mit nationalsozialistischer Spitzfindigkeit immer auf die Juden abwälzen ließ, half die Filmpropaganda auf diese Weise mit, von den Fehlern und Mißerfolgen des Regimes abzulenken und der berechtigten Kritik des Bürgers ein ungefährliches Angriffsziel zu bieten. Dabei verlagerte sich auch in den antisemitischen Filmen die Wahl des Sündenbocks mehr und mehr von den Juden fort zu den außenpolitischen Feinden — je nach Situation Bolschewiken, Polen oder Briten — und endete schließlich beim Ersatzjuden, dem diffamierten eigenen Volksgenossen.

4. FILM ALS SPIEGEL DER ZEIT

".. . alle (Filme) sind in höherem oder geringerem Maße 'Zeitdokumente'.
Als Zeitdokumente aber spiegeln sie den äußeren und inneren Zustand einer
Gesellschaft, die ihrerseits vom Film *Vor*spiegelungen erwartet — Vorspiege-
lungen nicht unbedingt einer falschen Realität, immerhin aber einer solchen,
die von der sie beengenden, bedrängenden, bedrückenden Wirklichkeit wesentlich verschieden ist."

Diese Feststellung macht Wolfgang von Einsiedel angesichts der von Siegfried
Kracauer durchgeführten sozialpsychologischen Untersuchung des vornationalsozialistischen deutschen Films.(1) Sie gilt nicht minder für das Filmschaffen
der nationalsozialistischen Zeit.(2) Jede Propaganda wirkt nicht nur auf das Publikum, für das sie bestimmt ist, sie beeinflußt auch diejenigen, die sie verbreiten. Die Propagandisten des Nationalsozialismus hatten nicht nur den Inhalt
ihrer Lehre an der neuen Weltanschauung auszurichten. Sie sollten auch von ihrer Wahrheit überzeugt sein; wer es nicht war, mußte so tun — ein nicht ganz ungefährliches Manöver, weil es dazu verleitete, die abgelehnte Lehre unbewußt
doch zu übernehmen. Auf der anderen Seite bleibt eine Weltanschauung nur
dann in der ursprünglichen Form erhalten, wenn ihre Verkünder die einmal fixier-
ten Grundsätze ständig wiederholen und Abweichungen sofort verurteilen. Goebbels griff daher nicht bloß deshalb in die Filmherstellung ein, um seine Vorstellungen von wirksamer Propaganda zu verwirklichen, er tat es auch, um die ideologische Linientreue zu sichern. Zeichnete er einen Film mit Preisen und Prädi-
katen aus, so lobte er damit nicht nur die zufriedenstellende Form der Propaganda, sondern erkannte das Werk zugleich als gültige Wiedergabe nationalsozialistischer Ideen an. Aus diesem Grund verrät die Typologie des antisemitischen
Films nicht nur die Absichten der Propaganda. Sie gibt zugleich Aufschluß über
die Bedürfnisse der Propagandisten und über deren Selbstverständnis. Typisierung als Verständnishilfe, das bedeutet in diesem Zusammenhang Eingeständnis
der nationalsozialistischen Unfähigkeit, die Wirklichkeit in ihrer Vielfalt zu erfassen und zu bewältigen, das bedeutet offenes Bekenntnis zu jener Blindheit, die
Goebbels an Hitler, dem "Genie der Vereinfachung", als "wunderbare Kunst"
rühmte, "die Dinge so zu sehen, wie sie sind, bevor sie unter die Spezialisten geraten".(3). Geschichtsdeutung diente dem Nationalsozialisten zur Daseinserhellung; aus der von ihm selbst geformten und beschränkten Darstellung historischer
Ereignisse gewann er die Bestätigung für seinen Glauben. Auf der Leinwand
nahm die Ideologie überzeugend Gestalt an und verdrängte die Zweifel, die die
außerhalb des Kinos gewonnene Erfahrung nahelegte. Die Idealbilder des Ariers,
die in den Heldengestalten der Filme Leben gewannen, täuschten die Existenz
einer höheren Rasse vor, der der Betrachter selbst angehören durfte, und bestärkten die Hoffnung auf ihren Sieg. Alle diese Aspekte befriedigten den Wunsch
nach Selbstbestätigung, nach Ermutigung und Zuspruch. So gesehen, diente die
Vorführung antisemitischer Filme nicht nur der Unterrichtung und Schulung
der Bevölkerung, sondern auch als Repetitorium für die Parteigenossen.

4.1. Die Selbstdarstellung des Antisemiten

Wenn die nationalsozialistische Weltanschauung die Vorstellungen und die Wünsche ihrer Verfechter wiederspiegelte, so müssen die von der Propaganda beherrschten Filme zwangsläufig eine Selbstdarstellung ihrer Hersteller und Initiatoren abgeben. Unter diesem Gesichtspunkt stellt sich die Typologie im antisemitischen Film als Spiegelbild des Nationalsozialisten, speziell des Antisemiten dar. "Jedes große Filmwerk ist ein Spiegel, in dem ein Volk seine besten Kräfte, seine nationale Begabung und seinen Idealismus erblickt", hatte Emil Jannings in der erwähnten Rundfunkrede behauptet (4); er vergaß zu sagen, daß das auch auf negative Merkmale zutrifft. Gerade die Aufspaltung der Typologie in gut und böse verweist auf den zwiespältigen Charakter des nationalsozialistischen Selbstverständnisses: Im Film trägt der Arier alle erwünschten und begehrten Eigenschaften zur Schau — der Jude dagegen ist mit den unerwünschten Schattenseiten behaftet, die der Nationalsozialist so sehr ablehnt, daß er sie an sich nicht wahrnehmen will. (5) Psychologisch betrachtet, ist die Schwarzweißmalerei ein Zeichen innerer Schwäche und Unsicherheit. Das Ja zu den eigenen Fehlern und Mängeln setzt Verantwortungsbereitschaft voraus, die dem ichschwachen Menschen fehlt. Aus diesem Grund stehen die arischen Filmhelden auch nie vor wirklichen Entscheidungen. Sie erscheinen von vornherein programmiert, determiniert zu ganz bestimmtem Handeln — eine Haltung, die mit "Instinkt" umschrieben wird. Sie handeln unter innerem Zwang, nicht aus freier Zustimmung, dem Resultat gewissenhafter Überlegung.

Der gesunde arische Mensch — so zeigen es die Filme — kann nicht anders als gut und richtig handeln. Handelt er falsch, so ist sein Instinkt defekt, der Mensch ist sittlich unheilbar krank. Nur der Kranke gibt Anfechtungen nach und erliegt der Gewalt des Bösen, des Juden. In keinem Film wird gezeigt, wie diese Anormalität zustande kommt, sie ist vielmehr zu Beginn des Films noch verhüllt und tritt dann schnell zutage. Ebenso ist der Jude, wie schon gesagt, von Anfang an böse, er ist die Verkörperung des bösen Prinzips. Diese Darstellung steht in engem Zusammenhang mit der Vergeltung, die jedem für sein Tun bestimmt ist. Der Arier wird für sein Handeln, das seinem Sosein entspricht, belohnt, entweder durch die Liebe einer Frau, die Liebe des Volkes und persönliches Wohlergehen oder ideell durch den Nachruhm, der seine Taten unsterblich macht. Der sittlich unheilbar kranke Arier hingegen wird nach den Grundsätzen der Euthanasie behandelt: er wird aus der Volksgemeinschaft ausgemerzt. Dieses Schicksal erwartet erst recht den Juden; er wird gleichsam vom arischen Volk ausgespieen, d.h. verjagt oder getötet. Dieses krasse Urteil — hie Seligkeit, dort ewige Verdammnis — verrät die moralische Strenge, mit der der Antisemit über sich selbst zu Gericht sitzt und die Entschiedenheit, mit der er das Böse, das Negative aus seinem Leben verbannt, aus seinem Bewußtsein verdrängt. Allein aus der Typologie des Ariers und des Juden in den antisemitischen Filmen ließe sich die Psychologie des Nationalsozialisten ableiten. Die folgende Untersuchung beschränkt sich auf wenige Beispiele, die sich durch mehrere Filme, nicht nur durch einen, belegen lassen — auf Beispiele für die Einstellung des Nationalsozialisten gegenüber der Macht, der Arbeit, dem Geld und der Liebe.

Nach der Macht streben in den antisemitischen Filmen nicht nur die Juden, sondern auch die Arier, letztere freilich nur, um das Gute durchzusetzen und dem Volk zu dienen. Daß die Arier dabei vor Gewaltanwendung nicht zurückschrekken, wird deutlich genug gezeigt. Faßt man aber auch das den Juden nachgesagte Verhalten als Selbstdarstellung der Denunzianten auf, so wird deutlich, daß der Nationalsozialist in Wahrheit skrupellos, hemmungslos und ohne Rücksicht um die Macht kämpft. Hier findet die eigenartige Ziellosigkeit der Filmjuden endlich ihre Erklärung. Die Rassenlehre sah das angebliche Streben der Juden nach der Weltherrschaft als das selbstzerstörerische Treiben von Parasiten an, die nach dem Sieg über ihre Wirtsvölker elend zugrundegehen müssen.(6) In der Realität freilich findet diese Theorie nur in der Entwicklung des Nationalsozialismus selbst ihre Entsprechung. Hitler war sich, wie aus manchen seiner Reden hervorgeht, ebenso wie Goebbels, sehr wohl bewußt, daß der Kampf um die Beherrschung Europas ein Vabanquespiel war, das im Fall einer Niederlage mit dem Untergang Deutschlands enden würde. Die von den Filmen gestützte These, daß der Jude das Volk, von dem er lebt, zugrunde richten wolle, hat keine Logik für sich, umso mehr trifft sie auf die Nationalsozialisten zu, die Irrationalität und Unlogik zur Grundlage ihrer neuen Religion erhoben hatten.

Ähnliches gilt für das nationalsozialistische Verhältnis zur Arbeit. In den antisemitischen Filmen arbeiten die Juden nicht; sie machen Geschäfte, indem sie handeln, feilschen und andere betrügen. Der Pseudo-Dokumentarfilm *Der ewige Jude* sucht diese Behauptung durch entsprechende Bilder zu beweisen und setzt dem schachernden Juden den "werteschaffenden Arier" (Filmkommentar) gegenüber. Der Anblick arbeitender Menschen wird allerdings sehr schnell von den Aufmärschen der Hitlerjugend überdeckt, so als sei die Arbeit nur als notwendiges Übel zu betrachten. Tatsächlich gibt es keinen antisemitischen Film, in dem der arische Held arbeitet(7) — er redet, debattiert, verhandelt, er inszeniert einen Volksaufstand, er zieht paradierend in den Krieg, er kämpft. Mit anderen Worten: Der Arier befindet sich ununterbrochen in einem Ausnahmezustand, die normale Arbeit ist anscheinend auf eine spätere Zeit vertagt oder sie wird von anderen, weniger wichtigen Personen erledigt. Hier drückt sich aus, daß das nationalsozialistische Regime die alltägliche Arbeit, die ohne Aufsehen geschieht und die sich nicht in Monumenten und Denkmälern verewigen läßt, trotz der anderslautenden phrasenreichen Reden im Grunde verachtete. Der Jude hingegen darf nicht arbeiten wollen, denn als werteschaffender Mensch hätte er Anteil an der deutschen Kultur, und dieses Verdienst wird ihm abgesprochen. Der Nationalsozialist hingegen verfügt über die gesamte deutsche Kultur, so als hätten er und seine Vorfahren sie allein aufgebaut — in Wirklichkeit ist er nur dazu imstande, sie zu zerstören. So sieht er sich gezwungen, seine Unfähigkeit zu schöpferischer Arbeit mit Reden zu verdecken, mit einer Beschäftigung also, die Aktivität vortäuscht und das Selbstgefühl steigert. Die Redesucht der nationalsozialistischen Parteiführer ist im Typus des arischen Führers treffend wiedergegeben. Der Hang zur Prahlerei kehrt in den Filmen gleichfalls wieder, etwa, wenn das Geschehen schnell errungene Erfolge schildert; ohne im einzelnen nachzuweisen, wie sie zustande gekommen sind. Ein besonders krasses Beispiel dafür ist *Carl Peters*, ein Film, der, wie ein Rezensent tadelnd bemerkte (8), kaum etwas von den Strapazen der Afrika-Expeditionen zeigt, sondern stattdessen das Redetalent des Helden in den Vordergrund rückt. Als Beispiele für das nationalsozialistische Verhältnis zur Arbeit lassen sich selbst zwei so unverdächtige Unterhaltungsfilme wie *. . . reitet für Deutschland* und *Der Weg ins Freie* heranziehen. Im ersten Beispiel wird gezeigt, daß der jüdische Händler das wertvolle Turnierpferd allein nach seinem Geldwert taxiert, dazu noch ohne Sachverstand, und es also herzlos verschachert. Der Turnierreiter hingegen, der es zurückerhält, trainiert das Tier für den Sieg. Dies wäre eine Gelegenheit gewesen, die körperliche Mühsal des Trainings vorzuführen, der Reiter und Pferd gleichermaßen unterworfen sind. Indessen erringt der Reiter den ersehnten Turniersieg anscheinend nicht durch sportliche Qualitäten, sondern hauptsächlich durch den eisernen Willen, mit dem er seinen kranken Körper bezwingt, und durch die Sturheit, mit der er, nicht ohne List und Betrug, die Teilnahme am internationalen Wettbewerb durchsetzt. Er hat den Sieg also nicht erarbeitet, sondern durch seelische Anspannung errungen. Das Pferd erscheint dabei keineswegs als Turnierpartner, ist nur ein brauchbares Mittel, um einen Triumph fürs Vaterland zu erringen (womit auch die angebliche arische Liebe zum Tier desavouiert ist). Damit gibt der Film die nationalsozialistische Wirklichkeit sehr genau wieder. Das deutsche Volk, das tatsächlich arbeitet — und es arbeitet "wie ein Pferd" — ist zu nichts anderem gut, als sich dem Willen des "Führers" vollständig unterzuordnen und dessen hochfliegende Pläne zu ermöglichen. Das andere Filmbeispiel, *Der Weg ins Freie*, variiert das Thema nur. Hier ist der arische Held ein Gutsbesitzer, der die Feldarbeit selbstverständlich seinen Leuten — biederen pommerschen Landarbeitern und dummdreisten Polen — überläßt. Sein Tagewerk besteht darin, die Arbeiter zu überwachen, ihnen politische Flausen auszutreiben und unerwünschte Besucher mit der Peitsche vom Hof zu treiben.

Der Turnierreiter und der Gutsbesitzer sind Symbolfiguren für den Herrenmenschen, der seine Hände nicht durch Arbeit beschmutzt, sondern andere, vor allem Menschen niederen Ranges, für sich schaffen läßt. Hier nehmen Wunschträume Filmwirklichkeit an. Mithin entlarven die Filme die wohlklingenden Propagandareden von Blut und Boden und von der Bedeutung der Arbeit als geschickten Versuch, die Arbeitenden bei guter Laune zu halten. Der Nationalsozialist tut das, was er dem Juden nachsagt: er mißbraucht die Arbeit anderer, um mit ihr ehrgeizige Pläne zu verwirklichen, die allein ihm und keineswegs den Arbeitenden nützen sollen. Von daher läßt sich auch verstehen, warum die Tätigkeit des jüdischen Journalisten im antisemitischen Film so gern denunziert wird. Hinter dem Zeitungsschreiber, der im Verborgenen Informationen sammelt, mit den Mächtigen Kontakt aufnimmt, um seine Intrigen zu spinnen und aus dem Hinterhalt Politik zu treiben, hinter diesem Typus verbirgt sich kein anderer als der Propagandist. Goebbels selbst hatte seine propagandistische Tätigkeit als Journalist begonnen und bei dieser Tätigkeit die nationalsozialistische Karikatur des jüdischen "Pressereptils" (9) weit in den Schatten gestellt. So befolgte der Nationalsozialist selbst den Rat, den der Bankier Ipelmeyer in *Robert und Bertram* seinem Buchhalter Samuel gibt: "Wenn Se jemand was antun wollen, nehmen Se kein Schwert, nehmen Se Tinte und Feder!" — und zwar auf doppelte Weise, indem er das eine tat und das andere nicht ließ. Das Regime mordete zuerst den guten Ruf seiner Opfer, ehe es sie auch physisch vernichtete.

Die Darstellung des jüdischen Bankiers schließlich deckt das nationalsozialistische Verhältnis zum Geld auf. Die römische Einstellung des "Non olet" wird im Film allein auf den Juden bezogen. Der jüdische Bankier verwaltet die Finanzen der Reichen und betrügt das Volk um seine kargen Ersparnisse. Er sammelt Schätze, um mit ihnen zu handeln und Macht über andere zu gewinnen. Mit Geld und Schmuck bezahlt er Liebschaften und Kriege. Geizig ist er in den antisemitischen Filmen nicht, immer teilt er Geld freigebig aus, solange er einen Nutzen für sich erspäht. Der Arier hingegen verachtet Geld und Kostbarkeiten. Für ihn bleibt die Münze ein lästiges, aber leider unerläßliches Zahlungsmittel, nichts weiter. Um das Herz einer Frau zu gewinnen, verläßt er sich lieber auf schöne Worte als auf einen Ring. Hitler suchte diese Vorstellung durch seine spartanische Lebensweise zu stützen, Goebbels vermied es, seinen aufwendigen Lebensstil allzu bekannt werden zu lassen, und nur Göring setzte sich dem Vorwurf aus, ein Verschwender zu sein. Darin aber war sich die nationale Führung einig, daß Kriege Geld kosten und daß das Volk dafür zu bluten hat — wie das der Film *Die Rothschilds* sehr anschaulich zeigt. Wo es um die Durchsetzung der politischen Ziele ging, gab das nationalsozialistische Regime das Geld mit vollen Händen aus, während das Volk, zu äußerster Sparsamkeit angehalten, mit Spenden caritativen Zwecken zu dienen glaubte und dabei ausgebeutet wurde.

Obwohl der Nationalsozialist mit dem Geld nicht ungeschickter umzugehen weiß als der Finanzjude, dessen Geschäftsgebaren in den Filmen angeprangert wird, ist die vom arischen Helden demonstrierte Verachtung des Geldes keineswegs ein Vorwand. Münzen, Geldscheine, Aktien sind nüchterne Dinge, die keinen Wert an sich haben, sondern ihn erst bei einem rational festgelegten Zahlungsverfahren erhalten. Als veräußerlicher Besitz, der sich nicht in eine persönliche oder gar mystische Beziehung zu seinem Eigentümer bringen läßt, haftet dem Geld in der Vorstellung des Nationalsozialisten das Odium des Käuflichen, der Untreue, des Unpersönlichen an. Ähnliches gilt für den Schmuck, der außerdem noch als überflüssiger Luxus betrachtet wird, der zur Prunksucht, zur Eitelkeit verführt und die Opferbereitschaft des Einzelnen gefährden könnte. Der Nationalsozialist gibt daher vor, als Werte nur Dinge zu schätzen, deren Besitz ihn von anderen unterscheidet: das Land, auf das er mit Hilfe seines Ahnenmythos Alleinanspruch erhebt, und seine irrationalen Ideen und Vorstellungen, die ihm die Vorherrschaft garantieren. Um das Bild des Ariers fleckenlos zu erhalten, geben die Filme daher Geld und Schmuck als Ausdruck des jüdischen Charakters aus, der alles entweiht, was mit ihm zusammenkommt. Der Filmjude entehrt Tapferkeit und Liebe, indem er Soldaten und Frauen kauft. Die Unabhängigkeit des Ariers von den niederen Dingen des Daseins hingegen zeigt sich darin, daß er die Vaterlandstreue und den Kampfesmut des Mannes ebenso wie die Zuneigung der Frau durch die Überzeugungskraft seiner Ideen sozusagen gratis gewinnt.

Werden das Streben nach Macht und nach Geld in den antisemitischen Filmen als rein jüdische Eigenarten ausgegeben, so wird die Liebe, ebenso wie die Arbeit, als rein arische Angelegenheit betrachtet. Geschlechterliebe unter Juden ist für den Film tabu, die einzige Anspielung — der keifende Alte und die kokette Schlampe in *Jud Süß* — verweist das Thema in den Bereich der Unmoral. Nähert sich der Jude einer arischen Frau, so tut er das aus Macht- und Geldgier oder aus wollüstiger Rachsucht. Der Arier hingegen begehrt die Frau nicht zur Befriedigung irgendwelcher persönlicher Bedürfnisse, sondern er wünscht sie sich zur Gefährtin im Lebenskampf und als Erhalterin der Art. Das prüde Verhalten der arischen Liebespaare weist darauf hin, daß das intime Verhältnis zwischen Mann und Frau im Grunde als etwas Niedriges, Primitives angesehen wird, ohne das der Mensch leider nicht auskommt und das er daher durch Askese oder durch Mythisierung — Geschlechtlichkeit als staatlicher Auftrag zur Erhaltung der Rasse — veredeln muß. In Wirklichkeit waren nicht einmal die führenden Nationalsozialisten fähig, diesen Vorstellungen nachzuleben. Hitler wahrte das Bild des geschlechtslosen Führers nur zum Schein, und Goebbels erlegte sich bei seinen sexuellen Abenteuern sowenig Zurückhaltung auf, daß Rosenberg ihm "jüdisches" Verhalten vorwarf (10). Folgerichtig finden die als peinlich verdrängten triebhaften Wünsche nur in den Judendarstellungen ihren wahren Ausdruck; die Vergewaltigungsszene in *Jud Süß* steht in seltsamen Kontrast zu den arischen Liebesszenen. Doch scheint es Goebbels nicht gewagt zu haben, das Thema heuchlerisch voll auszuspielen, es wurde schließlich totgeschwiegen. In der Tat stellte dieser Lebensbereich — der Anspruch auf Liebe — die Nationalsozialisten vor eine schwierige Aufgabe. "Rassentrennung" und Zuchtauftrag sind Beispiele für das Bemühen, die Gefühlswelt des Einzelnen vollständig in den Griff zu bekommen und sie ideologisch auszurichten. Hier, und nur hier, trug die antisemitische Propaganda eine Niederlage davon; die Zwangstrennung arisch-jüdisch gemischter Ehen scheiterte am Widerstand der arischen Partner.(11)

Dem Betrachter, der die antisemitischen Filme nach rund 20 Jahren sieht, mag die Selbstdarstellung der Nationalsozialisten, die bis zur Selbstentblößung geht, gewagt und befremdlich erscheinen. Den Herstellern freilich wird diese Art der Filmdeutung so wenig in den Sinn gekommen sein wie dem Publikum, das das Filmgeschehen unkritisch aufnahm. Selbst wenn Goebbels entdeckt haben sollte, daß die Filme auch die negativen Seiten des Nationalsozialismus sichtbar machten, so hatte er doch keine unerwünschte Wirkung der Filme zu befürchten. Nachträglich allerdings mutet es wie eine pathologische Zwangshandlung an, daß selbst das sorgsam gehütete Geheimnis des Nationalsozialismus, die Ausrottung der unerwünschten Bürger, in drei Filmen angedeutet ist. Der Prozeß und die Hinrichtung des Juden Süß Oppenheimer in *Jud Süß* offenbaren die völlige Rechtlosigkeit, durch die die Juden ihren Henkern ausgeliefert wurden. Das Internierungslager in *Ohm Krüger* zeigt, was selbst die Bilder aus dem Warschauer Ghetto in *Der ewige Jude* zu verbergen suchen: daß hilflose Menschen in den nationalsozialistischen Konzentrationslagern zu Tode gequält wurden. Und der Film *Heimkehr* deutet in den Kerkerszenen, wenn Volksdeutsche, von den Polen in düsteren Verliesen wie Vieh zusammengepfercht, auf ihre Ermordung warten, gar auf die Gaskammern hin. In allen Filmen ist dieses Geheimnis aber wiederum so geschickt verschleiert, daß der ahnungslose Kinobesucher nicht in Gefahr kam, es zu entdecken. Allemal spielt das Filmgeschehen in fernen Zeiten oder zumindest in fremden Ländern, und eine Wiederholung unter nationalsozialistischer Herrschaft schien völlig ausgeschlossen. So kann es der Film *Heimkehr* schließlich gar wagen, am Beispiel der Volksdeutschen dem Filmbetrachter Hartherzigkeit gegenüber verfolgten Menschen zum Vorwurf zu machen. Eine unbewußte Darstellung des deutschen Volkes unter nationalsozialistischer Herrschaft oder beispielloser Zynismus der Propagandisten? Diese Frage läßt sich nicht beantworten. Als Zeitdokumente haben die antisemitischen Filme jedenfalls kein Detail ausgelassen.

4.2. Die Rolle des Filmpublikums

Nicht immer geben die antisemitischen Filme die Wunschvorstellungen und das wahre Bild des Nationalsozialisten direkt wieder. Das gilt vor allem für die Darstellung des arischen Volkes. Daß die Filme, vor allem in den heroisierenden Massenszenen, das Volk durchweg positiv zeigen, hatte einen erzieherischen Sinn — der Betrachter lernte, wie er sich als Staatsbürger verhalten sollte, und er tat das lieber, wenn er spürte, daß er schon als guter Staatsbürger galt. Sicher spielten auch Wunschvorstellungen der Filmpropagandisten eine Rolle; in zwei antisemitischen Filmen (*Jud Süß, Ohm Krüger*) ist der nationalsozialistische Traum von einem Volk, das sich willig leiten läßt und die Politik der Regierung vorbehaltlos bejaht, schon erfüllt. Wie die Filmhersteller ihr Publikum tatsächlich einschätzten, ist jedoch nicht der Rolle des Volkes im Film, sondern eher der Wahl der Filmthemen und ihrer Gestaltung zu entnehmen. Goebbels wollte den nationalsozialistischen Film als "Volkskunst" verstanden wissen, die die "Freuden und Leiden, die das Volk bewegen, künstlerisch zur Darstellung" bringt; dabei hielt er allerdings den Geschmack des Publikums für "erziehbar im guten wie im bösen Sinne" (12). Solange sich die Bevölkerung aus freien Stücken ins Kino begab, mußten die Filmhersteller auf diesen Geschmack Rücksicht nehmen, um die Erziehung nicht von vornherein zum Scheitern zu bringen; ein finanzieller Fehlschlag der Filme minderte auch den Erfolg der Filmpropaganda. Dabei genügte es durchaus, dem Publikum in weniger wichtigen Dingen entgegenzukommen, um ihm auch unpopuläre Propagandathesen schmackhaft zu machen. Das ungewöhnlich große Interesse an Filmunterhaltung, das in der Bevölkerung während des Krieges noch weiter zunahm, war für die Hersteller antisemitischer Filme von vornherein von Vorteil. Solange sich die antijüdische Propaganda nicht in den Vordergrund spielte und nicht mit der Darstellung von Grausamkeiten verbunden war, war nicht zu befürchten, daß die Kinogänger Filme wegen ihrer antisemitischen Tendenz abgelehnt hätten. Die Autoren hielten es offenbar auch gar nicht für nötig, sich auf mögliche Verständnisschwierigkeiten oder gar Widerstände einzustellen; sie setzten voraus, daß das Publikum im großen und ganzen gegen die nationalsozialistische Judenpolitik nichts einzuwenden hatte.

An der Typologie der antisemitischen Filme ist abzulesen, daß die Autoren mit einem ganz bestimmten Zuschauerkreis rechneten, der für sie offenbar das Gros der Bevölkerung repräsentierte. Dieses Publikum verfügt über eine schlechte bis durchschnittliche Schulbildung, die im Laufe der Zeit durch ein von der Propaganda genährtes Halbwissen bzw. durch Fehlinformationen ergänzt worden ist. Der angenommene durchschnittliche Kinogänger liebt das vereinfachte Denken und vermeidet geistige Anstrengung. Sein Verzicht auf kritische Überprüfung des Gebotenen stimmt mit seiner Bereitschaft überein, jeder Autorität — der Regierung, der Partei, dem scheinbar geschichtskundigen Filmautor, dem beliebten Schauspieler — blind zu glauben. Er ist leicht beeinflußbar. Er begeistert sich schnell und neigt zu spontanen Reaktionen der Zuneigung und des Hasses, der Zustimmung und der Abwehr. Den so disponierten Kinogänger hielten die Filmhersteller für einen mehr oder weniger überzeugten Antisemiten, zumindest für einen Menschen, der Antisemitismus nicht ablehnt. Die Typologie der Filme deutet auf die Motive dieses Antisemitismus hin, nämlich auf Minderwertigkeitsgefühle und Schuldkomplexe. Ein Filmbetrachter mit mangelhaftem Selbstwertgefühl ist für eine idealisierende Heldendarstellung empfänglich, mit der er sich identifizieren kann. Demgegenüber muß der Fremde, mit dem keine Identifikation möglich ist, besonders negativ gezeichnet werden — eben weil er insgeheim als höherwertig angesehen wird. Wer es nicht wagt, sich mit dem überlegenen Gegenüber offen auseinanderzusetzen, muß den Anderen diffamieren, d.h. erniedrigen, um das unterentwickelte Selbstbewußtsein vor einer neuen Niederlage zu schützen. Auf keinen Fall darf die negative Darstellung des Juden Angstgefühle hervorrufen, denn das würde die eigene Inferiorität nur noch stärker zu Bewußtsein bringen. Vielmehr soll der Film das Vertrauen in die intakte Eigengruppe und damit auch in die eigene Person stärken. Auf Schuldkomplexe läßt eine Darstellung schließen, die das Urteil anerkannter Autoritäten betont. Hier rechneten die Filmhersteller offensichtlich damit, daß die Kinobesucher in ihrem Gewissen die Behandlung der Juden nicht völlig für rechtens hielten. Diese Skrupel sollten ihnen ausgeredet werden, durch die glaubhafte Wiedergabe jüdischer Untaten aus verschiedenen historischen Epochen und durch den Hinweis, daß bereits die Vorfahren die antisemitischen Maßnahmen gutgeheißen hätten. Das antisemitische Vorurteil, die Juden könnten nicht ganz unschuldig sein, da sie noch stets verfolgt worden seien, erhielt durch die historisierenden Filme neue Nahrung.

Außerdem setzten die antisemitischen Filme den Willen des Publikums zur Konformität voraus. Der Genuß des Filmerlebnisses wird erheblich beeinträchtigt, wenn der Zuschauer feststellt, daß er dem Dargebotenen — aus welchen Gründen auch immer — nicht zustimmen kann. Da die antisemitischen Filme, wie dem Publikum sicher sehr wohl bewußt war, geltende nationalsozialistische Anschauungen vortrugen, mußte der Betrachter mangelnde Übereinstimmung mit dem Filmgeschehen als besonders unangenehm empfinden. Diesen Konflikt suchten die Filme zu vermeiden, indem sie den Betrachter durch die Darstellung "richtigen" Verhaltens zur Konformität ermunterten, und ihn gleichzeitig vor Eigenwilligkeit warnten, indem sie die Folgen nichtangepaßten Verhaltens vor Augen führten. Diese plumpe Beeinflussung hätte bei einem kritischen Zuschauer wahrscheinlich zum Mißerfolg, zur völligen Ablehnung geführt. Mit dieser Möglichkeit rechneten die nationalsozialistischen Filmhersteller jedoch augenscheinlich nicht. Das Publikum, das sie voraussetzten, ließ sich durch Drohungen nicht verärgern, weil es von vornherein die Anpassung dem Widerstand vorzog.

4.3. Zur Wirkung der Filme

1949 und 1950 mußte sich der Regisseur Veit Harlan vor dem Schwurgericht in Hamburg gegen den Vorwurf der Anklage verteidigen, er habe durch seine verantwortliche Mitwirkung an der Entstehung des Films *Jud Süß* ein "Verbrechen gegen die Menschlichkeit" im Sinne des Kontrollratsgesetzes Nr. 10 der Alliierten Militärregierung begangen. (13) Im zweiten Verfahren bestätigte das Gericht, daß der Film Jud Süß sehr starke antisemitische Tendenzen gezeigt habe und daher den objektiven und subjektiven Tatbestand des Verbrechens gegen die Menschlichkeit erfülle; es war aber — wie schon im ersten Verfahren — nicht imstande, die effektive Wirkung des Films festzustellen. (14) In der Tat gibt es bis heute keine Möglichkeit, die Wirkung von Filmen wissenschaftlich exakt nachzuweisen. Wohl lassen sich durch die Befragung eines repräsentativen Publikums emotionale Reaktionen wie auch Veränderungen der persönlichen Einstellung nach dem Kinobesuch festhalten (15), doch diese Tests gestatten nur annähernde Schlüsse auf die tatsächliche Wirkung. Noch weniger ist es mit ihrer Hilfe möglich, nachträglich auf die Wirkung nationalsozialistischer Filme zu schließen, die sie bei ihrem Start gehabt haben mögen. Auch eine Befragung der damaligen Kinobesucher hätte keinen Wert. Gegen diese Methode spricht nicht nur die Vergeßlichkeit, die es Zeugen unmöglich macht, Einzelheiten Jahrzehnte zurückliegender Eindrücke tatsachengetreu wiederzugeben. Dagegen spricht auch die Art des Filmerlebnisses, das von den Einflüssen der jeweiligen Zeit, von der Einstellung, ja sogar von der Stimmung des Kinobesuchers, von seiner körperlichen und seelischen Verfassung abhängt. Da Filme in der Lage sind, im Zuschauer auch unbewußte, latente Bewußtseinsinhalte zu mobilisieren und zu reaktivieren, vollzieht sich das Filmerlebnis so individuell wie das Traumerleben; es kann in völlig anderen Bahnen verlaufen, als die Filmhersteller beabsichtigten, und daher auch unerwartete Reaktionen hervorrufen. Außerdem ist das Filmerlebnis in der nachwirkenden Erinnerung einem ständigen Wandel unterworfen, an dem wiederum die individuelle Änderung der Einstellung, etwa durch Umwelteinflüsse, beteiligt ist.(16)

Gelten diese Schwierigkeiten bereits für die Befragung eines gutwilligen Publikums, so ist die Untersuchung der Filmwirkung im vorliegenden Fall zusätzlich dadurch erschwert, daß die einstigen Besucher nationalsozialistischer Filme heute unter einem psychischen Druck stehen, der ihnen die wahrheitsgemäße Auskunft wahrscheinlich unmöglich macht. Das gilt erst recht für die Filmschaffenden der damaligen Zeit, die die Wirkung ihrer Filme vielleicht bewußt verfolgt haben. Sie alle müssen daran interessiert sein, peinliche Fakten so schnell wie möglich zu vergessen oder durch Schutzbehauptungen zu entschuldigen.(17) Daß dieser Prozeß der Verdrängung, der sich aus der Einstellung der deutschen Bevölkerung zu den Ereignissen der nationalsozialistischen Zeit ablesen läßt (18), sich zum Teil auch unbewußt vollzogen hat, ist anzunehmen. In jedem Fall wird die Wahrheitsfindung dadurch unmöglich gemacht. Aber selbst wenn es möglich wäre, die Filmwirkung genau nachzuweisen, so wäre es immer noch schwierig, daraus Schlüsse auf das tatsächliche Verhalten der Filmbesucher zu ziehen. Eine erwiesene Änderung der Einstellung, etwa von Gleichgültigkeit zu einer feindseligen Haltung gegenüber Juden, bewirkt mit großer Wahrscheinlichkeit auch eine Änderung des Verhaltens, der exakte Nachweis ist jedoch schwer, wenn nicht unmöglich. Wenn also, wie bezeugt worden ist, Wehrmachtsangehörige vor dem Einsatz im Polenfeldzug in den Film *Jud Süß* geführt wurden, so steht fest, daß sie dadurch in antisemitischem Sinne beeinflußt werden sollten. Aber es läßt sich nicht beweisen, ob das dem Film tatsächlich gelang. Es steht fest, daß im Verlauf des Polenfeldzuges und der anschließenden Besatzungszeit das polnische Judentum zum Teil sofort, zum Teil später in den Konzentrationslagern weitgehend vernichtet wurde. Aber ob der Film *Jud Süß* das Verhalten der am Judenmord Beteiligten maßgeblich beeinflußt hat, ist unbeweisbar. — Unter diesen Vorbehalten muß der folgende Versuch betrachtet werden, Anhaltspunkte für die mutmaßliche Wirkung der antisemitischen Filme zusammenzutragen. Sie finden sich in den anläßlich des Filmstarts erschienenen Rezensionen in Zeitungen und Zeitschriften, die zum Teil schon bei den Einzelanalysen der Filme zitiert wurden. Sie finden sich ferner in Dokumenten, die über den Kassenerfolg der Filme Auskunft geben, und in Publikumsäußerungen, die von den Agenten des Sicherheitsdienstes gemeldet wurden.

4.3.1   Die Reaktion der Presse

Unter den Filmkonsumenten stellen die Filmkritiker eine besondere Kategorie dar. Normalerweise unterscheidet sich der Rezensent vom Publikum dadurch, daß er den Film bewußt rational aufnimmt, sich also nicht vom Geschehen widerstandslos emotional mitreißen läßt, ferner dadurch, daß er den Filminhalt dank besserer Ausbildung und Information kritisch prüft und die Filmgestaltung nach künstlerischen Maßstäben beurteilt. Trotz der größeren Möglichkeit zur objektiven Betrachtung unterliegt auch der Rezensent vielfältigen Einflüssen, die sein Urteil verändern können, z.B. der politischen Einstellung, der weltanschaulichen Haltung, wirtschaftspolitischen Überlegungen sowie mehr oder weniger starker Beeinflussung durch die Redaktionsleitung. Das von Goebbels 1936 erlassene Verbot der Kunstkritik, die fortan durch die "Kunstbetrachtung" ersetzt werden sollte, gestattete dem Filmrezensenten nur noch eine Würdigung der neuen Filme, die sich in Erläuterung und Lob erschöpfte.(19) Objektivität und unerwünschte Vorurteile waren damit gleichermaßen zugunsten eines neuen Vorurteils ausgeschaltet. In einer geheimen Tagesparole, die das Propagandaministerium im November 1936 herausgab, heißt es unmißverständlich: "Eine absolute Wertbestimmung können allein der Staat oder die Partei geben. Ist eine solche Wertbestimmung gegeben, dann selbstverständlich steht es dem Kunstschriftleiter frei, mit diesem Wert zu messen..."(20) Zur Kunstbesprechung wurden ohnehin nur solche Journalisten zugelassen, "die mit der Lauterkeit des Herzens und der Gesinnung der Nationalsozialisten sich dieser Aufgabe unterziehen"(21). Im übrigen waren alle Redaktionen an die Beachtung der amtlich verordneten Sprachregelungen und Rezensions-Anleitungen gebunden. Trotz dieser massiven Beeinflussung bewahrten die Rezensenten ein Mindestmaß an Eigenständigkeit; manche wehrten sich mit mehr oder minder großem Mut, zum Sprachrohr der Propaganda zu werden. Aus vielen Rezensionen läßt sich deutlich die persönliche Einstellung des Autors gegenüber der Judenfrage ablesen. (Ob und wieweit diese Einstellung durch die antisemitischen Filme beeinflußt wurde, bleibt dabei offen.)

Eine Reihe von Rezensionen — vor allem über die Filme *Die Rothschilds, Jud Süß* und *Der ewige Jude* — wurde offensichtlich von engagierten Antisemiten verfaßt. Das verraten die affektgeladene Sprache und die pathetische Ausschmückung der judenfeindlichen Polemik, die über die Vorschläge der Rezensionsanweisungen weit hinausgeht. Diese "Kunstbetrachtungen" lassen ahnen, wie die antisemitischen Filme auf ausgesprochene Judenfeinde gewirkt haben mögen. Sie geben ferner in etwa die Wirkung wieder, die sich das Propagandaministerium beim Publikum erhoffte. Neben der Werbeabsicht hatten diese Filmsbesprechungen den Zweck, die Kinogänger schon vor dem Filmbesuch einzustimmen und im gewünschten Sinne zu präparieren. Ob dieser Zweck erreicht wurde, hing allerdings von den Lesern ab. Waren sie antisemitisch eingestellt oder ohne Meinung, so konnte die positive Besprechung eines antisemitischen Films sie wahrscheinlich zum Kinobesuch verleiten. Auf judenfreundliche Leser hatte die enthusiastische Anpreisung eines antisemitischen Films vermutlich eher eine abschreckende Wirkung. Andere Rezensionen muten wie eine Pflichtübung an, der sich die Redakteure mehr oder weniger teilnahmslos entledigten. In diesen Fällen hatten die Autoren an der Judenfrage offenbar kein Interesse und beschränkten sich deshalb darauf, den Inhalt der Filme, den Presse-Anordnungen gemäß, wiederzugeben.

Eine dritte Gruppe von Journalisten verfuhr mit dem Verbot der Kunstkritik nach eigenem Gutdünken. Selbstverständlich hüteten diese Rezensenten sich, den Propagandagehalt der Filme zu kritisieren — das hätte mit Sicherheit berufliche Selbstaufgabe bedeutet. Aber sie wandten sich gegen die verquere Thematik, stellten die künstlerisch unzulängliche Gestaltung bloß und machten sich über die Filme lustig. Unter den vorliegenden Besprechungen antisemitischer Filme ist Hans Hömbergs Beitrag über den Film *Der ewige Quell* im *Völkischen Beobachter* dafür das auffallendste Beispiel; freilich — hier mokierte sich ein anerkannter Kritiker über einen propagandistisch unbedeutenden Film in einer Zeitung, die Goebbels' Zugriff entzogen war.(22) Hömbergs Beispiel steht allerdings nicht allein. Einige wenige Journalisten verstanden sich auf die Kunst, die Propagandasprache so geschickt zu verwenden, daß der kritische Leser zwischen den Zeilen eine ganz andere Auffassung herauslesen konnte. Manche Sätze aus Werner Fiedlers Rezension von *Venus vor Gericht* in der *Deutschen Allgemeinen Zeitung*, die in der Einzelanalyse des Films wiedergegeben sind (23), muten wie eine Persiflage an, ohne daß dem Autor Kritik am Nationalsozialismus nachzuweisen wäre. Auch hier ist eine Einschränkung zu machen: bei einer angesehenen Zeitung verfügte der Rezensent über mehr Freiheit als bei einem Blatt, das unter strengerer Aufsicht stand, umso mehr, wenn die angesehene Zeitung auch Antisemiten — etwa für die Besprechung von *Jud Süß* —zu Wort kommen ließ. Sicher ist es kein Zufall, wenn Journalisten bei der Besprechung desselben Films in verschiedenen Zeitungen oder Zeitschriften das eine Mal Kritik aussprachen, und das andere Mal nicht; ein Beispiel dafür gibt Dr. Günther Sawatzki, der sich über *Carl Peters* in der *Filmwelt* kritisch äußerte, für den *Berliner Lokal-Anzeiger* aber eine neue, ausschließlich lobende Filmbetrachtung schrieb.(24) Ein ähnlicher Unterschied ist zwischen Berichten über eine Premiere im Ausland und über die deutsche Erstaufführung desselben Films zu beobachten — wenn der Film startete, sollte der deutsche Kinobesucher offenbar nicht durch kritische Bemerkungen abgeschreckt werden.(25)

Einige Vertreter der kritischen Kunstbetrachtung lassen sich auch in die vierte Gruppe der Journalisten einordnen, die ihre Ablehnung der Propaganda durch

Verschweigen zum Ausdruck brachten. Wenn diese Rezensenten auf antisemitische Filme eingingen, so erwähnten sie die Judenrollen nur beiläufig, ohne nähere Erklärung, oder sie verschwiegen die jüdische Herkunft der Personen oder sie nannten diese Rollen überhaupt nicht. Eine Meisterleistung des Bagatellisierens brachte Ilse Wehner in der Zeitschrift *Der Deutsche Film* zustande, als sie den Film *Die Rothschilds* als ein "Stück Geschichtsunterricht im Film" mit der Bewertung "recht zufriedenstellend" und "in jeder Beziehung sauber gemacht" versah.(26) Diese Rezension gehorchte zwar der Presse-Anweisung aufs Wort, verdarb aber die gewünschte Wirkung, weil sie durch völligen Mangel an Begeisterung die Bedeutung des Films verhehlte. Mit ähnlich zurückhaltendem Lob äußerte sich in derselben Zeitschrift Hans Spielhofer über den Film *Jud Süß*; er schenkte ihm nicht mehr Beachtung als dem Film *Die Geierwally*, den er in derselben Ausgabe besprach.(27) Auf der anderen Seite warb *Der Deutsche Film* in auffallender Weise — vielleicht auf Weisung des Propagandaministeriums hin — für den Film *Der ewige Jude*, den er in seitenlangen Berichten und Fotos (u.a. vom Schächten) vorstellte.(28)

Die Zahl der Journalisten, die die antijüdische Tendenz der Filme nicht erwähnten, ist keineswegs gering. Das lag vielleicht auch daran, daß die Judenrollen einem nicht-judenfeindlichen Betrachter nicht immer auffielen oder vielleicht nicht so, daß er sie der Beachtung wert fand. Es ist aber auch denkbar, daß einzelne Kritiker zu der relativ ungefährlichen Methode des Verschweigens oder Bagatellisierens ihre Zuflucht nahmen, weil sie sich nicht an der Judendiffamierung beteiligen wollten; das kann vor allem dann der Fall gewesen sein, wenn die Rezensenten sich die zu besprechenden Filme nicht selbst aussuchen durften. Es gibt keinen Anhaltspunkt dafür, daß Filmkritiker einen antisemitischen Film wider ihr Gewissen enthusiastisch loben mußten; das gilt für die Parteipresse ebenso wie für die nicht parteilich gebundenen Publikationen. Die Feststellung, daß die extrem judenfeindlich ausgerichteten Rezensionen in der Minderzahl sind, legt den Schluß nahe, daß die Filmpropaganda bei den Journalisten zumindest teilweise versagt hat. Wieweit diese Reaktion sich auch den Lesern mitgeteilt und ob sie den Kinobesuch beeinflußt hat, läßt sich leider nicht feststellen.

4.3.2. Zum Kassenergebnis

Nicht weniger schwer ist die Frage zu beantworten, wie das deutsche Kinopublikum die antisemitischen Filme aufgenommen hat. Wie groß der Anteil der Bevölkerung war, der sich die Filme ansah, läßt sich in etwa schätzen nach den Berichten, die die *Cautio Treuhand GmbH* allmonatlich für die Abteilung Propagandawesen des Reichsfinanzministeriums anfertigte.(29) Die Berichte teilen die Herstellungskosten der Filme und deren Brutto-Einspielergebnis im Inland während einer bestimmten Auswertungszeit mit. Sie enthalten ferner Schätzungen des voraussichtlichen Einspiels (brutto und netto) im Inland, sowie Schätzungen des zu erwartenden Gewinnes oder Verlustes. Das heißt, für jeden Film wurde anfangs ein Mindest-Einspielergebnis einkalkuliert, das dann im Laufe der Aus- wertung anhand des tatsächlichen Einspiels korrigiert wurde. So wurden die Ein- spielchancen des Films *Jud Süß*, der zwei Millionen Reichsmark gekostet hatte, im Oktober 1940 mit vier Millionen zu niedrig eingeschätzt; vier Monate später mußte die Schätzung auf sechs Millionen erhöht werden — zu diesem Zeitpunkt hatte der Film mit seinem unerwartet hohen Umsatz bereits alle anderen gleich- zeitig laufenden Filme überrundet. — Die in den Berichten der *Cautio* genannten Herstellungskosten enthalten alle Ausgaben, die für die Filme von der Planung bis zur Vorführung in den Kinos nötig waren, also auch die Ausgaben für Verleih und Werbung. Aus einem Bericht, den der Empfänger der *Cautio*-Mitteilungen im Finanzministerium, Ministerialdirigent Burmeister am 9. September 1941 als "Vermerk betreffend die gegenwärtige Lage der reichsmittelbaren Filmwirtschaft" verfaßte (30), ist zu entnehmen, daß die Herstellungskosten der Produktion 1940/41 gegenüber 1939/40 pro Film im Durchschnitt um 68% gestiegen waren (von 702 000 RM auf 1 181 000 RM), während sich die Zahl der hergestellten Fil- me von 96 auf 68 (29%) verringert hatte. In dem genannten Zeitraum wurden die meisten der antisemitischen Filme hergestellt und ausgewertet, unter ihnen so kostspielige "Großfilme" wie *Carl Peters* und *Ohm Krüger*. Burmeister zählte, als er die erhöhten Herstellungskosten begründete, nicht nur die kriegsbedingten Ursachen auf, sondern erwähnte auch die ungünstigen "Einwirkungen des Propa- gandaministeriums auf die Herstellung" und nannte unter anderem die "zu starke Beeinflussung der Regisseure, die mehr und mehr die Rolle von ungewöhnlich hoch bezahlten Angestellten des Propagandaministeriums bekommen, mit mo- natlichen Festgehältern bezahlt werden und deshalb kein Interesse an beschleu- nigter Durchführung des Filmwerks haben".

Goebbels dagegen sah die finanziellen Probleme mit der Verstaatlichung der Filmwirtschaft als gelöst an und schrieb am 23. Januar 1942, vier Monate nach Burmeisters Bericht, in sein Tagebuch: "Der neue Filmausweis zeigt wieder her- vorragende Ergebnisse. Die Filmwirtschaft blüht trotz des Krieges in unvorstell- barer Weise."(31) Zu diesem Zeitpunkt hatte die Zahl der Kinobesucher erstmals die Milliardengrenze überschritten.(32) Um festzustellen, wie groß das Publikum der antisemitischen Filme war, genügt es allerdings nicht, die Gewinn- und Ver- lustzahlen der Schätzberichte zu untersuchen, weil diese Zahlen mit den unter- schiedlich hohen Herstellungskosten korrelieren. Ein billig hergestellter Film spielte seine Kosten schneller ein als ein teurer; der Film *Ohm Krüger* wurde deshalb das größte Verlustgeschäft der antisemitischen Filmproduktion, weil er zugleich das kostspieligste Projekt war. Im Gesamt-Einspiel behauptete er da- gegen den zweiten Platz hinter *Jud Süß*. Rechnet man anhand der Laufzeit, auf die sich der Bericht bezieht, das durchschnittliche Monatsergebnis des Brutto- Einspiels aus, so läßt sich zusätzlich feststellen, daß *Ohm Krüger* in acht Mona- ten diesen zweiten Platz behielt, während *Jud Süß* über einen Zeitraum von 15

Monaten nur noch den fünften Platz erreichte. Dabei muß allerdings berücksichtigt werden, daß die längere Laufzeit einen sichereren Anhalt für den Erfolg beim Publikum gibt. Es kann nicht bezweifelt werden, daß *Jud Süß* in jeder Hinsicht — sei es finanziell oder im Hinblick auf das Publikum — alle Erwartungen übertroffen hat, während Filme wie *Der ewige Quell* und *Robert und Bertram* völlig versagten.

Aus den Berichten der *Cautio Treuhand GmbH* läßt sich folgende Erfolgsübersicht zusammenstellen:

a) nach dem Gesamt-Einspiel (brutto):

1. *Jud Süß*	(nach 15 Monaten Laufzeit)			
2. *Ohm Krüger*	"	8	"	"
3. *. . . reitet für Deutschland*	"	8	"	"
4. *Die Entlassung*	"	6	"	"
5. *Bismarck*	"	12	"	"
6. *Der Weg ins Freie*	"	7	"	"
7. *Über alles in der Welt*	"	9	"	"
8. *Carl Peters*	"	9	"	"
9. *GPU*	"	7	"	"
10. *Die Rothschilds*	"	5	"	"
11. *Venus vor Gericht*	"	6	"	"
12. *Robert und Bertram*	"	18	"	"
13. *Leinen aus Irland*	"	15	"	"
14. *Der ewige Quell*	"	13	"	"

b) nach dem durchschnittlichen Monats-Einspiel (brutto):

1. *Die Entlassung*
2. *Ohm Krüger*
3. *Der Weg ins Freie*
4. *. . . reitet für Deutschland*
5. *Jud Süß*
6. *GPU*
7. *Die Rothschilds*
8. *Bismarck*
9. *Über alles in der Welt*
10. *Carl Peters*
11. *Leinen aus Irland*
12. *Robert und Bertram*
13. *Der ewige Quell*
14. *Vernus vor Gericht*

Nach den Tabellen hat es den Anschein, als sei das Interesse des Publikums an Darstellungen der jüngeren Geschichte größer gewesen als an ausgesprochen antisemitischen Filmserzählungen. Es fällt außerdem auf, daß in beiden Tabellen

Filme mit bekannten und berühmten Darstellern an der Spitze stehen, so Emil Jannings (*Die Entlassung, Ohm Krüger*), Willy Birgel (*. . . reitet für Deutschland*), Zarah Leander (*Der Weg ins Freie*). Vermutlich haben auch die Darsteller des Films *Jud Süß*, Werner Krauß, Ferdinand Marian, Heinrich George und Kristina Söderbaum, größere Anziehungskraft ausgeübt als die antisemitische Story vom Juden Süß Oppenheimer. Dabei darf allerdings nicht übersehen werden, daß der Film *Die Rothschilds*, der bis zum Berichtsdatum durch Goebbels' Intervention nur rund fünf Monate lang in öffentlichen Lichtspieltheatern zu sehen war, in dieser kurzen Zeit ein relativ gutes Einspielergebnis zu verzeichnen hatte, obwohl er keine berühmten Schauspielernamen bot. Während *Jud Süß* fünf Monate nach Spielbeginn laut Bericht vom 26. Februar 1941 5 290 000 RM brutto eingespielt hatte, erreichte der Film *Die Rothschilds* bei gleicher Spieldauer mit ca. 1 779 000 RM immerhin ein knappes Drittel dieses Einspiels. Das wiederum läßt darauf schließen, daß das Publikum antisemitische Filme zwar nicht anderen vorzog, sie aber auch nicht ablehnte.

Den Zahlen läßt sich natürlich nicht entnehmen, ob sich die Kinobesucher die Filme freiwillig oder unter Druck ansahen. Zumindest im Falle von *Jud Süß* ist bekannt, daß die normals Werbewirkung des Films dadurch manipuliert wurde, daß die Behörden geschlossene Veranstaltungen für bestimmte Bevölkerungsschichten einrichteten.(33) Dadurch bildete sich wahrscheinlich in weiten Kreisen die Meinung, es sei tunlich, diesen Film kennenzulernen. Schließlich machen die schon erwähnten ungewöhnlich hohen absoluten Kinobesucherzahlen auf ein Phänomen aufmerksam, das nicht unbedingt von der Propagandawirkung der Filme abhängt: Ein Teil der Bevölkerung ging ins Lichtspielhaus, ohne nach dem Thema der Filme überhaupt zu fragen. Aus einem Vergleich der Statistiken läßt sich ablesen, daß bereits 1939 — als das Kinopublikum kaum mehr als halb so groß als das des Jahres 1943 war — jeder 14- bis 65jährige Deutsche, also 70% der Gesamtbevölkerung, durchschnittlich elfmal ins Kino gegangen sein muß.(34) Dieses Ergebnis überrascht nicht, wenn man berücksichtigt, daß viele Kinobesucher ein Abonnement besaßen, mit dessen Hilfe sie das gesamte Jahresprogramm ihres bevorzugten Kinos konsumierten. Dieses Publikum nahm alles mit, eben auch Filme antisemitischen Inhalts. Auf diese Weise bleibt es im ungewissen, ob der Erfolg einiger antisemitischer Filme auf bestimmte Neigungen des Publikums zurückzuführen ist oder ob er aus Gründen zustande kam, die in gleichem Maße auch für nicht-antisemitische Filme gelten, die also nicht mit dem Filminhalt zusammenhängen. Gewiß ist nur, daß die antisemitische Filmpropaganda einen relativ großen Teil der deutschen Bevölkerung erreicht hat.

4.3.3. Die Spitzelberichte

Die einzigen konkreten Angaben über die Wirkung der nationalsozialistischen Propaganda finden sich in den geheimen Lageberichten, die der Sicherheitsdienst der SS zum internen Gebrauch ab 1939 herausgab.(35) Die Berichte stützen sich auf die Mitteilungen von Spitzeln, die gelegentliche Äußerungen aus der Bevölkerung aufzeichneten — aus diesem Grunde fehlt ihnen die Genauigkeit moderner Umfrage-Ergebnisse — immerhin bemühten sich die Redaktoren, die "im Volke vorhandenen oder entstehenden Auffassungen" (36), vor allem auffällige Meinungstendenzen, deutlich zu machen, auch wenn sie der staatlich verordneten Meinung kraß zuwiderliefen. Besondere Aufmerksamkeit widmeten die Agenten den "Auswirkungen und (der) Aufnahme der allgemeinen Propaganda, Presse- und Rundfunklenkung" (37), sie teilten regelmäßig mit, wie neue Filme im Reichsgebiet aufgenommen wurden und stellten außerdem nach dem Start einzelner propagandistisch bedeutsamer Filme Sonderberichte zusammen. Eigenartigerweise wurde dabei die Wirkung antisemitischer Filme wenig beachtet. Der judenfeindliche Beitrag der Filme *Bismarck* und *Ohm Krüger* ist in den entsprechenden Berichten völlig übersehen, vielleicht weil das Publikum ihn entweder nicht wahrgenommen oder bis zum Filmschluß wieder vergessen hatte.(38) Nur die Reaktion auf die Filme *Jud Süß* und *Der ewige Jude* wird ausführlich geschildert. Im Sonderbericht über die Aufnahme von *Jud Süß* teilen Spitzel mit. daß es in Berliner Lichtspielhäusern während der Vorführung zu "offenen Demonstrationen gegen das Judentum" gekommen sei.(39) Danach zeigte sich zumindest ein Teil des Publikums für antisemitische Filmpropaganda empfänglich, wenn sie ihm im Rahmen eines eindrucksvollen Spielfilmes dargeboten wurde. Dagegen stieß die plumpe antisemitische Propaganda des Films *Der ewige Jude* teilweise auf so starke Abneigung, daß Besucher nach Angaben der Agenten das Kino "angewidert" verließen mit der Bemerkung, sie hätten genug von dem "jüdischen Dreck".(40) Diese Reaktionen stehen allerdings hinter der Wirkung zurück, die von dem nichtantisemitischen Film *Ich klage an* gemeldet wird, einem Propagandawerk Wolfgang Liebeneiners, mit dem das Euthanasieprogramm populär gemacht werden sollte.(41) Obwohl die Filmhandlung an sich nur einen privaten Fall von Tötung auf Verlangen schilderte, wurde die Propaganda-Absicht von einem Teil der Zuschauer offenbar durchschaut und entsprechend diskutiert. Tatsächlich stieß das Euthanasieprogramm in der Bevölkerung auf so heftigen Widerstand, daß Hitler auf die vollständige Durchführung verzichtete, während die Deportationen der Juden weitgehend reibungslos vonstatten gingen.

Indessen bestätigen die allgemeinen Lageberichte, daß die deutsche Bevölkerung über die Art der "Endlösung der Judenfrage" zu einem Teil recht gut informiert war. Wochenschauaufnahmen vom Juli 1941, die die Verhaftung und Ermordung von Rigaer Juden zeigten, wurden nach den SD-Berichten "mit lebhafter Zustimmung" aufgenommen.(42) Die Nachricht vom Leichenfund in Katyn im April 1943, die mit ausführlicher antisowjetischer Propaganda verbreitet wurde, veranlaßte laut Bericht "gedankenlose" Bürger zu dem Kommentar, daß "deutscherseits in viel größerem Umfange Polen und Juden beseitigt worden" seien.(43) Als zwiespältig wird die Reaktion der deutschen Bevölkerung auf die im Herbst 1941 eingeführte Kennzeichnungspflicht der Juden geschildert. Die Parteimitglieder und diejenigen, die auf ein gutes Verhältnis zur Partei Wert legten, erklärten sich — den Agentenberichten nach zu urteilen — in der Öffentlichkeit mit der Judenpolitik solidarisch und forderten teilweise sogar noch eine Verschärfung der antijüdischen Maßnahmen, während kirchentreue Kreise die Verordnung mit Mitleid aufnahmen.(44) — Wie es scheint, bekundete ein Teil der Bevölkerung zwar keine Zustimmung, wagte aber auch keinen nennenswerten Widerspruch zu erheben. Diesen Bürgern kam das Regime dadurch entgegen, daß es das Problem der Judenausrottung auf möglichst diskrete Weise löste. Auf diese Weise wurde das Verhältnis des Einzelnen zur Obrigkeit nicht unnötig belastet — er lief nicht mehr Gefahr, sich für oder gegen die jüdischen Mitbürger entscheiden zu müssen und sah doch das Judenproblem, wahrscheinlich nicht selten mit Zufriedenheit, aus der Welt geschafft.

Aus dieser Haltung läßt sich vielleicht erklären, warum das Publikum auf die antisemitischen Filme zurückhaltend reagierte.Goebbels hatte die antisemitischen Filme nicht in erster Linie für die antisemitisch eingestellten Parteigenossen drehen lassen, etwa um dem Judenhaß neue Nahrung zu geben. Die antisemitische Argumentation der Filme bezieht sich vielmehr auf ein Publikum, das sich noch nicht zu einer bestimmten Einstellung entschlossen hat. Zwar geben alle antisemitischen Filme die völlige Übereinstimmung des Publikums mit der nationalsozialistischen Judenpolitik vor — die inhaltlichen Aussagen über Juden und Arier werden als Selbstverständlichkeiten angeboten, die jedermann vertraut zu sein scheinen. Im einzelnen aber ist die Gestaltung der Typologie dazu geeignet, zu überreden und zu überzeugen. Allzu unverhüllte Propaganda erwies sich dabei als inopportun, dieser Feststellung trug Goebbels Rechnung, als er die Produktion von ausgesprochenen antijüdischen Hetzfilmen einstellte. Die nach 1940 entstandenen Filme mit beiläufiger antisemitischer Tendenz kamen dem Wunsch nach Diskretion entgegen und fanden das Publikum wahrscheinlich aufnahmebereiter. Daß die Zuschauer sich zu den antisemitischen Szenen nicht mehr äußerten, entspricht dem Filmstil, den die Propaganda nun bevorzugte, ohne Aufhebens davon zu machen; das besagt aber keineswegs, daß sie erfolglos geblieben wäre.

Die Filme suchten Verständnis für die judenfeindlichen Maßnahmen zu wecken, sie redeten dem Zuschauer zu, seinem Führer zu vertrauen, und sie schwächten mögliche Einwände gegen seine Politik mit emotionalen Argumenten ab. Das Publikum sollte sich stillschweigend einverstanden erklären und jeden Widerstand unterlassen. Der faktische Erfolg der "Endlösung" spricht dafür, daß die antisemitische Propaganda ihr Ziel erreicht hat. Wieviel die antisemitischen Filme im einzelnen dazu beigetragen haben, läßt sich nicht feststellen. Aber es läßt sich nicht übersehen, daß der Film in Ergänzung der übrigen Massenmedien seine besondere Aufgabe bei der totalen Beeinflussung der deutschen Bevölkerung zu leisten hatte. Der Film schloß eine Lücke des Systems, weil er Menschen erfaßte, die nach der Arbeit im Dunkel des Kinos, in der anonymen Menge der anscheinend Gleichgesinnten, nichts als Unterhaltung, als Entspannung und Ablenkung suchten und bereit waren zu träumen. Die Propaganda gewann Zugang zu einem Lebensbereich, in dem sie die psychologisch günstigsten Wirkungsmöglichkeiten vorfand und der ihr doch normalerweise verschlossen geblieben wäre.

5. SCHLUSSBETRACHTUNG

Die antisemitische Nachwirkung der nationalsozialistischen Filme dürfte in den ersten Nachkriegsjahren durch die starke Gegenpropaganda wenigstens zu einem Teil abgeschwächt worden sein. Diese Gegenpropaganda, die die Siegermächte als Teil ihres Umerziehungsprogramms förderten, stützte sich auf die Enthüllung der Massenmorde und konnte mit dem Entsetzen und der Scham der bisher ahnungslosen Deutschen rechnen. Heute gibt es in der Bundesrepublik keinen offenen Antisemitismus mehr, abgesehen von gelegentlichen Einzelfällen, die sofort gerichtlich verfolgt werden. Dennoch wäre es leichtfertig zu glauben, der Antisemitismus sei gänzlich verschwunden. Als latente Möglichkeit existiert er weiter, einstweilen im Verborgenen — nicht nur aus Furcht vor Strafe, sondern auch, weil sein Objekt, der jüdische Mensch, in der deutschen Öffentlichkeit kaum noch eine Rolle spielt. Bereitschaft zum Antisemitismus findet sich nicht nur bei Erwachsenen, an denen die Umerziehungsversuche gescheitert sind. Sie wird auch an die Kinder weitergegeben, vor denen die Eltern ihre nationalsozialistische Einstellung und ihr damaliges Verhalten zu rechtfertigen suchen. So kommt es, daß junge Menschen — etwa in Diskussionen über die sogenannte "Wiedergutmachung" — vorurteilsvoll, wenn nicht sogar ausgesprochen judenfeindlich argumentieren, auch dann, wenn sie einen Juden nie von Angesicht gesehen haben.(1)

Schuld an dieser bedenklichen Entwicklung trägt nicht zuletzt jener gutgemeinte, aber fatale Philosemitismus der frühen Nachkriegszeit, der mit seiner emotionalen Verklärung des Judentums vielfach eher Verstockung und Beharren auf Vorurteilen bewirkt hat als Aufklärung und Meinungsänderung. Aber auch der Schrecken über die"Auswüchse"(2) der nationalsozialistischen Judenverfolgung hat vermutlich bei einst gutgläubigen Nationalsozialisten ebenso wie bei ihren Kindern die Meinung verstärkt, die jüdischen Bürger seien an ihrem Schicksal wohl nicht ganz unschuldig gewesen. Hier rächt sich ein schweres Versäumnis der Nachkriegszeit: der Verzicht auf eine offene, sachliche und gründliche Auseinandersetzung mit dem Antisemitismus, wie mit dem Nationalsozialismus überhaupt.

Wie wenig es der deutschen Bevölkerung bisher gelungen ist, die politische Vergangenheit zu bewältigen, läßt sich an den Filmen ablesen, die nach 1945 entstanden sind. Doch abgesehen von vereinzelten Versuchen gibt es in der Bundesrepublik keine Untersuchung dieser Problematik.(3) Für die gegenwärtige Situation hat die vorliegende Arbeit ihre Bedeutung als Untersuchung des nationalsozialistischen Erbes. Aber sie ist nur ein erster Schritt. Eine Weiterführung, die der Judendarstellung im deutschen Spielfilm der Nachkriegszeit gewidmet wäre, könnte die Motive und die Tendenzen jener Entwicklung aufdecken, die sich heute als Flucht vor der Vergangenheit manifestiert. Dabei ist zu berücksichtigen, daß die kommerzialisierte deutsche Filmproduktion seit 1945 nicht mehr unter direktem staatlichen Einfluß steht (4), sondern sich an den Vorstellungen der Produzenten orientiert bzw. an dem, was diese für den Publikumsgeschmack halten. Gerade deshalb bietet sie ein Spiegelbild der sogenannten öffentlichen Meinung oder besser gesagt, ein Spiegelbild dessen, was als öffentliche Meinung gilt. Eine solche Untersuchung würde die eigenartige Wandlung zeigen, die das Bild vom Juden wie auch das des "guten Deutschen" seit dem Ende der nationalsozialistischen Propaganda im Film erfahren hat. Sie müßte auf die verschiedenen Methoden eingehen, die dazu dienten, das Thema "Antisemitismus" zu entschärfen, bis es 1961 — nach dem Eklat um Helmut Käutners Film *Schwarzer Kies* — von den Filmproduzenten in der Bundesrepublik als "heißes Eisen", als gefährlicher und unpopulärer Stoff, ganz fallengelassen wurde. (5) Die Untersuchung könnte ferner Auskunft auf die Frage geben, ob und wieviel von dem nationalsozialistischen Gedankengut heute noch in deutschen Filmen zu finden ist. Zwar hat sich die 1949 gegründete Freiwillige Selbstkontrolle der Filmwirtschaft (FSK) verpflichtet, die Vorführung von Filmen mit derartigen Tendenzen zu unterbinden, die Richtlinien sind jedoch so allgemein gehalten, daß sie auf unangreifbare Weise umgangen werden können. Daß diese Möglichkeit in der deutschen Filmproduktion genutzt worden ist, haben Filmkritiker immer wieder angeprangert.

Wenn — wie schon ein oberflächlicher Blick auf die Filmproduktion vor allem der Jahre 1955 bis 1961 zeigt — die Judendarstellung im Nachkriegsfilm im wesentlichen dem Bemühen der Bevölkerung entgegenkam, unangenehme Erinnerungen zu verklären oder zu verdrängen, so ist damit zugleich gesagt, daß diese Filme nichts zum Abbau von Vorurteilen geleistet haben. Das bedeutet: Auf dem Gebiet des Films ist der antisemitischen Filmspropaganda bisher nicht wirksam widersprochen worden. Die Filmproduzenten in der Bundesrepublik rechnen weitgehend mit dem gleichen unkritischen, halbgebildeten Durchschnittspublikum, das auch die nationalsozialistischen Filmhersteller vor Augen hatten. Ging es aber damals darum, die Propaganda mit dem sogenannten Publikumsgeschmack möglichst ohne Verlust in Einklang zu bringen, so steht heute dieser Publikumsgeschmack als Maßstab bei der Filmproduktion an erster Stelle. Kaum ein Produzent wagt es, dem Kinobesucher ein Thema vorzusetzen, das ihn befremden und verärgern könnte. Vielmehr geht der Trend dahin, die jeweilige Stimmung des Publikums zu erspüren und sie dann, um des Kassenerfolgs willen, in entsprechenden Themen auf der Leinwand zu reproduzieren. Daraus folgt, daß auch die mehr oder weniger deutlich ausgesprochenen Vorurteile, die die Zuschauer hegen, im Film kritiklos aufgegriffen und dargestellt werden. Es hätte wenig Sinn, einer Filmindustrie, die seit Jahren um ihre Existenz bangt, vorzuhalten, sie müsse sich von diesen Geschäftspraktiken abwenden und den — im weitesten Sinne — aufklärenden und erzieherischen Film fördern. Die wichtige Aufgabe der Erwachsenenbildung ist, wie es scheint, ohnehin inzwischen vom Fernsehen übernommen worden. Diese Institution, die heute über ein ungleich größeres Publikum verfügt als der Film, hat die Macht und die finanziellen Mittel, unpopuläre Themen aufzugreifen und die Zuschauer, auch ohne deren erwartete Zustimmung, zu belehren. (Wieweit die Fernsehgesellschaften diese Möglichkeiten nutzen, muß hier unerörtert bleiben.) Diese Entwicklung schmälert die Bedeutung des Films keineswegs. Im Gegenteil — indem das Fernsehen in zunehmendem Maße auch Kinofilme ausstrahlt, hat es diesem Medium die Wirkungsmöglichkeit in viel höherem Maße bewahrt, als es sie im Kino noch zu erwarten hätte. Es wäre also verfehlt, das publizistische Medium Film, das seit seiner Entstehung kaum je die ihm zukommende Beachtung gefunden hat, jetzt als überholt beiseite zu schieben. Solange Filme öffentlich vorgeführt werden, ist es sinnvoll, die in ihnen auftretenden Vorstellungen und Tendenzen zu beobachten und das Publikum zu kritischem Sehen anzuleiten.

Psychologen weisen immer wieder auf die Schwierigkeit hin, Erwachsenen zu besserer Einsicht zu verhelfen und sie von ihren Vorurteilen zu befreien; aus diesem Grund plädieren sie für eine vorurteilsfreie Erziehung der Kinder und Jugendlichen, auch auf die Gefahr hin, daß diese Erziehung mit dem Bemühen der vorurteilsvollen Eltern kollidiert. Trotz dieser Erkenntnis und trotz der Beobachtung, daß bereits Schulkinder sehr stark unter dem Einfluß von Fernsehen und Film stehen, gibt es unter Lehrern und Erziehern kaum mehr als vereinzelte private Versuche, die Schüler zum rationalen Umgang mit diesen Medien anzuleiten.(6) Zum Teil fehlt es den Lehrern an Verständnis, zum Teil aber auch an den nötigen Wissen. Schulkinder mit Filmen bekanntzumachen, ist heute nicht schwer. Aber es gibt kaum Lehrgänge, auf denen Lehrer sich über die technischen Voraussetzungen des Films und über die Methoden der filmischen Aussagegestaltung informieren könnten, Kurse also, die nicht in erster Linie filmästhetische, sondern sozialpsychologische und sozialpädagogische Aspekte berücksichtigten. Erst diese Vorbereitung würde die Schulen in die Lage versetzen, Filme nicht nur zu Ergänzung des Unterrichts vorzuführen, sondern mit ihrer Hilfe das Unterscheidungsvermögen und die Kritikfähigkeit der Heranwachsenden zu entwickeln.

Im Schulunterricht könnten auch die verbotenen nationalsozialistischen Filme wieder gezeigt werden. Die Frage, ob das Vorführverbot, das die Alliierten Militärregierungen 1945 verhängt haben, und das fast alle antisemitischen Filme betrifft, heute nicht überholt sei, wird seit Jahren diskutiert. Als der Atlas-Filmverleih 1965/66 den Durchhaltefilm *Kolberg* von Veit Harlan, mit einem Kommentar versehen, in der Bundesrepublik startete, reagierte die Presse mit fast einmütiger Ablehnung.(7) Der Versuch wurde bisher nicht wiederholt. Solange keine gründlichen Untersuchungen über den latenten Antisemitismus in der Bundesrepublik vorliegen, ist es schwer, Voraussagen darüber zu machen, ob die antisemitischen Filme Schaden anrichten könnten oder nicht; nach den vorhandenen Anhaltspunkten erscheint Vorsicht geboten. Jüngere Filmbetrachter, die die nationalsozialistische Zeit nicht erlebt haben, bringen freilich ganz andere psychologische Voraussetzungen mit als ihre Eltern oder Großeltern. Die Patina der nationalsozialistischen Filme, ihre für heutige Begriffe unvollkommene Technik, bringen den unbefangenen Zuschauer von vornherein auf Distanz; ihm fällt es leichter, die Propaganda zu durchschauen. Es wäre Sache der Pädagogen, nationalsozialistische und moderne Unterhaltungsfilme zum Vergleich vorzuführen und dabei deutlich zu machen, daß die Stereotype von einst in veränderter Form auch heute noch weiterleben. Eine solche Betrachtungsweise wertet die Judendarstellung im nationalsozialistischen Film freilich nicht mehr als bloß historisches Phänomen, als überholte Erscheinung. Die antisemitische Gestaltung von Judenrollen gibt ein Beispiel für die Diffamierung von Gruppen überhaupt. Wohl hat der Antisemitismus in der Geschichte der Vorurteile seinen besonderen und unverwechselbaren Platz. Doch bedient sich die antisemitische Judendarstellung im Film auch solcher Klischees, die sie sich, mehr oder weniger modifiziert, auch dazu verwenden lassen, andere Minderheiten verächtlich zu machen, seien es verdächtige Ausländer (Asiaten, Neger, Slawen, Zigeuner), mutmaßliche politische Gegner (Kommunisten, "linksverdächtige" Studenten), unliebsame Berufskonkurrenten (Gastarbeiter) oder arbeitsscheu erscheinende Mitbürger (Studenten, Gammler, Landstreicher). Wo immer Stimmen gegen diese Gruppen laut werden, zeigen sie eine deutliche Tendenz zur Radikalisierung, die vom Wunsch nach polizeilichem Einschreiten, nach Ausweisung und Aberkennung der Staatsbürgerschaft bis zur Forderung nach der Wiedereinrichtung von Arbeitshäusern, Konzentrationslagern und Gaskammern reichen.(8)

Solange der Film lebenskräftig genug bleibt, um der Gesellschaft, die ihn herstellt und konsumiert, den Spiegel vorzuhalten, wird er auch die gefährlichen Tendenzen dieser Gesellschaft anzeigen. Er tut das häufig unverblümter, deutlicher, anschaulicher als die übrigen publizistischen Medien. Der antisemitische Film der Jahre 1933 bis 1945 ist dafür im wahrsten Sinne des Wortes ein Schulbeispiel.

6. ANHANG

6.1. Tabelle zum wirtschaftlichen Ergebnis der Filme

1	2	3	4	5	6	7	8	9	10	11
Filme	Dt. Start	Letzter Schätz-bericht	Lauf-dauer (Mon.)	Herst.-Kosten	Voraussichtliches Inland-Einspiel brutto	Voraussichtliches Inland-Einspiel netto	Bisher. Inland-Einspiel brutto	Voraussichtl. Gewinn	Verlust	Durchschn. Monats-Einspiel brutto in RM
Robert u. Bertram	14.7.39	26.2.41	18	1 219	1.400	1.232	1.355		- 120	75.277
Leinen aus Irland	16.10.39	26.2.41	15	744	1.350	1.127	1.283	178		85.533
Der ewige Quell	15.12.39	26.2.41	13	661	600	528	514		- 207	39.466
Die Roth-schilds	17.7.40	27.1.42	5	951	2.500	2.250	1.799	1.093		355.793
Jud Süß	24.9.40	27.1.42	15	2.081	6.200	5.394	5.970	3.172		398.000
Bismarck	6.12.40	27.1.42	12	1.794	4.400	3.960	4.261	1.989		355.073
Über alles in der Welt	19.3.41	27.1.42	9	1.333	3.500	3.150	3.153	1.631		350.333
Carl Peters	21.3.41	27.1.42	9	3.190	3.300	2.937	2.882		- 453	320.222
Ohm Krüger	4.4.41	27.1.42	8	5.477	5.500	4.950	4.895		- 801	611.874
Reitet für Deutschld.	11.4.41	27.1.42	8	1.570	5.000	4.500	4.609	2.664		576.124
Der Weg ins Freie	7.5.41	27.1.42	7	1.758	4.500	4.050	4.064	1.641		580.571
Venus vor Gericht	4.6.41	27.1.42	6	722	1.800	1.602	1.487	770		24.733

6.1. Tabelle zum wirtschaftlichen Ergebnis der Filme

1 Filme	2 Dt. Start	3 Letzter Schätz-bericht	4 Lauf-dauer (Mon.)	5 Herst.-Kosten	6 Voraussichtliches Inland-Einspiel brutto	7 netto	8 Bisher. Inland-Einspiel brutto	9 Voraussichtl. Gewinn	10 Verlust	11 Durchschn. Monats-Einspiel brutto in RM
Heimkehr	10.10.41	1.2.43	15	4.020	4.900	4.183	–		-423	–
GPU	14.8.42	30.4.43	7	1.849	3.500	–	2.689	1.161		384.142
Die Ent-lassung	15.9.42	30.4.43	6	3.600	6.500	–	4.524	2.081		754.000
					Inlandeinspiel netto + brutto		Vorauss. Auslands-einspiel	Inland + Ausland netto		Vorauss. Gewinn
Pour le mérite	22.12.38	17.6.39	5	1.076	3.700		50	3.323		1.937

Anmerkungen

Die Angaben in den Spalten 5-10 sind den Schätzberichten der Cautio Treuhand GmbH an das Reichsfinanzministerium entnommen /'Akte R 2/4829-30 Bundesarchiv Koblenz

Zahlen in 1.000 Reichsmark (Außer Sp. 11)

Zu Spalte 4: Für die Laufzeit der Filme sind nur die vollen Monate berechnet vom deutschen Start bis zum Datum des letzten Schätzberichts

6.2. Angaben zu den Filmen

Dreyfus   1930

REGIE: Richard Oswald
DREHBUCH: Heinz Goldberg, Dr. Fritz Wendhausen
KAMERA: Friedel Behn-Grund
MUSIK: Hans Grimm

PRODUKTION: Richard Oswald Produktion GmbH

VERLEIH (1960): Neue Filmkunst Walter Kirchner

DARSTELLER:

Fritz Kortner (Hauptmann Alfred Dreyfus)
Grete Mosheim (Lucie Dreyfus, seine Frau)
Erwin Kaiser (Mathieu Dreyfus, sein Bruder)
Heinrich George (Emile Zola)
Albert Bassermann (Oberst Picquart)
Oscar Homolka (Major Ferdinand Walsin-Esterhazy)
Ferdinand Hart (Major Henry)
Fritz Rasp (Major du Paty de Clam)
Paul Bildt (Georges Clemenceau)
Fritz Kampers (Verteidiger Labori)
Paul Henckels (Verteidiger Demange)

Ferner wirken mit: Ferdinand Bonn, Leopold von Ledebur, Bernhard Goetzke, Fritz Alberti, Dr. E. Rothauser, Josef Reithofer, Bruno Ziener, Sigmund Nunberg, Else Bassermann, Fritz Reif, Bernd Aldor, Ferry von Gorup, Nora Mestom

Länge: 2496 m

Zensur: 15. 8. 1930   Prädikate: Künstlerisch, volksbildend

Uraufführung: 16. 8. 1930   Kopie: Im kommerziellen Verleih

Zwei Welten   1930

(Deutschsprachige Version der mit englischen Darstellern gedrehten Originalfassung "Two Worlds", London)

REGIE: E.A. Dupont
DREHBUCH: Franz Schulz (Entwurf von Norbert Falk, nach einer Idee von
                Thekla von Bodo)
KAMERA: Charles Rosher, Mutz Greenbaum
MUSIK: Otto Stransky

PRODUKTIONSLEITUNG: Georg Witt

PRODUKTION: Greenbaum-Film-G.m.b.H.

VERLEIH: Bayerische Film-G.m.b.H. im Emelka-Konzern

DARSTELLER:

Helene Sieburg (Esther)
Peter Voß (Stanislaus)
Hermann Vallentin (Goldscheider)
Maria Paudler (Mizzi)
Friedrich Kaysler (Oberst)
Paul Graetz (Mendel)
Anton Pointner (Ballentin)
Brandt (Korporal)
Fritz Spira (Major)
Harry Terry (Plünderer)
Ranewsky (Fähnrich)
Leo Monosson (Österreichischer Soldat)
Meinhard Juenger (Sänger Annemarie, Ordonannz-Soldat)
Teddy Bill (Tschechischer Soldat)
Michael von Newlinsky (Ordonnanz-Offizier)

Ferner wirken mit: Oskar Sima, Fritz Kampers

Länge: 3260 m   Prädikat: Künstlerisch

Zensur: 30. 8. 1930 (Jugendverbot) Verbot der Filmprüfstelle: 12. 4. 1933

Uraufführung: 16. 9. 1930   Kopie: Cinemathéque Française, Paris

M (Mörder unter uns)   **1931**

REGIE: Fritz Lang
DREHBUCH: Thea von Harbou
KAMERA: Fritz Arno Wagner
MUSIK: - - -

PRODUKTION: Nero-Film AG.

VERLEIH: Vereinigte Star-Film GmbH

DARSTELLER:

Peter Lorre, Ellen Widmann, Inge Landgut, Gustaf Gründgens, Friedrich Gnaß,
Fritz Odemar, Paul Kemp, Theo Lingen, Ernst Stahl-Nachbaur, Franz Stein,
Otto Wernicke, Theodor Loos, Georg John, Rudolf Blümner, Karl Platen, Ger-
hard Bienert, Rosa Valetti, Hertha v. Walther, Carl Balhaus, Josef Dahmen, Else

Ehser, J.A. Eckhoff, Karl Elzer, Ilse Fürstenberg, Heinrich Gotho, Günther Hadank, Albert Hörrmann, Albert Karchow, Werner Kepich, Rose Lichtenstein, Lotte Löbinger, Sigurd Lohde, Paul Mederow, Margarete Melzer, Trude Moos, Hadrian M. Netto, Maja Norden, Edgar Pauly, Klaus Pohl, Franz Polland, Paul Rehkopf, Hans Ritter, Leonhard Steckel, Wolf Trutz, Borwin Walth, Bruno Ziener

Länge: 3208 m

Zensur: 27. 4. 1931 (Jugendverbot)

Uraufführung: 11. 5. 1931

Prädikat: Künstlerisch

Kopie: Staatliches Filmarchiv der DDR, Berlin (Ost)

FP 1 antwortet nicht   1932

REGIE: Karl Hartl
DREHBUCH: Walter Reisch (nach dem gleichnamigen Roman von Kurt Siodmak)
KAMERA: Günther Rittau, Konstantin Tschet, Otto Baecker
MUSIK: Allan Gray, Hans-Otto Borgmann
PRODUKTION UND VERLEIH: Ufa

DARSTELLER:

Hans Albers, Sybille Schmitz, Paul Hartmann, Peter Lorre, Hermann Speelmans, Paul Westermeier, Arthur Peiser, Gustav Püttjer, Georg August Koch, Hans Schneider, Werner Schott, Eric Ode, Philipp Manning, Georg John, Rudolf Platte, Friedrich Gnaß

Länge: 3132 m

Zensur: 20. 12. 1932

Uraufführung: 22. 12. 1932

Prädikat: Künstlerisch

Kopie: Staatliches Filmarchiv der DDR, Berlin (Ost)

Hans Westmar — einer von vielen   1933

(Ein deutsches Schicksal aus dem Jahre 1929)

SPIELLEITUNG: Franz Wenzler
DREHBUCH: Hanns Heinz Ewers nach seinem Buch "Horst Wessel"
BILD: Franz Weihmayr
MUSIK: Ernst Hanfstaengl, Guiseppe Becce

SCHNITT: Alice Ludwig
REGIEASSISTENZ: Werner Bruder

PRODUKTION: Volksdeutsche Film GmbH

VERLEIH: Siegel Monopolfilm

DARSTELLER:

Carla Bartheel, Otti Dietze, Gertrud de Lasky, Grete Reinwald, Irmgard Willers, Carl Auen, Wilhelm Diegelmann, Richard Fiedler, Hugo Gau-Hamm, Heinrich Heilinger, Emil Lohkamp, Heinz Salfner, Arthur Schröder, Robert Thiem, Paul Wegener

Länge: 2642

Zensur: 23. 11. 1933 (jugendfrei)

Uraufführung: 13. 12. 1933 (Berlin)

Prädikate: —

Vorführung gemäß Entscheidung der Alliierten Militärregierung seit 1945 in Deutschland verboten.

Kopie (16 mm): Bundesarchiv Koblenz

Um das Menschenrecht   1934

SPIELLEITUNG: Hans Zöberlein, Ludwig Schmid-Wildy
DREHBUCH: Hans Zöberlein
BILD: Ludwig Zahn, Bartl Seyr
MUSIK: —

PRODUKTION UND VERLEIH: Arya-Film München

DARSTELLER:

Hans Schlenck, Kurt Holm, Ernst Martens, Beppo Brem, Ludwig ten Kloot, Erich Pfleger, Paul Schaidler, Franz Loskarn, Leopold Kerscher, Werner Scharf, Trude Haefelin, Katja Specht, Ludwig Körösy, Ludwig Schmid-Wildy, Hans Pössenbacher, Lydia Alexandra, Rose Kugler, Hilde Horst, Wastl Witt, Ludwig Schmitz, Else Reval, Toni Thoms

Länge: 3336 m   Uraufführung: 28. 12. 1934

Zensur: 22. 12. 1934 (Jugendverbot)   Prädikat: Künstlerisch wertvoll

Vorführung gemäß Entscheidung der Alliierten Militärregierungen seit 1945 in Deutschland verboten.

(Angaben lt. A. Bauer: Dt. Spielfilm-Almanach)

Petterson und Bendel   1935/1938

HERKUNFT: Schweden
SPIELLEITUNG: Per Axel Branner
DREHBUCH: Gunnar Skoglund, Per Axel Branner, nach dem Roman von
          Waldemar Hammenhög
BILD: Ake Dahlquist
MUSIK: Eric Bengdson

PRODUKTION: A.B. Wive-Film, Stockholm

VERLEIH: Hammer-Tonfilm-Verleih GmbH. Berlin

DARSTELLER:

Adolf Jahr (Petterson)
Semmy Friedmann (Bendel)
Birgit Sergelius (Mia)
Isa Quensel (Elsa)
Elsa Carlson (Agda Alvin)
Sigurd Wallen (Nilson)
Viran Rydkvist (Tante Lindström)
Helge Hagerman (Helmer)
Manne Grunberger (Emanuel)
Calle Hagman (Ein Straßenmusikant)

DEUTSCHE SPRECHER: Siegfried Schürenberg, Rudolf Schündler, Johanna
Bassermann, Alexa von Porembsky, Hella Graf, Alfred Haase, Margarete Schön,
Wolfgang Staudte.

1. Schwedische Originalfassung mit einkopierten deutschen Titeln

    Länge: 2407 m

    Zensur: 11. 7. 1935 (jugendfrei)

    Erstaufführung: 12. 7. 1935 (Berlin)

    Prädikat: Staatspolitisch wertvoll

2. Synchronisierte Fassung

    Länge: 2412 m

    Zensur: 20. 10. 1938 (jugendfrei)

    Erstaufführung: 2. 12. 1938 (Berlin)

    Prädikat: Staatspolitisch wertvoll

Vorführung gemäß Entscheidung der Alliierten Militärregierungen seit 1945 in
Deutschland verboten.

Kopie: keine bekannt

(Angaben: RFA. 2303; Das Programm von Heute, o.Nr., Copyright 1935; Filmwelt Nr. 2 v. 13. 1. 1939, S. 18; Auskunft d. Deutschen Instituts für Filmkunde Wiesbaden-Biebrich.)

Mit versiegelter Order   1938

SPIELLEITUNG: Karl Anton
DREHBUCH: Felix von Eckardt, Georg C. Klaren (nach einer Idee von Wilhelm Biermann und dem Bühnenwerk "Vertrag um Karakat" von Fritz Peter Buch)
BILD: Herbert Körner
MUSIK: Fritz Wenneis, Willy Engel-Berger

PRODUKTION: Majestic-Film

VERLEIH: Tobis

DARSTELLER:

Viktor de Kowa, Paul Hartmann, Suse Graf, Tatjana Sais, Ernst Leudesdorff, Rudolf Schündler, Paul Westermeier, Hans Stiebner, Hans Richter, Curt Lucas, Georg H. Schnell, Hans Adalbert Schlettow, Friedrich Beug, Karl Dannemann, Carl Auen, Herbert Gernot, Kurt Iller, Karin Lüsebrink, Alfred Maack, Edith Meinhard, Serag Monier

Länge: 2876 m

Zensur: 7. 1. 1938

Uraufführung: 14. 1. 1938 (Jugendverbot)

Prädikat: Künstlerisch wertvoll

Vorführung gemäß Entscheidung der Alliierten Militärregierungen seit 1945 in Deutschland verboten.

(Angaben lt. A. Bauer: Dt. Spielfilm-Almanach)

Pour le mérite   1938

SPIELLEITUNG: Karl Ritter
DREHBUCH: Fred Hildenbrandt, Karl Ritter
BILD: Günther Anders; Luftaufnahmen: Heinz Jaworsky
MUSIK: Herbert Windt
REGIEASSISTENZ UND SCHNITT: Gottfried Ritter; Schnittassistenz: Friedrich Karl v. Puttkammer

PRODUKTION UND VERLEIH: Ufa

DARSTELLER:

Paul Hartmann (Rittmeister Prank)
Herbert A.E. Böhme (Oberleutnant Gerdes)
Albert Hehn (Leutnant Fabian)
Paul Otto (Major Wissmann, Kommandeur der Flieger einer Armee—Kofl)
Fritz Kampers (Offizierstellvertreter Moebius)
Josef Dahmen (Unteroffizier Zuschlag)
Willi Rose (Gefreiter Krause)
Jutta Freybe (Isabel)
Carsta Löck (Gerda)
Gisela v. Collande (Anna Moebius)
Otz Tollen (Hauptmann Reinwald)
Dr. Wilhelm Althaus (Geschwaderadjutant)
Heinz Welzel (Leutnant Romberg)
Wolfgang Staudte (Leutnant Ellermann)
Clemens Hasse (Ein Ulan)
Walter Bluhm (Ein Husar)
Heinz Engelmann (Ein Kürassier)
Heinz Wieck (Ein Pionier)
Hans Rudolf Ballhausen (Leutnant Reuter)
Hans Joachim Rake (Leutnant Heuser)
Heinz Sedlak (Leutnant Langwerth)
Erik Radolf (Leutnant Bülow)
Malte Jäger (Leutnant Overbeck)
Gustav Mahnke (Vizefeldwebel)
K.A. Dennert (Kruschke)
Heinrich Schroth (Stabsoffizier der Luftschiffer-Abteilung—Stoluft)
Dr. Jeschke ("Kofl"-Adjutant)
Hadrian M. Netto (Infanteriemajor)
Otto Krone (Artilleriehauptmann)
Franz Andermann (Artillerieoffizier-Beobachter)
Jim Simmons (Funkeroffizier)
Adolf Fischer (Infanteriemeldeläufer)
Otto Graf (Kapitänleutnant)
Herbert Lindner (Reserveoffizier) (1)
Georg Georgi (1. Soldatenrat)
Niko Turoff (2. Soldatenrat)
Hans Bergmann (3. Soldatenrat)
Walter Lieck (Baumlang, Deserteur)
Theo Shall (Captain Cecil Brown)
Reinhold Pasch (Amerikanischer Kavallerieoffizier)

André St. Germain (Französischer Capitaine)
Lothar Körner (Vater Fabian)
Elsa Wagner (Mutter Fabian)
Waltraut Salzmann (Schwester Fabian)
Oskar Aigner (Juwelier)
Ernst Sattler (Schlachthofinspektor)
Irene Kohl (Dessen Frau)
Otto Sauter-Sarto (Ein bayr. Baß)
Martha v. Kossatzki (Barbara, Wirtschafterin)
Fritz Petermann (Einfl. Pilot)
Hildegard Fränzel (Frau Müller)
Heinrich Krill (Vater Kunkel)
Kate Kühl (Barsängerin)
Gaston Briese (Raffke)
Valerie Borstel (Frau Raffke)
Paul Dahlke (Herr Schnaase)
Herbert Schimkat (Herr Meier)
Aribert Grimmer (Pachulke)
Fritz Klaudius   )
Arthur Reppert   )
Karl Haubenreißer   )   (Vier Schieber)
Willy Gerber   )
Elvira Erdmann   )
Hanna Lussnigg   )   (Zwei Dämchen)
Serag Monier (Inhaber eines Inflations-Kabaretts)
Marianne Kiwitt (Mia)
Dolly Raphael (Kitty)
Lilly Schönborn (Reinemachefrau)
Ilva Günten (Pensionsinhaberin)
Lutz Götz (Darmstädter Gendarm)
Oskar Höcker (Landgendarm)
Fritz Marlitz (Polizeioffizier)
S.O. Schöning   )
Herbert Weißbach   )
Max Hiller   )   (4 Abgeordnete)
Josef Peterhans   )
Franz Weber (Diener im Ministerium)
Karl Meixner (Führer einer Kommunistenhorde)
Friedrich Gnaß (Holzapfel)
Marina v. Ditmar (Junge Französin)

Ferner wirken mit: Werner Stock, Friedrich Ettel, Ernst Dernburg, Eduard
Bornträger, Gerhard Bienert, Helmut Passarge, Gerhard Damann, Josef Gindorf,
Bernhard Kaspar, Karl Friedrich Burkhardt, Ferdinand Reich, Willy Witte, Heinz

Jungclaus, Heinz Look, Walter Jensen, v. Loewies, Heinz Rippert, Theo Brandt, Heinz Otto, Egon Balogh, Kurt Hinz, Martin Baumann.

Länge: 3303 m

Zensur: 7. 12. 1938 (jugendfrei)

Uraufführung: 22. 12. 1938

Prädikate: Staatspolitisch und künstlerisch besonders wertvoll, jugendwert

Vorführung gemäß Entscheidung der Alliierten Militärregierungen seit 1945 in Deutschland verboten.

Kopie: Staatliches Filmarchiv der DDR, Berlin (Ost)

Drehbuch: Privatbesitz Gero Gandert, Berlin (West)

Robert und Bertram   **1939**

SPIELLEITUNG: Hans Heinz Zerlett
DREHBUCH: Hans Heinz Zerlett nach der gleichnamigen Posse von Gustav
                Raeder
BILD: Friedl Behn-Grund; Trickaufnahmen: Ernst Kunstmann
MUSIK: Leo Leux
SCHNITT: Ella Ensink

PRODUKTIONSLEITUNG: Helmut Schreiber

PRODUKTION UND VERLEIH: Tobis

DARSTELLER:

Rudi Godden (Robert)
Kurt Seifert (Bertram)
Carla Rust (Lenchen)
Fritz Kampers (Strambach)
Heinz Schorlemmer (Michel)
Herbert Hübner (Ipelmeyer)
Inge v.d. Straaten (Frau Ipelmeyer)
Tatjana Sais (Isidora Ipelmeyer)
Ursula Deinert (Tänzerin)
Robert Dorsay (Jack; im Film: Jacques)
Alfred Maack (Lips)
Arthur Schröder (Biedermeier; im Film: Biedermeyer)
Hans Stiebner (Blank)
Fritz Hoopts (Flint)
Walter Lieck (Dr. Corduan; im Film: Dr. Kaftan)
Arnim Münch (Bendheim)

Erwin Biegel (Forchheimer)
Eva Tinschmann (Bänkelsängerin)
Willi Schur (Bänkelsänger)

Ferner wirken mit: Friedrich Beug, Peter Bosse, Fred Goebel, Harry Gondi,
Aribert Grimmer, Otto Henning, Kurt Keller-Nebri, Franz Jan Kossack, Gustl
Kreusch, Manfred Meurer, Lucie Polzin, Franz W. Schröder-Schrom, Rudolf
Schündler

Länge: 2556 m

Zensur: 20. 6. 1939 (jugendfrei)

Uraufführung: 7. 7. 1939 (Hamburg)
　　　　　　　 14. 7. 1939 (Berlin)

Prädikate: —

Vorführung gemäß Entscheidung der Alliierten Militärregierungen seit 1945 in
Deutschland verboten.

Kopie: Transit-Filmvertrieb GmbH., Frankfurt/M.; Atlas Filmverleih GmbH.,
　　　 Duisburg.

Leinen aus Irland　　　　　　　　　　　　　　　　　　　　　　　　**1939**

SPIELLEITUNG: Heinz Helbig
DREHBUCH: Harald Bratt (nach der gleichnamigen Komödie von Stephan von
　　　　　　 Kamare)
BILD: Hans Schneeberger
MUSIK: Anton Profes
SCHNITT: Margarethe Steinborn

PRODUKTIONSLEITUNG: Heinrich Haas

PRODUKTION: Styria-Film Wien

VERLEIH: Bavaria-Filmkunst

DARSTELLER:

Otto Treßler (Kommerzialrat Kettner, Präsident der Libussa AG.)
Irene von Meyendorff (Lilly, seine Tochter)
Friedl Haerlin (Frau von Gebhard)
Oskar Sima (Der Minister)
Hans Olden (Ministerialrat von Kalinski)
Maria Olszewska (Frau von Kalinski)
Anny Kupfner (Wanda von Kalinski)
Tibor von Halmay (Graf Horvath von Genyesfalva)
Georg Alexander (Freiherr von Falk-Prennwiel)

250

Rolf Wanka (Ministerialsekretär Dr. Goll)
Siegfried Breuer (Dr. Kuhn, Generalsekretär der Libussa AG.)
Fritz Imhoff (Sigi Pollack)
Ernst Arnold (Dr. Seligmann, Syndikus der Libussa AG.)
Otto Schmöle (Nagel, Beauftragter der Libussa AG.)
Karl Skraup (Alois Hubermaier)
Oskar Wegrostek (Wenzel, Leinenweber)
Karl Kneidinger (Bieringer, Buchhalter bei Hubermaier)

Länge: 2695 m

Zensur: 22. 9. 1939 (jugendfrei)

Uraufführung: 16. 10. 1939 (Berlin)

Prädikate: Staatspolitisch wertvoll, künstlerisch wertvoll

Vorführung gemäß Entscheidung der Alliierten Militärregierungen seit 1945 in Deutschland verboten.

Kopie: Transit-Filmvertrieb GmbH., Frankfurt/Main; Atlas Filmverleih GmbH., Duisburg.

Der ewige Quell   1940

SPIELLEITUNG: Fritz Kirchhoff
DREHBUCH: Felix Lützkendorf und Hans Joachim Beyer (nach einer Erzählung von Johannes Linke)
BILD: Franz Koch, Josef Illig; Assistent: Josef Koch
MUSIK: Anton Profes
SCHNITT: Gottlieb Madl
REGIEASSISTENZ: Adolf Schlißleder

PRODUKTIONSLEITUNG: Ottmar Ostermayr

PRODUKTION UND VERLEIH. Bavaria-Filmkunst

DARSTELLER:

Eugen Klöpfer (Lohhofbauer)
Lina Carstens (Lohhofbäuerin)
Alexander Trojan (Hannes)
Hannes Keppler (Ludwig)
Käte Merk (Maria)
Albert Hörrmann (Dr. Iwan Wollinsky)
Luis Rainer (Alter Lusinger)
Bernhard Minetti (Wolfgang Lusinger)
Carl Wery (Sprecher der Bauern)
Georg Vogelsang (Großknecht)

Julius Königsheim (Knecht Toni)
Ludwig Schmid-Wildy (Wirt)
Elise Aulinger (Moosbäuerin)
Otto Faßler (1. Herr der Regierungskommission)
Ch. W. Kavser (2. Herr der Regierungskommission)
Fritz Reiff (Richter)
Heinz Burkart (Juwelier)
Heinrich Hauser (Goldschmied)
Eugen Schöndorfer (Beamter)
Julius Frey (Metzger)
Erich Teibler (Bub)
Hans Hanauer (Bauer)
Schorschl Holl (Gendarm)
Else Sensburg (Großmagd)
Willimarie Knoll (Jungmagd)
Konrad Feldmayer (1. Knecht)
Fritz Wagner (2. Knecht)

Länge: 2380 m   Uraufführung: 19. 1. 1940 (Goslar)
Zensur: 14. 12. 1939   23. 8. 1940 (Berlin)
                                 Prädikat: —

Die Vorführung des Films in Deutschland wurde 1945 nicht verboten.

Kopie: Bavaria-Filmkunst GmbH., München-Geiselgasteig.

Ein Robinson   **1940**

SPIELLEITUNG: Arnold Fanck
DREHBUCH: Arnold Fanck, Rolf Meyer
BILD: Albert Benitz, Hans Ertl, Sepp Allgeier
MUSIK: Werner Bochmann

PRODUKTION UND VERLEIH: Bavaria-Filmkunst

DARSTELLER:

Herbert A.E. Böhme, Marieluise Claudius, Claus Clausen, Oskar Marion, Malte
Jäger, Wilhelm P. Krüger, Otto Kronburger, Wolf Dietrich, Ludwig Schmid-Wildy,
Leopold Kerscher, Martin Baumann-Rickelt, Georg Voelkel, Hans Kühlewein,
Charly Berger, Günther Polensen, Hänschen Fanck

Länge: 2227 m   Uraufführung: 25. 4. 1940 (Jugendfrei)
Zensur: 23. 4. 1940   Prädikat: Kulturell wertvoll

Vorführung gemäß Entscheidung der Alliierten Militärregierungen seit 1945 in
Deutschland verboten. (Angaben lt. A. Bauer: Dt. Spielfilm-Almanach)

Die Rothschilds

(Späterer Titelzusatz: Aktien auf Waterloo)

SPIELLEITUNG: Erich Waschneck
DREHBUCH: C.M. Köhn und Gerhard T. Buchholz (nach einer Idee von Mirko
          Jelusich)
BILD: Robert Baberske
MUSIK: Johannes Müller
SCHNITT: Walter Wischniewsky
REGIEASSISTENZ: Friedrich Westhoff

FILMLEITUNG: Hans G. Bartels

PRODUKTION UND VERLEIH: Ufa

DARSTELLER:

Erich Ponto (Mayer Amschel Rothschild)
Carl Kuhlmann (Nathan, sein Sohn)
Albert Lippert (James, sein Sohn)
Ludwig Linkmann (Leib Hersch, Mayer Amschels Kurier)
Hans Stiebner (Bronstein, Nathans Agent)
Bruno Hübner (Ruthworth, Nathans Agent)
Rudolf Carl (Rubiner, Nathans Agent)
Michael Bohnen (Kurfürst Wilhelm IX., Landgraf von Hessen)
Herbert Hübner (Bankier Turner)
Albert Florath (Bankier Bearing)
Herbert Gernot (Bankier Clifford)
Theo Shall (Bankier Selfridge)
Hilde Weißner (Sylvia, Turners Gattin)
Gisela Uhlen (Phyllis, Bearings Tochter)
Herbert Wilk (George Crayton)
Waldemar Leitgeb (Lord Wellington)
Ursula Deinert (Harriet, seine Geliebte)
Walter Franck (Herries, Oberkommissar des engl. Schatzamtes)
Bernhard Minetti (Herzog Fouché, Napoleons Polizeiminister)
Hans Leibelt (Ludwig XVIII., König von Frankreich)
Hubert von Meyerinck (Baron Vitrolles, sein Hofmarschall)

Ferner wirken mit: Roma Bahn, Erwin Biegel, Erwin Brosig, Rudolf Essek,
Kunibert Gensichen, Fred Goebel, Carl Hannemann, Hannsgeorg Laubenthal,
Walter Lieck, Hadrian Maria Netto, Werner Pledath, Klaus Pohl, Eugen Rex,
Ernst Rotmund, Hans Hermann Schaufuß, Hans Adalbert von Schlettow, Georg
Schnell, Dr. Ernst Stimmel, Otz Tollen, H. Weißbach, Eduard Wenck, Ewald
Wenck

Länge: 2704 m (ursprünglich: 2646 m) (2)

Zensur: 16. 7. 1940 (jugendfrei)

Uraufführung: 17. 7. 1940

Prädikate: —

Vorführung gemäß Entscheidung der Alliierten Militärregierungen seit 1945 in Deutschland verboten.

Kopie: Universum-Film AG., Düsseldorf; Transit-Filmvertrieb GmbH., Frankfurt/Main.

Jud Süß   **1940**

SPIELLEITUNG: Veit Harlan
DREHBUCH: Veit Harlan, Eberhard Wolfgang Möller, Ludwig Metzger
BILD: Bruno Mondi
MUSIK: Wolfgang Zeller
SCHNITT: Friedrich Carl von Puttkammer, Wolfgang Schleif
REGIEASSISTENZ: Wolfgang Schleif, Alfred Braun

PRODUKTIONSLEITUNG: Otto Lehmann

PRODUKTION UND VERLEIH: Terra

DARSTELLER:

Ferdinand Marian (Jud Süß)
Heinrich George (Herzog Karl Alexander)
Hilde von Stolz (dessen Gemahlin)
Werner Krauß (Rabbi Loew)
Werner Krauß (Levy, Sekretär von Süß)
Eugen Klöpfer (Landschaftskonsulent Sturm)
Kristina Söderbaum (Dorothea Sturm, dessen Tochter)
Malte Jaeger (Aktuarius Faber, deren Bräutigam)
Albert Florath (Obrist Röder)
Theodor Loos (von Remchingen)
Walter Werner (Fiebelkorn)
Charlotte Schulz (Frau Fiebelkorn)
Anny Seitz (Minchen Fiebelkorn)
Ilse Buhl (Friederike Fiebelkorn)
Jacob Tiedtke (Konsistorialrat)
Erna Morena (dessen Frau)
Else Elster (Luziana, Maitresse des Süß)
Emil Heß (Hans Bogner, ein Schmied)
Käte Jöken-König (dessen Frau)

Ursula Deinert (Primaballerina)
Erich Dunskus (Meister der Schmiedezunft)
Otto Henning (Vorsitzender des Gerichts)
Heinrich Schroth (von Neuffer)
Hannelore Benzinger (Hausmädchen bei Sturm)

Ferner wirken mit: Ingeborg Albert, Annette Bach, Irmgard Völker, Valy Arn-
heim, Franz Arzdorf, Walter Bechmann, Fred Becker, Reinhold Bernt, Louis
Brody, Wilhelm Egger-Sell, Franz Eschle, Hans Eysenhardt, Bernhard Goetzke,
Georg Gürtler, Oskar Höcker, Karl Iban, Willi Kayser-Heil, Franz Klebusch, Otto
Klopsch, Erich Lange, Horst Lommer, Richard Ludwig, Paul Mederow, Hans
Meyer-Hanno, Arnim Münch, Edgar Nollet, Helmuth Passarge, Josef Peterhans,
Friedrich Petermann, Edmund Pouch, Arthur Reinhardt, Wolfgang Staudte,
Ernst Stimmel, Walter Tarrach, Otz Tollen, Max Vierlinger, Hans Waschatko,
Eduard Wenk, Otto Wollmann

Länge: 2663 m

Zensur: 6. 9. 1940 (jugendfrei ab 14)

Uraufführung: 5. 9. 1940 (Venedig)
            24. 9. 1940 (Berlin)

Prädikate: Staatspolitisch und künstlerisch besonders wertvoll, jugendwert.

Vorführung gemäß Entscheidung der Alliierten Militärregierungen seit 1945 in
Deutschland verboten.

Kopien: Institut für Publizistik der Freien Universität Berlin, seit 1968 im Besitz
        der Deutschen Film- und Fernsehakademie GmbH, Berlin (West); Atlas
        Filmverleih GmbH., Duisburg

Kopie eines Werbetrailers: Deutsche Kinemathek e.V. Berlin (West)

Drehbuch: Deutsche Film- und Fernsehakademie GmbH., Berlin (West)

Der ewige Jude   **1940**

(Untertitel: Ein Dokumentarfilm über das Weltjudentum)

GESTALTUNG: Dr. Fritz Hippler
MANUSKRIPT: Dr. Eberhard Taubert
FOTOGRAFIE: A. Endrejat, A. Hafner, R. Hartmann, F.C. Heere, H. Kluth,
            E. Stoll, H. Winterfeld
MUSIK: Franz R. Friedl
SCHNITT: Hans-Dieter Schiller, Albert Baumeister

PRODUKTION: Deutsche Filmherstellungs- u. Verwertungs-GmbH.

VERLEIH: Reichspropagandaleitung, Hauptamt Film

Länge: 1830 m und 1753 m

Zensur: 4. 11. 1940

Uraufführung: 28. 11. 1940 (Berlin)

Prädikate: Staatspolitisch wertvoll, künstlerisch wertvoll (volksbildend, Lehrfilm)
— kurze Fassung: jugendwert.

Vorführung gemäß Entscheidung der Alliierten Militärregierungen seit 1945 in
Deutschland verboten.

Kopie (16 mm, 36 mm): Bundesarchiv Koblenz

Bismarck **1940**

SPIELLEITUNG: Wolfgang Liebeneiner
DREHBUCH: Rolf Lauckner, Wolfgang Liebeneiner
BILD: Bruno Mondi
MUSIK: Norbert Schultze
SCHNITT: Walter von Bonhorst
REGIEASSISTENZ: Peter Pewas, Sieg Krügler

PRODUKTIONSLEITUNG: Dr. Heinrich Jonen, Willi Wiesner

PRODUKTION UND VERLEIH: Tobis

DARSTELLER:

Paul Hartmann (Bismarck)
Friedrich Kayssler (König Wilhelm)
Maria Koppenhöfer (Königin Augusta)
Werner Hinz (Kronprinz Friedrich)
Ruth Hellberg (Kronprinzession Victoria)
Walter Franck (Napoleon III.)
Lil Dagover (Kaiserin Eugenie)
Käte Haack (Johanna von Bismarck)
Margret Militzer (Marie von Bismarck)
Karl Schönböck (Kaiser Franz Joseph)
Günther Hadank (Moltke)
Hellmuth Bergmann (von Roon)
Karl Haubenreißer (Virchow)
Karl Meixner (Loewe)
Hans Junkermann (Generalfeldmarschall Wrangel)
Jaspar von Oertzen (Prinz Friedrich Karl)
Franz Schafheitlein (Fürst Metternich)
Paul Hoffmann (Graf von Blome)
Theodor Thony (Ritter von Benedek)

Bruno Hübner (Graf Rechberg)
Karl Fochler (Graf Karolyi)
Harald Paulsen (Benedetti)
Eduard von Winterstein (General von Manstein)
Otto Graf (von Keudell)
Otto Below (Lothar Bucher)
Otto Gebühr (König von Sachsen)
Otto Stoeckel (Ministerpräsident Beust)
Erich Ziegel (Finanzminister von Bodelschwingh)
Karl Heinz Peters (Jakoby)
Ingolf Kuntze (Patow)
Werner Pledath (Sybel)
Albert Venohr (Gneist)
Walter Werner (1. Präsident im Landtag)
Robert Forsch (2. Präsident im Landtag)
Franz W. Schröder-Schrom (Generaladjutant des Königs)
Bernhard Goetzke (Flügeladjutant des Königs)
Wilhelm P. Krüger (Lakai Kuhn)

Länge: 3188 m

Zensur: 19. 11. 1940 (jugendfrei)

Uraufführung: 6. 12. 1940 (Berlin)

Prädikate: Staatspolitisch und künstlerisch besonders wertvoll, jugendwert

Vorführung gemäß Entscheidung der Alliierten Militärregierungen seit 1945 in Deutschland verboten.

Kopie: Staatliches Filmarchiv der DDR, Berlin (Ost)

Drehbuch: Deutsches Institut für Filmkunde, Wiesbaden-Biebrich

Über alles in der Welt   1941

SPIELLEITUNG: Karl Ritter
DREHBUCH UND IDEE: Karl Ritter, Felix Lützkendorf (3)
BILD: Werner Krien; Trickaufnahmen: Gerhard Huttala
MUSIK: Herbert Windt
SCHNITT UND REGIEASSISTENZ: Gottfried Ritter

PRODUKTION UND VERLEIH: Ufa

DARSTELLER:

Carl Raddatz (Carl Wiegand)
Hannes Stelzer (Hans Wiegand)
Marina von Ditmar (Brigitte)

Fritz Kampers (Fritz Möbius)
Bertha Drews (Anna Möbius)
Carsta Löck (Erika Möbius)
Joachim Brennecke (Willy Möbius)
Paul Hartmann (Oberstleutnant Steinhart)
Carl John (Oberleutnant Hassenkamp)
Josef Dahmen (Unteroffizier Weber)
Georg Thomalla (Unteroffizier Krause)
Herbert A. Böhme (Kapitän Hansen)
Wilhelm König (Funker Boysen)
Oskar Sima (Leo Samek)
Karl Haubenreißer (Sally Nürnberg)
Maria Bard (Madeleine Laroche)
Andrews Engelmann (Captain John Stanley)
Hans Baumann (Robert Brown)
Ernst Sattler (Rainthaler)
Lutz Götz (Hofer)
   Franz Lichtenauer (Grassegger) (4)
Albert Janschek (Reindl)
Marianne Straub (Walburga)
Peter Elsholtz (Dr. von Kriesis)
Kurt Gensichen (Regierungsassistent Glockenberg)
Eva Tinschmann (Oberschwester Isolde)
Oskar Sabo (Friedrich Wilhelm Hoppe)
Gerhard Dammann (Werkmeister bei Siemens)
Beppo Brem (Putzenlechner)
Hermann Günther (Elsässischer Bürgermeister)

Länge: 2327 m

Zensur: 14. 3. 1941 (jugendfrei)

Uraufführung: 19. 3. 1941 (Posen)
              21. 3. 1941 (Berlin)

Prädikate: Staatspolitisch wertvoll, jugendwert

Vorführung gemäß Entscheidung der Alliierten Militärregierungen seit 1945 in
Deutschland verboten.

Kopie: keine bekannt.

Carl Peters   **1941**

SPIELLEITUNG: Herbert Selpin
DREHBUCH: Ernst von Salomon, Walter Zerlett-Olfenius, Herbert Selpin
BILD: Franz Koch

MUSIK: Franz Doelle
SCHNITT: Friedel Buckow
REGIEASSISTENZ: Erich Frisch

PRODUKTIONSLEITUNG: C. W. Tetting

PRODUKTION UND VERLEIH: Bavaria-Filmkunst

DARSTELLER:

Hans Albers (Dr. Carl Peters)
Karl Dannemann (Dr. Karl Jühlke)
Fritz Odemar (Graf Pfeil)
Toni von Bukovics (Frau Pastor Peters)
Hans Leibelt (Professor Engel)
Dr. Rolf Prasch (Kaiser Wilhelm I.)
Friedrich Otto Fischer (Bismarck)
Herbert Hübner (Geh. Legationsrat Leo Kayser)
Erika von Thellmann (Frau Legationsrat Kayser)
Hans Mierendorff (Deutscher Konsul in Sansibar)
Ernst Fritz Fürbringer (Kammerherr Graf Behr-Bandelin)
Friedrich Ulmer (Fürst Hohenlohe-Langenberg)
Justus Paris (Julius Kayser)
Jack Trevor (Englischer Konsul in Sansibar)
Richard Ludwig (Englischer Botschafter in Berlin)
Dr. Philipp Manning (Sir Antony Cerry)
Theo Shall (Robert Mitchell)
Ali Ghito (Mrs. Wilson)
G. H. Schnell (Stacy)
Walter Neusel (Jonny)
Andrews Engelmann (Capt. Mathew)
Reginald Pasch (Capt. Behrends-Grenwood)
Theodor Thony (Dr. Nicolo)
A. Saint-Germain (Capt. Bekker)
Gertrude de Lasky (Wwe. Kluge)
Mohammed Husen (Ramasan)
Lea Niako (Eine Tänzerin im Piccadilly Club)

Ferner wirken mit: Reinhold Bernt, Louis Brody, Fred Goebel, Egon Herwig, Albert Johannes, W. P. Krüger, Karl Meixner, Arthur Reinhardt, Aruth Wartan; Hauptmusikzugführer Herms Niels mit dem Reichsmusikzug des Reichsarbeitsdienstes

Länge: 3193 m

Zensur: 20. 3. 1941 (jugendfrei)

Uraufführung: 21. 3. 1941 (Hamburg)
29. 5. 1941 (Berlin)

Prädikate: Staatspolitisch und kulturell wertvoll, künstlerisch wertvoll, volksbildend, jugendwert

Vorführung gemäß Entscheidung der Alliierten Militärregierungen seit 1945 in
Deutschland verboten.

Kopie: Universum-Film AG., Düsseldorf; Atlas Filmverleih GmbH., Duisburg.

Ohm Krüger   **1941**

SPIELLEITUNG: Hans Steinhoff
DREHBUCH: Harald Bratt, Kurt Heuser (unter freier Benutzung von Motiven
aus dem Roman "Mann ohne Volk" von Arnold Krieger)
BILD: Fritz Arno Wagner; Mitarbeiter bei den Außenaufnahmen: Friedl Behn-
Grund, Karl Puth
MUSIK: Theo Mackeben
SCHNITT: Hans Heinrich, Martha Dübber

GESAMTLEITUNG: Emil Jannings

PRODUKTION UND VERLEIH: Tobis

DARSTELLER:

Emil Jannings (Paul Krüger)
Lucie Höflich (Sanna Krüger, seine Frau)
Werner Hinz (Jan, beider Sohn)
Ernst Schröder (Adrian, beider Sohn)
Gisela Uhlen (Petra Krüger, Jans Frau)
Friedrich Ulmer (Joubert, Generalkommandant der burischen Armee)
Eduard von Winterstein (Cronje, Kommandant in der burischen Armee)
Hans Adalbert von Schlettow (de Wett, Kommandant in der burischen Armee)
Fritz Hoopts (Colson, Feldkornett)
Max Gülstorff (Reitz, Staatssekretär)
Walter Werner (Kock, Abgeordneter des Volksrates)
Elisabeth Flickenschildt (Frau Kock)
Hedwig Wangel (Königin Victoria von England)
Alfred Bernau (Prinz von Wales, ihr Sohn)
Gustaf Gründgens (Chamberlain)
Ferdinand Marian (Cecil Rhodes)
Flockina von Platen (Flora Shaw, eine Agentin)
Karl Haubenreißer (Dr. Jameson)
Franz Schafheitlin (Kitchener, Generalstabschef der südafrikanischen Armee
Englands)

Otto Wernicke (Kommandant des Konzentrationslagers)
Hans Hermann Schaufuß (Ein Militärarzt)
Karl Martell (Ein englischer Offizier)
Walter Süßenguth (Ein Sergeant)
Hilde Körber (Eine Burenfrau)
Louis Brody (Häuptling Lobenguela)
Hans Stiebner (Ein Reporter)
Harald Paulsen   )
Otto Graf   )   (Minister des Äußeren)
Paul Bildt   )
Armin Schweizer (Empfangschef)
Rudolf Blümner (Professor)

Ferner wirken mit: Werner Pledath, Friedel Heizmann, Ernst Dernburg, G.H.
Schnell, Gertrud Wolle, Gerhard Bienert, Wolfgang Lukschy, Aribert Grimmer,
Theodor Thony, Werner Stock, Erich Hecking, Paul Rehkopf, Viktor Gehring,
Käte Jöken-König, Artur Reinhardt, Charlotte Vetrone, Willi Grunwald, Astrit
Seiderer, Ingeborg Johannsen, Joe Münch-Harris, Ferdinand Terpe, Josef Dah-
men, Wolf Trutz Schramm-Duncker, Jack Trevor, Heinrich Schroth, Louis
Ralph, Josef Reithofer

Länge: 3620 m

Zensur: 2. 4. 1941 (jugendfrei ab 14)

Uraufführung: 4. 4. 1941 (Berlin)

Prädikate: Film der Nation, Staatspolitisch und künstlerisch besonders wertvoll,
           kulturell wertvoll, volkstümlich wertvoll, volksbildend, jugendwert.

Vorführung gemäß Entscheidung der Alliierten Militärregierungen seit 1945 in
Deutschland verboten.

Kopie: Staatliches Filmarchiv der DDR, Berlin (Ost)

. . . reitet für Deutschland   **1941**

SPIELLEITUNG: Arthur Maria Rabenalt
DREHBUCH: Fritz Reck-Malleczewen, Richard Riedel, Josef Maria Frank
BILD: Werner Krien
MUSIK: Alois Melichar
SCHNITT: Kurt Hampp
REGIEASSISTENZ: Hans Müller

PRODUKTIONSLEITUNG: Hans Schönmetzler

PRODUKTION UND VERLEIH: Ufa

DARSTELLER:

Willy Birgel (Rittmeister von Brenken)
Gertrud Eysoldt (Tante Ulle)
Gerhild Weber (Toms)
Herbert A. E. Böhme (Olav Kolrep)
Willi Rose (Karl Marten)
Hans Zesch-Ballot (Brigadekommandeut)
Paul Dahlke (Dolinski)
Rudolf Schündler (Brenner)
Walter Werner (Geheimrat)

Ferner wirken mit: Herbert Hübner, Walter Lieck, Ewald Wenck, Armin Schweitzer, Gerhard Dammann, Hans Quest, Marianne Stanior, Wolfgang Staudte

Länge: 2513 m (1952: 2169 m)

Zensur: 4. 4. 1941 (jugendfrei)

Uraufführung: 11. 4. 1941 (Hannover)
               30. 5. 1941 (Berlin)

Prädikate: Staatspolitisch wertvoll, jugendwert

Vorführung gemäß Entscheidung der Alliierten Militärregierungen 1945 in Deutschland verboten, am 30. 6. 1952 jedoch vom Prüfausschuß der FSK (Prüf-Nr. 4416) wieder freigegeben.

Kopien: Universum-Film AG., Düsseldorf (geschnitten); Transit-Filmvertrieb GmbH., Frankfurt/Main und Kofiba, Weiterstadt (16 mm, geschnitten); Atlas Filmverleih GmbH., Duisburg (beschädigt, aber ungeschnitten).

Der Weg ins Freie   **1941**

SPIELLEITUNG: Rolf Hansen
DREHBUCH: Harald Braun, Jacob Geis, Rolf Hansen
BILD: Franz Weihmayr
MUSIK: Theo Mackeben
SCHNITT: Anna Höllering-Kulka
REGIEASSISTENZ: Milo Harbich, Ernst Mölter

PRODUKTIONSLEITUNG: Friedrich Pflughaupt

PRODUKTION: (Carl) Froelich-Studio für Ufa
VERLEIH: Ufa

DARSTELLER:

Zarah Leander (Antonia Corvelli)
Hans Stüwe (Detlev von Blossin, ihr Mann)

Agnes Windeck (Baronin von Blossin)
Eva Immermann (Luise)
Siegfried Breuer (Graf Stefan Oginski)
Hedwig Wangel (Barbaccia)
Albert Florath (Dr. Hensius)
Herbert Hübner (Landrat von Strempel)
Ralph Lothar (Achim, dessen Sohn)
Karl John (Fritz)
Claire Reigbert (Mamsell Dörte)
Olaf Bach (Ein Pole)
Walther Ludwig (Tomaso Rezzi)
Leo Peukert (Direktor der Wiener Hofoper)
Julia Serda (Seine Frau)
Viktor Janson (Machandl)
Walther Süßenguth (Morescu)
Kurt Meisel (Ein Student)
Hilde von Stolz (Melanie)
Oscar Sabo (Inspizient)
Carl Günther (Kommissar)
Hans Reinmar (Bariton in der "Semiramis")
Emil Heß (Müetli)
Josefine Dora (Frau Lüchzagel)
Jakob Tiedtke (Direktor der Oper Bergamo)
Fritz Soot (Sänger in der Oper)
Karl Etlinger (Clemens, Diener bei Oginski)
Ernst Rotmund (Wirt in Mailand)
Karl Hellmer (Nachtportier der Wiener Oper)
Julius E. Herrmann (Kapellmeister der Oper Bergamo)
Fritz Hintz-Fabricius (Direktor der Spielbank)
Gisela Breiderhoff (Kokotte)
Hugo Fink (General) (5)

Ferner wirken mit: Harriet Awiszus, Sigrid Becker, Vera Complojer, Grete Greeff-Fabbri, Antonie Jaeckel, Julius Brandt, Julius Albert Eckhoff, Hugo Froelich, Knut Hartwig, Friedrich Honna, Wilhelm P. Krüger, Michael von Newlinski, Gustav Püttjer, Louis Ralph, Otto Sauter-Sarto, Rudolf Vones, Reinhold Weiglin, Bruno Ziener.

In Gesangspartien: Irma Beilke, Else Schmidt-Tegetthoff, Wilhelm Schirp, Karl Schmitt-Walter

Länge: 3090 m

Zensur: 25. 4. 1941 (Jugendverbot)

Uraufführung: 7. 5. 1941 (Berlin)

Prädikat: Künstlerisch wertvoll

Die Vorführung des Films in Deutschland wurde 1945 nicht verboten.

Kopie: Universum-Film AG., Düsseldorf

Venus vor Gericht   1941

SPIELLEITUNG: Hans H. Zerlett
DREHBUCH: Hans H. Zerlett
BILD: Oskar Schnirch
MUSIK: Leo Leux
SCHNITT: Gottlieb Madl
REGIEASSISTENZ: Elly Rauch

PRODUKTIONSLEITUNG: Ottmar Ostermayr

PRODUKTION UND VERLEIH: Bavaria-Filmkunst

DARSTELLER:

Hansi Knoteck (Charlotte Böller)
Hannes Stelzer (Peter Brake, Bildhauer)
Paul Dahlke (Gottlieb Böller, Bürgermeister)
Siegfried Breuer (Benjamin Hecht, Kunsthändler)
Charlott Daudert (Marianne)
Ernst F. Fürbringer (Paul Dreysing, Zeichner)
Josef Eichheim (Prof. Semmel, Bildhauer)
Erhard Siedel (Der Kultusminister)
Carl Wery (Der Oberstaatsanwalt)
Hans Brausewetter (Der Staatsanwalt)
Hubert von Meyerinck (Dr. Knarre, Sachverständiger)
Justus Paris (Prof. Grimm, Sachverständiger)
Fritz Reiff (Der Vorsitzende)
Peter Elsholtz (Der Verteidiger)
Alfred Gondrell (Bronsky, Agent)
Liesl Karlstadt (Mathilde, Mädchen bei Böller)
Eva Tinschmann (Rita, Empfangsdame bei Hecht)
Elise Aulinger (Frau Wimmer)
Albert Hörrmann (Dr. Wertheimer, Referent des Kulturministers)
Heini Handschumacher (Reporter)
Werner Nippen (Klaus, Peters Freund)
Martin Urtel (Werner, Peters Freund)
Carl Balhaus (Alfred, Peters Freund)

Fritz Hoopts (Gerichtsvollzieher Brinkmann)
Beppo Brem (Martin, Hausdiener bei Hecht)
Dorothy von Bruck (1. Sekretärin)
Edith Meinel (2. Sekretärin)
Gabriele Reissmüller (3. Sekretärin)
Sylvia Prillinger (Eine Tänzerin)

Ferner wirken mit: Heinz Burkart, Ernst Firnholzer, Heinrich Hauser, Georg
Irmer, Charles Willy Kayser, Walter Lantzsch, Peter Pasetti, Hanns Schulz, Kurt
Stieler, Tilly Tschaffon, Rudolf Vogel, Wastl Witt u.a.

Länge: 2407 m

Zensur: 27. 5. 1941 (Jugendverbot)

Uraufführung: 4. 6. 1941 (Berlin)

Prädikat: Volkstümlich wertvoll

Vorführung gemäß Entscheidung der Alliierten Militärregierungen seit 1945 in
Deutschland verboten.

Kopie: Transit-Filmverleih GmbH., Frankfurt/Main.

Heimkehr 1941

SPIELLEITUNG: Gustav Ucicky
DREHBUCH: Gerhard Menzel
BILD: Günther Anders
MUSIK: Willy Schmidt-Gentner
SCHNITT: Rudolf Schaad
REGIEASSISTENZ: Wolfgang Schubert

PRODUKTIONSLEITUNG: Ernst Garden

PRODUKTION: Wien-Film   VERLEIH: Ufa

DARSTELLER:

Paula Wessely (Maria Thomas)
Peter Petersen (Dr. Thomas, ihr Vater)
Attila Hörbiger (Ludwig Launhardt)
Ruth Hellberg (Martha Launhardt)
Carl Raddatz (Dr. Fritz Mutius)
Elsa Wagner (Wehmutter Schmid)
Eduard Köck (Der alte Schmid)
Otto Wernicke (Der alte Manz)
Gerhild Weber (Josepha Manz)
Franz Pfaudler (Balthasar Manz)

Werner Fütterer (Oskar Friml)
Hermann Erhardt (Karl Michalek)
Berta Drews (Elfriede)

Länge: 2632 m

Zensur: 26. 8. 1941 (jugendfrei)

Uraufführung: 31. 8. 1941 (Venedig)
          10. 10. 1941 (Wien)
          23. 10. 1941 (Berlin)

Prädikate: Film der Nation, Staatspolitisch und künstlerisch besonders wertvoll, jugendwert

Vorführung gemäß Entscheidung der Alliierten Militärregierungen seit 1945 in Deutschland verboten.

Kopie: Staatliches Filmarchiv der DDR, Berlin (Ost).

G P U   1942

SPIELLEITUNG: Karl Ritter
DREHBUCH: Karl Ritter, Felix Lützkendorf, Andrews Engelmann
               (nach einer Idee von Andrews Engelmann)
BILD: Igor Oberberg
MUSIK: Herbert Windt
SCHNITT: Conrad von Molo

PRODUKTIONSLEITUNG: Gustav Rathje

PRODUKTION: Ufa   VERLEIH: DFV

DARSTELLER:

Laura Solari (Olga Feodorowna)
Andrews Engelmann (Nikolai Bokscha)
Marina von Ditmar (Irina)
Will Quadflieg (Peter Aßmus)
Karl Haubenreißer (Jakob Frunse)
Wladimir Majer (GPU-Chef)
Helene von Schmithberg (Tante Ljuba)
Albert Lippert (Der Hoteldirektor)
Lale Andersen (Sängerin)
Hans Stiebner (Der Untersuchungsrichter)
Maria Bard (Vorsitzende der Frauenliga)
Karl Klüssner (Aramian)
E. A. Schaah)
Ivo Veit   ) (Sowjetdiplomaten in Helsinki)

Nico Turoff   )
Walter Holetzko   )
Arthur Reinhardt   )
Carl Hannemann   )   (Die Helfer Frunses) (6)
Ferdinand Classen)
W. Brückner   )
Hans Bergmann   )

Ferner wirken mit: E. Grohnert, S. Niemann, Gerda v.d.Osten, Meyer-Hanno, H. Wemper, H. Troxbömker, W. Keil, Lilli Schönborn, Theo Shall, Gösta Richter, Viggo Larsen, J. Eckhoff, Walter Lieck, K. Wagner, Bill-Bocket

Länge: 2717 m

Zensur: 17. 7. 1942 (Jugendverbot)

Uraufführung: 14. 8. 1942 (Berlin)

Prädikat: —

Vorführung gemäß Entscheidung der Alliierten Militärregierungen seit 1945 in Deutschland verboten.

Kopien: Universum-Film AG., Düsseldorf (unvollständige Kopien und Schnittmaterial); Firma Weltbild-Klangfilm, Frankfurt/Main (unvollständig);
Institut für Publizistik an der Freien Universität Berlin (unvollständig).

Die Entlassung   1942

SPIELLEITUNG: Wolfgang Liebeneiner
DREHBUCH: Curt Johannes Braun, Felix von Eckardt
BILD: Fritz Arno Wagner
MUSIK: Herbert Windt
SCHNITT: Martha Dübber
REGIEASSISTENZ: Hilde Vissering, Leo de Laforgue

PRODUKTIONSLEITUNG: Walter Lehmann

PRODUKTION: Tobis   VERLEIH: DFV

DARSTELLER:

Emil Jannings (Fürst Bismarck)
Margarete Schön (Fürstin Johanna Bismarck)
Christian Kayßler (Graf Herbert Bismarck)
Theodor Loos (Kaiser Wilhelm I.)
Carl Ludwig Diehl (Kaiser Friedrich III.)
Werner Hinz (Kaiser Wilhelm II.)
Werner Krauß (Geheimrat von Holstein)

Otto Graf (Graf Eulenburg)
Paul Hoffmann (Graf Waldersee)
Paul Bildt (von Bötticher)
Walther Süßenguth (Zar Alexander)
Franz Schafheitlin (Botschafter Graf Schuwalow)
Herbert Hübner (Generaladjutant von Hahnke)
Rudolf Blümner (Chef des Zivilkabinetts von Lucanus)
Fritz Kampers (Dr. Schwenninger)
Werner Pledath (Pinnow)
Heinrich Schroth (General von Caprivi)
O.E. Hasse (von Heyden)
Friedrich Maurer (Bebel)
Eduard Wandrey (Singer)

Länge: 2991 m (1952: 2799 m)

Zensur: 28. 8. 1942 (jugendfrei ab 14 J.)

Uraufführung: 15. 9. 1942 (Stettin, inoffiziell)
6. 10. 1942 (Berlin)

Prädikate: Film der Nation, Staatspolitisch und künstlerisch besonders wertvoll,
kulturell wertvoll, volkstümlich wertvoll, anerkennenswert, volksbildend, jugendwert

Vorführung gemäß Entscheidung der Alliierten Militärregierungen 1945 in
Deutschland verboten, jedoch am 2. 7. 1952 vom Prüfausschuß der FSK
(Prüf-Nr. 4431) wieder freigegeben.

Kopie (geschnittene Nachkriegsfassung Schicksalswende): Transit-Filmvertrieb
GmbH., Frankfurt/Main.

Drehbuch: Deutsches Institut für Filmkunde, Wiesbaden-Biebrich

Wien 1910   **1943**

SPIELLEITUNG: E. W. Emo
DREHBUCH: Gerhard Menzel
BILD: Hans Schneeberger
MUSIK: Willy Schmidt-Gentner
SCHNITT: Muni Obal
REGIEASSISTENZ: Karl Goritschan

PRODUKTIONSLEITUNG: Karl Künzel

PRODUKTION: Wien-Film   VERLEIH: DFV

DARSTELLER:

Rudolf Forster (Bürgermeister Dr. Karl Lueger)
Heinrich George (Georg Ritter von Schönerer)
Karl Kuhlmann (Kommerzialrat Lechner)
Lil Dagover (Maria Anschütz)
Herbert Hübner (Dr. Viktor Adler)
Heinrich Heilinger (Dr. Geßmann)
Harry Hardt (Dr. Weißkirchner)
Kurt v. Lessen (Dr. Neumayer)
Auguste Pünkösdy (Hildegard, Luegers Schwester)
Rosa Albach-Retty (Rosa, Luegers Schwester)
Alfred Neugebauer (Pumera, Diener Luegers)
Eduard Köck (Prof. Dr. Pupowatsch)
O. W. Fischer (Karl Lechner)
Otto Treßler (Graf Paar)

Ferner wirken mit: Eckehardt v. Ahrendt, Arthur v. Duniecki, Eric Frey, Kurt Hellmer, Georg Lorenz, Ernst Nadherny, Hans Unterkircher, Josef Stiegler, Gisela Wilke u. a.

(Angaben lt. Das Programm von Heute Nr. 1841)

Länge: 2538 m

Zensur: 21. 8. 1942 (jugendfrei ab 14 J.)

Uraufführung: 26. 8. 1943 (Frankfurt/Main)
               2. 9. 1943 (Berlin)

Prädikate: Staatspolitisch und künstlerisch wertvoll

Vorführung gemäß Entscheidung der Alliierten Militärregierungen seit 1945 in Deutschland verboten.

Kopie und Drehbuch: Wien-Film-GmbH., Wien.

Der Führer schenkt den Juden eine Stadt   **1944**

GESTALTUNG UND MANUSKRIPT: Kurt Gerron
FOTOGRAFIE: Ivan Fric

PRODUKTION: Wochenschau Actualità Prag im Auftrag d. Reichsministeriums
            f. Volksaufklärung u. Propaganda, d. Reichssicherheitshaupt-
            amtes und d. Reichsprotektors

AUFTRAGGEBER: Der Reichsführer SS

Länge des Fragments: 427 m

Kopie des Fragments: Bundesarchiv Koblenz

6.3. Protokoll des Films "Jud Süß"

(Szenen und Dialoge, die nicht unmittelbar zum Thema der Untersuchung beitragen, sind zusammengefaßt bzw. gekürzt wiedergegeben. Kürzungen, die auf
Beschädigungen der Kopie beruhen, sind jeweils gekennzeichnet. Die Dialoge
sind möglichst lautgetreu wiedergegeben. In den Anmerkungen wird auf Parallel-
stellen oder Änderungen gegenüber dem Drehbuch hingewiesen.)

EINGANGSMUSIK: Jüdisches Motiv mit Gesang eines Sabbatsängers und Volks-
lied-Motiv "All mein Gedanken, die ich hab' . . ." (Motiv der Dorothea) folgen
zunächst aufeinander und werden dann dissonant gemischt.

FILMVORSPANN: Siebenarmiger Leuchter vor einem Davidstern. Namen der
Hersteller und der Mitwirkenden.

ZWISCHENTITEL: "Die im Film geschilderten Ereignisse beruhen auf geschichtlichen Tatsachen."

INSERT: Herzogtum Württemberg 1733 auf einem Stahlstich der Residenz Stuttgart.

1. Bild. Glockengeläut.

Karl Alexander wird als Regent des Herzogtums Württemberg in der Residenz
Stuttgart vereidigt. Um ihn haben sich die Vertreter der Landschaft versammelt.

HERZOG: "Nach dem höchst schmerzlichen Ableben meines Vetters, des Herzogs Eberhard Ludwig, ist die Regierung dieses gesegneten Landes an mich gefallen, und ich will mich in dieser Stunde mit meinem Eid meinem Volk ver-
pflichten. Ich bitte die Landschaft, die Eidesformel zu verlesen. Ich lege zum
Zeichen des Eides meine Faust auf die Verfassung dieses Landes."

LANDSCHAFTSKONSULENT STURM liest ernst und feierlich, aber ohne Pathos vor:
"Wir von Gottes Gnaden Prinz Karl Alexander, Herzog von Württemberg, Kai-
serlicher Generalfeldmarschall und vormals Generalgouverneur von Serbien,
schwören bei Gott dem Allwissenden, die allgemeine Wohlfahrt Unserer Untertanen mit landesväterlicher Sorgfalt zu unterhalten und zu mehren. Wir ge-
denken weiter bei Unserem fürstlichen Eid, darüber zu wachen, daß Unsere
fürstliche Landesregierung in allen Punkten und ohne Falsch nach der alten
württembergischen Treue und Redlichkeit handeln wird. Insbesondere ver-
pflichten wir uns, der Verfassung treu zu bleiben und getreu nach dieser Verfassung mit der Landschaft gemeinsam die Regierungsgeschäfte zu führen."

Der HERZOG schlägt mit der Faust auf das Buch: "Ich schwöre es!"

Volksjubel wird laut. Das Glockengeläut geht in Fanfarenklänge über.

2. Fanfaren. Volksjubel.

In einem Festumzug zieht Karl Alexander durch Stuttgart und winkt dem begeisterten Volk von seiner offenen Karosse aus zu. (Totale des Zuges und des Volksgewimmels)

Eine Kette von Soldaten drängt die Menschen zurück, die dem herannahenden Herzog zuwinken. Dabei zerreißen zwei derbe Landsknechte einer jungen Frau die Kleidung über der Brust. Karl Alexander, der eben vorüberfährt, lacht beim Anblick der halbnackten Frau, die erschrocken zurückweicht, schallend auf und schlägt sich vor Vergnügen auf die Schenkel.

3.

Die Tochter des Landschaftskonsulenten Sturm, Dorothea, verkürzt sich die Wartezeit bis zum Mittagessen, indem sie ihren Verlobten, den Aktuarius Karl Faber, am Cembalo mit ihrem Gesang begleitet: "All mein Gedanken, die ich hab', die sind bei dir. . ." Ihr versagt vor Rührung und Zärtlichkeit die Stimme, Faber fällt mit kräftiger Stimme in den Gesang ein. Das Beisammensein wird durch den Eintritt des Vaters, der sich verspätet hat, gestört. Dorothea eilt hinaus, um den Festbraten aufzutragen. Der Vater bewundert das Notenbüchlein, das Faber seiner Braut geschenkt hat, und besänftigt die Tochter, die über die verbrannte Gans klagt, die zu lange im Ofen war:

"Schimpf nicht, Dorotheechen, es war ein weihevoller Staatsakt, da kann unsere kleine Hausordnung schon so ein bissel ins Schwanken kommen. . ." (1)

Getragene, festliche Musik.

Sturm und das junge Paar sitzen bei Tisch. Beim Trinkspruch mußmaßt die Tochter zunächst, der Vater wolle das Glas auf Faber erheben. Aber Sturm wehrt lächelnd ab:

"Faber? Faber ist nicht so wichtig! Wir alle sind nicht so wichtig. Also — auf wen trinken wir? (zart tadelnd) Dorothea! Heute!"

DOROTHEA (beschämt): "Auf unseren Herzog —"

STURM (feierlich): "— Karl Alexander. Gott gebe ihm eine glückliche Hand!"

4. Festliche Hofmusik.

Im Festsaal des Stuttgarter Schlosses erwartet die Herzogin mit ihrem Gefolge ihren Gemahl. Karl Alexander eilt auf sie zu und flüstert ihr, während die Hofdamen im Hofknicks versinken, zu:

"Dein Geschenk bekommst du später. Du hast eben einen armen Mann."

Dann tritt Karl Alexander auf den Balkon. Vor dem Schloß paradieren Soldaten. Hinter ihnen drängt das Volk jubelnd heran, um seinem Fürsten zuzuwinken. Von Rührung übermannt, ruft der Herzog enthusiastisch aus:

"Mein Volk, mein Land!"

STURM, der mit den anderen Vertretern der Landstände neben dem Herzog steht, ergänzt mit ernster Stimme:

"Württemberg, das gesegneteste Land unter dem deutschen Himmel!"
Die Kamera senkt sich und nimmt das auf dem Balkon angebrachte herzogliche Wappen ins Bild —

5. Musikalische Überblendung: Jüdisches Motiv (nur als kurzer Auftakt).

— Optische Überblendung auf ein wappenartiges Türschild mit hebräischen Schriftzeichen und auf ein darunter angebrachtes Täfelchen mit den Initialen I.O.S.

Über das holperige Pflaster der Frankfurter Judengasse kommt unter dem Gebimmel der Pferdeglöckchen eine vornehme Kutsche heran: Der Kurier des Herzogs von Württemberg, von Remchingen gibt dem Kutscher Weisung, die Judengasse sofort wieder zu verlassen und läutet an der Türe. Unterdessen schlurft krummbeinig ein Jude heran und bestaunt das Gefährt.

Oppenheimers Schreiber Levy, ein Jude mit Bart, Kappe und Kaftan, öffnet und bittet den Gast, einzutreten.

Die Kutsche fährt weiter. Ein Schächter wischt sich die Hände an seiner blutigen Schürze ab und schaut dem Wagen nach. Ein Greis mit langem weißen Bart, der im oberen Stockwerk eines Nachbarhauses neben einer halbnackten Frau im Fenster liegt (Kameraschwenk), ruft dem Schächter zu:
"Isaak — was willen eigentlich die feine goiimsche Pinkel bei unserem Oppenheimer? "

SCHÄCHTER: "Was de frogst überhaupt!"

GREIS: "Ach je-i, meinssen du Geld? "

(Der Schächter antwortet mit einem unverständlichen Jiddischen Ausruf.)

GREIS: "Aber, aber, aber — er wird ihm nischt ge-iben!"

SCHÄCHTER (ärgerlich über die dummen Fragen): "Er wird ihm ge-iben, er wird — viel wird er ihm ge-iben, weil er hat Kebsen. Er soll ihm ge-iben, daß wir kennen ne-ihmen, ne-ihmen, ne-ihmen!"

Der Alte lacht hüstelnd und herrscht dann die nur mit einem Unterrock bekleidete Frau an: "Zieh dich an, Rebekka!" (2)

6. Keine Musik.

In der düsteren Wohnung Süß Oppenheimers verhandelt der Kurier mit dem Juden, der wie sein Schreiber Kappe und Kaftan trägt. Levy hört dem Gespräch aufmerksam zu.

SÜSS: "Ich denke, Württemberg ist reich? "

VON REMCHINGEN: "Tja, Württemberg schon, aber nicht sein Herzog."

SÜSS: "Na, ich werde sehn."

Der Jude öffnet einen unscheinbaren Schrank, hinter dem sich ein Tresor verbirgt, und vor den Augen des staunenden Gastes erglänzen Kronen und Juwelen. Süß reicht dem Kurier ein Diadem.

VON REMCHINGEN: "Märchenhaft (er lacht gekünstelt vor Überraschung) — märchenhaft — wirklich märchenhaft! Aber zu groß für uns!"

SÜSS: "Zu groß — für eine Herzogin?"

Er greift mitten in seine Schätze hinein und zieht mit vollen Händen Perlenketten heraus. Eine von ihnen hält er dem Gast hin.

VON REMCHINGEN: "Fabelhaft (er lacht wieder) — wunderbar! Ich wage ja gar nicht zu fragen, was das kostet."

SÜSS: "50 000."

VON REMCHINGEN: "Na, ich sage doch, mein Herzog hat nicht soviel Geld.

SÜSS (sehr ruhig): "Gut, zehn —"

VON REMCHINGEN: "Und die restlichen 40?"

SÜSS (kneift die Augenlider zusammen): "Hm — ma kommt ins Geschäft."

VON REMCHINGEN (unbeirrt): "Und die restlichen 40?"

SÜSS: "Wir werden uns verständigen."

VON REMCHINGEN: "Wann denn? Wo denn?"

SÜSS (bestimmt): "In Stuttgart!"

VON REMCHINGEN (mit Nachdruck): "Nach Stuttgart kommt kein Jude rein! Das weißt du doch!"

SÜSS: "Sagt Eurem Herzog: Wenn Er mich braucht, dann soll Er mir auch die Permission verschaffen, zu ihm zu kommen."

VON REMCHINGEN (ein wenig verächtlich über soviel Anmaßung): "Wenn du in Stuttgart bist, dann kann ich dir vielleicht helfen, aber du kommst doch gar nicht durch die Sperren mit deinem Paß."

SÜSS (leichthin): "Hebt doch die Judensperre auf!"

VON REMCHINGEN (entrüstet): "Wie? Ich soll sie aufheben? Das kann ja nicht mal der Herzog. Das könnte er nur in Gemeinschaft mit den Landständen. Und die Landstände lassen eben keinen Juden in die Residenz."

SÜSS: "Wenn Seine Durchlaucht ein Interesse daran hat, mit mir ins Geschäft zu kommen, so werden Eure Excellenz gewiß Mittel und Wege finden, mir en Paß zu verschaffen, der mir an der Grenze alle Schwierigkeiten aus dem Wege räumt."

VON REMCHINGEN: "Also, gesetzt den Fall, ich schickte dir so einen Paß, würde dir doch jeder sofort — (er zeichnet Süß' Bart mit einer Geste nach) — nicht wahr?"

SÜSS: " — an Peies und Kaftan den Juden ansehn. Zerbrechen Sie sich nicht den

273

Kopf, Excellenz, mein Äußeres übernehme ich und — für den Paß sorgen Sie! Der Herzog kriegt seinen Schmuck, aber nur, wenn ich ihn selber kann bringen."

VON REMCHINGEN: "Gut, aber es pressiert. Der Herzog braucht den Schmuck!"

Der Kurier verläßt das Haus. Schon bei den letzten Worten seines Herrn hatte Levy entsetzt aufgeschaut. Jetzt ruft er entrüstet aus:
"Biste verrickt, Joseph? Bart willste dir schneiden, Peies willste dir schneiden, e Kaftan willste nich mehr trogen. Haste nich mojre vorm Rebbe? " (3)

SÜSS: "Du Chamer! (4) Ich mach' die Tür auf für euch alle! In Samt und Seide werdet ihr gehen, es kann sein morgen, es kann sein übermorgen, aber sein wird es!"

7. Schnelle Musik. Fahrgeräusche.

Als gutgekleideter Reisender fährt Süß in einer Kutsche nach Stuttgart. Rasiert, mit kleinem Schnurbärtchen auf der Oberlippe, wirkt er wie ein gerissener Kaufmann, der Dreispitz-Hut verleiht ihm überdies ein mephistophelisches Aussehen. — Die Straße, mehr einem Feldweg ähnlich, ist schlecht. Und weil der Kutscher auf Süß' Geheiß zu schnell gefahren ist, kippt der Wagen um, gerade nachdem er ein Pferdegespann überholt hat, das von einem jungen Mädchen, Dorothea Sturm, gelenkt wird. Süß, der aus der Kutsche gefallen ist, rappelt sich aus dem Staube auf, schimpft auf die schlechte Straße und wendet sich hilfeflehend an die erschrockene Zuschauerin. Seine Bitte um Mitnahme nach Stuttgart hat Erfolg — mitleidig bietet das junge Mädchen dem Fremden den Platz neben sich auf dem Wagenbock an. (5)

8. Keine Musik.

Im Ständehaus beraten die Vertreter der Landschaft über die Wünsche des Herzogs, der, um den absolutistischen Herrschern seiner Zeit nicht nachzustehen, die Bezahlung einer Oper, eines Balletts und einer Garde beantragt hat. Die Herren zeigen kein Verständnis. . .

Einer der Männer ruft aus: "Wozu braucht er denn um Himmels willen eine Garde? Es tut ihm ja keiner was!"

STURM sucht zu vermitteln: "Ihr Herren, ich bin ja auch der Meinung, daß die Forderung unseres Herzogs, die er dem Elferausschuß der Landschaft diesmal unterbreitet hat, unerfüllbar ist. Ich bin auch der Meinung, daß wir Württemberger ein einfacheres Leben gewöhnt sind und daß das Volk, das uns erwählt hat, es vielleicht nicht begreifen würde, wenn wir des Herzogs Ansprüche bewilligen wollten. Aber Ihr Herren (väterlich), wir wollen auch wieder nicht kleinlich sein: Der Herzog war ein großer Feldherr. Ein Feldherr aber hat nun mal gern Soldaten um sich, also — soll er seine Leibgarde haben!"

Aber Sturms Worte finden kein Gehör. Bei der Abstimmung werden die Wünsche abgeschlagen.

9. Keine Musik.

Um diese Zeit gelangt Süß Oppenheimer ohne Schwierigkeiten durch die Paßkontrolle nach Stuttgart. Dorothea wiederholt arglos lächelnd den Namen ihres Mitreisenden, bei dem der wachhabende Soldat leicht gestutzt hatte. Süß verbirgt seine Verlegenheit.

Während der Weiterfahrt in die Stadt schwärmt DOROTHEA: "Aber ich würd' zu gern reisen, am liebsten durch die ganze Welt! Er ist doch sicher viel gereist, nicht wahr? War Er schon einmal in Paris? "

SÜSS: "Ja".

DOROTHEA: "In Versailles? "

Süß bejaht mit einer Geste.

DOROTHEA (überwältigt): "Och, da beneid' ich Ihn! Wo war Er denn sonst überall? "

SÜSS: "Oh — London, Wien, Rom, Madrid —"

DOROTHEA (seufzt): "Ach —"

SÜSS: "— Lissabon —"

DOROTHEA: "Ach du lieber Gott, das ist ja beinahe die ganze Welt. Wo war's denn am schönsten? Ich meine, wo — hat Er sich so — am meisten so — zuhause gefühlt? "

SÜSS (lächelnd): "Zu Hause? Überall!"

DOROTHEA (überrascht, ungläubig): "Überall? Hat Er denn keine Heimat? "

SÜSS: "Doch — die Welt!"

DOROTHEA: "Ach Unsinn, irgendwo muß Er sich doch am glücklichsten gefühlt haben!"

SÜSS: "Ich glaube, so glücklich wie jetzt hier in Stuttgart neben Ihr, reizende Demoiselle, so glücklich habe ich mich mein ganzes Leben noch nicht gefühlt."

Verlegen schlägt Dorothea auf die Pferde ein.

10. Keine Musik.

Beim Zubettgehen hört der Herzog von seinem Kammerherrn von Remchingen, daß seine Wünsche mit sieben gegen vier Stimmen abgelehnt worden sind. Besonders die Verweigerung der Garde erbost ihn:
"Ja, da bin ich ja in Belgrad, wo ich nur ein kleiner Statthalter war, besser behandelt worden."

VON REMCHINGEN: "Die Landstände sind der Ansicht —"

HERZOG: "Ach was, die Landstände!"

VON REMCHINGEN: "Die Landstände sind der Ansicht, daß Euer Durchlaucht

275

Vorfahren auch keine Garde nötig hatten."

HERZOG (steigert sich in Wut): "Hach, die haben ja gar keinen Sinn fürs Große, fürs Gigantische!"

VON REMCHINGEN: "Nach der Verfassung sind sie allerdings —"

HERZOG (unwirsch): "Verfassung! — Die sollen ihren Dreck alleine machen."

VON REMCHINGEN: "Vielleicht könnte man nochmal mit den Landständen verhandeln, ich will's gern versuchen."

HERZOG (Höhnisch): "Die Landstände, die Landstände! Eher attachier' ich mir 'nen Esel, der Dukaten scheißt!"

11. Keine Musik.

Dorothea hat Süß zu ihrem Vater gebracht. Während die beiden Männer sich bekanntmachen, tritt Dorothea zu ihrem Verlobten. FABER erkennt sofort:
"Das ist doch ein Jude, der Herr Oppenheimer aus Frankfurt!"

Dorothea blickt angewidert und zugleich ungläubig auf den Gast, der dem Vater für die Liebenswürdigkeit der Tochter dankt.

FABER (sehr bestimmt, mit verkniffenem Mund): "Ich irre mich nicht, das ist ein Jude!"

Mit höhnischen Worten tritt er auf Süß zu: "Mein Herr, ich möchte Euch empfehlen, die nächste Post nicht zu versäumen!"

SÜSS (erstaunt): "Warum? Es eilt mir nicht, ich habe noch Geschäfte in Stuttgart. Im Gegenteil, ich wollte mich eben erkundigen, ob Er mir einen guten Gasthof empfehlen kann."

FABER (böse): "In der Residenz Stuttgart gibt es keine Judenherbergen."

SÜSS schließt für einen Augenblick betroffen die Augen. Dann hat er sich wieder gefaßt: "Mein Kompliment zu Ihrer Menschenkenntnis, mein Herr. (Er wendet sich wieder zu Sturm). Aber ich bin der liebenswürdigen Demoiselle zu so großem Dank verpflichtet, daß sie verstehen wird, wenn ich die — entsprechende Antwort schuldig bleibe." (6)

12. Keine Musik.

Süß, jetzt als Höfling gekleidet, legt in der Residenz dem Herzog den mitgebrachten Schmuck vor; dabei hält er sich zunächst bescheiden im Hintergrund. Der Herzog wendet sich an von Remchingen:
"Also frag' Er ihn schon, was sie (die Kette — d.A.) kostet!"

SÜSS tritt unterwürdig vor: "Euer Durchlaucht brauchen sich um die geschäftlichen Dinge nicht zu kümmern. Ich bin glücklich, Euer Durchlaucht zu Diensten sein zu dürfen."

Der HERZOG ist verblüfft: "Ja, aber bezahlt muß doch mal werden!"

VON REMCHINGEN: "Der Jude wartet."

HERZOG: "So? — Ja (er lacht auf) — sollte ein Jude großzügiger sein als meine Herren aus der Landschaft?"

SÜSS: "Die Leute wissen anscheinend nicht, wie man einen großen Herrn behandelt."

HERZOG (spöttisch): "Aber du weißt es?"

SÜSS: "Ich glaube es zu wissen. Par exemple, ich verstehe nicht, wie die Landstände Euer Durchlaucht ein Ballett verweigern. (Er lacht gekünstelt und faßt sich an den Kopf:) Es will nicht in meinen Kopf herein. Durchlaucht erlauben, daß ich — (er tritt katzbuckelnd näher). Ich würde mich glücklich schätzen, wirklich, wenn ich ein Arrangement treffen dürfte, daß Euer Durchlaucht das Ballett vielleicht doch — ich mein', ich weiß ja nicht, aber — ich würde mich glücklich schätzen, wenn ich mit Recht von mir sagen dürfte: Ich bin ein treuer Diener meines Herrn."

Bei den letzten Worten schüttet Süß einen Beutel voll Goldmünzen auf dem Tisch aus. Die Goldstücke rollen und drehen sich —

13. Barocke Ballettmusik.

— in einer optischen Überblendung verwandeln sich die Goldstücke in die sich drehenden weißen Röckchen von Ballett-Tänzerinnen, denen der Herzog von der Empore aus zuschaut.
Der wohlgelaunte Fürst läßt eine der Tänzerinnen zu sich rufen. Er steckt ihr einen Ring an den Finger, nachdem er den Ring zuvor von Süß erbeten hat, küßt die Kleine und führt sie mit sich fort. Von Remchingen und Süß bleiben allein zurück.

VON REMCHINGEN: "Eines Tages wirst du doch deine Rechnung präsentieren!"

SÜSS (lachend): "Herr von Remchingen, warum regen Sie sich auf? Sie tun gerade so, als sei aus Württemberg kein Taler herauszubringen. Aus so einem gesegneten Land! Die Reichtümer Asiens müßten verblassen, wenn die Verwaltung verstünde, die Quellen aufzufangen, die in Württemberg fließen."

VON REMCHINGEN: "Herrgott, sie versteht es aber nicht!"

Der HERZOG kommt hinzu und fragt: "Wer versteht was nicht?"

Sofort wendet sich SÜSS eilfertig an ihn: "Mit Permission, Euer Durchlaucht, es will mir nicht in meinen Schädel hinein, daß man aus 400 Dörfern und 70 Städten kein Geld sollte herausholen können."

HERZOG (lachend): "Was für Geld denn herausholen? Für Ihn selbst oder für mich etwa?" (Der Rest des Dialoges ist unverständlich —d.A.)

VON REMCHINGEN zählt die Schulden auf: "342 000 Taler."

SÜSS (demütig): "Bitte, Euer Durchlaucht, ich habe nichts verlangt!"

HERZOG: "Was Er zu verlangen hat, hat Er auch zu kriegen. Glaubt Er, ich laß mir vom Juden was schenken? "

SÜSS (schnell): "Natürlich nicht, bei anständigen Leuten weiß ich, daß ich's kriegen kann — ich bin ja kein Erpresser."

HERZOG (lachend): "Er kann mich ja pfänden lassen!"

SÜSS lacht: "Pfänden, nein . . . (es folgt ein unverständlicher Ausdruck —d.A.) (7)

HERZOG: "Bitte? "

SÜSS: "Was besitzen Euer Durchlaucht eigentlich? "

HERZOG (überrascht): "Frecher Lümmel — ich besitze Württemberg!"

SÜSS: "Nun, ist das schlecht — Württemberg? "

HERZOG: "Ach, Er will Württemberg haben, und ich — ich geh' mit Pretiosen handeln, was? "

SÜSS: "Das ist nur ein Scherz. Geben mir Euer Durchlaucht — (unterwürfig) wenn Sie durchaus bezahlen wollen — nur dann, Euer Durchlaucht können mich auch hängen lassen, ich bin nur ein Jude!"

HERZOG (ungeduldig): "Was, was soll ich ihm geben? "

SÜSS: "Geben Sie mir die Straßen von Württemberg!"

HERZOG: "Straßen von Württemberg — was will Er mit den Straßen von Württemberg? "

SÜSS: "Verpfänden Sie mir die Straßen von Württemberg auf — zehn Jahre. Übergeben Sie mir die Verwaltung! Sie sind in einem furchtbaren Zustand. Es ist wirklich Zeit, daß sich einer drum kümmert . . . (unverständliches Satzende — d.A.) (8) Ich beanspruche für mich die Straßen und die Brückengelder und gebe Euer Durchlaucht die Zölle an den Stadttoren, durch welche die Straßen führen —

HERZOG (überrascht): "Nun mal sachte — langsam, langsam!"

SÜSS: "So kommen Euer Durchlaucht aus Ihren Verpflichtungen, ich zu meinem Geld, und keinem tut es weh."

HERZOG (verwirrt): "Was sagen denn meine Schwaben dazu? "

SÜSS: "Was sollen die Schwaben sagen? Warum müssen die Schwaben (er überlegt blitzschnell), die — Korn auf der Straße fahren, umsonst über die teuren Straßen fahren? Jede Brücke, jede Straße hat doch was gekostet zu bauen! Jede Brücke, jede Straße ist bares Geld, Euer Durchlaucht."

Der Herzog wendet sich an von Remchingen; der Vorschlag gefällt ihm, aber er ist unsicher:

"Hm, wenn er kein Jude wäre —"

SÜSS (lächelnd): "Warum? Hat der Kaiser Leopold in Wien nicht auch seinen Juden, der ihm das Geld macht? Hat er nicht seinen Isaak Oppenheimer? Und hat er nicht die Macht? " (9)

14. Keine Musik.

An einem Stadttor Stuttgarts fertigt die Wache Bauern mit ihren Pferdefuhrwerken ab. Ein Bauer erregt sich, weil er bereits in vier Dörfern und an zwei Brücken bezahlen mußte, so daß diese Abgaben bald den Wert seiner Kornladung übersteigen. In diesem Augenblick kommt der Verwalter des Hofjuden, Levy, mit seinem Wagen vorüber. Der Wachhabende verweist den Bauern an den Ankömmling, voller Empörung und mit lauter Stimme trägt der Bauer seine Beschwerde vor. Peinlich berührt hebt Levy die Hände (in seinem dunklen Kapuzenmantel wirkt der kleine bärtige Jude gegenüber dem kräftigen Bauern wie ein Waldschrat).

LEVY: "Schrei nicht! Du kannst nich rechnen. Wieviel darfste nehmen Aufschlag für dein Korn? "

BAUER: "Fünfzehn für Hundert!"

LEVY (äfft ihn nach): "Fünfzehn für Hundert — sprich deitsch: fuffzehn Perzent! Also hör' zu: Bis heite haste genommen fuffzehn Perzent Verdienst auf zwanzig Taler, das sind? "

Der BAUER rechnet schwerfällig nach: "Eh — drei Taler."

LEVY: "Heit darfste nehmen fuffzehn Perzent auf 27 Taler! Und das sind? "

BAUER: "Eh —"

LEVY (ungeduldig): "Äh — äh — äh — äh, vierfünfundzwanzig, also e Plus von einsfünfundzwanzig für deine Person. Stimmt's? An jedem Taler, den der Herzog aufschlägt, verdienste! Wenn morgen des Brot des Doppelte kostet, verdienste des Doppelte. Also geh hin zum Herzog und sag: Dankeschön!"

BAUER: "Aber —"

LEVY hebt erbost die Hände: "Äh — nix 'aber'! Bezohlen, bezohlen! Lern' rechnen!"

15. Keine Musik

Sturms Wohnung. Dorothea kommt eben vom Einkaufen zurück und beklagt sich bei ihrem Vater, daß beinahe alle Lebensmittel teurer geworden seien.
FABER, der im Hintergrund an einem Schreibpult steht, wirft ein:
"Und wem wir das zu verdanken haben, Dorle, den hast du nach Stuttgart gebracht!"

DOROTHEA: "Sprich doch nicht so häßlich zu mir, Karli."

STURM steht vom Tisch auf und geht zu Faber hinüber: "Der Herzog überschreitet seine Kompetenzen. Er holt sich mit Gewalt das Geld für seine Garde, das wir, die Landstände, ihm versagt haben. Ich liebe den Herzog, aber alles hat seine Grenzen. Es geht nicht gut aus!"

DOROTHEA (erschrocken): "Du kannst einem ja direkt Angst machen, wie du da redest."

STURM: "Hast du Angst vor 'nem Juden, Dorothea?"

Mit wachsender Erregung hat FABER zugehört und dabei seine Schreibfeder zerrupft. Zornig ruft er aus:
"Gestern hab' ich gesehen, wie ein Jude, Levy heißt er, von Tor zu Tor mit seiner Kalesche gefahren ist, von Brücke zu Brücke, und wie er jedes Brückenhaus und jedes Zollhaus kontrolliert hat und wie er die Gelder eingesammelt hat und die Gelder der württembergischen Bauern in seine dreckigen Taschen gesteckt hat."

STURM nimmt die zerknüllte Feder in die Hand und versucht, sie zu glätten. Dann sagt er mit nachsichtigem Lächeln zu Faber:
"Na, na, na, nur Ruhe, mein Junge! Es hat doch keinen Zweck. Der Jude hat ja sogar dem Herzog seine Garde gekauft, und die Garde ist stärker als du, mein Junge! Wir müssen klug sein."

FABER (bitter): "So klug wie die Juden werden wir nie sein."

STURM: "Klüger, viel klüger müssen wir sein! Die Juden sind ja gar nicht klug, die sind nur schlau."

16. Keine Musik.

Im Palast des Hofjuden. Der Schmied Hans Bogner, ein breitschultriger, schwerfälliger Mann, steht mit seiner Frau, die ein kleines Kind auf dem Arm trägt, als Beschwerdesteller vor Süß und Levy.

SÜSS: "Also, du willst die 80 Taler nicht bezahlen?"

Der Schmied tritt vor den Schreibtisch, an dem Süß sitzt. Levy scheucht die Frau in den Hintergrund zurück.

SCHMIED: "Das kann ich gar nicht, Herr, ich hab' gar keine 80 Taler."

SÜSS: "Die Straße ist aber mein Eigentum, ich habe sie vom Herzog gekauft und auch bezahlen müssen."

SCHMIED: "Das Haus steht nicht auf der Straße. Die Straße geht im Bogen herum um das Haus."

Nun mischt sich LEVY ein, er hält eine Skizze hoch:
"Stimmt! — Pardon, darf ich? — Die Straße geht im Bogen herum, aber sie geht im Bogen herum, weil die Leute sind im Bogen herumgelaufen um dein Haus. Von Natur geht die Straße grade. Is e Bach im Weg, daß die Straße krumm gehen muß? Is e Berg im Weg, daß de Straße krumm gehen muß? Näh! Aber dein Haus, das is im Weg, und darum muß die Straße krumm gehen. Warum steht dein Haus ausgerechnet auf de Straße?"

SCHMIED: "Die Schmiede steht immer auf der Straße."

levy: "Näh — an, nicht auf! Nebben der Straße! Güt, soll se auf der Straße stehn von mir aus, aber dann muß dir das Stückchen Straße auch gehören! Stimmt's? Und wenn dir das Stückchen Straße nicht gehört, dann mußtest eben käufen! Nu?"

SÜSS (von dem gestenreichen Gehabe seines Sekretärs sichtlich angewidert): "Ja, ja, schon gut, Levy! Aber ich verkaufe dem Schmied die Straße gar nicht, ich wollte nur mildtätig und freundlich mit ihm umgehn, als ich sie ihm zum Kauf anbot, aber Güte wird hier ja falsch verstanden."

SCHMIED: "Das soll Güte sein?"

SÜSS: "Schmied, was auf deinem Grund und Boden steht, gehört doch dir, nicht wahr?"

SCHMIED: "Ja, natürlich."

SÜSS: "Was auf meinem Grund und Boden steht, wem gehört das alles?"

Die sanft gesprochenen Worte verstärken nur das Mißtrauen des SCHMIEDES: "Was soll das heißen?"

SÜSS (scharf): "Das soll heißen: Der Teil deines Hauses, der auf meiner Straße steht, gehört mir! Und diesen Teil lasse ich entfernen, weil ich nicht will auf meiner Straße ein Haus haben."

Erschrocken drängt sich die FRAU vor: "Herr, das halbe Haus steht ja auf der Gemarkung, die Ihr Herr Sekretarius abgezeichnet hat. Das ist unsere Schmiede, unsere Tür, das ist ja —"

SÜSS: "Bitteschön, liebe Frau, dann hätte er sich beizeiten besinnen sollen, der Rebell!"

17. Bedrohlich klingende, getragene Musik.

Neugieriges Volk drängt sich um das Haus des Schmiedes. Die Vorderfront des Hauses ist von oben bis unten abgerissen, in den halbierten Zimmern stehen noch die Möbel. In jedem Stockwerk halten Soldaten mit aufgepflanztem Bajonett Wache. Mitten in den Trümmern vor seinem Haus sitzt der Schmied am Amboß und hämmert mit verbissener Wut. Im Vordergrund führt Süß Oppenheimer mit einer aufgeputzten Begleiterin in der Kutsche vorüber. Die DAME begeistert sich: "Ein halbes Haus, wie ein Spielzeug, wie eine Puppenstube! Süß!"

SÜSS: "Ein Jahrlang wird sie stehenbleiben, die süße Puppenstube, damit die Leute mal anfangen, nachzudenken, ob man sich erlauben darf, sich aufzulehnen gegen den Finanzienrat, (leise) wenn er auch — Süß Oppenheimer heißt."

DAME: "Wie klug du bist. . ." (Rest des Satzes unverständlich — d.A.) (10)

Die Frau des Schmieds, die Süß erkannt hat, eilt zu ihrem Mann. Ein MANN aus der Menge ruft aus: "Sieh Er sich die Menschenschinderei nur an!"

Durch die Pfuirufe der Zuschauer aufmerksam gemacht, schaut auch der Schmied auf. Die Kalesche wird von Menschen umringt. SÜSS spornt seinen Kutscher an: "Fahr' drüber weg!"

Da schlägt der Schmied so voller Wut auf sein Eisen, daß es vom Amboß weg gegen die Pferde fliegt, die sich aufbäumen. Dann holt der Schmied mit dem Hammer aus und schlägt ein Loch in die Kutsche.

SÜSS schreit: "Verhaftet — verhaftet ihn sofort, den Mörder!"
Dann herrscht er seine hysterisch kreischende Begleiterin an: "Nimm dich zusammen, dumme Gans!"

18. Keine Musik.

In der Bürgerfamilie Fiebelkorn wird beim Mittagessen darüber gesprochen, daß die halberwachsenen Töchter zu einem Fest ins Schloß eingeladen sind. Der VATER ist entrüstet: "Einfach den Beamten zu befehlen, sie haben mit ihren mannbaren Töchtern, also, das ist —"

Die MUTTER: "Ist das denn keine Ehre?"

Der VATER: "Schöne Ehre — ein Schimpf ist das, eine Schande!"

Die ältere der beiden Töchter versucht, den Groll des Vaters zu beschwichtigen: "Ich bin doch kein kleines Kind mehr, ich weiß schon, wie ich mich zu benehmen habe."

Der VATER führt sie an: "Halt' den Mund! Gib nicht so naseweise Antworten!"

Die MUTTER: "Ach, verdirb doch den Kindern nicht die ganze Freude! Es passiert ja nicht alle Tage, daß man vom Herzog eingeladen wird."

Der VATER: "Vom Herzog — vom Juden sind sie eingeladen. Der Jude arrangiert wieder mal 'nen Fleischmarkt, diesmal im Schloß, und unsere Töchter sind gut genug, die Ware dafür abzugeben."

19. Polonaise.

Im Schloß beginnt der Maskenball mit einer Polonaise. Der HERZOG schaut mißgelaunt von der Empore zu. Er wendet sich an Süß:
"Für primitive Gemüter mag das vielleicht ganz ulkig sein, mir ist das zu — eh — bürgerlich, zu bürgerlich, zu sittenstreng. Dafür hätte ich ja meine Frau nicht nach Ludwigsburg zu schicken brauchen. Wo bleibt dein Einfall, Jude?"

SÜSS: "Wollen Euer Durchlaucht die Anordnung beachten? Hinten die alten Damen, vorne die knusprige Jugend und der Jugend gegenüber die Leibgarde Euer Durchlaucht."

Der Herzog versteht nicht ganz, SÜSS vertröstet ihn:
"Geduld, Durchlaucht, verderben Sie sich und mir die Überraschung nicht!"

Inzwischen sind die jungen Mädchen aus dem Hauptsaal hinausgeleitet worden. Levy, der im Kapuzenmantel umhereilt, fährt die Lakaien an, sofort hinter den

Mädchen die Türen zu schließen und beschimpft einen, der nicht sofort begreift: "Chamer!" SÜSS geleitet den Herzog zum anderen Balkon, von dem aus der kleinere Saal zu überblicken ist:

"Ich dachte mir, statt der langweiligen Disteln des Hofes einmal zur Abwechslung die Frühlingsblumen des Feldes für Euer Durchlaucht allein —"

Der HERZOG lacht begeistert: "Worauf dieser Teufelskerl kommt!"

SÜSS: "Wie der Herr die Schafe von den Böcken, so trenne ich die Töchter von den Eltern!" Auch er lacht.

20. Keine Musik

Faber, der mit Sturm und einem Freund — alle sind maskiert — an dem Fest teilnimmt, hat im Hauptsaal schnell begriffen, was gespielt wird, und empört sich.

STURM: "Nimm dich zusammen, Faber, wir sind bei Hof!"

FABER: "Ein Schweinestall ist das, kein Hof!"

FREUND: "Faber, du bringst dich ja um Kopf und Kragen!"

21. Musik der Polonaise.

Im anderen Saal begutachtet der Herzog die jungen Mädchen. Süß stellt ein Mädchen vor, das sofort mit dem Herzog zu kokettieren beginnt: "Jungfer Tausend."

HERZOG (schmeichlerisch): "Äh — sollte Tausendschönchen heißen!"

Dann wendet er sich den nächsten Mädchen zu.

SÜSS: "Friederike und Minchen Fiebelkorn, beide nicht über achtzehn."

HERZOG (entzückt): "Wahre Buschwindröschen — hm —"

SÜSS raunt der erschrockenen Älteren zu: "Aber Minchen, wer wird denn so versteckt, verschämt unter den Neidischen sein? Zeig' doch dem Herzog die Beinchen!"
Er gibt der koketten Nachbarin einen Wink, und sie eilt hinzu, um Minchens Rock hochzuheben. Das beschämte junge Mädchen bricht in Tränen aus.

HERZOG (gerührt): "Sie weint — nicht weinen, Minchen, wer wird denn weinen!
Er neigt sich zu ihr und flüstert geil: "Willst du deinen alten Herrn das Tanzen lehren?"

22. Dieselbe Musik, später leiser.

Süß wendet sich an Dorothea, die mit wachsender Empörung zugeschaut hat, und bittet sie zum Tanz.

DOROTHEA lehnt mit bebender Stimme ab: "Ich tanze nicht, Herr Finanzienrat!"

SÜSS: "Oh, Sie will Ihrem Herzog nicht folgen?"

DOROTHEA (verwirrt): "Dem Herzog?"

Diesen Augenblick nutzt Süß, um das junge Mädchen in ein Nebengemach zu führen (die Kamera folgt). Levy faucht einen Lakai an, die Tür zu bewachen, und stellt sich selbst in die Nähe.

SÜSS, jetzt sehr selbstbewußt, wendet sich an die "Entführte":
   "Sie hat gewiß nicht erwartet, mich sobald wiederzusehen — und in dieser Umgebung —"

DOROTHEA (böse): "Ich hätte es auch nicht gewünscht!"

SÜSS (schmeichlerisch): "Oh — warum ist dieser schöne Mund so ernst? Eigentlich hoffte ich, ihn heute wieder lachen zu sehen so wie damals im Wagen."

DOROTHEA, in großer Erregung, sucht abzulenken: "Er wollte doch tanzen!"

SÜSS zieht sie an sich: "Heiße Lippen, kaltes Herz — heißt es nicht so? Oder — kann Ihr Herz das halten, was Ihr Mund verspricht?"

DOROTHEA (sich wehrend): "Laß Er das!"

SÜSS umarmt sie noch fester: "Will die Demoiselle jetzt tanzen?"
Er versucht, ihr einen Kuß zu rauben.

Voll Verachtung ruft DOROTHEA aus: "Nein, nicht mehr!"
Sie reißt sich mit Gewalt aus der Umklammerung. Es gelingt ihr, die Tür zu finden, sie stürzt hinaus, Süß eilt ihr nach (die Kamera folgt).

SÜSS: "Wo will Sie denn hin?"

DOROTHEA: "Ich suche meinen Vater!"
Sie findet Faber, der sie sofort an sich zieht.

SÜSS: "Pardon, die Demoiselle wird mir die Ehre erweisen, mit mir das Souper einzunehmen!"

FABER (heftig): "Das wird sie nicht!"

STURM kommt hinzu und stellt mit väterlicher Autorität ruhig fest:
   "Mein Kind geht nach Hause."

SÜSS kocht vor Wut: "So, ha, erlaubt man sich eigentlich Impertinenzen oder mißgönnt man der Demoiselle das Amüsement?"

STURM (sehr ruhig, kurz): "Ich bitte, mich zu entschuldigen!" Er geht mit der Tochter fort.

23. Leise Musik.

In einem Separee sucht der HERZOG sich das auserwählte junge Mädchen gefügig zu machen. Er beugt sich zu ihr: "Wie heißt du, Kleine?"

Das junge Mädchen weicht zurück: "Mina Fiebelkorn."

Der HERZOG zieht sie an sich und sucht die Widerstrebende zu besänftigen:
   "Minchen — hast du denn Angst vor mir, Minchen?"

MINCHEN (zitternd vor Angst): "Nein!"

HERZOG (ärgerlich): "Äh, nun sei nicht langweilig, Minchen, nicht! . . . (Rest des Dialogs unverständlich — d.A.)

24. Laute Hofmusik.

Süß hat sich an den Spieltisch zurückgezogen, um sich von seiner Niederlage zu erholen. Er spielt mit Ingrimm und gewinnt. Die neben ihm stehende aufgeputzte DAME lacht gekünstelt: "Ich bring' dir Glück, mein Engel!"

SÜSS: "Ich könnt's gebrauchen — für diese geldgierige Person!"

Die Dame lacht hell auf, wie über eine Schmeichelei. Da tritt FABER mit seinem Freund maskiert an den Spieltisch und ruft:
  "Viel Geld, das Ihr da verschenkt, Herr, habt Ihr das alles ehrlich verdient? "

SÜSS, ohne aufzublicken: "Warum zerbrecht Ihr Euch darüber den Kopf, Landsmann? "

FABER (provozierend): "Ich bin nicht Euer Landsmann!"

Aber die Spieler kümmern sich nicht um ihn.

FABER stichelt weiter: "Das schöne Geld! Ihr spielt so gelassen damit, als ob Ihr gar nicht wüßtet, wieviel Schweiß der armen Leute daran klebt."

Ein SPIELER: "Geld stinkt nicht, das wußten schon die Römer."

SÜSS: "Soll ich penibler sein als der römische Kaiser? "

Das Spiel geht weiter, Süß streicht einen Gewinn ein.

Fabers FREUND: "Ein schöner Batzen. Ihr erstickt ja im Geld!"

FABER schreit: "Alles Blutgeld, Landsmann!"

Der FREUND: "Was? Blutgeld? Und ein Jude spielt damit? "

FABER mit durchdringender Stimme: "Er spielt um Württemberg! Der Jude spielt um Eure Töchter, und der Herzog hält die Bank!"

SÜSS springt auf und faßt Faber an der Brust: "Ihr beleidigt den Herzog! Das kostet den Hals!"

Aber FABER kann sich befreien: "Erst mußt du mich haben, Jude!"

Mit seinem Freund zusammen stürzt er durch die Menge der Spieler, die aufgesprungen sind. Der FREUND ruft noch zurück: "Maskenfreiheit — Hebräer!"

Dann stürmen die jungen Männer die Schloßtreppe hinunter und rennen ins Freie.

FABER: "Das saß!"

Der FREUND: "Mir klopft das Herz bis an den Hals."

25. Musik fährt fort.

Glühend vor Rachgier stürzt SÜSS zum Herzog und ruft aus: "Wer mich beleidigt, beleidigt den Herzog!"

Der HERZOG, offensichtlich gut gelaunt, versucht, den Hofjuden zu beruhigen: "Na, na, da, da, da — ein kleiner Unterschied ist da wohl noch. Also — mach' Er sich nichts draus! Steck' Er's ein!"

SÜSS faßt sich und setzt zu einem geschickten Vorstoß an: "Euer Durchlaucht, ich bitte gütigst zu bedenken, solange für die Residenz die Judensperre besteht, kann jeder hergelaufene Vagabund den Minister Euer Durchlaucht beleidigen."

HERZOG: "Also gut, Er soll seinen Willen haben: Ich hebe die Judensperre für Stuttgart auf!"

SÜSS (beinahe ungläubig): "Wird das Gesetz?"

HERZOG (selbstbewußt): "Es ist Gesetz, wenn ich es sage!"

SÜSS: "Danke, Durchlaucht! — Aber — wenn ich Euer Durchlaucht treuer Diener sein soll —"

HERZOG (verblüfft): "Habt Ihr noch nicht genug?"

SÜSS (demütig): "Ich will nichts für mich, Euer Durchlaucht. Wenn ich Erfolg haben soll, Euer Durchlaucht, dann muß ich einen Freibrief haben —"

HERZOG (mißtrauisch): "Einen Freibrief?"

SÜSS: "Ja, einen Freibrief, in welchem konstatiert wird, daß alle meine Handlungen, die ich zum Wohle Euer Durchlaucht tue, von Euer Durchlaucht gewollt sind, und daß ich in jedem Falle unter Euer Durchlaucht Schutz stehe!"

HERZOG: "Na, also — das ist mir doch die größte Unverschämtheit, die mir je begegnet ist!"

SÜSS (sehr ruhig): "So sind also Euer Durchlaucht der Meinung, daß ein Bürger Stuttgarts ungestraft mit dem Schmiedehammer nach dem Finanzminister Euer Durchlaucht schlagen darf."

HERZOG: "Wer hat das getan?"

SÜSS: "Der Schmied Hans Bogner!"

Die Musik bricht ab. Einen Augenblick lang herrscht Stille.

HERZOG: "Der Schmied Hans Bogner wird gehenkt!"

26. Keine Musik. Trommeln. Läuten der Glocke.

Auf dem Marktplatz ist die Garde zur Hinrichtung des Schmiedes aufmarschiert, dumpf tönen die Trommeln. Kläglich bimmelt das Armesünderglöckchen. Die Menschenmenge harrt still aus (Totale). Süß verfolgt die Hinrichtung von einem Podium aus, neben ihm steht die blonde Dame (halbnah). Als der Käfig mit dem

Erhängten emporgezogen wird, ertönt der gellende Schrei einer Frau, der in klagendes Geheul übergeht. Die DAME fragt schaudernd: "Wird dir nicht bange, Süß?"

SÜSS (ruhig): "Du brauchst dich nicht zu fürchten, ich hab' einen Freibrief vom Herzog, uns kann nichts passieren."

Da wird aus der Menge ein Ruf laut: "Judenhure!" LEVY flüstert furchtsam: "Hast du gehört, Joseph?"

Von einer anderen Seite her (die Kamera fährt suchend über die Menge) schreit einer: "Nimm dich in acht, Jude, der nächste bist du!"

SÜSS, der niemand erkennt, schreit unbeherrscht: "Verhaftet ihn!"

LEVY (besorgt): "Du hast Feinde genug, Joseph!"

SÜSS wehrt ab: "Ach was — höher als den können sie mich auch nicht hängen!" Er weist auf den Käfig.

Da klingt eine Männerstimme auf: "Meint Ihr, Herr Finanzienrat?"

27. Bedrohlich klingende Musik. Sie wird vom Gesang des Kantors dissonant übertönt.

Die Stadttore Stuttgarts öffnen sich den Juden: Mit Karren, unter dem Gesang des Kantors, ziehen armselige Gestalten in Kaftan oder Lumpen, unter

ihnen eine schmutzige junge Frau, über das Pflaster. Schweigend stehen die Stuttgarter Bürger am Straßenrand.

28. Fortsetzung der düsteren Musik.

Im Sitzungssaal der Ständehauses haben sich die Vertreter der Landstände versammelt.

FABER (voller Zorn): "Zu Hunderten ziehen die Juden in die Stadt. Die Bevölkerung ist in hellem Aufruhr!"

STURM: "Wie die Heuschrecken kommen sie über unser Land. Schon diktiert Herr Oppenheimer die Steuern. Der Jude hat die Hand auf der Münze, auf dem Salz, auf Bier, auf dem Wein, ja sogar auf dem Getreide."

Ein ANDERER (verbittert): "Und auf unseren Frauen und auf unseren Töchtern!"

OBRIST VON RÖDER: "Haltet Euch doch im Zaum. Ist die Beschwerde schon im Laufen?"

Ein ANDERER: "Der Herzog hat jede schriftliche Beschwerde verboten!"

VON RÖDER: "Der Herzog kann uns nichts verbieten, er hat ja auf die Verfassung geschworen. Außerdem wird er auf seinen alten Obristen schon hören."

Der ANDERE: "Ihr werdet Euch das Maul verbrennen, Euer Ehren!"

STURM: "Besser, wir verbrennen uns das Maul als unser Blut! Das Maul ist unser eigen, doch das Blut ist unserer Kinder und Kindeskinder."

29. Keine Musik.

Von Röder läßt sich beim Herzog melden, obwohl dieser sich angeblich schon zur Ruhe begeben hat. Der Leibwächter, ein Mohr, öffnet dem Obristen bereitwillig die Tür, denn er weiß, daß von Röder dem Herzog bei Peterwardein das Leben gerettet hat und daher dessen Vertrauen genießt.

Der HERZOG empfängt seinen alten Kriegskameraden freundlich: "Na, was hat Er denn? "

VON RÖDER (erregt, ernst): "Mein Herzog, ich komme im Namen der Landstände. Die Landstände haben eine Kommission geschickt wegen der Aufhebung der Judensperre."

HERZOG: "Na und? Was sagen denn meine — Schwaben? "

VON RÖDER: "Ganz Württemberg ist empört, Durchlaucht!"

HERZOG (unsicher): "Und was rät — Er mir? "

VON RÖDER: "Mein Feldherr, ich habe bei Peterwardein neben Euch im Feuer gestanden, und ich bin es gewohnt, immer geradeaus zu gehen und alles so rundheraus zu sagen, wie ich es meine. Und meinen tu ich: Schickt den Juden weg und haltet zu uns Schwaben!"

HERZOG: "Er ist auf Seiten der Supplikanten!? "

VON RÖDER (treuherzig): "Von ganzem Herzen, Euer Durchlaucht!"

30. Keine Musik.

LEVY hat das Gespräch belauscht und sucht Süß in seinem Arbeitszimmer auf: "Er ist auf Seiten der Supplikanten und hat ihm beim Herzog Zutritt verschafft."

SÜSS (entsetzt): "Das ist nicht wahr!"

Beide eilen zu einem Versteck: Sie haben das Maul einer Teufelsfratze durchstoßen, die die Stuckdecke des herzöglichen Arbeitszimmers ziert, und können durch diese Öffnung alle Vorgänge sehen und belauschen. Sie sehen eine Abordnung der Landstände beim Fürsten (Totale).

31. Im Zimmer des Herzogs. Von Röder und Sturm treten als Sprecher der Kommission vor den Fürsten.

HERZOG: "Ach was, Gerede, Gerede! — Ein für alle Mal: Die Landstände sind nicht dazu da, ihren Herzog zu — tyrannisieren oder gar seinen Willen auszuschalten!"

STURM: "Wenn Eure hochfürstliche Durchlaucht sich schon nicht an die Verfassung halten, so sollten sich Durchlaucht doch wenigstens an Luthers Rat halten, und der sagt (er liest vor): 'Darum wisse, du lieber Christ, daß du nebst dem Teufel keinen giftigeren Feind hast denn einen rechten Juden. Ich will dir meinen treuen Rat geben, erstlich daß man ihre Synagogen und Schulen

288

mit Feuer anstecke, zum anderen, daß man ihnen nehme alle ihre Betbüchlein und Talmudisten, darin solche Abgötterei und Lug gelehret wird, zum dritten, daß man ihnen den Wucher verbiete, zum vierten —' "(11)

Der HERZOG schreit dazwischen: "Ich pfeif' auf euren Luther!"

VON RÖDER: "Ich meine als alter Soldat: Wenn der Jude sein säuisches Wesen will treiben an unseren Frauen und Töchtern, so ist's an Euch, mein Herzog, ihm das Handwerk zu legen!"

HERZOG (in höchster Erregung): "Was, will Er mir Vorwürfe machen? Ich lasse Ihn einsperren!"

STURM schreit: "So lassen Euer Durchlaucht nur gleich das ganze württembergische Volk miteinsperren!"

Wutentbrannt jagt der HERZOG die Abordnung davon: "Ich kann's!. . . (Ein Teil des Dialogs ist unverständlich — d.A.) Ich könnt' mich vergessen, wenn ich Euch länger ansehe. Hinaus! Hinaus, sag' ich!"

Erschöpft sinkt der Herzog in seinen Sessel zurück und läßt den Hofjuden zu sich rufen. (Die Kamera hebt sich zur Decke.) Jetzt erst verschwinden die glitzernden Augenpaare aus dem Maul der Maske.

32. Süß verläßt das Versteck. LEVY bleibt allein zurück und ringt betend die Hände (der Anfang des Dialogs ist verstümmelt — d.A.): " . . . wollen umbringen durch Feuer und Schwert!" (12)
Er spricht mit aschkenasischem Akzent hebräisch weiter.

33. Weiterhin keine Musik.

Der HERZOG empfängt seinen Finanzienrat mit Vorwürfen: "Da hat Er mir ja was Schönes eingebrockt mit seinen Juden! Was soll ich denn jetzt tun mit meinen Herren Landständen? "

SÜSS (scharf): "Wenn Euer Hochfürstliche Durchlaucht mich zu fragen geruhen, so möcht' ich raten: Ausrotten! Ausrotten mit Feuer und Schwert!"

HERZOG (verärgert): "Ausrotten — wie denn ausrotten? "

SÜSS: "Die Landstände auflösen, ein Ministerium gründen aus ergebenen Leuten, den Hauptschreiern den Mund stopfen, vor allem diesem Sturm."

HERZOG (verwirrt): "Süß, Süß!" (Er lacht unsicher). Ha, Er rät mir da gefährliche Wege."

SÜSS (gleichmütig): "Man muß an seinen Stern glauben, Durchlaucht."

Der HERZOG horcht auf: "Kennt Er die Sterne? "

SÜSS (beschwörend): "Ich kenne einen Mann, der sie kennt. (eifrig) Wenn Euer Durchlaucht befehlen, so wird er sagen, wie die Konstellation ist, und Euer Durchlaucht werden beruhigt sein, ich weiß es (geheimnisvoll) — die Aszendenten sind günstig!"

34. Keine Musik.

In seinem Palast empfängt Süß den Rabbiner Loew, einen weißbärtigen Greis, der in langer Robe, den Gebetsschal umgehängt, daherschlurft und schwindsüchtig hustet. SÜSS spricht beschwörend auf den alten Mann ein:

"Die Aszendenten sind günstig, Rabbuni! — — Weil sie müssen günstig sein."

LOEW: "Kammer sogen, se missen — kammer bestimmen de Bahnen von de Sterne wie mer will?"

SÜSS: "Man kann nicht bestimmen die Bahnen von den Sternen, aber — kann man nicht bestimmen die Bahnen von den Menschen, wenn man ihnen die Sterne bestimmt?"

Während des Gesprächs gehen die beiden durch die Räume, Rabbi Loew an seinem Krückstock humpelnd.

LOEW: "Mein Sohn Joseph, der Herr siehet auch dich an und siehet, daß de bist geworden eitel und hoffärtig als wie e Pfau. Streng is de Strofe des Herrn, wenn de Jiden vergessen, wer se sind."

SÜSS (scheinbar zerknirscht): "Was soll ich tun, Rabbi?"

LOEW: "Haste nich e Palast wie Solomo? (er guckt durch eine offenstehende Tür.) Hm, schlofste nich in ein vergüldetem Bett? (Sie gelangen in die Bibliothek.) Haste nich Wände voll Bicher, die de nich solls lesen? (Er schlägt mit dem Stock gegen die Regale. Sein Blick fällt auf die Vorhänge, er betastet den Stoff.) Hat der Damast nicht gekostet die Güt' seine zwölf Taler courant?"

SÜSS (sanft tadelnd): "Aber Rabbuni!"

LOEW: "Der Herr will, daß sein Volk dient in Sack und Asche und ist verstreut. Es herrsche im Verborgenen über die Völker der Erde."

SÜSS: "Wie kann ich herrschen, wenn ich mich dem Volk nicht zeige?"

LOEW: "Willste herrschen über die Gojim, beherrsche ihr Geld! Aber laß de Hände aus de Streitigkeiten von de Ferschten!"

SÜSS: "Beherrsch' ich den Fürsten, beherrsch' ich das Volk!"

LOEW: "Den Ferschten verzeiht man, de Jid wird gehängt!"

SÜSS: "Der Wille des Herrn wird es nicht verhindern wollen, daß ich auch aus Württemberg mache das Gelobte Land für Israel! Es liegt schon vor uns, ich brauch's nur zu greifen mit meinen Händen! Und ich drüben schon sehen Milch und Honig fließen — für Israel! Soll ich jetzt nicht hinübergelangen dürfen über den Jordan durch den Willen des Herrn? Kann das der Wille des Herrn sein?"

LOEW: "Du legst die Worte des Herrn aus, wie's dir paßt."

SÜSS: "Man soll die Worte des Herrn auslegen, wie's paßt für Israel, das ist der Wille des Herrn, Rabbuni!"

LOEW: "Was soll ich tun? Soll ich liegen (lügen — d.A.)? "

SÜSS: "Du brauchst nicht zu lügen. Sag ihm die zweite Wahrheit, sag ihm die Wahrheit auf unsere Art. Bring ihn auf seinen Wahlspruch 'Attempto'."

LOEW: "Was heißt denn 'Attempto'? "

SÜSS: "Der da wagt!"

35. Geheimnisvolle Musik, die die Vorstellung von "Sphärenklängen" zu vermitteln sucht.

Auf dem Dach des Palastes, auf dem ein Fernrohr angebracht ist, führt Süß den Herzog zu nächtlicher Stunde mit dem Rabbiner zusammen. Loew hantiert an dem Gerät.

HERZOG: "Na, was sieht Er denn? "

LOEW: "Nu, a Himmel!"

Der Herzog lacht über "den Kerl", der ihm so unverfroren antwortet, ist aber doch sichtlich beeindruckt, als LOEW eine astronomische Beschreibung der Konstellationen folgen läßt, die er mit den Worten beendet:
"Oh, der Herr ist groß, und wunderbar sind seine Zeichen."

HERZOG: "Eh — wie sieht Er denn die Zukunft? "

LOEW: "Wie kennen sehen meine Äugen, was der Herr verbirgt!? Er läßt kreisen die Gestirne und sich drehen die Monde, freundlich und feindlich, aber nur Er allein weiß, was der Sinn ist."

HERZOG: "Laß er mich mal — meinen Stern sehen —"

LOEW: "Gepriesen sei das Auge, daß der Herr läßt finden, was es sucht unter Millionen!" (Er richtet dem Herzog das Fernrohr): Ist es gut so? "

HERZOG: "Wie heißt denn mein Stern? "

LOEW: "Na, des fragt der Herzog — es is der Mars!"

HERZOG: "Na, und wie heißt der feurige da — dieser da, hinten am Horizont? "

LOEW (wegwerfend): "A, des is de Venus, in Opposition zum Mars!"

Der HERZOG tritt augenreibend vom Fernrohr zurück: "Es flimmert einem ja direkt vor den Augen. —Also, sag Er mir klipp und klar: Wag ich's oder sind die Sterne dagegen? "

LOEW (zögernd, in einem Buch blätterns): "Die Sterne sind weder freundlich noch feindlich, aber es steht geschrieben, se werden gehorchen dem — der — da — wagt. Do steht's!"
Er hält dem Herzog das Buch hin.

HERZOG (angenehm überrascht und überzeugt): "Dem der da wagt — das ist ja meine Devise! Attempto. — Also gut, ich wag's! Komm Er, Süß, schaff' Er mir das Ministerium!"

Der Herzog geht. Süß küßt noch hastig den Gebetschal des Alten und folgt.

36. Keine Musik.

Mit überschwänglicher Liebenswürdigkeit empfängt Süß am nächsten Tage in seinem Arbeitszimmer den Landschaftskonsulenten Sturm.

SÜSS: " Ah mein Lieber, ich danke Euch, daß Ihr gekommen seid. Bitte, setzt Euch doch, wir sind entre nous, wir wollen alle Förmlichkeiten beiseite lassen. Ihr habt Vertrauen zu mir, und ich werde dieses Vertrauen belohnen. Unser gnädigster Souverän trägt sich mit dem Gedanken, sich mit Männern seines Vertrauens zu umgeben, und sein durchlauchtigstes Augenmerk fiel auf niemand anders als auf Euch."

STURM (mißtrauisch): "Ich wüßte nicht, wieso."

SÜSS: "Deswegen ließ ich Euch bitten. Der Herzog erwägt, eine Art Ministerium zu gründen und Euch die Leitung zu übertragen."

STURM: "Das kann ich nicht übernehmen, ich stehe bei der Landschaft im Eid!"

SÜSS: "Ihr steht auch dem Herzog im Eid!"

STURM: "Ich tue nur, was rechtens ist."

SÜSS (scheinbar verwundert): "Auch der Herzog, mein Lieber! Wollt Ihr ihm dabei nicht helfen? "

STURM: "Ich mißtraue seinem Ratgeber."

SÜSS (den Ton ändernd): "Das — weiß ich. Aus sicherer Quelle! Versteht Ihr? Aber warum sollen wir Feinde sein, wo wir mehr sein könnten als Freunde. Er hat eine — reizende Tochter —"

STURM: "Was tut das zur Sache? "

SÜSS: "Er wird mich gleich verstehen, wenn ich ihm sagen werde, daß ich mich entschlossen hab' zu heiraten."

STURM (böse lachend): "Meine Tochter? "

SÜSS (betont): "In aller Form, Herr Landschaftskonsulent!"

STURM: "Ist ja nicht möglich! Nein, ich bedaure. Nein!"

SÜSS (erbittert): "Er wird nicht sagen Nein, Er wird sagen Ja und nochemal Ja, wenn Er sich wird die Sache reiflich überlegen."

STURM: "Da brauch's keiner Überlegung, meine Tochter ist bereits versprochen."

SÜSS: "So? Ich gebe Ihm Bedenkzeit bis morgen."

STURM: "Bis morgen also."

37. Leise feierliche Orgelmusik. Das Volkslied "All mein Gedanken . . ." klingt an.

In der folgenden Nacht werden Dorothea und Faber in einer kleinen Kapelle getraut. Dorothea, in einem einfachen Kleid, Sommerblumen im Arm, und ihr Verlobter schauen gläubig zu dem Pfarrer auf, der (mit dem Rücken zur Kamera) zu ihnen spricht:

"Ohne Ende wie diese Ringe sei Eure Treue! Bedenket immer, namentlich im Hinblick auf unsere Tage, es ist nichts groß, was nicht gut ist; es ist nichts wahr, was nicht besteht. Seid Mann und Frau, seid eins vor Gott im Himmel, bis daß der Tod Euch scheidet!' (13)

38. Keine Musik.

Am nächsten Tag sucht Süß den Landschaftskonsulenten auf.

SÜSS: "Die Bedenkzeit ist um!"

STURM: "Mein Entschluß stand fest, er hat sich über Nacht nicht geändert. Ihr wißt doch ganz genau, daß meine Tochter meinem Sekretarius, Herrn Faber, versprochen war und —"

SÜSS: "Er könnte sein väterliches Machtwort sprechen!"

STURM: "Selbst wenn ich das noch könnte, ich würde es nicht tun. Meine Tochter wird keine Judenkinder in die Welt setzen!" (14)

SÜSS (tief getroffen): "Ach so."

STURM: "Ich sehe, wir haben uns verstanden."

SÜSS (drohend): "Es könnte gefährlich sein, einen Mann in meiner Stellung abzuweisen. (scharf) Ich bitte das zu bedenken!"

STURM (schlicht): "Aber ich habe nichts zu bedenken, meine Tochter ist bereits verheiratet."

SÜSS: "Seit wann?"

STURM (mit leisem Triumph): "Seit heute nacht!"

SÜSS (sich gewaltsam beherrschend): "Woher nimmt Er eigentlich den Mut zu dieser Frechheit?"

STURM (mit überschnappender Stimme losbrüllend):
"Himmelherrgottsakrament, ich stehe hier als Vorsitzender der Landschaft, und in dieser meiner Eigenschaft frage ich Euch: Woher nehmt Ihr eigentlich die Frechheit, einzubrechen in den Frieden meiner Familie, in den dieses Landes (Süß fällt ihm ins Wort, aber Sturm übertönt ihn) — dem Herzog zu raten, gegen die Verfassung zu handeln, ja woher nimmst du die Frechheit, du Scheißkerl (15), Zwietracht zu säen zwischen dem Herzog und seinem Volk?"

SÜSS (wieder ganz beherrscht, kalt): "Ich danke dem Herrn Landschaftskonsulenten für seine freimütige Meinungsäußerung."
Er geht.

STURM stürzt zum Fenster, reißt es auf und schreit: "Frische Luft!"

39. Keine Musik.

In seinem Palast wieder angelangt, stürzt SÜSS in sein Arbeitszimmer und herrscht Levy an, der am Tisch sitzt: "Schreib!"

LEVY (verwundert): "Was haste, Joseph? Was brüllste mich an? "

SÜSS: "Du sollst schreiben: Aufgrund eidlicher, zuverlässiger Zeugenaussagen ist erwiesen, daß Er durch Aufsässigkeit und unehrerbietige Gesinnung maßgeblich ist verstrickt in die Conspiratio gegen Seine Hochfürstliche Durchlaucht, den Herzog. Dergestalt wird das Fiskalatamt angewiesen, sofort das Verfahren zu eröffnen."

LEVY (Neugierig): "Gegen wen? "

SÜSS: "Gegen den Stadtkonsulenten Sturm!"

40. Keine Musik.

Ein Stadtbeamter und Levy unterziehen Sturm im Palast Oppenheimers einem Verhör. (16)

LEVY: "He, wo bleibt die Antwort? "

STURM: "Ich erkenne weder Euch als Richter noch den Raum hier als Gericht an."

BEAMTER (zürnend): "Herr Landschaftskonsulent, wir sitzen hier im Auftrag des Herzogs!"

STURM (wegwerfend): "Hat ja gar keinen Zweck!" Wenn Juden über Württemberger zu Gericht sitzen, so ist das wider württembergisch Recht und Ehre."

BEAMTER: "Sturm, ich bin ja davon überzeugt, daß Ihr Euch nichts habt zuschulden kommen lassen —"

LEVY: "So-u? Seid Ihr davon überzeugt, Herr Rat? — Numal Tacheles! (17) Habt Ihr nich am Sonntagmittag, den 27. vom vergangenen Monat einen Anschlag auf das Leben unseres Durchläuchtigsten Herzogs vorbereitet? "

STURM: "Jetzt wird's lustig! (lacht höhnisch) Nur weiter im Text!"

LEVY: "Habt Ihr nich am besagten Sonntag in Gegenwart ehrwürdiger Zeugen, nämlich im Hause des Konsistorialrats Weißensee gesogt: 'Was mit dem Schmied Hans Bogner geschah, war e gemeiner Mord!'? Hat Er's gesogt oder hat Er's nich gesogt? "

STURM (wütend, Levy nachäffend): "Ja, ich hob's gesogt! Und? "

LEVY (indigniert): "Mach Er keine Witze mit mir! Wenn ein Mord geschah, wer issen dann der Mörder? Doch wohl der, der ihn hat richten lassen. Und wer waren des, der ihn hat richten lassen? Wer hat denn unterschrieben des Todesurteil? Doch der Herzog! Also — is nach Seiner Meinung der Mörder — der Herzog!"

STURM: "Ach, da lang geht's!"

LEVY (mit weitausholender Gebärde): "Jaha — und was mit em Mörder hat zu geschehen, darüber ist doch wohl kein Zweifel, auch wenn es sich um den Durchlauchtigsten Herzog handelt —"

STURM: "Und wenn sich's um den Kaiser handelte, ich würd' ihn vor Gericht rufen, wenn er das Recht beleidigt!"

LEVY (hebt voller Entrüstung die Hände): "Des Kaisers Apostolische Majestät is Ihm nich amal heilig — de Kleider mecht man sich am Leib zerreißen! (Er wendet sich höhnisch an den Beamten): Naaa, seid Ihr jetzt noch der Meinung, daß hier die Anklage vom Hochverrat zu Unrecht besteht? "

STURM: "Wenn hier einer des Kaisers Majestät und des Herzogs Namen beschmutzt, so ist das Euer dreckiges, stinkendes Gewäsch!"

BEAMTER (entsetzt): "Sturm, Sturm, Ihr verstrickt Euch ja immer weiter!"

STURM: "Aber Herr Rat Metz, merkt Ihr denn nicht, wie hier etwas gedreht und verklausuliert wird, nur um einen Grund zu finden, der mich erledigt? Reicht Ihr die Hand zu einem Bubenstück, das dieses talmudische Judengehirn sich ausgebrütet hat? "

BEAMTER (gekränkt): "Ich verbitte mir entschieden jede Beleidigung, Herr Landschaftskonsulent!"

LEVY (mit einem langgezogenen Laut des Behagens): "Eh — er wird nicht mehr lange Gelegenheit haben, Euch zu beleidigen, Herr Rat. (verächtlich) Wir werden Euch vor solch einem Gesindel zu schützen wissen!"

41. Keine Musik.

Dorothea steht in ihrem Zimmer und bezieht das Bett frisch. Faber traut sich nicht über die Schwelle und bleibt an der Türe stehen.

DOROTHEA: "Komm doch rein! Hast du Angst? — Du schläfst heute in meinem Bett, und ich schlaf' unten im Wohnzimmer."

FABER: "Aber Dorle, du weißt doch gar nicht, ob das deinem Vater recht ist!"

DOROTHEA (energisch): "Also komm jetzt rein und halt mir die Zipfel! (Sie hält ihm die Enden des Federbetts entgegen.) Ich komm' hier gar nicht zurecht. Was soll er denn haben? Wir sind doch Mann und Frau!"

FABER: "Aber daran muß man sich doch erst gewöhnen! — (Er tritt zu ihr): Ach, Dorle —"

DOROTHEA läßt das Federbett sinken und schmiegt sich an ihn: "Stöhnst du jetzt schon? Ich hab' mich schon dran gewöhnt. Ich hab' mich ja so nach diesem Tag gesehnt, Faber!"

FABER: "Aber ich hab' mir unseren Hochzeitstag anders vorgestellt."

DOROTHEA: "Ich auch. Ich glaube, Vater grämt sich sehr."

FABER: "Du meinst, wegen des Juden?"

DOROTHEA: "Hauptsächlich wegen der Eile, mit der alles so gehen mußte. Ach
Karli, solange ich denken kann, habe ich abends nicht ohne den Vater zu Tisch
gegessen. Und gerade heute, an unserem Hochzeitstag, da läßt er uns allein.
Aber glaub mir, Karli, trotzdem dürfen wir glücklich sein. (zärtlich) Du bist
jetzt mein Mann, du bist mein Schutz und du bist mein Glück!"

Sie küssen sich. Da klopft es an der Türe und das Dienstmädchen tritt verlegen
lächelnd herein. Die beiden fahren auseinander.

Die DIENERIN: "Obrist Röder ist unten und fragt nach dem Fräulein — (sie
verbessert sich verschämt) nach der Gnädigen Frau."

DOROTHEA: "Hat er nach mir gefragt oder nach meinem Vater doch?!"

DIENERIN: "Nein, nach Euch und nach Herrn Faber."

Die beiden verlassen das Zimmer und gehen zur Treppe, an deren Stufen von
Röder wartet.

DOROTHEA eilt ihm entgegen: "Guten Abend, Herr von Röder. Ihr kommt
uns zu gratulieren, nicht wahr? (Ihr Lächeln erstirbt) Herr von Röder —"

VON RÖDER (sehr ernst): "Es ist — nicht die Zeit dazu. Dein Vater ist festgehalten im Schloß, gewaltsam."

DOROTHEA (erschrocken): "Warum denn?"

VON RÖDER: "Ich weiß es nicht."

DOROTHEA (ahnungsvoll): "Der Jude?"

VON RÖDER (hastig): "Ich bring' selber die Einladung zur Ständeversammlung,
weil ich nicht wollte, daß euch ein anderer die Nachricht bringt. In einer
Stunde ist Sondersitzung im Ständehaus!"

42. Keine Musik.

Sitzung im Ständehaus. Faber ruft mit lauter Stimme die Namen der geladenen
Teilnehmer auf, zuletzt den Zunftmeister der Schmiede. Alle antworten mit einem markigen "Hier!" FABER stellt fest: "Also vollzählig bis auf einen!"

VON RÖDER: "Und wo der eine ist, das weiß ja wohl jeder hier im Saal."

EINER ruft in den Raum: "Holt ihn doch heraus!"

VON RÖDER: "Nur mit Geduld, das geht nicht so leicht. Ihr wißt doch ganz
genau, wer ihn verhaften ließ, und der sitzt heute fester als je, und solange
unser Herzog auf den hört, kann es leicht geschehen, daß die Landstände gar
nichts mehr zu sagen haben hier in Württemberg."

Ein TEILNEHMER: "Was soll denn das heißen?"

Ein ANDERER: "Das heißt: Der Herzog bricht die Verfassung!"

FABER: "Er will ein Ministerium ernennen und die Stände ausschalten!"

VON RÖDER: "Und das ist Verfassungsbruch!"

Der FRAGER von vorhin: "Ja, das wird er ja wohl nicht wagen!"

VON RÖDER (schreit): "Wär' nicht das erstemal, ist schon öfter vorgekommen in der Geschichte, daß einer die Verfassung bricht."

Unter seinen Zuhörern bricht ein Tumult aus. Zwischenrufe: "Unerhört!" Dann beschließt die Versammlung einmütig, die Bildung eines Ministeriums mit Gewalt zu unterbinden und die Freilassung Sturms zu fordern.

43. Keine Musik.

Der Herzog, durch Süß über die Sondersitzung informiert, kommt den Landständen zuvor. Er hat die von seinem Hofjuden benannten Mitglieder des neuen Konferenzministeriums um sich versammelt und eröffnet ihnen:
"Aufgrund ungeheurer Vorgänge gegen die Regierung und meine Person habe ich mich entschlossen, Euch, Ihr Herren, in ein sogenanntes Konferenzministerium zu berufen, das mir als dem alleinigen Oberhaupt unterstellt ist. Ich habe nämlich in Erfahrung gebracht, daß heute nacht eine Sondersitzung der Landstände im Ständehaus stattgefunden hat. In dieser Sitzung ist, wie mir mein Berater, Herr Oppenheimer berichtet, offen davon gesprochen worden, mich zu verhaften — falls ich dieser Verhaftung Widerstand entgegensetzen würde, mich zu töten! (Erschrockenes Gemurmel der Umstehenden). Ich habe mich daher, auch zu meiner eigenen Sicherheit, entschlossen, (brüllt) die Landstände mit sofortiger Wirkung aufzulösen. Das entsprechende Dekret befindet sich in den Händen des Herrn Oppenheimer. Ich danke, meine Herren."

Der Herzog verläßt den Raum, die Zurückbleibenden knallen die Hacken aneinander und verbeugen sich.

44. Keine Musik.

VON RÖDER läßt sich erneut beim Herzog melden. Unauffällig raunt er dem Mohren zu: "Also, was der Jude mit dem Herzog spricht, will ich von jetzt an wissen, verstanden!"

Der Mohr nickt. Von Röder betritt das herzögliche Arbeitstimmer.

VON RÖDER: "Verzeihen Hochwürdigste Durchlaucht meine Aufdringlichkeit. Die Landstände haben mich beauftragt, Euer —"

HERZOG (ungnädig): "— ich weiß schon, Herr von Röder. Ich habe es durchaus nicht immer nötig, darauf zu warten, bis Er mir Belehrung erteilt!"

VON RÖDER: "So wollen Euer Durchlaucht an meinem Eifer sehen, wie sehr mir Euer Durchlaucht Wohl am Herzen liegt. Euer Wohl ist ernsthaft gefährdet, Durchlaucht, aber es ist noch nicht zu spät."

HERZOG (höhnisch): "Noch nicht zu spät? Das Volk wird gegen seinen Herzog aufgehetzt, mit Aufrührern und Hochverrätern wie dem Sturm wird paktiert, Resolutionen werden gefaßt, mit der Waffe gedroht — (er schlägt auf mit der Faust auf den Tisch) ja wie zum Henker nennt Ihr das?"

VON RÖDER: "Offene Empörung, halten zu Gnaden!"

HERZOG: "Na und? Was hat Er da dazu zu sagen?"

VON RÖDER: "Immer dasselbe, mein Herzog: Schickt den Juden weg!"

Nun mischt sich SÜSS, der bis dahin im Hintergrund gestanden hatte, mit gespielter Bescheidenheit in das Gespräch ein und schlägt dem Herzog vor:
"Durchlaucht würden — hehehe (er lacht gekünstelt) — wenn — wenn ich der Stein des Anstoßes sein sollte —"

Der HERZOG beachtet ihn gar nicht, sondern sagt mit tückischem Unterton zu dem Obristen: "Nun will ich Ihnen mal etwas sagen, Herr von Röder — (er brüllt) Eure Stände sind Widerstände. Der beste Soldat hat vom Regieren so wenig Ahnung wie ein Ochse vom Dudelsackpfeifen. Aber mein Herr Finanzienrat ist ein Genie, er schafft mir Geld, er schafft mir Macht, er schafft mir Rat, er schafft mir —"

VON RÖDER fällt ihm mit besorgter Stimme ins Wort: " — Feinde! Nichts als Feinde!"

Erschöpft sinkt der HERZOG im Sessel zurück und bringt nur noch mit letzter Kraftanstrengung heraus: "Ich werde sie zermalmen, Herr von Röder. Ich habe Ihm nichts mehr zu sagen, weg! Weg, weg, weg, weg!"

Der Obrist geht schweigend hinaus.

Der HERZOG (leise): "Der Mann hat recht, leider. Ihr schafft mir Widerstände, mehr als ich bewältigen kann."

Süß erklärt dem Herzog, daß man mit Widerständen fertig werde, wenn man Freunde habe; er erinnert an einen benachbarten Souverän (Dialog stellenweise unverständlich — d.A.)

HERZOG (mutlos): "Ich habe keine — Freunde."

SÜSS (eilfertig): "Verschaff' ich Euch welche, Durchlaucht, starke Freunde, ich werde sie Euch vermitteln!"

HERZOG: "Wie meint Er denn das?"

SÜSS: "Ich habe meine Verhandlungen schon angeknüpft — mit dem Würzburger. Euer Durchlaucht sollten nicht zu gering denken von der Solidarität der Souveräns! Der Würzburger hat Soldaten, die man — leihen könnte."

HERZOG (ungläubig): "Soldaten leihen? Soldaten — leihen? (er lacht) Also, das ist doch ein — Judengedanke, wie er im Buche steht!"

VON REMCHINGEN tritt aus dem Hintergrund hervor: "Aber ein guter Gedanke, Durchlaucht!"

Der HERZOG ruft seinen Kammerherrn dicht zu sich heran und sagt ungläubig: "Was rät Er mir da, Remchingen? Es soll offene Fehde ausbrechen zwischen mir und meinen Schwaben? Er selbst ist doch Schwabe, Remchingen! Sein Herzog ist doch Schwabe, Remchingen! Dem Juden bedeuten doch die Schwaben gar nichts."

In diesem Augenblick erhält Süß unerwartet Beistand von der Herzogin, die im Neglige hereinrauscht.

HERZOGIN: "Hast du Ärger, Karl Alexander? "

HERZOG: "Du hast schon wieder gehorcht, was? "

HERZOGIN (lachend): "Du hast so laut gesprochen, daß ich gar nicht zu horchen brauchte. — Tu, was er sagt!"

HERZOG: "Was verstehst du denn von der Politik, mein Kind? "

HERZOGIN (umschmeichelt ihn kniend): "Ich? — Gar nichts. Aber ich verstehe etwas von Männern — trau ruhig deinem Finanzienrat!"

HERZOG (mißtrauisch): "Liebst du mich denn? "

HERZOGIN (haucht): "Ja, Karl Alexander! Und ich liebte dich noch viel mehr, wenn du kühn wärst wie —"

HERZOG: " — wie dein Freund Oppenheimer? "

HERZOGIN (lacht): " — wie du es damals warst vor Belgrad und vor Peterwardein . . . (Dialog unverständlich — d.A.)(18).Folg' nur dem Rat deines Freundes!"

HERZOG (immer noch voller Argwohn): "Ist er denn mein Freund? "

Der Herzog bittet von Remchingen, ihn mit seiner FRAU alleinzulassen, aber sie wehrt lächelnd ab und verabschiedet sich winkend: "Ich halte dir beide Daumen, Karl Alexander!"

(Die Überleitung zur folgenden Einstellung ist in der Kopie zerstört — d.A.) (19)

SÜSS tritt zum Herzog: "Aber Durchlaucht, warum nicht? "

HERZOG (immer noch zögernd): "Er denkt, bis hierher hab' ich ihm gefolgt, nun muß ich Ihm auch weiter folgen, was? Ob ich will oder nicht. Das Herz der Herzogin hat Er sich auch schon erschlichen, nur das Herz? "

SÜSS: "Ich verstehe nicht —"

HERZOG (brüllt): "Ich frage, ob es nur das Herz war? "

SÜSS (verwirrt): "Wie meinen das Euer Durchlaucht? "

HERZOG (voller Verachtung): "Ah, ich meine, daß dir nichts heilig ist, nicht einmal die Frau deines Herzogs, Jud. Nur deine Interessen, dein Profit —"

SÜSS überspielt seinen Schrecken, indem er verlegen lacht: "Eure Durchlaucht scheinen mir zu mißtrauen —''

HERZOG (aus tiefster Seele): ''Ja, ich mißtraue dir!''

45.

In das Gespräch hinein dringen rhythmische Schreie von draußen. Die drei Männer gehen ans Fenster. (Totale:) Vor dem Schloß hat sich das Volk zusammengerottet. Männer und Frauen schütteln die Fäuste und schreien zu den Fenstern empor. (20)

46.

SÜSS schürt die offenkundige Angst des Herzogs: ''So pflegen Revolutionen anzufangen!''

VON REMCHINGEN: ''Wenn hier eine Pistole losgeht, entsteht eine Panik!''

SÜSS: ''Die Schloßgarde ist 1000 Mann stark, es gibt ein fürchterliches Blutbad, wenn sich Euer Durchlaucht nicht beizeiten besinnen. Man muß dem Volk eine Macht entgegenstellen, gegen die es nicht wagt, aufzustehen!''

Der HERZOG, durch die anhaltenden Schreie der Menge nervös geworden, beginnt nachzugeben: ''Ist es wahr, daß damals der Würzburger bei Pfalzneuburg den Dingen mit Militär nachgeholfen hat? ''

SÜSS: ''Zuverlässig, Euer Durchlaucht! Herr von Remchingen kann es Ihnen bestätigen.''

HERZOG: ''Remchingen, ist es wahr? ''

VON REMCHINGEN: ''Ganz zuverlässig, Euer Durchlaucht!''

HERZOG (leise): ''Das wäre also der Staatsstreich!''

SÜSS: ''Damit wären Euer Durchlaucht absoluter Souverän!''

VON REMCHINGEN: ''Wie der Sonnenkönig in Versailles.''

Nun fragt Karl Alexander nach den Kosten, die durch den Soldatenkauf entstehen würden. SÜSS beginnt zu rechnen; er schlägt vor, 4-5000 Mann für etwa drei bis vier Monate zu leihen: ''Euer Durchlaucht Schatulle ist — aber die Juden, die Euer Durchlaucht nach Stuttgart hereingelassen haben, sind Euer Durchlaucht was schuldig! Ich werde sehen, daß sich das machen läßt.''

47.

In einer akustischen Überblendung geht das monotone (nicht wörtlich zu verstehende) Schreien in den Gesang einer Sabbatfeier in der Synagoge über. (21) Entsprechend folgt eine optische Überblendung: Von der relativ geordneten Menge der Demonstranten leitet das Bild über zu einer fremdartig wirkenden Schar von Menschen, die in einer Synagoge singend und betend durcheinanderwogen. Süß tritt ein und winkt aus dem Hintergrund dem Rabbiner zu, der soeben die Thora, die heilige Schriftrolle, ihrem Schrein entnommen hat. Rabbi

Loew gibt die Thora weiter und kommt zu Süß.

LOEW (verärgert): "Du störst eine heilige Handlung, kannste nich warten? "

SÜSS (eindringlich beschwörend): "Nein, Rabbuni, es hat keine Zeit. Du mußt für mich vor der Gemeinde sprechen!"

(Die Stimme des Kantors begleitet das Gespräch.

LOEW: "Also, was biste hastig? Wer nicht mal hat die Ruhe zu beten, der wird fehlgehn auf seinen Wegen."

SÜSS: "Die Ruhe ist gut, Rabbuni, wo sie hingehört, aber jetzt brauch' ich von der Gemeinde fünfmal hunderttausend Taler."

LOEW: "Von der Gemeinde fünfmal — biste verrückt!"

SÜSS (beschwörend): "Hör zu, ich such' dich auf in der Synagoge, weil du sie hier hast alle beisammen. Die Landstände wollen die Juden aus Stuttgart wieder vertreiben, aber der Herzog wäre bereit, die Landstände abzuschaffen mit einem Schlage, ich hab' ihn soweit. Er soll werden absoluter Souverän, und dann wird er halten seine Hand über uns Juden!"

LOEW: "Was, sollen die Jiden werden Soldaten? "

SÜSS: "Nein, sie sollen nur bezahlen! Soldaten kosten Geld —"

LOEW: "Sieß, willste Krieg führen gegen die Gojim, willste werden e Mardochai, der da schlug für Esther und ihren König ihrer Fünfenunsiebzigtäusend — da mußte vorher ablegen die Kleider von de Gojim, mußte werden e Bar Isroel!"

SÜSS (beschwörend): "Rabbuni, Rabbuni, du siehst nicht den Ernst der Stunde! Ich aber weiß, weil ich an der Quelle sitze — wenn die Juden heute geben 500 000 Taler, dann werde ich dafür sorgen, daß der Herzog nie vergißt, daß es das Geld der Juden war, das ihm auf seinen Thron geholfen. Aber wenn die Juden heute sind geizig und verstecken sich hinter schönen talmudischen Sprüchen, dann werden sie alles verlieren — (mit Nachdruck) kann sein — auch das Leben!"

LOEW (schwer atmend): "Komm' — eh — sing mit uns! Der Herr wird haben Sein Wohlgefallen an dir und an deinen Gedanken, und de Brider sollen sehn, daß de stehst neben mir. Nachher wille mer reden mit ihnen."

Die Sabbatfeier geht weiter. Die Männer klatschen rhythmisch in die Hände, fassen den Saum des Thoramantels und tanzen. Auch Süß tritt hinzu. Dann wird die Thorarolle wieder verschlossen.

48.

Akustische Überblendung: Der Gesang der Juden wird abgelöst vom Gesang der Dorothea.
Tränenüberströmt sitzt Dorothea am Cembalo und singt mit zartem Stimmchen ihr Lied: "All mein Gedanken, die ich hab, die sind bei dir, du auserwählter. . ."

Sie bricht schluchzend ab und küßt zärtlich das Notenbuch, das Faber ihr geschenkt hat. Die Dienerin kommt herein und versucht sie zu trösten, aber es gelingt ihr nicht.

DOROTHEA klagt: "In der Kirche bin ich gewesen. Durch die Straßen bin ich gerannt. Und am Grab bin ich gewesen. Ich hab' gebetet, und es hilft mir nichts. Und auch das Singen, es hilft mir nichts. Jetzt ist es schon die dritte Nacht, und noch immer nichts vom Vater. Und mein Mann ist auch so lange nicht da."

Sie weint laut auf.

Da öffnet sich die Tür, und FABER kommt mit dem Ruf "Dorothea!" herein. Die junge Frau erstarrt, dann wirft sie sich ihm aufschluchzend in die Arme: "Ich kann gar nicht aufstehen, so einen Schreck hab' ich gekriegt, daß du da bist. Gut, daß du da bist, Faber, du darfst mich jetzt nicht allein lassen, du darfst mich nie mehr allein lassen!"

Sie berichtet ihrem Mann, daß eine Haussuchung stattgefunden habe, die belastendes Material gegen den Vater zutage bringen sollte, aber es sei nichts gefunden worden.

FABER: "Sie werden auch nichts finden gegen deinen Vater, da können sie suchen, wo sie wollen! (Sanft) Aber ich kann nicht bei dir bleiben, Dorothea —"

DOROTHEA: "Wo willst du hin? "

FABER: "Frag' mich nicht, wo ich war und frag' mich nicht, wo ich hingehe!"

DOROTHEA (angstvoll): "Gehst du wieder weg? Gehst du ins Ständehaus? "

FABER (lacht bitter auf): "Ständehaus — das Ständehaus ist geschlossen, die herzögliche Garde wacht davor."

DOROTHEA: "Warum denn? "

FABER (triumphierend): "Die Revolution ist ganz offen ausgebrochen!"

DOROTHEA: "Und der Vater? "

FABER (strahlend): "Wir holen ihn raus, verlaß dich drauf! — Gott sei mit dir, Dorle."

Doch DOROTHEA will ihn nicht fortlassen, sie klammert sich an ihn und schluchzt: "Mußt du schon weg? "

FABER (begütigend): "Ich bin doch nur gekommen, damit du weißt, daß mir nichts geschehen ist."

DOROTHEA (weinend): "Und wenn ich dich nicht wiedersehe, Faber, wenn ich dich jetzt zum letztenmal in meinen Armen halte, Faber —"

FABER: "Aber Dorle, ich bin gewiß, daß mir —"

DOROTHEA legt den Kopf an seine Brust: "Sage nichts, ich will dein Herz schlagen hören."

Faber umarmt sie zärtlich.

49. Keine Musik

Sturm wird abermals verhört. Der vernehmende BEAMTE erklärt ihm:
"Ja, Herr Landschaftskonsulent, es sind nun mal die hochverräterischen Papiere bei Euch zuhause gefunden worden, in Eurem Schreibtisch — und sie sind ja auch von Eurer Hand!"

STURM: "Wie oft soll ich's Euch denn noch sagen: Es ist ja alles gefälscht, gefälscht (schreit) von der Hand des heimtückischen Juden!"

Unbemerkt ist SÜSS hinter ihm eingetreten. Er gibt dem Vernehmenden einen Wink und wendet sich selbst an Sturm:
"Der Herr Landschaftskonsulent sollte sich in acht nehmen. Es gibt Kasematten auf dem Hohenneuffen, auf dem Asperg, wo er kann sehen weder die Sonne noch den Mond!"

STURM: "Auf dem Asperg bringt Er mich nicht zum Schweigen."

SÜSS: "Mann, es kostet mich einen Federstrich, und Er hängt!"

STURM: "Ich hab' keine Angst vorm Sterben."

SÜSS (ironisch): "Ach, 'en Held is Er? (lacht kurz) Hm, man lernt nicht aus. Na ja!"

SÜSS schickt auch die Wachen fort und bleibt mit Sturm allein. Jetzt wechselt er die Taktik und spricht sehr sanft:
"Sturm, ich mein's doch gut mit Ihm. Ich werd' Ihm kein Haar krümmen, ich werd' Ihn entlassen auf diese Nacht. Er muß nur bereit sein, Minister zu werden. (Er lacht auf). Also, in Seiner Lage möcht' ich amal so ein Angebot bekommen!"

STURM (leise): "Lieber häng' ich als meinen Eid brechen."

SÜSS: "Ich versteh' Ihn nicht, Sturm, ich biete Ihm Rang, Macht, Titel, ich biet' Ihm Ehren, soviel Er will —"

STURM: "Was versteht Er schon von Ehre!"

SÜSS (geduldig): "Sei Er doch nicht so halsstarrig! Ich brauche für mein Ministerium Seinen guten Namen."

STURM (versteht): "Ah — ach."

SÜSS: "Er soll sein mit Seiner Person die Garantie für die Versöhnung der Gegensätze. Na, ist das eine Sache?"

STURM: "Eure Sache, nicht meine!"

SÜSS: "Ist das Sein letztes Wort?"

STURM: "Allerdings!"

SÜSS (tückisch): "Gut, aber dann wird die Verantwortung bei Ihm liegen. Ich rate Ihm gut in Seinem eigenen Interesse — und in dem Interesse Seiner Tochter —"

STURM (unwillig): "Bitte, lassen Sie doch endlich meine Tochter aus dem schmutzigen Spiel!"

SÜSS: "Warum? Warum soll ich sie lassen? Warum soll ich sie nicht fragen? Vielleicht hat sie ein Herz für die Leiden ihres Vaters." (22)

50. Keine Musik.

Heimlich treffen sich die Landstände in einem Keller. Obrist von Röder klärt die Männer über die Absicht des Herzogs auf, ausländische Soldaten anzuwerben. FABER schreit voller Empörung auf: "Nein, das ist Bürgerkrieg!"

Ein ANDERER: "Aber das kann er doch nicht wagen!"

VON RÖDER: "Ich weiß es genau — vom Mamelucken des Herzogs: Der Jude hat das alles eingefädelt. Die Juden finanzieren den Krieg des Herzogs gegen sein eigenes Volk!"

FABER: "Wenn wir ihm nicht zuvorkommen!"

VON RÖDER belehrt seine Zuhörer, daß der Schlag gegen die Landstände in drei Tagen fallen solle, daß daher ihr Aufstand bereits in zwei Tagen ausbrechen müsse: "Das ganze Volk soll sich bewaffnen!"

Da die Stadttore doppelt bewacht sind, schlägt Faber vor, er könne als herzöglicher Kurier getarnt die übrigen Landstände benachrichtigen. Das Losungswort ist dem Obristen bekannt: Karl Alexander.

51. Keine Musik.

Als Faber kurz nach Mitternacht am Stadttor anlangt, wird er sofort verhaftet — inzwischen ist ein anderes Losungswort ausgegeben worden: "Attempto".

52. Keine Musik.

Faber wird sofort in den Palast Oppenheimers gebracht. Gefesselt und von rauhen Soldaten bewacht, steht er vor SÜSS, der ihn mit Freude erkennt:
"Ah, das ist der Mann von Dorothea Sturm — (ironisch) der höchst christliche Gatte!"

Dann beginnt SÜSS das Verhör: "An wen sind diese Orders?"

Faber schweigt. Einer der SOLDATEN schlägt ihn: "Will Er reden!"

FABER (zähneknirschend): "An Württemberg!"

SÜSS: "An Württemberg — so? (Er blättert in den Papiere.) Er nenne die Kumpane! Wer soll in zwei Tagen bereit sein? Wer soll sich zum Schlagen fertighalten?"

Der BEWACHER stößt Faber: "Will Er's Maul auftun!"

SÜSS: "Nun, wer sind denn die Rebellen? Wer will den Bürgerkrieg? "

FABER (voller Haß): "Ihr!"

SÜSS (sehr sanft, mit gefährlichen Untertönen): "Ich? — Wie interessant."

FABER (heftig): "Ihr wollt doch den Staatsstreich, Ihr habt dem Herzog doch dazu geraten, nicht? "

SÜSS (kalt): "An mir ist es zu fragen, nicht an Ihm, und das wird Ihm peinlicher sein wie mir. (Zu den Soldaten gewandt:) Den Herrn in die Schrauben! Ohne Rücksicht — bis er spricht." (23)

53.

Eine Standuhr schlägt. Unheilverkündende Musik (mit fernen Anklängen an Dorotheas Lied "All mein Gedanken . . .")

Dorothes geht unruhig im Zimmer umher. Schließlich bricht sie am Fenster schluchzend zusammen.

54. Keine Musik.

Süß hat die geheimen Orders dem Herzog übergeben. Karl Alexander bekommt es mit der Angst zu tun, weil die Landstände zu so schnellen Gegenmaßnahmen bereit sind.

SÜSS: "Wenn nicht alles verloren sein soll, Durchlaucht, müssen wir schneller sein! Nur noch einen Tag!"

VON REMCHINGEN: "Es kommt darauf an, das Projekt morgen nacht überraschend durchzuführen!"

HERZOG (schreit verzweifelt): "Mit wem denn? "

SÜSS: "Die Würzburger krieg' ich bis morgen nicht her, also mit unseren eigenen Truppen!"

HERZOG (faucht): "Er ist doch ein Saujude! Weiß Er, was Er mir da rät? Mit Württembergern auf Württemberger schießen, was? "

SÜSS (ungerührt): "Euer Durchlaucht brauchen ja nicht dabeizusein."

HERZOG (trotzig): "Nein! Ich mache da nicht mehr mit!"

SÜSS: "Gut, dann wollen also Durchlaucht weiterhin ein ergebener Diener Ihrer Landstände bleiben."

HERZOG (gereizt): "Halt doch's Maul, du Lümmel!"

SÜSS: "Ich bitte submissest um meine Entlassung!"

HERZOG: "Sieh mal an — jetzt willst du dich drücken, was? Jetzt willst du zur Hintertür hinaus! Du, nimm dich in acht, Bürschchen, du — Remchingen, paß auf, daß der Jude in meiner Nähe bleibt!"

SÜSS: "Wollen Euer Durchlaucht unter diesen Umständen meine Vorschläge noch hören? "

HERZOG: "So sprich schon!"

SÜSS: "Das Fest, das Euer Durchlaucht dem Kaiserlichen Gesandten Patio geben müssen, wäre eine gute Kulisse. Euer Durchlaucht reisen morgen früh als konstitutioneller Herzog nach Ludwigsburg und — kehren übermorgen zurück als absoluter Souverän."

HERZOG: "Als absoluter Souverän? In einem Tag und einer Nacht? — Das wär'ne Sache, das wär' ein Streich!"

SÜSS (mit Betonung): "Der Staatsstreich, Durchlaucht!"

HERZOG (keucht): "Gut, ich fahre nach Ludwigsburg. — Ja, ja, verständige Er die Herzogin!"

55. Keine Musik.

Im Keller eines Gebäudes gegenüber dem Oppenheimerschen Palast beginnen die Vorbereitungen für die Folterung Fabers. Einer der Folterknechte — beide sind rohe Gesellen von finsterem Aussehen — klärt Faber über den technischen Vorgang auf und zeigt ihm die einzelnen Instrumente. Er wundert sich, daß Faber für die Daumenschrauben seinen Trauring nicht ablegen will. Levy kommt hinzu und bestimmt, daß zunächst ein Zeichen Oppenheimers abgewartet werden müsse. (24)

56. Keine Musik.

Übernächtigt erscheint Dorothea morgens im Palast Oppenheimers. Sie hält ein Blatt in den Händen. Süß tritt ihr im Morgenmantel entgegen und führt sie in den Salon, wo er gefrühstückt hat.

SÜSS (liebenswürdig): "Nur der Herzog kann die Hochverräter begnadigen, das sollte Sie doch wissen."

DOROTHEA (zitternd): "Der Herzog ist doch in Ludwigsburg! Ich flehe Sie an, Excellenz, helfen Sie mir! Ich habe alles aufgeschrieben — hier — hier ist das Bittgesuch."

SÜSS (lächelnd): "Was soll denn der Herzog mit deinem Bittgesuch? (Er nimmt ihr das Blatt aus der Hand.) Er wird's zerreißen — so wie ich das tue. Er wird die Hochverräter erschießen lassen."

DOROTHEA verliert die Fassung: "Barmherzigkeit! — (tonlos) Habt Ihr denn kein Herz? "

SÜSS (leise)(25): "Ich hab' ein Herz gehabt — ich bin barmherzig gewesen, immer, Demoiselle, pardon — Madame. (Er blickt auf ihre Hand.) Ein netter Ring. Von Ihrem Gatten? (Er seufzt.) In diesem Fall wird es wirklich schwer sein zu helfen."

DOROTHEA zieht den Ring vom Finger und reicht ihn ihm: "Will Er den Ring? Es ist ein echter Stein."

SÜSS amüsiert sich: "So ein kleiner Ring für eine kleine Hand! Will Sie mal einen Ring sehn? Komm Sie mal mit! — Na, komm Sie doch!"

Süß geht in sein Schlafzimmer. Dorothea folgt langsam, sie bleibt angstvoll zögernd auf der Schwelle stehen, als sie das zerwühlte Bett sieht.

SÜSS (ungeduldig, zugleich amüsiert): "Komm Sie doch schon her, hat Sie Angst?"

Dorothea näher sich zaghaft.

SÜSS hält ihr einen Ring mit großem Stein hin: "Seh' Sie nur den an, wie? — Seh' Sie sich den an! Glaubt Sie immer noch, daß Sie mich mit Ihrem Ringlein locken kann? Mich! — Will Sie den haben, hm?"

Beim Sprechen stellt er sich hinter Dorothea und legt beide Arme um sie, um ihr den Ring vorzuführen. Die junge Frau erstarrt. Als Süß sie plötzlich zu küssen versucht, reißt sie sich jedoch so heftig von ihm los, daß er gegen ein Tischchen stößt, das polternd umfällt und zerbricht. SÜSS stürzt zu Boden. Er erhebt sich schweratmend (26):

"Sie will ihren Vater und Mann befreien, nicht? Geschickt fängt Sie das an! Wenn ein Vogelsteller einen Vogel aus dem Käfig lassen soll, dann muß er einen anderen dafür haben, das sieht Sie doch ein?"

Mit einer schnellen Bewegung hält Süß ein weißes Tuch aus dem Fenster.

57.

Levy hat aus dem Fenster des Folterkellers geschaut. Jetzt gibt er den Folterknechten das Zeichen, sie ziehen die Daumenschrauben an. Faber bäumt sich auf und brüllt vor Schmerz.

58.

Dorothea hört das furchtbare Geschrei und erschaudert.

SÜSS: "Na, die Stimme kennt Sie doch!"

DOROTHEA (verwirrt): "Gott im Himmel!"

SÜSS hat das Tuch aufs Fensterbrett gelegt und fordert sie jetzt auf: "Nehm' Sie mal das Tuch weg!"

Dorothea geht wie traumwandelnd zum Fenster und nimmt das Tuch fort. Das Gebrüll verstummt.

SÜSS: "Hört Sie noch was? Das heißt das!"

Aber Dorothea hat ihn nicht verstanden, so wiederholt er das grausame Spiel. Er hängt das Tuch wieder zum Fenster hinaus, erneut ertönt das Schreien des Gefolterten.

SÜSS: "So nimm's doch weg, mein Kind!"

Jetzt erst begreift Dorothea. Mit dem Aufschrei "Faber!" reißt sie das Tuch an sich. Wieder herrscht Stille.

SÜSS: "Nun geb Sie mir mein Tüchlein aber wieder!"

DOROTHEA verkrampft die Hände über der Brust und schreit zitternd: "Nein!"

SÜSS: "Nein? Gut, dann behalt' Sie's — aber —"

Er sieht mit Überraschung, daß Dorothea, ohne ihm zuzuhören, verzweifelt vor sich hin betet: "Vater im Himmel . . ."

SÜSS: "Was? — (Hart) Bete nur, bete nur zu deinem Gott, bete nur! Aber nicht nur ihr Christen habe einen Gott. Wir Juden haben auch einen, den Gott der Rache. (Grimmig) Auge um Auge, Zahn um Zahn! Bedank' Sie sich bei Ihrem Vater!"

DOROTHEA wendet sich zur Tür: "Laß Er mich hinaus!"

SÜSS herrscht sie an: "Will Sie nicht, daß ich soll machen, daß die Hochverräter nicht erschossen werden? "

Er kommt auf sie zu, aber DOROTHEA weicht zurück: "Rühr' Er mich nicht an!"

Da packt er sie und stößt sie auf sein Bett: "Genier' Sie sich doch nicht — hernach kannst du deinen Aktuarius wiederhaben!"

Er wirft sich über sie und erstickt ihr klägliches Jammern.

59. Keine Musik.

LEVY kommt zurück in den Folterkeller (27): "Aufhören! Aufhören! Der Aktuarius ist freizulassen!"

Einer der enttäuschten Folterknechte protestiert, der habe doch noch gar nicht gestanden, aber LEVY betont: "Der Herr Finanzienrat läßt sagen: Er ist sofort auf freien Fuß zu setzen!"

Faber wird aus den Daumenschrauben befreit. Er steht da, noch halb vom Schmerz betäubt, verständnislos. Levy schaut angewidert auf die blutüberströmten Hände.

FABER: "Wem habe ich denn meine Freilassung zu verdanken? "

LEVY: "Seine schöne junge Frau Gemahlin hat ihn freigebeten beim Herrn Finanzienrat persönlich."

FABER (keucht — er hat begriffen): "Das ist nicht wahr! Das ist nicht wahr!"

LEVY (immer noch auf die Hände starrend): "Doch, doch, doch."

Er blickt dem hinausschwankenden jungen Mann nach.

60.

Schwermütige Musik nimmt Dorotheas Motiv auf. Dorothea Sturm verläßt mit aufgelösten Kleidern und irrem Blick den Palast Oppenheimers und stürzt davon. Wenig später kommt Faber dorthin und fragt den Portier nach ihr. Der PORTIER weicht zunächst aus, sagt aber dann: "Wenn der Herr die Jungfer meint, die so geweint hat —" Er weist die Straße hinunter.

61.

Musik paraphrasiert weiterhin "All mein Gedanken. . ." Mit Fackeln suchen Männer in Booten den Neckar zu nächtlicher Stunde ab. Da wird die ertrunkene Dorothea gefunden. Faber nimmt die Leiche auf seine Arme und trägt sie zum nahen Palast Oppenheimers, die Menge folgt ihm schweigend. Mit dem Schrei "Jude! Jude!" bleibt Faber vor dem Gebäude stehen und legt seine Frau auf den Stufen nieder. Obrist von Röder will ihm dabei helfen, aber FABER wehrt ihn geistesabwesend ab: "Laß sein! — Der Jude hat sie auf dem Gewissen! (Unwillig) Laß sie!"

Damit gibt er das Zeichen zum Sturm. Aus der Menge ertönen wilde Schreie: "Losschlagen!" "Was zögert ihr noch? " "Der Jude muß weg! Der Jude muß weg!" "Ja! Ja!"

(Die Kamera wandert die Hausfront empor:) Hinter den Fenstern des ersten Stockwerkes wird Levys erschrockenes Gesicht sichtbar.

Mit lauten Schreien und Ausrufen stürzen sich die Menschen auf das Portal und brechen es gewaltsam auf.

62.

Drinnen schließt Levy die Türen, löscht das Licht und versteckt sich hinter einem langen Fenstervorhang. Voller Todesangst schließt er die Augen.

63.

Die Musik fährt fort, mit schnellerem Tempo. Unter Führung des Obristen von Röder sprengt eine Abordnung der Landstände, unter ihnen Sturm und Faber, zu Pferde auf das Stadttor zu. Von Remchingen stellt sich ihnen mit der Waffe in den Weg, von Röder schießt ihn kurzerhand nieder. FABER sagt verächtlich: "Der hat's verdient, der Judenknecht!"

Auch die anderen Soldaten haben die Pistolen gezogen, zögern aber noch. VON RÖDER spricht auf sie ein: "Wir wollen keinen Bürgerkrieg, aber wenn Ihr jetzt schießt, dann ist er nicht mehr aufzuhalten. Im Namen der Landstände verlange ich jetzt: Das Tor auf! Wir müssen zum Herzog nach Ludwigsburg!"

Die Soldaten lassen die Waffen sinken und öffnen das Tor.

64. Die Abordnung jagt querfeldein nach Ludwigsburg.

65. Höfische Musik, sehr schnell;

durch das Krachen des Feuerwerks kommt ein gespenstischer Akzent hinzu. In Ludwigsburg freuen sich die Gäste an einem Feuerwerk. Die Herzogin ruft Süß beiseite; sie bittet ihn, nach dem Herzog zu sehen, der zuviel getrunken habe, sie selbst müsse beim Gesandten bleiben.

Der HERZOG wehrt die Bemühungen des Hofjuden ab:
"Es ist nichts weiter, Süß! Mir ist nur nicht gut. Schaff' Er mir 'nen Arzt für heute nach! — (Er seufzt:) Immer noch kein Kurier da!"

SÜSS: "Morgen, Euer Durchlaucht!"

HERZOG (ungeduldig): "Wann? Wann?"

SÜSS: "Spätestens morgen früh."

HERZOG (erregt, er bekommt kaum Atem): "Was heißt das? Ich denke, er müßte jeden Augenblick hier sein?"

SÜSS (bagatellisierend): "Hm, ein Scherz, Euer Durchlaucht."

HERZOG (wütend): "Laß Er die verdammten Scherze! Mir ist nicht danach zumute. Ich versteh' das Ganze nicht. Ich weiß nicht, wo die bleiben... (Dialog unverständlich — d. A.) Mir ist so unheimlich! Seit Peterwardein hab' ich nicht solche Unruhe im Leibe gehabt. (Er schreit unbeherrscht nach einem Lakaien:) Champagner!"

66. Pferdegalopp mischt sich in die Musik.

Die Abordnung reitet in schnellem Tempo in Richtung Ludwigsburg.

67. Musik fährt fort.

Ein Lakai schenkt dem Herzog und dem Hofjuden ein. Der HERZOG ist betrunken. Er lallt genüßlich nach einem tiefen Schluck: "Das ist die beste Medizin, Champagner!"

Süß versucht vergeblich, ihn davon abzuhalten, sich das Glas wieder füllen zu lassen. Er selbst schüttet den Inhalt seines Glases hinterrücks aus, der Herzog hat es bemerkt.

HERZOG: "Nun, warum trinkt Er nicht auf meine Gesundheit, was? Weshalb schütt' Er's denn weg? Schütt' Er's innen Bauch, Jude!"

SÜSS: "Wäre es nicht besser, Euer Durchlaucht gingen wieder zum Fest hinunter?"

Aber der HERZOG hört ihm nicht zu. Er gerät ins Philosophieren:
"Feuerwerk, Raketen, Illuminationen und Weiber — immer dasselbe. Was steckt schon hinter dem ganzen Plunder!"

SÜSS fühlt sich offensichtlich unbehaglich: "Was soll denn dahinterstecken?"

HERZOG (mit schwerer Zunge): "Immer dasselbe, Süß, immer dasselbe! — Ja, ich habe die Menschen in vielerlei Gestalt gesehen, mal auf dem Schlachtfeld, mal auf dem Parkett und — (er schnieft) mal im Bett. Aber heute will mir scheinen, als ob es immer dasselbe gewesen sei. — Hm, wie sieht Er mich denn an? Als hätte Er das hypokratische Gesicht!"

SÜSS (verwirrt): "Was hab' ich?"

HERZOG: "Hm, nehm' Er die Maske weg, mein Lieber!"

SÜSS windet sich vor Verlegenheit: "Welche Maske?"

HERZOG (lacht ordinär): "Die letzte, die letzte! Ha, ja wie sieht Er denn aus, wie sieht Er denn aus?"

SÜSS (ungehalten): "Wie soll ich denn aussehen?"

Mit bösem Lachen schüttet KARL ALEXANDER ihm den Rest Sekt aus seinem Glas ins Gesicht:
"Hier! — Ja, ja, ein Scherz! Wenn Er sich Scherze mit mir erlaubt, muß Er sich auch meine Scherze gefallen lassen!"

In diesem Augenblick wird die Ankunft von Kurieren gemeldet. Der Herzog reagiert zuerst mit Erleichterung, als er aber hört, daß die Kuriere im Garten auf ihn warten wollen, schwant ihm Böses. Er wirft sein Glas weg und eilt hinaus. Süß folgt.

68.

An der Terrasse tritt VON RÖDER dem Herzog entgegen:
"Im Namen der Landstände, Euer Durchlaucht, hier sind die Forderungen Eueres Volkes!"

HERZOG: "Forderungen? Forderungen? Wer hat die Dreistigkeit, von mir etwas zu fordern?"

Die Herzogin ist mit ängstlichen Rufen "Alexander! Alexander!" zu ihm geeilt, um ihn zu besänftigen, aber der HERZOG stößt sie beiseite:
"Weg! Weiber haben hier nichts zu suchen!"

Die HERZOGIN ruft beiseite: "Aufhören die Musik!"

VON RÖDER: "Wir kennen Eure Pläne, Durchlaucht, (Musik bricht ab!) und den Vorschlag des Juden. Darum fordern wir unwiderruflich —"

HERZOG (wütend): "Ihr fordert? Ich denke, die Reihe war jetzt an mir zu fordern!"

FABER (ruhig): "Daran hat sich auch nichts geändert, Euer Durchlaucht!"

VON RÖDER: "Noch nicht. Noch gilt der Eid, den Euer Durchlaucht dem württembergischen Volk geschworen haben, und wir fragen Euch: Wollt Ihr diesen Eid halten oder gilt der Jude Euch mehr als Euer ganzes Volk?"

Die Stimme des HERZOGS überschlägt sich: "Ich bestimme meine Ratgeber und sonst niemand!"

FABER schreit, auf Süß weisend: "Euer Ratgeber ist ein Mörder!"

Entrüstet ruft SÜSS aus: "Gelogen!", aber FABER setzt hinzu: "Er hat meine Frau in den Tod getrieben!"

SÜSS schreit: "Verleumdung! Niederträchtige Verleumdung!"
Er zieht den Degen, um sich auf Faber zu stürzen.

Da gerät der HERZOG vollends außer sich:
"Was, wagt Ihr, Euch vor meinem durchlauchtigsten Antlitz zu schlagen? (Er brüllt:) Ich lasse euch hängen, ihr Hunde — alle laß ich hängen? "

Mit den Armen um sich schlagend, bricht er laut stöhnend zusammen. Die Herzogin stürzt zu ihm, nach einem Arzt rufend.(28) Von Röder beugt sich über den Herzog. Das Röcheln verstummt.

VON RÖDER: "Er ist tot!"

Die Herzogin schreit schrill auf und wirft sich über die Leiche. Süß versucht sofort, sich nach hinten zurückzuziehen, aber FABER springt ihm nach mit den Worten: "Halt, Herr Oppenheimer!"

Süß wird festgehalten. VON RÖDER erklärt:
"Nach dem Tode des Herzogs geht die vollziehende Gewalt an die Landstände über, bis der neue Herzog gewählt ist. Im Namen der Landstände erkläre ich Euch für verhaftet!"

69. Keine Musik.

Süß sitzt im Gerichtssaal auf der Anklagebank. Er hat sich völlig verändert: Er ist unrasiert, die schwarzen Locken hängen ihm wirr ins angstverzerrte Gesicht. Seine Höflingskleidung ist schmutzig und unordentlich. Auch seine Sprache hat sich verändert; statt des bisher benutzten höfischen Tones, der nur gelegentlich durch die jiddische Wortstellung auffiel, klingt sie jetzt der Sprache Levys ähnlich.

GERICHTSVORSITZENDER: "Da sitzt er nun, der unselige Jude! In monatelangen Verhandlungen hat er nichts weiter für sich vorbringen können als — als Lügen, Lügen und immer wieder Lügen! Sein ganzes Latein ist ein Freibrief vom Herzog, der ihn von jeglicher Verantwortung freispricht."

SÜSS (erschöpft): "Wast Ihr mich hier beschuldigt, hab ich nur getan — (er schreit) auf Wunsch und Befehl von mein' Herzog!"

Das Publikum lacht höhnisch.

SÜSS schreit: "Im Freibrief steht's drin, Ihr braucht nur nachzulesen: Ich bin nix gewesen wie ein treuer Diener von mein' Souverän!"

Pfuirufe.

SÜSS (sinkt erschöpft auf den Stuhl zurück): "Ja, pfui."

STURM, der neben dem Gerichtsvorsitzenden sitzt:
"Wollt doch endlich schließen, daß dieser Freibrief, dieses Stückchen Papier, dem Herzog abgeschwindelt, das Register dieser Untaten auslöschen kann!"

Das Gericht zieht sich zur Beratung zurück. Da erhebt sich ein MANN aus der Zuschauermenge und wendet sich Süß zu, der apathisch dasitzt:
"Jude, der Zunftmeister der Schmiede spricht zu dir — regt sich nicht dein Gewissen?"

Der GERICHTSDIENER, ein alter Mann, ruft abwehrend zurück: "Ach, laß ihn doch!"

Der ZUNFTMEISTER: "Sagtest du nicht, daß man dich nicht höher hängen könnte als unseren Zunftbruder, den Schmied Hans Bogner?"

Der GERICHTSDIENER: "Schweigt und wartet, bis er verurteilt."(29)

Das Gericht erscheint wieder. Der GERICHTSVORSITZENDE beginnt mit milder Stimme:

"Nach einer monatelangen eingehenden Prüfung haben wir die Gründe für die Anklage recht befunden: Ihr kennt Erpressung, Wucher, Ämterhandel, Unzucht, Kuppelei und Hochverrat. Aber weit größer scheint mir die Schuld des Juden, wenn man sie an der Schande, dem Schaden, dem Leid ermißt, die unser Volk durch ihn an Leib und Seele erlitten hat. Und darum meine ich, jetzt sollte der sprechen, der am tiefsten gekränkt und beleidigt worden ist."

STURM (leise): "Ihr Herren, nicht Vergeltung, sondern nur, was rechtens ist!"

VORSITZENDER: "Sprecht nur frei, Sturm, Ihr habt das größte Leid erfahren und füglich das größte Recht zu richten."

STURM (pathetisch): "Leid spricht nicht Recht! Auge um Auge, Zahn um Zahn — das ist nicht unsre Art. Fragt nur das alte Reichskriminalgesetz, da steht's für alle Ewigkeit: 'So aber ein Jude mit einer Christin —' "

Sturm reicht das Buch dem VORSITZENDEN, der vorliest:
"So aber ein Jude mit einer Christin sich fleischlich vermenget, soll er durch den Strang vom Leben zum Tode gebracht werden."

70. Keine Musik.

Die Worte des Gerichtsvorsitzenden leiten über zur Stimme des HENKERS, der auf dem Marktplatz vor versammeltem Volk das Urteil verkündet:
"So aber ein Jude mit einer Christin sich fleischlich vermenget, soll er mit dem Strang vom Leben zum Tode gebracht werden, ihm zur wohlverdienten Strafe, jedermann aber zum wohlverdienten Exempel!"
Trommelwirbel (während der ganzen Dauer der Hinrichtung). Süß wird zum Schaffott geführt. Er wird unter den Händen der Henkersknechte ohnmächtig,

wird weitergezogen, schwankt, als er den Käfig erreicht. Das Volk steht schweigend im Schneegestöber. In der Menge ist Faber zu sehen, der starr vor sich hinblickt.

SÜSS schreit jammernd: "Ich bin — nix — gewesen — als ein treuer Diener von meinem Souverän!"

Der Käfig wird hochgezogen. Zwischen den Stäben schreit SÜSS weiter:
"Was kann ich dafür, wenn — Euer Herzog ein Verräter gewesen ist! — Ich will ja alles wiedergutmachen — ich schwöre es Euch — nehmt Euch meine Häuser, nehmt Euch mein Geld, aber laßt mer mein Leben! — Ich bin unschuldig! — Ich bin nur e armer Jud! Laßt mer mein Leben! — Ich will leben, leben will ich, le—"

Auf ein Zeichen des Henkers hin wird der Strick gezogen. Die Stimme des Hofjuden verstummt abrupt. (30)

(Nahaufnahme): Der Boden des Käfigs öffnet sich mit einem Ruck, die Füße des Gehenkten fallen heraus, schwanken hin und her und hängen schließlich ruhig.

71. Leise erklingt das Motiv der Dorothea "All mein Gedanken. . ."

Auf der Tribüne steht STURM auf und verkündet vor dem schweigenden Volk mit lauter, weithin hallender Stimme:
"Die Landstände verkünden durch meinen Mund den Willen des württembergischen Volkes:
Alle Juden haben innerhalb dreier Tage Württemberg zu verlassen. Für ganz Württemberg gilt hiermit der Judenbann!
Gegeben zu Stuttgart im Februar 1738. Mögen unsere Nachfahren an diesem Gesetz ehern festhalten, auf daß ihnen viel Leid erspart bleibe an ihrem Gut und Leben und an dem Blut ihrer Kinder und Kindeskinder."

Die Musik setzt voll ein.

(Die Kopie endet nach wenigen Sekunden. Kein Vermerk "Ende"!) (31)

6.4. Anmerkungen

Wiederholt angeführte Quellen erscheinen als Kurzbeleg. Alle wichtigen Angaben über Bücher und Zeitschriftenaufsätze finden sich ausführlich im Literaturverzeichnis, über Zeitungsbeiträge und Filmrezensionen dagegen bei der ersten Erwähnung.

0. Vorwort

1 In: Franz Everschor (Hrsg.): Filmanalysen 2. Düsseldorf 1964. S. 237 ff.

2 Gerd Albrecht: Nationalsozialistische Filmpolitik. Eine soziologische Untersuchung über die Spielfilme des Dritten Reichs. Stuttgart 1969. — Das Buch lag bei Redaktionsschluß dieses Manuskripts noch nicht im Druck vor.

1. Einleitung

1 Jüdisches Lexikon. Berlin 1927. Bd. III (1929). Spalte 407. — Bis 589 v. Chr. wurden nur die Angehörigen des Stammes Juda und der mit ihm zu einem Zwergstaat verbundenen Stämme (in Palästina) als Juden bezeichnet; nach der babylonischen Gefangenschaft wurden auch die Angehörigen des Nachbarstaates Israel so genannt. Die Bezeichnung "Israelit" bürgerte sich im 18. Jahrhundert als Ersatz für das diskriminierende Wort "Jude" ein. Die Konfessionsbezeichnung "mosaisch" kam noch später auf. Diese Ausdrücke wie auch die Bezeichnung "Hebräer" wurden von den Nationalsozialisten als abwertende Ausdrücke benutzt.

2 s. dazu H. G. Adler: Die Juden in Deutschland. München 1961.

3 Volks-, Berufs- und Betriebszählung v. 16.6.1933. Statistik des Deutschen Reichs. Bd. 451,5. Berlin 1936; Schlag nach über das Deutsche Reich. Leipzig o.J. (um 1943) S. 15 u. 12

4 Reichsgesetzblatt (RGBI) 1933 I, S. 195

5 RGBI 1935 I, S. 1333 f.

6 Von wieder anderen Gesichtspunkten ging die Polizeiverordnung über die Kennzeichnungspflicht der Juden vom 1.9.1941 aus; s. RGBI 1941 I, S. 547. Danach waren der mit einer Arierin verheiratete Jude vom Tragen des gelben Sterns befreit, sofern seine Kinder nicht als Juden galten, sowie die jüdische Ehefrau eines Ariers, auch in kinderloser Ehe.

7 Hitlers Zweites Buch. Ein Dokument aus dem Jahre 1928. Eingeleitet und kommentiert von Gerhard L. Weinberg. Stuttgart 1961. S. 220, s. dazu auch Adolf Hitler: Mein Kampf. München 1933. S. 165. 334

8 Mein Kampf. S. 357. 458. 61

9 Alfred Rosenberg: Der Mythus des 20. Jahrhunderts. München 1935. S. 294

10 Erich Meyer u. Karl Zimmermann: Lebenskunde. Lehrbuch der Biologie für Höhere Schulen. Erfurt o.J. (vermutl. 1938) S. 392. 396

11 Alexander Bein: Der moderne Antisemitismus und seine Bedeutung für die Judenfrage. In: Vierteljahreshefte für Zeitgeschichte. Stuttgart. Nr. 4 (Okt. 1958) S. 356. — Hans-Jochen Gamm weist darauf hin, daß die gebogene Nasenform bei Juden nicht sehr häufig sei; "die große krumme Nase trifft man aber bei 31 Prozent der Oberbayern..."; s. Judentumskunde. München 1964 (List-Taschenbuch Nr. 268). S. 154, Anm. 31.

12   Hitlers Zweites Buch . . ., S. 220.

13   Meyer u. Zimmermann: Lebenskunde . . ., S. 392.

14   Leitartikel "So einfach ist das nicht!" In: Das schwarze Korps. 35. Folge v. 29.8.1940, S. 1.

15   (Fortsetzung:) "Weltanschauung und Rassebegriff". In: Das Schwarze Korps. 41. Folge v. 10.10.1940, S. 6.

16   Wannsee-Protokoll. Dokument NG-2586. Zit. nach Leon Poliakov u. Josef Wulf: Das Dritte Reich und die Juden. Dokumente und Aufsätze. Berlin 1961. S. 76 f.

17   Dokument CXXXI-10. Zit. nach Leon Poliakov und Josef Wulf: Das Dritte Reich und seine Denker. Berlin 1959. S. 26.

18   Mein Kampf. S. 526.

19   Carl Neumann, Curt Belling u. Hans-Walther Betz: Film-"Kunst", Film-Kohn, Film-Korruption. Berlin 1937. S. 159 f.

20   Filmwoche Nr. 14 v. 5.4.1933, S. 425. Curt Belling: Der Film in Staat und Partei, Berlin 1936, S. 31-37, gibt folgende Version: "Ich selbst habe an vielen Abenden der vergangenen Zeit nach den entnervenden Kämpfen des Tages mit dem Reichskanzler im Lichtspielhaus gesessen und Entspannung gefunden. Glauben Sie nicht, daß wir des nicht in Dankbarkeit gedächten."

21   Henry Picker: Hitlers Tischgespräche im Führerhauptquartier 1941-42. Bonn 1951. Anm. zu Nr. 33 v. 5.6.1942. S. 92.

22   Dokument IfZ 1327/Bd. F 12/29. S. 111.

23   Belling: Der Film . . ., S. 19.

24   Belling: Der Film . . ., S. 31-37; Filmwoche Nr. 14 v. 5.4.1933, S. 425.

25   RGBl 1934 I, S. 95.

26   RGBl 1934 I, S. 1236.

27   RGBl 1934 I, S. 811.

28   s. dazu Klaus Norbert Scheffler: Die Verstaatlichung der deutschen Filmwirtschaft 1937 bis 1942 und die Bildung der "Ufa-Film GmbH" ("Ufi"). In: Deutsche Filmkunst Nr. 1/1961. Berlin (Ost). S. 20-23. — Max Winkler, ehemals Bürgermeister von Graudenz, wurde 1933 zum Treuhänder für 19 Unternehmen ernannt, die der Aufsicht des Reichsfinanzministeriums und des Oberrechnungshofes unterstellt waren. Ab 1935 trat er als "Reichsbevollmächtigter für die deutsche Filmindustrie" auf. Die *Cautio* kaufte die Anteile der Filmgesellschaften mit den von der Reichsregierung zur Verfügung gestellten Mitteln auf und zwar zu Spottpreisen.

29   Der Film Nr. 9 v. 28.2.1942. — Erster Reichsfilmintendant wurde der bisherige Leiter der Filmabteilung im Reichsministerium für Volksaufklärung und Propaganda, Ministerialrat Dr. Fritz Hippler, der den Film *Der ewige Jude* gedreht hatte. Seine Nachfolger wurden Dr. Peter Gast (ab Juni 1943), Kurt Parbel (ab März 1944) und Hans Hinkel (ab Juli 1944); s. dazu Joseph Wulf: Theater und Film in Dritten Reich. Gütersloh 1964. S. 321.

30   Otto Kriegk: Der deutsche Film im Spiegel der Ufa. Berlin 1943. S. 285.

31   Der Angriff v. 13.12.1932. Zit. nach Max Domarus: Hitler. Reden und Proklamationen 1932-1945. Kommentiert von einem deutschen Zeitgenossen. Bd. I. S. 145.

32 Mein Kampf. S. 197

33 ebenda

34 Mein Kampf. S. 198. 200. 201.

35 Mein Kampf. S. 129.

36 Hans Traub: Der Film als politisches Machtmittel. München 1933. S. 27.

37 Zeitschriftendienst 6. Ausg. v. 13.6.1939, Anw. Nr. 222 und 9. Ausg. v. 1.7.1939, Anw. Nr. 372

38 56. Ausgabe v. 17.5.1940, Anw. Nr. 2390. — Der Zeitschriftendienst (ZD) wurde von der Abteilung Zeitschriften- und Kulturpresse in der Presseabteilung der Reichsregierung in Verbindung mit dem Ministerium für Volksaufklärung und Propaganda seit 1936 erst monatlich, später wöchentlich herausgegeben und war "nach dem Willen der Presseführung für jede deutsche Zeitschrift das obligatorische Informations- und Anweisungsmaterial" (ZD, Anw. v. 12.2.1943). Neben der grünen Ausgabe des ZD erschien eine weiße, "Deutscher Wochendienst" (DW), die im wesentlichen dasselbe Material anbot. Beide Dienste mußten streng vertraulich behandelt werden; s. dazu Dietrich Strothmann: Nationalsozialistische Literaturpolitik. Ein Beitrag zur Publizistik im Dritten Reich. Bonn 1963. S. 295 f. — Für diese Untersuchung wurde vor allem der ZD ausgewertet, da die Anweisungen der (Zeitungs-)Pressekonferenzen entweder nicht zur Verfügung standen oder zum Thema Film wenig beitrugen.

39 ZD 27. Ausg. v. 3.11.1939, Anw. Nr. 1134. (Hervorhebungen im Original)

40 Rede vor dem Deutschen Reichstag am 30.1.1939, vgl. S. 62; ferner Hans-Günther Seraphim (Hrsg.): Das politische Tagebuch Alfred Rosenbergs 1934/35 und 1939/40. München 1964 (dtv dokumente Nr. 219). S. 111.

41 Zürich 1940. S. 53. — Obwohl Rauschning aus der Erinnerung in wörtlicher Rede zitiert, scheint seine Wiedergabe der Äußerungen dem Inhalt und Stil nach recht genau zu sein.

42 Von Caligari bis Hitler. Ein Beitrag zur Geschichte des deutschen Films. Hamburg 1958 (rde Nr. 63). S. 8.

2. Chronik des antisemitischen Films

1   Günther Sawatzki: Spiegelbild der Volkswandlung. In: Filmwelt Nr. 7 v. 14.2.1941, S. 160.

2   Der Film . . ., S. 12.

3   Zit. nach H. G. Adler: Die Juden . . ., S. 152. Zum Thema s. auch Werner Mosse (Hrsg.): Entscheidungsjahr 1932. Zur Judenfrage in der Endphase der Weimarer Republik. 2. Auflage. Tübingen 1966.

4   Nr. 206 v. 30.8.1930, S. 1.

5   Kurt Höllger: Karl Ritter. Berlin 1940. Bd. 86. (o.S.)

6   Nr. 39 v. 24.9.1930, S. 1244. — Paul Ickes, der später auch für die Inhaltsbeschreibungen antisemitischer Filme in *Das Programm von Heute* verantwortlich zeichnete, vertrat in der *Filmwoche* schon vor 1933 nationalsozialistische Ideen.

7   (a-b:) Zwei Welten. In: VB Nr. 225 v. 21./22.9.1930, Beiblatt Münchner Beobachter.

8   Kurt Siodmak: F.P. 1 antwortet nicht. Mit acht Bildern aus dem gleichnamigen Film der Ufa. Berlin 1931.

9   Nr. 41 v. 11.10.1933, S. 1284. — Der VB behandelte *FP 1 antwortet nicht* in Nr. 363 v. 28.12.1932 als unpolitischen Abenteuerfilm und erwähnte Lorre nicht. Nach einer mündlichen Auskunft von Heinz Rieckehr (Berlin) wurde der Film in Berlin bis Kriegsbeginn in Jugendvorstellungen gezeigt, obwohl Filme, in denen jüdische Schauspieler mitwirkten, seit 1933 verboten waren.

10   VB Nr. 88 v. 29.3.1933; Zit. nach M. Domarus: Hitler . . ., Bd. I, S. 248.

11   VB Nr. 89 v. 30.3.1933; Zit. nach M. Domarus: Hitler . . ., Bd. I, S. 252.

12   Horst Wessel, am 9.10.1907 als Pfarrerssohn geboren, war 1926 nach Abbruch des Studiums in die NSDAP eingetreten und als SA-Sturmführer des bald berüchtigten Schlägersturms 5 in Berlin-Friedrichshain zu einem beliebten Parteiredner avanciert. Ende 1929 erlahmte jedoch sein politischer Elan. Am 14.1.1930 wurde er in seiner Wohnung, in der er mit einer Prostituierten zusammen lebte, von einem Trupp Kommunisten überfallen und von einem Zuhälter namens Albrecht Höhler angeschossen; am 23.2. 1930 erlag Wessel seinen Verletzungen. Goebbels machte Wessel populär, indem er noch vor seinem Tod ein von ihm gedichtetes Lied, "Die Fahne hoch", zum Abschluß einer Sportpalast-Veranstaltung singen ließ. S. dazu Helmut Heiber: Joseph Goebbels. München 1965. S. 77 f.

13   Das Verbot des Horst-Wessel-Films. In: Reichsfilmblatt v. 14.10.1933; Filmkurier v. 11.10.1933 (Archiv Wulf). (Hervorhebungen im Original!)

14   Horst-Wessel-Film wird umgearbeitet. In: Hannoversche Volkszeitung v. 2.11.1933. Zit. nach J. Wulf: Theater und Film . . ., S. 350.

15   Film-Kurier v. 14.2.1933, S. 2. (Archiv Wulf)

16   Walther Günther: Hans Westmar. Einer von vielen. Staatspolitische Filme, H. 12, S. 3. Dem Heft sind auch die folgenden Zitate entnommen.

17   Der Film v. 16.12.1933, S. 3. (Archiv Wulf)

18   Filme im Werden/Horst Wessel wird zu Grabe getragen. In: Film-Kurier v. 11.8.1933, S. 2. (Archiv Wulf)

19   W. Günther: Hans Westmar . . ., S. 6.

20   Der Film v. 16.12.1933, S. 3.

21   Unmittelbar nach der Saalschlacht wird im Film die Ermordung des SA-Scharführers
     Hans-Georg Kütemeyer gezeigt, so daß die Tat als Racheakt erscheint. Nach einer ge-
     richtlichen Untersuchung war Kütemeyer, als er am 17.11.1928 in den Landwehrka-
     nal stürzte, entweder betrunken oder er wollte sich das Leben nehmen. Mord oder Tot-
     schlag schied nach Ansicht des Gerichtes aus. S. dazu Helmut Heiber: Joseph Goeb-
     bels . . ., S. 74 f.

22   Film-Kurier v. 11.8.1933, S. 2.

23   W. Günther: Hans Westmar . . ., S. 3.

24   Nr. 51 v. 20.12.1933, S. 1638. — Mit "Hinweis" ist wohl eine Presse-Anweisung ge-
     meint, die kaum so ungeschickt preisgegeben werden sollte.

25   Nr. 349 v. 15.12.1933. (Hervorhebung im Original!)

26   Goebbels-Rede am 9.10.1933, zit. nach Oskar Kalbus: Vom Werden deutscher Film-
     kunst. 2. Teil: Der Tonfilm. Altona-Bahrenfeld 1935. S. 119.

27   Reichsfilmblatt v. 14.10.1933, Film-Kurier v. 11.10.1933

28   Hannoversche Volkszeitung v. 2.11.1933

29   *Horst Wessel* - Film vor den SA-Führern. In: Licht-Bild-Bühne v. 12.9.1933, S. 1. (Ar-
     chiv Wulf)

30   Hans Erasmus Fischer in: Berliner Lokal-Anzeiger v. 14.12.1933; W. Günther: Hans
     Westmar . . ., Anhang. Das Heft gibt genaue Anweisungen für den Unterricht in den
     verschiedenen Schulklassen.

30.1 Franz Lennartz: Die Dichter unserer Zeit. Einzeldarstellungen zur deutschen Dichtung
     der Gegenwart. Stuttgart 1938. S. 455.

30.2 Illustrierter Film-Kurier Nr. 2264.

30.3 Der Hinweis auf den Film und die Beschreibung der Judenrollen stammen von Gerhard
     Schoenberner. Die Dialogzitate vermittelte Reinold E. Thiel.

31   RGBl 1935 I, S. 1145-1147.

32   Mein Kampf. S. 488-491.

33   S. dazu Hans Bernd Gisevius: Adolf Hitler. München 1963. S. 345; Bernhard Lösener:
     Als Rassereferent im Reichsministerium des Innern. In: Vierteljahreshefte für Zeitge-
     schichte, Stuttgart. 9. Jg. H. 3/1961. S. 262-313.

34   Reichstagsrede lt. DNB-Text in VB Nr. 259 v. 16.9.1935; zit. nach M. Domarus: Hit-
     ler . . ., Bd. I, S. 537.

35   Rede bei einer "Versammlung führender Persönlichkeiten der Partei" lt. DNB-Text v.
     15.9.1935; zit. nach M. Domarus: Hitler . . ., Bd. I, S. 539.

36   Nach Auskunft von Erwin Leiser (Zürich) war Sammy Friedman über die antisemiti-
     sche Interpretation seiner Rolle sehr unglücklich, zumal weder das Buch noch der Film
     solche Absichten verfolgt hatten. Friedman hatte die Rolle des Bendel als komödianti-
     sche Aufgabe aufgefaßt, nicht als jüdische Selbstdarstellung.

37   Nr. 195 v. 14.7.1935, S. 6.

38   Im Zusammenhang mit dem Film kam es zu einer vom Propaganda-Ministerium veran-
     laßten Untersuchung, weil einige scharf antisemitische Dialoge angeblich "verstümmelt
     zur Aufführung gebracht wurden"; s. dazu J. Wulf: Theater und Film . . ., S. 414.

39 Das Programm von Heute. Zeitschrift für Film und Theater. Frankfurt/M. 1935. (o.Nr.)

40 Nr. 195 v. 14.7.1935, S. 6.

41 Zit. nach Max Domarus: Hitler . . ., Bd. I, S. 537.

42 VB Nr. 44 v. 13.2.1936; s. auch M. Domarus: Hitler . . ., Bd. I, S. 573 ff.

43 DNB-Text v. 29.3.1938 und VB v. 30.3.1938 (Berliner Ausgabe). Zit. nach M. Domarus: Hitler . . ., Bd. I, S. 839.

44 IMT IX, S. 577 (Aussage Göring) u. IMT XXXII, S. 1/2, PS-3058; s. auch L. Poliakov u. J. Wulf: Das Dritte Reich und die Juden . . ., S. 22

45 IMT XXXII, S. 20 ff. PS-3063; s. auch Gerald Reitlinger: Die Endlösung. S. 17.

46 IMT XXVIII, S. 499-540, PS-1816 (unvollständiges Protokoll). Zit. nach L. Poliakov u. J. Wulf: Das Dritte Reich und die Juden . . ., S. 40.

47 RGBI 1938 I, S. 1579 ff. 1617.

48 Nr. 340 v. 6.12.1938, S. 6.

48.1 Illustrierter Film-Kurier Nr. 2724; s. auch die folgenden Zitate.

48.2 Hinweis und Beschreibung der Judenrolle von Gerhard Schoenberner

49 1933 hatte Karl Ritter die Herstellung des Steinhoff-Filmes *Hitlerjunge Quex* als Produktionsleiter überwacht. Sein Regie-Erstling unter nationalsozialistischer Herrschaft, der Spionage-Film *Verräter*, wurde 1936 auf der Biennale in Venedig und auf dem Reichsparteitag in Nürnberg gezeigt. Danach folgte eine Filmtrilogie, die militärische Episoden aus dem Ersten Weltkrieg behandelte: *Patrioten, Unternehmen Michael* (beide 1937 produziert) und *Urlaub auf Ehrenwort* (im Januar 1938 uraufgeführt).

50 Nr. 20 v. 13.5.1938.

51 VB Nr. 357 v. 23.12.1938, S. 5.

52 Karl Ritter, der geniale Regisseur. In: VB Nr. 357 v. 23.12.1938, S. 5.

53 Kurt Höllger: Karl Ritter . . . (o.S.)

54 ebenda.

55 Heft 4 v. 15.2.1938, S. 49. — Die Zeitschrift *Wille und Macht* wurde als "Führerorgan der nationalsozialistischen Jugend" von Baldur von Schirach herausgegeben. (Dt. Institut f. Filmkunde Wiesbaden) (Hervorhebungen im Original)

56 H.-G. Seraphim (Hrsg.): Das politische Tagebuch . . ., S. 138 f.

57 Filmwelt Nr. 14 v. 1.4.1938.

58 Die Berliner Premiere folgte am 14.7.1939.

59 Lt. Filmwelt Nr. 14 v. 1.4.1938 war für die Rolle des Bertram zunächst Paul Verhoeven vorgesehen.

60 (h-r:) "Robert und Bertram" im Atelier. In: VB v. 23.1.1939. (Dt. Institut f. Filmkunde)

61 ebenda

62 (Ha.Hu.:) Zwei Vagabunden, die trotzdem in den Himmel kamen. In: Filmwelt Nr. 3 v. 20.1.1939.

63 VB v. 23.1.1939.

64 Nr. 197 v. 16.7.1939, S. 6.

65 Der Schritt zur Filmposse. In: Der Film. 1. Beil. z. Nr. 28 v. 15.7.1939. (Dt. Institut
f. Filmkunde)

66 S. 17. (Dt. Institut f. Filmkunde) — "Mischpoke", richtig (jiddisch): Mischpoche = Familie, Verwandtschaft, Sippschaft.

67 S. 5; s. auch Filmwelt Nr. 17 v. 28.4.1939.

68 Nr. 162 v. 15.7.1939, S. 3. — Ilse Wehner nannte den Film in Der Deutsche Film, H.
2/August 1939, "einen tiefen, allzutiefen Griff in die Mottenkiste", und fand, er könne keineswegs "als völlig gelungen angesehen werden". (Dt. Institut f. Filmkunde)

69 H.-G. Seraphim (Hrsg.): Das politische Tagebuch . . ., S. 110 f.

70 Der Darsteller des Michel, Heinz Schorlemmer, charakterisierte seine Rolle bei einem
Interview in der Zeitschrift Filmwoche Nr. 16 v. 19.4.1939, S. 490 f. folgendermaßen:
"Im Film ist Michel zu Anfang wohl auch einfältig und unselbständig, so daß ihm seine hübsche Braut beinahe untreu wird. Aber nach seiner Militärzeit kommt er als ganzer Kerl zurück, hat Mumm in den Knochen und Haare auf den Zähnen, so daß auch
seine Braut, die von Carla Rust gespielt wird, ehrlich begeistert über soviel Männlich-
keit in seine Arme sinkt. So wurden aus dem Michel im Film eigentlich zwei ganz verschiedene Rollen. Mehr kann ein spielfreudiger Schauspieler nicht verlangen." Die propagandistische Tendenz der Rolle ist in dem Marschlied (Text: Hans Hannes) deutlich
ausgesprochen, das im Film neben Liedern ganz unpolitischen Inhalts gesungen wird:

> Michel paß auf!
>
> Ich trag den neuen Rock zum erstenmal,
> Denn seit gestern bin ich Korporal.
> Und ich glaube auch, man sieht's mir an,
> Aus dem dummen Michel ward ein Mann.
> Vorbei ist die Zeit, in der ich träumte,
> Es tut mir leid, was ich versäumte.
>
> Michel paß auf, Michel, gib acht!
> Sei auf der Hut, sei auf der Wacht!
> Sei nicht immer nur Dichter und Denker,
> Draußen steht das Gelichter der Stänker!
> Michel, gib acht,
> Sei auf der Wacht!
> Michel, schau aus,
> Dann hast du Frieden in deinem Haus.
> Michel, schau aus,
> Dann hast du Frieden in deinem Haus!

71 Allerdings wurde der Film 1942 als Reprise wieder eingesetzt und hatte lt. Der Film
Nr. 9 v. 28.2.1942 großen Publikumserfolg.

72 Das Programm von Heute Nr. 385. Bei der Überarbeitung des Filmprogramms wurden
nur der Schlußtext, nicht die Fotos ausgewechselt. So fanden die Käufer auf der Titel-
seite noch eine Aufnahme von der Himmelsreise, die ihnen im Film vorenthalten wurde.

73 Nr. 639 v. 25.3.1938, S. 6. (Archiv Rieckehr)

74 Mein Film, Folge 24 v. 16.6.1939, S. 3. (Archiv Rieckehr)

75 Filmwelt Nr. 33 v. 16.8.1940, S. 6 f.

76 Elisabeth Frenzel: Judengestalten auf der deutschen Bühne. München o.J. (vermutlich
1940/41) S. 254.

77 Nr. 241 v. 16.10.1939, S. 4.

78 Mein Kampf. S. 64.

79 Breuer trat mit dieser Rolle erstmals im Film auf. Auch in seinem Fall rühmten die Kritiker die "Selbstverleugnung" und "Selbstüberwindung" des Schauspielers, einen Juden darzustellen; Filmwelt Nr. 43 v. 27.10.1939, S. 17 und VB v. 20.10.1939, S. 7.

80 Carl Weichardt: Film-Komödie aus Alt-Österreich. In einer nur mit dem Vermerk "BMG" gekennzeichneten Rezension v. 18.10.1939. (Ausschnittsammlung Dt. Institut f. Filmkunde)

81 Sitten aus England — *Leinen aus Irland*. In: VB v. 20.10.1939, S. 7. (Archiv Wulf)

82 Mein Kampf. S. 345.

83 VB v. 20.10.1939, S. 7.

84 Waldemar Lüthe in: Filmwoche Nr. 43 v. 25.10.1939.

85 Hans Erasmus Fischer in: Filmwelt Nr. 43 v. 27.10.1939, S. 17.

86 25. Ausg., Anw. Nr. 1009 v. 21.10.1939.

87 Der Deutsche Film v. 5.11.1939. (Dt. Institut f. Filmkunde)

88 VB v. 20.10.1939, S. 7.

89 67. Ausgabe, Anw. Nr. 2919 v. 2.8.1940.

90 Carl Brunner: Acht Regisseure — acht Temperamente. In: Filmwoche Nr. 14 v. 5.4. 1939, S. 428.

91 Nr. 202 A v. 24.8.1940.

92 Trotz dieser antisemitischen Sequenz wurde der Film 1945 nicht verboten. Trotzdem war die Filmkopie, die die Autorin am 15.10.1963 bei der Bavaria-Filmkunst GmbH. in München-Geiselgasteig vorfand, gekürzt; die antisemitische Sequenz wurde als Schnittrolle aufbewahrt. Der Grund war nicht zu erfahren. Die Rolle des Rechtsanwaltes ist auch in der geschnittenen Fassung einwandfrei als Judendarstellung zu erkennen.

93 (Dt. Institut f. Filmkunde)

94 42. Ausg. v. 9.2.1940. Anw. Nr. 1804.

95 ZD 61. Ausg. v. 21.6.1940, Anw. Nr. 2656.

96 63. Ausg. v. 5.7.1940, Anw. Nr. 2754.

97 Triumph des Wassers. In: VB Nr. 238 v. 25.8.1940, S. 5; ". . . das Ganze ward im sogenannten Schulterklopperstil verfaßt, so konnte es nicht ausbleiben, daß die gesamte Melodie ein wenig wie das klang, was der herbe Holzkirchner mit 'g'schwolln dahergeredt' bezeichnet. Die Charakterisierung des Ländlichen wird durch ein besonders auffälliges, schweres Vorausschieben des Oberleibs angestrebt. Die Männer des Dorfes gehen nicht, sie schreiten nicht, sie stampfen nicht, sie segeln, Lastschiffe des Hochgebirges." — Den von Albert Hörrmann gespielten Anwalt erwähnt Hömberg als "glatten Rechtsverdreher", ohne auf seine Herkunft einzugehen.

97.1 Illustrierter Film-Kurier Nr. 3101.

97.2 Hinweis und Beschreibung der antisemitischen Szene von Gerhard Schoenberner.

98 IMT XXVIII, PS-1816. Zit. nach L. Poliakov u. J. Wulf: Das Dritte Reich und die Juden . . ., S. 44.

99 DNB-Text v. 3.9.1939. Zit, nach M. Domarus: Hitler . . ., Bd. II, S. 1342.

100 Zit. nach M. Domarus: Hitler . . ., Bd. II, S. 1058. — Hitler wiederholte diese Drohung am 30.1.1941 und am 30.1.1942.

101 Mein Kampf. S. 772.

102 Brief v. 28.7.1942 an Gottlob Berger. Dok. CXXXI-10, zit. in: L. Poliakov u. J. Wulf: Das Dritte Reich und seine Denker . . ., S. 26. Zum Thema "Führerbefehl" s. G. Reitlinger: Die Endlösung . . ., S. 89-94.

103 IMT XIII, S. 169, NG-2586. Zit. nach L. Poliakov u. J. Wulf: Das Dritte Reich und die Juden . . ., S. 70. — Zuerst war an die Einrichtung einer "Judenkolonie" gedacht, etwa auf Madagaskar.

104 ebenda.

105 IMT XIII, S. 210 ff. NG-2586. Zit. nach L. Poliakov u. J. Wulf: Das Dritte Reich und die Juden . . ., S. 71-78.

106 Vgl. Tagebuchnotiz v. Goebbels v. 27.3.1942. In: Louis P. Lochner (Hrsg.): Goebbels Tagebücher aus den Jahren 1942-43. Zürich 1948. S. 142.

107 In der vorliegenden Literatur finden sich dem jeweiligen Stand der Forschung entsprechend unterschiedliche Angaben. Einen guten Überblick und weitgehend zuverlässige Angaben bietet Reinhard Henkys: Die nationalsozialistischen Gewaltverbrechen. Stuttgart-Berlin 1965.

108 R. Henkys: Die nationalsozialistischen Gewaltverbrechen . . ., S. 88. 95.

109 Martin Broszat (Hrsg.): Kommandant in Auschwitz. München 1963. S. 159 ff. 170 ff. — Zum Datum s. Hans Buchheim u.a.: Anatomie des SS-Staates. Bd. II. Olten 1965. Zeittafel/Buchumschlag.

110 M. Broszat (Hrsg.): Kommandant . . ., S. 159. — Zum Datum s. Helmut Eschwege (Hrsg.): Kennzeichen J. Berlin (Ost) 1966. Zeittafel S. 357.

111 RGBl 1941 I, S. 547.

112 H. Eschwege (Hrsg.): Kennzeichen J. Zeittafel S. 357.

113 R. Henkys: Die nationalsozialistischen Gewaltverbrechen . . ., S. 136.

114 Dr. Goebbels sprach vor den Filmschaffenden. In: Filmwoche Nr. 15 v. 10.4.1940, S. 357.

115 Meldungen aus dem Reich. Nr. 107 v. 22.7.1940. Akte R 58/152. (Bundesarchiv Koblenz) — Näheres über die Geheimberichte s. S. 229-231

116 Der Spielfilm im Schatten. In: Nr. 8 v. 14.7.1940, S. 18.

117 Deutsche Filme der Gegenwart. In: Filmwoche Nr. 31 v. 31.7.1940, S. 722; s. auch Film-Kurier Nr. 163 v. 15.7.1940.

118 65. Ausg. v. 19.7.1940, Anw. Nr. 2839.

119 Egon Caesar Conte Corti: Die Rothschilds. Frankfurt/M. 1962 (zuerst 1926) — eine um Sachlichkeit bemühte, gründliche Darstellung. Ferner Frederic Morton: Die Rothschilds. München 1962 — eine mehr romanhafte Familienchronik.

120 E. C. Conte Corti: Die Rothschilds . . ., S. 62.

121 Ursprünglich hatte der Film den Arbeitstitel "Kämpfer, Krämer und Kurse" lt. Filmwelt Nr. 3 v. 19.1.1940, S. 16. Noch im März 1940 — Filmwelt Nr. 13 v. 29.3.1940, S. 2 — ist Mirko Jelusich als Drehbuchautor genannt. Übrig blieb von seinem Entwurf nur "die Idee"; im Filmvorspann sind als Drehbuchautoren C. M. Köhn, der auch die Herstellungs-Leitung hatte, und Gerhard T. Buchholz aufgeführt.

122　E. Frenzel: Judengestalten . . ., S. 81.

123　ebenda: "Dieses Motiv, von Voß skizzenhaft hingeworfen, fand hundert Jahre später durch E. W. Möller eine endgültige Form." — Hermann Wanderscheck entlarvte die Fälschung ungewollt, als er in der Filmwelt Nr. 43 v. 25.10.1940 E. W. Möller zitierte: "Der Dichter schrieb: 'Das Hohngelächter der Götter hallt boshaft und ewig in der Anekdote von Waterloo. Sie ist so enthüllend, so vernichtend, so *ins Herz* des Kapitalismus treffend, daß — wäre sie nicht — man sie erfinden müßte!" (Hervorhebung im Original)

124　Gerhard Starke: Juden über England. In: Deutsche Allgemeine Zeitung v. 18.7.1940. (Archiv Wulf)

125　Nr. 43 v. 25.10.1940.

126　Die Sequenz ist dem 1934 entstandenen amerikanischen Film *The House of Rothschild* nachgebildet. Fritz Hippler nahm die entsprechenden Szenen in seinen Film *Der ewige Jude* auf mit deutschen Untertiteln, in denen es heißt, Mayer Amschel täusche Armut vor, um sich vor dem Steuerzahlen zu drücken. Aus dem Originalton geht aber hervor, daß Rothschild in Lumpen geht, weil sein Besitz Neid erweckt. Auf seine Klage, reichere Bürger zahlten weniger als er, erwidert ihm der Steuerbeamte höhnisch: "Ja, aber die wohnen nicht in der Judengasse!" Davon ist in den Untertiteln natürlich keine Rede.

127　Film-Kurier v. 18.7.1940, S. 2. (Archiv Wulf)

128　Nr. 170 v. 18.7.1940.

129　Richard Biedrzynski: Israels Waterloo! In: VB v. 17.7.1940, S. 1. (Archiv Wulf)

130　Hans-Walther Betz: Ein starker und großartiger Film. In: Der Film, 1. Beil. z. Nr. 29 v. 20.7.1940. Ferner in: Filmwoche Nr. 31 v. 31.7.1940, S. 736 ff. (Archiv Wulf)

131　Film-Kurier v. 18.7.1940, S. 2.

132　DAZ v. 18.7.1940.

133　Film-Kurier v. 18.7.1940, S. 2.

134　Der Film Nr. 29 v. 20.7.1940.

135　G.S. (d.i. Günther Sawatzki) in: Filmwelt Nr. 30 v. 26.7.1940.

136　James Rothschild hatte mit Fouché nichts zu tun. Die französische Polizei bemühte sich zwar um die Verhaftung des Bankiers, konnte aber wegen seiner guten Beziehungen zu Finanzminister Graf von Mollien nichts ausrichten; s. dazu E. C. Conte Corti: Die Rothschilds . . ., S. 50 f.; F. Morton: Die Rothschilds . . ., S. 56 ff. 81.

137　Der Deutsche Film v. 2.8.1940, S. 32. (Dt. Institut f. Filmkunde)

138　VB v. 17.7.1940, S. 1.

139　DAZ v. 18.7.1940.

140　Nr. 29 v. 20.7.1940.

141　Jürgen Petersen in: Das Reich Nr. 9 v. 12.7.1940.

142　DAZ v. 18.7.1940.

143　Der Dialog des Werbetrailers (Dt. Kinemathek Berlin) hat an dieser Stelle ein Abweichung: "Bronstein, sehense sich an, Se sehn aus wie en Schnorrer, so mies un nich ganz sauber, aber — Ihr Sohn wird sich waschen lernen und Ihr Enkel kann vielleicht schon ein Lord sein in diesem Lande. Und alles damit!"

144 DAZ v. 18.7.1940.

145 Im Rahmen der antibritischen Filmpropaganda wurden alle Völker, die gegen Großbritannien gekämpft hatten, aufgewertet, so die Iren in einigen Filmen 1940 und 1941,
aber auch die Buren in *Ohm Krüger*.

146 Der fiktive Name soll wohl auf die andere, natürlich bessere Kraft des Volkes deuten.
"Rothermere" erinnert an einen englischen Journalisten gleichen Namens, der Hitler
besucht und einen sehr günstigen Eindruck auf ihn gemacht hatte. Die historische Person hieß Rothworth.

147 65. Ausg. v. 19.7.1940, Anw. Nr. 2839.

148 Fritz Hippler: Betrachtungen zum Filmschaffen. Berlin 1942. S. 100. (Hervorhebungen im Original). Der Film wird zwar nicht genannt, ist aber ganz offensichtlich gemeint.

149 Der erste englische Fliegerangriff auf eine "deutsche Verkehrsanlage" wurde von DNB
am 12.4.1940 gemeldet. Die Luftschlacht gegen England begann am 8.8.1940; s. dazu
M. Domarus: Hitler . . ., Bd. II, S. 1574, Anm. 474 u. S. 1568, Anm. 446.

150 DNB-Text v. 19.7.1940. Zit. nach M. Domarus: Hitler . . ., Bd. II, S. 1558. – Die "Aktion Seelöwe" wurde am 12.10.2940 verschoben und am 13.2.1943 endgültig abgesagt.

151 Nr. 170 v. 18.7.1940.

152 höm. (d.i. Hans Hömberg): Ein Dichter kommt zum Film. In: Nr. 358/59/60 v. 24./
25./26.12.1939, S. 8.

153 ZD 52. Ausg. v. 19.4.1940, Anw. Nr. 2256.

154 Das Datum des Vorführverbots wie der Wiederfreigabe ist nicht bekannt. Nach den
Schätzberichten Dr. Winklers an das Finanzministerium v. 21.9.1940 bis 19.6.1941
war der Film zurückgezogen. Im Bericht v. 20.8.1941 ist erstmals wieder eine Gewinn-
schätzung angegeben; der Film muß also im Juli oder August wieder eingesetzt worden
sein. Akte R 2/4830. (Bundesarchiv Koblenz)

155 Nr. 3120. Bis auf den Vorspann unveränderter Text der ursprünglichen Ausgabe.

156 (-bo-:) Kurznachrichten aus Rumänien. In: Der Film v. 7.6.1941, S. 1. (Archiv Wulf)

157 R. Henkys: Die nationalsozialistischen Gewaltverbrechen . . ., S. 149.

158 (Dr. G.:) Die Rothschilds. Ein bahnbrechender Film über die Verjudung Englands. In:
Nr. 35 v. 29.8.1940, S. 7. (Hervorhebungen im Original) (Institut für Zeitgeschichte
München)

159 (Dr. W.:) Jud Süß ohne Maske. In: Hamburger Tageblatt v. 18.11.1939. Zit. nach:
Film- und Mode-Revue Nr. 10 (1. Maiheft) 1952, S. 4 f.

160 Curt Elwenspoek: Jud Süß Oppenheimer, Stuttgart 1926 – eine um Gerechtigkeit bemühte, dennoch nicht ganz vorurteilsfreie Biographie. Ferner Selma Stern: Jud Süß.
Berlin 1929 – eine wissenschaftlich sachliche, nicht ohne persönliches Engagement
geschriebene Darstellung.

161 Süß Oppenheimers Geburtsjahr – 1692 oder 1699 – war schon zu seinen Lebzeiten
umstritten. Das Gerücht, er sei der uneheliche Sohn des damaligen Kommandanten
von Heidelberg, Georg Eberhard von Heidersdorf gewesen, ließ sich nie bestätigen. Es
kam vermutlich auf, weil Süß nach zeitgenössischer Beschreibung "in seinem äußern
Wesen nicht viel Ebräisches an sich gehabt" hat; s. C. Elwenspoek: Jud Süß . . ., S. 26.
45.

162 Es handelte sich lt. Reskript v. 28.11.1736 um acht Familien – s. S. Stern: Jud Süß . . .,
S. 91. – und nicht um "Hunderte von Juden", wie der Film behauptet.

163 Daß Süß eine "Supplikantin" vergewaltigt hätte, ist unhistorisch. In den Akten der gerichtlichen Untersuchung, die das Liebesleben des Hofjuden auf peinlichste Weise durchforschte, ist kein derartiger Fall angegeben; s. dazu C. Elwenspoek: Jud Süß . . ., S. 94 ff.; S. Stern: Jud Süß . . ., S. 164 f.

164 S. Stern: Jud Süß . . ., S. 166.

165 Zit. nach C. Elwenspoek: Jud Süß . . ., S. 158. — Elwenspoek nennt die Hinrichtung einen "politischen Mord", denn von "Justizmord", der die Gutgläubigkeit voraussetze, könne nach den Akten keine Rede sein. (S. 155).

166 Ein deutscher *Jud Süß*-Tonfilm war offenbar schon 1930 geplant. Nach einer Notiz der *Filmwoche* Nr. 7 v. 12.2.1930, S. 221, sollte Conrad Wiene die Aufnahmen für den Gold-Sprechfilm *Jud Süß* nach Motiven von Wilhelm Hauff mit Fritz Kortner in der Titelrolle drehen. Auf Anfrage teilte Frau Johanna Kortner der Autorin in einem Brief v. 1.9.1965 mit, ihr Mann könne sich nicht erinnern, daß mit ihm wegen eines solchen Filmes verhandelt worden wäre.

167 s. Notiz in: Filmwoche Nr. 22 v. 31.5.1933, S. 694.

168 Schauspiele von: Albert Leo Dulk: Lea (nach Hauff), erstaufgeführt am 23.12.1848 in Königsberg; Paul Kornfeld: Jud Süß (nach Lion Feuchtwanger), erstaufgeführt am 7.10.1930 in Berlin; Eugen Ortner: Jud Süß (nach Hauff, antisemitisch), erstaufgeführt am 18.11.1930 in Breslau — alle Angaben nach E. Frenzel: Judengestalten.

169 Leonhard F. Schmidt: Der Fall Veit Harlan. Ein Tatsachenbericht. In: Film- und Mode-Revue Nr. 13 (2. Juniheft) 1953, S. 17. Danach erfolgte der Drehbuchvertrag am 11.7. 1939, der Vertrag über die Weltverfilmungsrechte (!) am 21.7.1939.

170 Konrad Himmel: Erster Großfilm über jüdische Weltgefahr. In: Licht-Bild-Bühne Nr. 164 v. 18.7.1939, S. 3.

171 (E. F.:) Jud Süß unmaskiert vor der Kamera. In LBB Nr. 249 v. 25.10.1939, S. 3. (Hervorhebungen im Original). (Dt. Museum München)

172 ebenda. In: Der Film Nr. 3 v. 20.1.1940, S. 3 ist der Drehbeginn für Mitte Februar angegeben; ohne nähere Erklärung wird Veit Harlan statt Brauer als Spielleiter genannt.

173 (ej.:) Der *Film* sprach mit Veit Harlan/Jud Süß und sein Schicksal im Film. In: Der Film Nr. 3 v. 20.1.1940, S. 3 (Archiv Wulf); s. auch J. Wulf: Theater und Film . . ., S. 398.

174 ZD 40. Augs. v. 26.1.1940, Anw. Nr. 1705; s.auch J. Wulf: Theater und Film . . ., S. 398, Anm. 1.

175 Nr. 3 v. 20.1.1940, S. 3.

176 C. Elwenspoek: Jud Süß . . ., S. 154.

177 Stärkste Wirkung von *Jud Süß*. — In: Berliner Lokal-Anzeiger v. 25.9.1940. (Archiv Wulf)

178 Nr. 3 v. 20.1.1940, S. 3.

179 51. Ausg. v. 12.4.1940, Anw. Nr. 2190.

180 Ernst v. d. Decken: *Jud Süß* in Venedig. — In: DAZ v. 6.9.1940 (Archiv Wulf); s. auch J. Wulf: Theater und Film . . ., S. 402.

181 Berliner Lokal-Anzeiger v. 25.9.1940

182 ebenda

183 . . . auf daß ihnen viel Leid erspart bleibe! — In: Filmwelt Nr. 15 v. 12.4.1940.

184   Steglitzer Anzeiger v. 7.9.1940.

185   VB Nr. 246 v. 3.9.1939.

186   Im Film läßt sich Süß nach einem Unfall mit seiner Kutsche von Dorothea Sturm in
       die Residenz mitnehmen und zeigt den Grenzposten einen gefälschten Paß. Im Dreh-
       buch dagegen versucht er, sich an den Soldaten vorbeizuschleichen. Als sie auf ihn
       schießen, flüchtet er und fällt dabei in einen Bach. Die Grenzsoldaten finden auf der
       Suche nach dem Fremden eine gefüllte Geldbörse, die mit einem Davidstern aus Per-
       len bestickt ist. Unterdessen bittet Süß die vorüberfahrende Tochter des Landschafts-
       konsulenten um Hilfe. Er täuscht eine Verletzung vor und kann sich in ihrer geschlos-
       senen Kutsche verbergen, so daß die Grenzposten ihn nicht sehen. (Drehbuch S. 27-32.
       36-38.)

187   Nr. 491 v. 26.9.1940, S. 2. (Archiv Wulf)

188   Filmwelt Nr. 15 v. 12.4.1940.

189   Fritz Hippler: Die formende Kraft des Films. In: Betrachtungen zum Filmschaffen.
       Berlin 1942. S. 107: ''Im übrigen ist die Inhaltsmöglichkeit des 'happy ends' vielfälti-
       ger als man denkt; es kann beispielsweise in dem Kuß eines Liebespaares bestehen . . .,
       auf der anderen Seite aber auch im Aufhängen des 'Jud Süß' u.a.m.''

190   Nr. 461/462 v. 26.9.1940, S. 6.

191   ZD 74. Ausg., Anw. Nr. 3216.

192   Nr. 38 v. 20.9.1940.

193   Der Hofjude. In: Nr. 19 v. 29.9.1940, S. 18; s. auch Wolfgang Menzel in der Jenaer
       Neuen Zeitung v. 5.10.1940; Hans-Walther Betz in Der Film Nr. 36 v. 7.9.1940, 1. Beil.
       (Archiv Wulf)

194   Filmwelt Nr. 15 v. 12.4.1940.

195   Selbst Luther wird im Film nicht als Judenfeind aus religiösen Gründen, sondern als
       Vorläufer der Rassen-Ideologie zitiert; vgl. Jud Süß-Protokoll S. 288f.

196   Der Film Nr. 36 v. 7.9.1940, 1. Beil.

197   Nr. 15 v. 12.4.1940.

198   Nr. 491 v. 26.9.1940, S. 2.

199   Lanz von Liebenfels schrieb 1909 in einem seiner Ostara-Hefte, die Hitler in Wien kauf-
       te und las, daß das Weib vom Samen des Mannes ''physisch und psychisch imprägniert''
       werde; s. dazu Wilfried Daim: Der Mann, der Hitler die Ideen gab. München 1958. S.
       265. Julius Streicher spann diese Vorstellung in der Zeitschrift Deutsche Volksgesund-
       heit aus Blut und Boden phantasievoll aus; s. Nr. 1/1935, S. 1. Zit.v. L. Poliakov u. J.
       Wulf: Das Dritte Reich und seine Denker . . ., S. 424.

200   Hitler soll, als er von der Kapitulation der 6. Armee in Stalingrad erfuhr, gesagt haben:
       ''Wenn man sich vorstellt, daß eine Frau den Stolz hat, daß sie, weil sie nur ein paar be-
       leidigende Worte hört, hinausgeht, sich einsperrt und sich sofort totschießt, dann habe
       ich vor einem Soldaten keine Achtung, der davor zurückschreckt, sondern lieber in Ge-
       fangenschaft geht . . .'' Zit. n. Karl-Heinz Janßen: Massengrab Stalingrad. In: Die Zeit
       Nr. 2 v. 12.1.1968, S. 26.

201   Ausg. v. 6.10.1940. (Archiv Wulf)

202   Der Film Nr. 3 v. 20.1.1940, S. 3. — Statt der Sabbatfeier, die der Film zeigt, war im
       Drehbuch eine Schilderung der Purimfeier vorgesehen, um das ''grotesk unheimliche
       Bild einer fremden, asiatischen Welt'' vor Augen zu führen; vgl. S. 355 Anm. 21

203 Brief d. Sondertreuhänders der Arbeit für d. kulturschaffenden Berufe v. 1.4.1940 an d. Terra Filmkunst GmbH. Produktion, Herstellungsgruppe Otto Lehmann, Babelsberg, abgedruckt in: J. Wulf: Theater und Film . . ., S. 400.

204 Der Film Nr. 3 v. 20.1.1940, S. 3; s. auch J. Wulf: Theater und Film . . ., S. 398. (Hervorhebung im Original)

205 Ausg. v. 25.9.1940.

206 Harlan hat in seiner posthum veröffentlichten Selbstbiographie *Im Schatten meiner Filme*, Gütersloh 1966, behauptet, in der ursprünglichen Filmfassung habe Süß kurz vor der Hinrichtung seine Feinde verflucht. Goebbels habe daraufhin veranlaßt, daß die Sequenz nachgedreht wurde. Nach dem Drehbuch geht der Jude jedoch schweigend in den Tod, vgl. S. 356 Anm. 30.

207 Nr. 19 v. 29.9.1940, S. 18.

208 Nr. 15 v. 12.4.1940.

209 Das Reich Nr. 19 v. 29.9.1940, S. 18

210 Im Drehbuch sagt Sturm ("in seinen Augen blitzt es, seine Stimme wird hart"): "...meine Tochter ist nicht mosaisch — und würde es auch unter keinen Umständen jemals werden wollen." Im Film ist diese religiöse Begründung also durch den Ausdruck des Rassebewußtseins ersetzt.

211 Berlin 1942. S. 29 f.

212 Nr. 461/462 v. 26.9.1940, S. 6.

213 Ausg. v. 6.9.1940 (Archiv Wulf); s. auch J. Wulf: Theater und Film . . ., S. 402.

214 Im Drehbuch stürmt die Volksmenge nach der Hinrichtung des Hofjuden sein Palais. Levy versucht zu fliehen, nachdem er Geld und Schmuckstücke aus Süß Oppenheimers Schreibtisch an sich gerafft hat, und wird von seinen Verfolgern von Zimmer zu Zimmer gejagt. Schließlich stürzt er sich vom Dach des Hauses in die Tiefe. (S. 237-242.)

215 DAZ Nr. 461/462 v. 26.9.1940, S. 6.

216 vgl. Ergänzung zum Filmprotokoll *Jud Süß*, S. 354 Anm. 2.

217 Im Schatten meiner Filme . . ., S. 111 f.

218 Nr. 251 v. 7.9.1940, S. 4. (Archiv Wulf)

219 Mündliche Auskunft von Dr. Willy Söhnel, Transit-Filmvertrieb GmbH. Frankfurt/M. — Hippler erwähnte in *Der Film* Nr. 48 v. 30.11.1940, daß Harlan sich das für den *Ewigen Juden* in den polnischen Ghettos gedrehte Material "mehrfach ansah, und auch Krauß hieran intensive Studien für die Gestaltung seiner Judenrolle betrieb".

220 Ausg. v. 18.11.1939; vgl. Anm. 159.

221 Der Film Nr. 3 v. 20.1.1940, S. 3. — Dabei stand lt. *Hamburger Tageblatt* (vgl. Anm. 159) schon am 18.11.1939 die Besetzung der Titelrolle mit Marian fest. Der Widerspruch zwischen den Äußerungen deutet darauf hin, daß sich Marian dem Engagement anfangs widersetzt hat.

222 Die zweite Wahrheit. In: Nr. 233 v. 26.9.1940, S. 2. (Archiv Wulf) (Hervorhebung im Original)

223 Curt Belling in: V B Nr. 270 v. 26.9.1940, S. 4. (Archiv Wulf)

224 Wolfgang Menzel in: Jenaer Neue Zeitung v. 5.10.1940. (Archiv Wulf)

225 Nr. 251 v. 7.9.1940, S. 4.

226 Nr. 268 v. 24.9.1940, S. 9. (Archiv Wulf)

227 Im Scheinwerfer. Filmwelt-Beilage Nr. 50.

228 Stattdessen übernahm Hippler Ausschnitte aus dem jiddischen Film *Der Purimspieler* in seinen *Ewigen Juden.*

229 Wilhelm Westecker: Jud Süß — Urbild jüdischer Art. In: Berliner Börsen-Zeitung v. 25. 9.1940. (Archiv Wulf)

230 Nr. 38 v. 20.9.1940.

231 Nr. 233 v. 26.9.1940, S. 1.

232 Nr. 491 v. 26.9.1940, S. 2.

233 Harlan teilt in seinem Buch *Im Schatten meiner Filme* mit, er habe sich in Lublin vom dortigen Rabbiner 150 jüdische Statisten aussuchen lassen, denen er das Thema erklärt habe, und sei beim Abschied mit einer echten alten Thora-Rolle beschenkt worden. Goebbels habe gegen den Plan, diese Juden nach Berlin zu bringen, jedoch Einwände erhoben, so daß die Dreharbeiten in Prag in den Barrandow-Ateliers hätten vorgenommen werden müssen. Dort hätten sich auf das hohe Tageshonorar hin viele Juden gemeldet. Harlan betont, "daß natürlich niemand zur Mitarbeit gezwungen wurde oder auch nur gezwungen zu werden brauchte". (S. 115 f.) Dazu ist festzustellen: Der ZD (40. Ausg. v. 26.1.1940, Anw. 1705) vermerkt die "Tatsache, daß 120 Juden aus den Ghettos des ehemaligen Polen nach Deutschland geholt worden sind, um als Statisten in . . . *Jud Süß* mitzuwirken"; das dürfe jedoch nicht erwähnt werden. Von Prager Juden ist keine Rede. Da nicht einmal Wehrmachtsangehörige Statistengage erhielten, ist nicht anzunehmen, daß Ghetto-Insassen ein "hohes Tageshonorar" bekamen. Die Juden über den antisemitischen Zweck ihrer Rolle aufzuklären, wäre völlig unnötig gewesen, da die von ihnen gestalteten Szenen diesen Zweck nicht vermuten lassen. Dagegen ist anzunehmen, daß Harlan den Statisten vortäuschte, sie sollten ihr religiöses Brauchtum demonstrieren, um Vorurteilen entgegenzuwirken — das würde auch das Geschenk des Rabbiners erklären.

234 Berliner Lokal-Anzeiger v. 25.9.1940.

235 Das Reich Nr. 19 v. 29.4.1940, S. 18.

236 Lt. Hamburger Tageblatt v. 18.11.1939 (vgl. Anm. 159) war für diese Rolle zuerst Carl Kuhlmann, der Nathan in *Die Rothschilds*, vorgesehen.

237 Berliner Börsen-Zeitung v. 25.9.1940.

238 Frankfurter Zeitung Nr. 491 v. 26.9.1940, S. 2.

239 Berliner Lokal-Anzeiger v. 25.9.1940.

240 Der Film Nr. 36 v. 7.9.1940.

241 Berliner Lokal-Anzeiger v. 25.9.1940.

242 Der Angriff Nr. 233 v. 26.9.1940, S. 2.

243 VB Nr. 270 v. 26.9.1940, S. 4.

244 Das Reich Nr. 19 v. 29.9.1940, S. 18.

245 Berliner Lokal-Anzeiger v. 25.9.1940.

246 s. Mein Kampf, aber auch J. Goebbels: Michael. Ein deutsches Schicksal in Tagebuchblättern. München 1933.

247 Jenaer Neue Zeitung v. 5.10.1940.

248   Das Reich Nr. 19 v. 29.9.1940, S. 18.

249   Frankfurter Zeitung Nr. 491 v. 26.9.1940, S. 2.

250   Das Reich Nr. 19 v. 29.9.1940, S. 18.

251   Darin gleicht Dorothea der Bauerntochter Anna in *Die goldene Stadt* (1942, Regie: Veit Harlan), die gleichfalls Selbstmord begeht.

252   Das Reich Nr. 19 v. 29.9.1940, S. 18.

253   *Verwehte Spuren* (1938), *Das unsterbliche Herz* (1939), *Der große König* (1942), *Kolberg* (1945). — Spezialist für Massenszenen war auch Hans Steinhoff, s. *Ohm Krüger* (1941).

254   VB Nr. 270 v. 26.9.1940, S. 3.

255   Schon Brauer hatte diese Absicht gehabt. Veit Harlan scheiterte mit seinem Plan auch beim Filmprojekt *Der Kaufmann von Venedig* an Goebbels' Veto.

256   Ausg. v. 5.8.1940, S. 5. (Archiv Wulf). Es heißt dort unter dem Zwischentitel "Die Musik als Mittel der Charakterisierung": "Zeller hat das Lied 'All meine Gedanken, die ich hab', die sind bei dir' leitmotivisch durch den Film geführt. Er hat es im Andante *tragisch* abgewandelt und durch die orchestrale Klangfarbe verdunkelt. Dann klingt das *Schicksalsmotiv* gleich im Vorspann auf, ein Motiv, das in seiner wuchtigen Härte und kraftvollen Schwere bezeichnend für den Charakter des Films ist. Das Schicksalsmotiv wird beim Finale des Films in einen interessanten kontrapunktischen Gegensatz zu heiteren Motiven gebracht. Für die Charakterisierung des Judentums hat Zeller manche entscheidende musikalische Vorbereitung, in Übereinstimmung mit Harlan, getroffen. Einmal erscheint eine das *Zeremonial* singende Judenstimme original im Film. Beim *Judeneinzug* in Stuttgart hat Zeller dann mit eigenartigen orientalischen Klangfarben die typisch jüdische Musik getroffen. Die Szene in der *Sternwarte* erfährt, wie Zeller sich ausdrückt, die typische 'Beäthherung' durch eine glitzernde, monoton-salbungsvolle, auch orientalisch schattierte Musik. Das sind Eigenarten einer Musik, die für die Handlung selbst außerordentlich sind. Zeller meint: es kommt gar nicht darauf an, . . . den *ganzen* Film mit Musik zu versehen, um die gleichzeitige Doppelwirkung von filmischer Stimmung und musikalischem Ausdruck zu erreichen. Es können auch *wenige*, aber charakteristische Stellen sein, wo die Musik in Erscheinung tritt — wie bei 'Jud Süß — und doch können sie *viel mehr* vom Wesen einer Filmmusik aussagen . . ." (Hervorhebungen im Original!)

257   Ausg. v. 5.10.1940.

258   ebenda.

259   Akte R 58/156 (Bundesarchiv Koblenz); s. auch Heinz Boberach: Meldungen aus dem Reich. Neuwied-Berlin 1965. S. 114 f.

260   Erlaß Tgb. Ne. 35/142/40 (Archiv Wulf), abgedruckt in: J. Wulf: Theater und Film . . ., S. 405.

261   Ministerialblatt d. Reichs- u. Preußischen Ministeriums d. Innern, 1940 II, S. 2116 b. (Archiv Wulf)

262   Nr. 45, S. 10.

263   J. Wulf: Theater und Film . . ., S. 409.

264   Mündliche Auskunft d. Regisseurs Erwin Leiser.

265   s. dazu Raul Hilberg: The destruction of the European Jews. Chicago 1961. S. 182 ff. 242 ff. 255 f.

266 Am anderen Tag wurde der Film in 66 Lichtspielhäusern Großberlins gleichzeitig gestartet; s. DAZ v. 29.11.1940, Abendausgabe. (Archiv Wulf)

267 Die Ausstellung war im Juli 1937 eröffnet worden. Ende Dezember 1937 konnten sich die Besucher auch einen Film *Juden ohne Maske*, ansehen, der die jüdische Tätigkeit in der Filmindustrie vor 1933 schilderte; s. Frankfurter Zeitung v. 29.12.1937. (Archiv Wulf). Zum Thema "entartete Kunst" s. Hildegard Brenner: Die Kunstpolitik des Nationalsozialismus. (rde Nr. 167/168) Reinbek b. Hamburg 1963. S. 108 ff.

268 Die Sage wurde im 13. Jahrhundert erstmals aufgezeichnet. Berühmt wurde der Roman des französischen Schriftstellers Eugène Sue (1804-1857), Der ewige Jude, der 1844 als erster Roman-Nachdruck in einer deutschen Zeitung erschien. Sues Werk war jedoch nicht gegen die Juden, sondern gegen die Jesuiten gerichtet. — Unter demselben Titel wurde 1829 auch ein Schauspiel von O. L. B. Wolff, einem deutschen Juden bekannt; s. dazu E. Frenzel: Judengestalten . . ., S. 263.

269 ZD 120. Ausg. v. 15.8.1941, Anw. Nr. 5088.

270 Das Reichsfilmarchiv, Vermerk Nr. 5660, nennt Taubert als Autor des Manuskripts. Im Filmvorspann wie im *Illustrierten Film-Kurier* heißt es nur: "Nach einer Idee von Dr. E. Taubert *.

271 Nr. 48, S. 1. (Hervorhebungen im Original) (Archiv Wulf)

272 ebenda.

273 Das Warschauer Ghetto wurde auf Veranlassung der Deutschen am 16.10.1940 eingerichtet und am 31.10. für Polen geschlossen. Die jüdische Bevölkerungs Warschaus betrug ursprünglich ca. 350 000 Menschen, erhielt aber in den ersten Kriegswochen aus allen Teilen des Landes einen starken Zustrom an Flüchtlingen. 1941 starben im Ghetto monatlich rund 6 000 bis 7 000 Menschen an Seuchen; s. dazu Bernard Goldstein. Die Sterne sind Zeugen. München 1965. S. 39. 58 ff.

274 ebenda, S. 86.

275 (-eil:) *Der ewige Jude*. Ein Un-Kulturfilm. In: Der Angriff Nr. 288 v. 29.11.1940, S. 3. (Archiv Wulf): "Wer einen Saustall ausmistet, der kann nicht verlangen, daß ihn eine Wolke von Ambra und ähnlichen Wohlgerüchen umschwebt . . . Mein erster Gang nach dem Verlassen der Ghettos führte mich zur Entlausungsanstalt. Auch das war mir ein Symbol. Wer dem Rattenvolk der Juden zu nahe kommt, der infiziert sich."

276 Mein Kampf. S. 338 ff.

277 Mein Kampf. S. 331.

278 Zur Aufnahme des politischen Aufklärungsfilmes *Der ewige Jude*. In: Meldungen aus dem Reich Nr. 155 v. 20.1.1941, S. 7. Akte R 58/157, bisher unveröffentlicht. (Bundesarchiv Koblenz)

279 Nr. 288 v. 29.11.1940.

280 Das Thema wurde in der antisemitischen Propaganda vermieden und später ausdrücklich verboten, s. DW 140. Ausg. v. 9.1.1942, Anw. Nr. 5990.

281 Die Zitate sind wahllos herausgegriffen, gekürzt und sinnentstellend zusammengesetzt. Irrtümer verraten dabei die völlige Unkenntnis von Altem Testament und Talmud, so wird z.B. Kanaan, der Stammvater der Feinde Israels, als Lehrer der Israeliten bezeichnet.

282 Der Film Nr. 48 v. 30.9.1940.

283 Symphonie des Ekels. In: H. 8/Februar 1940, S. 157. (Dt. Institut f. Filmkunde)

284 Damit war das Vorurteil angesprochen, daß ein Tierfreund ein guter Mensch, ein Tier-
feind dagegen — und als solcher erschien hier der Schächter — charakterlich minderwertig sei. Hitler, Rudolf Höß und andere Nationalsozialisten bewiesen, daß Tierliebe
sehr wohl mit Sadismus und Menschenverachtung gepaart sein kann.

285 Hans Hohenstein: Ahasver ohne Maske. In: VB Nr. 335 v. 30.11.1940, S. 8. (Archiv
Wulf)

286 *Der ewige Jude*/Ein Filmdokument vom wahren Gesicht der jüdischen Rasse. In: H.
6/Dezember 1940. (Dt. Institut f. Filmkunde)

287 Ernst Jerosch in: Der Film Nr. 48 v. 30.11.1940, 1. Beil. (Archiv Wulf)

288 Nr. 335 v. 30 11.1940, S. 8.

289 Im Rechenschaftsbericht v. 21.2.1941 teilte Max Winkler dem Finanzministerium einen zu erwartenden Verlust von rund 165 000 RM mit; s. Akte R 2/4830. (Bundesarchiv Koblenz)

290 Meldungen aus dem Reich. Nr. 155 v. 20.1.1941, S. 7-9.

291 Große Zahlen — große Themen: Der deutsche Film im Kriege. In: VB Nr. 345, S. 5.

292 ebenda.

293 83. Ausg., Anw. Nr. 3570

294 Nr. 30 v. 15.12.1940; s. auch Willy Beer in der DAZ Nr. 587/588 v. 8.12.1940, 2.
Beibl.

295 Rede am 24.2.1940 in München; Mein Kampf. S. 189 f.

296 Rede am 12.2.1939; zit. bei M. Domarus: Hitler . . ., Bd. II, S. 1078 f.

297 Werner Stephan: Bismarck. Bd. 201. Berlin 1940. (Archiv Rieckehr)

298 s. Mein Kampf. S. 160 u. Illustrierter Film-Kurier Nr. 3149.

299 vgl. Anm. 296.

300 Werner Stephan: Bismarck . . . (o.S.). — In Wirklichkeit entwickelte sich der Verfas-
sungskonflikt aus dem Streit um die zwei- oder dreijährige Dienstverpflichtung der
Rekruten, also um ein Einzelproblem der Heeresreform.

301 ebenda.

302 Ludwig Loewe (1837-1886) war Berliner Stadtverordneter, gehörte dem Abgeordnetenhaus an und seit 1878 als Mitglied der Deutsch-freisinnigen Partei auch dem Reichstag.
— Rudolf Virchow (1821-1902) war Mitglied des Abgeordnetenhauses, Mitgründer
und Vorsitzender der Fortschrittspartei und griff Bismarck während des Verfassungs-
konflikts heftig an. Seine Bedeutung als medizinischer Wissenschaftler, insbesondere
als Begründer der Zellularpathologie, wurde von den Nationalsozialisten geleugnet; s.
Hans Steinhoffs Film *Robert Koch* (1939).

303 S. 195. (Dt. Institut f. Filmkunde)

304 Das Attentat auf Bismarck war bereits in einem Stummfilm (Regie: Ernst Wendt,
1924/25) gezeigt worden, allerdings ohne Hinweis auf den Juden und ohne antisemitische Tendenz; s. Ludwig Ziehen: Bismarck. Geleitbuch zum Bismarck-Film. Berlin
1926.

305 s. Tagebuchnotiz A. Rosenbergs vom 8.5.1940 in H. G. Seraphim (Hrsg.): Das politi-
sche Tagebuch . . ., S. 138 f.— Goebbels schrieb am 19.2.1942 in sein Tagebuch (s. L.
P. Lochner, Hrsg.; Goebbels Tagebücher . . ., S. 94): "Von Attentaten soll man im
Kriege weder im negativen noch im positiven Sinne reden. Es gibt gewisse Worte, die

wir scheuen müssen wie der Teufel das Weihwasser; dazu gehören z.B. die Worte 'Sabotage' und 'Attentat'. Man darf solche Begriffe gar nicht in den Alltagsjargon übergehen lassen..." Von Attentaten sprechen hätte demnach bedeutet, die Existenz einer Opposition gegen den Nationalsozialismus zuzugeben.

306   Günther Sawatzki: Ein Leben für Deutschland. In: Filmwelt Nr. 28 v. 12.7.1940, S. 7.

307   Zur Aufnahme der Filme *Bismarck, Friedrich Schiller, Feinde.* In: Meldungen aus dem Reich. Nr. 157 v. 27.1.1941, S. 8 f. Akte R 58/157 — bisher unveröffentlicht. (Bundesarchiv Koblenz)

308   ZD 100. Ausg. v. 28.3.1941, Anw. Nr. 4279.

309   Nr. 32 v. 4.8.1940.

310   s. VB Nr. 80 v. 21.3.1941, S. 8.

311   Nr. 71 v. 23.3.1941, S. 2. Filmwelt Nr. 14 v. 4.4.1941.

312   Berliner Lokal-Anzeiger Nr. 71 v. 23.3.1941, S. 2.

313   Ludwig Gesek: Besuch bei Karl Ritter in Heiligenblut. In: Filmwoche Nr. 31 v. 31.7. 1940, S. 732. (Mit Fotos)

314   Antropp in: VB Nr. 80 v. 21.3.1941, S. 8.

315   Roman Herle in: Filmillustrierte Nr. 31 v. 28.7.1940, S. 2.

316   Das Reich Nr. 21 v. 13.10.1940, S. 22.

317   Nr. 71 v. 23.3.1941, S. 2.

318   H. 10/April 1941, S. 204. (Dt. Institut f. Filmkunde)

319   Kurt Höllger: Karl Ritter . . . (o.S.)

320   s. dazu H.-G. Seraphim (Hrsg.): Das politische Tagebuch . . ., S. 138 f. — Der Film wurde auch nicht sonderlich propagiert. Der ZD (100. Ausg. v. 28.3.1941, Anw. Nr. 4279) bedachte ihn mit sehr zurückhaltendem Lob. Trotzdem wurde der Film kein schlechtes Geschäft, vgl. Tabelle im Anhang.

321   Ein Treatment von Felix Eckardt, *Karl Peters, der Königsmacher,* das den historischen Tatsachen besser gerecht wurde und Juden überhaupt nicht erwähnte, wurde bei der Planung offensichtlich verworfen (Archiv Peter Hagemann). — Herbert Selpin bezahlte die Zusammenarbeit mit Walter Zerlett-Olfenius 1942 mit seinem Leben. Aufgrund einer Anzeige wegen Verunglimpfung der Wehrmacht wurde Selpin von der Gestapo inhaftiert und erwürgt, als Todesursache wurde Selbstmord angegeben. Laut ZD 170./ 39. Ausg. v. 7.8.1942, Anw. Nr. 7357, durfte der Regisseur nicht mehr erwähnt werden. Zerlett-Olfenius mußte sich wegen der Denunzierung 1947 vor Gericht verantworten; s. dazu J. Wulf: Theater und Film . . ., S. 299.

322   ZD 100. Ausg. v. 28.3.1941, Anw. Nr. 4278.

323   Nr. 151 v. 31.5.1941, S. 8. — Diese Worte hatte Hans Albers bei der Premiere in Form eines Wunsches ausgesprochen.

324   (Ge. d.i. Ludwig Gesek:) *Carl Peters*/Deutsche Weltgeltung — einst erahnt — heute verwirklicht. In: Filmillustrierte Nr. 12 v. 16.3.1941.

325   ebenda.

326   ZD 100. Augs. v. 28.3.1941, Anw. Nr. 4278. — 1938 hatte die *Reichsstelle zur Förderung des deutschen Schrifttums* in einem Gutachten über Peters betont, es fänden sich bei ihm "Gedankengänge, die fast wörtlich übereinstimmen mit denen des Führers und seiner ersten Mitkämpfer". Hermann Krätschell stellte hingegen gemeinsame "psycho-

pathologische Züge" fest, in: Carl Peters 1856-1918. Berlin 1959, S. 68.

327 In dieser Zeit wurde Peters als Direktor und Verwalter der 1887 gegr. Deutsch-Ostafri-
     kanischen Gesellschaft wegen Unfähigkeit seines Amtes enthoben. Gegen den Willen
     Bismarcks machte er sich auf die Suche nach dem in Afrika verschollenen Arzt Emin
     Pascha, einem Deutschen jüdischer Abstammung. Daß er bei dieser Gelegenheit neue
     Kolonien erwarb, brachte ihm keinen Dank ein, weil das deutsche Reich im Sommer
     1890 in einem Vertrag mit Großbritannien auf neue Kolonie verzichtet hatte.

328 Harald Feddersen: Hans Albers als Carl Peters. In: Steglitzer Anzeiger v. 30.5.1941.
     (Dt. Institut f. Filmkunde)

329 ebenda.

330 Kolonialpionier ohne Volk. In: Nr. 257/258 v. 31.5.1941.

331 Nr. 82 v. 23.3.1941, S. 6.

332 In Wirklichkeit hatte Peters einen eingeborenen Diener und eine Dienerin aus nie ganz
     geklärten Gründen exekutieren lassen. Daraufhin kam es durch den Bruder des Mäd-
     chens, einem Häuptling, zu Kämpfen, bei denen zwei deutsche Offiziere getötet wur-
     den. Als Peters später für die Nationalliberale Partei bei den Reichstagswahlen kandi-
     dierte, veranlaßte der (nichtjüdische) Abgeordnete August Bebel wegen des Vorfalls
     ein Disziplinarverfahren, das mit der Verurteilung Peters' endete. Der jüdische Kolo-
     nialdirektor Kayser hatte Peters zu schützen versucht; s. dazu H. Krätschell: Carl Pe-
     ters.

333 Nr. 23/24 v. 11.6.1941, S. 620.

334 Mein Kampf. S. 573 f.

335 Berliner Lokal-Anzeiger Nr. 128 v. 30.5.1941.

336 Filmwoche Nr. 25/26 v. 18.6.1941, S. 597.

337 Daß Kayser Peters' Pläne zum Scheitern gebracht habe, ist eine nationalsozialistische
     Erfindung. Auf der anderen Seite war das Verhältnis zwischen Bismarck und Peters
     keineswegs so gut, wie der Film vorgibt; s. dazu Krätschell: Carl Peters . . ., S. 72.

338 Nr. 25/26 v. 18.6.1941, S. 597.

339 100. Ausg. v. 28.3.1941, Anw. Nr. 4278.

340 Nr. 23/24 v. 11.6.1941.

341 VB Nr. 82 v. 23.3.1941, S. 6. Bei der Berliner Erstaufführung referierte Hans Hömberg
     diese Rezension, ließ aber die kritischen Äußerungen weg; s. VB Nr. 151 v. 31.5.1941,
     S. 8.

342 Nr. 23 v. 8.6.1941.

343 Nr. 257/258 v. 31.5.1941.

344 s. Atelierberichte in: Filmwoche Nr. 51 v. 19.12.1940, S. 1213-1216; Filmwelt Nr. 51
     v. 20.12.1940, S. 4 f. u. Nr. 6 v. 7.2.1941, S. 134 f. — Die Neger-Statisten waren fran-
     zösische Kriegsgefangene.

345 Das Drehbuch entstand "unter freier Benutzung von Motiven aus dem Roman *Mann
     ohne Volk*" von Arnold Krieger, s. Illustrierter Film-Kurier Nr. 3196.

346 s. SD-Berichte v. 4.7., 22.7. u. 7.10.1940, v. 27.3., 10.4., 5.5. u. 12.5.1941; H. Bobe-
     rach (Hrsg.): Meldungen aus dem Reich . . ., S. 80, 88 f., 105, 128, 134, 141, 144 f.
     — Durch den Rußlandfeldzug ab Juni 1941 wurden diese Erwartungen verdrängt.

347 ZD 73. Ausg. v. 13.9.1940, Anw. Nr. 3184.

348 ZD 77. Ausg. v. 11.10.1940, Anw. Nr. 3334.

349 Filmwelt Nr. 16 v. 18.4.1941, S. 418.

350 VB Nr. 96 v. 6.4.1941, S. 3.

351 Filmwoche Nr. 16 v. 16.4.1941.

352 ZD 69. Ausg. v. 16.8.1940, Anw. Nr. 3004. Das Originalzitat hat einen Druckfehler:
     ". . . Jude Alfred Beit, Diamantenhändler, betreibt für Cecil Rhodes die Vernichtung
     der *Juden* . . ."

353 Filmwoche Nr. 46 v. 13.11.1940, S. 1102.

354 Nr. 16 v. 18.4.1941, S. 418

355 Filmwelt Nr. 40 v. 4.10.1940, S. 7.

356 Filmwelt Nr. 16 v. 18.4.1941, S. 418.

357 Möglicherweise hat Emil Jannings, von dem es heißt, er sei Judenmischling (mit einem
     jüdischen Großelternteil) gewesen, weitere antisemitischen Szenen abgewiesen — viel-
     leicht, um die antibritische Tendenz nicht zu verwässern. Nach seiner eigenen Erklä-
     rung in der *Filmwelt* Nr. 50 v. 13.12.1940, S. 4 (Titel: *Ohm Krüger*, Vorkämpfer ge-
     gen Englands Willkür), hatte er den Plan zu diesem Film selbst gefaßt. Auch in dem
     anderen antisemitischen Film, in dem Jannings mitwirkte, *Die Entlassung*, spielen die
     Judenszenen keine wichtige Rolle.

358 Daß die Briten die Konzentrationslager erfunden hätten, war die beliebte nationalsozi-
     alistische Propagandathese, die von der Einrichtung der eigenen KZs ablenken sollte.

359 s. dazu J. Scheibert: Der Freiheitskampf der Buren und die Geschichte ihres Landes.
     3 Bde. Berlin 1902. Insbes. Bd. 3. S. 225 ff. u. 268 ff.

360 ZD 101. Ausg. v. 4.4.1941, Anw. Nr. 4317.

361 Filmwelt Nr. 50 v. 13.12.1940, S. 4.

362 Meldungen aus dem Reich v. 12.5.1941, S. 13. Akte R 58/160. (Bundesarchiv Koblenz)

363 ZD 156. Ausg. v. 3.11.1944, Anw. Nr. A 833.

364 Nr. 39 v. 25.9.1940. Der Titelvorspann des Films erhielt folgenden Begleittext: "Ein
     Film zum Andenken an den Rittmeister Freiherr von Langen, der in einer Zeit tiefster
     Erniedrigung den deutschen Namen in aller Welt wieder zu Ehren brachte."

365 Hans-Ottmar Fiedler in: Filmwelt Nr. 45 v. 8.11.1940, S. 9.

366 Nr. 50 v. 13.12.1940, S. 14.

367 Hermann Hacker: Der große deutsche Reiterfilm. In. Filmwoche Nr. 43 v. 23.10.1940,
     S. 1017.

368 ebenda.

369 Günther Sawatzki in: Filmwelt Nr. 23/24 v. 11.6.1941, S. 620

370 ZD 156. Ausg. v. 3.11.1944, Anw. Nr. A 833. Arthur Maria Rabenalt berichtet in sei-
     nem Buch *Film im Zwielicht*, München 1958, S. 89, der Film habe als Reprise "die
     seinerzeitigen eigenen Rekordkassen" geschlagen. Zum drittenmal wurde der Film
     1952 in der Bundesrepublik gestartet und zwar in einer gekürzten Fassung (ohne die
     antisemitischen Szenen und einige stark tendenziöse Dialogstellen), die von der FSK
     ohne weitere Schnittauflagen am 30.6.1952 (Prüf-Nr. 4416) freigegeben wurde, lt.
     Schreiben des Leiters der FSK, Dr. Krüger, v. 29.10.1964 an die Autorin. Das Presse-
     Echo auf die Wiederaufführung war unterschiedlich. Die lobenden Besprechungen ver-

raten jedoch, daß die nationalistischen und nationalsozialistischen Tendenzen auch in der verstümmelten Fassung unvermindert wirksam sind, s. Ausschnitt-Sammlung im Dt Institut f. Filmkunde.

371 Arthur Teuber polemisierte 1933 gegen die "getarnten 'nationalen' Leute . . ., die wir als weiße Juden bezeichnen", in: Deutsche Film-Schau, Folge 11 v. 2.6.1933. Fritz Hippler gebrauchte den Ausdruck für "alte Filmhasen", die sich den nationalsozialistischen Anforderungen an das Filmschaffen nicht anpassen könnten, s. Die Stoff-Frage im Film. In: Filmwelt Nr. 44 v. 1.11.1940, S. 11; Filmwoche Nr. 44 v. 30.10.1940, S. 1051: ". . . innerlich gibt es noch gar manche weiße Juden, Geschäftlhuber mit viel Rührseligkeit, aber ohne Herz, viel Routine ohne Können, Rückgratlosigkeit ohne Anspannung, Miesmacherei ohne Ernsthaftigkeit, maßlose Selbstüberhebung ohne eine Spur persönlicher Substanz."

372 Film im Zwielicht . . ., S. 20. — Daß der Film 1945 "zu den berüchtigsten Nazifilmen der schwarzen Liste" gezählt wurde und sowohl dem Regisseur wie auch dem Hauptdarsteller ein fast zweijähriges Berufsverbot einbrachte, kann sich Rabenalt nur so erklären, daß der Film "durch seinen Erfolg im neutralen und besetzten Ausland wie im Inland zu einem Politikum" geworden sei: "Es ist oft die ungewollte, unbeabsichtigte Resonanz eines Filmes, die ihn politisch werden läßt. . . Als die emotionelle Stauwelle verebbt war, wurde der Film völlig harmlos und unpolitisch befunden, als einer der ersten von der alliierten Verbotsliste gestrichen und mit Erfolg zum dritten Male wiederaufgeführt." Daß der Film für die FSK erst durch Schnitte akzeptabel gemacht werden mußte, verschweigt Rabenalt wohlweislich.

373 Filmwelt Nr. 2 v. 10.1.1941, S. 34.

374 Die andere Quelle. In: Nr. 219/220 v. 9.5.1941, Beibl.

375 Das Reich Nr. 23 v. 8.6.1941.

376 Nr. 21 v. 23.5.1941, S. 559.

377 Morescu ist nur durch sein Äußeres als Jude zu erkennen. Bei dem Gespräch ist auch ein Türke zugegen, da es sich, wie dem Dialog zu entnehmen ist, um ein türkisches Projekt handelt, an dem Oginski sich beteiligt hat. Der Türke spricht jedoch kein Wort und wird von der Kamera nie deutlich ins Bild gebracht — vermutlich weil der Film hier keinen Angehörigen einer befreundeten Nation in ein ungünstiges Licht setzen durfte. Der Türke trennt auch die Streitenden, Oginski und Morescu, als Antonia plötzlich erscheint.

378 Nr. 46 v. 15.11.1940, S. 5.

379 *Der Weg ins Freie* ist neben *Der ewige Quell* der einzige der hier behandelten Filme, der von den Alliierten Militärregierungen 1945 nicht verboten wurde und infolgedessen in der Originalfassung gezeigt werden kann. Die Kommission hat die antipolnische Propaganda offenbar für unerheblich erachtet und die Judenrollen nicht erkannt, zumal das Wort "Jude" nicht fällt. Die Judenrollen sind jedoch durch Aussehen und Sprechweise der Schauspieler deutlich genug betont.

380 Die Besetzung bereitete offenbar anfangs Schwierigkeiten. Genannt wurden anfangs Gustav Fröhlich, Maria Andergast, Paul Dahlke, Harald Paulsen und Ernst Waldow, s. Filmwoche Nr. 39 v. 25.9.1940, S. 924, aber nur Paul Dahlke wirkte tatsächlich mit.

381 Nr. 25/26 v. 25.6.1941, S. 646.

382 Nr. 267/268 v. 6.6.1941.

383 ZD 110. Ausg. v. 6.6.1941, Anw. Nr. 4682. — Gleichzeitig wurden die Redaktionen angewiesen, "nicht allzu stark auf den politischen Gehalt des Filmes einzugehen".

384   VB Nr. 200 v. 19.7.1937. Zit. nach M. Domarus: Hitler . . . , Bd. I, S. 709. (Rede zur Einweihung des Hauses der Deutschen Kunst in München.)

385   s. J. Wulf: Die Bildenden Künste im Dritten Reich. Gütersloh 1963, S. 92.

386   Die junge Dame Nr. 24 v. 1.7.1941, S. 1.

387   Nr. 23 v. 7.6.1941, 1. Beil.

388   Benjamin macht in "Kunst". In: Nr. 16 v. 18.4.1941, S. 411.

389   Der Film Nr. 23 v. 7.6.1941, 1. Beil.

390   Filmwoche Nr. 25/26 v. 18.6.1941, S. 597.

391   Mein Kampf. S. 332.

392   Filmwelt Nr. 16 v. 18.4.1941, S. 410.

393   Als dritte Judenrolle könnte die Darstellung des Sachverständigen Prof. Grimm gedeutet werden (der Schauspieler Justus Paris hatte in *Carl Peters* den jüdischen Journalisten gespielt). Äußerlich entspricht der Professor zwar mit Hakennase, gelichtetem weißen lockigen Haar und randloser Brille dem Typus des älteren Juden, dagegen sprechen jedoch der sympathisch gesprochene hessische Dialekt, die objektive Einstellung in der Gutachtertätigkeit und nicht zuletzt der bekannte "arische" Name.

394   Filmwelt Nr. 16 v. 18.4.1941, S. 410.

395   ZD 110. Ausg. v. 6.6.1941, Anw. Nr. 4682.

396   ebenda.

397   ebenda.

398   Hans Spielhofer in: Der Deutsche Film H. 6/Juli 1941, S. 18. (Dt. Institut f. Filmkunde)

399   Steglitzer Anzeiger v. 5.6.1941. (Dt. Institut f. Filmkunde)

400   DAZ Nr. 267/268 v. 6.6.1941.

401   ebenda.

402   ebenda.

403   Filmwelt Nr. 25/26 v. 25.6.1941, S. 646.

404   Filmwelt Nr. 16 v. 18.4.1941, S. 411.

405   s. Hans Spielhofer in: Der Deutsche Film H. 6/Juli 1941, S. 18 u. Wilhelm Utermann in: VB Nr. 157 v. 6.6.1941, S. 8.

406   110. Aus. v. 6.6.1941, Anw. Nr. 4682.

407   Nr. 27 v. 6.7.1941.

408   DAZ Nr. 267/268 v. 6.6.1941.

409   "wohl der bedeutendste Drehbuch-Verfasser, den Deutschland besitzt", in: ZD 122. Ausg. v. 29.8.1941, Anw. Nr. 5196 zu *Heimkehr.*

410   Ludwig Gesek: Ein Dokument volksdeutschen Schicksals. In: Filmwoche Nr. 11 v. 12.3.1941, S. 260. — Nach Angaben des ZD, 33. Ausg. v. 15.12.1939, Anw. Nr. 1383, sollte die Umsiedlung Volksdeutscher, "eine der größten geschichtlichen Leistungen des nationalsozialistischen Deutschland", etwa eine halbe Million Menschen aus dem Baltikum, aus Wolhynien, Galizien und Südtirol erfassen und bis Frühjahr 1940 dauern. Später wurden auch die in der Sowjetunion lebenden Volksdeutschen "rückgesiedelt". In *Keesings Archiv der Gegenwart* wird die Gesamtzahl der vom Herbst 1939 bis Juli 1944 umgesiedelten Menschen mit 908 000 angegeben, s. Mitteilung v. 26.7.1944, Nr. 6462 E.

411   Hitlers "Proklamation an das deutsche Volk" v. 15.3.1939 u. Reichstagsrede v. 1.9.1939;
       s. M. Domarus: Hitler . . . , Bd. II, S. 1095 f. 1312 ff.

412   Filmwelt Nr. 36 v. 6.9.1940, S. 16. Im November 1940 führte Ucicky Goebbels und
       Baldur von Schirach Modelle der Bauten zu seinem Film in Wien vor, s. Filmwelt Nr.
       47 v. 22.11.1940.

413   ZD 89. Ausg. v. 10.1.1941, Anw. Nr. 3859.

414   Bei dieser Gelegenheit zeichnete der italienische Minister Pavolini den Film mit dem
       Pokal des "Ministeriums für Volkskultur" aus, s. Filmwelt Nr. 37/38 v. 17.9.1941, S.
       798; Der Deutsche Film H. 6/Juli 1941, S. 42.

415   Im Protektorat Böhmen und Mähren wurde der Film am 27.2.1942 erstmals aufgeführt;
       s. Der Film Nr. 9 v. 28.2.1942.

416   Nach den Agenten-Berichten sympathisierte ein Teil der Bevölkerung mit den Zwangs-
       arbeitern, s. Heinz Boberach (Hrsg.): Meldungen aus dem Reich . . . , S. 21, 289 ff. 310.
       363.

417   Filmwelt Nr. 10 v. 7.3.1941, S. 246 f u. Nr. 13 v. 28.3.1941, S. 336. Ferner: Filmillu-
       strierte Nr. 11 v. 9.3.1941 u. Nr. 12 v. 16.3.1941; Filmwoche Nr. 11 v. 12.3.1941.
       Über die Mitwirkung polnischer Schauspieler durfte jedoch nicht berichtet werden, s.
       ZD 101. Ausg. v. 4.4.1941, Anw. Nr. 4320.

418   Filmwelt Nr. 10 v. 7.3.1941, S. 246. – Nach der *Filmwoche* Nr. 11 v. 12.3.1941 wählte
       Ucicky den Ort aus, weil er "auf diesem Marktplatz wunderbares Kopfsteinpflaster"
       fand, "alt und rund geworden, wie es solchen Städten das Gepräge gab". Außerdem
       wurde "der Marktplatz selbst durch einige Umbauten verschönert", s. Filmwelt Nr. 13
       v. 28.3.1941, S. 336. Die in Luzk spielenden Szenen wurden in Wien im Atelier gedreht,
       s. VB Nr. 160 v. 9.6.1941, S. 5.

419   VB v. 24.10.1941 (Archiv Wulf).

420   ebenda.

421   Filmwelt Nr. 1 v. 3.1.1941.

422   Filmillustrierte Nr. 34 v. 2.11.1941.

423   Das Reich Nr. 37 v. 14.9.1941.

424   Hans Emil Dits in: Filmwelt Nr. 7 v. 14.2.1941, S. 170.

425   Korah und die von ihm geführten Israeliten wurden von Gott mit dem Tode bestraft,
       weil sie sich gegen Mose empört hatten (Buch Numeri 16, 1-35). Sinngemäß verflucht
       der Händler die Deutschen, weil sie sich zum Herrn über die Juden gemacht haben.

426   Im Drehbuch, aus dem die österreichische Zeitschrift *Die Pause* die ersten Sequenzen
       abdruckte, hatte Gerhard Menzel die Juden ausführlich charakterisiert: "3. Halbnah.
       Eine Gruppe von Kaftanjuden als Zuschauer, zwei alte, fünf jüngere (etwa im Alter von
       zwanzig Jahren), zwei ganz junge (neunjährige Knaben), auch sie in Kaftans, aber ohne
       Käppis. Die Alten schauen mit hängenden Lippen zu, ihr verdeckter Blick, elegisch,
       ist ähnlich dem Blick von Kamelen. Die Fußstellung in gleicher Weise an dieses Wüsten-
       tier erinnernd. Die Hände halten sie auf dem Rücken. Die 20jährigen lachen mit ge-
       bleckten Zähnen, ihrer Schadenfreude unverhohlen Ausdruck gebend. Der eine, den
       mageren, schmutzigen Hals vorstreckend, schreit in gutturaler Lautfärbung: (jiddisch)
       'Weg mit Schaden!' Die Jungens grinsen." Zit. nach H. 3/1941, S. 42. (Institut f. Pub-
       lizistik d. FU Berlin) — Im Film läuft diese Einstellung schnell ab, der zitierte Sprechtext
       fehlt.

427   H. 6/Juli 1941, S. 42.

428 VB Nr. 160 v. 9.6.1941, S. 5.

429 Filmwelt Nr. 7 v. 14.2.1941, S. 170.

430 Reichstagsrede v. 1.9.1939; s. M. Domarus: Hitler . . . , Bd. II, S. 1312 ff.

431 Filmillustrierte Nr. 34 v. 2.11.1941.

432 ZD 1222. Ausg. v. 29.8.1941, Anw. Nr. 5196.

433 Filmwoche Nr. 17 v. 23.4.1941, S. 407.

434 VB v. 24.10.1941; Der Deutsche Film H. 6/Juli 1941, S. 42.

435 DNB-Text v. 30.1.1942. Zit. nach M. Domarus: Hitler . . . , Bd. II, S. 1828 f. (Hervorhebung im Originalzitat)

436 IMT PS-149. Zit. nach M. Domarus: Hitler . . . , Bd. II, S. 1845.

437 Notiz v. 27.3.1942 in: H. P. Lochner (Hrsg.): Goebbels Tagebücher . . . , S. 142 f.

438 ZD 140./9. Ausg. v. 9.1.1942, Anw. Nr. 5990. (Hervorhebung im Original)

439 ZD 147./16. Ausg. v. 27. 2. 1942, Anw. Nr. 6312.

440 IfZ Nr. 1327/54. Bd. F 12/12.

441 In einer Tagebuchnotiz von Rosenberg v. 11.12.1939 heißt es, Hitler habe Goebbels unter anderem vorgeworfen, "an den jüdischen Bolschewiken hätte sich unser Film nicht herangetraut"; s. H.-G. Seraphim (Hrsg.): Das politische Tagebuch . . . , S. 111.

442 Nr. 205 "Zur Aufnahme der Wochenschau vom 19. bis 26. Juli 1941". Zit. nach H. Boberach (Hrsg.): Meldungen aus dem Reich . . . , S. 165 f.

443 Filmwelt Nr. 13/14 v. 1.4.1942, S. 108.

444 Carl Linfert: Methoden der GPU. In: Frankfurter Zeitung Nr. 426/427 v. 22.8.1942. — Der Autorin waren nur Filmkopien zugänglich, in denen sowohl dieser Prolog als auch die Schlußbilder (Befreiung des jungen Paares, Einmarsch der deutschen Truppen in Rotterdam) fehlen. Einzelne Einstellungen von Massenauftritten und Aktionen, die mit den Inserts "Terror", "Streik", "Sabotage", "Demonstrationen" gekennzeichnet waren, befanden sich als Schnittmaterial bei den Kopien. Auf diesen Aufnahmen waren Juden zu erkennen. Eine Rekonstruktion des Filmanfangs ist ferner anhand der Angaben von Karl Ritter in der *Filmwelt* Nr. 3/4 v. 21.1.1942 möglich.

445 Maxim Litwinow (1876-1951), von 1930 bis 1939 sowjetischer Volkskommissar des Äußeren, von 1941 bis 1943 sowjetischer Botschafter in den USA, wurde in der nationalsozialistischen Presse oft genannt und zwar nach einer Sprachregelung (Nr. 375 ZSG 101 Sammlung Brammer/Bundesarchiv Koblenz) stets mit dem Zusatz "Jude" und dem Beinamen Finkelstein.

446 Léon Blum (1872-1950), französischer Sozialistenführer und Ministerpräsident, war von der Vichy-Regierung 1940 als "Kriegsschuldiger" angeklagt und nach Abbruch des Prozesses von Riom 1942 nach Dachau verschleppt worden, wo ihn die Alliierten Truppen 1945 befreiten.

447 Die Gesellschaft ist in dem schwach beleuchteten Raum um einen runden Tisch versammelt.
Bokscha: "Ich habe eine sehr amüsante Lösung: Attentate auf Sowjetangestellte und Sowjetbürger in Helsinki, die zwangsläufig zu einem Ultimatum und dann zum Einmarsch in Finnland führen."
Jude: "Und wer soll diese Attentate ausführen? "
Bokscha: "Komische Frage! Wir natürlich, unsere Leute."
Ein anderer, ungläubig: "Das heißt also, wir sollen die Genossen da oben umlegen? "
Bokscha, selbstsicher: "Ja!"

Jude: "Wissen die oben davon? "

Bokscha: "Natürlich nicht, sie sollen in ehrlicher Empörung nach Moskau berichten."

Der Andere beginnt zu lachen: "Ja, das ist allerdings *sehr* amüsant!"

Die anderen Gesprächsteilnehmer fallen in das Gelächter ein, unter ihnen eine Frau mit kreischender Stimme. Bokscha schließt die Sitzung. Beim Hinausgehen wendet sich einer der Teilnehmer an den Juden mit der Bemerkung:

"Das ist ja eine tolle Idee!"

Der Jude pflichtet ihm lachend bei und wirft wie in Erwartung eines großen Vergnügens die Hände in die Höhe: "Na, wunderbar, wunderbar!" (Filmdialog)

448 Nr. 33/34 v. 9.9.1942.

449 Nr. 288 v. 16.8.1942, S. 8.

450 Filmwelt Nr. 13/14 v. 1.4.1942, S. 109.

451 Im Vergleich zu anderen Filmen Ritters war *GPU* nachlässig hingeschludert. Die Darsteller übertreiben in Sprache und Mimik, die Kamera zeigt primitive Schwarzweißmalerei, in einigen Sequenzen fallen gemalte Hintergrundprospekte auf. Auch das könnte ein Grund dafür sein, daß der Film kein Prädikat erhielt.

452 170./40. Ausg. v. 14.8.1942, Anw. Nr. 7375.

453 Nr. 426/427 v. 22.8.1942.

454 Titel der Rezension, ebenda.

455 Bericht Nr. 309 v. 17.8.1942. Zit. nach H. Boberach (Hrsg.): Meldungen aus dem Reich . . . , S. 287. S. dazu auch Bericht Nr. 325 v. 12.10.1942, ebenda, S. 310.

456 Für den Inhalt zeichnete Georg Herzberg verantwortlich. — Dieses Filmprogramm wurde nach dem Kriege, als der Film wieder eingesetzt wurde, unverändert abgedruckt bis auf den letzten halben Satz, der auf Hitler verweist.

457 Eine Originalkopie des Films war der Autorin nicht zugänglich, sondern nur die Nachkriegsfassung des Films, neuer Titel: *Schicksalswende* (ohne antisemitische Szenen und einige Dialoge), und das Drehbuch, das mit dem Film, von den Kürzungen abgesehen, im wesentlichen übereinstimmt. Es ist sehr wahrscheinlich, daß auch die antisemitischen Szenen des Drehbuchs verfilmt worden sind. Die Rolle des jüdischen Abgeordneten Singer ist sowohl im Filmvorspann wie auch in der Darstellerliste des *Illustrierten Film-Kurier* Nr 3293 an wichtiger Stelle genannt. Im Filmprogramm zum Film *Schicksalswende, Illustrierte Film-Bühne* Nr. 2247, wurde diese Liste wörtlich übernommen, obwohl Singer nur noch flüchtig zu sehen ist.

458 Paul Singer (1844-1911) gehörte zunächst der Deutschen Freisinnigen Partei an, trat aber nach der Verabschiedung des Sozialistengesetzes 1878 der Sozialdemokratischen Partei bei und wurde 1890 ihr Vorsitzender. Als Fabrikbesitzer galt Singer als "Kapitalist unter den Sozialisten", durch sein Mäzenatentum gewann er in Berlin große Popularität.

459 August Bebel (1840-1913) gehörte dem Reichstag seit 1867 fast ohne Unterbrechung an. Er wurde 1869 Mitgründer, später anerkannter Führer der Sozialdemokratischen Arbeiterpartei. 1872 wurde Bebel (zusammen mit Wilhelm Liebknecht) wegen Vorbereitung des Hochverrats und Majestätsbeleidigung verurteilt, 1886 erneut wegen Geheimbündelei.

460 Nr. 280 v. 7.10.1942, S. 3.

461 Nr. 42 v. 18.10.1942.

462 Nr. 280 v. 7.10.1942, S. 3.

463 Nr. 277 v. 4.10.1942, S. 8.

464 Tagebuch v. 3.2.1942, S. 22. IfZ Nr. 1327/54 Bd. F/12/2 (bisher unveröffentlicht). Am 23.1.1942 hatte der ZD 142./11. Ausg., Anw. Nr. 6089, um Beachtung des Films gebeten, am 3.4.1942 wurde die Berichterstattung lt. Anw. Nr. 6544 untersagt.

465 ZD 176./45. Ausg. v. 18.9.1942, Anw. Nr. 7588.

466 Tagebuch v. 23.9.1942, S. 15. IfZ Nr. ED 83/2.

467 VB Nr. 280 v. 7.10.1942, S. 3.

468 Tagebuch v. 13.12.1942, S. 19 f. IfZ Nr. 1327/54 Bd. F 12/16.

469 Rede am 21.3.1943 in Berlin, DNB-Text. Zit. nach M. Domarus: Hitler . . . , Bd. II, S. 2001.

470 202./71. Ausg. v. 19.3.1943, Anw. Nr. 8540.

471 Notiz v. 28.4.1943. Zit. nach L. P. Lochner (Hrsg.): Goebbels Tagebücher . . . , S. 316; s. auch Notiz v. 25.4.1943, ebenda, S. 313. — Am 19.4. hatte der bewaffnete Aufstand im Warschauer Ghetto begonnen.

472 S. 59. Das Zitat "Heute sehe ich in dem Manne mehr noch als früher den gewaltigsten deutschen Bürgermeister aller Zeiten" sollte dem Film lt. Drehbuch als Schlußtitel mitgegeben werden.

473 Filmwelt Nr. 36 v. 6.9.1940, S. 16. In Filmwoche Nr. 39/40 v. 24.9.1941 wurde der Film unter dem neuen Titel *Wien 1910* erneut angezeigt.

474 ZD 128. Ausg. v. 10.10.1941, Anw. Nr. 5500.

475 Tagebuch S. 14 f. IfZ Nr. 1327/54 Bd. F 12/7.

476 s. dazu W. Th. Anderman: Bis der Vorhang fiel. Dortmund 1947. S. 351 f.

477 ZD 170./39. Ausg. v. 7.8.1942, Anw. Nr. 7360; 185./54. Ausg. v. 20.11.1942, Anw. Nr. 7931. Das Aufführungsverbot galt für die "Donau- und Alpengaue" und das Sudetenland.

478 L. P. Lochner (Hrsg.): Goebbels Tagebücher . . . , S. 281 f.

479 Menzel hatte das Drehbuch außerdem mit antiklerikalen Szenen ausgestattet, die jedoch nicht verfilmt wurden. Lueger war als kirchentreuer Katholik bekannt gewesen.

480 Mein Kampf.S. 74. 107- Karl Lueger (1844-1910), von Beruf Rechtsanwalt, war seit 1875 Mitglied des Wiener Gemeinderats. Anfangs mit den Ideen Schönerers übereinstimmend, kämpfte er gegen den großbürgerlichen Liberalismus und gewann mit seinem demokratisch-antisemitischen Programm das Wiener Kleinbürgertum für sich. Seit 1885 gehörte er als Mitglied des Christlich-sozialen Partei (seit 1888 deren Vorsitzender) dem Reichsrat an. In den Jahren 1895 bis 1897 wurde er mehrmals zum Bürgermeister gewählt, wegen des hinhaltenden Widerstandes des Hofes, des hohen Klerus und der Beamtenschaft jedoch erst nach der fünften Wahl vom Kaiser im Amt bestätigt. Als Bürgermeister gewann Lueger durch seine sozialen Maßnahmen und den Ausbau der Stadt Wien große Popularität. Im Reichsrat und im niederösterreichischen Landtag trat er wiederholt mit den Slawen gegen die Deutschliberalen auf; sein Bekenntnis zum österreichischen Reich bahnte schließlich die Aussöhnung mit dem Hofe an. — Georg Ritter von Schönerer (1842-1921) war seit 1879 Mitglied der Deutschnationalen Bewegung; er kämpfte gegen den großösterreichischen Klerikalismus und Liberalismus und trat als entschiedener Antisemit auf. Sein Radikalismus führte zur Spaltung der Deutschnationalen. Gewaltaktionen gegen politische Gegner brachten ihm 1888 Kerkerhaft, Verlust des Adels und des Abgeordnetenmandats ein, von 1897 bis 1907 war er jedoch erneut Mitglied des Abgeordnetenhauses.

481 Mein Kampf. S. 128.

482 Mein Kampf. S. 133.

483 Lueger soll für die Modernisierung Wiens bedenkenlos jüdisches Kapital in Anspruch
genommen haben. Ihm wird der Ausspruch nachgesagt: "Wer a Jud' ist, bestimm' i!"
(Das Gleiche wird aber auch von Göring behauptet.)

484 Dt. Institut f. Filmkunde.

485 In seinem Bericht "Karl Lueger" in der Filmwoche Nr. 51/52 v. 17.12.1941, S. 933-
936, unterscheidet Ickes bei den österreichischen Parteien nur noch zwischen "Antisemiten" bzw. "Nichtliberalen" und "Liberalen" und behauptet, mit Lueger habe der
Wiener Gemeinderat "zum erstenmal einen antisemitischen Vorsitzenden erhalten".
(S. 934)

486 Theo Fürstenau in: DAZ Nr. 422 v. 3.9.1943. (Berliner Ausgabe)

487 Auch zit. in: Filmwoche Nr. 51/52 v. 17.12.1941, S. 936.

488 Mein Kampf. S. 135.

489 Mit Ausnahme von Herbert Hübner sind die Darsteller der Juden im Filmvorspann wie
auch im Filmprogramm nicht genannt, sie werden auch nicht im veröffentlichten Foto-
material gezeigt.

490 Dies ist die einzige Dialogstelle, die im Film gegenüber dem Drehbuch verschärft wurde.
Im Drehbuch heißt es:
" 'Wo ich Ihnen bring e Nachricht, die mehr wert is als das Stück Schokolade, das
Sie mir werden geben. Der Lueger, er liegt im Sterben . . .'
Der Judenjunge läßt den Eindringling, den er bis zu diesem Augenblick hinauszu-
drängen versucht hat, los, einen so starken Eindruck macht die Nachricht auf ihn.
Er sagt (stotternd):
'Ihr Wort in Gottes Ohr . . .'
Er grinst. Indem kommt der Eindringling befriedigt grinsend auf Cohn (und also
auf die Kamera, die ja über Cohn fotografiert) zu. Schmierig, agil, mit dem Kopf
wackelnd, sagt er:
'Was sagen Se nu? Gott hat sich erinnert unseres Volkes und er verdirbt unsere
Feinde . . .' " (ungekürztes Zitat) Die alttestamentliche Wendung erschien Emo
offensichtlich zu schwach. Der Ausruf "Der Judenfresser kratzt ab!" klingt ordi-
när und nimmt stärker gegen den Sprecher ein.

491 Nr. 7/8 v. 18.2.1942.

492 Dr. med. Viktor Adler (1852-1918) neigte anfangs den Demokraten zu, schloß sich
aber später den Sozialdemokraten an und vertrat die gemäßigte Richtung. Wegen seines
Kampfes gegen die österreichische Polizeiwirtschaft und seiner Polemik in der Wiener
"Arbeiterzeitung" wurde er mit Gefängnis bestraft. Unter anderem war er an der Einführung des gleichen Wahlrechts 1905 beteiligt. Kurz vor seinem Tode wurde er Minister des Äußeren der jungen deutsch-österreichischen Republik. In der Arbeiterschaft
war Adler sehr beliebt. — Er gehörte keiner Konfession an.

493 "Masel" (jiddisch) = Glück. Im Hinblick auf die Tatsache, daß die gefährlichsten Männer Deutsch-Österreichs, Lueger und Schönerer, Feinde seien, erklärt der eine jüdische
Student: "Einen Massel haben wir, daß einem kann Angst werden —" (Drehbuch).

494 Nach der Vorstellung nationalsozialistischer Antisemiten warteten die Juden auf ein
neues Purim-Fest, s. dazu Hitlers Reichstagsrede v. 11.12.1941, in der er die deutsche
Kriegserklärung an die USA erläuterte, zit. v. M. Domarus: Hitler . . . , Bd. II, S. 1804.
— Purim geht auf das alttestamentliche legendäre Buch Esther zurück, nach dem die

Juden in Persien vor der drohenden Ausrottung bewahrt wurden und blutige Rache an ihren Feinden nehmen durften.

495 s. Kurt Fischer in: Steglitzer Anzeiger v. 4.9.1943 (Dt. Institut f. Filmkunde); Kajetan Kaspar in: Berliner Lokal-Anzeiger v. 2.9.1943 (Archiv Rieckehr).

496 Steglitzer Anzeiger v. 4.9.1943.

497 Vielleicht lag eine entsprechende Anweisung vor, sie ist jedoch nicht erhalten. Auch über einen Kommentar Goebbels ist nichts bekannt, da die Tagebuchblätter vom 31.7. bis 7.9.1943 fehlen.

498 Aussage d. Staatssekretärs im Auswärtigen Amt, Gustav Adolf Baron von Steengracht von Moyland vor dem Internationalen Militärgerichtshof in Nürnberg am 26.3.1946. Zit. nach J. Wulf: Martin Bormann. Gütersloh 1962. S. 92. S. dazu auch Max Weinreich: Hitlers Professors. New York.1946. S. 219 ff.

499 LX II — 29. Zit. nach J. Wulf: Martin Bormann . . . , S. 94.

500 Wer dem Film diesen Titel gegeben hat, ist ungeklärt. Der Historiker Dr. H. G. Adler vermutet in einem Brief an die Autorin v. 21.12.1967, daß jüdische Insassen von Theresienstadt den Titel "mit einer gewissen Selbstironie . . . wohl selbst erfunden haben".

501 Diese Bezeichnung wurde 1942 von einem SS-Kommandanten gegenüber dem Judenältesten gebraucht: "Ihr wißt ja gar nicht, wie gut ihr es hier haben werdet. Wir machen euch aus Theresienstadt ein Paradiesghetto". — Zit. n. H. G. Adler: Theresienstadt 1941-1945. Tübingen 1960. Wörterverzeichnis S. XLVII.

502 Der von Heydrich benutzte Ausdruck "Altersghetto" wurde ebenso wie "Versorgungsghetto" in der SS-Sprache im Gegensatz zu "Arbeitsghetto" gebraucht; s. H. G. Adler: Theresienstadt . . . , S. 23, Wörterverzeichnis S. XXXI, LVII.

503 Wannsee-Protokoll. Zit. nach: L. Poliakov u. J. Wulf: Das Dritte Reich und die Juden . . ., S. 75; ferner H. G. Adler: Theresienstadt . . . , S. 23. Im März 1943 wurde auch ein Teil der in der deutschen Rüstungsindustrie beschäftigten Juden nach Theresienstadt deportiert, zuletzt auch "Mischlinge" und jüdische Partner aus "Mischehen". — Soweit nichts anderes angegeben, folgen alle Ausführungen über das Zwangsghetto dem genannten Buch von H. G. Adler und seiner Dokumenten-Sammlung: Die verheimlichte Wahrheit. Tübingen 1958.

504 Theresienstadt . . . , S. 178 f.

505 Bereits im September 1942 war ein Film — angeblich für Himmlers Privatgebrauch — über die Deportation der Juden aus Prag nach Theresienstadt gedreht worden. "Das Szenarium stammte von Peter Kien, der die Sache kraftvoll und realistisch anpackte; es wurde nur wenig gestellt"; s. H. G. Adler: Theresienstadt . . . , S. 181. — Außerdem wurde ein Kurzfilm über die Ankunft eines Transports aus Holland in der ersten Jahreshälfte 1944 hergestellt. Über diesen Film ist wenig bekannt.

506 Mitarbeiter waren der mit Gerron später umgebrachte tschechische Theaterarchitekt Frantisek Zelenka, sowie der holländische Graphiker Jo Spier. Spier (heute USA) fertigte für den Film rund 330 erhalten gebliebene Skizzen an; s. Abdruck v. sechs Skizzen in H. G. Adler: Die verheimlichte Wahrheit . . . , S. 350 f.

507 H. G. Adler: Theresienstadt . . . , S. 183.

508 H. G. Adler: Die verheimlichte Wahrheit . . . , S. 326. Gedreht wurde vom 16.8. bis 11.9.1944.

509 H. G. Adler: Theresienstadt . . . , S. 202. — Kaltenbrunner hatte dem Schweizer Präsidenten des IRK, Dr. Carl J. Burckhardt, zugesichert, daß in jedem Konzentrationslager

ein Vertreter des IRK bis zum Ende der Feindseligkeiten residieren könne, die Zulassung wurde aber immer wieder hinausgeschoben (ebenda).

510   F. Kersten: Totenkopf und Treue. Heinrich Himmler ohne Uniform. Hamburg o.J. (1952). Zit. nach H. G. Adler: Theresienstadt . . . , S. 202.

511   Zit. nach H. G. Adler: Die verheimlichte Wahrheit . . . , S. 356.

512   Kastner war Mitglied des jüdischen Rettungskommittees in Budapest gewesen und hatte nach dessen Auflösung private Verhandlungen mit prominenten Funktionären des RSHA aufgenommen; s. (Rudolf Kastner:) Der Kastner-Bericht über Eichmanns Menschenhandel in Ungarn. München 1961. — Über die Filmvorführung schreibt Kastner ebenda, S. 326:

"In einem großen, sehr modern eingerichteten Kinosaal wird für Günther, Krumey, Hunsche und mich der Film vorgeführt, der im Juni 1944 in Anwesenheit eines Delegierten des Internationalen Roten Kreuzes gedreht worden ist. Die Darsteller dieses Films sind in ihrer großen Mehrheit nicht mehr am Leben. In diesem Film, der dazu bestimmt war — im neutralen Ausland vorgeführt —, den Beweis zu erbringen, wie Juden im Dritten Reich behandelt werden, sehe ich alle mir gezeigten Sehenswürdigkeiten wieder. Aufnahmen zeigen, wie Kinder spielen und Sport treiben, wie sorglos die Juden dem Promenadenkonzert zuhören, wie das Postamt funktioniert, wie die Roten-Kreuz-Pakete und Liebesgaben den Adressaten ausgehändigt, wissenschaftliche Vorträge organisiert werden usw. Hauptdarsteller und 'Statisten' sind im Oktober 1944 nach Auschwitz gebracht und dort vergast worden."

Kastner gibt mit Juni 1944 ein falsches Entstehungsdatum des Films, nach der Beschreibung handelt es sich aber unzweifelhaft um das Werk von Gerron. Hans Günther, Hermann Krumey und Otto Hunsche gehörten zum "Sondereinsatzkommando" Eichmanns und waren mit der Vernichtung der tschechischen und ungarischen Juden beauftragt.

513   Am 14.6.1964 gab die Deutsche Presse-Agentur eine Meldung der tschechoslowakischen Nachrichtenagentur CETEKA wieder, nach der der Film in Melnik (CSSR) gefunden worden sei; s. *Die Welt* v. 15.6.1964. Die Autorin erfuhr im August 1964 in Prag darüber sowohl vom Verband der Widerstandskämpfer gegen den Faschismus (Svaz Protifasistickych Bojovniku, Praha, Legerova 20) wie beim Staatlichen Filmarchiv nur, daß es sich dabei um eine Sammlung von Schnittmaterial handle. Die Zusage einer Vorführung wurde im letzten Augenblick zurückgezogen mit der Begründung, das Material sei z.Z. nicht in Prag. Tatsächlich befindet sich in Prag eine Kopie des Films von ca. 30 Minuten Vorführdauer (Auskunft v. Gert Berghoff, Düsseldorf, u. H. Barkhausen, Bundesarchiv Koblenz.) Im Oktober 1964 überließ der Regisseur P. M. Bornkamp ein Fragment des Ghetto-Films dem Bundesarchiv Koblenz. Lt. Registraturangaben handelt es sich um eine Kopie von 427 m Länge mit Schichtschäden in Bild und Ton. Als Regisseur ist Kurt Gerron, als Kameramann Ivan Fric angegeben. 15 Bilder aus diesem Film hatte die Illustrierte *Stern* Nr. 42 v. 18.10.1964 veröffentlicht. Nach der Inhaltsbeschreibung des Fragments im Bundesarchiv zeigt der Film Szenen von arbeitenden Häftlingen, ihre Feierabendgestaltung (Fußballspiel), Männer beim Duschen im "Zentralbad", beim Bücherentleihen in einer "Zentralbücherei", Zuhörer bei einem wissenschaftlichen Vortrag (unter ihnen Leo Baeck), bei einem Konzert, das Karel Ancerl dirigiert. Ferner sind Familien zu sehen, die in ihren Schrebergärten arbeiten, spielende Kinder sowie Frauen und Mädchen, die es sich in ihrem "Frauenheim" "gemütlich machen" (Kommentar), zuletzt eine siebenköpfige Familie beim Abendessen.

514   Kurt Gerron übergab kurz vor seiner Deportation Dr. Fr. Silten (heute Zürich) seine kompletten zwölf Drehberichte, aus denen H. G. Adler: Die verheimlichte Wahrheit . . ., Teile veröffentlichte. Erhalten blieb ferner ein bisher unveröffentlichtes Schnittbuch

mit 1148 Einstellungen; Auszüge s. ebenda, S. 330-335. — Nicht geklärt ist die Herkunft und Bedeutung von schriftlichem Material, das die Autorin beim Prager Verband der Widerstandskämpfer (vgl. Anm. 513) in Fotokopien vorfand. Dieses Material besteht aus einer Karte von Theresienstadt mit einer Rede des Judenältesten an Neuankömmlinge (zwei weitere Abschriften der Rede sind mit Notizen und Vorschlägen für die Verfilmung versehen), ferner um einen Besichtigungsplan mit stenografischen Anmerkungen, um zwei Exemplare eines Treatments, um eine 12seitige Drehbuchfassung mit 73 Einstellungen sowie um ein 26seitiges Drehbuch mit 332 Einstellungen, letzteres in zwei Exemplaren (eins in Maschinenschrift mit zahlreichen Korrekturen, eins in Stenografie). H. G. Adler vermutet anhand der von der Autorin vorgelegten Angaben, daß es sich bei dem längeren Drehbuch um eine nachträgliche Beschreibung des Films von Gerron handelt, die möglicherweise für die spätere propagandistische Auswertung angefertigt worden sei.

515   H. G. Adler: Theresienstadt . . . , S. 184; Die verheimlichte Wahrheit . . . , S. 325. — Die Existenz eines solchen Wochenschau-Ausschnittes war vom Bundesarchiv Koblenz wiederholt bestritten worden. Auf Anfrage teilte der Informant von H. G. Adler, K. R. Roessler (Pierrefonds, Canada) der Autorin am 10.1.1968 brieflich mit: "Soviel ist mir jedoch in Erinnerung, daß es irgendwo in Sachsen, im Herbst 1944 war, daß ich den besagten Ausschnitt im Kino sah. Welche Wochenschau (Ufa etc.) weiß ich natürlich nicht mehr. Doch bin ich fast sicher, daß es eine Wochenschau war, denn es war gewiß kein Hauptfilm oder Nebenfilm . . . Entweder zeigte man den Krieg, die Schlacht, Granatexplosionen, vorwärts stürmende Soldaten erst und dann die gestellten Tanz- und Kaffeehausszenen oder umgekehrt. Die Essenz aber war, daß ein Sprecher den Kommentar gab — so oder ähnlich: 'Während unsere Soldaten die Heimat verteidigen . . . sitzen die Juden bei Kaffee und Kuchen und tanzen . . .' " Roessler weist darauf hin, daß seine Angehörigen zu dieser Zeit in Theresienstadt waren (die Großmutter starb dort, die Mutter überlebte die Haft; d.A.) Er fügt hinzu: "Ein Irrtum meinerseits ist ausgeschlossen, denn es trifft einen wie ein Blitzschlag, wenn man so etwas unvermutet in einer Wochenschau zu sehen bekommt." — Auf diese Aussage aufmerksam gemacht, antwortete H. Barkhausen, Bundesarchiv Koblenz, der Autorin in einem Brief v. 23.2. 1968: "Es könnte sein, daß es sich um einen Sondervorspann zur Wochenschau handelt, der als Nachtrag zensiert und nicht allen Wochenschaukopien vorgeklebt wurde. Aus den Zensurunterlagen gehen die Titel der Nachträge nicht hervor. So erscheint z.B. ein Sonderdienst zur Deutschen Wochenschau Nr. 685 am 21. Oktober 1944 mit 95 m ohne nähere Angaben. Es ist nicht ausgeschlossen, daß es sich hier um den von Ihnen genannten Streifen handelt."

516   vgl. S. 155.

517   298./168. Ausg. v. 19.1.1944, Anw. Nr. B 52.

518   Der Brief, den Frowein mit Datum v. 12.10.1944 über Hinkel an Goebbels sandte, beginnt mit dem Satz: "Veit Harlans Plan, den 'Kaufmann von Venedig' zu verfilmen, ist von dem Herrn Minister grundsätzlich gebilligt worden. Harlan hat das Drehbuch zu diesem Film mir zur Prüfung vorgelegt." (Archiv Wulf) Weshalb hätte Goebbels einen Plan "grundsätzlich billigen" müssen, wenn er von ihm selbst ausgegangen wäre, wie Harlan das nach 1945 behauptet hat? Nach seiner Selbstbiographie *Im Schatten meiner Filme . . .* , S. 191, hatte ihm Goebbels drei antisemitische Filmthemen zur Wahl gestellt, außer dem Shakespeare-Drama *Die siebente Großmacht*, einen Film über die Presse vor 1933, und *Soll und Haben*, eine Verfilmung des Dramas von Gustav Freytag. Er, Harlan, habe sich "sofort" für den *Kaufmann von Venedig* entschieden, denn " . . . wo viel gelacht wird, und zwar im Geiste Shakespeares, da konnte nicht viel wirklich Böses passieren".

519   J. Wulf: Theater und Film . . . , S. 257.

520 Der deutsche Film 1945. Kleines Film-Handbuch für die deutsche Presse. Berlin (o.J.). S. 15.

521 Max Lüthi: Shakespeares Dramen. Berlin 1957. S. 426. — Dem Buch sind auch die weiteren Angaben über die historischen Hintergründe des Dramas entnommen!

522 Max Lüthi: Shakespeares Dramen . . . , S. 427.

523 1952 erklärte Veit Harlan, die englische Königin habe "den Dichtern — schon damals nicht anders als bei Goebbels — Stücke zu schreiben" befohlen, "die im Volk eine Antipathie gegen die Juden erzeugen" sollten; s. Illustrierte Post Nr. 1 v. 8.11.1952, S. 7. In seinem Buch dagegen behauptet Harlan, Goebbels habe ihm diese Deutung anhand eines antisemitischen "Geschichtsbuches" vermittelt; s. Im Schatten meiner Filme . . . , S. 201. In Wahrheit griff Shakespeare auf eine Novelle des Italieners Giovanni Fiorentino von 1378 zurück; das Motiv vom Pfund Fleisch war bereits vorher aus englischen Balladen bekannt, die ihrerseits auf orientalische Erzählungen zurückgingen.

524 In der Illustrierten Post Nr. 4 v. 29.11.1952, S. 8, gab Harlan als Beispiel für Hitlers Furcht vor Attentaten an, im Garten der Reichskanzlei seien 1937 alle Eichen gefällt worden, weil Hitler sich in der Öffentlichkeit für unverwundbar, im Garten jedoch für wehrlos wie Siegfried gehalten habe: "Wenn ich im Garten spazierengehe, könnte es doch irgendeinem Moissewitsch oder Abramson einfallen, auf mich zu schießen." Eine ausführliche Variante dieser angeblichen Äußerung Hitlers findet sich in: Im Schatten meiner Filme . . . , S. 41 ff.

525 Dieser Brief (Archiv Wulf) kann frühestens im Dezember 1944, wenn nicht später verfaßt worden sein, da er auf ein Gespräch Harlans mit Goebbels Bezug nimmt, um das Hinkel in einem Brief v. 6.12.1944 gebeten hatte; s. Akte R 55/412 (Bundesarchiv Koblenz).

526 Brief v. 12.10.1944.

527 Die Weisung wird von Frowein in einem Brief v. 30.10.1944 an Goebbels erwähnt (Archiv Wulf). Frowein legte auch eine Erwiderung von Harlan bei, die jedoch nicht erhalten ist.

528 In seinem Brief v. 12.10.1944 glaubte Frowein allerdings noch, Harlan habe als "meisterhafter Dramaturg die Gefahr des 'vertheaterten Films', die jede Verfilmung einer Bühnendichtung mit sich bringt, mit Hilfe einiger Kunstgriffe zu umgehen versucht".

529 In der Zeitschrift *Film- und Mode-Revue* Nr. 21/Oktober 1952, S. 30, veröffentlichte Harlan einen Brief, den er am 1.12.1944 an den vorgesehenen Darsteller des Shylock, Werner Krauß, geschrieben habe:
"Lieber Herr Werner Krauss! Ich schreibe Ihnen so spät, weil nach Eintreffen Ihres Briefes das Propagandaministerium das Verlangen an mich gestellt hat, die gesamten Shakespeareschen Texte, die von Schlegel und Tieck übersetzt worden sind, in eine Filmsprache gehobener aber 'gängiger' Art zu verwandeln. Ich glaube nun, daß der gesamte Wert der Dichtung vom 'Kaufmann von Venedig' in der Tatsache beruht, daß es sich hier um eine Dichtung und um ein Märchen handelt, denn der reale Vorgang als solcher ist eine blutrünstige Hintertreppengeschichte. Die Portia und die drei Kästchen und alles Märchenhafte müßte natürlich, wenn ich den Wunsch des Propagandaministeriums erfüllte, verschwinden, weil das real ja überhaupt nicht zu lösen ist. Ich habe daher gegen diese Veränderung protestiert und warte die Entscheidung ab. Jedenfalls mache ich den Film im Geiste und mit den Dichterworten Shakespeares, *oder ich mache ihn gar nicht.* Ich gebe Ihnen Mitteilung von diesem Vorgang und bitte Sie höflichst, ihn möglichst für sich zu behalten, weil Sie sich sonst wundern werden, daß der von mir angekündigte Filmbeginn verschoben wird. In Verehrung   Ihr Veit Harlan."

(Hervorhebung im Originalzitat) Mit diesem Brief, der in der Selbstbiographie nicht erwähnt ist, wollte Harlan beweisen, daß er nur deshalb um das Drehbuch gekämpft habe, um keinen antisemitischen Film machen zu müssen. Der Brief verrät jedoch nur, daß Harlan sich über Goebbels' Einwände ärgerte. Goebbels erwartete einen antisemitischen Film, für den Shakespeares Drama das Alibi lieferte — Harlan wollte Shakespeares Drama, das er für antisemitisch hielt, möglichst stilecht verfilmen.

530 Brief Hinkels an Goebbels v. 16.10.1944, S. 5.

531 Brief Hinkels an Goebbels v. 6.12.1944.

532 s. Froweins undatierten Brief.

533 V. Harlan: Im Schatten meiner Filme . . . , S. 202. — In: Der deutsche Film 1945 . . ., ist der Drehbeginn auf S. 26 mit "Ende des Jahres" (1944) angegeben, auf S. 15 mit "Anfang 1945".

534 Dieser Vergleich läßt die Frage, ob Shakespeares Drama antisemitisch ist oder nicht, außer Betracht; er zielt lediglich darauf, festzustellen, wieweit das Drama für die nationalsozialistische Propaganda verwertbar war.

535 In der deutschen Übertragung von August Wilhelm von Schlegel. Stuttgart 1966. Reclam Universal-Bibliothek Nr. 35.

536 Im Schatten meiner Filme . . . , S. 202.

537 M. Lüthi: Shakespeares Dramen . . . , S. 427.

538 Dr. Karl Pempelfort: Er besteht auf seinem Schein. In: Königsberger Tageblatt v. 31.3.1935. Zit. nach J. Wulf: Theater und Film . . . , S. 257.

539 ebenda.

540 Titel der Rezension von Karl Lahm in: DAZ v. 19.5.1943; s. J. Wulf: Theater und Film . . . , S. 259.

541 ebenda.

3. Bedeutung und Funktion der Rollen

1   Das Schema der Typisierungsfunktionen folgt in abgewandelter Form dem Schema "Daseinserhellung, Wunschbildererfüllung, Leitbilderstellung", das Gert Albrecht anhand der Trias von Sigmund Freud, Ich, Es und Über-Ich, erarbeitet hat; s. dazu G. Albrecht: Das Verhältnis der Geschlechter im Film, Untersuchungen eines Filmseminars an der Universität Bonn. Sommersemester 1959 (vervielfält. Manuskr.). S. 4.

2   Peter R. Hofstätter (Hrsg.): Psychologie. (Fischer-Lexikon Nr. 6) Frankfurt/M. 1957. Stichwort "Typenlehre".

3   Erstmals so genannt von Walter Lippmann: The Public Opinion. New York 1922; deutsch: Die öffentliche Meinung. München 1964, S. 61-95; s. ferner P. R. Hofstätter (Hrsg.): Psychologie . . . , Stichwort "Meinungsforschung".

4   Hitlers Zweites Buch . . . , S. 221.

5   In einer Rede v. 13.7.1928 erklärte Hitler: "Wenn ein Chinese deutsch spricht, wird er das mit chinesischem Denken tun. Ein Jude spricht deutsch und verbirgt damit seine jüdischen Gedanken." Zit. nach: Hitlers Zweites Buch . . . , S. 27; s. dazu auch: Mein Kampf. S. 337. 342.

6   Hitler lehnte diese Methode ab, weil sie den Juden nütze; s. Mein Kampf. S. 346 f.

7   Eigenartigerweise bedrohte das "Gesetz zum Schutze des deutschen Blutes und der deutschen Ehre" (RGBl. 1935 I, S. 1146) nur den am "außerehelichen Verkehr zwischen Juden und Staatsangehörigen deutschen oder artverwandten Blutes" beteiligten Mann mit Gefängnis oder Zuchthaus. Hitler selbst lehnte die Bestrafung der nichtjüdischen Frau ab; s. Brief v. Hans-Heinrich Lammers, NG-5170, erwähnt bei R. Hilberg: The destruction . . . , S. 107. 111.

8   Die antisemitischen Zeitschriften wie Streichers *Stürmer* und Rosenbergs *Weltkampf* beschäftigten sich gern und ausführlich mit diesem Thema.

9   Mein Kampf. S. 338-347.

10 ebd., S. 330. 331.

11 ebd., S. 329.

12 ebd., S. 332.

13 ebd., S. 478.

14 ebd., S. 596.

15 ebd., S. 623.

16 ebd., S. 761.

17 ebd., S. 452.

18 J. Goebbels: Michael . . . , S. 57.

19 vgl. S. 116.

20 Gespräche mit Hitler . . . , S. 227 f.

21 Mein Kampf. S. 355.

22 Hitler definierte den Arier als "Urtyp dessen . . . , was wir unter dem Wort 'Mensch' verstehen". Zit. nach: Mein Kampf. S. 317.

23 ebd., S. 751.

24 Zu diesem Typus kann auch die Nebenrolle des Rekruten Michel in *Robert und Bertram* gerechnet werden.

25 Mein Kampf. S. 570 f.

26 ebd., S. 379.

27 ebd., S. 574.

28 Der Film *Über alles in der Welt* ist hier nicht berücksichtigt.

29 Mein Kampf. S. 580 f.

30 ebd., S. 44.

31 ebd., S. 581.

32 Proben des nationalsozialistischen Vokabulars, das bei der Diffamierung nichtjüdischer Gegner verwendet wurde, gibt Dietrich Strothmann: Nationalsozialistische Literatur-politik.

33 vgl. S. 155.

34 Mein Kampf. S. 296.

35 ebd., S. 298.

36 ebenda.

37 Gespräche mit Hitler . . . , S. 223.

38 Mein Kampf. S. 129.

39 ebd., S. 467 f.

40 ebd., S. 468.

41 Rede v. 17.10.1936. Zit. nach Walter Hagemann: Publizistik im Dritten Reich. Hamburg 1948. S. 99.

42 Rede auf der Schlußsitzung d. Internationalen Filmkongresses in Berlin. Zit. nach: Filmwelt Nr. 19 v. 12.5.1935 (o.S.); s. auch Otto Kriegk: Der deutsche Film . . . , S. 191.

43 Rede auf der 1. Jahrestagung der Reichsfilmkammer am 5.3.1937 in Berlin. Jahrbuch der Reichsfilmkammer 1937. S. 66.

44 Fritz Hippler: Betrachtungen zum Filmschaffen. Berlin 1943. S. 51; s. auch Hippler: Ein Vorwort. In: Nationalsozialistische Monatshefte. München 1942. Bd. 13 I H. 147, S. 341.

45 ebenda.

46 Betrachtungen zum Filmschaffen. Berlin 1942, S. 78 f.; Berlin 1943, S. 50 f. (Hervorhebung im Original) — Das von Hippler gewählte Bild ist unzutreffend: Maulwürfe sind blind.

47 Eine Ausnahme macht der Film *Der ewige Quell*, doch auch hier läßt sich die Zeit — etwa 1900 bis 1920 — anhand des Filmgeschehens bestimmen.

48 Mein Kampf. S. 196. 198.

49 Emil Jannings: Über den Film. In: Nationalsozialistische Monatshefte. München 1942. Bd. 13 I, H. 147, S. 342. (Hervorhebung im Original)

50 Betrachtungen zum Filmschaffen. Berlin 1942, S. 105; Berlin 1943, S. 97.

51 F. Hippler: Ein Vorwort. In: Nationalsozialistische Monatshefte. München 1942. Bd. 13 I, H. 147, S. 339.

4. Film als Spiegel der Zeit

1 Enzyklopädisches Stichwort in: Siegfried Kracauer: Von Caligari bis Hitler . . . , S. 182. (Hervorhebung im Original)

2 Nach Wolfgang von Einsiedel ist nur der Film, der "nicht zum Propagandamittel verkümmert war, zum Gegenstand wissenschaftlicher oder halbwissenschaftlicher Bemühung" geworden; s. Siegfried Kracauer: Von Caligari bis Hitler . . . , S. 183 f. In Wirklichkeit hat sogar Kracauer selbst nationalsozialistische Dokumentarfilme untersucht; s. Propaganda and th Nazi War Film, New York 1942.

3 Das Reich v. 31.12.1944; zit. nach Walter Hagemann: Publizistik im Dritten Reich . . . , S. 163.

4 In: Nationalsozialistische Monatshefte, Bd. 13 I, H. 147. München 1942. S. 342.

5 Für die folgende Untersuchung gab der Essay von Jean-Paul Sartre: Betrechtungen zur Judenfrage, Psychologie des Antisemitismus, wertvolle Hinweise; in: Jean-Paul Sartre: Drei Essays. Frankfurt 1960 (Ullstein-Taschenbuch Nr. 304), S. 108-190.

6 Mein Kampf. S. 334. 69 f.

7 Die einzige Ausnahme macht der Film *Der ewige Quell*. Allerdings ist hier die Hauptperson, der dem Goldrausch verfallene Bauer, nicht als positives Leitbild gedacht. *Der ewige Quell* gehört auch nicht zu den im Staatsauftrag hergestellten Filmen.

8 Werner Fiedler in: Deutsche Allgemeine Zeitung Nr. 257/258 v. 31.5.1941.

9 Mein Kampf. S. 266.

10 H. G. Seraphim (Hrsg.): Das politische Tagebuch . . . , S. 81.

11 Im Zuge der "Entjudung" Berlins Ende Februar 1943 wurden auch die privilegierten Juden verhaftet, auf den Protest ihrer arischen Frauen hin aber wieder freigelassen; s. dazu Tagebuchnotiz v. 7.3.1943 in: Ruth Andreas Friedrich: Schauplatz Berlin. Hamburg 1964 (rororo Nr. 660), S. 72, ferner Erlebnisbericht v. Heinz Ullstein: Spielplatz meines Lebens. Erinnerungen. München 1961. S. 333 f. 338-340.

12 Rede auf dem 1. Internationalen Filmkongreß in Berlin; s. Filmwelt Nr. 19 v. 12.5.1935 (o.S.); Otto Kriegk: Der deutsche Film . . . , S. 190.

13 Im ersten Verfahren (3.3.-29.4.1949) wurde Harlan freigesprochen, weil der Film selbst kein Verbrechen gegen die Menschlichkeit darstelle. Gegen das Urteil legte der Oberstaatsanwalt Revision ein, der das Oberste Gericht in Köln am 12.12.1949 stattgab mit der Begründung: "Die Annahme des Schwurgerichts, der Film habe keine unmenschlichen Folgen gegen die Juden gehabt, sei ein Rechtsirrtum"; zit. nach: Die Welt v. 31.3.1950.

14 Im Revisionsverfahren (30.3.-29.4.1950) wurde Harlan erneut freigesprochen. Dazu teilte die *Süddeutsche Zeitung* Nr. 100 v. 2.5.1950, S. 2, mit: "Das Gericht begründete den Freispruch mit dem Notstand, in dem sich Harlan befunden habe, als er den Auftrag für die Regie in dem Film 'Jud Süß' von Goebbels bekam. Harlans Darstellung, nach der er sich bei einer Weigerung in Lebensgefahr befunden habe, sei nicht zu widerlegen. Der Film 'Jud Süß' habe sehr starke antisemitische Tendenzen gezeigt. Harlan habe sie zwar gemildert, aber nicht ganz verhindern können. Der objektive und subjektive Tatbestand im Sinne des Kontrollgesetzes Nr. 10 — Verbrechen gegen die Menschlichkeit — seien also als erfüllt anzusehen. Der Notstand bilde jedoch einen Strafausschließungsgrund."

15 Zum Thema allgemein s. Karl Heinrich: Filmerleben — Filmwirkung — Filmerziehung. Der Einfluß des Films auf die Aggressivität bei Jugendlichen. Experimentelle Untersuchungen und ihre lernpsychologischen Konsequenzen. Frankfurt/M. 1967. (2. Aufl.)

16 Dieses Phänomen bestätigte das 1. Arbeitsseminar der Westdeutschen Kurzfilmtage Oberhausen (1.-5.10.1965); s. Manfred Dammeyer (Hrsg.): Der Spielfilm im Dritten Reich. Protokoll. Oberhausen 1967. (Vervielfält. Manuskr.) — Zahlreiche ältere Teilnehmer, die die nationalsozialistischen Filme nach mehr als 20 Jahren erstmals wiedersahen, stellten fest, daß sie aus der Erinnerung einen völlig anderen Eindruck behalten hatten.

17 Zahlreiche Regisseure und Schauspieler erhielten nach dem Kriege im Zuge der Entnazifizierungsverfahren Berufsverbot, so u.a. Werner Krauß, Ferdinand Marian, Paula Wessely, Willy Birgel. Für die partielle Gedächtnisschwäche nationalsozialistischer Filmschaffender und ihren Hang zum Bagatellisieren geben die Bücher von Veit Harlan (Im Schatten meiner Filme . . .) und Arthur Maria Rabenalt (Film im Zwielicht . . .) anschauliche Beispiele ab.

18 s. dazu Peter Schönbach: Reaktionen auf die antisemitische Welle im Winter 1959/60. In: Frankfurter Beiträge zur Soziologie. Sonderheft 3/1961.

19 Filmwoche Nr. 50 v. 9.12.1936; s. auch L. P. Lochner (Hrsg.): Goebbels Tagebücher..., Einleitung.

20 Zit. nach Hildegard Brenner: Die Kunstpolitik des Nationalsozialismus. S. 202.

21 Filmwoche Nr. 50 v. 9.12.1936.

22 VB Nr. 96 v. 6.4.1941, S. 3.

23 vgl. Zitat S. 143 f.

24 Filmwelt Nr. 23/24 v. 11.6.1941; Berliner Lokal-Anzeiger Nr. 128 v. 31.5.1941.

25 s. *Carl Peters*, VB Nr. 82 v. 23.3.1941, S. 6 u. Nr. 151 v. 31.5.1941, S. 8.

26 H. 2/August 1940, S. 32.

27 H. 4/Oktober 1940, S. 74.

28 Ma. (d.i. Frank Maraun) in H. 8/Februar 1940, S. 156-158; Robert Volz in H. 6/Dezember 1940, S. 117 f.

29 Akte R 2/4830 (Bundesarchiv Koblenz).

30 ebenda.

31 L. P. Lochner (Hrsg.): Goebbels Tagebücher . . . , S. 47.

32 Die Zahl der Kinobesucher in den für die antisemitischen Filme relevanten Jahren betrug (in Millionen): 1933/34 - 244,9; 1938/39 - 441,6; 1939 - 623,7; 1940 - 834,1; 1941 - 892,3; 1942 - 1 062,1; 1943 - 1 116,5; lt. Statistisches Taschenbuch 1957, S. 40. Zit. nach Annemarie Schweins: Die Entwicklung der deutschen Filmwirtschaft. Nürnberg 1958.

33 In den Orten ohne Kino veranstaltete die Partei regelmäßig Filmvorführungen. Auf diese Weise konnte Goebbels sich in einer Rede damit brüsten, daß schon 1941 eine Milliarde Menschen Filmveranstaltungen besucht hätten; s. Filmwelt Nr. 11/12 v. 18.3.1942, S. 82.

34 Die Bevölkerung des Deutschen Reiches ohne Memelland betrug nach der Zählung vom 17.5.1939 insgesamt 79 375 ooo Einwohner, die der Altersgruppe von 14 bis

unter 65 betrug 56 064 000 Einwohner (Schlag nach über das Deutsche Reich . . . , S. 10). Dabei ist zu berücksichtigen, daß in Wirklichkeit wahrscheinlich ein Teil dieser Altersgruppe entweder gar nicht oder seltener als elfmal ins Kino ging, ein anderer Teil dafür entsprechend häufiger. Für 1943 kann ein durchschnittlicher Kinobesuch von 20mal im Jahr angenommen werden.

35   s. Heinz Boberach (Hrsg.): Meldungen aus dem Reich . . . , Einleitung.

36   Denkschrift v. Ministerialdirektor Ohlendorf an den Leitenden Minister der Geschäftsführenden Reichsregierung, Graf Schwerin von Krosigk (Mai 1945). Zit. nach H. Boberach (Hrsg.): Meldungen aus dem Reich . . . , Anhang S. 356.

37   Originaltitel der entsprechenden Berichte.

38   Meldungen aus dem Reich v. 27.1.1941 u. 21.5.1941, S. 13. Akte R 58/160 (Bundesarchiv Koblenz).

39   vgl. Zitat S. 105

40   vgl. Zitat S. 116 f.

41   Zur Aufnahme des Films *Ich klage an* in der Bevölkerung. Anlage z. Nr. 251 v. 15.1. 1942; s. H. Boberach (Hrsg.): Meldungen aus dem Reich . . . , S. 207-211. — Die Agenten berichteten, daß die Stellungnahmen der Kirchen "meist völlig ablehnend" seien und daß katholische Geistliche sogar durch Hausbesuche auf die Gläubigen einwirkten, dem Film fernzubleiben, weil mit diesem "Propagandafilm des Staates" die "Ermordung erblich Belasteter gerechtfertigt werden solle". Von einer ähnlich scharfsichtigen Beurteilung der antisemitischen Filme durch kirchliche Stellen ist nichts bekannt.

42   Bericht Nr. 205 v. 24.7.1941, ebd. S. 165 f.

43   Bericht Nr. 377 v. 19.4.1943, ebd. S. 383. — Diese Kritik wurde vor allem aus "intellektuell und konfessionell orientierten Kreisen" gemeldet.

44   Bericht Nr. 256 v. 2.2.1942, ebd. S. 220-225.

5. Schlußbetrachtung

1   s. P. Schönbach: Reaktionen . . . , Frankfurter Beiträge zur Soziologie. Sonderh. 3/ 1961. Ferner René König in der Diskussion des Symposions "Die psychologischen und sozialen Voraussetzungen des Antisemitismus — Analyse der Psychodynamik eines Vorurteils" in: Psyche. Bd. XVI. H. 5/1962. S. 297 ff.

2   "Das was man mit den Juden gemacht hat, war falsch, das hätte man auch anders machen können!" Ausspruch eines Befragten, zit. v. P. Schönbach: Reaktionen . . . , Frankfurter Beitr. z. Soz. Sonderh. 3/1961, S. 25, Anm. 7. Ferner Theodor W. Adorno: Zur Bekämpfung des Antisemitismus heute. In: Das Argument. Berliner Hefte für Probleme der Gesellschaft. H. 2/1964. Nr. 29. S. 94.

3   s. Peter Pleyer: Deutscher Nachkriegsfilm 1946-1948. Studien zur Publizistik Bd. 4. Münster 1965; Walther Schmieding: Kunst oder Kasse. Hamburg 1961. — Das Filmschaffen in der DDR, das sich unter ganz anderen Bedingungen entwickelt hat, ist hier nicht berücksichtigt. Die künstlerisch und inhaltlich anspruchsvolle Judendarstellung im Spielfilm der DEFA verdiente durchaus eine kritische Würdigung.

4   Als indirekte staatliche kontrolle haben die Freiwillige Selbstkontrolle der Filmwirtschaft (FSK) und die Filmbewertungsstelle der Länder (FBW) zu gelten, denn Filmzensur und Filmprämien setzen Maßstäbe, die von den Filmproduzenten berücksichtigt werden.

5   Im April 1961 stellte der Generalsekretär des Zentralrats der Juden in Deutschland, Dr. van Dam — laut dpa — Strafantrag gegen den Film *Schwarzer Kies*, gegen den Regisseur Helmut Käutner und gegen den Hersteller Walter Ulbrich mit der Begründung, der Film stelle eine öffentliche Beleidigung der Juden dar, indem er einen Bordellwirt als Juden kennzeichne. Käutner hielt den Strafantrag für ein "unseliges Mißverständnis" und ließ die betreffenden Szenen aus dem Film entfernen; s. dazu auch: Walther Schmieding: Kunst oder Kasse . . . , S. 77 f. — Später unternahm nur der Regisseur Kurt Hoffmann unter persönlichen Opfern nach das Wagnis, einen Film über die Judenverfolgung in Prag zu drehen, *Das Haus in der Karpfengasse* (1965), aber auch ihm gelang es nicht, die Gründe für das dargestellte judenfeindliche Verhalten sichtbar zu machen.

6   s. die Rede des Staatssekretärs Heinrich Barth (Bundesfamilienministerium) anläßlich der Verleihung der deutschen Kinder- und Jugendfilmpreise bei der XVI. Internationalen Filmwoche Mannheim am 10.9.1967. — Einen Versuch, Pädagogen für die praktische Jugendfilmarbeit zu gewinnen und zu schulen, unternimmt die seit 1960 jährlich während der Internationalen Filmwoche Mannheim stattfindende Sondertagung "Jugend und Film".

7   Brief des Verleihers Hanns Eckelkamp v. 27.1.1966 an die Autorin.

8   s. den Dokumentarfilm *Herbst der Gammler* (1967), in dem der Regisseur Peter Fleischmann Münchner Bürger befragte. Ähnliche Befragungen und Antworten zum Thema "Gammler" wurden im Herbst 1967 in verschiedenen Rundfunk- und Fernsehsendungen zitiert.

6. Anhang

6.1. Angaben zu den Filmen

1   Im Drehbuch u. in Das Programm von Heute heißt es: "Jüdisch aussehender Res.-Offz."

2   lt. Der Film Nr. 29 v. 20.7.1940.

3   Das Programm von Heute nennt nur Dr. Felix Lützkendorf als Drehbuchautor.

4   Nur erwähnt in Das Programm von Heute.

5   lt. Das Programm von Heute; der Illustrierte Film-Kurier nennt Hugo Flink.

6   In Das Programm von Heute sind W. Brückner und Hans Bergmann nicht genannt. Stattdessen ist Albert Aried als erster von insgesamt sechs Helfern Frunses bezeichnet.

6.2. Protokoll des Films Jud Süß

1   Im Drehbuch sagt Sturm stattdessen: "Schimpf nicht, Dorotheechen. Ich kann nichts dafür, daß der Pastor Brenz kein Ende finden konnte. Er hat ja sehr schön gesprochen, aber sogar der Herzog fing schon an, auf seinem Stuhl hin und herzurutschen." (S. 5)

2   Das Drehbuch sieht eine andere Gestaltung der Szene vor: "36. (Einstellung – d.A.) Totale (Von oben gesehen): Der Wagen rollt durch die Judengasse. Überall öffnen sich die Fenster, und die Juden kommen aus den Häusern. An einem Fenster steht ein weißhaariger alter Jude und ein etwa 18–19jähriger Judenjunge. Der alte hat Pejes und der Junge den weichen Flaum eines eben keimenden israelitischen Bartes. Der Junge sagt: 'Nun frag ich mich, wie kommt die Staatskalesche aus Württemberg nach Frankfurt? ' Der Alte singt beinahe: 'Wieso Württemberg? ' Der Junge sagt: 'Na, siehste nich dem Wappen? ' Der Alte sagt lächelnd, stolz auf seinen Enkel: 'De bist ja schon e halber Goj. De kannst schon de deutschen Wappen übersetzen.' Der Junge: 'Wenn man überall will sein zu Hause, muß man Bescheid wissen mit de Intimitäten.' " (S. 18)

3   mojre (jidd.) = Furcht, Angst.

4   chamer (jidd.) = Esel, Dummkopf.

5   Das Drehbuch hat eine andere Version, vgl. S. 327 Anm. 186.

6   Im Drehbuch antwortet der Jude nicht. Regieanmerkung: "Ein listiges Flackern ist in seinen Augen." (S. 40)

7   Im Drehbuch antwortet Süß auf die Frage: "Willst du mich pfänden? " – "Ew. Durchlaucht, *ich* will doch gar nichts. Ew. Durchlaucht scheinen doch Ihre Schuld bezahlen zu *wollen*, und ich frage Ew. Durchlaucht: Was wollen mir Ew. Durchlaucht geben, das heißt also, was besitzen Ew. Durchlaucht überhaupt? " (S. 50, Hervorhebung im Original)

8   "Es wird Zeit, daß Einer eingreift und die Straßen in Ordnung bringt." (Drehbuch S. 51)

9   Isaak Oppenheimer lebte zu dieser Zeit nicht mehr. — Im Drehbuch folgt die "wohlüberlegte" Antwort des Herzogs: "Sacrebleu! Er macht mir die Probe als Kabinettsfaktor! Aber wenn sie mißlingt – *hängt Er!*" (S. 53, Hervorhebung im Original)

10   Drehbuch S. 68 f.: "Luziana umarmt ihn und sagt: 'Süß, du bist ein kluger Mann!' Sie sieht ihn kindlich an und sagt: 'Aber grausam!' Der Jude: 'Du kennst das Volk nicht. Es *will* geschlagen werden.' " (Hervorhebung im Original)

11 Die Vermahnung "Ich will (dir) meinen treuen Rat geben . . ." folgt der Schrift von Martin Luther: Von den Juden und ihren Lügen, 1543; s. Weimarer Ausgabe (WA), Bd. 53, S. 522-525 (An die Fürsten); S. 536 (An die Pfarrherren und Christen). Die Wiedergabe im Film ist gekürzt und hat eine andere Reihenfolge, der Text stimmt im übrigen mit dem Original überein. — Die Quelle des ersten Satzes "Darum wisse, du lieber Christ . . ." konnte nicht festgestellt werden.

12 Drehbuch S. 113: "Der Herr hat seine Feinde gegeben in die Hand Israels, daß sie sollen umkommen durch Feuer und Schwert."

13 Im Werbetrailer des Films beginnt der Pfarrer mit den Worten: "So lege ich denn vor den Augen des Herrn Eure Hände ineinander. Lauter wie Gold sei Eure Liebe, ohne Ende wie diese Ringe sei Eure Treue . . ."

14 Drehbuch S. 129: "Selbst *wenn* ich das könnte, täte ich es nicht, Herr Geheimer Finanzrat. Meine Tochter ist nicht mosaisch — (Der Jude. Er zuckt zusammen und sagt: 'Ach so!') — und würde es auch unter keinen Umständen jemals werden wollen."

15 Der Ausdruck fehlt im Drehbuch.

16 Im Drehbuch wird das Verhör von den Räten Hallwachs und Metz geleitet, die Sturm darauf vorbereiten, daß er mit längerer Haft rechnen müsse, da er aufgrund eidlicher Zeugenaussagen des Hochverrats beschuldigt sei. Sturm verlangt vergeblich, diesem Zeugen gegenübergestellt zu werden. Über Levy heißt es nur, daß er "hinten in der Ecke sitzt"; er mischt sich in das Verhör nicht ein. (S. 140–142)

17 tacheles (jidd.) = direkt, geradezu; hier: Zur Sache!

18 Drehbuch S. 158: "Herzog, skeptisch beobachtend: 'Da war ich jung!' Herzogin: 'Du kannst es heute noch sein. Folg nur dem Rat deines Freundes.' "

19 Lt. Drehbuch fehlt: "Herzog: 'Ich bin nicht mehr frei in meinen Entschlüssen!' "

20 Drehbuch S. 160: "398. Totale: Eine große Menschenmenge kommt auf das Schloß zu. 399. Nah: Faber, der die Menge anführt. Er ruft laut zum Schloß hinauf: 'Wo ist Sturm?' Mehrere Leute rufen im Chor: 'Sturm!' 400. Totale (von oben gesehen): Das ganze Volk ruft ein paar Mal hintereinander im Chor, rhythmisch gleich: 'Sturm — Sturm — — — Sturm — — — ' Dieses Wort steigert sich immer mehr. Es muß klingen, als riefe ganz Stuttgart: *S t u r m !*" (Hervorhebung im Original)

21 Das Drehbuch hat stattdessen eine (erfundene) Feier des Purimfestes: "407. Groß: Das Gesicht des Süß blendet über in das Gesicht des Rabbi Loew. Er spricht ein Rachegebet, und in seinen Augen ist ein unheimliches dämonisches Feuer. — Die Kamera fährt langsam zurück — 408. Totale: Allmählich faßt die Kamera etwa 50 Kaftanjuden, die in hebräischer Sprache die einzelnen Verse des Rabbi im Chor nachsprechen . . ." (S. 164) Nach dem Gespräch zwischen Rabbi Loew und Süß heißt es weiter: "417. Totale (von schräg oben): Die Juden im Bethaus bilden jetzt eine große Kette und drehen sich in fremden, orientalischen Rhythmen singend und tanzend langsam im Kreise: (Es folgt ein jiddisches Purim-Lied, "A güt'm Pürim" — d.A.) 418. Halbnah: Jetzt betritt auch Süß in einem Kaftan den Saal. — Die Kamera fährt vor ihm her. — Singend und mit den gleichen rhythmischen Körperverrenkungen wie seine Stammesbrüder ordnet er sich in den großen Kreis der tanzenden Gemeinde ein. — Die Kamera fährt langsam zurück in — 419. Totale: Die Umdrehungen werden allmählich schneller und schneller, die Verrenkungen wilder und der Gesang ekstatischer. Das Ganze ein grotesk unheimliches Bild einer fremden asiatischen Welt. — Die Kamera fährt auf eine —ekstatisch singende Jüdin — Es blendet über — " (auf eine Großaufnahme der Dorothea am Cembalo — d.A.) (S. 168 f.) — Zur Szene ist anzumerken, daß in jüdischen Bethäusern die Frauen sich in einem abgetrennten Raum versammeln.

22 Im Drehbuch folgt: "Sturm sagt: 'Hund!' " (S. 176)

23 Im Drehbuch folgt: "Faber verächtlich und entschlossen: 'Ich weiß zu schweigen, aber Württemberg wird Ihm eine Antwort geben, daß Ihm und allen Juden Hören und Sehen vergehen wird!' Süß brüllt: 'Tortur!' " (S. 184)

24 Nach dieser Szene sollte lt. Drehbuch gezeigt werden, daß die Stände im Kellergewölbe im Brauhaus Waffen verborgen halten, die sie für den Aufstand bereitlegen. Zu den Männern kommt Dorothea und bittet um Hilfe. Von Röder vertröstet sie: "Gedulde dich nur noch bis morgen." Aber Dorothea antwortet angstvoll: "Morgen kann es zu spät sein!" Röder warnt die junge Frau vor Unbesonnenheit, sie läuft "völlig kopflos" davon. Röder sieht ihr besorgt nach und sagt: "Und wenn's meine Tochter wär', ich könnt' ihr nicht helfen." (S. 191-194.)

25 Lt. Regieanweisung im Drehbuch antwortet Süß "schmierig" und betrachtet "zynisch" den Ring. (S. 197)

26 Regieanweisung im Drehbuch: "Der Jude sieht jetzt in einem widerwärtigen Haß auf Dorothea." (S. 197)

27 Statt Levy tritt im Drehbuch im Folterkeller nur "der Inquisitor" auf.

28 Im Drehbuch heißt es: "Man hört Stimmen: 'Einen Arzt! Einen Arzt! Einen Beichtiger!' " (S. 226)

29 Im Drehbuch folgt die Antwort des Zunftmeisters: "Wir haben ihn schon verurteilt. Die Zunft der Schmiede hat sich zusammengetan und einen Galgen aus Eisen geschmiedet hoch über dem, an welchem Hans Bogner starb. *Man soll ihn höher hängen* als diesen redlichen Mann." (S. 230, Hervorhebung im Original)

30 Im Drehbuch wird die Hinrichtung folgendermaßen beschrieben: "551. Nah: Auf der Galgenbühne steht der Jude. Er schaut nach oben. — Die Kamera schwenkt die ganze Höhe des Galgens bis oben hin ab — 552. Nah: Der Jude wird in den Käfig gestoßen. 553. Groß: Die Tür des Käfigs wird zugeschlagen. Eine Hand legt dem Juden eine Kette um den Hals. 554. Nah: Der Richter und Sturm und die Herren der Landstände. Sturm sieht auf die Erde. Der Richter schaut mutigen Blicks nach oben. — Der Trommelwirbel wird immer stärker — 555. Nah: Wir sehen eine Gruppe von Menschen. In der Mitte steht die Frau des Schmieds. Wir sehen an den Gesichtern, daß sich das Grausame vollzieht. 556. Totale: Es schneit. Der Käfig wird hochgezogen bis oben hin. Als er oben hängt, hört der Trommelwirbel auf und eine atemlose Stille liegt über dem Platz. Darüber liegt die Stimme von Sturm: (Es folgt die Verkündung des Judenbanns, wortgleich mit dem Film — d.A.) — Eine ungeheure Musik fällt ein, ein Choral beginnt — Das Volk geht auf die Knie." (S. 233-235)

31 Im Drehbuch folgen nach diesem Bild noch 14 Bilder, die die Verfolgung und das Ende Levys zeigen sowie den Auszug der Juden aus Stuttgart; vgl. S. 328 Anm. 214.

6.5. Literaturverzeichnis

Das Verzeichnis enthält das für die Arbeit benutzte und zitierte Schrifttum: a) Bücher und Aufsätze aus Sammelbänden, b) Zeitschriftenaufsätze und Schriften, c) Nachschlagwerke. Literatur, auf die in den Anmerkungen beiläufig hingewiesen wurde, ist hier nicht noch einmal genannt.

a)   Bücher und Aufsätze aus Sammelbänden

Adler, H. G.
Die Juden in Deutschland. Von der Aufklärung bis zum Nationalsozialismus.
(2. Aufl.) München 1961.

Ders.
Theresienstadt 1941-1945. Das Antlitz einer Zwangsgemeinschaft. Geschichte —
Soziologie — Psychologie. (2. Aufl.) Tübingen 1960.

Ders.
Die verheimlichte Wahrheit. Theresienstädter Dokumente. Tübingen 1958.

Andreas-Friedrich, Ruth
Schauplatz Berlin. Ein Tagebuch, aufgezeichnet 1938-1945. (rororo Nr. 660)
Reinbek b. Hamburg 1964.

Belling, Curt
Der Film in Staat und Partei. Berlin 1936.

Boberach, Heinz (Hrsg.)
Meldungen aus dem Reich. Auswahl aus den geheimen Lageberichten des Sicherheitsdienstes der SS 1939-1944. Neuwied-Berlin 1965.

Broszat, Martin (Hrsg.)
Kommandant in Auschwitz. Autobiographische Aufzeichnungen des Rudolf Höss.
(dtv dokumente Nr. 114) München 1963.

Buchheim, Hans und Broszat, Martin, und Jacobsen, Hans-Adolf, und Krausnick, Helmut
Anatomie des SS-Staates. 2 Bde. Olten-Freiburg/Br. 1965.

Corti, Egon Caesar Conte
Die Rothschilds. Des Hauses Aufstieg, Blütezeit und Erbe. (zuerst 1926) Frankfurt/M. 1962.

Der deutsche Film 1945. Kleines Filmhandbuch für die deutsche Presse. Berlin
(o.J.)

Domarus, Max
Hitler. Reden und Proklamationen 1932-1945. Kommentiert von einem deutschen Zeitgenossen. 2 Bde. München 1965.

Elwenspoek, Curt
Jud Süß Oppenheimer. Der große Finanzier und galante Abenteurer des 18. Jahrhunderts. Erste Darstellung auf Grund sämtlicher Akten, Dokumente, Überlieferungen. Stuttgart 1926.

Eschwege, Helmut (Hrsg.)
Kennzeichen J. Bilder, Dokumente, Berichte zur Geschichte der Verbrechen des Hitlerfaschismus an den deutschen Juden 1933-1945. Berlin (Ost) 1966.

Frenzel, Elisabeth
Judengestalten auf den deutschen Bühne. Ein notwendiger Querschnitt durch 700 Jahre Rollengeschichte. München o.J. (wahrsch. 1940/41)

Gamm, Hans-Jochen
Judentumskunde. Eine Einführung. (List-Taschenbuch Nr. 268) München 1964.

Goebbels, Joseph

Das eherne Herz. Reden und Aufsätze aus den Jahren 1941/42. München 1943.

Ders.
Michael. Ein deutsches Schicksal in Tagebuchblättern. München 1933.

s. auch: Goebbels Tagebücher aus den Jahren 1942-43, hrsg. v. Louis P. Lochner.
            Zürich 1948.

Goldstein, Bernard
Die Sterne sind Zeugen. Der Untergang der polnischen Juden. (dtv dokumente Nr. 262) München 1965.

Hagemann, Walter
Publizistik im Dritten Reich. Ein Beitrag zur Methodik der Massenführung. Hamburg 1948.

Handbuch der Reichskulturkammer. Berlin 1937.

Harlan, Veit
Im Schatten meiner Filme. Selbstbiographie. (Posthum hrsg. v. H. C. Opfermann) Gütersloh 1966.

Heiber, Helmut
Joseph Goebbels. (dtv Nr. 271/72) München 1965.

Henkys, Reinhard
Die nationalsozialistischen Gewaltverbrechen. Geschichte und Gericht. (2. korrig. Aufl.) Stuttgart 1965.

Hilberg, Raul
The Destruction of the European Jews. Chicago 1961.

Hippler, Fritz
Betrachtungen zum Filmschaffen. Schriftenreihe der Reichsfilmkammer Bd. 8. Berlin 1942 u. (5. Aufl.) 1943.

Hitler, Adolf
Mein Kampf. (22. Aufl.) München 1933.

Hitlers Zweites Buch. Ein Dokument aus dem Jahre 1928. Eingeleit. u. komment. v. Gerhard L. Weinberg. Stuttgart 1961.

Hofer, Walther (Hrsg.)
Der Nationalsozialismus. Dokumente 1933-1945. (Fischer Bücher des Wissens Nr. 172) Frankfurt/M. 1957.

Hofstätter, Peter R. (Hrsg.)
Psychologie. (Fischer Lexikon Nr. 6) Frankfurt/M. 1957.

Kalbus, Oskar
Vom Werden deutscher Filmkunst. 2. Teil: Der Tonfilm. Altona-Bahrenfeld 1935.

(Rudolf Kastner)
Der Kastner-Bericht über Eichmanns Menschenhandel in Ungarn. München 1961.

Kracauer, Siegfried
From Caligari to Hitler. A Psychological History of the German Film. Princeton 1947. — Im Anhang: Propaganda and the Nazi War Film. New York 1942.

Ders.
Von Caligari bis Hitler. Ein Beitrag zur Geschichte des deutschen Films (Gekürzte Übersetzung der amerikanischen Originalausgabe, ohne Anhang!). (rde Nr. 63) Hamburg 1958.

Krätschell, Hermann
Carl Peters. 1856-1918. Ein Beitrag zur Publizistik des imperialistischen Nationalismus in Deutschland. (Phil. Diss.) Berlin 1959.

Kriegk, Otto
Der deutsche Film im Spiegel der Ufa. 25 Jahre Kampf und Vollendung. Berlin 1943.

Lochner, Louis P. (Hrsg.)
Goebbels Tagebücher aus den Jahren 1942-43. Zürich 1948.

Lüthi, Max
Shakespeares Dramen. Berlin 1957.

Meyer, Erich und Zimmermann, Karl
Lebenskunde. Lehrbuch der Biologie für Höhere Schulen. Erfurt o.J. (wahrsch. 1938)

Morton, Frederic
Die Rothschilds. Porträt einer Familie. München 1962.

Neumann, Carl und Belling, Curt und Betz, Hans-Walther
Film-"Kunst", Film-Kohn, Film-Korruption. Ein Streifzug durch vier Film-Jahrzehnte. Berlin 1937.

Picker, Henry
Hitlers Tischgespräche im Führerhauptquartier 1941-42. Bonn 1951.

Poliakov, Leon und Wulf, Josef
Das Dritte Reich und seine Denker. Dokumente. Berlin 1959.

Poliakov, Leon und Wulf, Josef
Das Dritte Reich und die Juden. Dokumente und Aufsätze. Berlin 1961.

Rabenalt, Arthur Maria
Film im Zwielicht. Über den unpolitischen Film des Dritten Reiches und die
Begrenzung des totalitären Anspruchs. München 1958.

Rauschning, Hermann
Gespräche mit Hitler. Zürich 1940.

Reitlinger, Gerald
Die Endlösung. Hitlers Versuch der Ausrottung der Juden Europas 1939-1945.
(4. korrig. Aufl.) Berlin 1961.

Rosenberg, Alfred
Der Mythus des 20. Jahrhunderts. Eine Wertung der seelisch-geistigen Gestalten-
kämpfe unserer Zeit. (53.-54. Aufl.) München 1935.

s. auch: Das politische Tagebuch Alfred Rosenbergs 1934/35 und 1939/40,
         hrsg. v. Hans-Günther Seraphim, München 1964.

Sartre, Jean-Paul
Betrachtungen zur Judenfrage. Psychoanalyse des Antisemitismus. — In: Jean-
Paul Sartre: Drei Essays. (Ullstein Nr. 304) Berlin 1960.
(Orig.: Portrait de l'antisémite. 1945)

Schweins, Annemarie
Die Entwicklung der deutschen Filmwirtschaft. (Diss.) Nürnberg 1958.

Seraphim, Hans-Günther (Hrsg.)
Das politische Tagebuch Alfred Rosenbergs 1934/35 und 1939/40. (dtv dokumente Nr. 219) München 1964.

Stern, Selma
Jud Süß. Ein Beitrag zur deutschen und jüdischen Geschichte. Berlin 1929.

Traub, Hans
Der Film als politisches Machtmittel. München 1933.

Wulf, Joseph
Martin Bormann — Hitlers Schatten. Gütersloh 1962.

Ders.
Die Bildenden Künste im Dritten Reich. Eine Dokumentation. Gütersloh 1963
(und rororo Nr. 806/807/808, 1966).

Ders.
Theater und Film im Dritten Reich. Eine Dokumentation. Gütersloh 1964 (und rororo Nr. 812/813/814, 1966).

s. auch: Poliakov, Leon und Wulf, Josef

b)   Zeitschriftenaufsätze und Schriften

Bein, Alexander
Der moderne Antisemitismus und seine Bedeutung für die Judenfrage. — In: Vierteljahreshefte für Zeitgeschichte, Stuttgart. 6. Jg. Heft 4/1958 (Oktober).

Günther, Walther
Hans Westmar. Einer von vielen. Ein deutsches Schicksal aus dem Jahre 1929. Schriftenreihe Staatspolitische Filme, hrsg. im Auftrage d. Reichspropagandaleitung der NSDAP, Amtsleitung Film. Heft 12.

Hippler, Fritz
Ein Vorwort. — In: Nationalsozialistische Monatshefte (hrsg. v. Alfred Rosenberg), München. Heft 147/1942 (Juni).

Höllger, Kurt
Karl Ritter. Versuch einer Darstellung eines Lebens und eines künstlerischen Schaffens für den deutschen Film. Schriftenreihe Aktuelle Filmbücher. Bd. 86. Berlin 1940.

Jannings, Emil
Über den Film. — In: Nationalsozialistische Monatshefte. München. Heft 147/1942 (Juni).

Lösener, Bernhard
Als Rassereferent im Reichsministerium des Innern. Dokumentation. — In: Vierteljahreshefte für Zeitgeschichte, Stuttgart. 9. Jg. Heft 3/1961 (Juli), S. 262-313.

Menzel, Gerhard
Heimkehr. Drehbuch-Anfang. — In: Die Pause. Wien. 6. Jg. Heft 3/o.J. (wahrsch. 1941).

Scheffler, Karl Norbert
Die Verstaatlichung der deutschen Filmwirtschaft 1937 bis 1942 und die Bildung der "Ufa-Film GmbH" ("Ufi"). — In: Deutsche Filmkunst, Berlin (Ost). 9. Jg. Heft 1/1961, S. 20-23.

Schönbach, Peter
Reaktionen auf die antisemitische Welle im Winter 1959/1960. — In: Frankfurter Beiträge zur Soziologie. Sonderheft 3/1961.

Stephan, Werner
Bismarck. Dem Drehbuch nacherzählt. Aktuelle Filmbücher Bd. 201. Berlin 1940.

c) Nachschlagwerke

Der große Brockhaus in 12 Bänden. (17. Aufl.) Wiesbaden 1952 ff.

Jüdisches Lexikon. Ein enzyklopädisches Handbuch des jüdischen Wissens in vier Bänden. Berlin 1927-1929.

Keesings Archiv der Gegenwart. Jg. 1939-1944. Wien 1940 ff.

Schlag nach über das Deutsche Reich. Wissenswerte Tatsachen, Übersichten und Tabellen. Hrsg. v. Bibliographisches Institut AG. Leipzig (o.J.)

Statistik des Deutschen Reichs. Berlin 1936.

6.6. Personenregister

Die Angaben zu den Filmen (Kap. 6.2.) sind hier nicht berücksichtigt. Von den in den Anmerkungen genannten Personen sind Hitler und Goebbels sowie die Herausgeber und Autoren der im Literaturverzeichnis aufgeführten Schriften nur in besonderen Fällen erwähnt.

366

6.7. Filmregister

Joseph Wulf

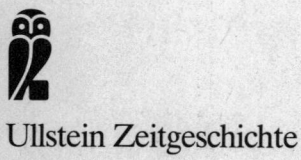

Ullstein Zeitgeschichte

www.Lentos-Verlag.com